MICHAEL HARRIOT

BLACK AS F***

DIE WAHRE GESCHICHTE DER USA

Aus dem amerikanischen Englisch von
Sabrina Sandmann und Andrea Schmittmann

HarperCollins

Die US-amerikanische Originalausgabe erschien 2023 unter dem Titel
Black AF History. The Un-Whitewashed Story of America
bei Dey Street Books/HarperCollins*Publishers*, New York.

1. Auflage 2024

Deutsche Erstausgabe

Gesetzt aus der Baskerville
von GGP Media GmbH, Pößneck
Druck und Bindung von GGP Media GmbH, Pößneck
Printed in Germany
ISBN 978-3-365-00799-0
www.harpercollins.de

Druckprodukt mit finanziellem
Klimabeitrag
ClimatePartner.com/15109-2009-1001

MIX
Papier | Fördert gute Waldnutzung
FSC
www.fsc.org
FSC® C014496

Anmerkungen des Verlags zur Übersetzung von Begriffen in historischen Texten und Reden:

Das Wort »colored« (»farbig«/»Farbige«) bezeichnete bereits in der Kolonialzeit nicht primär die Hautfarbe, sondern befreite »Sklaven«. Trotz der rassistischen Konnotation auch des deutschen »farbig«/»Farbige« folgt die Übersetzung dem Autor, der »colored« dort verwendet, wo es sich entweder um die Zitation oder Paraphrase eines historischen Textes bzw. einer historischen Rede handelt. Verwendet der Autor stattdessen den rassismuskritischen Begriff »person/people of color«, so bleibt dieser unübersetzt.

Das englische Wort »race« transportiert im angloamerikanischen Sprachgebrauch auch eine rassismuskritische Bedeutung. Da es im Deutschen kein adäquates Äquivalent gibt, wurde »race« trotz der rassistischen Bedeutungsebene generell mit »Rasse« übersetzt, um den zumeist in historischem Zusammenhang stehenden rassistischen Sprachgebrauch nicht zu tilgen, wie es der Autor auch in anderen Fällen (»colored«/»negro«) praktiziert.

Wo in historischen Quellen entsprechend dem zeitgenössischen Sprachgebrauch die Worte »negro/negroes« oder »nigger« verwendet werden (auch in Texten Schwarzer Autorinnen und Autoren), hat der Autor dies übernommen, ebenfalls in Paraphrasen historischer Texte bzw. Rede oder in meist ironisch distanzierender Rollenrede. Dies wurde in der Übersetzung beibehalten.

FÜR KAREN

INHALT

EINLEITUNG

Ich weiß noch, wie ich Amerika entdeckte.

Es war gegen 20 Uhr am 4. November 1980 – der Abend, an dem Ronald Reagan zum Präsidenten gewählt wurde. Ich hockte gerade weinend auf den Knien und schickte verzweifelte Stoßgebete an meinen Herrn und Erlöser Jesus, als meine Großmutter nach mir rief. Vielleicht hatte sie den Süßigkeitenvorrat meiner Schwester entdeckt. Oder ich sollte den vertikalen Bildfang am Fernsehstandgerät reparieren. Oder vielleicht – wie einem jeder erzählen kann, der als Kind in einem Schwarzen Haushalt aufgewachsen ist – wollte sie auch einfach nur ein Glas kaltes Wasser.* Als sie sah, dass mir die Tränen übers Gesicht liefen, fragte sie, was los sei. Ich gestand die Kardinalsünde unseres Haushalts: Ich hatte eine Unterhaltung der Erwachsenen belauscht.

Ich erklärte ihr, dass ich nicht verstand, wie sie so ruhig bleiben konnte, wo sich doch unsere schlimmsten Befürchtungen bewahrheitet hatten. Mir war klar, dass wir uns auf der Stelle nach Kanada aufmachen mussten, und bat sie, mit mir gemeinsam den Herrn um Beistand und Führung auf dem Weg zu unserer neuen Heimat jenseits der Grenze zu bitten. Unterbrochen von Schluchzern fragte ich sie, ob wir mit der Abfahrt noch bis Tagesanbruch warten würden. Ein Aufbruch am

* *In Schwarzen Haushalten dienen Kinder vor allem als Überbringer von gekühltem Wasser, Post und Füllfedern.*

Abend schien mir sicherer, auch wenn die Nachtsicht meiner Mutter ziemlich miserabel war. Großmutters Gesichtsausdruck nach zu urteilen, hatte sie nicht die leiseste Ahnung, wovon ich redete.

Schließlich rückte ich damit raus, dass ich sie vor ein paar Wochen zu meiner Mutter hatte sagen hören: »Wenn Reagan gewählt wird, schickt er die Schwarzen zurück in die Baumwollfelder.«

Mein kindlicher Verstand war in Aufruhr. Ich wusste doch gar nicht, wie man Baumwolle erntet! Würde ich nun meinen Traum aufgeben müssen, als Point Guard für die Los Angeles Lakers zu spielen und nebenher als Tamburinspieler bei Earth, Wind & Fire zu jobben, um ein Diplom im Baumwollpflücken zu machen? Außerdem konnte ich lesen, und was mit Versklavten passiert, die lesen können, weiß man ja! Aber Großmutter sollte sich keine Sorgen um mich machen: Ich hatte schon eine Tasche mit meinen Lieblings-Underoos, Cordhosen und ein paar Sweatshirts gepackt. Der 1979er-Ausgabe der *World Book Encyclopedia* zufolge konnten kanadische Winter ziemlich hart sein.

Nachdem mir meine Mutter und Großmutter unter schallendem Gelächter erklärt hatten, was Sarkasmus ist, fühlte ich mich erleichtert, wenn auch etwas verlegen. Ich war immer noch nicht ganz sicher, ob sie vielleicht nur meine Sorgen angesichts unserer bevorstehenden Versklavung zerstreuen wollten, nahm ihnen aber ab, dass ich nicht den verschlüsselten Sprachcode der Negro-Spirituals würde lernen müssen. Sicherheitshalber übergab ich ihnen meine selbst gezeichnete Karte mit der meiner Meinung nach besten Fluchtroute. Im Fall der Fälle hieß es eben »Follow the Drinkin' Gourd«, was natürlich ein Deckname für den Großen Wagen war. Ich bot an, ihnen zu zeigen, wie man den Großen Wagen am Nachthimmel findet, denn man konnte nie wissen, ob die Sklavenfänger nicht unseren kanariengelben Kombi zur Fahndung ausgeschrieben hatten. Auch wenn sie kein Interesse daran hatten, mehr über die Astronomiegrundlagen des Schleusernetzwerks Underground Railroad zu erfahren, hatte meine Großmutter doch eine Frage.

»Mikey, Junge, wo hast du das alles nur gelernt?«, fragte sie.

Jetzt war ich verwirrt. Ich wusste nicht, ob sie beeindruckt oder beunruhigt war. Sie hatte mir immer eingebläut, dass es keine dummen Fragen gibt, doch nun war sie gefährlich nahe daran, ihren Spruch zu widerlegen.

»Was glaubst du denn, wo ich es gelernt habe?«, gab ich zurück. »Im Mittelzimmer.«

***

Im Jahr 1952 bauten James und Marvell Harriot in Hartsville, South Carolina, ein Haus für ihre acht Kinder, gerade mal 35 Kilometer von dem Zwangsarbeitslager entfernt, in dem James S. Bradley 253 Menschen versklavt hielt, darunter auch Marvells Ururgroßvater Ervin. Im Haus der Harriots gab es vier Schlafzimmer, ein Bad, ein Esszimmer und ein Wohnzimmer, das nur betreten werden durfte, wenn man Besuch bekam, eine schriftliche und mündliche Genehmigung eingeholt hatte oder wenn jemand gestorben war, der den Heiligen Geist empfangen hatte. Das beste Zimmer befand sich jedoch im mittleren Teil des Hauses, ein gemütliches Familienzimmer, das irgendwann einfach »Mittelzimmer« genannt wurde. Hier, von der Warte des Mittelzimmers aus, sollten fünf Generationen der Harriot-Familie spielen, beten, lachen, singen, tanzen und sich das Wissen der Welt aneignen. Lange vor meiner Geburt stattete mein Großvater das Zimmer mit massiven Eichenregalen aus, und im Laufe der Jahre, bis zum heutigen Tag, hat ein jedes Mitglied des Harriot-Clans dort seine Bücher deponiert. Eine Sammlung, die es mit nahezu jeder unabhängigen Buchhandlung und manchen Bibliotheken aufnehmen kann, in der sich Bücher zu allen Themen von Science Fiction bis Geschichte stapeln. Auch gab es hier einen Fernseher vom neuesten Stand der Technik, einen Plattenspieler und ein Hi-Fi-8-Spur-Kassettengerät, auf denen vor allem James-Cleveland-Alben, Episoden von *Trapper John, M. D.* und Wahlergebnisse liefen. Auf dem umbrabraunen Teppich lernte ich Uno, Spades und Acey-Deucey (eine alternative Version von Backgammon). Das Mittelzimmer fungierte außerdem als Bühne für Familientalentshows, als Gerichtsraum und – am allerwichtigsten – als Klassenraum, Arbeitszimmer und Ressourcenzentrum für sämtliche vier Schüler der Dorothy-Harriot-Grundschule für Dorothy Harriots Kinder.

Als ich noch klein war, beschloss meine Mutter, meine Schwestern und mich zu Hause zu unterrichten. Wie sie mir später verriet, war mein Heimunterricht ein Experiment gewesen, basierend auf ihrer Überzeugung, dass »ein Schwarzes Kind seine Menschlichkeit in weißer Präsenz nicht voll entfalten kann«. Obwohl sie uns Mathematik, Grammatik und die Bibel einpaukte, war unser Unterrichtsprogramm, dem Mittelzimmer sei Dank, vorwiegend selbst geleitet. Ich las so ziemlich alles und jedes, was einige unangenehme Zwischenfälle zur Folge hatte, etwa die schrägen Seitenblicke in der Kirche, nachdem ich mit neun Jahren *Malcolm X. Die Autobiographie* gelesen hatte und auf einmal jeden Satz mit »So Allah will« beendete. Mit zwölf Jahren stieß ich nach meiner Lektüre des Science-Fiction-Romans *The Soul of The Robot* (*Die Seele des Roboters*) von Barrington J. Bayley auf W. E. B. Du Bois' *The Souls of Black Folk* (*Die Seelen der Schwarzen)*. Das musste doch etwas ganz Ähnliches sein, oder?

Nach kaum einmal zwei Seiten las ich Folgendes:

Nach den Ägyptern und Indern, den Griechen und Römern, den Teutonen und Mongolen ist der Schwarze eine Art siebenter Sohn, geboren mit einem Schleier und einer besonderen Gabe – dem zweiten Gesicht – in diese amerikanische Welt, eine Welt, die ihm kein wahres Selbstbewusstsein zugesteht und in der er sich selbst nur durch die Offenbarung der anderen Welt erkennen kann. Es ist sonderbar, dieses doppelte Bewusstsein, dieses Gefühl, sich selbst immer nur durch die Augen anderer wahrzunehmen, der eigenen Seele den Maßstab einer Welt anzulegen, die nur Spott und Mitleid für einen übrig hat. Stets fühlt man seine Zweiheit, als Amerikaner, als Schwarzer. Zwei Seelen, zwei Gedanken, zwei unversöhnliche Streben, zwei sich bekämpfende Vorstellungen in einem dunklen Körper, den Ausdauer und Stärke allein vor dem Zerreißen bewahren. Die Geschichte des amerikanischen Schwarzen ist die Geschichte dieses Kampfes – die Sehnsucht, ein selbstbewusstes Menschsein zu erlangen und das doppelte Selbst in einem, ohne dabei eines seiner früheren zu verlieren.[1]

Dutzende Fragen drängten sich mir auf, als ich dies las. Wo war dieses alternative Universum, in dem Schwarzsein auf einen Nachtrag reduziert wurde? Und mit wessen Augen sah Du Bois sich selbst? Später sollte ich noch *The Mis-Education of the Negro* entdecken, worin Carter G. Woodson erklärt, im amerikanischen Bildungssystem werde die Existenz Schwarzer Menschen »nur als Problem untersucht oder als von geringer Bedeutung abgetan«[2]. Diesen Gedanken führte Du Bois eloquent aus: »Zwischen mir und der anderen Welt steht eine ewige unausgesprochene Frage: Die einen sprechen sie aus Taktgefühl nicht aus, die anderen aus Mangel an der passenden Formulierung. Und doch schleicht jeder darum herum. [...] Wie fühlt es sich an, ein Problem zu sein? [...]«

Irgendwann wurde mir klar, dass meine Mittelzimmerbildung die Umkehrung von Woodsons verbildetem Negro war. Meine Mutter hatte einen entgegengesetzten Lehrplan auf die Beine gestellt, der auf den Worten und Werken großer Denkerinnen und Denker wie Dorothy B. Porter, Arturo Schomburg, Zora Neale Hurston und John Edward Bruce basierte, die allesamt, auf die ein oder andere Weise, Manifestierungen von Du Bois' Vorhaben sind, einen neuen Maßstab anzulegen. Ich bin nur ein uneheliches Kind, geboren mit dem Privileg, in das fertige Haus hineinzuspazieren, das Du Bois gebaut hatte.

Die Geschichte, die ich im Mittelzimmer entdeckte, war nicht nur eine alternative Version der amerikanischen Geschichte, sondern die eines *gänzlich anderen Orts*, völlig unvereinbar mit jener weißgewaschenen Mythologie, die in unserem kollektiven Gedächtnis verankert ist. Diesen Ort habe ich nie gekannt, denn dies ist ein Amerika, das in Wirklichkeit nicht existiert.

Jene Geschichte von Amerika ist eine fantastische, übertriebene, fiktive Erzählung. Es ist ein Fantasiebild, in dem Christoph Kolumbus ein Land entdeckte, das er nie betreten hat. Es ist die Geschichte von den Pilgern der *Mayflower*, die eine neue Nation gründeten. Von George Washingtons Kirschbaum und Abraham Lincolns Blockhütte. Es ist die Geschichte Versklavter, die sich, allein mit starken Rücken und einem Kopf voll Spirituals, aus freien Stücken hierherteleportierten. Es sind Betsy Ross' Nähzeug und Paul Reveres Pferd, Thomas Jeffersons Stift, Benjamin Franklins Brille, George Washingtons Zähne und Freiheit und Gerechtigkeit für jeden. Und es ist eine Geschichte, die auf Lügen basiert.

Geschichte kann nie objektiv oder unvoreingenommen sein, denn eine jede Geschichte ist, so sehr sich ihr Erzähler auch bemühen mag, durch seine Wahrnehmung der Realität beeinflusst. Das akademische Fach Geschichte ist dominiert von Weißen, die durch ihre Unfähigkeit, den Einfluss des Weißseins auf die Biografie Amerikas zu erkennen, behindert sind. Die besten Historiker versuchen sich der Wahrheit anzunähern, indem sie jene Zerrspiegel begradigen, in denen man die Vergangenheit bislang betrachtet hat, doch handelt es sich dabei nicht bloß um eine gefälschte Version von Geschichte, sondern um ein Märchen, in dem das Spiegelbild eines ganzen Volkes ausgelöscht wird, damit der Heldenmythos glücklich bis an sein Ende fortlebt.

Durch das Mittelzimmer blieb mir die Bürde erspart, den Zerrspiegel der Vergangenheit Amerikas geradezurücken. Für mich waren die Werke von Du Bois, Woodson und den anderen Schwarzen Chronisten vergangener Zeiten kein Gegennarrativ einer gebleichten, weißgewaschenen Version einer *ungefähr wahren* Geschichte. Das Amerika, das im Mittelzimmer existierte, ist für mich das wahre Amerika. Meiner Bildung nach sind wir die Sonne, und alles in der Geschichte der Existenz dieser

Nation dreht sich um das Schwarzsein, das unser Universum erleuchtet.

Wenn wir einmal tot sind und alles, was jemals war, zu Staub zerfallen ist, werden wir *nicht* Geschichte sein, sondern das, was einmal war. Einige wenige von uns werden ein so denkwürdiges Leben geführt haben, dass es ein weißer Mann für wert erachtet, seinen opponierbaren Daumen zu beugen, um unsere Existenz für die Nachwelt festzuhalten. Das Beste, worauf wir hoffen können, ist, Teil der *weißen Geschichte* zu werden, denn die Geschichte Amerikas *ist eine weiße Geschichte.*

Mit Ausnahme von dieser hier.

Diese Geschichte ist Black As F***.

GESCHICHTE, UNGEWEISST

Irgendwas stimmte nicht mit mir.

Ich war ständig wie in Trance, konnte nie still sitzen. Bevor ich endlich irgendwann mit der schwersten Form von Aufmerksamkeitsdefizits-/Hyperaktivitätsstörung diagnostiziert wurde, war ich einfach nur »hyper«.

Auch wenn man heute weiß, dass ADHS eine gängige neuronale Entwicklungsstörung ist, die Millionen Kinder betrifft, wurde bei mir eine »schwere« Störung diagnostiziert. Meine Mutter versuchte meiner Hyperaktivität durch die Ernährung entgegenzuwirken, so durften meine Schwestern und ich nichts essen, worin der rote Farbstoff Nr. 40 oder Zucker enthalten war (außer freitags, dann durfte ich entweder eine Rolle Life Savers oder eine Packung Chiclets haben). In der fünften Klasse verbrachte ich mehrere Monate in der Harriot-Version von Hausarrest, nachdem ich bei dem Versuch erwischt wurde, die Unterschrift meiner Mutter auf ein Zwischenzeugnis durchzupausen, in dem ich als »schlau, aber hat Schwierigkeiten, Anweisungen zu befolgen« beschrieben wurde. Der zweite stellvertretende Diakon unserer Kirche nannte mich den »zerstreuten Professor«.

Und dann waren da noch die Jacken.

Jacken waren der Fluch meiner Kindheit. Ständig kamen sie mir abhanden. Ich vergaß sie auf Kirchenbänken, in Autos und *vor allem* in der Schule. Und da sie der teuerste Teil einer Kindergarderobe sind, habe ich von meiner Mutter sogar noch mehr Ärger wegen der Jacken bekommen als wegen der Mülltonnen, die ich wieder mal vergessen hatte rauszustellen. Wenn es einen Jackenhimmel gibt, dann ist er sehr wahrscheinlich voll von Dorothy Harriots erstandener und verlegter Winterkleidung. Ich verlor immer, aber auch wirklich *immer* meine Jacke.

Als ich also in der fünften Klasse meine Mutter anflehte, mir eine »goosedown« zu kaufen – eine daunengefüllte Skijacke mit abnehmbaren Ärmeln, die gerade der neueste Trend war –, hielt sie mir natürlich einen Vortrag darüber, dass ich die nächsten zwei Winter an Frostbeulen und Unterkühlung leiden würde, falls ich die Daunenjacke verlöre. Der Tag, an dem mir meine Mutter diese Jacke im Army Navy Store kaufte, war kleidungsmäßig der zweitglücklichste Tag meines Lebens, nur übertroffen von der Fallschirmhose und dem Ghostbusters-T-Shirt, das ich ein paar Jahre später zum Geburtstag bekam.

Eines Tages war ich auf dem Nachhauseweg von der Grundschule, der an einer Ecke vorbeiführte, wo die Schlägertypen immer Schule schwänzten, um Zigaretten zu rauchen und sich »nekkid magazines« anzuschauen. Ich war in meine übliche Trance versunken, als mir der Geruch von Mentholzigarettenrauch verriet, dass man mir folgte. Als ich anfing zu rennen, war es schon zu spät. Die Bande umzingelte mich und forderte die Daunenjacke. Ich dachte an den Zorn meiner Mutter. Dachte zurück an all die lang verlorenen Jacken der Vergangenheit, von der Fake-Members-Only bis zur Sears Toughskin mit den Cordärmeln. Ich dachte an die Frostbeulenwarnung meiner Mutter und meine Zukunft in Isolationshaft im Mittelzimmer.

Ich weigerte mich, die Jacke abzugeben.

Sie prügelten sie mir vom Leib.

Ich kämpfte so verbissen, dass sie zwar den Mittelteil der Jacke, nicht aber die Ärmel bekamen. Aber was hat man schon von warmen Armen, wenn sich der ganze restliche Körper auf dem Nachhauseweg einen abfriert? Natürlich hielt ich die Sache geheim. Weniger weil mir der Überfall peinlich war, sondern vielmehr aus Angst vor dem Zorn meiner Mutter, wenn sie dahinterkam, dass ich das Teil, wofür sie ganze 56 Dollar hingelegt hatte, nicht mehr besaß. Ich wusste, sie würde mir die Geschichte von dem Überfall nicht abnehmen. Ich musste die Jacke zurückbekommen, bevor sie etwas merkte. Statt also ihr von dem Überfall zu erzählen, weihte ich meine älteren Cousins, Fred und Squeak, und meinen besten Freund James Bond ein.* Sie waren schon auf der Junior High und kannten die Übeltäter wahrscheinlich. Als ich ein paar Tage später bibbernd nach Hause ging, ohne dabei die Abkürzung durch Newport zu nehmen, riefen sie mich zu sich.

Sie hatten sie gefunden!

Dort, in meine ärmellose Daunenjacke gehüllt, stand mein Nachbar Freaky-D. Freaky-D war nicht besonders groß, aber furchtlos. Mit seinen 13 Jahren rauchte er schon Marihuana und trank Colt 45. Anscheinend hatte er meine Daunenjacke schon seit Monaten im Visier gehabt. Umzingelt von meinem Ermittlertrupp schwor Freaky-D, er habe die Jacke schon seit über einem Jahr. Seine Freunde, in denen ich die Diebe erkannte, gaben ihm Rückendeckung. Sie bestätigten seine Geschichte und beharrten darauf, dass er die Jacke schon seit über einem Jahr hätte. Nachdem sie ihn ein paar Minuten lang verhört hatten, nahmen Doppelnull, Fred und Squeak ihm die Geschichte ab und ließen ihn gehen. Während sie sich davonmachten, ließ mich Freaky-D wissen, dass die Sache noch nicht vorbei war.

»Das vergess ich dir nicht, Mikey«, rief er. »Freaky-D ist kein Dieb!«

Am nächsten Morgen wurde ich ins Büro des Schulleiters beordert. Da saß meine Mutter, zusammen mit Freaky-D und dem Konrektor der Hartsville Junior High School. Mit Tränen in den Augen erzählte Freaky-D, ich hätte meine Freunde dazu gebracht, seine Jacke zu stehlen. So unlogisch und absurd es für mich auch klang, der Jury im Schulleiterbüro erschien Freaky-Ds Aussage völlig plausibel.

---

* *Wir nannten ihn »Null Null Sieben«, woraus irgendwann nur noch »Doppelnull« wurde.*

Ich wies Freaky-Ds Lüge entschieden zurück und erklärte, dass es keinerlei Beweise für diese völlig unwahre Geschichte gebe. *Er* war der *wahre* Jackendieb. Was ich nicht wusste, war, dass Freaky-D tatsächlich einen Beweis hatte, und das war auch der Grund, warum meine Mutter in die Schule gebeten worden war. Während sie mir ein Loch in die Seele starrte, griff sie in meine Büchertasche und zog das Beweisstück hervor, das die Wahrheit der Daunenjackengeschichte belegte ... dessen Ärmel exakt dazu passten.

***

Was Sie hier lesen werden, ist eine wahre Geschichte. Die Namen wurden nicht zum Schutz der Schuldigen geändert.

In den meisten Geschichtsbüchern wird Amerika von europäischen »Siedlern« kolonisiert. In ihrer Aufzeichnung der nationalen Vergangenheit erkennen Historiker an, dass es sich bei den englischen, niederländischen, spanischen und französischen Kolonisten um menschliche Wesen mit verschiedenen Vorgeschichten, Kulturen und Beweggründen handelt. Man weiß um die politischen Anreize, wirtschaftlichen Anliegen und gesellschaftlichen Konventionen, mit denen die Raubtaten, Gewalttaten und Genozide wegerklärt werden, welche sie an den primitiven Schattengestalten verübt haben, die zu nennen man sich nicht die Mühe macht. Die Menschen und Kulturen, deren Blut die geraubten Landschaften tränkt, werden entmenschlicht, indem sie schlicht anonym bleiben. Die geraubten Afrikaner sind nicht Akan oder Nyamwezi, sondern einfach nur »Sklaven«. Die ausgelöschten indigenen Nationen sind nie Oceti Sakowin [bekannt auch als Sioux] oder Irokesen, sondern nur »Indianer« oder allenfalls »amerikanische Ureinwohner«. Und doch haben die Staaten und Kolonien, die sie ersetzen, Grenzen, Legislaturen und unterscheidbare Merkmale.

*Black As F**** will nicht mit dieser zeitlosen Tradition der amerikanischen Wissenschaft brechen, sondern befolgt ebenjene akademischen Konventionen, die wir mittlerweile gewohnt sind. Um die Leserschaft nicht durch neue historische Standards zu verwirren, werden in diesem Buch die englischen, niederländischen, spanischen und französischen Landräuber einfach nur als »Weiße« verstanden. Auch wenn es zuweilen aggressiv, konfrontativ und sogar herablassend wirken mag, wird hier zugrunde gelegt, dass der einzige Unterschied zwischen einem Dieb und einem »Siedler« darin besteht, wer den Polizeibericht schreibt. So ist der einzige Unterschied zwischen der *Black As F****-Version und der üblichen Darstellungsweise der Geschichte Amerikas, dass hier Weißsein nicht der Mittelpunkt des Universums ist, um den sich alles andere dreht.

Dieses Buch will ebenso wenig Weißsein vergöttlichen wie die Fehler Schwarzer Helden verschleiern. In dieser Geschichte ist Martin Luther King jr. ein Mensch, der sich manchmal fürchtet. Booker T. Washington und W. E. B. Du Bois sind zwar Gegner, doch ihr Ziel ist letztlich dasselbe – sich zu befreien. In diesem Buch sind versklavte Afrikanerinnen und Afrikaner keine Opfer, sondern Kriegerinnen und Krieger des Aschantireichs, die Gründungsväter der Gullah-Kultur und die Erschaffer Amerikas erster Demokratie.

Und auch wenn dieses Buch die Geschichte der Schwarzen in Amerika nicht vollständig abbildet, so zeigt es doch auf, dass einfach zu viel gestohlen wurde, als dass es eine solche Geschichte jemals geben könnte. In diesem Buch gibt es kein Amerika. In diesem Buch ist das Land, das wir als die Vereinigten Staaten kennen, nichts als ein gestohlenes Grundstück, das nach europäischer Logik und dem Gesetz der weißen Vorherrschaft zu einem Siedlerstaat umfunktioniert wurde. Dieses Buch ist die Geschichte eines brutalen Raubs. Von Familien und Freunden, die das Gestohlene zu retten versuchen. Es ist die Zeugenaussage und das Urteil, das eine Jury aus unseresgleichen niemals gehört hat. In *meiner Geschichte* kann ich das machen. Das hat Freaky-D mir gezeigt.

Jahre später fragte ich Freaky-D noch einmal nach der Jacke. Wie er zugab, wusste er, dass sie gestohlen war, als er sie den Dieben abkaufte. Ihm zufolge hielten sie ihn tagelang mit dem

Versprechen hin, dass sie ihm die Ärmel noch nachliefern würden. Er behauptet, nicht gewusst zu haben, dass es meine Jacke war, bis ihn Fred, Doppelnull und Squeak zur Rede stellten, woraufhin ihm der Plan einfiel, um an die Ärmel zu kommen. Und da Geschichte stets von den Werten ihres Chronisten durchdrungen ist, machte sich Freaky-D in seiner Version der Geschichte durch den Kauf gestohlener Ware auch nicht zum Dieb.

Genau wie Freaky-D ist Amerika kein Dieb.

Dies ist die *Black As F***-Geschichte Amerikas.

Dieses Buch sind die Ärmel.

1

EARTH, WIND AND AMERICA

Ich habe einen Onkel namens James.

Lange wusste ich überhaupt nicht, dass er James heißt. Für mich war er einfach »Uncle Junior«. James Harriot jr. war mal Marihuanahändler, mal Black Panther, mal Vietnamveteran und mal getreuer Diakon seiner Kirche. Er wusste Bescheid. Über so *einiges*. Zum Beispiel, wie man eine Bandsäge bediente oder einen Angelhaken mit lebenden Würmern versah. Er war noch unendlich vielseitiger, aber für mein zehnjähriges Ich war das im Wesentlichen mein Uncle Junior.

Eines drückend heißen Sommertags war ich bei ihm zu Besuch und spielte mit meinem Cousin draußen, wo es einen Teich und echte Pfauen gab. Wir hatten Uncle Junior um etwas Wasser gebeten, und er ließ es uns auf der Terrasse trinken, damit wir nicht die ultimative Sünde eines Schwarzen Haushalts begingen – ständig »rein- und rauszulaufen«. Als er die Gläser wieder mit ins Haus nahm, sah ich durch die Fliegengittertür, wie er eine Platte auflegte. Die Musik, die dann erklang, werde ich nie vergessen.

Wie er erklärte, war es Earth, Wind & Fire.

Ich würde ja sagen, dass Earth, Wind & Fire die beste Band aller Zeiten ist, aber vielleicht lesen auch Weiße dieses Buch, und ich will nicht, dass irgendwelche Beatles-Fans wegen mir einen Rappel bekommen. Ehrlich gesagt weiß ich gar nicht, was ein Rappel eigentlich ist, aber Uncle Junior sprach ziemlich oft davon. Ich weiß nur, dass es sich dabei um einen medizinischen Notfall handelt, der beinahe so gefährlich ist wie ein Nervenkoller, die tödlichste Art von Koller. Aber dafür ist jetzt nicht der richtige Zeitpunkt. Es ist vielmehr an der Zeit zu erklären, dass Earth, Wind & Fire im Grunde Jesus-freie Gospelmusik ist. Ich würde wetten, dass Ihnen überhaupt nicht bewusst ist, wie viele Songs von Earth, Wind & Fire Sie kennen, denn sie sind so allgegenwärtig wie Kirchenlieder. Noch dazu vereinte diese Band alle drei Elemente erstklassiger Black Music:

1. **SIE TRUGEN JUMPSUITS.** Der Jumpsuit ist für alle großen Musikperformer ein Muss. Es ist eine Vorgabe, die von The J. B.s, der Begleitband des Godfather of Soul, überliefert wurde. Wer es seitdem zu etwas bringen wollte, musste wenigstens einmal im Lauf seiner Karriere auftreten wie eine NASCAR-Crew, die in ein Fass voller Pailletten und Strasssteine gefallen ist. Viele wundern sich über André 3000s schräge Outfits, aber als ich ihn letzten Sommer mit OutKast live sah, trug Dre ohne Ausnahme Jumpsuits. Da wurde mir klar: Ihr lasst ihn einfach nicht groß rauskommen.
2. **SIE SANGEN FALSETT.** Prince. Eddie Kendricks. Michael Jackson. Philip Bailey. Alle großartigen Schwarzen Sänger müssen über eine zusätzliche Oktave verfügen, die allein dem Heiligen Geist und Herzschmerz vorbehalten ist.
3. **SIE SPIELTEN BLÄSER.** Mir ist ganz gleich, welche Musik Sie spielen – Tatsache ist, *alles klingt besser mit Bläsern.* Einfach alles. Das weiß jeder, und zwar seit Anbeginn der Zeit. Fragen Sie Joshua, wie er die Stadtmauern von Jericho zum Einsturz gebracht hat. Oder einen Soldaten, welches Instrument bei seiner

Beerdigung gespielt werden soll. Oder Jesus, welcher Klang seine Wiederkunft verkünden wird.

Uncle Junior *liebte* Earth, Wind & Fire, und so wurde natürlich auch ich zu einem Riesenfan der Band. Und die einzig richtige Art, sich »The Elements« anzuhören, war ihm zufolge auf Schallplatte. Natürlich hatte er auch CDs und Kassetten und sogar einen 8-Spur-Kassettenspieler. Doch für meinen ältesten Onkel sollten Alben von Earth, Wind & Fire nur in ihrer reinsten Form gespielt werden, von Anfang bis Ende. Mein Lieblings-EWF-Song war glücklicherweise »That's the Way of the World« der zweite Titel von der ersten Seite ihres gleichnamigen Albums.

Kennen Sie »*That's the Way of the World*«? Wenn Sie Schwarz sind, lautet die Antwort Ja. Wenn Sie je bei einer Grillparty waren, lautet die Antwort Ja. Wenn Sie eine Tante haben, die einen Lederminirock oder eine Bluse im Leopardenprint besitzt, lautet die Antwort Ja. Wenn Sie je den Duft von Räucherstäbchen in einem Zimmer mit Deckenventilator gerochen haben, lautet die Antwort Ja. Bis zum heutigen Tag erinnere ich mich jedes Mal, wenn ich den Song höre, wie sich Freude anhört. Wie Liebe schmeckt. Wie sich zu Hause anfühlt. Auf einmal bin ich wieder ein Kind, stehe auf der Veranda meines Onkels und lausche den Geschichten meiner Tanten hinter der Fliegengittertür, während mein Uncle Junior die Welt erklärt.

Das Einzige, was Uncle Junior noch mehr liebte als die Gruppe, die er »The Elements« nannte, war, anderer Leute Erzählungen zu korrigieren. Wenn sich meine Familie zusammenfand, saßen die Kinder meist auf dem Boden, während die Erwachsenen einander mit Geschichten unterhielten, die schon Generationen zurückreichten. Und wann immer jemand mit seiner Version »kreativ« wurde, um Dampf abzulassen, war Junior zur Stelle und sorgte dafür, dass die Wahrheit ans Licht kam. Als meine Mutter erzählte, wie Uncle Junior einmal eine unbändige schwarze Katze mit nach Hause brachte und im Badezimmerschrank versteckte, damit meine Großeltern nichts bemerkten, und die Katze daraufhin mitten in der Nacht herauskam und meine Mutter beinahe zu Tode kratzte, wurde sie von Uncle Junior daran erinnert, dass die Katze *genau genommen* eher mitternachtsgrau war und ihr in Wirklichkeit kaum mehr als eine Schramme verpasste. Als meine Tante Marvell für uns zum Besten gab, wie mein Großvater eine ganze Familie aus einem lichterloh brennenden Haus rettete, unterbrach er sie mit dem Hinweis, dass es fast nur Rauch und sehr wenige Flammen gewesen seien. Früher oder später nahm er sich der Geschichten an und erzählte sie weniger übertrieben nach, wobei es ihm aber irgendwie immer gelang, seine Version interessanter zu machen. Er war ein wahrhaftiger Faktenprüfer, eine wandelnde Fußnote mit tadellosen Erzählerqualitäten. Es war seine Leidenschaft.

Uncle Junior war aber auch kein Spielverderber, er war einfach jemand, dem die getreue Wiedergabe der Familiengeschichten ebenso wichtig war wie die Vermittlung der Geschichte des Sounds der Hausband Gottes. Das Wissen um diese besondere Eigenart machte ich mir manchmal zunutze, um seine Zuneigung zu gewinnen. Wenn Uncle Junior bei einem Familientreffen nicht dabei war, rief ich ihn hinterher an und rekapitulierte die Geschichten, während er seine Korrekturen einwarf. Ich konnte mich darauf verlassen, dass seine Version die maßgebliche war *und* die interessantere. Ehrlich gesagt ging es mir aber weniger um die Familiensagen als um den Spaß dabei, mir anzuhören, wie er die falsch dargestellten Fakten in Angriff nahm. Ich fand es nicht nur unglaublich komisch, es war auch eine Gelegenheit, Zeit allein mit meinem Onkel zu verbringen. Diese fortlaufende Gewohnheit stärkte meine Erzählkünste und verriet mir mehr über meine Familie, sie lehrte mich aber auch, mich *nie* auf die geschichtlichen Darstellungen anderer zu verlassen, solange ich sie nicht anhand einer unabhängigen Quelle bestätigen konnte, was ironischerweise dieselbe Methode ist, mit der ich die Geschichte Amerikas gelernt habe.

***

Die wahre Ursprungsgeschichte Amerikas ist auch ganz ohne Ausschmückungen ziemlich spannend; es gibt darin Kannibalismus, abenteuerliche Reisen und eine Art schamloser Inkompetenz, die diesem Diebstahlexperiment um ein Haar ein Ende bereitet hätte. Doch natürlich wurde, um das Gesicht zu wahren und den Profit zu maximieren, die Geschichte so lange überarbeitet, bis sie zu dem draufgängerischen Blockbuster wurde, den wir heute kennen, voll idealistischer, breitbrüstiger Erretter, die völlig unbefleckt, mit nichts als ein paar Musketen und einem Übermaß an Weißhäutigkeit ausgerüstet, die Idee zu einer brandneuen Form von Demokratie empfangen haben. Dazu noch ein paar Pilger, eine Handvoll wilder »Indianer« und, der Diversität halber, ein paar Schwarze Figuren, die den Wert harter Arbeit durch 400 Jahre unentgeltlicher Plackerei erfahren, und schon hat man einen Hit!

In der Version der Schöpfung Amerikas, die man Ihnen vermutlich beigebracht hat, spielt eine Gruppe Engländer die Hauptrolle, die wir heute die »Siedler von Jamestown«* nennen. In der arbeitsplatzsicheren Märchenausgabe der Geschichte Amerikas waren die Engländer ein mächtiges Reich, das mit Lehm und Einfallsreichtum eine neue Nation formte.** »Die und mächtig? Nee!«, hätte Uncle Junior wohl dazu gesagt, wäre er damals auf der Welt gewesen. Zu ihrer Zeit hatten sich diese sogenannten Abenteurer weltweit den Ruf eingehandelt, für körperliche Arbeit nicht geeignet zu sein, geschweige denn für den Entwurf einer neuen Gesellschaft. »Besorge dir deine Sklaven nicht in Britannien«, schrieb der römische Konsul Cicero. »Denn sie sind so dumm und vollkommen unfähig zu lernen, dass sie für den Haushalt Athens untauglich sind«.[1] Diese Inkompetenz sollte schließlich eine transnationale Infrastruktur

---

* *Das war alles, was sich die Protestanten in England leisten konnten, denn die katholische Kirche hatte den boomenden Immobilienmarkt in der Neuen Welt so gut wie leergekauft.*

** *Vergessen wir für den Moment den Teil mit der Versklavung.*

des Menschenhandels sowie eine einigermaßen glaubwürdige Story schaffen, anhand derer die generationenübergreifende Entmenschlichung und Enteignung durch diese sogenannten Aufgeklärten gerechtfertigt werden konnten.

Im späten 16. Jahrhundert stritten England und Spanien darum, welche Version des Christentums die beste sei, als James I. im Jahr 1603 den englischen Thron bestieg. Der protestantische James wollte die globale Vorherrschaft des katholisch geprägten Spaniens vereiteln, indem er im schnell wachsenden Kolonisierungsprojekt mitmischte. Im Jahr 1534 hatte das englische Parlament erklärt, dass es im Land kein »Oberhaupt der Kirche Gottes auf Erden« außer dem britischen König Heinrich VIII. gebe, der mit der katholischen Kirche gebrochen hatte, um seine Neue heiraten zu können.[2] Während also die katholische Kirche Spanien, Portugal und den anderen weißen Weltreichen als früher Investor diente, blieb Britannien der Zugang zum kirchlichen Startkapital verwehrt. Doch auch ohne eine Kolonisatorenversion von *Die Höhle der Löwen* gerieten die hochmütigen Mitglieder der britischen Elite nicht aus der Ruhe. Die anderen Länder mochten einen Vorsprung haben, doch die Engländer waren frei von der Bürde von Glauben oder Religion. Sie konnten unbeschwert im Namen einer höheren Macht kolonisieren: Cash Money.* Nachdem Königin Elizabeth I. die Genehmigung zur Kolonisierung der »von Christen unbeanspruchten« nordamerikanischen Territorien erteilt hatte, scheiterten die ersten vier Unternehmungen. Das lag aber zugegebenermaßen lediglich an Krankheiten, Mangel an Nahrungsmitteln, fehlenden Navigationskenntnissen und der Unfähigkeit, die Einheimischen von der englischen Vorherrschaft zu überzeugen. Niemand weiß, was bei der vierten Unternehmung geschah, die passenderweise als »verlorene Kolonie von Roanoke« bezeichnet wird. Doch die Engländer gaben nicht auf. Sie waren überzeugt, den Garten Eden zu finden,

* *Nicht das Plattenlabel, das kam erst um 1999, 2000 an die Macht.*

mit diamantenbehängten Bäumen und Flüssen voller Gold. Solch unermessliche Reichtümer konnten sie unmöglich den Menschen überlassen, die dort lebten. Sie mussten sie einfach selbst besitzen.

Es wäre ein Leichtes, die Geschichte Amerikas auf den Kopf zu stellen und die Kolonisatoren als die Bösen darzustellen. Doch die Männer, die sich an Bord der *Susan Constant*, *Discovery* und *Godspeed* begaben – jene drei Schiffe, die von der von König James gegründeten Aktiengesellschaft Virginia Company of London gechartert wurden –, waren viel zu unfähig, um sie als böse zu bezeichnen. Obwohl sie in ihrer Heimat noch niemals etwas abgebaut, bewirtschaftet oder errichtet hatten, waren diese Clowns fest davon überzeugt, sie könnten übers Meer segeln und einen ganzen Kontinent erobern, den sie noch nie gesehen hatten. Von allen erobernden Kulturen weltweit sind die Engländer die vielleicht unqualifiziertesten Kolonisatoren. Aber von Einbildung verstanden sie was, das muss man ihnen lassen.*

Neben der Sicherung der Rechte an den Gold-, Silber- und Kupferminen Virginias trug die erste Charta von Virginia den Siedlern auf, »unter denen, die noch in Dunkelheit und schrecklicher Unwissenheit um die wahre Erkenntnis und Verehrung Gottes leben, die christliche Religion zu verbreiten« und »die Ungläubigen und Wilden jener Regionen in menschliche Zivilisation [...] zu führen«.[3] Mit anderen Worten, sie würden diese Menschen ihres Landes, ihrer Kultur und Geschichte berauben. Doch im Tausch gegen eine ganze Zivilisation würden die Briten den Einheimischen weiße Kirchenmusik und Hüte mit Schnallen bringen! Ein fairer Deal, oder?

Am 26. April 1607 erreichten die 104 englischen Barbaren Tsenacommacah, ein Territorium im heutigen östlichen Virginia, das von 31 autonomen Stämmen bewohnt war. Da ihnen die grundlegenden geografischen Kenntnisse fehlten und sie ein

* *Viel mehr kann man ihnen auch nicht lassen.*

so enormes Maß an Überheblichkeit mitbrachten, hielten die Weißen die gesamte Ostküste Nordamerikas, von Kanada bis Florida, für Virginia und beanspruchten das Gebiet für sich, ungeachtet der Tatsache, dass es dort bereits eine funktionierende Zivilisation gab, deren Führung sich nicht kampflos ergeben würde. Diese Region wurde von König Wahunsenacah regiert, den die Weißen »Powhatan« nannten, was aber tatsächlich die Stammesgemeinschaft Wahunsenacahs bezeichnet.* Sobald er von den bleichen Männern erfuhr, die sich in Küstennähe aufhielten, sandte Wahunsenacah ein Willkommenskomitee aus, um sie mit 20 oder 30 Pfeilen zu begrüßen, so wie er es auch mit allen vorherigen Bootsladungen »verdächtig« aussehender Besucher aus der Nachbarschaft getan hatte. Nach einem kurzen Handgemenge zogen sich Wahunsenacahs Jungs zurück und beschlossen, ihren nächsten Schritt abzuwarten.

Von dem Moment an, da Wahunsenacah und seine Männer diesen bleichgesichtigen Spießbürgern zum ersten Mal begegneten, war den Einheimischen klar, dass es Ärger geben würde. Da war zum einen das Problem mit der Nahrungsversorgung der Gruppe: In der Mittelatlantikregion herrschte gerade die schlimmste Dürre, die man seit 700 Jahren erlebt hatte, ganz zu schweigen davon, dass ihre Ankunft im April ohnehin bedeutete, dass es schon zu spät war, um noch irgendetwas anzubauen. Noch dazu handelte es sich bei dem Fleckchen Erde, das sich die Kolonisatoren von Jamestown ausgesucht hatten, um das schlechteste Stück Land in der Region. Das Brackwasser, das die Siedlung von drei Seiten her umgab, bot zwar einen gewissen Schutz, doch im Juni wurde ihnen klar, dass amerikanische Moskitos eine ganz andere Nummer waren. Auch schienen sie das Konzept von Hygiene nicht ganz verstanden zu haben, denn sie sahen offenbar kein Problem darin, sich am

* *Die Geschichte und Kultur anderer Völker soll hier und im Folgenden nicht durch Verwendung der weißen Namensvariante der indigenen Völker ausgelöscht werden. Außerdem sind Weiße ziemlich schlecht darin, sich Namen zu überlegen.*

selben Ort zu erleichtern, an dem sie auch ihr Trinkwasser schöpften.

Der vielleicht größte Fehler der Virginia Company lag in der Wahl ihrer Eroberer. Im Gegensatz zu Portugal und Spanien, die im Weiße-entdecken-die-Welt-Trend die Nase vorn hatten, war England bei dem ganzen Kolonisierungsspiel noch relativ neu dabei. Portugal und Spanien verfügten dagegen über eine Klasse von Entdeckungsreisenden und Soldaten, die sich hauptberuflich dem Erobern widmeten. Statt ungehobelter Konquistadoren* sandten die Briten also reiche protestantische Aristokraten unter Führung von Captain Christopher Newport zur Landnahme aus. In deren Reihen fand sich außerdem Captain John Smith, ein berühmter englischer Söldner, der im Kampf verwundet, gefangen genommen und als Sklave verkauft worden war. Im Zuge der britischen Expedition wurde Smith wegen Verrats festgenommen und inhaftiert, bis die Schiffe in Virginia an Land gingen und die Mannschaft die Anordnung entsiegelte, die ihn zum Oberhaupt der Kolonie ernannte, obwohl er keinerlei Erfahrung als Landwirt, Verwalter einer Kolonie oder Führer eines Volks hatte. Es war ein fantastischer Start.

Selbst die wenigen Arbeiter, die sich in der Gruppe fanden, waren als Selbstversorger unerfahren, was die zu Pionieren gewordenen Risikoanleger ins Verderben stürzte. In seinen Aufzeichnungen bedauerte Smith, dass es in dem soeben gestohlenen Land nur wenige Bars, Bierstuben und Restaurants gab, sodass die Abenteurer von abgekochtem Wasser und einem Pint Weizen und Gerste pro Tag leben mussten. Der Großteil der Getreidevorräte war 26 Wochen lang an Bord gelagert gewesen und stellte nun eine hervorragende, wenn auch unkonventionelle Proteinquelle bereit – die Maden, die die Vorräte befallen hatten. Als Captain Newport die Gruppe zurückließ und versprach, gleich mit neuem Proviant zurückzukommen, hatte

* *Wörtlich: »Eroberer« (conquerer)*

diese in einem weiteren Anfall von Hochmut offenbar vergessen, wie lange die Reise tatsächlich dauerte, und unternahm noch nicht einmal den *Versuch*, etwas anzubauen. So saßen die unglückseligen britischen Aristokraten ratlos in dem neuen Land und gingen im Winter Virginias ein, wohingegen es die benachbarten Powhatan in ihren beheizten Unterkünften sehr bequem hatten.*

Während sich Newport auf die Rückreise machte, war Smith unterwegs und »entdeckte«, was schon entdeckt worden war, als er sich eines Tages von 200 Powhatan umzingelt fand. Nach kurzer Überlegung versuchte Smith, seinen einheimischen Führer als menschlichen Schutzschild einzusetzen, was bei den Männern mit den Pfeilen nicht gut ankam. Smith wurde »leicht in den Oberschenkel geschossen«[4], gefangen genommen, und zu Wahunsenacah gebracht.** Oberhäuptling Wahunsenacah erschien in voller Montur zum Verhör, mit Perlenketten, Waschbärpelz und einem Gefolge von Beratern und »jungen Frauen, die je eine große Kette aus weißen Perlen um die Schulter trugen und deren rot bemalte Gesichter von so ernstem und hoheitsvollem Ausdruck waren, dass ich zu Bewunderung gerührt war, einen nackten Wilden derart zu sehen«.[5] Wahunsenacah servierte Smith einen üppigen Brunch und beschloss dann, ihn freizulassen. Solange sich die weißen Männer fernhielten, so glaubte der Häuptling aller Häuptlinge, konnten die beiden Gruppen in Frieden zusammenleben, ein für die Europäer völlig fremdartiges Konzept. Sie waren der Ansicht, die Einheimischen müssten etwas im Schilde führen, eine Theorie, die Smith mit seiner Behauptung bekräftigte, sie hätten ihn wohl verspeist, wenn er nicht den König der Wilden überlistet und Wahunsenacah überzeugt hätte, ihn freizulassen.

---

* *Die Powhatan hatten tatsächlich ein zentrales Heizungssystem entwickelt.*

** *Smith behauptet, man habe ihn entführt, wahrscheinlich aber hat er bloß die Einheimischen nicht verstanden, als sie ihm seine Rechte vorlasen.*

Doch Wahunsenacah sah, dass die unbeholfenen Einwanderer in Schwierigkeiten waren, und bemitleidete sie. Auch wenn er nicht wusste, ob ihre Gesichter wegen Malaria, Ruhr oder dem Trinken des Scheißwassers so blass waren (die Antwort lautet: Alle Aussagen treffen zu), beschloss er, den Siedlern zu helfen und ihnen Nahrung zu schicken, bis Newport von seinem Großeinkauf in England zurückkäme.

In England herrschte derweil große Aufregung, weil Newport* mit Säcken voller Gold zurückgekehrt war, das die Jamestonier entdeckt hatten. Die Investoren hielten deshalb die Kolonisierungsgeschichte für einen tollen Plan. Sie stellten nicht nur neue Vorräte bereit, Newport trat auch mit 120 zusätzlichen Arbeitskräften und Siedlern den Rückweg nach Virginia an. Bei ihrer Ankunft wurden sie nicht gerade mit einer großen Party begrüßt. Als Newport am 2. Januar 1608 mit Vorräten, Handwerkern und der Mannschaft an Land ging, waren 66 der ursprünglichen Siedler dem Hungertod, Krankheiten und den Pfeilspitzen der Powhatan zum Opfer gefallen. Glücklicherweise war Newport nicht vor Ort, als die Briten daheim erkannten, dass es sich bei dem vermeintlichen »Gold« der Siedler tatsächlich um Eisenpyrit handelte – Narrengold.

Nach Erhalt der ersten Versorgungslieferung machten sich die Siedler an die Arbeit. Offenbar hatten sie nicht das Geringste über Rationierung gelernt und aßen wie jede intelligente, zivilisierte Gesellschaft *schon wieder* all ihre Vorräte auf, um ein zweites Mal die mageren Zeiten durchzumachen, die sie soeben durchgestanden hatten. (Man weiß ja, wie es läuft, wenn Leute in schlechten Wohngegenden einmal staatliche Zuwendungen erhalten!) Um nicht zu verhungern, überlegten sich Newport und die Siedler den weißesten Plan aller Zeiten: Sie würden Wahunsenacah, dem Kaiser des nicht hungernden Volkes Powhatan, noch einen Besuch abstatten und ihm die Ehre

* *Falls Sie sich fragen, ob er irgendwas mit den Zigaretten zu tun hat: Die Antwort lautet Ja.*

erweisen, ihn zum englischen Vasallen zu machen. Denn welcher vernünftige Mensch würde schon das Privileg ausschlagen, ein ehrenhafter Weißer zu werden?* Die geniale Idee hatte nur einen Haken: Wahunsenacah kniete vor *niemandem*.

Man wird schließlich nicht Präsident von Tsenacommacah, indem man auf die Knie geht. Vielmehr lebte Wahunsenacah nach zwei Leitsätzen:[6]

1. »Wer den Kopf höher als andere hält, ist von höherem Rang« und
2. »Wer andere verletzlich macht, ohne seinen eigenen Standpunkt zu verändern, ist von höherem Rang«.

Die Weißen hatten ja keine Ahnung, was da auf sie zukam.

Nach Wahunsenacahs Krönung forderten die Siedler weitere Nahrungsmittel von ihrem neuen Landsmann ein. Als die Kolonisten den Häuptling darüber informierten, dass er nun ein Untertan von König James I. war, setzten die Powhatan nicht nur ihrem Wohlfahrtsprogramm ein Ende, Wahunsenacahs Krieger umzingelten auch die Siedlung von Jamestown und warnten die Bettler, ihre blütenweiße Gated Community nicht mehr ohne pfeilsichere Westen zu verlassen. Da sie nun nicht mehr zum Jagen, Fischen oder zur Nahrungssuche ausziehen konnten, ohne angegriffen zu werden, standen die Siedler also wieder ganz am Anfang.

Bald hatte es sich bis nach England herumgesprochen, dass die Siedler durchdrehten wie Kenny G bei einer HBCU Halftime Show. Nicht genug damit, dass sie kein Gold fanden; als sie bei einer Erkundungstour den höchsten Berg der Region erklommen, konnten sie den Pazifik *noch immer* nicht sehen. (Ja, sie dachten tatsächlich, sie könnten ein paar Meilen von ihrer Siedlung entfernt einen Weg nach Asien finden.) König James war so entschlossen, seine Investition zu retten, dass er der Vir-

* *Wahunsenacah!*

ginia Company eine neue Charta ausstellte, inklusive einer Flotte von neun Schiffen, beladen mit Versorgungsmaterial und 500 Kolonisten. Es war die größte Flotte in der Geschichte des Landes ... bis sie durch einen Orkan getrennt wurde und auf zwei Schiffen Gelbfieber und die »Londoner Pest« ausbrach. Zwei weitere Schiffe gingen auf See verloren und blieben verschollen. Als die Verstärkung endlich in Virginia eintraf, war der Proviant so gut wie aufgebraucht, dafür gab es *noch mehr Leute*, die verpflegt werden mussten.

Smith und die Gouverneure von Jamestown mussten zu Recht und Ordnung aufrufen, um zu verhindern, dass die verzweifelten Kolonisten die englischen Stadtrandsiedlungen in ein Ghetto verwandelten. Im Oktober 1609 schlief Smith auf einem Sack Schießpulver ein, das versehentlich Feuer fing und ihm 20 Zentimeter Haut in der Leistengegend versengte.* Glücklicherweise befand er sich auf einem Boot und konnte ins Wasser springen, wo er jedoch beinahe ertrank. Nachdem sich sein Rücktransport nach England wochenlang verzögert hatte, verließ John Smith Virginia schließlich als völliger Versager, der trotz aller Mühen außer einem Tagebuch, ein paar Geschichten und verkohlten Genitalien nichts vorzuweisen hatte. Nach Smiths unglücklicher Würstchengrillepisode lud Wahunsenacah Smiths Nachfolger John Ratcliffe und die 25 wichtigsten Weißen von Virginia zu einem großen Festmahl ein, mit der Aussicht auf weitere Zuwendungen vonseiten der Powhatan-Regierung. Beim Bankett eingetroffen, stellte Ratcliffe fest, dass die Essenskörbe leer waren und er direkt in die Falle getappt war. An jenem Abend wurde Ratcliffe entführt, bei lebendigem Leib gehäutet und am Marterpfahl verbrannt. Es gehörte zu Wahunsenacahs Plan, sein Land ein für alle Mal von den lästigen Weißen zu befreien, indem er endlich

* *Tun Sie ja nicht so, als hätten Sie noch nie ein Nickerchen auf einem Boot mit entzündlicher Ladung gemacht. Ich selbst bin eben erst von einem Dynamitschläfchen aufgewacht.*

tat, was er von Anfang an hätte tun sollen – sie verhungern lassen.

Nach dem Untergang seiner schlampigen Führung war Jamestown verloren. Bei Einbruch des dritten Winters in der Siedlung erlebten die Neuankömmlinge einen neuen Tiefpunkt und waren gezwungen, ihre Ledergürtel, Haustiere und schließlich einander zu essen. Ja, es stimmt: Forscher konnten tatsächlich nachweisen, dass die wenigen verbliebenen Jamestonier diese als »starving time« bekannte Zeit überlebten, indem sie schwangere Frauen töteten und ihre eigenen Kinder verspeisten.[7] Die gepriesenen »ersten Amerikaner« waren Kannibalen.

Im Mai 1610 erreichten 142 Überlebende von König James' unglückseliger Flotte die Siedlung auf einem Schiff, das sie geschafft hatten, sich auf den Bermudas selbst zu bauen. Einer der Passagiere, John Rolfe, hatte bei dem Schiffbruch vor den Inseln seine Frau, seine Tochter und sämtliches Hab und Gut verloren. Als er schließlich in Virginia ankam, hatte er nur ein paar auf den Bermudas gesammelte Tabaksamen bei sich. Er hatte von dem neuen Trend des Rauch-»Trinkens« gehört, der gerade in Europa umging, und beschloss, diese westindischen Tabaksamen anzupflanzen. Wie sich herausstellte, bot Virginia den idealen Boden für den Tabakanbau.

Als Rolfe und Co eintrafen, war Wahunsenacah noch immer auf seinem Trip. Chief Rocka Nummer eins hatte die weißen Eindringlinge erfolgreich ausgehungert und verfügte nach wie vor über eine große einheimische Streitmacht. Als das Schiff aus den Bermudas anlegte, waren von mehreren Hundert englischen Siedlern tatsächlich nur noch 60 übrig. Doch ein besonders barbarischer Kolonist, der stellvertretende Gouverneur Samuel Argall, hatte einen Plan. Argall war der Inbegriff des Bösen, bekannt dafür, französische und niederländische Siedlungen zu überfallen und für den König zu beanspruchen. Wenn Argall die Eroberung einer Siedlung nicht gelang, ging er einfach zu Plan B über und setzte sie in Brand, wie er es mit einer Jesuitenkolonie und einer französischen Siedlung im heutigen Maine getan hatte. Zuerst versuchte Argall Wahunsenacah zu unterwerfen, indem er Dörfer der Einheimischen niederbrannte. Nachdem das nichts half, fand er heraus, dass Wahunsenacahs Schwachstelle seine Tochter Matoaka war. (Die Weißen nannten sie »Pocahontas«, weil ... Wie schon gesagt, sie hatten es leider überhaupt nicht mit Namen.)

Im April 1613 entführte Argall Matoaka, indem er sie auf sein Schiff lockte. Er bot an, sie gegen die englischen Gefangenen auszutauschen, die sich aus dem Camp gewagt hatten. Als Wahunsenacah einwilligte, brach Argall die Abmachung und verlangte mehr Vorräte. Wieder willigte Wahunsenacah ein, doch Argall würde seine Tochter nie mehr freilassen; sie trat zum Christentum über und wurde mit Rolfe verheiratet. So war der Bekehrungsplan der Weißen beim zweiten Anlauf doch noch erfolgreich. Wahunsenacah wies seine Krieger an, sich zu entspannen, und schenkte Rolfe mehrere Hundert Morgen Land als Mitgift. Im Jahr 1614 exportierte Rolfe ein paar Fässer seiner ersten Tabakernte, und die Engländer waren *verrückt* danach. Seit dem Vorfall mit dem Falschgold im Jahr 1608 waren das die ersten guten Nachrichten von der Virginia Company.

Da der Erfolg offensichtlich war, blieb nun die Frage, wer dieses neue Exportprodukt anbauen sollte. Die wenigen verbliebenen Siedler hatten keine landwirtschaftliche Ader und konnten sich nur mit Mühe selbst versorgen. Um dieses Problem zu lösen, brach Argall 1616 mit John und Matoaka zu einem Investor-Relations-Trip nach England auf. Die Reise kam jedoch zu einem jähen Ende, als Matoaka an einer ungeklärten Krankheit plötzlich starb. Ihre Stammesangehörigen glaubten an eine Vergiftung, während einige Historiker von einer Atemwegserkrankung oder Ruhr ausgehen.* Was auch immer die Ursache war, Argall kehrte mit dem soeben verwitweten Rolfe ohne einen Plan nach Virginia zurück.

In Virginia hatten derweil die Chickahominy, die nicht zu Wahunsenacahs Bündnis gehörten, die faulen britischen Sied-

* *Meinen eigenen Nachforschungen zufolge fehlte ihr einfach würziges Essen.*

ler mit Nahrung versorgt, die *noch immer* nicht genug angebaut hatten, um sich selbst zu ernähren. Als Wahunsenacah im April 1618 starb, beschlossen die Einheimischen, die staatlichen Beihilfen an die Siedler einzustellen. Das Ende dieses Wohltätigkeitsprogramms würde die unerfahrenen englischen Eindringlinge dem Untergang weihen. Sie brauchten dringend Hilfe. Das Einzige, was die englische Kolonie vielleicht noch retten konnte, war ein Zustrom an Einwanderern, die wussten, was sie tun.

Wieder einmal stand Jamestown am Rande des Ruins. Die englischen Investoren verlangten ihr Geld, das König James jedoch nicht hatte. Rolfe besaß zwar Land, doch da er es nicht bewirtschaften konnte, war es im Grunde wertlos. Nach einer sommerlichen Hitzewelle machten sich die Kolonisten auf eine zweite »starving time« gefasst, da die Investoren erst dann mehr Vorräte schicken wollten, wenn sie ihr Geld bekämen. Im Juli 1619 hielt die Virginia Company ihre erste gesetzgebende Versammlung ab. Bei den Zusammenkünften kam man überein, dass es für das Überleben der Gesellschaft eine gute Idee sei, wenn die Siedler genug Nahrung anbauen würden, um sich selbst zu versorgen. Statt 75 Prozent der Landfläche für den Tabakanbau zu nutzen und sich auf das Wohlfahrtsprogramm der Einheimischen zu verlassen, beschloss das erste weiße Gesetzgebungsorgan Amerikas, die Tabakproduktion auf 25 Prozent des Plantagenertrags zu reduzieren und Grundstücke an Investoren zu übertragen. Ein Plan, der auf den ersten Blick vernünftig erscheint, aber in Wirklichkeit verstanden diese Leuchten noch *immer* nichts vom Landbau und hatten sich noch nicht einmal daran versucht. So zu tun, als hätten sie auf einmal den Durchblick und könnten sich selbst versorgen, war also schon ein starkes Stück. Es gibt ein Wort dafür, etwas einfach immer wieder zu wiederholen, und dabei andere Ergebnisse zu erwarten:

Amerikanisch.

Das Amerikaexperiment hatte sich so gut wie erledigt. Sie hatten keine Nahrung, kein Gold, und in ihrem Heimatland

kreisten Gerüchte wegen der Menschenfresserei – wie sollte man da ein geschultes, arbeitsames Volk finden, das wusste, wie man ein Land aus dem Nichts aufbaut? England war es sicher nicht. Sie haben Cicero ja gehört!

Dann kreuzte ein Kumpel von John Rolfe mit einer Fracht auf, welche die unbeholfenen britischen Kolonisatoren vor dem Aussterben bewahren sollte.

Am 12. oder 13. Oktober 1616 brach der spanische Kapitän Manuel Méndez de Acuña mit seinem eigenen Schiff aus Spanien auf, versehen mit einem Schreiben, das ihn ermächtigte, entführte Afrikanerinnen und Afrikaner von Afrika nach Veracruz, Mexiko, zu transportieren. Obwohl die *San Juan Bautista* lediglich für 200 versklavte Menschen zugelassen war, brach

Acuña mit mindestens 350 geraubten Personen von Luanda, Angola, auf. Als das 115 Tonnen schwere Gefährt Jamaika erreichte, waren etwa 143 von ihnen gestorben. Wie die meisten Sklavenhändler hatte Acuña es so geplant; die Menschenhändler überluden ihre Schiffe regelmäßig, um den größtmöglichen Profit zu machen. In Jamaika verkaufte er 24 Kinder und nahm Kurs auf Veracruz, wo er eine Schiffsladung von 123 Menschen angab. 60 Menschen fehlten.

Im Juli 1619, kurz bevor die *San Juan Bautista* in Mexiko eintraf, war sie von 25 Engländern auf einem kleinen Schiff überfallen worden. Nachdem sie Acuña etwa 60 Exemplare seiner geraubten Fracht geraubt hatten, teilten sie diese zwischen dem 160-Tonner *White Lion* und dem 100-Tonner *Treasurer* auf. Die diebischen Briten beschlossen, die Virginia Colony anzusteuern, wo sie nicht Gefahr laufen würden, verhaftet oder angegriffen zu werden. Als die *White Lion* »etwa Ende August« in Point Comfort anlegte, verhandelten der Gouverneur von Virginia, Sir George Yeardley, und der Handelsbeauftragte der Kolonie, Abraham Peirsey, einen Spottpreis für die Schiffsfracht – »ungefähr 20 Negroes« im Tausch gegen Proviant und »die besten und günstigsten Bedingungen, die ihnen möglich waren«.[8]

Und damit war das Projekt Jamestown gerettet. Erst *dadurch* gewann das Land an Wert. Die Arbeit der Versklavten war mehr wert als das Märchen von Gold und Diamanten, die auf Bäumen wuchsen. Nun, da sie ein Exporterzeugnis, Land im Überfluss und Leute hatten, die damit etwas anzufangen wussten, wurde aus dem kläglich gescheiterten Experiment ein beispielloser Erfolg. Doch warum ausgerechnet Virginia? Warum sollte ein Schmuggler erfolgreichere Siedlungen umfahren, um eine gescheiterte Kolonie anzusteuern? Woher wussten sie, dass man sie dort freundlich empfangen würde? Wenn diese Geschichte überhaupt je erzählt wird, dann als eine von Zufall und glücklicher Fügung, aber in Wirklichkeit geht es darin natürlich um Täuschung, List und Habgier.

Als John Rolfe mit seiner soeben geraubten Frau den Investor-Relations-Trip nach England unternahm, reiste er dorthin und auch zurück zur Kolonie auf einem Schiff, das unter der Führung des brutalen Samuel Argall stand. Gleich nach ihrer Rückkehr wurde Argall wieder nach England beordert, um sich wegen des Vorwurfs der Misshandlung von Kolonisten und der Leitung eines internationalen Verbrecherrings zu verantworten. Für die Rückfahrt nach England musste sich Argall jedoch eine andere Mitfahrgelegenheit suchen, da sein eigenes Schiff von seinem Kumpel, einem berühmt-berüchtigten Freibeuter namens Daniel Elfrith, geführt wurde, der sich das Stehlen auf hoher See zum Beruf gemacht hatte. Elfrith hatte sich die *Treasurer* von Argall geliehen und mit dem Stehlen der gestohlenen Afrikaner von der *San Juan Bautista* das große Los gezogen.

Vier Tage nach Ankunft der *White Lion* verkaufte Elfrith »zwei oder drei Negroes« in Virginia.[9] Er hätte wohl noch mehr verkaufen können, musste jedoch überstürzt abreisen, da der neue Gouverneur von Virginia, Sir George Yeardley, das Schiff als bekanntes Piratenschiff erkannte und ihn des Landes verwies. Yeardley konnte allerdings nicht widerstehen, ihm vor dem Rauswurf noch ein paar preisgünstige Menschenwesen abzukaufen. Dabei war ihm klar, dass es schnell gehen musste, denn er wollte seinen guten Ruf nicht durch Geschäfte mit Piraten besudeln. Solche Schwierigkeiten konnte Virginia nicht gebrauchen.

Weniger als ein Jahr später, im März 1620, wurden bei der ersten Volkzählung der Virginia Colony 17 Frauen und 15 Männer verzeichnet, die »keine Christen im Dienste Englands« waren. Eine dieser Frauen taucht in späteren Dokumenten als »Angela« oder »Angelo, a negro woman« auf. Angela kam als Passagierin mit Daniel Elfriths unabhängigem Raubzug-, Versklavungs-, Entführungs- und Dorfverbrennungsunternehmen, der *Treasurer*, nach Amerika. Es war dasselbe Schiff, mit dem Argall Matoaka entführt und indigene Siedlungen entlang der Küste niedergebrannt hatte. Es war ein Seelendieb, angetrieben von Habgier und Raub, und so amerikanisch, wie man es sich nur denken kann.

Hier, in den Senken und Vertiefungen der Geschichte der geraubten Menschen, liegt das wahre Amerika. Jene andere mythische Erzählung, die an Schulen verbreitet wird, ist für mich so real wie Atlantis oder Oz. Sie ist eine gigantische Lügengeschichte, die durch jahrelanges Garnspinnen immer weiter verfeinert, ausgeschmückt und in Köpfe eingebläut wurde. Doch in der Mittelzimmerwelt von Du Bois und seinen Nachfolgern stellen wir Amerika die wahre Frage:

Wie fühlt es sich an, ein Menschendieb zu sein?

Oder ist das einfach, wie's läuft auf Welt?

DREI KURZE FRAGEN

1. **Was ist der Unterschied zwischen einem »Siedler« und einem »Invasor«?**
   a. Die Anzahl der zur Invasion mitgeführten Schusswaffen.
   b. Das kommt drauf an, wer die Geschichte erzählt.
   c. Invasoren werden zu Siedlern, wenn sie die Menschen, in deren Land sie eindringen, bezwungen haben.
   d. Zwei unterschiedliche Schreibweisen.

2. **Wer waren die ersten Amerikaner?**
   a. Die Menschen, die dort lebten, als der Name »Amerika« erfunden wurde.
   b. Die Menschen, die sich den Namen »Amerika« ausdachten, aber noch nie da gewesen waren.
   c. Die Menschen, die ihre Staaten an einem Ort namens »Amerika« vereinten.
   d. Weiße Menschen.

3. **Ordnen Sie die folgenden Wilden aufsteigend nach dem Grad ihrer Zivilisiertheit:**
   a. Menschen, die darum kämpften, ihr Land gegen Invasoren zu verteidigen.
   b. Menschenhändler.
   c. Menschen, die Menschenhändler bestehlen.
   d. Menschen, die von Menschenhändlern gestohlenes Gut erwerben.
   e. Kannibalen.

AUFGABE

EIN GRUSS VOM ZUKÜNFTIGEN KOLONISATOR

Als Corporate Communications Director der Virginia Company of London kommt Ihnen die Aufgabe zu, Wahunsenacah in einem einseitigen Brief die britischen Kolonisatoren vorzustellen. Erklären Sie möglichst wahrheitsgemäß die Motive, Pläne und Absichten Ihres Unternehmens, und zwar derart, dass die Wahrscheinlichkeit, einen Pfeil der Powhatan durch die Brust zu bekommen, möglichst gering bleibt.

2

DER KIRCHENSTREIT, MIT DEM DIE SKLAVEREI BEGANN

Über die Geschichte der europäischen Religion und sozialen Kastensysteme und die Verwertung des afrikanischen Kontinents als Fabrik für den Rohstoff Mensch durch die Europäer wurden bereits ganze Bücher geschrieben. Um jedoch die Ursprünge des in der amerikanischen Verfassung verankerten Menschenhandelssystems zu verstehen, in dem Menschen rechtlich auf Güter reduziert wurden, müssen wir einen Blick zurück zu den Anfängen des transatlantischen Sklavenhandels werfen, der das Fundament der hautfarbenbasierten sozialen Hierarchie Amerikas bildet.

Es fing an mit der Kirche.

Der Kirche.

Nach dem Tod eines recht unbekannten Holzarbeiters namens Jesus begann sich in Europa das Christentum durchzusetzen. Lange bevor die konservativ christliche Bewegung die Idee übernahm, sich den christlichen Glauben zur Ausweitung einer politischen Basis zunutze zu machen, kam man im Römischen Reich auf den Gedanken, Kirche und Staat zum Zweck der Politik und Weltherrschaft zu verknüpfen. Das »Heilige« Römische Reich ging zwar irgendwann unter, doch das Konzept, Gottes unfehlbaren menschlichen Vermittler – den Papst – als politischen Führer einzusetzen, blieb bestehen und machte die katholische Kirche zur mächtigsten Institution Europas. Der Vatikan verfügte über eine eigene Armee, legte Konflikte zwischen Ländern bei und verhandelte sogar Staatsverträge. Im Jahr 1054 kam es zur Aufspaltung »der Kirche« in zwei Fraktionen (die östlich-orthodoxe und die katholische Kirche), die jeweils unterschiedliche Bereiche des europäischen Kontinents beherrschten.

Wichtig in Bezug auf unsere Geschichte ist Folgendes: Seit 711 beherrschten nordafrikanische und arabische Muslime, die sogenannten Mauren, verschiedene Teile von al-Andalus, der Iberischen Halbinsel, die das heutige Spanien und Portugal umfasst. Um die Kontrolle über ihre jeweiligen Heimatländer zu erlangen, sicherten spanische und portugiesische Adlige dem Papst vermehrte Abgaben und Spenden für die lateinische Kirche zu, wenn sie die *Reconquista* unterstützte – den 400-jährigen Kampf um die Beherrschung der Iberischen Halbinsel. Das Papsttum ergriff nur zu gern die Chance, sein Territorium zu erweitern und Einnahmen zu generieren. So erklärte Papst Calixt II. im Jahr 1123 die *Reconquista* zu einem Teil der Kreuzzüge – einer Serie von Religionskriegen zur Eroberung des Heiligen Lands und zur Beseitigung von Nichtchristen.[1] Im Lauf dieses anhaltenden Konflikts zwischen christlichen und islamischen Königreichen unterlagen Afrikaner, Osteuropäer und Asiaten verschiedenen Formen der Leibeigenschaft. Sklaverei existierte zwar zu der Zeit, war aber weder ausschließlich rassistisch motiviert noch so weitverbreitet und etabliert wie später in Amerika.

Als Spanien und Portugal im 15. Jahrhundert ihre Heimat zurückeroberten, befanden sich die beiden Länder durch die jahrhundertelangen Kriege in ernsten finanziellen Schwierigkeiten. Derweil hatten auch andere europäische Länder das dunkle Mittelalter hinter sich gelassen, ihre Kreuzzüge beendet und ihrer Wirtschaft zu neuem Aufschwung verholfen. Wenn Portugal und Spanien neben ihren europäischen Kontrahenten bestehen wollten, brauchten beide Länder neue Einkommensquellen – wozu es am besten erschien, die Kontrolle über die

Halbinsel zu erlangen. Dieses *land grabbing* löste eine extreme Rivalität aus, wie man sie bis zum Anbeginn der Debatte um Prince vs. Michael Jackson nicht mehr erleben sollte.

Nachdem Johann von Avis mit seinen Söhnen die Kontrolle über Portugal von den Mauren übernommen hatte, wurde er zum König gekrönt. Allerdings wusste er noch nicht, mit welchen zusätzlichen Beigaben für den Opferteller er sich beim Pfarrer einschmeicheln sollte. Als ein im Grunde neues Land hatte Portugal keinen besonders guten Kreditscore und deshalb nur begrenzte Möglichkeiten. Doch glücklicherweise hatte König Johanns Sohn Henrique zwei besondere Interessen: Schiffe und Afrika.[2]

Im Jahr 1415, mit gerade mal 21 Jahren, hatte sich Henrique bereits durch seine Mitwirkung an der Einnahme der nordafrikanischen Stadt Ceuta ausgezeichnet, die sich allmählich zu einem bedeutenden Handelsposten für Portugal entwickelte. Nach der Belagerung hörte Henrique, dass Afrika reich an Gold, Schätzen und primitiven Afrikanern sei. Damals hatte Hank noch keinen Sklavenhandel im Sinn, sondern eine viel simplere Idee: Wie wäre es, wenn sie ihr Territorium nicht durch Kriegsführung erweitern würden, sondern stattdessen nach neuen, unentdeckten Gebieten suchten und sich einfach an Land und Ressourcen der afrikanischen Wilden bedienten? Soweit alles ganz einfach, doch es gab ein Problem:

Die Ungeheuer.

Im Mittelalter gingen die mutigsten weißen Abenteurer auf Reisen, um es zu Ehre, Ruhm und – natürlich – Geld zu bringen. Besonders gefragt waren damals Güter, die nicht regional erhältlich waren, vor allem Pelze, Edelmetalle und Gewürze.* Wenn diese ausgekochten Salz suchenden Seefahrer nicht zurückkehrten, nahmen die meisten Leute an, dass die furchtlosen Reisenden einer unbesiegbaren Bestie begegnet sein mussten, eine

* *Ich weiß, Sie erwarten jetzt wieder einen Würzewitz, aber so einfach machen wir es uns nicht.*

Annahme, die noch dadurch verstärkt wurde, dass europäische Seefahrer bei Erkundungen der westafrikanischen Küste nie weiter nach Süden vordrangen als bis zur nordafrikanischen Saharaküste. Es *musste* an den Ungeheuern liegen. Was sollte diese ritterlichen Pfadfinder auf wackligen Schiffen sonst schon bezwingen, wenn nicht ein säbelzähniger Leviathan?

Unbeirrt machte sich Henrique auf herauszufinden, woher die Afrikaner, die in der nordafrikanischen Provinz Ceuta Handel trieben, das ganze Gold hatten. Doch bei seiner Mission, dorthin zu gelangen, scheiterte er ein ums andere Mal kläglich. Wie sollte Portugal die wichtigste Institution Europas – die katholische Kirche – zufriedenstellen, wenn er keinen Goldschatz fand? Falls ihm nicht schnell etwas einfiel, ließe die Kirche womöglich seine Nachbarn in Spanien an die Macht. Doch dann kam Henrique noch ein anderer schlauer Einfall: kulturelle Aneignung.

Die afrikanischen koptischen Seefahrer fuhren schon seit Jahrhunderten kleinere Boote mit Lateinersegel statt großer Schiffe mit dem althergebrachten Rahsegel, wie es die Europäer benutzten. Henrique fragte einen seiner afrikanischen Diener, der während der *Reconquista* gefangen genommen worden war, wie man diese Schiffe baute und den Seeungeheuern aus dem Weg ging. Nachdem sich der Diener gut eine Dreiviertelstunde lang weggelacht hatte über die Vorstellung seines Entführers, eine Horde Meereskobolde mache sich über die Schiffe her, erklärte er ihm, dass es nicht die Seegangster waren, die die Weißen umbrachten: Es war der Wind! Mit diesem neu gewonnenen Wissen ließ Henrique einige ansässige Kartografen neues Kartenmaterial erstellen. Statt Land und Meer zu verzeichnen, erfassten Henriques Männer die Meeresströmungen und dominierten so den Entdeckermarkt durch Beherrschung der »Passatwinde«. Als Henrique zum Oberhaupt der portugiesischen Version der Tempelritter erkoren und am 25. Mai 1420 zum Großmeister des Ordens der Christusritter ernannt wurde, hatte er eine ganze Generation portugiesischer Seefahrer in der Navigation der Meeresströmungen auf den neuartigen, mit

Lateinersegeln ausgestatteten Karavellen unterrichtet und sich einen Namen verdient, der ihm für immer erhalten bleiben sollte: Prinz Heinrich der Seefahrer.

Im Jahr 1441 entsandte Heinrich zwei Ritter – Nuno Tristão und Antão Gonçalves – in ihren neumodischen portugiesischen Schiffen nach Afrika, um zu sehen, was sie dort so finden würden. Als Gonçalves gerade sein Schiff mit Seehundfellen belud, begegnete er einem nackten Afrikaner und seiner Berberdienerin, die ersten afrikanischen Indigenen, die Gonçalves in seinen 20 Entdeckerjahren zu sehen bekam, weshalb er sie natürlich gleich entführte. Als Gonçalves wieder mit Tristão und dessen Schiff zusammentraf, wollten die beiden einmal sehen, ob Tristãos afrikanischer Diener – der zufällig dabei war – die Sprache des unbekleideten Schwarzen Gefangenen verstand, der ihnen sagen könnte, wo das Gold war. Der gefangene Afrikaner gab seinen Entführern zu verstehen, dass er wohl kaum Kameltreiber sei, wenn er wüsste, wo Gold zu finden sei. Er verwies die Ritter auf eine nahe gelegene Fischersiedlung, und diesmal schnappten sich die Seefahrer zehn Afrikaner, darunter auch den Häuptling – zumindest *einer* von denen musste schließlich wissen, wo das Gold zu finden war. Am nächsten Tag benutzten die brillanten, aber blutrünstigen weißen Ritter die nackten Gefangenen dazu, noch mehr afrikanische »Wilde« aus ihrem Versteck zu locken. Mit Schrecken mussten Gonçalves und Tristão jedoch feststellen, dass ihnen 150 Afrikaner aufgelauert hatten, die sich die portugiesischen Krieger erst mal vorknöpften. Tristão rannte zurück zu seinem Schiff und segelte weiter gen Süden auf der Suche nach Gold, doch Gonçalves hatte genug. Er beschloss, mit seinen Seehundfellen und den zehn Gefangenen nach Portugal zurückzukehren.

Als auch Tristão irgendwann wieder in Portugal eintraf, hatte Gonçalves seine Seehundfelle bereits verkauft und war bereit, den Gewinn der Expedition mit Tristão zu teilen. Der staunte nicht schlecht über seinen Teil der Beute und fragte sich, wen sein Partner wohl übers Ohr gehauen hatte, um einen dermaßen überzogenen Preis für eine Ladung Mönchsrobben herauszuschlagen. Doch wie Gonçalves erklärte, ging der Großteil der Einnahmen nicht auf die Seehunde zurück. Den höchsten Profit hatten die beiden mit der Menschenfracht gemacht.

Als Heinrich Gonçalves 1442 zu einer weiteren Expedition aussandte, nahm dieser den afrikanischen Häuptling wieder mit, um ihn den Afrikanern gegen ein Lösegeld zurückzuverkaufen. Der Plan ging auf, im Tausch gegen den afrikanischen Entführten erhielt Gonçalves einen großen Vorrat Straußeneier (fragen Sie lieber nicht), ein Häufchen Goldstaub und ein Schild aus Ochsenleder. Schließlich ließ einer der afrikanischen Verhandlungsführer noch 100 Männer, Frauen und Kinder vortreten, von denen sich Gonçalves im Tausch gegen den Häuptling zehn aussuchen durfte. Im Jahr darauf kam auch Tristão zurück, und statt sich seine menschliche Ware als Lösegeld zu besorgen oder zu entführen, erstand er 14 Gefangene des Dorfes im Tauschgeschäft und verkaufte diese in Portugal weiter. Im Jahr 1444 erkannten die Portugiesen, dass es einfacher war, die Menschenladungen einzuhandeln, als sie gefangenzunehmen. Und so entstand ein völlig neuer Wirtschaftszweig: das Stehlen menschlicher Seelen. So gehen Nuno Tristão und Antão Gonçalves in die Geschichte ein als die ersten Europäer, die Schwarzen Sklavenhändlern afrikanische Menschen abgekauft und in Europa weiterverkauft haben.

Als Heinrich von diesen Verkäufen erfuhr, wollte er von den Straußeneiern, Seehundfellen und Gewürzen nichts mehr wissen, sondern sich lieber diese Geschichte mit dem Menschenhandel genauer ansehen. Doch er hatte diese Praktik noch nicht mit der Kirche abgeklärt und wusste nicht recht, was der Papst davon halten würde. Natürlich hatte man während der Kreuzzüge schon Mauren, Juden und Nichtchristen »versklavt«, doch das war Kriegssache gewesen – nicht bloß Geldmacherei.

Die Begründung, die Prinz Heinrich schließlich der Kirche zu seiner Rechtfertigung vortrug, lautete, dass er streng genommen kein »Versklaver« sei, denn so etwas würden wahre Christen niemals tun. Stattdessen würde er portugiesischen »Missionaren« die Erlaubnis erteilen, Afrikaner zu »retten«, indem sie diese zum Christentum bekehrten. Das Argument überzeugte. Bis 1446 wurde somit für mehr als 30 portugiesische Schiffe die Lizenz zum Menschenraub bei Prinz Heinrich beantragt. Im Jahr 1455 erteilte Papst Nikolaus V. Heinrich schließlich das Handelsmonopol für den afrikanischen Menschenmarkt – unter der Voraussetzung, dass seine Schiffsladungen getauft wurden.[3]

Heinrich hatte endlich Gold in Afrika gefunden.

Nun stand Portugal allerdings vor dem Problem, dass es ziemlich aufwendig war, nach Afrika zu segeln, sich ein paar Menschen zu schnappen, zurück nach Portugal zu reisen und zu versuchen, die geraubten Afrikanerinnen und Afrikaner in Westeuropa zu verkaufen. Noch dazu gab es in Europa keine große Nachfrage nach afrikanischen Arbeitskräften, da der Markt von maurischen Schuldknechten und den Überresten der Feudalherrschaft überflutet war. Doch mit dem Zeitalter der Weltreichgründungen kam auch der Bedarf an Arbeitskraft. Erkunder mochten Land »entdecken« und Soldaten Königreiche erobern, doch wenn es Heinrich gelang, die zum Aufbau und zur Erhaltung dieser Königreiche notwendige Arbeitskraft zu kommerzialisieren, dann hätte er die Kontrolle über ein Handelsgut, das wertvoller war als jedes Gestein oder Gewürz. Ein Jahr nach Gonçalves' Rückkehr nach Portugal mit den afrikanischen Menschen gründete Heinrich deshalb die Casa da Guiné. Diese staatlich geführte kommerzielle Einrichtung sollte Prinz Heinrichs Version von Amazon werden, ein One-Stop-Shop für aus Afrika importierte Güter, *insbesondere Afrikaner*. In den nächsten 50 Jahren sollte die Casa da Guiné jährlich etwa 1000 Afrikanerinnen und Afrikaner ins Land einführen, um sie an interessierte Sklavenhalter auf der ganzen Welt zu verkaufen.[4]

Noch Jahre nach dem Tod von Heinrich dem Seefahrer beherrschte Portugal die Meere, was eine mehr als unfreundliche Rivalität zum Nachbarn Spanien auslöste und die uneingeschränkte Aufmerksamkeit ganz Europas auf sich zog. Geschäftsleute und aufstrebende Entdecker aus aller Welt strömten nach Portugal, um sich mit den portugiesischen Schiffen, die von Heinrichs Meereskarten profitierten, einen Lebensunterhalt zu verdienen. Im Zuge dieser Erkundung und Kolonisierung erstreckte sich das portugiesische Reich irgendwann von Europa bis nach Japan und umfasste Südamerika, Afrika und die Karibik. Obwohl Afrika über alle natürlichen Ressourcen der Welt verfügte, waren durch Portugals Vorreiterrolle im Menschenhandel afrikanische Körper der Schlüssel zur europäischen Expansion in die Neue Welt. Und vielleicht trägt niemand eine größere Verantwortung für den 400 Jahre währenden Wettstreit der Imperien als Heinrich der Seefahrer, dessen Fortschritte in der Erkundung und Kartierung der Seewege der Welt Portugal zum ersten modernen europäischen Weltreich machten.

... Na gut, vielleicht gab es da noch jemand anderen.

Während Portugal mit dem lukrativen Gewürzhandel und dem Markt für afrikanischen Ressourcenraub die Kirchentruhen füllte, war Spanien finanziell in Schwierigkeiten. Dort versuchte man Portugals Erfolge auf See nachzuahmen, doch Portugal schien die reichen afrikanischen Häfen immer zuerst zu erreichen. Die beiden Länder standen sogar eine Zeit lang im Krieg miteinander, ein Krieg, der mit einem genialen Schachzug Portugals endete.

Am 4. September 1479, nachdem die beiden Länder fünf Jahre lang darum gekämpft hatten, welche königliche Familie über die Iberische Halbinsel herrschen und die afrikanische Küste besitzen sollte, musste Portugal anerkennen, dass Spanien gewonnen hatte, und trat seine Herrschaft über einen Teil der Halbinsel an Königin Isabella und ihren Gatten Ferdinand ab. Im Gegenzug baten die bezwungenen portugiesischen Herrscher Spanien nur um eins: die alleinigen Besitzrechte an allem, was Portugal zu hoher See entdeckte. Den Rest konnte Spanien behalten.

Die Spanier unterschrieben den Vertrag sofort und lachten sich auf dem Weg zur Bank ins Fäustchen, während Portugal den Kopf hängen ließ und sich derweil selbst ein Lachen verkniff. Isabella, die neue spanische Königin, sah sich gestärkt und beschützt durch die *Aeterni regis*, die kirchlich bestätigte Abmachung, die das spanische Königshaus zum »ewigen Herrscher« über die Halbinsel erklärte, den relativ kleinen Landstreifen Portugals ausgenommen. Sie kümmerte sich nicht um diese kleinen seefahrenden portugiesischen Idioten. Höchstwahrscheinlich würden sie sowieso von Ungeheuern gefressen werden. Und was Portugal als Gegenleistung herausgeschlagen hatte, war nur *der ganze Rest der Welt.*

Dem von der Kirche ratifizierten Abkommen nach besaß nun Portugal den gesamten Atlantischen Ozean und alles, was sich darin befand, bis hin nach Indien. Den Portugiesen gehörte nun also auch (sofern sie an den Seedrachen vorbeikamen) ganz Afrika, genauso wie ... nun ja, 1479 gab es ja im Atlantik außer Europa und Afrika noch nichts. Aber dann war da natürlich noch dieser komische Kauz, der immer wieder damit ankam, dass er gen Westen nach Indien segeln wollte.

Dieser Typ war total verrückt.

Er war weder reich noch klug noch besonders begabt, hatte aber schon mit zehn Jahren angefangen auf portugiesischen Schiffen zu arbeiten – obwohl er Italiener war – und sich alles gemerkt, was die portugiesischen Seefahrer ihm erklärten. Wegen seiner Faszination für Heinrich den Seefahrer (der schon gestorben war) fühlte er sich selbst im Herzen als Portugiese und heiratete irgendwann eine portugiesische Adlige (Edelfrauen lieben Seemänner – fragen Sie Popeye). Dieser Typ hatte jedem, der es hören wollte, erzählt, er könne einen Weg nach Indien finden, wenn er in Richtung Westen segele, *weg von Afrika*, eine damals unerhörte Vorstellung.

Der aufstrebende Seefahrer entwarf ein paar ungefähre Karten, zeichnete einen Kurs ein und ersuchte König Johann II. von Portugal um Finanzierung seiner Erkundungsreise – dreimal. Doch Johann junior erklärte dem passionierten Schifffahrtspionier immer wieder, seine Karten stimmten nicht. Auch König Heinrich VII. von England sagte Nein. Fest entschlossen brach der eifrige Seemann nach Spanien auf, wo er einem Landsmann begegnete, der soeben nach Spanien gezogen war, um als Bankier zu arbeiten. Dieser Bankier war ein raffinierter Schmeichler und Geografie-Nerd. Obwohl er den Seemann darauf hinwies, dass seine Karten fehlerhaft waren, freundeten sich Bankier und Seemann bald an und stellten fest, dass sie ein und dieselbe Leidenschaft hatten. Irgendwann ließ der Bankier durchblicken, dass er nicht bloß Bankier war, sondern in Spanien für eine der reichsten Familien Europas arbeitete, die de' Medicis.

Der Bankier schlug eine Abmachung vor: Wenn der Seemann jemanden fand, der ihm die Schiffe für seine Reise bezahlte, würde der Bankier seine Vorgesetzten dazu überreden, den Rest zu finanzieren. Aber woher sollte der Entdecker Schiffe bekommen? Glücklicherweise gab es da eine Person, die bereit war, sich auf das Wort eines Hobbygeografen zu verlassen und auf einen unbekannten Seefahrer zu setzen: die neue spanische Königin Isabella.

Isabella war noch immer ziemlich verärgert darüber, dass ihre Rivalen nun einen ganzen Ozean und alles darin besaßen. Sie bezweifelte, dass dieser komische Seemann in Richtung Westen nach Indien segeln konnte, doch wenn es ihm gelang, wäre es die Lösung sämtlicher Probleme Spaniens. Portugal hatte soeben durch die Umseglung Afrikas einen langen Seeweg nach Indien gefunden, und wenn Portugal erst einmal über Afrika *und* Indien herrschte, waren die Tage der Spanischen Krone gezählt. Isabella musste dringend ihren Punktestand aufbessern, und das ließ sich nur durch die Ausweitung ihres Territoriums erreichen. Es war ein gewagter Versuch, aber selbst wenn dieser Kerl keinen westlichen Weg nach Indien finden sollte – was konnte schon Schlimmes passieren? (Einmal abgesehen von den Unterwasser-Godzillas.) Also stellte Isabella einen Scheck für ein werksüberholtes Schiff und zwei gebrauchte Karavellen an diesen Seemann aus: einen gewissen Christoph Kolumbus.

Am 3. August 1492 brach Kolumbus nach Indien auf. Nach seiner ersten Landsichtung bei den heutigen Bahamas erkundete er Kuba und verlor eines seiner Schiffe an der Küste des heutigen Haiti. Auf seiner ersten Reise bemerkte Kolumbus, die »Indianer« seien so primitiv, dass er »sie alle mit nur 50 Mann bezwingen« und nach Belieben über das Land herrschen könne.[5] (Das sollten Sie sich für später merken.) Kolumbus wusste zwar, dass Isabella Sklaverei *verabscheute*, doch da ihr Heer bereits einen Großteil der Iberischen Halbinsel eingenommen hatte, konnte sie Soldaten entbehren. Für die Konquistadoren, so glaubte Kolumbus, wäre es ein Leichtes, sich dieses Inselvolk zu unterwerfen.

Auf dem Rückweg legte Kolumbus einen Zwischenstopp in Portugal ein und stellte fest, dass er sein Schiff zufälligerweise direkt neben dem von König Johann junior geparkt hatte. (Es mag unglaublich erscheinen, aber dieser letzte Satz ist tatsächlich kein Witz.) In dem Wissen, dass alles Übrige im Atlantischen Ozean Portugal gehörte, hielt der Seemann die Neuigkeiten seiner Entdeckung vor dem König geheim. Bis die Information auf der Iberischen Halbinsel durchgesickert war, hatte Junior bereits den Anspruch erhoben, dass das neu entdeckte Land Portugal gehörte. Seine erfahrenen Kartografen hatten einen Kurs zu diesem Ort bestimmt, *den niemand je gesehen hatte*. Und wie sich herausstellte, waren ihre Karten korrekt.

Die beiden Parteien begaben sich zum neuen Papst, um den Streit beizulegen. Junior argumentierte, dass jener neue Ort, den man als »Westindische Inseln« bezeichnete, tatsächlich gar nicht *in Indien* liege, und da ein päpstliches Dekret im Grunde das Wort Gottes war und sich die Inseln im Atlantik befanden, gehöre das Land von Rechts wegen Portugal. Isabella hielt dagegen, dass Gottes Stellvertreter bei Erstellung dieser Verträge noch nicht einmal von den Inseln gewusst hatten und die Kolumbus-Gebiete deshalb zu Spanien gehörten.

Um die Auseinandersetzung seines Kirchenvolks beizulegen, zeichnete Papst Alexander VI. am 4. Mai 1493 eine willkürliche Grenze auf einer Karte ein. Was sich westlich der Linie befand, darunter auch die durch Kolumbus entdeckten Inseln, erklärte er zum Eigentum Spaniens. Da Afrika bereits zu Portugal gehörte, sollte alles östlich der Grenze auch weiterhin Portugal zustehen. Das einzige Problem mit dieser Abmachung war, dass es *östlich dieser imaginären Grenze außer Afrika nichts gab*. Ein Jahr später wurde dieser Beschluss mit dem Vertrag von Tordesillas offiziell besiegelt. Isabella hatte mit Portugals altem Trick die Westindischen Inseln in ihren Besitz gebracht.

Spanien entsandte umgehend sein Heer an Eroberern, um die Karibischen Inseln auszuplündern und Gold, Gewürze und natürliche Ressourcen zu erbeuten, was ihm die Gunst der Kirche einbrachte. Portugal dagegen stand zur Kolonisierung seines wachsenden Imperiums nur eine kleine Bevölkerung und ein dürftiges Landheer zur Verfügung. Aber es »besaß« ja immer noch Afrika, und Heinrich der Seefahrer hatte eine richtige Unternehmensinfrastruktur für den Kauf und Verkauf von Afrikanern auf die Beine gestellt.

Obwohl Kolumbus' Freund mit seiner Investition in die Seereise eine Menge Geld verloren hatte, erkannte er dessen Leistung an. Allerdings sah er nicht ein, dass Kolumbus allein die Lorbeeren ernten sollte. Immerhin war es in erster Linie die Idee des Bankiers gewesen! Theoretisch sollte *er* also mindestens so berühmt sein wie Kolumbus! Doch wie konnte er die Öffentlichkeit überzeugen?

Der Bankier besuchte also den neuen Herrscher Portugals, König Manuel I. Wie schon sein Großonkel Heinrich der Seefahrer setzte auch Manuel »der Glückliche« ganz auf Exploration und Expansion. Die spanische Erkundung der Westindischen Inseln kümmerte Manuel jedoch wenig. Er gab sich gern damit zufrieden, Spanien ein paar Inseln mitten im Nirgendwo zu überlassen, denn im Jahr 1498 hatten portugiesische Entdecker endlich einen Seeweg nach Indien gefunden. Auf dem Rückweg hatte die portugiesische Armada sogar eine Insel *östlich* der bekannten päpstlichen Grenze entdeckt.

Doch die geografischen Kenntnisse des Bankiers und vor allem dessen Schilderungen seiner früheren Expeditionen zu den Westindischen Inseln beeindruckten Manuel. Der Bankier zeigte ihm See- und Landkarten von Orten, die noch niemand gesehen hatte. Der beredte Finanzmann schrieb sogar zwei Bücher über seine Reisen, die in Europa große Bekanntheit erlangten. Gebannt von diesen Geschichten, überzeugte Manuel den Bankier, den Bankgeschäften den Rücken zu kehren und sich einer portugiesischen Expedition als offizieller Kosmograf der Armada anzuschließen. Dabei gab es nur ein Problem: der Bankier hatte gelogen.

Er war *Bankier*! Es war nicht so, als hätte er Atlanten studiert, die er mal eben bei der Tankstelle gekauft oder von Google Maps heruntergeladen hatte. Zuverlässige Landkarten waren damals wohlbehütete Schätze, und dieser schmeichlerische Bankier redete Manuel ein, er habe die ganze bekannte Welt kartiert, obwohl er noch nicht mal ein Schiff lotsen konnte! Die Hälfte der Expeditionen, von denen er König Manuel erzählt hatte, war komplett erfunden! Doch Manuel erlag der Täuschung und übertrug dem Bankier für die nächste Fahrt der portugiesischen Armada die Führung.

Im Lauf der Reise wurde der Besatzung allmählich klar, dass ihr Kosmograf rein gar nichts vom Kosmografieren verstand und kaum je ein Schiff auch nur betreten hatte. Als die Expeditionsreisenden am 1. Januar 1502 einen Fluss entdeckten, wusste der Bankier noch nicht mal, dass es an ihm war, die Dinge zu benennen, und so nannte er ihn einfach den »Januarfluss« oder Rio de Janeiro. Und das neue Land selbst? Als sich spätere Händler dort umsahen, fiel ihnen eine Baumart auf, die dort in Hülle und Fülle wuchs – Paubrasilia –, und so benannten sie die neue Insel nach ihrem wichtigsten Exportprodukt, dem Brasilholz, »Terra do Brasil«.

Dabei sollte es bleiben.

Als das Expeditionsteam zurück nach Portugal kam, war die List des Bankiers aufgeflogen. Die Besatzung hatte erkannt, dass er von Schifffahrt nichts verstand. Tatsächlich mussten erfahrenere Seeleute dem vollkommen ahnungslosen Bankier erst erklären, dass sie nicht von Insel zu Insel gefahren waren, sondern eine einzige gigantische Landmasse erkundet hatten.

Der Bankier wollte sich aber dennoch nicht von Kolumbus übertrumpfen lassen. Also ging er zurück nach Spanien und setzte das Gerücht in Umlauf, Portugal habe dank ihm allein einen neuen Kontinent entdeckt. Er konnte sogar ein Schreiben vorweisen, das die meisten Historiker heute für eine Fälschung halten, in dem ihm die Entdeckung aller Orte auf der offiziellen Karte Portugals zugeschrieben wird, mitsamt des neuen Kontinents und dessen banalem Namen – die »Neue Welt«.

Nach dem Tod Kolumbus' im Jahr 1506 verbreitete der Bankier die Ansicht, er selbst habe Kolumbus alles gelehrt, was er über die Entdeckerfahrt wusste, und die Öffentlichkeit kaufte es ihm ab. Im Jahr 1507 wurden die geografischen Informationen von Heinrich dem Seefahrer, den portugiesischen Entdeckern und Christoph Kolumbus in einem Atlas zusammengetragen, der *Einführung in die Kosmographie*. Das Buch erschien als Begleitband zu massengefertigten Wandkarten und Globen. Es enthielt keinerlei neue Informationen und war historisch gesehen bedeutungslos, abgesehen von der Tatsache, dass darin das gefälschte Schreiben des Bankiers abgedruckt war und die Autoren einen neuen Namensvorschlag für die Neue Welt liefern: »Ich sehe nicht, warum jemand mit Recht verbieten sollte, diesen vierten Kontinent nach seinem Entdecker Americus, einem überaus klugen Mann, Amerige, also Land des Americus oder einfach America zu nennen.«[6]

Drei Jahrzehnte später benannte Gerhard Mercator auf seiner einflussreichen Weltkarte den Nord- und Südkontinent nach dem Scharlatan Amerigo Vespucci. Obwohl er keinen eigenen Beitrag geleistet hatte, wurde Vespuccis Name ein fester Bestandteil unserer Geschichte und er selbst als Namenspatron das ideale Vorbild für ein auf Täuschungen und Lügen begründetes Land.

Zu Beginn des 16. Jahrhunderts hatte das Königshaus bereits deutlich von Kolumbus' Erkundungsfahrten profitiert. Im Jahr 1503 gründete Isabella die Casa de Contratación – eine Handelsgesellschaft, die im Wesentlichen eine spanische Version der Casa da Guiné darstellte. Isabella übertrug Vespucci 1508 die Verantwortung für das dort aufbewahrte Kartenmaterial, die Navigationsschule und die Schiffszulassungen. In den neuen spanischen Kolonien von Hispaniola, Kuba, Puerto Rico und überall in der Karibik wurden Kupfer und Gold abgebaut und Zuckerrohr angepflanzt. Die Konquistadoren zwangen die indigenen Inselvölker in die Sklaverei und töteten alle, die sich ihnen nicht unterwarfen. Doch im Jahr 1512 bewegten katholische Priester König Ferdinand zum Erlass einer Gesetzessammlung, die die Versklavung der Einheimischen in den Kolonien offiziell verbot. Die Gesetze von Burgos entstanden ursprünglich auf Ansinnen katholischer Mönche, denen die unmenschliche Behandlung missfiel. Mit vernichtenden Briefen und bittenden Predigten traten die Priester dafür ein, dass die Spanier die neuen Inder lieber zum Christentum konvertieren sollten, statt sie zu misshandeln.

Die Proteste der Priester spielten jedoch keine Rolle mehr. Die indigene Bevölkerung starb sowieso schon dahin. Die Einheimischen waren gegen europäische Krankheiten nicht immun, sodass ganze Bevölkerungsgruppen der Karibik daran zugrunde gingen. Die Population der Taíno, die indigene Bevölkerung Hispaniolas, schrumpfte innerhalb von 50 Jahren von einer halben Million auf gerade mal 200 weil sie förmlich allergisch waren gegen Weiße. Innerhalb von 40 Jahren waren 90 Prozent der Bevölkerung Kubas ausgelöscht. In Puerto Rico dauerte es nur 30 Jahre.[7]

Doch die Proteste der Priester hatten keine rein altruistische Grundlage. Hier ging es nicht um Menschenrechte. Ihnen war völlig klar, dass der Aufbau einer neuen Gesellschaft menschliche Unterwerfung erforderte. Fast alle von ihnen waren sich einig, dass es eine bessere Methode gab, die Neue Welt zu kolonisieren: versklavte afrikanische Menschen.

Erbittert befolgten die spanischen Kolonisatoren den Rat der Priester und brachten versklavte afrikanische Menschen in die Neue Welt. Da allerdings noch immer Portugal über den afrikanischen Menschenmarkt herrschte, wurden die ersten afrikanischen Menschen in den spanischen Kolonien von portugiesischen Händlern gekauft, auf der Iberischen Halbinsel versklavt und dann als Schiffsladung in die Neue Welt verfrachtet. Die

Spanier glaubten, dass diese Afrikaner gegen europäische Krankheiten immun und insgesamt »robuster« seien.

Portugal machte derweil in Brasilien mit dem Export von Brasilholz und dem Zuckerrohranbau ein Vermögen. Dann entdeckten die Portugiesen dort auch noch eine richtige Goldmine. Südamerika erwies sich als profitable Anlage, doch wie sollte die kleine portugiesische Population *zwei* Kontinente bevölkern und die Ressourcen einer ganzen »Neuen Welt« entnehmen?

Die Antwort führt uns zurück zu Nuno Tristão und Antão Gonçalves.

Wissen Sie noch, wie Tristão und Gonçalves jene erste Ladung Menschen erstanden? Als der afrikanische Vermittler die 100 Gefangenen vorführte, waren darunter Europäer, Juden, Berber und ein paar Afrikaner. Als frommem Christen war Gonçalves klar, dass die Kirche es nicht gutheißen würde, wenn er Muslime mit nach Portugal brachte, nachdem man gerade die Mauren von der Halbinsel vertrieben hatte. Die Europäer hatten sehr wahrscheinlich bereits ihre eigene Religion, so auch die Juden. Doch die dunkelhäutigen afrikanischen Menschen, so glaubte Gonçalves, würden wahrscheinlich nicht so schnell aus der Gefangenschaft fliehen, härter arbeiten und sich leichter zum Christentum bekehren lassen. Diese eine naive Entscheidung sollte später bestärkt werden durch die Vorschriften Heinrich des Seefahrers, Dekrete der katholischen Kirche, die von der Casa da Guiné bestimmte rudimentäre Version von Unternehmensrichtlinien und Vorurteile, die sich bis zum heutigen Tag halten. Gonçalves musterte die Reihe Gefangener und überlegte, welche davon die besten Versklavten abgeben würden.

Dann entschied er sich für die Schwarzen.

DREI KURZE FRAGEN

1. **Christoph Kolumbus hat nicht:**
   a. Amerika entdeckt.
   b. Sich für einen Italiener gehalten.
   c. Viel Ahnung gehabt.
   d. Alle Aussagen treffen zu.

2. **Wer ist für die Sklaverei verantwortlich?**
   a. Heinrich der Seefahrer.
   b. Nuno Tristão und Antão Gonçalves.
   c. Weiße.
   d. Sklaverei gab es in allen Gesellschaften. Außerdem haben auch Afrikaner selbst versklavte Menschen verkauft. Warum muss sich eigentlich alles immer um Rassismus drehen?

3. **Die neu entdeckten Gebiete wurden »Neue Welt« genannt, weil:**
   a. Sie für die Weißen neu war.
   b. Die Menschen in der »Alten Welt« nicht gut darin waren, Dinge zu benennen.
   c. Die »Welt« nur aus Orten besteht, die von Weißen erobert wurden.
   d. Die Aussage trifft nicht zu.

SCHLÜSSELBEGRIFFE

AFRIKANER: Menschen des afrikanischen Kontinents, mit Ausnahme von Ägypten, Marokko und allen anderen Orten, die von europäischen Ländern belehrt, erobert oder zivilisiert wurden. Anders als bei ihren weißen Pendants werden bei Afrikanern keine kulturellen, geografischen oder politischen Gruppierungen unterschieden, es sei denn, sie kommen aus Ägypten, Marokko oder anderen Orten, die von Europäern belehrt, erobert oder zivilisiert wurden.

CHRISTEN: Anhänger der europäischen Version der Lehren Jesus Christus.

EUROPA: Teil der eurasischen Landmasse, der als Kontinent bezeichnet wurde, um ein Eckchen der Welt anzuerkennen, in dem Weiße leben. Asiens Schmuddelecke.

MAUREN: Ursprünglich eine Bezeichnung für Menschen aus Nordafrika, die Teile der Iberischen Halbinsel eroberten, später übertragen auf dunkelhäutige Menschen aller Art, Anhänger des Islam und afrikanische Bevölkerungsgruppen, die klüger waren als Weiße.

WEISSE: arbiträre, nicht wissenschaftliche, phänotypische Klassifizierung für Menschen europäischer Abstammung, die zurückgeht auf Menschen europäischer Abstammung. Menschen, die keine Waschlappen benutzen.

VOR DEM »DAVOR«: DIE ERSTEN AFROAMERIKANISCHEN MENSCHEN

Auch wenn hier bereits von der *White Lion*, der *Treasurer* und Christoph Kolumbus berichtet wurde, sollten Sie wissen, dass die Geschichte afrikanischer Menschen in Amerika weder im Jahr 1619 noch mit der Sklaverei beginnt.

Denn diese Menschen, die entführt, auf Schiffe verladen, über Ozeane transportiert und in lebenslängliche Leibeigenschaft gezwungen wurden, waren keine »Sklaven« – sie waren Ärzte, Priester, Kinder, Ehefrauen und Krieger, die mithilfe von Gewalt und Androhung von Gewalt in dieses rassifizierte Zwangsarbeitssystem gedrängt wurden. Dass sie diesen legalen, staatlich sanktionierten, kollektiven Terrorakt überlebt haben, bezeugt ihre unerschütterliche Stärke. Doch sie haben nicht bloß überlebt. Sie haben sich die zerbrochenen Fragmente ihrer Heimat in ihrer unauslöschlichen Erinnerung bewahrt und eine neue Welt geschaffen, die nicht nur ihnen selbst Halt gab, sondern den gestohlenen Grund und Boden zu einem Ort machte, den selbst die Weißen ihre Heimat nennen konnten.

Genauso wie es unsinnig erscheint, Griechen, Engländer, Spanier und Deutsche zu einer einförmigen Masse ununterscheidbarer »Weißer« zusammenzuwerfen, ist auch niemandem damit gedient, die verschiedenen Gesellschaften, Königreiche und Völker eines Kontinents gleichzusetzen, der dreimal so groß ist wie Europa, und sie einfach nur als »Sklaven« zu bezeichnen.* Das Volk der Mandinka aus dem westafrikanischen Königreich Mali war nicht dasselbe wie das Volk des Kongo, obwohl beide Völker Zivilisationen und Reiche aufgebaut hatten, wogegen die Reiche Europas wie Ghettos aussahen.

Der Zustand, den wir gemeinhin als Sklaverei bezeichnen, hat sich seit Anbeginn der Zeit so vielfach wiederholt, dass es geradezu ungerecht ist, all die verschiedenen Formen von Leibeigenschaft unter einem Dachbegriff zusammenzufassen, dem die unangemessene Definition einer einzigen Sprache zugrunde liegt. Ist ein Kriegsgefangener dasselbe wie ein Diener? Ist ein unbezahlt arbeitender Schuldknecht gleichzusetzen mit einer Frau, die in eine arrangierte Ehe gedrängt wird? Ist die Inhaftierung von Straftätern vergleichbar mit der Wehrpflicht? Dies sind nur einige wenige historische Beispiele für Menschen, die man im weiteren Sinn als »Sklaven« definiert hat.

Doch die hautfarbenbasierte Sklaverei in Amerika war, im Gegensatz zu Europa oder anderen Teilen der Welt, fest im Gründungsdokument des Landes verankert. In der Antike wurden versklavte Menschen immerhin noch als menschliche Wesen angesehen und ihre Versklavung nicht allein auf ihrer Hautfarbe begründet. In Afrika gab es auch schon vor der Ankunft der Weißen Sklaverei, aber menschliche Wesen wurden nicht kommerzialisiert oder als Eigentum gesehen. So hatten versklavte Menschen im präkolonialen Afrika Rechtsansprüche, ihr Status wurde nicht an ihre Kinder vererbt, und sie mussten nicht als Hauptarbeitskräfte herhalten. Tatsächlich gab es bei den meisten Formen von Leibeigenschaft, die es bis dahin auf der Welt gegeben hatte, irgendeinen Weg in die Freiheit. Es ist zugegebenermaßen

---

* *Europa ist außerdem kein Kontinent, sondern bloß eine Klabusterbeere an der asiatischen Landmasse. Gucken Sie ruhig auf der Karte nach.*

einfacher, diese allein in Amerika bestehende Einrichtung als »Sklaverei« zu bezeichnen statt als »fortwährendes, rassistisch motiviertes, konstitutionelles Menschenhandelsunternehmen, das menschliche Wesen durch Gewalt oder Androhung von Gewalt rechtlich gesehen auf Besitztümer reduziert«. Es ist eine etwas sperrige Formulierung. Aber sie bringt die Sache auf den Punkt.

Und was ist Amerika?

Ist es ein Stück Land, das übersät ist von den achtlos dahingeworfenen Knochen derjenigen, die dem Manifest Destiny im Wege standen, oder eine Verfassung? Ist es eine Ansammlung zusammengedrängter Menschen, die sich danach sehnen, wieder frei atmen zu können, oder bloß ein paar Grenzen auf einer Karte? War dieses idyllische Traumland der Möglichkeiten schon immer hier und hat nur darauf gewartet, dass die erobernden Schwerter der Geschichte seine Existenz aufdecken? Hat es sich wie aus dem Nichts der Vorsehung offenbart und dann langsam wie ein Virus über den Kontinent ausgebreitet?

Dies sind keine rhetorischen Fragen. Um die Geschichte der Schwarzen in diesem Land zu verstehen, müssen wir uns erst darauf einigen, wie wir »dieses Land« definieren. Denn wenn das, was wir als »Schwarze Geschichte« bezeichnen, jenes Puzzle umfasst, das heute als »die Vereinigten Staaten von Amerika« bekannt ist, kamen die rund 20 versklavten Afrikaner, die im Jahr 1619 in Virginia landeten, mehr als ein Jahrhundert zu spät zur Party.

Knapp hundert Jahre vor der Ankunft der 104 weißen »Abenteurer« der Virginia Company of London am 14. Mai 1607 an einem Landungsstrand in Virginia hatten Afrikaner bereits Amerika erreicht, Einheimische abgemetzelt und Plantagen angebaut. In den Worten des unsterblichen Historikers Ray J: »We hit it first.«

Der erste dokumentierte Afroamerikaner war Juan Garrido.

Was über ihn bekannt ist, stammt größtenteils aus seiner *probanza*, seinem Lebenslauf, worin es heißt, dass Garrido zwar in Westafrika geboren und aufgewachsen ist, den Großteil seiner Tage jedoch auf Entdeckerreisen verbrachte. Der um 1487 geborene Garrido kam erst nach Portugal und schließlich nach Spanien, wo er zum Christentum übertrat und sich zu »Juan der Elegante« umbenannte (wie auch sonst).[1] Manche Wissenschaftler gehen davon aus, dass er ein ehemals versklavter und irgendwann befreiter Kongolese war. Der Historiker Ricardo Alegría[2] dagegen hält Garrido für den Sohn eines afrikanischen Königs, der ihn als Botschafter nach Portugal entsandte. Fest steht, dass sich Garrido im Jahr 1503, im Alter von 15 Jahren, der Expedition des Entdeckers Juan Ponce de León in die Neue Welt anschloss und so nach Hispaniola kam. Dort begannen Garrido und Ponce de León mit der Versklavung und Tötung der Taíno in der gesamten Karibik, während sie nach der Quelle des ewigen Reichtums suchten.*[3]

Im Jahr 1508 wurde Garrido als einer von 50 Soldaten, Konquistadoren und Versklavten erwählt, mit Ponce de León (dessen Name einfach nur »Ponce der León« bedeutete) zu einer Goldklaumission zur Insel Borikén aufzubrechen. Die Einheimischen jedoch waren nicht gerade begeistert davon, sich ihre Reichtümer von irgendwelchen Neuankömmlingen in ihrem Viertel wegnehmen zu lassen. Als sie von der unaufhörlichen Schändung, Plünderung und Versklavung genug hatten, taten sich die indigenen Kariben und die Taíno zusammen und zogen gegen die bewaffneten Räuber in den Krieg. Doch zu dem Zeitpunkt hatten die reisenden Banditen der Karibikinsel bereits einen Beinamen verliehen, der einen ganzen Strom schatzsuchender spanischer Ganoven anzog: Puerto Rico. Wie sollte ein Abenteurer/Dieb der Versuchung eines »reichen Hafens« widerstehen?

---

* *Das mit der Quelle der ewigen Jugend war ein Mythos, der erst Jahre nach Ponces Tod entstand.*

Am 3. April 1513 betraten Garrido, Ponce de León und deren brutaler Schlägertrupp, noch immer auf der Suche nach einem Ort zum Plündern, die Ufer eines neuen Landes. Als sie die Küste erreichten, beschlossen sie, den Ort nach dem Osterfest zu benennen. Da sich »Land of Now & Later-Colored Linen Suits« nicht gut ins Spanische übersetzen ließ, benannte Ponce das Land nach *La Pascua Florida* – dem Blumenfest der spanischen Osterfeierlichkeiten. Auch wenn sie sich nur fünf Tage lang dort aufhielten, macht ihre Entdeckung Garrido wohl gleich zum zweifachen Schwarzen Gründervater. Ponce kehrte zurück nach Spanien und wurde schließlich mit dem Recht belohnt, über La Florida herrschen und seine Reichtümer plündern zu dürfen, allerdings unter einer Bedingung: Er musste den Einheimischen die Erklärung verlesen, dass sie nun Untertanen von König Carlos I. waren.[4]

Auch wenn es blöd klingt, aber im 16. Jahrhundert hatten nur sehr wenige Gerichtszusteller Schiffe mit so starken Generatoren, dass sie den Atlantik überqueren konnten, und so machten die Weißen eben ihre Ansprüche mit einem lauten Ausruf geltend, dass sie »dieses Land beanspruchen«, und damit hatte es sich. Als Ponce später noch mal ohne seinen gutaussehenden Schwarzen Freund wiederkam, waren die Einheimischen deshalb nicht ganz so freundlich, wie Ponce erwartet hatte. Doch er gab nicht auf. Im Jahr 1521 kreuzte Massa P mit Pferden, Proviant und 200 Mann in Südflorida auf, um das Land zu erobern. Bei seinen früheren Versuchen war Ponce einem Stammesangehörigen der Calusa begegnet, der ihm versprochen hatte, seine zukünftigen Untertanen würden die Eroberer mit offenen Armen empfangen.

Als Ponce mit seiner Mannschaft am heutigen Charlotte Harbor eintraf, erwarteten die Calusa ihre neuen Nachbarn schon ungeduldig. Ponce war kaum mit seiner Rede fertig, in der er die Calusa zur spanischen Herrschaft willkommen hieß, als ihm ein Einweihungsgeschenk der Calusa-Krieger – ein Pfeil, der getränkt war im Saft eines der giftigsten

Bäume der bekannten Welt – das Bein durchbohrte.* Ponce verschwand mitsamt Belegschaft, Crew und Plattenfirma zurück nach Kuba, und der brutale Konquistador, der Sklaverei, Kolonialismus, Genozid und Tod in die Neue Welt gebracht hatte, erlag seiner Verletzung. Im allerersten Fall von *whitesplaining* schrieb Spanien die Schuld an Ponce de Leóns Tod den »überaus wilden und streitlustigen« Calusa-Indianern zu, denen »ein friedfertiges Dasein fremd war«.[5]

Während Ponce de León seinen 500-Jahres-Plan zur Gentrifizierung von Miami Beach in die Wege leitete, hatte Garrido mit einem neuen weißen Freund angebandelt, dem Konquistador Hernán Cortés, und sich der spanischen Eroberung Mexikos angeschlossen. Nach seiner Teilnahme am Völkermord von mehr als 100 000 aztekischen Kriegern[6] ließ sich Garrido in Mexiko nieder, heiratete, bekam Kinder und wurde schließlich der erste Mensch, der in Amerika Weizen anbaute.** Wie jeder weiß, schmecken Maistortillas jedoch viel besser als die Weizenvollkornversion, weshalb Garrido mit seiner Mehlplantage kein reicher Mann wurde. Und da kam sein Konquistadorenkollege Cortés daher und forderte ihn zu einem letzten Coup heraus.

Cortés zufolge gab es westlich von Mexiko noch eine andere Insel voller Gold, Perlen und Schätze, die von einem Stamm Schwarzer Amazonenkriegerinnen beherrscht wurde.[7] Garrido nahm an, dass sie dort leichtes Spiel hätten; mit ein paar bitchigen Keishas würden er und sein weniger gutaussehender Freund schon fertig werden. Also lieh sich Garrido ein paar Moneten für die Expedition und stach mit seinem Cortés in See, nur um ein karges Ödland vorzufinden, in dem einige wenige Schwarze Kriegerinnen mit goldenen Schlangenketten lebten. Garrido kehrte pleite und

---

* *Nein, ich lache nicht! So klingt es, wenn ich huste.*

** *Soweit uns bekannt ist. Die Aufzeichnungen der indigenen Bevölkerung sind bei der Kolonisierung leider draufgegangen.*

enttäuscht nach Mexiko zurück, und Cortés benannte die neu entdeckte Halbinsel später nach der mythischen Schwarzen heidnischen Kriegerkönigin Calafia. Auch wenn es Calafia nicht wirklich gab, ist es doch erwähnenswert, dass die mythische Insel Kalifornien beinahe ein Jahrhundert vor dem Aufbruch der *Mayflower* in England von einem Schwarzen betreten worden war.

Im Jahr 1538 übersandte Garrido, der nun völlig pleite war und in Mexiko drei Kinder zu versorgen hatte, dem König Spaniens seinen Rentenantrag mit einer Übersicht seiner Referenzen:

> *Ich, Juan Garrido, Schwarzer Einwohner dieser Stadt [Mexiko-Stadt], wende mich hiermit an Euer Gnaden und erkläre meine Notwendigkeit, eine probanza vorzulegen und den König um eine lebenslängliche Rente zu ersuchen, einen Bericht darüber, wie ich Eurer Majestät in der Eroberung und Pazifikation dieses Neuen Spaniens von der Zeit an gedient habe, da der Marqués del Valle (Cortés) dieses betrat; in seiner Begleitung war ich bei allen ausgeübten Invasionen und Eroberungen und Pazifikationen zugegen, immer mit besagtem Marqués; all dies unternahm ich auf eigene Kosten und ohne Vergütung oder Zuteilung Einheimischer [repartimiento de indios] oder Sonstigem. Da ich verheiratet und ein Bewohner dieser Stadt bin, in der ich immer gewohnt habe; indem ich mit dem Marqués del Valle zur Entdeckung der Inseln ausgezogen bin, die in jenem Bereich des Südlichen Ozeans [des Pazifiks] liegen, in dem große Hungersnot und Entbehrung herrschte; auch indem ich die Inseln von San Juan de Buriquén de Puerto Rico entdeckt und pazifiziert habe; und auch mit dem Adelantado Diego Velázquez zur Pazifikation und Eroberung der Insel Kuba auszog; auf so vielerlei Art habe ich dreißig Jahre lang Eurer Majestät gedient und diene Ihr noch heute – aus diesen oben angeführten Gründen ersuche ich Euer Gnaden. Und auch, weil ich als Erster die Eingebung hatte, hier in Neuspanien Weizen zu säen, um zu sehen, ob es anging; dies unternahm und versuchte ich auf eigene Kosten.*[8]

Als Garrido im Jahr 1550 starb, hatten bereits andere Afrikaner, freie wie versklavte, ihre Spuren in dieser neuen Welt hinterlassen.

1521, wenige Monate nachdem Ponce de León an Beinvergiftung starb, legten Konquistadoren vor der Küste des heutigen South Carolina an. Die spanische Besatzung unternahm zunächst eine vorläufige Begutachtung, entführte dann aber zum Nachweis der »Entdeckung« des neuen Territoriums 60 Einheimische und nahm sie mit zurück nach Hispaniola. In freudiger Erwartung all des Prunks und Pomps sandte der spanische Bürokrat Lucas Vázquez de Ayllón einen Brief nach Spanien und versicherte dem Königshaus, dass er nicht so dumm sei wie Ponce. Er brachte sogar einen der Gefangenen mit nach Spanien, um zu beweisen, dass es in South Carolina keinerlei Gefahr gab. Nach einer erneuten Erkundung der Küste im Jahr 1525 kehrte Ayllón schließlich am 9. August 1526 nach South Carolina zurück. Mit sich brachte er mehr als 600 Passagiere, die bereit waren, seinen neuen Kolonisierungsvertrag mit Spanien zu erfüllen. Neben hoffnungsfrohen Siedlern, Vorräten und sogar Nutztieren brachte Ayllón auch Dutzende afrikanische Versklavte mit.

Dass Ayllón nicht als großer Entdecker seiner Zeit bekannt ist, liegt unter anderem daran, dass er einfach *grottenschlecht* im Entdecken war. Er demolierte eines seiner Schiffe und verlor gleich am ersten Tag den Großteil der Vorräte. Im November[9] schlossen sich die wütenden Einheimischen den versklavten Afrikanern an, organisierten den ersten Sklavenaufstand Amerikas und setzten die Häuser der Siedlung in Brand. Ayllón und seine bunte Kolonistenbande sprangen auf ihre Schiffe, düsten zurück dorthin, wo die guten, vernünftigen Weißen lebten, und ließen alles zurück. Von den 600 Passagieren, die mit Ayllón an Land gegangen waren, schafften es nur 150 sicher zurück.

Keiner weiß, was aus den versklavten Afrikanern wurde, die in San Miguel de Gualdape rebelliert hatten. Nur einige wenige kehrten mit Ayllón zurück, und die meisten Historiker gehen davon aus, dass sie sich in die amerikanische Urbevölkerung integrierten. Zahlreiche Stämme von North und South Carolina, so etwa die Lumbee, führen ihre Abstammung auf eine Kombination Indigener, Weißer und Afroamerikaner zurück. Fest steht jedoch, dass die afrikanische und die indigen amerikanische Bevölkerung eines gemein hatten: *Widerstandskraft.*

Juan Garrido war nicht der einzige freie Schwarze auf dem nordamerikanischen Kontinent. Ein anderer legendärer Afrikaner sollte sich als noch größerer Entdecker erweisen als sämtliche gutaussehenden, rebellischen Schwarzen Amerikaner vor ihm. Und da sich Garrido nie dauerhaft in Florida, Puerto Rico oder Kalifornien niederließ, wurde an jenen Orten, die man erst gut zwei Jahrhunderte später als »Amerika« bezeichnete, ein gewisser Mustafa Azemmouri zur Legende, der auch unter dem Namen Esteban bekannt war. Er erkundete nicht nur größere Teile des nordamerikanischen Kontinents als später Captain Meriwether Lewis und William Clark auf ihrer Expedition 1804–1806, sondern auch noch bevor die meisten Jamestown-Siedler überhaupt auf der Welt waren.[10]

Ein paar Monate nach Ayllóns gescheitertem Versuch brach der Erkunder Pánfilo de Narváez mit rund 600 Passagieren von Spanien auf, die in La Florida eine Siedlung errichten wollten – eine fröhliche Schar Landbanditen, die aus 450 Soldaten und Versklavten mitsamt Ehefrauen, Schuldknechten und Seefahrern bestand. Fast 100 von Narváez' Männern ließen die Mission im Stich, als sie bei einem Zwischenstopp in Hispaniola von Ayllóns verhängnisvollem Experiment erfuhren. 60 weitere künftige Siedlerinnen und Siedler starben unterwegs in einem Wirbelsturm. Als Narváez in der Nähe des heutigen Saint Petersburg anlegte, hatte er nur noch um die 400 Passagiere.[11]

Am 13. April 1528 begegnete Narváez, nachdem er seine offizielle Bekanntmachung verlesen hatte, einer Gruppe einheimischer Küstenbewohner. Per Zeichensprache machte Narváez ihnen klar, dass er auf der Suche nach Gold sei.

»Ah, dann müsst ihr zu den Apalachee«, erklärten sie. »Die haben haufenweise Gold.«

Álvar Núñez Cabeza de Vaca, dessen Bericht[12] seiner Abenteuer mit Esteban den Hauptteil der historischen Aufzeichnungen ausmacht, bemerkte, dass die Einheimischen auf jede weitere von Narváez gesuchte Ware mit dem Hinweis reagierten, die Apalachee hätten jede Menge davon. Narváez war gleich überzeugt – diese Apalachee würde er ausrauben. Daraufhin begingen die Gentrifizierer Carolinas einen ganz entscheidenden Fehler, den jeder erkennen wird, der schon mal einen Horrorfilm oder die Dokuserie über das Spurensicherungsteam um Scooby-Doo gesehen hat: Sie »teilten sich auf«.

Esteban war klar, dass dies der unklügste Schachzug der Geschichte war, der später noch den Amerikanischen Unabhängigkeitskrieg, den Bürgerkrieg und den Untergang der Five Heartbeats auslösen sollte.* Und wie Sie feststellen werden, gibt es in diesem Buch kein einziges Kapitel, in dem Harriet Tubman den Flüchtenden die Underground Railroad erklärt: »Du gehst hier lang, ich dort lang.« Dem aufmerksamen Geschichtsstudenten wird auffallen, dass »sich aufteilen« in den Top Five der weißesten Aktionen aller Zeiten irgendwo zwischen »Nehmen wir uns einfach deren Land« und »Vielleicht sollte ich mir für die Halloween-Party diese Schuhcreme ins Gesicht schmieren« rangiert. Aber da Esteban von einem anderen Expeditionsmitglied versklavt wurde, hielt er sich in weiser Voraussicht zurück.

Cabeza de Vaca dagegen versuchte seinem Boss noch klarzumachen, dass das Ganze keine gute Idee sei, doch am 1. Mai teilte Narváez seine Mannschaft in zwei Truppenkontingente auf. 100 Mann segelten die Küste entlang auf der

---

* *Ich bin immer noch der Meinung, dass J. T. der bessere Sänger war als Eddie King jr.*

Suche nach einem geeigneten Ort, um die Zelte aufzuschlagen, während 300 seiner Kämpfer durch den unbeanspruchten Kontinent marschierten, um den Apalachee ihr Gold abzunehmen. Unterwegs versklavten sie Mitglieder der Stämme, denen sie begegneten, stahlen deren Lebensmittel und plünderten ihre Dörfer.

Als die Expeditionstrupps am 25. Juni schließlich das Territorium der Apalachee betraten, nahmen sie erst mal die Frauen als Geiseln und versklavten die wenigen Männer, die sie vorfanden. Narváez machte sich in seinem neuen Territorium heimisch und zwang die einheimischen Frauen, seinen Männern Essen zu machen. Bevor er auf Goldsuche ging, vertrieb der neue Kriegsherr noch alle anderen aus dem Dorf (damit die Eroberer weniger Leute durchfüttern mussten) und nahm sich dann seiner dringlichsten Aufgabe an – der Erklärung, dass das Land nun Spanien gehöre.

Sobald er anfing, seine kastilische Anspruchsverkündung vorzutragen, ließen die Apalachee-Krieger einen Pfeilhagel los, der die »gute Rüstung« der Europäer leicht durchdrang.[13] Die Spanier waren unter Beschuss. Drei Wochen lang wurden die christlichen Krieger von den sogenannten Wilden belagert, zur Verzweiflung und in den Hungertod getrieben.* Es gab zwar genug Wild in der Nähe des Dorfes, doch die spanischen Soldaten waren zu verängstigt, um auf die Jagd zu gehen. Esteban lehnte sich derweil entspannt zurück. Er war den Spaniern nicht zu Treue verpflichtet und an Hunger und Todesangst gewöhnt. Als die Spanier also nach einem Monat Pfeilballett beschlossen, einen Abgang zu machen, schnappte sich Esteban seinen Seesack und machte sich ebenfalls aus dem Staub.

Die Konquistadoren sprinteten also los zur Küste, verfolgt von wütenden Einheimischen, die jeden Weißen in Sichtweite töteten. Die Spanier bekamen nicht nur eine ordentliche

---

* *Wahunsenacah wäre so stolz gewesen.*

Abreibung, sondern mussten auch hungrig, goldlos und in strömendem Pfeilregen durch die Sümpfe Floridas ziehen. Cabeza de Vaca und Narváez beschlossen irgendwann, auf demselben Weg zurückzukehren, in der Hoffnung, dass die Bewohner des Dorfes Aute, die sie auf dem Weg zu den Apalachee versklavt hatten, die Vergangenheit ruhen lassen und den Spaniern Unterschlupf bieten würden. Als sie jedoch das Dorf der Aute erreichten, hatten die Indianer ihr Lager niedergebrannt und waren verschwunden.

Wie sich herausstellte, standen die Indianerstämme entlang der Küste untereinander in Kontakt und warnten sich gegenseitig vor den fliehenden Eroberern. Und sie wussten auch: Wenn irgendjemand die weißen Banditen in die Flucht schlagen konnte, waren es die Apalachee. Genau so war es auch. Die Apalachee jagten die Spanier zum Golf von Mexiko, umzingelten sie und harrten dort aus, während sich die Spanier mit schwindenden Vorräten, ein paar Pferden und ohne Schiffe entlang der Küste versteckt hielten. In ihrer Verzweiflung beschlossen die Spanier, ihre Pferde zu essen, sämtliche Metallteile in ihrem Besitz einzuschmelzen, ein paar Bäume zu fällen und Flöße zu bauen, in der Hoffnung, irgendwohin zu entkommen. Am 22. September schoben Estebans spanische Versklaver fünf jeweils zehn Meter lange Boote hinaus aufs Meer.[14] Zwei der Flöße landeten in Texas, wo Esteban in den folgenden vier Jahren zusah, wie seine weißen Sklavenhalter der Reihe nach starben, während er munter und gesund blieb. Im Jahr 1532 waren nur noch vier der ursprünglich 600 Passagiere am Leben: Esteban, Cabeza de Vaca und zwei andere Weiße.

In den folgenden zwei Jahren reisten die vier Männer durch Texas und Mexiko und kamen dabei bis nach New Mexico und Arizona. Ironischerweise bewährte sich Esteban bei seinen einstigen Sklavenhaltern, indem er *ihnen zur Flucht verhalf*, nachdem die Einheimischen von Texas die Kolonisten auf ihrem 5500 Kilometer langen Marsch durch das heutige Texas bis nach Neuspanien (oder Mexiko) wiederholt versklavt hatten. Als arabischsprachiger Afrikaner, der mit spanischsprachigen Christen reiste, bewies Esteban einen bemerkenswerten Hang zu Sprache und Kommunikation. Er lernte Zeichensprache und verständigte sich mit den Volksstämmen im Südwesten und in Mexiko. Weil er den spanischen Reisenden mehrmals das Leben gerettet hatte, belohnten die Spanier Esteban bei ihrer Ankunft in Mexico City mit dem weißesten Geschenk aller Zeiten: Er wurde erneut versklavt.

Als Esteban mit seinen Compadres in Mexico City eintraf, wurden sie von Antonio de Mendoza y Pacheco begrüßt, einem Vizekönig und engen Freund des spanischen Königs Carlos I. Gebannt von Estebans Geschichten, verlangte Mendoza, dass man ihm den Afrikaner verkaufe, und machte sehr wahrscheinlich Esteban mit seinen zwei berühmten Konquistador-Kumpanen bekannt – Hernán Cortés und Juan Garrido.

Es gibt zwar keine schriftliche Erwähnung einer Begegnung zwischen Esteban und dem einzigen freien Schwarzen Mann Neuspaniens, doch als Cortés von Estebans Reisen hörte, bat er den König um Erlaubnis, im Westen des Kontinents auf Goldsuche zu gehen. Carlos hatte jedoch eine bessere Idee. Nachdem er in den Briefen seines Vizekönigs Mendoza das überschwängliche Lob über »Esteban el negro«[15] gelesen hatte, erwählte er Esteban als Führer eines unbewaffneten Trupps indigener Mexikaner zur Erkundung der Gebiete im Norden Mexico Citys. Ohne die Hilfe eines einzigen Weißen führte Esteban 100 mexikanische Indios über die Sierra Madre, eine Meisterleistung, die vor ihm sämtliche namhaften spanischen Erkunder des Kontinents erfolglos in Angriff genommen hatten. Unterwegs schien sich Esteban mit allen indigenen Gruppen anzufreunden, die ihm begegneten, selbst denjenigen, die ihm erst feindlich gesinnt gewesen waren.

Auf dieser Reise starb Esteban wohl im Jahr 1539 durch die Hand der Zuñi, einem Stamm, der nahe der heutigen Grenze zwischen Arizona und New Mexico beheimatet war. Manche europäische Wissenschaftler gehen jedoch davon aus, dass er die Zuñi dazu brachte, seinen Tod vorzutäuschen, damit er endlich ein freier Mann sein konnte.[16]

Was auch immer tatsächlich geschah, Esteban wurde irgendwann aus der amerikanischen Geschichte ausgelöscht. Doch in den indigenen Stämmen Amerikas erzählt man sich noch heute von dem mysteriösen Schwarzhäutigen Mann, der mehr von Amerika entdeckte als Christoph Kolumbus, Ponce de León und Leif Eriksson zusammen. Bei den Pueblo-Völkern von New Mexico ist die erste Begegnung mit den europäischen Kolonisatoren in der mündlichen Überlieferung durch die Stammesältesten tatsächlich auf ganz besondere Weise festgehalten:

»Der erste Weiße, den unser Volk erblickte, war ein Schwarzer Mann.«[17]

DREI KURZE FRAGEN

1. Die ersten Afroamerikaner:
a. Entdeckten Amerika.
b. Sollten als Gründerväter gelten.
c. Waren keine Kolonisatoren.
d. Können nicht »Afroamerikaner« genannt werden, wenn Amerika noch gar nicht existierte.

2. Wie sollte man die indigenen Völker Nordamerikas nennen?
a. »Indianer«.
b. »Präamerikaner«.
c. Was ist Nordamerika? Meinen Sie Turtle Island?
d. So, wie sie genannt werden wollen.

3. Wer waren die ersten »Siedler« Amerikas?
a. Genau genommen die indigenen Völker.
b. Die Leute, die Ayllón zurückließ.
c. Die Kolonisatoren, die sich »Siedler« nannten.
d. Alle Antworten treffen zu.

AUFGABE
KOLONISATOR ODER NICHT?

Markieren Sie in folgender Aufzählung die Namen aller Personen, die als Kolonisatoren gelten sollten, mit einem K:

1. Esteban.
2. Juan Garrido.
3. Die Expedition um Ayllón.
4. Pánfilo de Narváez.
5. Ponce de León.
6. Konquistadoren.
7. Entdecker.
8. Jemand, der Ihr Haus betritt und sich weigert, wieder zu gehen.
9. Versklavte Afrikanerinnen und Afrikaner, die gegen ihren Willen in ein Land gebracht werden.
10. Landbesetzer.
11. Ein König, der Ihr Land noch nie betreten hat.
12. Ein König, der Ihr Land noch nie betreten hat, aber jemanden aussendet, um es zu erobern.
13. Eine Person, die ein Land besucht und die Gesetze und Traditionen der dortigen Bevölkerung respektiert.
14. Ein Außenstehender, der sich in einem unbewohnten Gebiet niederlässt.
15. Ein indigener Nomade, der sich in einem unbewohnten Gebiet niederlässt.

16. Eine Person, die Menschen »zivilisieren« will, die bereits zivilisiert sind.
17. Menschen aus einem anderen Land, die herkommen, um Land zu stehlen.
18. Menschen aus einem anderen Land, die zwar kein Land gestohlen haben, aber von gestohlenem Land profitieren.
19. Menschen aus einem anderen Land, die Landrauboperationen finanzieren.
20. Amerika.

DAS WAHRE WAKANDA

Im Jahr 1324 brach Musa I., der zehnte *Mansa* oder König des westafrikanischen Reiches Mali, zu einer 7000 Kilometer langen Pilgerfahrt nach Mekka auf. Vor seinem Hadsch hatte man in der afrikanischen und muslimischen Welt nicht viel von diesem Herrscher gehört, der viele Teile des heutigen Mauretanien und Mali (Melle) vereinte, und die Europäer wussten überhaupt nichts von ihm. Mit seiner Reise verhalf Mansa Musa dem Königreich Mali zu Bekanntheit und einem Platz auf der Weltkarte, und Historiker auf der ganzen Welt sehen ihn bis heute als den reichsten Menschen in der Geschichte der Menschheit an.

Der um 1280 geborene Kanga Musa, ein Name, der auf seine Mutter Kankou Hamidou zurückgeht, wurde in die matriarchale Mandinka-Gesellschaft hineingeboren. Obwohl sein Vater nicht zum Königshaus gehörte, wurde Musa zum »Stellvertreter« des Reichs erklärt und bestieg im Jahr 1312 den Thron, nachdem der vorherige König zu einer Pilgerreise nach Mekka aufgebrochen und nicht zurückgekehrt war.

Während sich Europa allmählich von Armut, Krieg und Krankheit sowie der großen Hungersnot der Jahre 1315 und 1316 erholte, die jeden zehnten Europäer dahingerafft hatte, errichtete Musa im Reich Mali Universitäten, Moscheen und städtische Zentren. Statt Land durch Kriege zu erobern, vergrößerte er sein Reich durch Annektierung und benutzte seine Kontrolle über Gold und Salz, um verschiedene Stadtstaaten zu einem Reich zu vereinen. Es heißt, gegen Ende seines Lebens habe man für die Durchquerung des Königreichs Mali von einem zum anderen Ende ein ganzes Jahr gebraucht.

Das war auch der Grund, warum Mansa mehr Titel verliehen bekam als LeBron James. So nannte man ihn auch Emir von Melle, Herr der Minen von Wangara, Eroberer von Ghanata und den Löwen von Mali. Die einzigen Titel, die er nicht erhielt, waren Best Rapper Alive, Mother of Dragons und Hardest Working Man in Show Business. Gelehrten zufolge bestand das

Königreich zu seiner Blütezeit aus 400 dicht besiedelten Städten im Nigerdelta. Die Universität von Sankoré in Timbuktu, Mali, steht noch heute dort, wo er sie nach Eroberung des Gebiets errichtet hat.

In den meisten Quellen heißt es, dass er den Hadsch mit einem Gefolge von 60 000 Menschen unternahm und es dabei, sehr zum Unmut der Weißen, richtig krachen ließ. Musa, der nie besonders knauserig war, soll unter den Bedürftigen, die ihm auf seiner Reiseroute begegneten, gleich ganze Goldbarren verteilt haben. In nahezu jeder Version seines Hadsch wird ein und dieselbe Geschichte erzählt: König Musa verteilte so viel Gold an die Armen, dass *der gesamte Goldmarkt im Nahen Osten kollabierte*! Was unternahm er also, um das Problem zu beheben?

Im vielleicht größten Finanzschachzug aller Zeiten lieh sich der König so viel Gold, wie seine Leute von Kairo aus tragen konnten. Natürlich brauchte er es nicht, aber durch die Verknappung des Edelmetalls beruhigte sich der Markt wieder. Ganz der Großkotz, beglich er seine Schuld bei den ägyptischen Geldgebern anschließend sogar mit Zinsen. Bestimmt legte er auch noch eine Notiz bei mit der Bemerkung: »Mein Fehler! Bin den Umgang mit armen Schluckern nicht gewöhnt.«

Auf dem Rückweg nach Mali brachte Musa einige der gefragtesten spanischen und ägyptischen Architekten und Erbauer mit und vergrößerte so noch den Wohlstand im Königreich. Die historische Forschung geht davon aus, dass er zum Zeitpunkt seiner Rückkehr aus Mekka den Handel mit Gold und Salz im Mittelmeerraum weitgehend kontrollierte. Zur selben Zeit tauchte das Königreich Mali erstmals auf europäischen Karten auf. Wie und wann Mansa Musa starb, ist ein heiß umstrittenes Thema; ob Mansa Musa seine Steuererklärungen veröffentlichte, konnten unsere Recherchen jedoch leider nicht ermitteln.

3

DIE NEUAUSRICHTUNG DER WELT

Es gibt so viele »Welten«.

Jahrhunderte nachdem sich Pharaonen, Kaiser, Zaren, Sultane, Khane, Kalifen und Könige in der Beherrschung der verschiedenen, zuweilen gleichzeitig existierenden Regime abwechselten, die die Geschichtsschreibung damals wie heute als die »herrschenden Weltreiche« bezeichnet, entstand in South Carolina eine völlig neue Dynastie. So wie Rom, Theben, Athen oder Karthago von den alten Gelehrten als »Welthauptstädte« gesehen wurden, repräsentiert South Carolina für Schwarze Amerikaner die Hauptstadt der bekannten Welt. Ein Verständnis der Geschichte und des Vermächtnisses der Afrikaner in Amerika wie auch das Verständnis Amerikas selbst kann nicht mit den teewerfenden Rowdys von Boston oder gar den selbstgerechten Verfassungsschreibern aus dem Norden beginnen. Reichtum, Ruhm und sogar die Unabhängigkeit Amerikas haben ihren Ursprung in South Carolina.

Der Palmetto State diente Amerikas Pseudodemokratie in vielerlei Hinsicht als Vorlage – ein System, in dem Arbeitskraft und Wissen aus Westafrika gestohlen und mittels Versklavung und Ausbeutung der westafrikanischen Völker erzwungen wurden. Die weißen Siedler von South Carolina profitierten von der Entwicklung der Leibeigenschaft in Virginia. Wie Sie sich vielleicht erinnern, waren wir stehen geblieben bei der Jamestown-Kolonie, die am Rande des Zusammenbruchs stand, weil die ungeschickten Blaublüter nichts vom Ackerbau, Jagen, Bauen oder Überleben verstanden und die, obwohl sie Land ohne Ende besaßen, den Hungertod starben. Auch wenn die Briten von dem gelieferten Tabak ziemlich angetan waren, machten die Kolonien noch immer keinen rechten Profit, sodass die Virginia Company noch nicht einmal ihre Investoren bezahlen konnte. Gefragt waren Leute mit Know-how und Muskelkraft, aber Gerüchte über Krankheiten, von Pfeilen durchbohrte Beine und Kolonisatoren, die einander zum Abendessen verspeisten, trugen nicht gerade dazu bei, die englische Arbeiterschicht für ein Wagnis in dem neuen Land zu begeistern. Selbst die ärmsten Bürger rissen sich nicht darum, wegen einer Chance auf den Hungertod den Ozean zu überqueren.

Auf dieses Personalproblem reagierte die Virginia Company mit einer neuartigen Lösung. Am 18. November 1618 verabschiedete das Unternehmen die »Orders and Constitutions« mit einer Bestimmung, die das gescheiterte Experiment retten sollte. Statt den Arbeitern Geld als Anreiz zu bieten, sicherte die Virginia Company mit dem »Great Charter of privileges, orders and laws« jedem, der mittellosen Bürgern die Überfahrt in die Kolonien finanzierte, ein Stück Land zu.[1] Durch dieses sogenannte Headright-System konnte ein wohlhabender Grundbesitzer pro importiertem »Kopf« 50 Morgen Land erhalten, für eine vierköpfige Familie also bereits 200 Morgen. Wenn sie ihre Schuld nach einer bestimmten Zeit abgearbeitet hatten, konnten die armen Eingewanderten darauf hoffen, den reichen Grundbesitzern Land auf Kredit abzukaufen, auf unbeanspruchtes Land zu ziehen und sich die Rechte daran zu »ersitzen« oder ihre Fertigkeiten an den Höchstbietenden zu verkaufen.*

* *Der in der Schuldknechtschaft übliche Vertragszeitraum von sieben Jahren geht auf das biblische Prinzip des Schuldenerlasses zurück, so erwähnt in 5. Mose 15.*

Das System hatte natürlich seine Schwachstellen. Die Klasse der Kolonisatoren ist so gut wie sonst wohl niemand darin, irgendwo Schlupflöcher zu finden, und was den Virginiern an Landbau- und Überlebensfertigkeiten fehlte, konnten sie mit ihrem Hang zur Ausbeutung mehr als wettmachen. Im Jahr 1638 kam ein gewisser George Menefie auf eine schlaue Idee, wie er sich die Landschenkung erschleichen könnte, ohne nach der abgeleisteten Vertragszeit der Schuldknechte seine Arbeitskräfte zu verlieren. Menefie, der Händler, Farmer und Mitglied im Gouverneursrat war, gelang es tatsächlich, sich eine Grundbesitzurkunde über 3000 Morgen ausstellen zu lassen, wovon er 1150 beanspruchte für »die Schwarzen, die ich aus England mitgebracht habe«.[2] Als Menefie ein Jahr später noch mal 3000 Morgen für die Einfuhr 60 weiterer Afrikaner erhielt, sprangen alle auf den »50 Morgen gratis für jeden gekauften Sklaven«-Zug auf. Dann, im Jahr 1662, besiegelten die Gesetzgeber Virginias das Schicksal ihrer Schwarzen Knechte offiziell:

> *In Anbetracht der Frage, ob die Kinder, die ein Engländer von einer schwarzen Frau bekommt, versklavt oder frei sein sollen, sei hiermit durch die gegenwärtige große Versammlung erlassen und erklärt, dass alle in diesem Lande geborenen Kinder allein gemäß dem Status der Mutter versklavt oder frei sein sollen, und dass ein jeder Christ, der mit einem schwarzen Mann oder einer schwarzen Frau Unzucht begeht, das Zweifache des für obigen Akt festgesetzten Bußgeldes zahlen soll.*[3]

Im Gegensatz zu den armen englischen, irischen und einheimischen Schuldknechten wurden die afrikanischen Importierten *und deren Kinder* nun als Eigentum behandelt. Danach ging das Headright-System der Landzuweisung im Tausch gegen Schwarze durch die Decke. In den 25 Jahren, nachdem die Koloniallegislatur die Sklaverei für generationenübergreifend und unbefristet erklärt hatte, wurden 125 Grundbesitzurkunden zugelassen und damit 1649 Afrikaner nach Virginia verfrachtet.[4]

Der Arbeitskräftemangel von Jamestown hatte endlich ein Ende, und ein neues System staatlicher Zuwendungen nahm seinen Anfang. Was ist schließlich Kapitalismus, wenn nicht eine Gelegenheit für Kapitalisten, daraus Kapital zu schlagen?

Mit der Erschaffung einer rechtsverbindlichen, rassistisch motivierten, generationenübergreifenden, fristlos unterdrückten Menschenklasse verriet Virginia, dass das ganze Gefasel von Gott, Freiheit und Religion in der ersten Charta der Kolonie eine einzige Farce war. Die Sklaverei war nicht etwa ein Produkt ihrer Zeit, sondern ein *amerikanisches* Konzept. In England wurde kein einziges Gesetz zur Legalisierung der Sklaverei erlassen. Der französische *Code noir* war zwar ähnlich, entstand aber erst zwei Jahrzehnte nach der Erklärung von Virginia. In Amerika herrschte von Beginn an ein Pyramidensystem, in dem die Reichen von der Arbeit der Armen profitierten. Und tatsächlich gibt es nur einen Begriff, der das in Virginia festgeschriebene System auf Rassismus basierender Leibeigenschaft treffend beschreibt: weiße Vorherrschaft. In South Carolina nahm man dies nicht bloß zur Kenntnis, sondern führte die von Virginia gemachten »Fortschritte« der Headrights und Besitzsklaverei mit einer eigenen Version rassistisch begründeter Hierarchie noch weiter aus.

1663, ein Jahr nachdem die Sklaverei in Virginia offiziell zum Geburtsrecht erklärt wurde und über 100 Jahre nach Lucas Vázquez de Ayllóns stümperhaftem Versuch, South Carolina zu gentrifizieren, erteilte König Karl acht »Lord Proprietors« das Recht, die britische Kolonie Carolina zu gründen und als stellvertretende Monarchen über das Land zu herrschen. Eine der ersten Amtshandlungen war die Berufung des britischen Staatstheoretikers John Locke zum Mitverfasser der *Fundamental Constitutions of Carolina*. (Zufälligerweise war Locke – der auch als »Vater des Liberalismus« bekannt ist und dessen Gedanken zum Grundrecht auf »Leben, Freiheit und Eigentum« ein gewisses Dokument namens *Declaration of Independence* anregte – ein Großinvestor der Royal African Company, jener von Weißen geführten Gesellschaft, die mehr versklavte Afrikaner illegal nach

Amerika brachte als jede andere Einrichtung.)* Für diese grundlegende Verfassung Carolinas entwarf Locke eine Anzahl von Gesetzen und Vorschriften, darunter auch eine Klausel, die von da an als Artikel 110 bekannt war und besagte: »Jeder freie Mann von Carolina soll absolute Macht und Autorität über seine schwarzen Sklaven haben, ungeachtet seiner Anschauung oder Religion.«[5] So wurde die Vorherrschaft der Weißen in Carolina als eines der Gründungsprinzipen der Kolonie in der sozialen Struktur verankert, und die Sklaverei etablierte sich.

Die Proprietoren des Gebiets Carolina standen nun einem ähnlichen Problem wie dem gegenüber, das die Risikokapitalanleger von Jamestown soeben erst bewältigt hatten: Die neuen Einwohner South Carolinas mussten nicht nur mit der feindlichen indigenen Bevölkerung fertigwerden; die verknechteten englischen Farmer hatten auch noch nie mit einem solchen Klima und Boden zu tun gehabt. Als die ersten weißen Bewohner South Carolinas sahen, was Virginias Elite mit etwas menschlichem Besitz und Zugriff auf Headrights zuwege brachte, checkten sie erst mal den Aktienpreis für Versklavte und meinten: »Halt mal mein Bier.« Die Kolonie Carolina sollte bald ein ganzes Versklavungsimperium errichten.

Im Jahr 1672 wurden Morris Matthews mehrere Hundert Morgen Land oberhalb des Ashley River zugesprochen, ein paar Kilometer vor Charles Town bei Albemarle Point, der ersten englischen Planstadt der amerikanischen Kolonien. Vier Jahre später gab Matthews das Land auf und verkaufte es an Thomas und Ann Drayton, ein wohlhabendes englisches Paar, das mehrere Zwangsarbeitsplantagen für Zitrusfrüchte auf Barbados besaß. Um ihr Landwirtschaftsimperium weiter auszubauen, beanspruchten die Draytons Headrights für ihre geraubten Afrikaner, die noch auf dem Anwesen in der Karibik lebten. Statt ihre barbadischen Gefangenen nach Carolina zu befördern, beschlossen sie jedoch, ihren Sklavenbestand aufzu-

* *»Zufälligerweise« heißt »natürlich«, oder?*

stocken, indem sie ein paar Gefangene von der afrikanischen »Windward Coast« verschleppten. Der Geschäftsplan der Draytons war einwandfrei – nun hatten sie genug unbezahlte Arbeitskräfte zusammengetragen, um eine Schwarzmarktversion der Tropicana Company auf die Beine zu stellen.

Magnolia, die Plantage der Draytons, lag an den Mündungen des Ashley River und des Stono River in den Atlantik, womit sie idealen Zugang zum Rest der Welt bot. Doch das Brackwasser machte den größeren Anbau von Tabak, Gemüse und den meisten Grundnahrungsmitteln nahezu unmöglich, während der phosphorreiche Boden des Lowcountry dem Anbau von Zitrusfrüchten im Wege stand, den die Draytons auf Barbados zustande gebracht hatten. Auch ihr Versuch, auf die Seidenraupenzucht aufzuspringen, scheiterte. Als weiße Siedler in Carolina einem Malaria- und Gelbfieberausbruch erlagen,[6] gingen den Draytons – nach einer Geschichte so alt wie Amerika – allmählich Zeit, Geld und Nahrung aus.* Dabei fiel ihnen auf, dass ihre Versklavten überhaupt nicht besorgt schienen. Als sie weiter nachforschten, entdeckten die privilegierten Pflanzer (die keine waren), dass die Afrikaner ihre eigene Nahrung angebaut hatten, darunter eine Pflanze, die die Draytons noch auf keinem Feld der englischen Arbeiter oder weißen barbadischen Leibeigenen gesehen hatten. Die Afrikaner pflanzten Reis an.

Der Anbau von Reis ist ein schwieriges Unterfangen. Für die Aussaat, Anzucht und Ernte dieses Nahrungsmittels müssen Deiche und Dämme angelegt werden. Außer an der Westküste Afrikas wurde Reis in großem Maßstab nur in Asien und einigen Regionen Italiens kultiviert.[7] In einem feuchten Klima, wie es in Carolina vorherrscht, ist der Anbau echte Knochenarbeit und geht mit Krankheiten, Dehydrierung und Erschöpfung einher. Doch selbst unter diesen Umständen bewährte sich die geraubte Menschenklasse der Draytons und rettete die Familie vor dem Hungertod – und nebenbei das gesamte Wirtschafts-

* *Die Region wurde damals noch kaum von Supermärkten beliefert.*

system Carolinas – durch Einführung des ersten essbaren Exportprodukts.

Die Draytons waren weder Ingenieure noch Farmer, doch sie hatten Geld, »absolute Macht und Autorität« über ihre »schwarzen Sklaven« und eine Vorstellung davon, wie wertvoll ein großflächiger Anbau dieser Zuchtpflanze wäre. Also durchkämmten sie Sierra Leone und die Westafrikanische »Reisküste« nach Menschen, die ihnen das nötige Wissen und die Arbeitskraft zum Anbau jenes Getreides bereitstellten, das zum Grundnahrungsmittel South Carolinas werden sollte. Ihr brillanter Plan hatte jedoch ein paar Schwachstellen. Die Sklavendiebe meinten, sie könnten einfach ein Netz nach ein paar Afrikanern auswerfen, die dann auf magische Weise ein Landwirtschaftsdiplom mit Schwerpunkt Reisanbau hätten, das sich direkt auf die Kolonie Carolina anwenden ließ.* Diese »aufgeklärten« Leute berücksichtigten dabei natürlich nicht, dass Afrika – ein Kontinent, der größer ist als die Vereinigten Staaten, Brasilien, Italien und China zusammen – reich an biologischer Vielfalt war und deshalb ganz andere Anbaumethoden erforderte.

In Afrika gab es ganze Reisanbau*kulturen* – jede mit ihrer eigenen botanischen Adaption an Topografie, Geografie und Bodenbeschaffenheit. In den regenbewässerten Hochlandregionen des heutigen Sierra Leone und Liberia ließen Frauen die Körner in mit einer speziellen Hacke geformte flache Löcher fallen und bedeckten die Saat mit der Ferse. In den Sumpflandschaften von Senegambia wurde der Reis in Töpfen vorgezogen und dann in die Sümpfe ausgepflanzt, sobald die Setzlinge Wurzeln gebildet hatten. Nahe Guinea, südlich des Flusses Gambia, konstruierten afrikanische Landwirte »ein aufwendiges Netzwerk aus Dämmen, Deichen, Kanälen und Schleusentoren, das den Zufluss von Meerwasser verhindert und zugleich das zur Bewässerung der Felder und dem Reisanbau benötigte Regenwasser zurückhält«.[8] Und in Amerika mussten die ausgebeute-

* *Pssst ... Verraten Sie's denen nicht.*

ten Weltreichgründer verschiedener Sprachen, Kulturen und Länder ihre Wege des Wissens anpassen, um ein gänzlich neues, im Ursprung afrikanisches Reisanbausystem zu entwickeln, dessen Verständnis sich selbst den reichsten, »aufgeklärtesten« Weißen der Welt entzog.

Seit Anbeginn dieses Menschenklauprojekts basierte das Sklavensystem überwiegend auf Schwarzen Männern, die die nötige Muskelkraft für schwere Arbeit besaßen, sodass es in den Kolonien, wie in den meisten Sklavengesellschaften, mehr Männer als Frauen gab. So kamen im Surry County in Virginia in den 1670er-Jahren 145 Männer auf 100 Frauen.[9] In den Kolonien South Carolinas dagegen sollte sich das Männer-Frauen-Verhältnis bald auf eins zu eins einpendeln, nachdem die Plantagenbesitzer dahinterkamen, dass es die afrikanischen Frauen waren, welche die erforderlichen technischen und landwirtschaftlichen Kenntnisse zum Anbau jenes Getreides mitbrachten, das später als »Carolina Gold« bekannt wurde.

Anfang des 18. Jahrhunderts beobachtete der Indianeragent Thomas Nairne, dass die Afrikanerinnen nicht nur die meisten Aufgaben im Reisanbau übernehmen konnten, sondern offenbar auch besser Bescheid wussten als die Männer.*[10] Nach einigen Berechnungen stellte Nairne die These auf, dass er die Produktion seines großen Zwangsarbeitslagers um 50 Prozent erhöhen könnte, wenn er die Frauen zu den Männern ins Feld schickte. Damit lag Nairne tatsächlich richtig. In den meisten westafrikanischen Reisgesellschaften waren Männer, abgesehen vom gelegentlichen Tragen schwerer Lasten, nur selten am Landbau beteiligt. Nairne würde seine These nicht mehr überprüfen können (er wurde von den Yamasee zu Tode gefoltert, weil er glaubte, über eine Siedlung »verhandeln« zu können, nachdem man ihnen ihr Land gestohlen hatte). Doch spätestens um 1710 hatten die Sklavenhändler gelernt, dass sie für

---

* *Indianeragenten waren damit beauftragt, im Namen der weißen Regierung mit den Einheimischen zu verhandeln und zu kommunizieren.*

Afrikanerinnen denselben Preis verlangen konnten wie für Afrikaner.[11] Und so kam es zu dem Zustrom an Frauen in die Region. Auf der Plantage des Gouverneurs Robert Allston in Georgetown, South Carolina, waren vor allem die Frauen für die Landarbeit zuständig, während die Männer Holz hackten und transportierten oder andere Aufgaben übernahmen.[12] Die Frauen waren außerdem für das Mahlen, Entspelzen und Reinigen des Getreides, seine Verarbeitung zu einem genießbaren Produkt verantwortlich. Dazu kombinierten sie westafrikanische Technologie mit den in South Carolina verfügbaren Ressourcen. Sie bauten Geräte und konstruierten komplexe Maschinen. Statt den Reis mithilfe von Palmenblättern von den Spelzen zu trennen, webten sie Körbe aus Süßgras und warfen den Reis damit in die Luft. Sie mahlten den Reis mit selbst gefertigten Mörsern und Stößeln und bauten Geräte zum Pflügen der Erde.

Jedes Mal, wenn die Reisplantagenbesitzer weitere Menschen aus Afrika importierten, erweiterte sich ihr Reich. Wie der Historiker Peter Wood in *Black Majority* bemerkt: »Im Hinblick auf die Reiskultivierung war besonderes Know-how, im Gegensatz zu dessen Mangel, ein Faktor, der schwarze Arbeitskräfte für die englischen Kolonisten attraktiv machte.«[13] Manche, wie die Draytons, versklavten Hunderte und machten damit rasant steigenden Profit. Als die ersten Schüsse der Amerikanischen Revolution fielen, war die Magnolia-Plantage bereits auf 1872 Morgen angewachsen, eine Fläche etwa doppelt so groß wie das heutige Harlem, auf der mehrere Hundert Stück Vieh in weitläufigen Pferchen umherstreiften. Als Nairne den genauen Wert seiner Sklavinnen für die Landarbeit berechnete, bemerkte er auch, dass es in »South Carolina so viel Vieh gibt wie in sonst keiner anderen Kolonie ... Mancher besitzt 1000 Stück, aber schon 200 sind nichts Ungewöhnliches.«[14] Und so wie die von Natur aus landwirtschaftlich begabten »field gals« geschickt im Anbauen und Ernten von Reis waren, beobachteten die Bewohner South Carolinas, dass die Versklavten der Flachlandsteppen Ghanas und Gambias besonders gute Viehhirten waren.

Im Gegensatz zu den weißen »buckaroos«*[15] (Cowboys) und den armen weißen »crackers«, die Peitschen benutzten, trieben die Schwarzen Rinderzüchter das Vieh mithilfe von Salz, Feuer und Hunden in Pferchen zusammen, wenn die Plantagenbesitzer es wiederfinden mussten (meist dann, wenn die Steuer fällig wurde), womit die »cow boys« ebenso nützlich waren wie die »field gals«.[16] Und das Ergebnis ihrer Findigkeit, harten Arbeit und Intelligenz? Diese Männer und Frauen starben dahin.

Das Leben auf einer Reisplantage war so durchdrungen von Krankheit und Tod, dass die Pflanzer für ihr menschliches Kapital in der Regel eine Lebenserwartung von 19 Jahren ansetzten. Wie ein Plantagenbesitzer aus Charleston bemerkte, würde er »lieber den besten Schützen Kentuckys aus 15 Metern auf mich schießen lassen, als im Sommer eine Nacht auf der Plantage zu verbringen«.[17] Trotz der niedrigen Lebenserwartung und der hohen Kindersterblichkeit, die zehnmal höher war als bei weißen Kindern, gab es jedoch einen Lichtblick. Das auf den Reisplantagen hohe Risiko, sich mit Malaria, Gelbfieber oder anderen Infektionskrankheiten anzustecken, hatte zur Folge, dass die Weißen ihre Versklavten dort nicht so sehr plagten wie auf anderen Plantagen. Im Gegensatz zu vielen anderen Sklavengesellschaften arbeiteten die Versklavten in South Carolina nach dem »Aufgabensystem«.[18] Demnach waren die versklavten Menschen für ihre Nahrung, Kleidung und sogar ihre medizinische Versorgung selbst verantwortlich. Alle Gefangenen hatten ein bestimmtes Arbeitspensum zu erledigen; wenn sie damit fertig waren, wurden sie von der Aufsicht der Sklavenhalter befreit, um ihre eigenen Gärten zu bearbeiten, ihre eigene Kleidung zu nähen oder ihr eigenes Geld zu verdienen. In Charleston gab es sogar ein aufwendiges »Marken«-System, worüber versklavte Menschen Waren und Lebensmittel auf dem Markt verkaufen konnten.

---

* *Abgeleitet von* buckrah, *was in der Sprache der Gullah »weißer Mann« bedeutet, dies wiederum von* bakara, *dem Wort der Igbo für »weißer Mann«.*

In diesem von Weißen freien Vakuum bildete sich eine neue Kultur und Sprache, eine Mischform aus Kulturen und Sprachen der Afrikaner aus den karibischen Kolonien und der westafrikanischen Baga, Fula, Kissi, Kpelle, Limba, Mandinka, Mende und Wolof. Sie balancierten die Erinnerung an ihr Mutterland auf den Nasenrücken und versteckten sie auf ihren Zungenspitzen. Ihre vereinten Seelen verbanden sich und wurden zu den Gullah-Geechee, einer starken Kultur, über die kein Weißer jemals Macht und Autorität besitzen würde.

And if 'n de wood God neh de cornstock Jesus mek'em tink dat, dey flam. Look yea, bubba. Dem boi know we go to de goat-smellin. Ain no churn. I been grōn. So, gwin nie. Dah bukrah mek me box dem in da teets, wit dey stingy bookey. I jook 'im tuh ya got tuh tote'em. Feh ye get out de do‹ tell titi nem cumbayah fuh a bog. Ayn lük in huh nie ye nana face in bout lemm yeahs. Dayne finna badmout me with dey mout all box-up.

(Und wenn ihr hölzerner Gott oder ihr Jesus aus Maisblättern ihnen erlaubt, an solchen Unsinn zu glauben, dann sind sie verrückt. Hör zu, Bruder: Diese Leute wissen, dass wir sie fertigmachen würden. Ich bin kein Kind. Genau genommen bin ich schon seit unendlich langer Zeit erwachsen, es wäre also vielleicht besser, du würdest solche Fantasien nicht aussprechen. Diese Weißen könnten mich dazu bringen, ihm auf den Mund zu boxen, mit ihren flachen Hinterteilen. Ich würde ihn so feste boxen, dass du ihn nach Hause tragen musst. Aber bevor zu gehst, richte doch bitte deiner Schwester aus, sie soll in unmittelbarer Zukunft auf etwas Reis-Perlo vorbeischauen. Denn ich habe sie schon seit fast elf Jahren nicht mehr gesehen, ich will nicht, dass sie mich verflucht und böse anschaut.)

Das ist die Sprache Geechee. In ihrer Freizeit entwickelten die entwurzelten Afrikaner eine völlig neue Sprache, indem sie westafrikanische Dialekte, karibisches Patois und das Englisch der Weißen kombinierten. Wenn ich mit meiner Schwester oder meiner Mutter aus Moncks Corner, South Carolina, telefoniere, klingt das Geechee in meiner Art zu sprechen durch. Es wird immer wieder aufgefrischt, wenn ich einen Chicken Bog* koche (was nicht dasselbe ist wie »Perlo«**), so wie mein Uncle Harriot es mir beigebracht hat. (»One knuckle uh wadda, wait fuh de wadda to staht bussin, mash a top on it, low it down tuh ya get a lee-lil fie. After ten minutes, outcha fie but *do not take the top off* till ye mek ye plate. *Bimm.*«)*** Und selbst wer nicht aus dem Süden kommt, spricht Geechee, ohne es zu merken. Wenn man zum Bauernmarkt die eigene »tote bag« mitbringt, benutzt man eine Ableitung des Wortes *tota* oder »mitnehmen« aus der Sprache Kikongo. Und wer ins Kino geht und sich eine Packung Goobers kauft, benutzt das Kimbundu-Wort für Erdnuss, *nguba*.

So fing alles an: mit der Arbeit von Frauen, die etwas vom Anlegen, Planen, Pflanzen und Ernten verstanden. Es sind die Gerichte und die Kultur der mir bekannten Welt. Sie sind fester Bestandteil der Kultur und Sprache Amerikas. Und sie wurden von Schwarzen geschaffen, ohne jede Vorlage.

Um 1776 war South Carolina der größte Exporteur von Reis nach England, der führende Exporteur von Pökelfleisch in die Karibik und hatte das höchste Pro-Kopf-Einkommen in den Britischen Kolonien.[19] Und die Kolonie, in der man eigentlich Weiße zum Anbau von Zitrusfrüchten rekrutieren wollte, war nun überwiegend von Schwarzen bevölkert. In den fünf Jahren vor Beginn der Amerikanischen Revolution wurden mehr versklavte Afrikanerinnen und Afrikaner nach South Carolina ge-

---

* *Es heißt »ein Chicken Bog«, nicht »Chicken Bog«. Ein Bog ist etwas Ganzes, genau wie ein Pie oder eine Ninny.*

** *So ähnlich wie ein Bog, aber nicht so wässrig. Außerdem musste ich nachsehen, wie man »Perlo« schreibt, denn obwohl ich es schon mein ganzes Leben lang esse, hatte ich es bis vor 15 Minuten noch nie geschrieben gesehen. Ich hätte auf »Perloe« getippt.*

*** *Einen Fingerknöchel Wasser, warte, bis das Wasser zu köcheln anfängt, Deckel drauf, Hitze runterstellen, bis die Flamme ganz klein ist. Nach zehn Minuten stellst du die Flamme aus, aber nimm den Deckel erst ab, wenn du deinen Teller anrichtest. Bimm.*

bracht als in sämtliche Häfen aller anderen amerikanischen Kolonien zusammengenommen.[20] Im Laufe des legalisierten transatlantischen Menschenhandelssystems Amerikas wurden 40 Prozent aller menschlichen Importe des Landes über den Charleston Harbor abgewickelt, was der Stadt in South Carolina den Beinamen »Sklavenhauptstadt der Neuen Welt« einbrachte.[21]

In diesen recht isolierten Welten, die sich die Versklavten geschaffen hatten, wurde ihnen die Kreolsprache zum Instrument des Überlebens und des Widerstands, denn sie ermöglichte es ihnen, sich vor den Augen ihrer ahnungslosen Herren heimlich mit den anderen Gefangenen zu verständigen. So kam es, dass in der Kultur der Versklavten in South Carolina auch die Auflehnung ansteckend wirkte. Am 6. Mai 1720 ermordeten »die Negroes in South Carolina« den Plantagenaufseher Benjamin Cattle sowie eine namenlose weiße Frau.[22] Darauf folgte ein bewaffneter Aufstand im August 1730, als sich versklavte Afrikaner eines Sonntagmorgens mit Waffen ausrüsteten und »zur Vernichtung aller Weißen verschworen«.[23] Drei weitere Aufstände ereigneten sich im Jahr 1739 an der Reisküste South Carolinas, wobei sich der bekannteste ganz in der Nähe der Stelle zutrug, an der John Drayton, Sohn von Thomas und Ann Drayton, soeben das erste von Hunderten weiterer Grundstücke mit einem generationenübergreifenden Vermögen erstanden hatte, das durch afrikanische Arbeitskräfte aufgebaut worden war. South Carolinas Sklavengesetze von 1712 basierten auf dem Sklavengesetz von Barbados, das die Versklavten vor »Grausamkeiten und Anmaßungen durch ihresgleichen oder andere bösartige Menschen oder Besitzer« in Schutz nahm.[24] Doch bald sollten sich die Dinge ändern.

Somebody finnah box dem bukrah fess loose!

DREI KURZE FRAGEN

1. **Jamestown gilt als erste amerikanische Siedlung, weil:**
   a. Es die erste englische Siedlung in Nordamerika war und Geschichtsbücher auf Englisch geschrieben sind.
   b Mir das jemand erzählt hat.
   c. Die indigene Bevölkerung, spanische Siedler in Florida und Schwarze nicht zählen.
   d. *Irgendwas* haben die weißen Wohlfahrtsempfänger schließlich auch verdient.

2. **Die Geschichte der Schwarzen beginnt:**
   a. Mit Beginn der Menschheit.
   b. Mit Juan Garridos Ankunft in Florida.
   c. Mit Ankunft der ersten versklavten Afrikaner im Jahr 1619.
   d. Jedes Jahr am 1. Februar.

3. **Die Geschichte Amerikas beginnt:**
   a. Mit der griechischen und römischen Mythologie.
   b. Damit, dass Christoph Kolumbus *nicht* in Amerika ankam.
   c. Mit Beginn der Wohlfahrtsleistungen an die Kolonie von Jamestown.
   d. 1776.

WELCHE ABSTAMMUNG?

Ordnen Sie folgenden Personen die jeweilige Abstammung zu: asiatisch, afroafrikanisch/schwarz, hispanisch, uramerikanisch, weiß oder »andere«.

1. Eine Person, deren Vorfahren aus Frankreich stammen, mit Ausnahme eines Ururgroßvaters, der aus Afrika kam.
2. Eine Person, deren Vorfahren aus Afrika stammen, mit Ausnahme eines Ururgroßvaters, der aus Frankreich kam.
3. Eine Person, die aus Irland ausgewandert ist, bevor Iren als Weiße galten.
4. Ein spanischsprachiger Einheimischer Texas', als die Region zu Mexiko gehörte.
5. Ein englischsprachiger Einheimischer New Mexicos.
6. Eine Person mit spanischen Vorfahren.
7. Eine Person, die aus Mexiko stammt und spanische Vorfahren hat.
8. Die einheimischen Taíno auf der spanischsprachigen dominikanischen Seite der Insel Hispaniola.
9. Die einheimischen Taíno auf der französischsprachigen haitianischen Seite der Insel Hispaniola.
10. Ein spanischsprachiger Nachfahre von in der Dominikanischen Republik versklavten Afrikanern.
11. Jesus.
12. Eine Person aus Ägypten.

13. Eine Person aus Hawaii.
14. Ein Indigener in den von Spanien beherrschten Philippinen.
15. Ein portugiesischsprachiger Brasilianer, dessen Vorfahren Afrikaner waren.
16. Ein spanischsprachiger Nachfahre von indigenen Inka und Juan Garrido, der aus Mexiko auswandert.
17. Ein Nachfahre der indigenen Bevölkerung der kalifornischen Halbinsel, als diese zu Mexiko gehörte.
18. Ein Nachfahre der Inuit aus Alaska.
19. Ein italienischer Siedler, dessen Vorfahren von dem nordafrikanischen Hafen in Tunesien kamen, der als Teil Italiens galt.
20. Eine Person von Ihnen unbekannter Abstammung.

ANA NZINGA

King of Queens

Geschichtsrevisionisten und Leute, die an Ampeln auf der Stelle joggen, tun die Bedeutung der weißen Vorherrschaft und Sklaverei oft ab, indem sie selbstgefällig daran erinnern, dass Afrikaner ihre eigenen Landsleute versklavten. Das ist eine stark vereinfachte Darstellung davon, wie Kolonialismus funktioniert. Die »ungefähr 20« versklavten Afrikaner, die 1619 auf der *White Lion* herkamen, stammten wahrscheinlich aus dem Königreich Ndongo im heutigen Angola.[1] Fünf Jahre später sollte Ana Nzingas Eingreifen die Geschäfte der originären Sklavenhändler zum Erliegen bringen.

Nach dem Tod ihres Vaters, König Kiluanji von Ndongo, ließ ihr Bruder sie sterilisieren und ihren Sohn umbringen, damit sie nicht Königin werden konnte. Nzinga floh ins nahe gelegene Reich Matamba, doch als ihr Bruder erkannte, dass er die Portugiesen nicht allein besiegen konnte, bat er Nzinga darum, einen Vertrag auszuhandeln.

Sie stimmte zu, und als sie zum Treffen mit dem portugiesischen Gouverneur erschien, versuchte der mit einer beliebten Taktik, sie herabzusetzen: Er bot ihr zum Sitzen nur eine Bodenmatte an, während die europäischen Führer von ihren Stühlen auf sie herabsahen. Ohne zu zögern, wies Nzinga eine ihrer Dienerinnen an, auf allen Vieren niederzuknien, und nahm auf deren Rücken Platz, damit sie die Verhandlungen auf Augenhöhe führen konnte. Auch wenn dem Handel mit versklavten Menschen durch den Vertrag kein Ende gesetzt wurde, wurde darin doch immerhin die Aufgabe der zum Sklavenhandel genutzten portugiesischen Forts vereinbart.

Da sie aber nun mal Kolonisatoren waren, brachen die Portugiesen ihr Wort und nahmen weiterhin »Sklaven und kostbare Dinge« aus Ndongo mit. Nach dem Tod ihres Bruders ließ Nzinga dessen Sohn, den Thronerben, töten. Und als ihr Rivale, König Hari, sich mit den portugiesischen Sklavenhändlern verbündete und erklärte, dass das Königreich nie von einer Frau beherrscht werden könne, floh Nzinga nach Matamba.

Sie vergrößerte nach und nach ihr Heer, entführte die dort regierende Königin und deren Tochter und kehrte schließlich nach Ndongo zurück, um den Thron zu besteigen. Ab 1648 war Nzinga die Herrscherin von Ndongo und Matamba.

Sie bezeichnete sich als König.[2]

Forschern zufolge widersetzte sie sich gängigen Geschlechtervorstellungen, indem sie beschloss, »zum Mann zu werden«. Sie kleidete sich nicht nur in der traditionell männlichen Tracht, sondern forderte auch von ihrer Schar Ehemänner, sich wie Frauen zu kleiden. Als die Portugiesen den Krieg erklärten, führte sie ihre Truppen höchstpersönlich in die Schlacht und war allen Berichten zufolge eine furchtlose Kriegerin und herausragende Taktikerin. Durch Guerillakriegsführung und Aneignung der Kriegsstrategie der Imbangala hielt Nzinga die Portugiesen 30 Jahre lang in Schach, während sie ihr eigenes Reich weiter vergrößerte. Zugleich schenkte sie jedem von Europäern versklavten Afrikaner in ihrem Königreich die Freiheit.

Wenn sie ein benachbartes Heer bezwungen hatte, vereinnahmte sie die besiegten Truppen und zwang deren Führer, ihrem eigenen Heer all ihre Taktiken beizubringen, um eine unbesiegbare Armee zu erschaffen. Wenn sie ein neues Gebiet erobert hatte, stellte Nzinga für ihre Untertanen nur eine Regel auf:

Keinen Sklavenhandel.

Das war natürlich kein reiner Akt der Nächstenliebe. Je größer Nzingas Reich wurde, desto mehr dezimierte sie den Nachschub an Versklavten für die Portugiesen, was deren Sklavenwirtschaft lahmlegte und zugleich deren Armee verkleinerte.

Am 24. November 1657 gaben die Portugiesen auf.[3]

Sie überließen Nzinga sämtliche Gebiete und stimmten einem Friedensabkommen zu. Nzinga verbrachte den Rest ihres Lebens damit, Versklavte umzusiedeln, Handelsbeziehungen aufzubauen und ihr Königreich zu erhalten. Nzinga erreichte ein Alter von 81 Jahren. Nach ihrem Tod machte Portugal seine Ansprüche erneut geltend. Acht Jahre später wurde Ndongo Teil des portugiesischen Weltreichs, doch die Nachfahren der »Mutter Angolas« sollten sich dem Kolonialismus auf alle Zeit widersetzen.

JEMMYS ENTSKLAVUNG

Am Sonntag, dem 9. September 1739, versammelten sich rund 20 Afrikaner bei Tagesanbruch am Stono River, etwa 30 Kilometer vor Charleston. Mindestens 19 waren Angolaner, und deren anerkannter Führer war ein Mann namens Jemmy. Obwohl er Tausende Kilometer von der westafrikanischen Region entfernt war, in der er geboren wurde, war Jemmy seine Umgebung auf verzerrte Weise vertraut: das Klima, der Boden und die Topografie South Carolinas ähnelten der seines Heimatlands, genau wie die Menschen. Zur damaligen Zeit waren nur 15 000 der insgesamt 45 000 Einwohner des Staats Weiße, sodass Jemmy selbst in Amerika von Schwarzen Gesichtern umgeben war.[1] Sein Status als Krieger, als furchtloser Führer und afrikanischer Landsmann überzeugte seine Mitverschworenen, sie könnten alle Wut und Rache, die die weißen Götter heraufbeschwören mochten, überwinden. Sie hatten die Macht.

Vor seiner Gefangennahme hätte sich Jemmy eine derart unmenschliche Einrichtung wie das Versklavungssystem, das jenseits des Horizonts der afrikanischen Küste lag, gar nicht ausmalen können. Es gab zwar auch in Afrika Sklaverei, doch die amerikanische Version war generationenübergreifend, niemals endend und reduzierte Menschen ihrer Definition nach auf eine Art lebendiges Gut. Wenngleich er nun ein leibeigener Diener war und wahrscheinlich mindestens drei Sprachen lesen und schreiben konnte, darunter

Englisch, Portugiesisch und seine Muttersprache, gehen manche Historiker davon aus, dass Jemmy ein kongolesischer oder angolanischer Krieger war, der während eines Überfalls auf ein benachbartes Königreich gefangen genommen und verkauft wurde. Er war wahrscheinlich ein geübter Kämpfer und ausgebildet in Strategie und Kriegstaktik. Er war ein Mann. Er war ein Mensch. Und er war vor allem kein Sklave.

Außerdem wusste Jemmy so einiges. Er wusste, dass die Bevölkerung Charlestons vor Kurzem durch einen Malariaausbruch dezimiert worden war. Seine sprachliche Gewandtheit erlaubte es ihm, ohne Furcht vor den ungebildeten Weißen zu kommunizieren, die nichts von Reis oder Viehzucht verstanden. Da er Portugiesisch sprach, verstand er wahrscheinlich auch die spanischen Mittler, die heimlich über die Plantagen zogen und herumerzählten, dass Versklavte die Freiheit erlangen könnten, wenn sie nur die von freien Schwarzen bewohnte Siedlung Fort Mose in Spanisch-Florida erreichten. Jemmy der Aufständische wusste, dass die gesunden weißen Charlestonier am Sonntag zum alljährlichen Fest Mariä Geburt die Kirche besuchten. Er wusste, dass in South Carolina gerade ein Gesetz verabschiedet worden war, wonach jeder freie Weiße eine Schusswaffe bei sich tragen musste. Er wusste auch, dass dieses Gesetz erst in zwei Wochen in Kraft trat. Er wusste, dass ihm ein gerechter Gott irgendwann die Freiheit schenken würde – die Weißen hingegen niemals.

Doch Jemmy konnte nicht auf Gott oder die Weißen warten. Er wollte die Freiheit nicht nur für sich. Jemmy wollte *alle* befreien. Und er hatte einen Plan.

Als sich Jemmys Bande vor Tagesanbruch des 9. September 1739 versammelte, wussten sie genau, wohin es gehen sollte. Nachdem sie die Brücke über den Stono passiert hatten, brachen sie in ein Eisenwarengeschäft und Waffenlager ein, wo Gewehre und Munition verkauft wurden. Sie töteten die beiden Ladenbesitzer, enthaupteten sie, beschlagnahmten die Schusswaffen und brachen auf. Sie zogen weiter zur Plantage der Familie Godfrey, töteten den Besitzer und seine zwei Kinder. Noch vor der Dämmerung erreichten sie Wallace's Tavern, deren Wirt sie jedoch am Leben ließen, denn wie Jemmys Mitverschworene erklärten, war Wallace »ein anständiger Mensch und gut zu seinen Sklaven«.[2]

Er sollte als einziger Weißer verschont bleiben.

Bei Tagesanbruch hatte die improvisierte Armee erst fünf der insgesamt 240 Kilometer nach Fort Mose zurückgelegt, ihre Größe jedoch bereits verdoppelt. Einige der frisch befreiten Soldaten hatten sich der Gruppe freiwillig angeschlossen, während andere verpflichtet worden waren, sich mit den Aufständischen zu verbünden, damit sich die Nachricht nicht verbreitete. Gegen elf Uhr bahnten sich 60 bis 100 Afrikaner mit fliegendem Banner, trommelnd, tanzend und »Freiheit!« rufend ihren Weg. Wer das Glück hatte, dem Zorn der Gruppe zu entgehen, berichtete später, die Aufständischen seien betrunken gewesen, nicht wissend, dass der Kriegstanz in der westafrikanischen Tradition eine Kommunikationsform darstellte, die in die Gullah-Geechee-Kultur eingeflossen und so erhalten geblieben war.

Nach 16 Kilometern machte die Truppe am späten Nachmittag vor Überquerung des Edisto River auf einem offenen Feld halt, wohl in der Annahme, dass sich ihre Taten herumgesprochen hatten und sich ihnen im Laufe der Nacht noch weitere versklavte Afrikaner anschließen würden. Sie hatten keine große Sorge, gefasst zu werden. Sie hatten jeden Weißen getötet, der sie erblickte, alle außer einen, der sie kurz vor Mittag gesehen hatte. Sie waren ihm nachgejagt, aber er war zu Pferd gewesen und entkommen. Leider war »dieser Eine«, der davonkam, William Bull, der Vizegouverneur von South Carolina.

Als eine von Bull auf die Beine gestellte weiße Miliz die selbst befreiten Versklavten fand, kam es zum Kampf. Dabei wurden 20 Weiße und mindestens 30 Männer der Schwarzen Miliz getötet, während andere festgenommen, ins Gefängnis gebracht und verhört wurden. Die ermordeten Aufrührer wurden enthauptet und ihre Köpfe auf Pfählen am Stadteingang platziert – eine Praxis, die in Amerika zur Tradition werden sollte.

Der Vorfall versetzte ganz South Carolina in Angst und Schrecken. Frauen und Töchter von Sklavenhaltern wurden monatelang aus dem Staat fortgeschickt. Das Staatsparlament organisierte Patrouillen entlang des Stono River und bot Einheimischen für die Festnahme entflohener Afrikaner eine Belohnung an, doch ihre Bemühungen blieben weitgehend erfolglos. Einer der ursprünglichen 20 Anführer des Aufstands war danach noch fast 20 Jahre auf freiem Fuß.

Der Stono-Aufstand sollte die Sklavenhaltung in der Sklavenhauptstadt der Welt, und damit auch in ganz Amerika, von Grund auf verändern. Die Weißen setzten den Sklavenhandel für ein Jahrzehnt aus, da sie den Gewaltausbruch darauf zurückführten, dass die Aufständischen in Afrika geboren waren. Daraufhin gründeten weiße Unternehmer einen neuen Wirtschaftszweig zur Erzeugung in Amerika geborener Versklavter. Die Herren hielten die versklavten Frauen und Männer, die sie bereits besaßen, zur Fortpflanzung an, während Sklavenhändler das Land bereisten und bei Nachlassverkäufen, Auktionen und verschuldeten Sklavenhaltern Menschen aufkauften. Als der transatlantische Sklavenhandel irgendwann wieder aufgenommen wurde, vermied man dabei die Kongo-Angola-Region, da es, so die Schlussfolgerung der brillanten Köpfe, nicht das brutale Konzept immerwährender, generationenübergreifender Leibeigenschaft war, das Jemmy und seine Freunde zur Gewalt getrieben hatte. Anscheinend lag es vielmehr an der Geografie.

Die vielleicht bedeutendste Nachwirkung von Jemmys Krieg waren die drakonischen Gesetzesmaßnahmen, durch die die alten Sklavengesetze South Carolinas von 1696 ersetzt wurden. So war es Versklavten nach dem Stono-Aufstand per Gesetz verboten, ihre eigene Nahrung anzubauen, Geld zu verdienen, Schreiben zu lernen und sich in Gruppen von drei oder mehr Personen zusammenzufinden. Schwarze Männer durften in Gruppen von sieben oder mehr Personen nicht ohne Begleitung eines Weißen reisen. Außerdem hatten Besitzer nun das Recht, jede versklavte Person zu töten, die sich rebellisch zeigte, und selbst Farbe und Stoff der Kleidung versklavter Schwarzer wurden vorgeschrieben. Es war ein Gesetz der vollständigen, uneingeschränkten Unterdrückung.

Da die Weißen in der Minderheit waren, benutzte die weiße Bevölkerung South Carolinas Grausamkeit als Instrument der Unterdrückung ihrer schlimmsten Befürchtungen.

Die Sklavengesetze nahezu aller anderer Staaten basierten in Teilen auf jenem Negro Act von 1740, was zeigt, dass diese einzigartig amerikanische Variante menschlicher Unterwerfung nie bloß ein unbedachtes Experiment war. Sie war tief verwurzelt in Amerikas Substanz. Sie war mutwillig: ein hautfarbenbasiertes, nie endendes, rechtlich abgesichertes, in der Verfassung verankertes Menschenhandelssystem, das den versklavten Menschen Arbeitskraft, geistiges Eigentum und Talent auf denkbar brutalste Weise abnötigte. Sie war geboren aus Furcht und der Vorstellung von weißer Überlegenheit. Doch bei allen aufgeklärten Ansichten, Peitschen und Musketen, die dieses Land aufbringen konnte ...

Einen Sklaven vermochte es nicht zu erschaffen.

VON DER ERFINDUNG DER WEISSEN

In seinem Aufsatz »The Souls of White Folk« (dt. »Die Seelen der Weißen«) schrieb W. E. B. Du Bois:

Die Erkenntnis des eigenen Weißseins unter den Völkern der Welt ist etwas sehr Modernes – sie ist tatsächlich eine Erscheinung des 19. und 20. Jahrhunderts. In der Antike hätte man über eine solche Unterscheidung gelacht. Im Mittelalter wurde Hautfarbe mit gelinder Neugier betrachtet, und selbst noch im 18. Jahrhundert hämmerten wir unsere Volksmodelle zu einem einzigen großen Universalmenschen zusammen, mit einem Überschwang, der Farbe und Rasse gar noch weniger Beachtung schenkte als der Herkunft. Heute haben wir all das geändert, und die Welt, in einer plötzlichen, emotionalen Wandlung, hat erkannt, dass sie weiß ist und damit wunderbar![1]

In der Geschichte der Menschheit war der Begriff der »Rasse« weitgehend inexistent. Erst im späten 16. Jahrhundert tauchte er zur Charakterisierung bestimmter Dinge, wie etwa Wein, auf. Bis dahin hatte jede Kultur der Welt ein eigenes Abstufungssystem. So sahen Europäer Asiaten als »weiß« an. Und als die Philosophen der Aufklärung mit der Kategorisierung verschiedener Gattungen begannen, teilten sie die Menschen zunächst nach geografischen Regionen ein … so lange, bis weiße Menschen irgendwann »Sklaven« brauchten. Zu dem Zeitpunkt entstand dem Forscher Gregory Jay zufolge »Weißsein […] als eine Kategorie, die wir heute als ›pan-ethnisch‹ bezeichnen würden, um eine Vielzahl europäischer ethnischer Gruppen zu einer einzelnen ›Rasse‹ zusammenzufassen«.[2]

So wie Carl von Linné in *Systema Naturae* die Grundlage für die Klassifizierung von Pflanzen lieferte, entwickelte François Bernier die erste umfassende Klassifizierung von Menschen. In einem 1684 erschienenen französischen Zeitschriftenartikel benutzte Bernier einen alten Begriff zur Beschreibung seiner

Theorie der menschlichen Taxonomie. Der Artikel trug den Titel: »Nouvelle division de la terre par les différentes espèces ou races d'hommes qui l'habitent«, übersetzt so viel wie: »Eine neue Einteilung der Erde nach den verschiedenen Arten oder Rassen von Menschen, die sie bewohnen«. Im Jahr 1775 entwarf Friedrich Blumenbach in *Über die natürlichen Verschiedenheiten im Menschengeschlechte* fünf menschliche Varietäten, mit der »kaukasischen« an erster Stelle.

Doch auch damit war Weißsein noch nicht klar definiert. Bei der ersten Erscheinungsform weißer Vorherrschaft ging es eigentlich eher um alle anderen. Im Jahr 1705 wurde Kriminellen und »allen Negroes, Mulatten und Indianern« in Virginia die Bekleidung öffentlicher Ämter untersagt.[3] Nun, da Sie die Hintergrundgeschichte kennen, ist die Entwicklung leicht nachzuvollziehen. James Madison hielt es 1787 »für falsch, den Gedanken, dass Menschen Eigentum darstellen können, in der Verfassung zuzugestehen«.[4] Doch in den *Federalist Papers* Nr. 54 kommt er bei einer Diskussion um den Wert des Lebens Schwarzer Menschen zu folgendem Schluss:

> *Die Entscheidung der Bundesverfassung im Fall unserer Sklaven, sie in ihrer gemischten Eigenschaft als Person und Eigentum zu betrachten, ist deshalb durchaus angemessen. Dies ist tatsächlich ihre wahre Eigenschaft. Es ist die Eigenschaft, die ihnen durch die Gesetze, nach denen sie leben, verliehen wird; und es ist nicht zu leugnen, dass dies die angemessenen Kriterien sind; denn nur unter dem Vorwand, dass diese Gesetze die Negroes zu Besitzsubjekten machen, wird ihnen ein Platz in der Berechnung der Volkszahl streitig gemacht.*

Die weiße Vorherrschaft wurde bald eines der Gründungsprinzipien Amerikas. Haben Sie sich zum Beispiel je gefragt, warum die in den *Bill of Rights* aufgeführten Punkte nur *Zusatzartikel* statt Teile der Verfassung sind? Der Grund ist, dass Madison einen solchen Grundrechtekatalog in der Verfassung nicht für nötig hielt, da die wesentlichen Rechte gemäß Locke und den anderen Aufklärungschampions universell und gottgegeben waren. Doch Virginia weigerte sich, einer Verfassung ohne Grundrechte zuzustimmen. Patrick Henry, einer der größten Menschenhändler von Virginia, hatte bereits an der Grundrechteerklärung seines Staats mitgewirkt, aus Sorge, das neue Bundesmilitär könne Schwarze Soldaten bewaffnen oder – schlimmer noch – seine Versklavten befreien!

»In diesem Staat gibt es 236 000 Schwarze, und auch in anderen Staaten leben viele«, erklärte Henry im Zuge der Ratifizierungsdebatte Virginias. »[Die Abolitionisten] werden die Verfassung daraufhin durchsehen, ob sie die Macht haben, Sklaven zu befreien. Und haben sie das nicht, Sir? Haben sie nicht die Macht, für allgemeine Verteidigung und Gemeinwohl zu sorgen? Werden sie nicht annehmen, dass dafür die Abschaffung der Sklaverei erforderlich ist? Werden sie nicht alle Sklaven für frei erklären, und wird sie diese Macht nicht dazu berechtigen?«[5]

Madison nahm diese Befürchtungen einer Schwarzen Vergeltung auf, erkannte sie an und zerstreute sie, indem er George Masons Text aus der Verfassung Virginias zum Zweiten Zusatzartikel der Verfassung der Vereinigten Staaten umformulierte: »Da eine gut ausgebildete Miliz für die Sicherheit eines freien Staates erforderlich ist, darf das Recht des Volkes, Waffen zu besitzen und zu tragen, nicht beeinträchtigt werden.«

Ein Jahr nach der Ratifizierung wurde die Vormachtstellung der Weißen durch den Naturalization Act von 1790 noch weiter gefestigt, indem die amerikanische Staatsbürgerschaft nur »freien Weißen […] von gutem Charakter« gewährt wurde. Und wenn Sie jetzt denken, dass dieses Konzept auf die Südstaaten oder auf Versklavte begrenzt war, haben Sie sich geirrt. Die Vorstellung weißer Überlegenheit war überall an der Küste anzufinden. Im Jahr 1821 wurde eine Änderung an der New Yorker Verfassung vorgenommen, worin freien Schwarzen Bürgern das Wahlrecht faktisch versagt wurde. Der Abgeordnete Samuel Young rechtfertigte dies mit der »Rassen«-Theorie der Aufklärung und erklärte: »Die Schwarzen besitzen nicht die geistige Kompetenz zum Wählen.«[6] Der Abgeordnete Peter Livingston bezweifelte, ob Schwarze »über das nötige

Urteilsvermögen und die Prinzipientreue verfügen, um dieses wichtige Recht sicher ausüben zu können«.[7] Selbst das Verfassungsgericht schloss sich dem an. Im Fall *Dred Scott versus Sandford* entschied das Gericht, dass Schwarze »unter dem Wort ›Bürger‹ in der Verfassung nicht miteinbezogen sind und dies auch nicht vorgesehen war«; weiter hieß es:

> *Sie galten zu dieser Zeit als untergeordnete und unterlegene Menschenklasse, die von der dominanten Rasse bezwungen worden war und, ob emanzipiert oder nicht, nach wie vor ihrer Obrigkeit unterworfen war und keine Rechte oder Privilegien hatte […]. Sie waren seit über einem Jahrhundert als Wesen einer niederen Ordnung betrachtet worden und als völlig untauglich, in sozialen oder politischen Angelegenheiten mit der weißen Rasse zu verkehren, und so weit untergeordnet, dass sie keine Rechte hatten, die ein Weißer zu respektieren gehabt hätte.*[8]

Man beachte, dass sich diese Worte des Verfassungsgerichts auf *alle Schwarzen* beziehen – nicht nur auf Versklavte. Die weiße Vorherrschaft ist ein Gründungsprinzip Amerikas.

Diese Denkweise wurde noch weiter ausgeführt, als 1924 im *Racial Integrity Act* von Virginia eine weiße Person definiert wurde als Mensch, »der keinerlei Spur Blut in sich hat, das nicht kaukasisch ist«, was der Beginn der von da an geltenden »One-drop rule« war. Dennoch war es nahezu unmöglich, Weißsein treffend zu definieren. Es gab eine Zeit, da die Iren nicht als Weiße galten. Oder die Juden. Oder Italiener. Sie durften erst dann in den Klub, wenn sie vorweisen konnten, dass sie sich an der Unterdrückung jener Menschen beteiligten, die anders waren als sie. Früher einmal galten auch die Hispanoamerikaner nicht als weiß. Heute gibt es »weiße Hispanos« und »nichtweiße Hispanos«.

Es ist ein wunderbarer Zaubertrick.

Das fand auch Du Bois. Er erklärte: »Aber was in aller Welt ist dran an diesem Weißsein, dass man es so sehr begehrt? Darauf gibt man mir immer, auf irgendeine Art, irgendeine Weise, leise, aber deutlich zu verstehen, dass Weißsein den Besitz der Welt bedeutet, jetzt und immerdar, Amen!«[9]

An dieser Stelle muss ich Du Bois widersprechen. Weißsein ist kein gesellschaftliches Konstrukt und weder so endlos noch so gewiss, wie es den Anschein hat. Weißsein ist vergänglich. Es ist ein Geist, der Schatten einer Einbildung. Es ist das Resultat einer Unsicherheit, die nicht nur die Unmenschlichkeit des Menschen gegenüber anderen Menschen rechtfertigt, sondern auch die unbewussten Zweifel an der eigenen Unterlegenheit verstärkt. Überlegenheit erfordert keine Unterwerfung. Ein überlegener Mensch hat Unterwerfung nicht nötig.

Aber was in aller Welt ist Weißsein?

Weißsein ist Angst.

4

ÜBERLEBEN UND WIDERSTAND

DIE AFROAMERIKANISCHE REVOLUTION

Dies ist eine Geschichte vom Überleben, von einer großartigen Fluchtaktion und einem kleinen Jungen, der den Mut aufbrachte, sich gegen die Tyrannei eines rassistischen Hahns zur Wehr zu setzen.

Die Vorstellung eines rassistischen Hahns mag Ihnen lächerlich erscheinen, aber Sie waren ja auch nicht dabei, als mein Cousin Reggie und seine Schwester Metia zwei Jahre lang von einem Hahn terrorisiert wurden. Ich weiß zwar nicht, ob das feige Federvieh nach dem Aufwachen den ganzen Morgen am Ende der unbefestigten Straße gewartet oder sich auf den inneren Wecker verlassen hat, der allen Hähnen innewohnt, aber jeden Tag wenn die beiden an ihrer Haltestelle im Kershaw County, South Carolina, aus dem Schulbus stiegen, wartete dort mit gereckter Brust dieser Hahn auf sie, um sie nach Hause zu jagen. Und glauben Sie mir, auf seine Anwesenheit war zu 100 Prozent Verlass, bis irgendwann auch Eric zur Schule ging.

Eric war das jüngste Kind meiner Tante Marvell und hatte schon seit dem Kindergarten die furchterregenden Geschichten von dem gemeinen Gockel gehört.* Da er nicht so flinkfüßig wie seine älteren Geschwister war, heckte er für seinen ersten Schultag einen Plan aus. Er brachte ein paar Cracker mit in der Hoffnung, das fiese Farmtier mit dem salzigen Snack zu besänftigen. Und es funktionierte! Der Hahn verfolgte sie nicht mehr. Er wartete am Anfang der Straße auf seinen Nachmittagsimbiss und ließ sie dann unbekümmert in aller Ruhe nach Hause ziehen. Eric hatte seine Schwester und seinen Bruder vor der Aussicht auf eine aggressive Augenpickerei bewahrt. Doch natürlich war sein Plan nicht idiotensicher. Nichts ahnend von Erics Geflügelpazifizierungsplan, behielt Tante Marvell ihre gewohnten Cracker-Kaufgewohnheiten bei. Als Eric also eines strahlenden, sonnigen Morgens aufwachte und bemerkte, dass der Familienvorrat an Ritz-Lösegeld ausgegangen war, wusste er nicht mehr weiter.

Metia oder Reggie wollte er es nicht erzählen, denn sein Bruder Reggie, fünffacher Faustkampfchampion seiner Grundschule, würde ihn wahrscheinlich an den Haaren oder, schlimmer noch, am Ohrläppchen reißen, und Metia würde ihn ganz sicher anschreien und hänseln. Das tat sie ohnehin, aber er wollte sich gar nicht ausmalen, welche Namen sie sich für ihn überlegen könnte, falls er ihnen den rassistischen Hahn nicht vom Hals hielt. Als sie an jenem Tag von der Schule nach Hause fuhren, war Eric in besorgtes Schweigen gehüllt. Er hatte keinen Plan. Er konnte es niemandem erzählen. Als der Bus an die Haltestelle heranfuhr, sah er den krähenden Tyrannen schon wartend dort Ausschau halten. Es war Essenszeit. Als Eric die Stufen hinabstieg und sich der Vogel allmählich näherte, bemerkte Metia, dass etwas nicht stimmte, und geriet in Panik. »Hol die Cracker raus, Eric!«, schrie sie. »Die Cracker!«

Reggie kapierte, was los war. Zum Raufen war jetzt keine Zeit, also sprang er aus dem Bus und rannte wie der Teufel. Metia aber, die Plastiksandalen und Jeansrock trug, wusste,

---

* *Die älteste Tochter meiner Großmutter Marvell hieß ebenfalls Marvell. Ja, ich habe eine »Aunt Junior«.*

dass es für sie keine Hoffnung gab, dem geflügelten Zorn zu entkommen. Sie fing an zu beten. Sie beschwor den Hahn, in dessen wachsamen Augen sich Wut, Hass und Hunger spiegelten (oder vielleicht sahen Hähne damals immer so aus). Sie bettelte ihren Bruder an, die Cracker rauszuholen. *Bitte, hol die Cracker.* Aber an jenem Tag sollte es keine Cracker geben.

Wie bei jedem unterdrückten Volk gibt es immer irgendwann einen Punkt, an dem es hart auf hart kommt. Für Eric war dieser Tag nun gekommen. Er konnte nicht davonrennen wie Reggie. Er würde nicht auf göttliche Intervention hoffen wie Metia. Stattdessen beschloss Eric zu kämpfen. Mein Cousin, das mutige Kindergartenkind, stand dem hinterhältigen Stück Geflügel Klaue in Auge gegenüber, zog sich den Gürtel aus dem Bund und wirbelte ihn wie 1000 Marvells in rasendem Zorn durch die Luft. Von dem Tag an sollte Eric keine Cracker mehr brauchen. Er hatte seine Familie für immer von Geflügelübergriffen befreit.

In einem anderen »Cracker«-Vorfall, zehn Tage vor dem Kwanzaa-Fest von 1773, organisierte eine geheime Vereinigung namens Sons of Liberty einen Aufstand gegen ein neues Parlamentsgesetz, das ihnen ihre Bezugsquelle für Tee verpfuschte.* Als die britische Regierung von den Unruhen erfuhr, entsandte sie Soldaten, um den Aufstand niederzuschlagen. Darauf folgten die sogenannten Intolerable Acts – Gesetze, die nicht etwa so intolerabel waren wie die Sklaverei, sondern bei denen es um so unbequeme Themen wie hochpreisigen Tee oder »taxation without representation« (»Besteuerung ohne Repräsentation«) ging.** Nach weiteren Aufständen, Plünderungen und Bandenübergriffen*** beschlossen die Briten einige Monate später, ein

---

* *Wie Sie sehen, spielen Cracker in der amerikanischen Geschichte eine wichtige Rolle.*

** *Das weiße Amerika war damals noch unerbittlich, was niedrige Steuern anging. Es waren einfachere Zeiten.*

*** *Man muss fairerweise sagen, dass der gewaltfreie Protest noch nicht erfunden worden war.*

paar Schlägertypen auszusenden, um für Recht und Ordnung zu sorgen. Die Amerikanische Revolution hatte begonnen. Musketen, Gefechte, Sie kennen das ganze Geschwafel. Die Handlung erreichte ihren Höhepunkt, als sich die weißen Männer zusammenschlossen und dem weißen Mann, der sie unterdrückte, eine Erklärung schickten, worauf weitere Gefechte mit Musketen folgten.

Ob nun im Siebenjährigen Krieg (in Nordamerika) bei der unvorstellbaren Aussicht, sich das Land mit Einheimischen zu teilen, oder dem Gejammer um mangelnde Freiheit, während sich ihre Versklavten in South Carolina mit Moskitos, Gelbfieber und garstigen Herrinnen auf klimaanlagenlosen Reisplantagen herumschlagen mussten – die Weißen griffen permanent nach ihren Musketen, um irgendwofür zu kämpfen. Doch als die Weißen diesmal in den Kampf zogen, erkannte die Schwarzamerikanische Bevölkerung eine bis dahin nie da gewesene Gelegenheit: Jetzt hatten sie eine Chance, *sich zu befreien.*

Um die Geschichte des Unabhängigkeitskriegs aus der Sicht eines Afrikaners in Amerika zu verstehen, muss man sich zunächst klarmachen, dass amerikanischer Patriotismus bis zu dieser Zeit praktisch nicht existierte, da es noch *kein Amerika gab.* Es gab South Carolina, Virginia und andere britische Kolonien, aber eine jede hatte ihre eigenen Gesetze und sozialen Strukturen. Das Einzige, was die jeweiligen Gruppen weißer Menschen in diesem Krieg verband, war die wachsende Unzufriedenheit mit ihren privilegierten Oberherren auf der anderen Seite des Atlantiks. Die Schwarzen im Land waren fernab ihrer Heimatländer, unterdrückt und entrechtet, und deshalb in diesem Konflikt keiner der weißen Parteien zu Treue verpflichtet. Wie mein gürtelschwingender Cousin mit dem unterdrückerisch aggressiven Geflügel, wollten auch die Versklavten einfach nur in Ruhe gelassen werden. Die Ergebnisse dieses Konflikts waren belanglos; die Freiheiten, um die die Weißen kämpften, hatten kaum Auswirkungen auf ihren Alltag. Doch er war ein Sprungbrett für eine ganz bestimmte Art von Auflehnung. All ihre Handlungen zur Zeit der Revolution können auf zwei Motive zurückgeführt werden: Überleben und Widerstand.

Im Schulunterricht wird der Ursprung der Amerikanischen Revolution in der Entrüstung der Weißen darüber gesehen, wie über sie regiert wurde. Und ja, die Geschichte mit dem Tee und den Steuern hat die Siedler ganz sicher verärgert. Gleichzeitig aber ging ein Gerücht in den Kolonien um, das sie *wirklich* in Rage brachte: Angeblich sollte in England die Praxis abgeschafft werden, Menschen zu besitzen.

An dem Gerücht war etwas dran. Einige Jahre zuvor, im Jahr 1771, war James Somerset, ein versklavter Afrikaner, einem Zöllner aus Massachusetts entflohen, während sich die beiden in England auf Reisen befanden. Somerset wurde von seinem eigenen Herrn, Charles Stewart, wieder gefasst, der ihn daraufhin an eine Plantage in Jamaika verkaufen wollte. Statt sich dem zu fügen, widersetzte sich Somerset und reichte eine Klage ein mit der Begründung, dass Sklaverei nach britischem Recht nicht durchsetzbar und er somit ein britischer Bürger wie jeder andere sei. Im Jahr 1772 entschied der Court of King's Bench (der damals höchste Gerichtshof Englands) im Fall *Somerset versus Stewart*, dass Sklaverei zwar nicht *illegal*, aber auch nicht gerichtlich durchsetzbar sei. Da Stewart keinen Vertrag vorlegen konnte, konnte das Gericht auch nicht behaupten, dass »dieser Fall nach dem Gesetz von England erlaubt oder gerechtfertigt sei«. Somerset »der Schwarze muß somit befreit werden.«[1] Als sich diese Nachricht verbreitete, ersuchten mindestens ein Dutzend versklavter Afrikaner in Massachusetts die britischen Gerichte um ihre Befreiung, während Dutzende andere die Gelegenheit zum Untertauchen nutzten, solange die Rechtslage noch diskutiert wurde. In Augusta, Virginia, fahndete der Sklavenhalter Gabriel Jones nach seinem vermissten Gefangenen Bacchus, der Jones' Annahmen zufolge »aufgrund seiner Kenntnis von dem kürzlich gefallenen Beschluss im Somerset-Fall versuchen wird, ein Schiff nach Großbritannien zu finden«.[2] Die Gerüchte um die Abschaffung der Sklaverei in Großbritannien befeuerten die in den Kolonien schnell um sich greifende Ansicht, London würde »einen rechtschaffenen Amerikaner um seinen Sklaven bringen«[3], obwohl der Fall über Massachusetts hinweg faktisch kaum Auswirkungen hatte.

Zu Beginn des britisch-amerikanischen Konflikts kämpften einige versklavte Schwarze, so etwa Peter Salem, der für den Dienst in der Miliz von Framingham, Massachusetts, befreit wurde, für die Weißen, um so ihre Freiheit zu erlangen. Andere, wie William Lee, der »Lieblingssklave« George Washingtons, wurden durch ihre Besitzer unfreiwillig eingezogen. Doch diese Männer gehörten einzelnen Staatsmilizen an, die jeweils über eigene Regeln verfügten. Als der Kontinentalkongress schließlich eine nationale Armee aufstellte, konnten die Gutsherren aus dem Süden den Gedanken nicht ertragen, an der Seite der Männer zu kämpfen, die in ihren Augen keine vollwertigen Menschen waren.

Am 10. Juli 1775, sieben Tage nachdem George Washington zum Kommandierenden General der neuen, aus den verschiedenen Milizen zusammengestellten Kontinentalarmee ernannt wurde, wies er seinen Generaladjutanten an, keine Schwarzen mehr kämpfen zu lassen, da man dadurch in Verlegenheit komme. Im selben Monat schrieb General Horatio Gates den Musterungsoffizieren der Kontinentalarmee: »Es sollen weder Deserteure aus der Ministerialarmee noch Herumtreiber, Negro[es], Vagabunden oder andere Personen in Dienst genommen werden, die der Freiheit Amerikas womöglich feindlich gesinnt sind.«[4] Bereits im November waren alle Schwarzen Soldaten, die in Staatsmilizen gedient hatten, abserviert worden, sodass eine neue, durch und durch weiße Armee für Amerika kämpfte, als die Weißen im Jahr 1776 ihre Unabhängigkeitserklärung unterzeichneten.

Die Briten erkannten in der versklavten Bevölkerung Amerikas jedoch einen taktischen Vorteil. Deren Einberufung ersparte den Briten nicht nur die Einfuhr von Soldaten aus Übersee, die wirtschaftlichen Auswirkungen dieses Manövers konnten auch als Embargo gegen die Agrarschicht wirken. Nachdem sie im April 1775 in Lexington und Concord auf unfeine Guerilla-Art von der amerikanischen Miliz den Hintern versohlt bekommen hatten, erkannten die Briten, dass sie ein paar mehr Gangster in ihrem Team brauchten. Also rief der königliche Gouverneur von Virginia, John Murray, 4. Earl of Dunmore, drei Tage nach dem Bohei in Massachusetts im April das Kriegsrecht aus, nahm das Waffenlager von Williamsburg ein und erklärte es zum Besitz der Krone.

Sie wissen ja, wie die Virginier mit ihren Knarren sind – sobald sich jemand an ihren Schusswaffen vergriff, gingen sie davon aus, dass der Gouverneur in einem nächsten Schritt auch ihr menschliches Eigentum konfiszieren würde. Murray, der selbst Sklavenhalter war, hatte eigentlich keine derartigen Absichten gehabt, wurde aber nichtsdestotrotz von einer wütenden Meute Weißer aus dem Gouverneurspalast gejagt. Darauf antwortete Murray am 7. November 1775 mit einem Vergeltungsschlag: »Und ich erkläre hiermit weiterhin alle *Schuldknechte, Negroes* und andere (zu den Rebellen gehörende) für *frei*, die fähig und willens sind, Waffen zu tragen, und sich alsbald möglich *den Truppen Seiner Majestät anschließen*, um dieser Kolonie schleunigst ein *angemessenes Pflichtgefühl* gegenüber der Hoheit und Würde Seiner Majestät beizubringen.«[5]

Lord Dunmore wusste genau, dass die Vorstellung bewaffneter Versklavter*, die an ihren Herren Rache übten, den perückentragenden Kolonisten eine Heidenangst einjagen würde. In einem noch furchteinflößenderen Schachzug stellte der Gouverneur das nach ihm benannte Lord Dunmore's Ethiopian Regiment auf, eine aus afrikanischen Freiheitskämpfern bestehende britische Armeeeinheit. Die Uniform des Äthiopischen Regiments, auf deren Schärpen die Worte »Liberty to Slaves« (»Freiheit den Sklaven«) prangten, beschrieb die revolutionäre Gesinnung der selbst befreiten Krieger vielleicht am treffendsten.

---

* *Die Zahl der versklavten Afrikaner, die Lord Dunmore erreichten, liegt irgendwo zwischen 300 und 5000, da manche einfach nur weggelaufen waren.*

Der ehemals versklavte Colonel Titus Cornelius war ein typischer Vertreter der legendären Truppen des Äthiopischen Regiments. Kurz nach seinem 21. Geburtstag band Colonel »Tye« ein paar Kleidungsstücke mit einer Schnur zusammen und machte sich einen Tag nachdem Dunmores Proklamation in einer lokalen Zeitung veröffentlicht worden war, heimlich vom Anwesen John Corlies in New Jersey nach Virginia auf. Bei seiner Ankunft dort verpflichtete er sich in Dunmores rein Schwarzem Regiment und nahm gleich bei einem seiner ersten Einsätze auf dem Schlachtfeld den Hauptmann der Miliz von Monmouth gefangen. Generalmajor William Franklin (der anerkannte uneheliche Sohn Benjamin Franklins)* erkannte Tyes Befähigung zum Soldaten und beförderte ihn zum Führer der Black Brigade, einer in New Jersey stationierten elitären Guerillatruppe. Unter Tyes Führung wurden die Häuser von Patrioten abgebrannt, Rinder gestohlen und Versklavte weißer Patrioten befreit. Tye wählte seine Ziele, meist Sklavenhalter und militärische Führer, sorgfältig aus[6] und handelte strategisch: Durch die Befreiung der Versklavten gewann er nicht nur ein Netzwerk aus Verbündeten und Spionen, sondern vergrößerte auch seine Mannschaft mit Soldaten, die sich auf dem Terrain gut auskannten. Die Quäker im ländlichen New Jersey lebten in Angst und Schrecken vor diesem »Regiment von Negroes, die zur Barbarei geeignet und geneigt sind, kein menschliches Mitgefühl haben und alle Ecken des Landes kennen«.[7] Natürlich war die Guerillataktik, die Schwarze zur Erlangung ihrer Freiheit einsetzten, etwas *völlig* anderes als die Guerillataktik der sogenannten Patrioten für die Freiheit der Weißen. Kriegsführung war offenbar noch viel barbarischer als das amerikanische Sklavensystem. Aber wen interessierte das schon?

George Washington interessierte es. Der Heldenmut des Äthiopischen Regiments und der Black Loyalists veranlasste General Washington und andere Kolonieführer dazu, ihre »no

* *Ja, Franklin war als Vater ein echter Versager.*

negro«-Regel zu überdenken. Im Januar 1777 schickten weiße Patrioten bereits ihre versklavten Männer aus, um an ihrer Statt in den Gefechten der lokalen Milizen zu kämpfen, und der Militärarzt Benjamin Rush schrieb in einem Privatbrief an Patrick Henry, Washington solle für seine Uneinsichtigkeit als Oberbefehlshaber ersetzt werden. Nachdem er 20 seiner eigenen Versklavten an die Briten verloren hatte, gab Washington schließlich nach, erlaubte freien Schwarzen, in der Kontinentalarmee zu dienen, und überließ die Rekrutierung später den jeweiligen Kolonien selbst.

Im Januar 1778 schlug der Kontinentalkongress, der immer noch dringend Verstärkung suchte, den Staaten vor, die Versklavten in der Armee der Patrioten kämpfen zu lassen, eine Aussicht, die insbesondere in South Carolina »als sehr gefährlicher und politisch unkluger Schritt mit großer Abneigung« aufgenommen wurde.[8] In Anbetracht der Aufstände, die sich in dem Staat schon ereignet hatten, war eine Bewaffnung der Schwarzen das Letzte, was man dort wollte. Viele der nördlicheren Staaten hoben die Segregation in ihren bereits bestehenden Streitkräften auf, obwohl einige sich überwiegend aus Schwarzen zusammensetzten, so etwa das First Rhode Island Regiment, das als erste Schwarze amerikanische Militäreinheit Amerikas gilt. Nach der Gesetzgebung von Rhode Island wurde allen Versklavten, die in der Revolution kämpften, die Freiheit garantiert, was bald von anderen Staaten übernommen wurde, so auch von Virginia, dem Ursprungsort der amerikanischen Sklaverei.

England nahm nun die Unterdrückung der rebellischen Kolonien durch die Einnahme einer der wohlhabendsten, wichtigsten Städte ganz Amerikas in Angriff: Charleston. Mit ihrem Hafen, dem Reisexport, der Handelswirtschaft und ihrer zentralen Rolle für die Lebensmittelversorgung der Kolonien war die Stadt ein echter Wirtschaftsmotor – und die Briten wussten, dass ihr Verlust den Kolonisten ernsthaft zusetzen würde.

Der erste britische Invasionsversuch ereignete sich im Juni 1776. Als die Briten Charleston angriffen, kamen so viele Weiße aus den Hinterwäldern der Kolonie herbei, um den Hauptsitz der amerikanischen Sklaverei zu verteidigen, dass die Rotröcke zum Rückzug gezwungen waren. Obwohl die englischen Soldaten und deren Loyalisten aus dem Norden die Hitze des Lowcountry nicht gewöhnt waren, gaben sie sich nicht geschlagen. Nach einem erneuten Gefecht kam den Briten eine Idee. Am 30. Juni 1779 verkündete der zu der Zeit in Philipsburg stationierte britische General Henry Clinton:

> *Da der Feind dazu übergegangen ist, NEGROES in seine Truppen aufzunehmen, erkläre ich hiermit, dass alle NEGROES, die bewaffnet oder bei anderem Wehrdienst festgenommen werden, für den Staatsdienst zu einem festgesetzten Preis erworben werden sollen, der demjenigen zu zahlen ist, der sie festgenommen hat.*
>
> *Jeder Person strengstens verboten ist es jedoch, das Recht an einem NEGRO zu verkaufen oder zu erheben, der im Besitz eines Rebellen ist und der in irgendeinem Bereich dieser Armee Zuflucht sucht: Und ich gebe jedem NEGRO im Falle seiner Fahnenflucht vor den Rebellen die volle Zusicherung, innerhalb dieser Grenzen einer jeden Beschäftigung nachgehen zu dürfen, die ihm angemessen erscheint.*[9]

Da Charleston die »Sklavenhauptstadt der Neuen Welt« war, befreiten sich dort knapp 25 000 Schwarze selbst, wovon die meisten den britischen Streitkräften beitraten. In Charleston schlossen sich viele den berüchtigten Black Pioneers an, einer von Clinton geführten, ausschließlich Schwarzen Militäreinheit.[10] Die Schwarzen Soldaten waren bereits an die Hitze gewöhnt und bereit zum Kampf. Manche darunter wurden in andere Abteilungen übernommen, so wie Colonel Stephen Blucke, der Colonel Tye als Führer der Black Brigade nachfolgte.

Im Süden schlug sich die Mehrheit der abtrünnigen Versklavten auf diejenige Seite, die ihnen eine Chance zur Selbsterhaltung bot, und das waren nun mal die Jungs in Rot. So auch Boston King: King kam 1760 in South Carolina als Sohn einer alphabetisierten versklavten Afrikanerin zur Welt. Als die Briten 1780 Charleston einnahmen, war King 45 Kilometer von der Stadt entfernt als Zimmermann und Kuhhirte beschäftigt. Als er eines Tages seine Eltern in Charleston besuchte, stahl ihm ein anderer Versklavter sein Pferd und kehrte zwei Tage lang nicht zurück. Da King schon einmal brutal zusammengeschlagen worden war, weil man ihn fälschlicherweise des Diebstahls von Nägeln beschuldigt hatte, wusste er, was passieren würde, wenn er nach zwei Tagen Abwesenheit an seine Arbeitsstelle zurückkehren würde. Stattdessen bot er also den Engländern seine Dienste an.

Bald nach seinem Eintritt erkrankte King an den Pocken, und die Engländer ließen ihn als vermeintlich tot zurück. Glücklicherweise hatten die amerikanischen Truppen so große Angst vor den Pocken, dass er genesen und sich der Britischen Armee erneut anschließen konnte. Bei einem Rundgang durch Charleston ließen ihn die Briten wiederum zurück, als er einen anderen ehemals versklavten Überlebenden der Pocken besuchte. Nachdem er von einem Deserteur der Loyalisten gefangen genommen wurde, täuschte er so lange Interesse an einer Wiederversklavung vor, bis er sich einen Fluchtplan überlegen konnte – nicht ohne zuvor die Plantage des Verräters niederzubrennen und 50 Pferde zu stehlen. Sein Mut brachte ihm einen Posten als Leibdiener eines britischen Offiziers ein, der später Hauptmann und dann Kommandierender General wurde. Als der ihm vorgesetzte englische Offizier King mit dem geheimen Auftrag aussandte, anderen Loyalisten zu Pferd eine Nachricht zu überbringen, lehnte King das angebotene Pferd ab und reiste zu Fuß. Wenn man ihn dabei gefasst hätte, wäre er sofort wieder versklavt worden. Stattdessen überbrachte er jedoch die geheime Nachricht, erhielt drei Schilling für den erfüllten Auftrag und schloss sich der Mannschaft eines britischen Militärschiffs an, das schließlich *wieder* in feindliche Hände geriet.

Nachdem er in einem Gefangenenlager an einem Flussufer in New Jersey festgehalten und ihm abermals mit Wiederversklavung gedroht worden war, floh King bei Niedrigwasser durch den Fluss und gelangte zu Fuß nach New York. Im Jahr 1783 hatten die Vereinigten Staaten in der Endspielserie der Amerikanischen Revolution die Meisterschaft geholt, und die Sklavenhalter der Südstaaten kamen in New York zusammen, um ihr entflohenes Eigentum wiederzufinden. Während seiner Gefangennahme hatte King jedoch einen Brief verfasst, der einen britischen Offizier dazu bewegte, ihm einen Platz auf einem Schiff anzubieten, mit dem die Black Loyalists zur Entlohnung für ihren Militärdienst nach Nova Scotia in Kanada versetzt wurden.[11] King kam wohlbehalten dort an und predigte in einer Gemeinde in Halifax, bis er das Angebot der Engländer annahm, ehemals versklavte Afrikaner Nova Scotias bei der Gründung einer Siedlung in Freetown, Sierra Leone, zu unterstützen. King verbrachte den Rest seines Lebens als Prediger in Westafrika und England.

King war einer von schätzungsweise 100 000 afrikanischen Frauen und Männern, die ihrer Versklavung im Laufe des Revolutionskriegs zeitweise oder dauerhaft entkamen – so viele, wie mit dem Netzwerk der Underground Railroad im gesamten Zeitraum ihres Bestehens geflohen sind.[12] Dabei kamen 25 000 der Geflohenen allein aus South Carolina. Diese massenhafte Selbstbefreiung funktionierte, gerade *weil* diese Versklavten keine Loyalitäten gegenüber bestimmten Gruppen hatten. Wie der Schwarze Historiker George W. Williams bereits 1883 anmerkte, wurden, wenn von Schwarzem Patriotismus in der Amerikanischen Revolution die Rede war, »Negroes von beiden Armeen und beiden Regierungen im Verlauf des gesamten Krieges als bewegliche Güter eingestuft. Das sind die kalten geschichtlichen Fakten, und sie sind nicht angenehm zu betrachten. Der Negro nahm die paradoxe Position eines amerikanischen Sklaven und amerikanischen Soldaten ein. Er war ein Soldat in der Stunde der Gefahr, aber ein Leibeigener in Zeiten des Friedens«.[13]

Diese afrikanischen Krieger waren der amerikanischen Freiheit ebenso zweckdienlich wie die Versklavten dem amerikanischen Wohlstand. So wie sie dem Weißen zum Werkzeug geworden waren, wurden sie ihm auch zur Streitkraft. Bei ihrer Suche nach einer Chance auf Freiheit wurden sie dazu verleitet, nach den Sternen des Patriotismus und der Loyalität zu greifen, wie Du Bois in *The Gift of Black Folk* bemerkte:

> *Er folgte seinem eigenen Urteil und kämpfte in dem Glauben, er könne Ansehen im Land und körperliche und geistige Freiheit erlangen, wenn er für Amerika kämpfte. Als Soldat war sein Problem ein außerordentliches: Ganz gleich, wofür Amerika kämpfte und wofür die Gegner Amerikas kämpften, der amerikanische Negro kämpfte stets für seine eigene Freiheit und den Selbstrespekt seiner Rasse. Sein Anliegen war deshalb, ungeachtet der Kriegsgründe, außerordentlich gerechtfertigt. In amerikanischen Kriegen tritt er damit stets mit zweifachem Beweggrund auf – dem Wunsch, sich neben seinen weißen Mitbürgern dem sogenannten Feind seines Landes gegenüberzustellen, vorrangig jedoch mit dem Motiv, sich in den Augen dieser Bürger verdient zu machen und seinem Volk zu Gerechtigkeit zu verhelfen.*[14]

Von dem Moment an, als die *White Lion* und die *Treasurer* anlegten, bis zu der Sekunde, da Sie diese Worte lesen, lässt sich das Dasein als Schwarze Person an jenem Ort, den wir heute Amerika nennen, unter den beiden kongruenten Motiven Überleben und Widerstand zusammenfassen. Das Ziel war nie, Amerikaner zu werden, sondern zu leben, und zwar in Freiheit zu leben. Ein vollkommener Mensch zu werden und zu bleiben. »Die Geschichte des amerikanischen Schwarzen ist die Geschichte dieses Kampfes – die Sehnsucht, ein selbstbewusstes Menschsein zu erlangen und das doppelte Selbst in einem, ohne dabei eines seiner früheren zu verlieren.«[15] Zu Beginn der Schlacht um die amerikanische Unabhängigkeit erhaschten die Schwarzen in den Kolonien einen Blick auf die Freiheit, und es war ein Moment, den sie auf ewig festhalten wollten.

ANGST VOR EINER SCHWARZEN NATION

Wenn man sie so miteinander vergleicht, ist die Geschichte der Amerikanischen Revolution nichts gegen die Haitianische Revolution. Für Schwarze repräsentiert Haiti die schönste Geschichte von Stärke, Widerstand und Freiheit, die je erzählt wurde. Es ist die Geschichte eines Volks, das sich von den Fesseln der Sklaverei befreit und sich seine Freiheit von den Unterdrückern zurückgeholt hat.

Für andere ist Haiti eine Tragödie. Wenn man über Themen spricht, die Haiti betreffen, sollte man jedoch nie vergessen, dass alle Schwierigkeiten dieses Landes mit den Altlasten von Sklaverei, Kapitalismus und amerikanischer Heuchelei zusammenhängen. Wann immer das Land in Unruhen verwickelt ist oder als »Drecksloch« bezeichnet wird, muss man sich in Erinnerung rufen, dass Haiti damals wie heute unter einer weltweiten Komplizenschaft zwischen Amerika und europäischen Ländern gelitten hat, die das tropische Paradies zu Fall bringen wollten. Haitis Probleme den Weißen zuzuschreiben, ist nicht irgendeine verrückte Hypothese. Ja, Haiti ist arm. Ja, in der Regierung des Landes ist Korruption weitverbreitet. Aber es gibt noch eine weitere, nicht zu übersehende Tatsache: Dafür hat Amerika gesorgt.

Wie wir wissen, war Christoph Kolumbus ein Kleinbetrüger, der den nordamerikanischen Kontinent nie betreten hat – er landete vielmehr im heutigen Haiti, das später von spanischen Kolonisatoren zu Hispaniola umgetauft wurde. In *A Pest in the Land: New World Epidemics in a Global Perspective* schreibt Suzanne Alchon, dass die meisten Historiker die Population der Insel Hispaniola bei der Ankunft von Kolumbus' Flotten auf etwa eine halbe bis eine Million schätzen. Kolumbus nahm die Insel umgehend ein, leitete Nahrungsmittel und Rohstoffe der ansässigen Taíno zu den Europäern um und versklavte die Einheimischen, die schließlich in der »wohl größten Tragödie in der Geschichte des Menschengeschlechts«[1] an Krankheit und Grausamkeit zugrunde gingen.

25 Jahre nachdem Kolumbus den Ort, den wir heute Haiti nennen, zum ersten Mal betrat, waren nur noch weniger als 14 000 Taíno am Leben.[2] Die Spanier brachten deshalb afrikanische Arbeitskräfte ins Land, die sie für widerstandsfähiger hielten. Als schließlich die Franzosen ein Drittel der Insel unter ihre Herrschaft gebracht und die Kolonie Saint-Domingue (oder Santo Domingo) gegründet hatten, gab es dem französischen Zensus zufolge null Einheimische, 25 000 Europäer, 22 000 freie »Farbige« und 700 000 afrikanische Versklavte.[3] Bis 1789 hatte sich Saint-Domingue zum ertragreichsten Außenposten des französischen Kolonialreichs entwickelt und war für 60 Prozent der weltweiten Kaffeeproduktion verantwortlich sowie für 40 Prozent des Zuckerimports nach England und Frankreich, zwei der größten Kolonialreiche der Welt.

Das Konzept der Revolution hatte sich mittlerweile auf der ganzen Welt viral verbreitet. Nördlich der Insel hatte dieser Keim bereits eine Rebellion ausgelöst, die ein völlig neues Land namens Vereinigte Staaten von Amerika hervorbrachte. Auch in Frankreich fand eine Revolution statt. Thomas Paine, ein amerikanischer Aufklärer, veröffentlichte unter dem Titel *Die Rechte des Menschen* [*The Rights of Man*] eine Streitschrift, in der er politische Revolutionen verteidigte und Freiheit zu einem Universalrecht erklärte, das jedem Menschen zustehe. Derselbe Geist der Auflehnung, Revolution und Darbietung von »Deez Hands« sollte nun auch in Haiti zutage treten.

Am 14. August 1791 brach gerade ein tropischer Sturm über die Insel herein, als sich eine Gruppe versklavter Afrikaner im Bwa Kayiman (Krokodilwald) zu einer geheimen Zeremonie versammelte. In der Geschichtsschreibung sollte die Zusammenkunft später als »Voodoozeremonie« und deren Teilnehmer als »Sklaven« bezeichnet werden. Wären diese freiheitssuchenden Afrikaner Weiße gewesen, dann würden wir heute von »Gründervätern« sprechen, die dabei waren, eine Revolution zu planen.

Angeführt wurde die Versammlung von dem versklavten Voodoopriester Dutty Boukman, einem großen, kriegerischen Mann, der entweder aus Senegambia entführt oder in Jamaika geboren worden war, und der Priesterin Cécile Fatiman, einer Prinzessin, deren Vater wahrscheinlich ein korsischer Prinz war. Im strömenden Regen und begleitet vom Trommeln des Donners tanzte Fatiman im Licht der Blitze und hielt ein langes, scharfes Messer über ihren Kopf, während die anderen mit dem Gesicht im Schlamm lagen und ihre Worte nachsprachen. Mit dem Messer schnitt Fatiman einem kräftigen schwarzen Schwein die Kehle durch und bot allen Anwesenden einen Schluck von dem warmen Lebenssaft,[4] während Dutty seine Version der Unabhängigkeitserklärung zum Besten gab:

> *Gott, der die Sonne schuf, um uns Licht zu geben, Gott, der das Meer aufrührt und den Donner grollen lässt – hört gut zu, ihr alle – dieser Gott ist in den Wolken verborgen und beobachtet uns. Er sieht alles, was die Weißen tun. Der Gott der Weißen leitet ihn zu Verbrechen an, unser Gott verlangt nach guten Taten. Doch dieser unser Gott, der so gütig ist, befiehlt nun Rache! Er wird uns leiten, er wird uns beistehen. Vergesst das Bild des Gottes*

der Weißen, der nach unseren Tränen dürstet, und hört auf die Stimme der Freiheit, die in unser aller Herzen spricht.[5]

Die Versammlung wurde beendet und die Stellvertreter der versklavten Afrikaner kehrten zu ihren Plantagen zurück, um die anderen in das seit Monaten geplante Vorhaben einzuweihen. Eine Woche später sollten 1800 »Sklaven«-Lager niedergebrannt werden und mehr als 1000 Plantagenbesitzer dasselbe Schicksal erleiden wie das unglückselige Schwein. Den Rebellen von Haiti ging es nicht um Besteuerung, Repräsentation oder Tee. Sie kämpften für das Universalrecht, nach dem jeder Mensch strebt: Freiheit, ohne Kompromisse.

Während die historische Forschung mehrheitlich darin übereinstimmt, dass diese stürmische Demokratieausübung die Geburtsstunde der Haitianischen Revolution darstellt, handelte es sich doch auch um den größten Sklavenaufstand der *Weltgeschichte.*

Entgegen der meisten Annahmen verstanden die versklavten Revolutionäre ihre Auflehnung gegen die Sklaverei nicht als Rebellion gegen Frankreich: Nein, sie kämpften für die Schwarzen. Die »Rassen«-Hierarchie in Haiti ging über bloße Hautfarbe hinweg und umfasste vier separate Klassen:

GRANDS BLANCS: Die weißen Pflanzer waren die wohlhabendsten Sklavenhalter Haitis und verfügten in der Regel über mehrere Versklavte und große Plantagen.
PETITS BLANCS: Sie waren ebenso weiß wie die Plantagenbesitzer, aber nicht so reich. Viele waren Ladenbesitzer, Handwerker, Lehrer und Kleinunternehmer. Da diese Kategorien nicht offiziell festgelegt waren, ist die genaue Bevölkerungszahl der *petits blancs* unmöglich mit Sicherheit zu bestimmen, die Gesamtpopulation der Weißen Haitis lag jedoch bei etwa 40 000.
FREIE PEOPLE OF COLOR: Dazu gehörten in Haiti etwa 30 000 Menschen gemischter Abstammung,

die oftmals die Kinder weißer Franzosen und versklavter Frauen waren. Solche Kinder wurden von französischen Sklavenhaltern oft emanzipiert. Viele von ihnen waren wohlhabend und oft größere Befürworter der Sklaverei als die *petits blancs*.

VERSKLAVTE: Mit einer Anzahl von rund 700 000 machten versklavte Afrikanerinnen und Afrikaner den weitaus größten Anteil der Inselbevölkerung aus.

Monatelang kursierte in den Sklavenunterkünften das Gerücht, der König von Frankreich habe ein Emanzipationsdekret erlassen, das vom Gouverneur der Kolonie und der weißen Herrscherklasse, den *grands blancs**, verschwiegen werde. Dieses Gerücht war möglicherweise durch Haitis freie People of Color in Umlauf gebracht worden, denen die französische Revolutionsregierung im Mai 1791 *tatsächlich* das Bürgerrecht gewährt hatte, was die weißen Kolonisatoren jedoch nicht anerkannten. Die freien Schwarzen und Mulatten, die sich der Revolte anschlossen, sahen sich deshalb als Royalisten – Soldaten, die im Namen des französischen Königs kämpften. Indem sie ihr Ringen um Gleichberechtigung mit dem Kampf um die Abschaffung der Sklaverei verbanden, hatten die freien People of Color die Haitianische Revolution zu einer »Schwarzen Angelegenheit« gemacht.

Innerhalb von nur zwei Wochen nahmen die Rebellen ein Drittel von Saint-Domingue ein, während sich die Weißen um die Aufstellung einer eigenen Armee bemühten. Im September schlug das Sklavereikommando zurück und tötete an die 15 000 Schwarze Kämpfer. In Frankreich war der Nationalversammlung allmählich aufgegangen, dass es dieser wütenden Truppe freier und versklavter Schwarzer Krieger tatsächlich gelingen könnte, die reichste Kolonie in der Karibik unter ihre Kontrolle zu bringen. Um die Übernahme

* *Wörtlich übersetzt die »großen Weißen«.*

durch die Schwarzen zu verhindern, gewährten sie den freien People of Color das volle Bürgerrecht und entsandten 6000 französische Soldaten, um diese aufmüpfigen Versklavten zu bezwingen. Nach dem Zuspruch ihrer Bürgerrechte kam es zur Spaltung der freien People of Color in zwei Lager. Als Kinder, Gatten und Familienmitglieder der weißen Herrscherklasse besaßen viele freie People of Color selbst Versklavte und schlossen sich den *grands blancs* in deren Kampf zur Verteidigung der Sklaverei an. Andere kämpften an der Seite der Rebellen für den Umsturz der bestehenden Ordnung.

Angeführt wurde die Revolte nicht durch einen einzelnen organisierten Truppenführer, sondern durch einen Zusammenschluss ähnlich gesinnter Freiheitssuchender. François-Dominique Bréda – einer der freien Schwarzen, denen man die Bürgerrechte verweigert hatte –, schloss sich dem Aufstand bereits in der Anfangsphase an. Er betätigte sich zunächst als Feldarzt, bis er den Rebellenführern als herausragender Stratege und Taktiker auffiel. Bréda versuchte mit den weißen Pflanzern einen Friedensvertrag auszuhandeln und bot ihnen die Befreiung ihrer gefangen genommenen Landsmänner im Gegenzug für einige bescheidene Reformen an – wie einen zusätzlichen Ruhetag und die Abschaffung des Peitschengebrauchs. Obwohl er ein gebildeter Mann war und gewillt, in gutem Glauben zu verhandeln, stellten sich die Weißen einem Treffen entgegen. Nach französischen Gepflogenheiten waren ehrliche Verhandlungen nur zwischen Gleichgestellten möglich. Mit einem freien Schwarzen zu verhandeln, kam deshalb einem Zugeständnis der Ebenbürtigkeit gleich.

Vor dieser Abfuhr war es Bréda in erster Linie darum gegangen, den Krieg zu beenden und ein Bürger Frankreichs zu werden. Die Beendung des Sklavensystems war ihm nicht unbedingt ein Anliegen gewesen, und er sah sich als Soldat des Königs an. Um 1792 war den anderen jedoch aufgefallen, dass ihr Anführer einen anderen Ton anschlug.

Er hatte angefangen, Wörter wie »Freiheit«, »Gleichberechtigung« und »Emanzipation« zu benutzen. 1793 kämpfte Bréda schließlich um Vergeltung.

Bald mischten sich auch die größten Kolonialmächte der Welt in den Kampf um die ertragreiche Insel ein. Napoleon zettelte überall in Europa Kriege an, also setzte Großbritannien eine Defensivtaktik ein, die später zum Grundprinzip aller Hip-Hop-Battles werden sollte: »If we're beefing, then nothing is off-limits!«* Nicht-ganz-so-groß-Britannien hatte erst acht Jahre zuvor bei den Aufständen in Amerika eine Abreibung bekommen und sah eine Übernahme Haitis als möglichen Ausgleich seiner Verluste an. Zudem war man besorgt um den britischen Besitz. Sollte die Saint-Domingue-Revolte Erfolg haben, kamen womöglich noch die Versklavten in der nahe gelegenen britischen Kolonie Jamaika auf dumme Gedanken. Die Engländer entsandten also 600 Soldaten aus Jamaika und sicherten ihre Unterstützung bei der Wiederherstellung der weißen Vorherrschaft zu, sofern sich die *grands blancs* mit England verbündeten.

Auch die Spanier, die über die Stadt Santo Domingo** in der spanischen Kolonie nebenan herrschten, wollten etwas von den Reichtümern Haitis abhaben und boten an, sich mit Brédas Streitmacht zu verbünden. Am 29. August 1793 versammelten sich die verschiedenen Lager Schwarzer Krieger im von Spanien kontrollierten Camp Turel, wo Bréda offiziell seinen Rang und seinen neuen Namen verkündete:

Mein Name ist euch vielleicht bekannt. Ich habe mich der Vergeltung verschrieben. Ich möchte, dass Freiheit und Gleich-

* *»Thou shalt Ether« – Nas 3:16.*

** *Die unter spanischer Herrschaft stehende Stadt Santo Domingo ist ein gänzlich anderer Ort als die französische Kolonie Saint-Domingue. Ich bin dabei, ein Meeting mit den Weißen zu vereinbaren, um das mit der Namensfindung noch mal zu besprechen.*

berechtigung in Saint-Domingue herrschen. Dies zu erreichen ist meine Aufgabe. Vereinigt euch mit uns, Brüder, und kämpft mit uns für dieselbe Sache.

Euer treu ergebener und gehorsamer Diener,
Toussaint Louverture[6]

Die Franzosen bekamen es mit der Angst zu tun. Sie hatten schon von diesem Militärgenie gehört, das Kreol und Französisch sprach, griechische Philosophen zitierte, ganze Passagen der großen italienischen Denker auswendig kannte und eine Armee mit einer Mischung aus Guerilla- und europäischer Kriegstaktik führte. Eben erst hatten die Briten Frankreichs wichtigsten Flottenstützpunkt eingenommen, und jetzt wollten auch noch die Spanier mit einem Schwarzen Alexander dem Großen gemeinsame Sache machen?
Am selben Tag, da Louverture seine Ansprache in Turel hielt, machten die französischen Bürokraten in Haiti ihrerseits eine Kundgebung:

Die Sklaverei in Saint-Domingue war abgeschafft.

Louverture sah sich noch immer als französischen Bürger an und wollte seine Mitkämpfer in die Freiheit führen. Er wusste aber auch, dass ein einfacher Beamter nicht zur Beendigung der Versklavung befugt war, und vermutete dahinter eine Taktik, die verhindern sollte, dass er sich mit Spanien verbündete. Und was war mit den Briten? Würde er auch sie schlagen müssen? Die Spanier hatten die Vereinnahmung der gesamten Insel im Visier und hatten Louverture bereits die Ritterwürde und ein Gehalt in Aussicht gestellt, wenn er in ihrer Armee kämpfte. Wissenschaftler sind sich noch immer nicht einig, ob Louverture die Spanier gegen die Franzosen ausspielte, damit sie sich gegenseitig vernichteten, oder ob er sich immer auf die Seite derjenigen schlug, die ihm die beste Aussicht auf wahre Emanzipation boten. Jedenfalls wandte sich Louverture von den Spaniern ab. Toussaint kämpfte nun also für Frankreich gegen die Briten.

Am 29. April 1794 töteten Schwarze Soldaten 150 spanische Soldaten in einer Garnison und hinterließen dort die Nachricht, sie würden alle Weißen töten, wenn sie nicht in ihre Heimatländer zurückkehrten. Die bestürzten spanischen Generäle beschuldigten Louverture des Verrats, der jedoch in einem Schreiben erklärte, er habe zum Zeitpunkt des Angriffs krank im Bett gelegen und nichts mit der Sache zu tun gehabt. Als der misstrauische spanische Kommandeur Louverture zu einer Unterredung bestellte, kreuzte Toussaint mit einer Gruppe auf, die nur wenig kleiner als Beyoncés Back-up-Tänzertrupp war – 150 Mann –, und fragte: »Was soll das? Ich hab gehört, du redest über mich?« Der spanische Anführer – der im Grunde Louvertures kommandierender Offizier war – lud ihn ein paar Tage später zum Essen ein, wozu Louverture jedoch nicht erschien. Um sicherzustellen, dass Louvertures treue Kämpfer keine spanischen Soldaten angriffen, hielt der spanische Kommandeur von da an Louvertures Frau und Kinder gewissermaßen als Geiseln, wann immer Toussaint in den Kampf zog.

Die Spanier konnten sich nicht vorstellen, was Louverture zu einem Seitenwechsel bewogen haben mochte. Die Franzosen hatten mittlerweile nicht einmal mehr besonders viele Truppen auf der Insel stationiert. Louvertures eigene Erklärung lautete, Frankreich habe die Sklaverei ja nun theoretisch abgeschafft, und es ginge ihm um Unabhängigkeit und Freiheit und so weiter. Mit einem Brief vom Mai 1794 kam dann aber ein anderes Motiv ans Licht.

Ein paar Monate zuvor hatte Toussaint herausgefunden, dass zwei andere Schwarze Generäle, ebenfalls Verbündete Spaniens, heimlich versklavte Frauen und Kinder gefangen genommen hatten, um sie an die spanischen Truppen zu verkaufen. Als Louverture seinen spanischen Vorgesetzten zur Rede stellte, befahl der ihm, das Gleiche zu tun, was Louverture jedoch verweigerte. In dem Moment beschloss er, dass er nicht an der Seite Spaniens kämpfen konnte. Solange die Franzosen ihr Versprechen auf Abschaffung der Sklaverei hielten, würde Toussaint im Namen des französischen Königs kämpfen.

Nach nur wenigen Monaten wurde den Spaniern klar, dass sich die Schwarzen Widerstandskämpfer nicht zurückziehen würden. Die spanischen Kommandeure packten also ihre Sachen und nahmen das nächste Schiff nach Hause. Nach dem Abzug der Spanier konnte sich Louverture ganz auf Großbritannien konzentrieren. Der brillante Kommandeur machte mit der stärksten Marine der Welt kurzen Prozess. Am 10. Mai 1798 kamen die Briten mit Louverture zusammen, um einen Waffenstillstand zu vereinbaren, und ließen nur einige wenige Soldaten im nördlichen Saint-Domingue zurück.

Für die Sklaverei in der Karibik stellten die Schwarzen Befreiten Haitis eine ernsthafte Bedrohung dar. Als Toussaint erfuhr, dass der neue Gouverneur von Jamaika eine ähnliche Situation auf seiner Insel befürchtete, schrieb er ihm einen Brief und erklärte, dass Jamaika gar nicht weit von Saint-Domingue entfernt sei – und er *leicht* in ein paar Tagen da wäre, falls die dortigen Kolonisatoren auch gerne mal Schläge einstecken wollten.

Diesem Vorschlag begegnete der weiße Gouverneur Jamaikas mit dem Abzug aller noch verbliebenen britischen Truppen aus Haiti, selbst aus den Gebieten, die Louverture ihm eigentlich zugesprochen hatte. Alles in allem kam die britische Beteiligung am Haiti-Krieg das Britische Weltreich teuer zu stehen. Der Gouverneur von Jamaika hatte vor Toussaints Einfluss eine solche Todesangst, dass die Britische Armee noch nicht einmal die »Black Shots« – Schwarze jamaikanische Soldaten, die in Haiti für die Briten gekämpft hatten – dorthin zurückkehren ließ, da war nix mit »come back to Jamaica«.

Im Jahr 1801 erließ Louverture eine Verfassung für die Insel, ernannte sich persönlich zum Gouverneur auf Lebenszeit und rief ihre Unabhängigkeit aus. Doch obwohl es ihm gelungen war, die Spanier und Briten zu vertreiben, war der Krieg noch nicht beendet – die Franzosen waren immer noch dabei. Napoleon Bonaparte, der von Leuten, die noch nie von Hannibal Barkas gehört haben, oft zu den größten Heerführern der Geschichte gezählt wird, kam zu dem Schluss, dass er allein dazu in der Lage sei, Saint-Domingue von Louverture und den Schwarzen Freiheitskämpfern zurückzuerobern, und entsandte zusammen mit General Donatien-Marie-Joseph de Vimeur, dem Vicomte de Rochambeau, seinen Schwager Charles Leclerc zur Wiederherstellung der französischen Herrschaft. Rochambeaus Vater war ein bedeutender französischer Militärstratege, der einige Jahre zuvor den Vereinigten Staaten im Kampf gegen die Briten zum Sieg verholfen hatte. Der Vicomte war seinerseits ein erfolgreicher Heerführer, doch wie der große Napoleon wusste, besaß Rochambeau noch eine andere Eigenschaft, die für Leclerc von Nutzen wäre: Rochambeau hasste Schwarze.

Leclerc und Rochambeau waren von der Disziplin und Standhaftigkeit der gut geschulten Truppen Louvertures beeindruckt. Doch als im Jahr 1802 zwei seiner obersten Generäle abtrünnig wurden, denen man im Gegenzug für ihre Gefolgschaft Stellungen in der Französischen Armee versprochen hatte, ergab sich Toussaint Louverture den Franzosen unter der Bedingung, dass seine Soldaten von der Französischen Armee übernommen und die Sklaverei nicht wiedereingeführt würde. Daraufhin wollte er sich auf seiner Plantage zur Ruhe setzen, doch die Franzosen hatten einen anderen Plan: Der französische General Jean Baptiste Brunet lockte Louverture bei einem persönlichen Treffen in die Falle, verfrachtete ihn nach Frankreich und hielt ihn in einem Gefängnis auf dem Land, wo Louverture schließlich verhungerte.

Und falls Sie sich das nun fragen: Ja, die Franzosen führten die Sklaverei wieder ein. Nach Louvertures Festnahme starb Leclerc und überließ es Rochambeau, seinen suprematistischen Zorn an der Insel auszulassen. Und dieser Zorn kannte keine Grenzen. Er ließ alle Schwarzen, die keine französische Uniform trugen, enthaupten, Frauen und Kinder eingeschlossen. »Roach« (dt. die Kakerlake) importierte 15 000 Kampfhunde aus Jamaika, die dazu abgerichtet waren, jeden zu töten, der kein Weißer war. Er ließ Gefangene fesseln und knebeln und in Säcken ertränken. Seine vielleicht grausamste Taktik jedoch war die »Schwefelausräucherung«.[7] Er führte die Kriegsgefangenen an Bord französischer Schiffe, auf denen er Schwefel verbrennen ließ. Das so entstehende Schwefeldioxid führte bei den Gefangenen zum Ersticken.

Der rassistische französische General hatte die Gaskammer erfunden.

Die Rebellen gaben jedoch nicht auf. Nach Louvertures Festnahme und dem Übertritt der Schwarzen Generäle auf die französische Seite griffen die Freiheitskämpfer auf Guerillataktik zurück. Sie zermürbten die französische Armee, die irgendwann polnische Söldner zur Verstärkung anheuerte. Angewidert von den unmenschlichen Gräueltaten, die Rochambeau seine Soldaten ausführen ließ, beschloss ein ehemaliger Kommandeur Toussaints, Jean-Jacques Dessalines, seine Stellung in der französischen Armee aufzugeben und die Rebellen zu führen. Als Dessalines in seiner französischen Uniform in Port-au-Prince einmarschierte, bejubelten die Weißen seine Ankunft. Dessalines wartete, bis der Applaus erstarb, und erklärte ihnen, dass er sich gut an sein Leben als Sklave erinnere. Während sich die Weißen um ihn scharten, verkündete Dessalines seinen Plan zur Wiederherstellung des Friedens auf der Insel:

Er würde alle Weißen töten.

Der ehemals versklavte Soldat nahm daraufhin Hunderte Weiße in Port-au-Prince gefangen und ließ sie erhängen. Als Rochambeau erkannte, dass er es nun womöglich mit einer Armee aufnehmen musste, die die Kriegstaktik der Weißen anwandte, riet er der weißen Bevölkerung von Saint-Domingue, seinen eigenen Plan zu befolgen und sich aus dem Staub zu machen. Und damit – hatten sich die

Haitianer befreit. Es war eine Lektion, die die ganze Welt erschüttern sollte. Mit nichts als einem Messer, einem Schwein und unermüdlicher Tapferkeit hatten die Versklavten Haitis die größten weißen Kolonialmächte ihrer Zeit bezwungen.*

Am 1. Januar 1804 gab Dessalines mit seiner Unabhängigkeitserklärung bekannt, dass Saint-Domingue nun der erste unabhängige Schwarze Staat in der westlichen Hemisphäre war. General Jean-Jacques Dessalines wies die Befreiten an, alle Franzosen zu vernichten, die sich noch auf der Insel befanden, und verkündete: »Diesen wahrhaftigen Kannibalen haben wir Krieg mit Krieg, Verbrechen mit Verbrechen, Schandtat mit Schandtat heimgezahlt.«[8]

Die Einwohner des soeben befreiten Landes sollten die Geschichte ihrer brutalen Unterdrückung durch die Hand der Europäer nie vergessen. Dessalines und die neuen Bürger warfen die spanischen und französischen Namen über Bord und gaben dem Land seinen Namen in der Sprache der inzwischen untergegangenen Taíno zurück: Die Insel sollte Ayi-ti oder Haiti heißen, das »Land der hohen Berge«.
Von diesem Tag an hat nie wieder ein Weißer über das Land geherrscht, das wir nun Haiti nennen.

Mittlerweile ist die Geschichte Haitis oft befleckt und eher für ihre Tragödien als ihr reiches Vermächtnis bekannt. Grund für die heutige Verarmung ist jedoch, dass Amerika und Frankreich die wohl rassistischste Außenwirtschaftspolitik aller Zeiten eingeführt und über zwei Jahrhunderte lang aufrechterhalten haben. Dies geschah, während andere europäische Mächte stillschweigend zusahen. Um zu verstehen, was zwei

---

* *Dessalines hatte zugegebenermaßen etwas Hilfe bei dem Sieg über die Franzosen. Auch wenn die haitianischen Streitkräfte durchaus furchterregend waren, stellte doch das Gelbfieber für die Weißen auf der Insel eine ebenso große Bedrohung dar wie ein Schwarzer Soldat. Während die Schwarzen und Mulatten von Haiti Immunität entwickelt hatten, wütete das Gelbfieber unter den weißen Soldaten seit ihrer Ankunft.*

der mächtigsten Länder der Welt Haiti angetan haben, muss man erst seine Ungläubigkeit überwinden, denn das Ganze ist so absurd, dass es frei erfunden klingt.

Zwei Jahrzehnte nachdem Haiti im Jahr 1804 die Unabhängigkeit erlangt hatte, stellte Frankreich die Forderung auf, Haiti solle den ehemaligen Sklavenbesitzern den Wert aller selbst befreiten Versklavten erstatten. Ja, Frankreich verlangte tatsächlich eine Art umgekehrte »Sklaven«-Reparationszahlung. Im Jahr 1825 entsandten die Franzosen Kriegsschiffe nach Haiti und forderten 150 Millionen Francs ein. Die Vereinigten Staaten waren damit nicht nur einverstanden, sondern bestärkten die Schuldforderungen Frankreichs auch noch auf dem internationalen Parkett mit der dringenden Aufforderung an die Länder Europas, die Existenz Haitis so lange zu ignorieren, bis das Geld bezahlt war.

Man könnte argumentieren, dass die Verantwortung für diese Schulden, die die neue Nation in Armut stürzten und erst nach 122 Jahren abbezahlt waren, zur Hälfte bei den europäischen Ländern lag, die Frankreich die Ausführung dieser rassistischen Politik stillschweigend genehmigt hatten. Und man kann wohl Amerika vorwerfen, Frankreich bei der Erpressung Haitis unterstützt zu haben. In der Monroe-Doktrin von 1823 hieß es ausdrücklich, jeder Versuch einer europäischen Macht, Nationen der westlichen Hemisphäre »zu unterdrücken oder zu beherrschen, wird als gegen die Vereinigten Staaten gerichtete feindselige Handlung betrachtet«, worüber Amerika in diesem Fall hinwegsah. Wir haben es einfach durchgehen lassen, denn – sind wir mal ehrlich – der Einsatz oder die Androhung von Gewalt, um Wohlstand und Arbeitskraft von Schwarzen zu erzwingen, ist *irgendwie Amerikas Ding*. Hätte Amerika Frankreich dafür zurechtgewiesen, Haiti zu berauben, wäre das, als würden die Rolling Stones die Beatles wegen ihrer Aneignung Schwarzer Musik anprangern.

Als Haiti im Jahr 1804 ein unabhängiger Staat wurde, verloren die Amerikaner fast den Verstand. Nachdem sie soeben im Unabhängigkeitskrieg die Macht einer Schwarzen Revolte erlebt hatten, befürchtete man in dem neu gebildeten, vom weißen Überlegenheitsdenken geprägten und von reichen Plantagenbesitzern und Bankiers aus dem Norden beherrschten Land, dass die Aufstände von Haiti die afroamerikanischen Versklavten zur Nachahmung verleiten könnten. Dazu kam die bedrohliche Vorstellung eines tropischen Paradieses, das eine größere Ernte einbringen könnte als die US-Agrarwirtschaft. Der bekannte Sklavenhalter und amerikanische Präsident Thomas Jefferson weigerte sich, den selbst befreiten Staat anzuerkennen, eine Tradition der Ignoranz, die sich bis ins Jahr 1862 hielt, in dem die Amerikaner den Kurs wechselten. Ganz die alten Kolonisatoren, sandten die Vereinigten Staaten zwischen 1862 und 1915 siebzehnmal Truppen nach Haiti aus. Andrew Johnson wollte Haiti sogar annektieren und an Amerika angliedern – so groß war der Wunsch danach, diese Region zu unterdrücken und zu beherrschen.

Und wenn Landraub eben nicht funktionierte, war das Nächstbeste, was Amerika tun konnte, die wirtschaftliche Zerrüttung der Nation. Ja: Der ungeheuerlichste Teil dieser Geschichte ist, dass der Verfall von Haitis Wohlstand ein durch und durch amerikanisches Vorhaben war, angefangen beim größten Superstore Amerikas – dem Sklavenmarkt.

Am 7. Dezember 1711 erließ der Stadtrat von New York eines seiner ersten Zonierungsgesetze. Darin hieß es, dass der Kauf und Verleih von Menschen nun offiziell in einem Holzbau nahe dem Stadtrand unter einer Amerikanischen Platane stattfinden sollte. Der Bereich war durch einen Schutzwall abgesichert, der von niederländischen Siedlern errichtet worden war und von diesen, wie es oft heißt, »De Waal Straat« genannt wurde. Noch vor dem Ende der Haitianischen Revolution hatte hier George Washington sein Amt aufgenommen, und am selben Ort war auch die Bill of Rights verabschiedet worden. Alexander Hamilton, der Begründer des amerikanischen Finanzregulierungssystems, liegt unweit der

Stelle begraben, wo einst jener Sklavenmarkt stand. Auf diesem Stück Land wurde aus dem Schwarzen Körper als einfache Zwangsarbeitsware eine Finanzanlage zur Investition, Spekulation und Absicherung, mit der genauso gehandelt wurde wie mit Schweinebäuchen und Rohöl.

Im Jahr 1792 unterzeichneten 24 der reichsten Männer New Yorks das Dokument, das den Grundstein für die New York Stock Exchange bilden sollte. Zum Gedenken an ihre Sklavenhandelstradition benannten die Herren das Abkommen nach jenem Ort unter der Platane (*Buttonwood*), an dem sie Seelen gegen Geld eintauschten. Sie nannten es das Buttonwood Agreement. Die niederländische Ortsbezeichnung wurde irgendwann zu einem kürzeren Namen vereinfacht: Wall Street.

Hier liegt das ganze Vermögen Haitis.

Als Haiti seine Zahlungen an Frankreich nicht leisten konnte, nahm das Land Kredite auf, durch die es noch weiter verarmte, denn diese Kredite konnten nur von einer französischen Bank erteilt werden. Im Laufe der Jahre musste der Karibikstaat so oft Kredite bei französischen Banken aufnehmen, dass Haiti nicht mehr bloß seine ursprüngliche Reparationsschuld abbezahlte: Dazu kamen nun auch noch Darlehen, Zinsen und Gebühren. Noch im Jahr 1915 wurden nahezu 80 Prozent der Staatseinkünfte Haitis zur Begleichung der Schulden aufgewendet. Und als 1947 die letzte Zahlung geleistet wurde – 84 Jahre nach der Emanzipationserklärung und 143 Jahre nach seiner Befreiung von den eigenen Sklavenbesitzern –, war Haiti noch immer verschuldet. Nicht in den Zahlungen berücksichtigt war nämlich das Geld, das die U.S. Marines beschlagnahmten, als sie 1914 in unruhigen Zeiten in die Nationalbank Haitis marschierten, 500 000 Dollar mitnahmen und zur »sicheren Verwahrung« an der 111 Wall Street, New York, N. Y., deponierten. Auch die Ausgaben für die deutschen Soldaten, die die amerikanische Armee von 1915 bis 1934 bei der Besatzung Haitis unterstützten, zählten nicht. Und genauso wenig die 40 Prozent des haitianischen

Nationaleinkommens, die das Land an die Vereinigten Staaten und Frankreich abtreten musste, nachdem die amerikanischen Besatzer diese Forderung 1918 in der Verfassung Haitis festgesetzt hatten.

Ab 1947 gingen die Zahlungen Haitis noch nicht einmal mehr nach Frankreich, sondern an eine amerikanische Bank, die sämtliche Schulden Haitis von französischen Banken übernommen hatte. Die ebenfalls an der 111 Wall Street gelegene City Bank of New York war 1812 gegründet und von Moses Taylor weiter ausgebaut worden, der sich mit der illegalen Einfuhr von Versklavten in kubanische Zuckerplantagen noch ein Vermögen verdiente, als die Sklaverei in den Vereinigten Staaten bereits verboten war. Als Haiti also seine letzte Zahlung zur Auflösung seines Sklavenstaats ableistete, ging das Geld in Wirklichkeit an eine amerikanische Bank, die auf illegalem Sklavenhandel aufgebaut war – eine Bank, deren Inhaber das Völkerrecht missachtete, um die City Bank of New York zu gründen, eine Einrichtung, die mittels Sklaverei zur Macht aufstieg, und zwar zum Teil mit Geld, das von einem internationalen Verbund weißer Soldaten, die Haiti besetzt hatten, gestohlen worden war.

Glauben Sie also ja nicht dem gängigen Narrativ, Haitis Instabilität sei das Ergebnis schlechter Regierungsführung oder Korruption. Haiti ist arm, weil es zur Zahlung von 90 Millionen Francs an die City Bank of New York gezwungen war, nach Stand von 2020 entsprechend 21 Milliarden Dollar, inklusive Zinsen in Milliardenhöhe. Sie kennen die Bank wahrscheinlich unter ihrem heutigen Namen: Citibank.

Die Citibank ist natürlich nicht die einzige Schuldige. Ein Konzern allein könnte ein Land nicht in Opposition zu den reichsten und mächtigsten Nationen der Welt zu zwei Jahrhunderten währender Armut verurteilen. Die weiße Welt beteiligte sich nicht nur an der wirtschaftlichen Zerstörung Haitis, sie setzte sogar noch einen drauf: Obwohl Haiti 1947 seine Unabhängigkeitsschulden beglichen hatte, schuldete es anderen Ländern und der Weltbank noch immer Milliardenbeträge, bis der französische Präsident dem Land nach dem dortigen Erdbeben im Jahr 2010 seine (Un-)Abhängigkeitsschulden erließ.

Das Vermächtnis der Haitianischen Revolution sollte das Schwarze Amerika jedoch für alle wirtschaftlichen und politischen Schwierigkeiten entschädigen. Bis zu dem Tag, da Amerika endlich der verfassungsrechtlichen Auslöschung der Menschlichkeit seiner afrikanischen Bewohner ein Ende setzte, sollte Haiti als Goldstandard des Schwarzen Widerstands gelten. Seine Geschichte sollte in Sklavenaufständen flüsternd weitergetragen und in Reden laut verkündet werden. Freie Schwarze Gemeinschaften würden sich nach dem Land benennen und versklavte Gemeinschaften seine Taktiken übernehmen. In den Augen der Versklavten hatten die Menschen von Haiti Vergeltung geübt, und nun herrschten Freiheit und Gleichheit in Saint-Domingue.

Haiti hat gewonnen.

Sie sind frei.

DREI KURZE FRAGEN

1. **Die »Patrioten« waren:**
   - **a.** Britische Bürger, die gegen ihre Unterdrücker für ihre Freiheit kämpften.
   - **b.** Schwarze Bürger, die gegen ihre Unterdrücker für ihre Freiheit kämpften.
   - **c.** Plündernde, randalierende Verbrecher, die ihr Land hassten.
   - **d.** Gewalt befürwortende Demonstranten.

2. **Die Unabhängigkeitserklärung war umstritten, weil:**
   - **a.** »Alle Menschen« im übertragenen Sinn gemeint war.
   - **b.** Oder vielleicht ist der »Schöpfer« weiß.
   - **c.** Oder vielleicht haben Schwarze vergessen, »die Gründe darzulegen, die sie zu der Trennung veranlassen«[9].
   - **d.** Ihr Beschluss nicht einstimmig *einstimmig* war.

3. **Was ist der Unterschied zwischen einer Revolution und einem Aufstand?**
   - **a.** »Revolution« ist schwieriger zu buchstabieren.
   - **b.** Es ist dasselbe.
   - **c.** Wenn man verliert, ist es ein Aufstand.
   - **d.** An Aufständen sind selten Mitglieder der Königsfamilie beteiligt; Prince war an der Revolution beteiligt.

AUFGABE

Teilen Sie sich in Zweiergruppen auf und wählen Sie eine Diskussionsfrage. Diskutieren Sie mit Ihrem Partner. Wer am überzeugendsten argumentiert, gewinnt.

Diskussion 1: Sie sind beide freie Weiße. Person A soll die Gruppe davon überzeugen, an der Seite der Patrioten zu kämpfen. Person B soll die Gruppe davon überzeugen, an der Seite der britischen Loyalisten zu kämpfen.

Diskussion 2: Sie sind beide freie Schwarze. Person A soll die Gruppe davon überzeugen, an der Seite der Patrioten zu kämpfen. Person B soll die Gruppe davon überzeugen, an der Seite der britischen Loyalisten zu kämpfen.

Diskussion 3: Sie sind beide Versklavte in South Carolina. Person A soll die Gruppe davon überzeugen, an der Seite der Patrioten zu kämpfen. Person B soll die Gruppe davon überzeugen, dass Person A nicht verrückt ist.

5

DRAPETOMANIE

GET FREE OR DIE TRYING

Bevor Prediger, Lebensberater und Selbsthilfegurus verkündeten, dass sie Crackrauchen, Depressionen und Untreue mit Visualisierungen, Affirmationen und Gebetstüchern heilen könnten, verblüffte Dr. Samuel Adolphus Cartwright Amerika mit einem pseudowissenschaftlichen Durchbruch, der bis zur Erfindung des Shake Weight unübertroffen bleiben sollte. Obwohl er bis dato besser bekannt war als entschiedener Gegner jener verrückten Vorstellung, mikroskopisch kleine Geister namens »Keime« könnten Krankheiten auslösen[1], erlangte Cartwright 1851 vor allem damit Ansehen, dass er der Medical Association of Louisiana eine Abhandlung vorlegte, in der er eine aufsehenerregende neue Geisteskrankheit namens »Drapetomanie« oder »die Erkrankung, die Sklaven ausreißen lässt« beschrieb. Darin heißt es:

> *Die Ursache, die den Negro zur Flucht aus seinem Dienst verleitet, ist in den meisten Fällen ebenso eine Erkrankung des Geistes wie jede andere Art von geistiger Störung und in der Regel sehr viel besser heilbar. Mit dem rechten ärztlichen Rat kann, streng befolgt, die lästige Angewohnheit vieler Negroes, wegzurennen, nahezu vollständig unterbunden werden, selbst wenn sich die Sklaven an den Grenzen zu einem freien Staat, nur einen Steinwurf von den Abolitionisten entfernt, befinden.*[2]

Cartwrights rassistischer pseudopsychologischer Ansatz veranschaulicht noch eine andere Verblendung des Weißseins: nämlich die fortwährende Rechtfertigung der Unterdrückung – staatlich sanktionierte Vergewaltigung, Mord und grenzenlose Quälerei – durch die Darstellung des unersättlichen Freiheitsdrangs der Schwarzen als Krankheit oder kriminellen Impuls. Für alle anderen war der unbändige Drang nach Freiheit das Symptom einer feigen, primitiven Psychopathie. In der Geschichte dieser Nation finden sich unzählige Beispiele der Idee, dass Freiheit nur etwas für Weiße ist.

Obwohl die meisten Denker der Aufklärungszeit darin übereinstimmten, dass Freiheit der natürliche Zustand des Menschen ist, fanden sie irgendwie eine Ausnahme für ihre streitlustigen Schwarzen, denn ihrem weißen Verständnis nach waren Besitzrechte ebenso wichtig wie individuelle Freiheit. Das rassistische Zwangsarbeitssystem, mit dem Amerika zu einer wirtschaftlichen Macht aufstieg, konnte nur mithilfe von Gewalt und Gewaltandrohung bestehen. In Regionen wie South Carolina, wo die Zahl der Gefangenen die der Freien überstieg, erforderte diese staatlich sanktionierte Einrichtung rassistisch motivierter Entmenschlichung permanente Durchsetzung. Alles deutet jedoch darauf hin, dass Widerstand – bewusster wie unbewusster – ein fester Bestandteil des Lebens versklavter Menschen war. Im Kleinen und Großen, organisiert und individuell – für Afrikaner in Amerika war das Streben nach Freiheit eine Lebensart. Es war nicht Drapetomanie, sondern ein beständiger und unerschütterlicher Glaube an ihr Menschsein, der versklavte Afrikaner zur Suche nach Freiheit trieb.

Cartwrights idiotischer Hypothese zufolge äußerte sich diese erfundene Krankheit auf vielfältige Weise. Manche der Erkrankten entflohen in die Freiheit, andere waren gar so verrückt, sich gegen die Unterdrückung zur Wehr zu setzen. Die gestörtesten Drapetomanen taten das Undenkbare – sie versuchten die Quelle ihrer Unterdrückung zu eliminieren. Doch laut dieser medizinischen Diagnose hatten alle Opfer der Infektion ein gemeinsames Ziel: sich um jeden Preis zu befreien, und wenn es sie ihr Leben kostete.

Zuweilen war es unmöglich zu erkennen, ob eine versklavte Person vom Freiheitsfieber befallen war. Während es bei den bekanntesten Widerstandsgeschichten um koordinierte Gewaltakte ging, spielte sich die gängigste Form des Widerstands im Kleinen und Alltäglichen ab. Überall in Amerika setzten sich in die Leibeigenschaft gedrängte Afrikanerinnen und Afrikaner mithilfe von subtilen wie auch weniger dezenten Methoden gegen die Brutalität der Sklaverei zur Wehr. Manche unterminierten die finanziellen Ziele ihrer bösen Oberherren, indem sie ihre Produktivität reduzierten, ihre Arbeitsausrüstung sabotierten oder Streiks organisierten. Andere stellten sich krank oder arbeiteten absichtlich langsamer. Wenn ein ansonsten zuverlässiger Leibeigener keinen großen Wert mehr auf seine Arbeit legte, war Drapetomanie eine potenzielle Ursache dafür.

Die Versklaver suchten natürlich nach Heilmitteln gegen diese Krankheit. In der Stadt Charleston, South Carolina, entstanden sogar Besserungsanstalten zur Bestrafung und Läuterung des rebellischen menschlichen Eigentums.[3] So konnten Sklavenhalter aufsässige Versklavte ins »Sugar House« schicken, eine alte Zuckerfabrik, wo Angestellte der Stadt dafür bezahlt wurden, die Unruhestifter und Simulanten auszupeitschen und umzuerziehen.[4] 1681 kam es in der Kolonie Massachusetts zur ersten Hinrichtung, als Maria, eine »schwarze Sklavin von Joshua Lambe of Roxbury« das Haus ihres Herren und das eines Nachbarn in Brand setzte. In den Gerichtsakten der Massachusetts Bay Colony heißt es, Maria habe »wissentlich, willentlich und auf niederträchtige Art das Wohnhaus von Thomas Swann in Brand gesteckt [...] und sich danach durch eine offene Hintertür ins Haus [ihres] Herren Lambe gestohlen und auch dieses in Brand gesteckt«.[5] Vielleicht war Maria eine kaltblütige Mörderin; vielleicht hatte sie auch der sehnliche Wunsch, ein vollwertiges, unabhängiges menschliches Wesen zu sein, in einen Zustand der Pyromanie getrieben. Jedenfalls konnte es für Marias Wahn nur ein Gegenmittel geben: Die barmherzigen

Bürger von Massachusetts mussten sie bei lebendigem Leib verbrennen. Sie hatten einfach keine andere Wahl.

In einem kapitalistischen Schiebergeschäft, das auf dem Diebstahl von Arbeitskraft, Verstand und Schwarzen Körpern basiert, sollte es plausibel erscheinen, dass afrikanische Menschen anfingen Menschen zu bestehlen, von denen sie selbst gestohlen worden waren. Den Regeln der Drapetomanie zufolge litten sie jedoch an einer *medizinischen Störung*, die sie zu Dieben machte. »Einmal arbeitete ich mit einer Gruppe in den Feldern«, erinnert sich Cecilia Simmons Green an ihre Zeit auf der Grimball-Plantage auf James Island, South Carolina. »Da hörten wir, wie sich Mr. Hinson mit einem anderen Weißen unterhielt; er sagte zu ihm: ›Man meint, diese Nigger wären dumm, aber die haben durchaus Verstand. Ich glaube, ein paar von denen holen mir nachts das Gemüse aus den Feldern und verkaufen es auf dem Markt.‹ Wir senkten die Köpfe und lachten in uns hinein, denn wir wussten genau, wer das Gemüse geklaut hatte.«[6] In South Carolina kann jemand, der eine Pflanze aussät, bewässert, von Unkraut befreit und erntet, diese anscheinend einem anderen »stehlen«, der absolut nichts mit deren Entstehung zu tun hatte.

Da versklavte Menschen dem Vermögensrecht unterlagen, wurde die Flucht in die Freiheit rechtlich als Diebstahl gewertet, trotz der ironischen Tatsache, dass die ganze Versklavungsindustrie ja auf Menschenraub basierte. Die drapetomanischen Versklavten flohen ins britisch kontrollierte Kanada, in die freien Staaten oder wohin auch immer die Underground Railroad sie führte. Das waren allerdings nicht die einzigen Orte, die infrage kamen. Die mitunter beliebtesten Fluchtziele für Versklavte in ganz Amerika waren einfach irgendwo *weg von den Weißen*. Sallie Smith, die auf einer Plantage in Louisiana versklavt war, berichtete, dass sie die Hälfte der Zeit ihrer Versklavung »im Wald verbrachte«, wo sie auf die Hilfsbereitschaft anderer Versklavter aus der Umgebung angewiesen war.[7] In der Annahme, er kenne ihren Aufenthaltsort, folterte Sallies einstiger Unterdrücker ihren Bruder, bis auch er von der Plantage floh und ihr in den Wald nachfolgte. Leider wurden keine fachlich geprüften Studien dazu durchgeführt, ob diese wiederkehrenden Drapetomanieanfälle genetisch bedingt waren.

Für manche Versklavten, die sich mit dieser Krankheit infiziert hatten, war überraschenderweise auch der Süden eine realistische Option. Hier entstanden ganze Gemeinschaften, deren Existenz teils heute noch aufgedeckt wird, so etwa Bas du Fleuve, ein großes Gebiet zwischen der Mündung des Mississippi und New Orleans, das in den 1770er-Jahren von Entflohenen dominiert war. Während der Kolonialzeit war die allein von Schwarzen bewohnte Stadt Fort Mose im von Spanien beherrschten Florida ein beliebtes Ziel für all diejenigen, die eine dauerhafte Auszeit von der Sklaverei wollten. Spanien hatte die Sklaverei in der Region abgeschafft, und nach dem Krieg von 1812 wurde ein vollständig bewehrtes britisches »Negro Fort« in Florida, das eine eigene Armee bildete, zum Zentrum des Schwarzen Widerstands gegen die Sklaverei. Das British Corps of Colonial Marines bestand aus freien Schwarzen und entflohenen Versklavten, die zusammen mit Indigenen für den Schutz der netten Ausreißer kämpften, die sich selbst in Quarantäne begeben hatten, um andere vor ihrem ansteckenden Virus zu bewahren.

Die vielleicht bemerkenswerteste dieser Freiheitsoasen war der Great Dismal Swamp, ein mehrere Tausend Quadratkilometer großes Sumpfgebiet, das sich über den Südosten Virginias und den Nordosten North Carolinas erstreckte. Historiker wissen noch immer nicht genau, wie viele entflohene Afrikanerinnen und Afrikaner im Great Dismal Swamp Siedlungen gründeten und dort in Freiheit lebten; neueste Erkenntnisse lassen jedoch vermuten, dass es Tausende waren.[8]

Historiker bezeichnen diese Gruppen unbesitzbarer afrikanischer Menschen in der Regel als »Maroons«[9], wobei es aber noch regional unterschiedliche Bezeichnungen gibt. In Alabama und Georgia nannte man sie die »im Wald Lebenden«; der vielleicht vielsagendste Name für die selbstemanzipierten Afrikanerinnen und Afrikaner stammt jedoch aus Virginia und Maryland, jener Sumpflandschaft des Great Dismal Swamp.

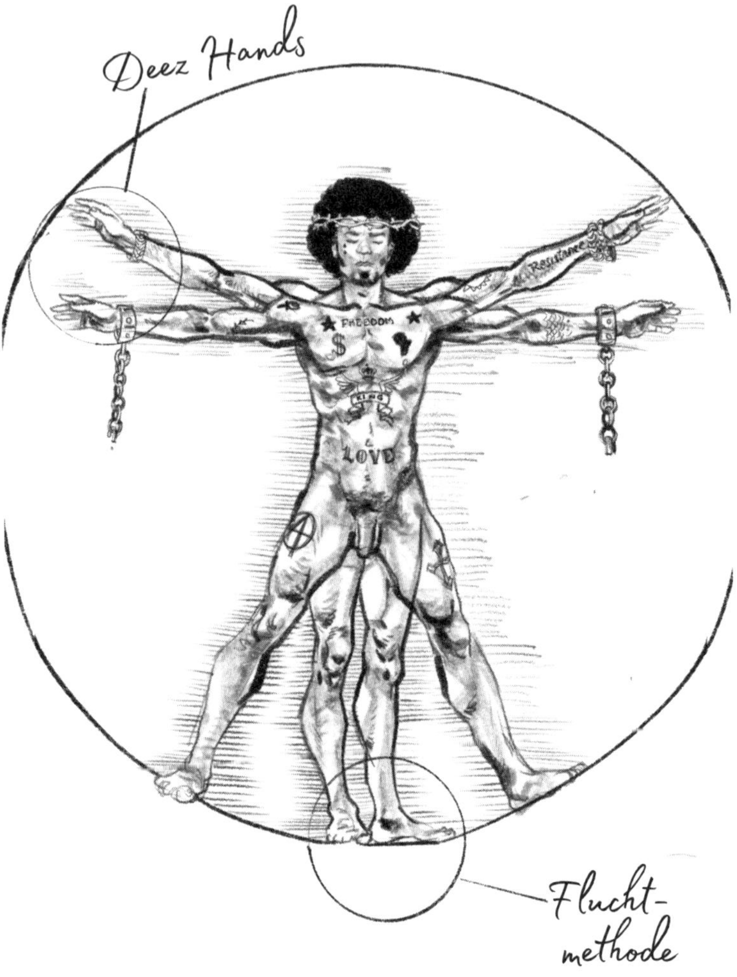

Die auch als »Outlands« bezeichnete Region war zu gefährlich, um sie zu Pferd oder per Kanu zu durchreisen. Die Virginier leiteten daraus ein Adjektiv zur Beschreibung der unbezwingbaren Bewohner jener unbezwingbaren Landschaft ab und nannten die freiheitsgeneigten Boyz n the Hood »outlandish«, was im heutigen Sprachgebrauch so viel wie fremdartig oder sonderbar bedeutet.[10]

Seit Beginn der Kolonialzeit hielten sich viele dieser Maroons durch die Hilfsbereitschaft anderer, auf Plantagen Versklavter am Leben oder indem sie jagten, fischten und ihre eigene Nahrung anbauten. Einige griffen gelegentlich auf Diebstahl oder Raub zurück, doch in der Regel fielen sie den Weißen nicht zur Last, sodass auch die Weißen sie in Ruhe ließen. Da Zehntausende dieser afrikanischen Menschen aus den Outlands in der Revolution gegen die Patrioten gekämpft hatten, verfügten viele über eigene Waffen, eine militärische Ausbildung und Kenntnisse im Plantagenbau. Sie hatten auch keineswegs die Absicht, ohne Lohnbescheinigung von Sonnenauf- bis Sonnenuntergang zu arbeiten.

Eine der ältesten dieser Gemeinschaften siedelte auf beiden Seiten des Savannah River in der Grenzregion von Georgia und South Carolina. Hier hatten bereits seit den 1770er-Jahren Maroons gelebt, doch im Jahr 1786 forderte die Grand Jury von Chatham County, Georgia, die örtliche Miliz solle etwas gegen die »großen Banden entlaufener Negroes« unternehmen.[11] Am frühen Morgen des 11. Oktober 1786 fielen Milizsoldaten in die Siedlung ein. Im darauffolgenden Gefecht wurden vier weiße Soldaten verwundet und vier Maroons getötet, bevor die Miliz wegen mangelnder Munition den Rückzug antrat. Fest entschlossen, die freien Seelen für das »Land der Freien« zurück in die Leibeigenschaft zu zwingen, trommelte die Miliz noch mehr Weiße zusammen und griff bei Sonnenaufgang ein zweites Mal an. Doch die Maroons erwarteten sie schon und überwältigten die Miliz, die so erneut zum Rückzug gezwungen war.

Aber natürlich konnten diese Esel niemandem erzählen, dass sie von einem zusammengewürfelten Haufen Maroons überrumpelt worden waren. Schon der kleinste Anflug von Selbstbestimmung und Widerstand konnte das gesamte Konstrukt der *sklavenbasierten* Gesellschaft gefährden. Also kamen die Maroon-Jäger am nächsten Morgen noch einmal zurück, in der Hoffnung, die ehemaligen Versklavten hätten sich ausgekämpft. Doch sie kannten die vier Regeln des Maroon Fight Club nicht:

1. Ihr verliert kein Wort über den Maroon Club.
2. Ihr verliert kein Wort über den Maroon Club.
3. Ihr kämpft nur, wenn es absolut notwendig ist.
4. Wenn weiterhin Weiße auftauchen, gibt es keinen Maroon Club mehr.

Als die weißen Jungs wiederkamen, war die Siedlung der Maroons verlassen. Die Miliz vernichtete das kleine Lager mitsamt Häusern, Höfen, Scheunen, 15 Booten und anderthalb Tonnen Reis. Die Maroons ließen sich jedoch nicht unterkriegen und bauten ein neues Lager auf. Im darauffolgenden Frühjahr wurde eine weitere Siedlung auf der anderen Seite des Savannah River von einer Miliz aus South Carolina überfallen und zerstört. Doch innerhalb von sechs Monaten hatten die Maroons eine neue Siedlung errichtet, die aus 21 Unterkünften bestand und durch eine 1,20 Meter hohe Mauer befestigt war. Dank der Regeln des Maroon Fight Club konnten die Siedlungen der Maroons weiter gedeihen.

Während viele entflohene Versklavte in derartigen Gemeinschaften Zuflucht suchten, schlugen sich andere, wie Harriet Jacobs, als Maroons ganz ohne die Unterstützung einer Gemeinschaft durch.

Harriet Jacobs wurde 1813 aufgrund einer rechtlichen Regelung als Versklavte geboren. Nach dem in Virginia beschlossenen alten Grundsatz *partus sequitur ventrem** waren Kinder von Versklavten ebenfalls Versklavte.[12] Harriets Großmutter Molly war von ihrem Besitzer befreit, später aber entführt und erneut versklavt worden. Harriets Mutter war deshalb, genau wie Harriet und ihr Bruder John, zu einem Leben in Sklaverei verdammt.

Harriet und ihr Bruder brachten sich selbst das Lesen bei und schworen einander zu fliehen, nachdem sie bei einer Auktion versteigert und von ihrer Mutter und Großmutter getrennt

* *Wörtlich übersetzt: »Das Geborene folgt dem Leib.«*

worden waren. Harriets Großmutter wurde schließlich wieder befreit und in einem Haus auf derselben Plantage untergebracht, wo auch Harriet und John als Versklavte lebten. Als sie 15 Jahre alt war, wurde Harriet von ihrem Besitzer sexuell bedrängt. In der Hoffnung, sich vor ihm zu schützen, ging sie eine Beziehung mit dem Rechtsanwalt Samuel Sawyer ein, der später US-Kongressabgeordneter und der Vater von Harriets beiden Kindern werden sollte. Harriets Besitzer war über die Beziehung so verärgert, dass er sie an seinen Bruder verkaufte, doch Harriet gelang schließlich die Flucht und begann ein Leben als Maroon. Harriets Belästiger bot derweil ihre Kinder und ihren Bruder einem Sklavenhändler zu einem Sonderpreis an, aber erst nachdem der ihm versprach, die drei zu trennen und separat zu verkaufen. Der Sklavenhändler gab ihm sein Wort, verkaufte dann aber die ganze Familie an Sawyer (den Versklavte vergewaltigenden Kongressabgeordneten), der Harriet versprochen hatte, ihre Kinder und ihren Bruder freizulassen. Was er natürlich nie tat. Immerhin ließ er aber die Kinder bei deren Urgroßmutter Molly wohnen, die noch auf der Plantage lebte. Es war zumindest eine kleine Entlastung für Harriet, denn so konnte sie ihre Kinder aufwachsen sehen.

Und wenn Sie sich nun fragen, wie Harriet das anstellte, obwohl sie doch entflohen war – nun, sie lebte direkt vor der Nase ihres ehemaligen Herrn im Verborgenen. Tagsüber versteckte sie sich in einem nahe gelegenen Sumpfgebiet. Aber die Nächte verbrachte sie auf Mollys Dachboden, ohne sich ihren Kindern je zu zeigen. Auf dem Dachboden gab es keine Lichtquelle, und die höchste Stelle maß gerade mal 90 Zentimeter. Sie bohrte ein Lichtloch in den engen Kriechgang, damit sie in der Bibel lesen und ihre Kinder sehen konnte. So lebte sie sieben Jahre lang. Schließlich floh sie nach New York und wurde endlich mit ihrem Bruder und ihren Kindern wiedervereint, die von Sawyer in den Norden geschickt worden waren, wo sie aber im Grunde nach wie vor als Versklavte lebten.

Aufgrund des Fugitive Slave Law (»Sklavenfluchtgesetz«) gehörte Harriet eigentlich noch immer dem üblen Sklavenhalter. Immer wieder fand er heraus, wo sie wohnte, sodass sie untertauchen musste. Erst im Jahr 1852, als Harriet 39 Jahre alt war, erkaufte die Abolitionistin Cornelia Grinnell Willis, für die Harriet als Kindermädchen arbeitete, ihr für 300 Dollar die Freiheit. Daraufhin entließ der vergewaltigende Kongressabgeordnete, der noch immer Harriets Kinder und Bruder besaß, diese endlich in die freien Staaten, sodass sie bei Harriet leben konnten. Die folgenden fünf Jahre verbrachte sie damit, ihre Lebensgeschichte niederzuschreiben, für die sich zunächst aber kein Verleger fand. Im Januar 1861 wurde *Incidents in the Life of a Slave Girl* (dt.: *Erlebnisse aus dem Leben eines Sklavenmädchens*) endlich veröffentlicht und machte Harriet zu einer Symbolfigur des Abolitionismus.

Manche Erscheinungsformen der Drapetomanie-Erkrankung waren so akut, dass sie unglaubliche Geschichten hervorbrachten, so etwa diese Volkserzählung der Gullah-Geechee über das Volk der Igbo, das fliegen kann:

> *Ain't you heard about um? Well, at that time Mr. Blue he was the overseer and ... Mr. Blue he go down one mawnin with a long whip fuh tug whip them good ... Anyway, he whipped them good, and dey gits togedduh an stick dugh hoe in duh fiel an den ... riz up in the sky an tun heself into buzzuhds and flew right back to Africa!*[13]
>
> *(Habt ihr noch nicht von ihnen gehört? Nun, zu jener Zeit war Mr. Blue der Aufseher und ... eines Morgens ging Mr. Blue mit einer langen Peitsche hinaus, um sie ordentlich auszupeitschen ... Nachdem er sie ausgepeitscht hatte, kamen sie zusammen, stießen die Hacken ins Feld und ... stiegen auf in den Himmel, verwandelten sich in Bussarde und flogen zurück nach Afrika!)*

Im Mai 1803 wurde eine Schiffsladung von 75 gefangenen Igbo zum Reisanbau auf Zwangsarbeitsplantagen in St. Simons Island, Georgia, zu jeweils 100 Dollar erworben. Auf dem Schiff war offenbar Cartwrights Erkrankung ausgebrochen, denn die gefesselten Passagiere schrien während der gesamten Überfahrt nach Amerika. Als der Kapitän seine Männer unter Deck schickte, um sie zum Schweigen zu bringen, stellten die Besatzungsmitglieder mit Schrecken fest, dass die Gefangenen nicht einfach nur schrien, sondern immer denselben Ruf im Sprechchor wiederholten: *»Orimiri Omambala bu anyi bia. Orimiri Omambala ka anyi ga ejina.«*[14] Als sich das Schiff dem Ufer näherte, wurden die Rufe lauter. *»Orimiri Omambala bu anyi bia. Orimiri Omambala ka anyi ga ejina«*, beteten sie im Einklang. Dann befreiten sie sich irgendwie von ihren Ketten und warfen die gesamte Besatzung über Bord. Angeführt von einem gefangen genommenen Häuptling und immer weiter *»Orimiri Omambala bu anyi bia. Orimiri Omambala ka anyi ga ejina«* singend, gingen die Afrikaner ruhig und gefasst ins Wasser; lieber ertränkten sie sich, als versklavt zu werden.

Manche beziffern sie auf 75 während andere Quellen von 13 Gefangenen sprechen. In einem zeitgenössischen Bericht wird der Vorfall als schrecklicher Investitionsverlust für den Plantagenbesitzer beschrieben. In anderen wird der Aufstand der Igbo als Massensuizid bezeichnet. Wie dem auch sei, es wurde von Zeugen beobachtet, wie gefesselte Versklavte in St. Simons Island im Glynn County, Georgia, langsam in den Dunbar Creek gingen und sich ertränkten, während sie sangen: »Der Wassergeist hat uns hierhergeführt. Der Wassergeist wird uns nach Hause führen.« Sie waren frei.

Einer der schlimmsten Drapetomanie-Vorfälle ereignete sich am 28. Januar 1856, als Margaret Garner, ihr Mann, deren vier Kinder und elf mitversklavte Freiheitssuchende ihrem Herrn Pferd, Schlitten und Gewehr stahlen und dem Plantagenbesitzer im Boone County, Kentucky, Archibald K. Gaines, entflohen. Die Familie überquerte den vereisten Ohio River, dann teilte sich die Gruppe auf. Die anderen Flüchtigen gelangten über die Underground Railroad in die Freiheit, während die Garners im Haus ihres Onkels Elijah Kite untertauchten, der ein freier Schwarzer war.

Irgendwann machten Sklavenfänger die Familie ausfindig und umzingelten Uncle Kites Haus in der Hoffnung, sie wieder ihrem Besitzer auszuliefern. Die 22-jährige Margaret erkannte, dass es nun aus und vorbei war. Die als stets »übellaunige«[15] Mulattin beschriebene Frau war wahrscheinlich aus der Vergewaltigung ihrer Mutter durch einen Sklavenhalter hervorgegangen. Forschern zufolge waren mindestens zwei ihrer eigenen Kinder bei Übergriffen desselben unbeherrschten Sklavenhalters gezeugt worden. Margaret wusste also, welche Schrecken zweifellos auch ihre Töchter erwarteten, und statt sie demselben Schicksal zu überlassen, nahm sie ein Schlachtermesser und schnitt ihrer zweijährigen Tochter die Kehle durch. Die Frucht des eigenen Leibes als Freiheitsgabe zu opfern, ist eine Entscheidung, die wohl nur die verzweifeltsten Freiheitssuchenden nachvollziehen können. Garners Geschichte diente als Grundlage für Toni Morrisons preisgekrönten Roman *Menschenkind.*

Die unstillbare Sehnsucht nach Befreiung um jedweden Preis machte auch vor dem Tod nicht halt. Klar, von einer weißen Person gesprochen klingt »Gebt mir Freiheit, oder gebt mir den Tod« völlig rational. Doch gemäß Logik, gesundem Menschenverstand und narzisstischem Weißseinswahn müssen Schwarze, die lieber sterben, als sich versklaven zu lassen, psychisch krank sein. Fragen Sie Dr. Cartwright. Das ist reine Wissenschaft.

Der bekannteste und kämpferischste dieser Drapetomanen versetzte die Weißen aus der Küstenregion South Carolinas jahrelang in Angst und Schrecken, während er den Schwarzen der Region ein von den Fesseln befreites Vorbild für den Widerstand bot. Der unangefochtene König unter den Banditen, Flüchtlingen und Saboteuren der Maroons war ein Mann, den sie Forest Joe nannten.

Forest Joe gehörte nichts und niemandem.

Über die Zeit vor seiner Flucht von der im Richland District, South Carolina, gelegenen Carroll-Plantage ist nur wenig bekannt. Doch im Frühjahr 1821 wurde der »gefeierte Bandit Joe« dank seiner unverfrorenen, charismatischen Führerschaft und seiner Fähigkeit, sich in Luft aufzulösen, berühmt-berüchtigt.[16] Der chronisch Kranke, der an einer schweren Form von Drapetomanie litt, gab die Krankheit offenbar ohne jede Reue an andere Versklavte weiter. Hätte Angela Davis ein Kind mit T'Challa und würde es an Tupac zur Adoption geben, dann würde es eines Tages von dem ersten Mann erfahren, der das wahre Gangsterleben gelebt hat, und sagen: »That Forest Joe dude *be wildin'*!«

Joe war über einen Meter achtzig groß, hatte hellere Haut, eine Narbe an der Wange, wo ihn jemand während einer Schlägerei gebissen hatte, und von Schrotkugeln gezeichnete Waden von seinen Begegnungen mit den Häschern entflohener Versklavter. Ihn als furchterregende Erscheinung zu beschreiben, wäre untertrieben.

Joe hatte verschiedene Taktiken, um dieses Badass-Image zu fördern. Im Gegensatz zu den meisten Maroons und versklavten Afrikanern war Joes Kleidung nicht aus dem grob gewebten, meist weißen Leinenstoff, aus dem die Kleidungsstücke der Versklavten hergestellt wurden. Er hatte eine Möglichkeit gefunden, den Stoff in verschiedenen Brauntönen zu beflecken und einzufärben. Die improvisierte Tarnkleidung half ihm, sich besser in den Hintergrund einzufügen, doch das war noch nicht der beeindruckendste Teil seiner Ausrüstung. Joe hatte sich auch ein Oberteil aus einem Material gefertigt, das, so hieß es, »keine Kugel einfach durchließ«. Ganz genau: Im Jahr 1821 hatte Joe bereits eine schusssichere Weste entwickelt.

Joe war mit einer eingeschworenen Gruppe Maroons unterwegs, unter denen auch Frauen und Kinder waren. Einer von Joes besten Kumpels war ein Mann namens Jack, der sich seinem Herrn selbst entwendet hatte und 300 Kilometer weit gelaufen war, um sich Joes Team anzuschließen. Joes zweitbester Kumpel hieß ebenfalls Jack.* Joe, Jack und der andere Jack bil-

* *Der Name Jack lag im 19. Jahrhundert bereits im Trend, lange bevor er für Kartenspiele und die Bohnenindustrie herhielt.*

deten gemeinsam eine Clique, die die Weißen noch mehr fürchteten als Critical Race Theory, Briefwahl und positive Diskriminierung zusammen.

Genau wie bei Freeway Ricky Ross, Frankie Beverly und dem Konzept des Rhythmus wusste der Großteil der Schwarzen Bevölkerung bereits über Joe Bescheid, lange bevor die Weißen von ihm erfuhren. Aus einem Übermaß an Charisma, gepaart mit seiner Unfähigkeit, sich um die Gesetze der Weißen zu scheren, entstand ein überhöhter Mythos, der ihn bei seinen schon versklavten Brüdern und Schwestern in ganz Georgia und South Carolina beliebt machte. Seine Helfer führten außerdem viele der nächtlichen »Razzien« durch, die sie dann aber Joe, Jack und den anderen Gangster-Maroons auf den Plantagen zuschrieben. Dieser Vorläufer der »Nicht petzen«-Regel festigte Joes Ruf als mythischer Meisterbandit, dem es eigenhändig gelang, Vieh, Getreide und mehrere Hundert Pfund Blei zum Einschmelzen für Munition zu stehlen.

Spät in der Nacht des 21. Mai 1821 trieben sich Joe und die beiden Jacks auf George Fords Plantage herum, um Rinder zu töten. Einer von Fords 49 versklavten Afrikanern verpetzte Joe, sodass Ford, »ein oder zwei seiner Negroes und ein Weißer, ein von ihm eingestellter Zimmermann«, loszogen, um Joes Überfall zu vereiteln.[17] Joe und sein fröhlicher Gangstertrupp erwarteten sie jedoch bereits. Als George auf seinem schneidigen Pferd heranritt, fielen Joes Männer über ihn und seine Truppe her. Jack der Läufer eröffnete das Feuer und traf Ford am Kopf und in die Brust. Mit nur einem Gewehr bewaffnet, ging Georges Team in Deckung, während sich Joe und die anderen in einem Kanu davonmachten, das sie an der Mündung des Santee River versteckt hatten. Aber wie immer war einer dabei, der alles vermasselte. Die Identität von Fords Mörder hätte ein Rätsel bleiben können, aber Jack hatte anscheinend eine echte Schwäche für Ochsenschwanz. Als er zurückkam, um das Vieh zu holen, lauerte ihm einer von Fords Männern hinter dem toten Ochsen auf und fasste ihn. Zwei Wochen später wurde Jack erhängt, nicht ohne zuvor gestanden zu haben, dass Joe der

Anführer der Bande war. Um die Bedenken seiner Wähler aus dem Weg zu räumen, setzte Gouverneur Thomas Bennett ein Kopfgeld von 168,62 Dollar auf Joe aus.[18] Eine Gruppe von Milizionären stellte ein offizielles Komitee für Joes Verfolgung auf und warb noch einmal 300 Dollar Belohnungsgeld ein, womit eine über Jahre währende Menschenjagd begann.

Statt zuzugeben, dass Joe sie immer wieder überlistete, erklärten die Milizionäre, er habe irgendwelche magischen Kräfte oder besonders lange Beine, mit denen er weite Strecken in sehr kurzer Zeit zurücklegen könne. Manche glaubten, er sei durch Kugeln unverwundbar und habe die Fähigkeit, sich unsichtbar machen. Die Geschichten über Joes Fluchtaktionen verbreiteten sich, beunruhigten die Weißen South Carolinas und festigten zugleich seinen Heldenstatus unter der versklavten Bevölkerung. Während Joes Verfolgung den ganzen Staat in Atem hielt, verhalf der Flüchtige vielen versklavten Afrikanern zur Freiheit und vergrößerte so den Anteil der Maroon-Bevölkerung. Gefangene, die auf Plantagen lebten, halfen ihm sogar mit Insiderwissen und Informationen weiter. Joe am Leben zu halten, stellte für viele eine Form des Widerstands dar.

Am Tag von Jacks Hinrichtung betrat Joe in Georgetown das Haus eines freien Schwarzen Paars und »entwischte«, nachdem die Frau »gezwungen« war, Joe eine »große Menge« Speck und Mais mitzugeben. Sehr zum Bedauern der Behörden konnte das unverletzt gebliebene Paar jedoch keine Auskunft darüber geben, in welche Richtung Joe verschwunden war. Am 22. Juni gelang es einem anderen Bewohner South Carolinas, Joe eine Falle zu stellen. Nachdem er Joe beim Stehlen seines Bleis antraf, zog sich der Herr zurück und wies drei seiner »Farbigen« an, dem Banditen am Fluss aufzulauern, wo er ein Kanu und ein Floß vertäut hatte. Weder Kanu noch Floß sollte er je wiedersehen, und nur einer seiner »Farbigen« kehrte zurück. Eine andere Versklavte hielt sich gerade im Haus ihres Herren auf, als Joe hereinstürmte und irgendwie sämtliche Munition, Gewehre und das Schießpulver des Eigentümers fand. Manchen erschien es reichlich merkwürdig, dass sie gar nicht schrie oder die Nachbarn auf Joes Anwesenheit aufmerksam machte. Stattdessen wartete sie seelenruhig und unverletzt auf die Rückkehr ihres nun waffenlosen Versklavers. Im Jahr 1822 berichteten drei Männer, sie hätten Joe schwer verletzt, doch wie durch ein Wunder wurde er wieder gesund, was niemand so recht verstehen konnte. Vielleicht war es Schwarze Magie. Vielleicht war Joe tatsächlich eine Hexe. Oder ein Geist. Was auch immer er war, er trieb die Weißen vor Angst und Bangen in den Wahnsinn.

Doch die Gerüchte stammten nicht nur von nervösen Weißen. Im November wurde in der *Charleston City Gazette*[19] eine Warnung an die Leser abgedruckt, wonach es Berichte von »bewaffneten entlaufenen Negroes« gegeben habe, die vor der Stadt auf Raubzug gingen.[20] Offenbar waren »mehrere Negroes« auf dem Weg in die Stadt, wo sie Besorgungen für ihre Besitzer erledigen sollten, aufgehalten und des Geldes und der Waren ihrer Herren beraubt worden. Nachdem man die Überfallenen »bis spät in die Nacht« festgehalten hatte, beschlossen die üblen Kriminellen, die wohl immerhin den Anstand hatten, ihre Gefangenen nicht zu verletzen, die Männer gehen zu lassen, und gaben ihnen sogar vorbereitete Nachrichten für ihre Versklaver mit. Die Schwarzen Opfer richteten ihren Herren diese »beleidigenden Drohnachrichten« pflichtschuldig aus.

Ich kann sie förmlich hören:

»Da war dieser Joe, der hat uns ausgeraubt und unser ganzes Geld eingesackt. Wir mussten den ganzen Tag bei ihm rumhängen, und dann hat er uns gehen lassen. Aber wir sollen Ihnen ausrichten, dass Sie nicht nach ihm suchen sollen, sonst macht er Sie kalt, genau wie Ford! Ach ja, und er meinte noch, Sie sollen mir ein paar Tage freigeben, oder er bringt Sie um! Na ja, Sie wissen ja selbst, wie gern ich in den Feldern arbeite, aber das hat er gesagt. Und er sah *richtig* wütend aus.«

1823 war Joe bereits ein wahrer Superheld. Viele Schwarze nahmen ihn in Schutz und verstärkten so die Aura der Macht, die ihn umgab, während andere sich ihm anschlossen. Bei Verhören der Miliz behaupteten manche versklavten Afrikaner,

Joe gesehen zu haben, nur um sie auf die falsche Fährte zu führen. Andere schmückten seinen Status weiter aus, indem sie den Mythos nährten, Joe sei ein Voodoopriester, der das Blut seiner Opfer trinke. Joe war es irgendwie gelungen, ein Spionagenetzwerk und einen Desinformationsapparat aufzustellen. Die weiße Bevölkerung war außer sich vor Angst, und zwar ganz zu Recht – manchmal übertraf der alte Forest noch die wildesten Gerüchte.

Als ein versklavter Antreiber eine Frau »rettete«, die Joe gegen Lösegeld als Geisel hielt, war der offenbar wild vor Zorn.[21] Manche behaupten, sie sei Joes Geliebte und die beiden hätten einen Plan ausgeheckt, um an das Geld ihres Herren zu kommen. (Mit »manche« meine ich eigentlich die Frau, denn gleich nach ihrer Befreiung entfloh sie wieder, lief zurück zu Joes Lager und blieb bei ihm bis zu seinem letzten Tag.) Trotzdem war natürlich klar, dass sich Joe von irgendeinem dahergelaufenen Antreiber nicht ins Handwerk pfuschen ließ. Das hätte nur sein Image ruiniert, und so schwor Joe, den Aufseher umzubringen. Alle flehten ihn an, es nicht zu tun, denn der Antreiber gehörte dem ehemaligen Gouverneur. Aber Joe war kein besonders vorsichtiger Typ und ließ sich nicht aufhalten.

Im August 1823, mehr als zwei Jahre nachdem er George Ford getötet hatte, spazierte Joe bei helllichtem Tag auf die Plantage des ehemaligen Gouverneurs von South Carolina, James Burchill Richardson. Vor den Augen der Versklavten, des Plantagenaufsehers und sämtlicher Anwesender zückte Forest ein Gewehr erschoss den Antreiber und den Aufseher noch dazu. Joes legendärer Ruf wurde dadurch noch gestärkt – viele andere Versklavte hielten Antreiber für Komplizen der weißen Aufseher. Und während er bis dahin vor allem dafür bekannt war, seine Raubzüge nachts zu verüben und den Jägern im Schutz der Dunkelheit zu entkommen, ließ sein Überfall auf der Plantage des ehemaligen Gouverneurs nun keinen Zweifel mehr daran, dass Joe tatsächlich existierte.

Ab dem Moment, an dem Joe anfing, bei helllichtem Tag auf Weiße zu schießen, wurde natürlich alles anders. Die mittlerweile verzweifelte Joe-Verfolgungsmiliz bot nun »gewissen Negroes« eine Belohnung, falls sie Joe verrieten, mit der Zusicherung, dass dies keine negativen Konsequenzen für sie habe. Es hieß sogar, dass jeder Sklave befreit werden solle, der ihnen half, Forest Joe zu finden. Monatelang hielten alle dicht, bis im Oktober ein versklavter Flussschiffarbeiter namens Royal beschloss, sich das Geld zu holen und die Miliz zu Joe zu führen. Einige Tage später wurde Joe nahe dem Santee River gefunden, und es kam zur Konfrontation. Joe schwor sich, niemals lebend gefasst zu werden, und kam noch an Ort und Stelle um.

Nach seinem Tod wurden Joes Lager von South Carolinas Miliz durchsucht und viele der Maroons getötet, darunter auch ein Dreijähriger. Um auf Nummer sicher zu gehen, schnitten sie noch Joes Kopf ab und platzierten ihn an der Flussmündung auf einem Pfahl »zur Abschreckung bösartiger Sklaven«. Es gibt keinerlei Hinweise darauf, dass Royal je seine Belohnung erhalten hätte oder gar befreit worden wäre. Doch die Joe-Verfolgungsmiliz von South Carolina, die Forest Joe getötet hatte, sollte auch weiterhin Maroons und entflohene Versklavte jagen und den Süden für immer verändern.

Wissenschaftler und Medien behaupten gern, die erste kommunale Strafverfolgungsbehörde des Landes sei im Jahr 1838 in Boston entstanden, was streng genommen auch stimmt.[22] Allerdings hatten sich mehr als ein Jahrzehnt zuvor, am 2. Oktober 1823, die Bürger von Pineville, South Carolina, in der Stadtbibliothek versammelt, um »einen Plan zur Erfassung oder Vertreibung einer gefährlichen Bande Entflohener« auf die Beine zu stellen.[23] Die Gruppe machte sich umgehend daran, Gelder von den Bürgern der Stadt einzusammeln, um das Problem mit den Maroons zu lösen.

»Einer der Bande ist ein Kerl namens Forest oder Joe«, schrieb Thomas Gaillard, Sekretär und Schatzmeister der Kommission. »Diese Gruppe, die durch die schwere Erreichbarkeit ihres Lagers geschützt und durch Schuss- und andere Angriffswaffen gestärkt ist, hat bereits zahlreiche Menschenleben gefährdet und durch ihre Schandtaten den Frieden der Gemeinschaft gestört – und betreibt ihr Werk der offenen Gewalt und Räuberei unbehelligt weiter.«[24]

Die guten Bürger von South Carolina ahnten noch nicht, dass sie da eine Krankheit behandelten, die erst über ein Vierteljahrhundert später entdeckt werden sollte. 28 Jahre bevor ein Quacksalber die »Erkrankung, die Sklaven ausreißen lässt«, entdeckte, und 15 Jahre bevor das Gericht von Boston ein Gesetz zur Aufstellung seiner »Day Patrol« erließ,[25] fiel dem neu gegründeten »Ständigen Ausschuss« zugleich ein Heilmittel für die erkrankten Freiheitsdürstenden wie auch ein offizieller Name für ihre Forest-Joe-Verhaftungskommission ein. Der Name dieses Sklavenjägertrupps sollte schließlich Drapetomanen wie Joe als ärztliche Verordnung dienen und das Verhältnis zwischen freien wie versklavten Afroamerikanern und Strafverfolgungsbehörden auf Jahre hinaus definieren.

Sie nannte sich die *Pineville Police Association.*[26]

UM WEISSE ZU TÖTEN

DER MULTIKULTURELLE AUFSTAND VON 1811

Als der Zuckerrohrbauer James Brown* im Sommer 1806 bei der Handelsfirma von Stephen Henderson und William Kerner ein paar Besorgungen machte, machte er ein unglaubliches Schnäppchen. Für schlappe 1300 Dollar erstand Brown den 15-jährigen Kwaku und den 21-jährigen Kwamina[1] – zwei gesunde und kräftig gebaute Afrikaner, die aus dem Aschantireich importiert worden waren. Da sich Sklavenhalter nur selten mit Diktion und Artikulation befassen, machte Brown aus Kwaku – dem Akan-Vornamen für an einem Mittwoch Geborene – »Kook«, während aus Kwamina, dem Namen eines am Samstag geborenen Mannes, »Quamana« wurde – was so viel bedeutet wie: »Du gehörst mir, und deshalb ist es mir vorbehalten, deine Geschichte und Kultur auszulöschen und durch etwas zu ersetzen, was ich bequem aussprechen kann.« Aber von der weißgewaschenen Namensgebung einmal abgesehen, ist hier wichtig zu wissen, dass diese beiden Männer eine Revolte anregen sollten, die das Louisiana-Territorium für immer veränderte.

Als bedeutender Verschiffungshafen stellte New Orleans einen Knotenpunkt im intranationalen Sklavenhandel

---

* *Nein, nicht der. Der Godfather of Soul würde so was niemals tun.*

Amerikas dar und lief schließlich Charleston den Rang als größter Sklavenmarkt der Vereinigten Staaten ab. Kook und Quamana zählten zu den 50 Prozent der Gefangenen, die die Neue Welt erreicht hatten, ohne sich das Leben zu nehmen oder unterwegs zu sterben.[2] Die beiden erreichten das fremde Land im Jahr 1806 ohne jegliche Vorstellung von dessen Geografie oder Gebräuchen. Sie hatten keine Ahnung, dass das Louisiana-Territorium erst seit drei Jahren zu Amerika gehörte und die Bundesregierung noch nicht sicher war, wann und ob die Region einmal zum Staat werden sollte. Sie wussten nicht, dass Frankreich das Territorium an Amerika verkauft hatte, nachdem der Sklavenaufstand von Haiti die Franzosen aus dem Neue-Welt-Kolonialisierungsunternehmen verdrängt hatte. Ihnen war nicht bewusst, dass die Plantagen um New Orleans ein wahrer Schmelztiegel afrikanischer Kulturen aus der gesamten Diaspora waren. Manche der Franzosen, die während der Haitianischen Revolution geflohen waren, hatten hier ihre Versklavten verkauft. Andere Versklavte waren aus verschiedenen afrikanischen Reichen ins Land gebracht worden. Alles, was Kook und Quamana wussten, war, dass sie frei sein wollten.

Doch es gab auch einiges, was Brown nicht wusste, als er sein neues Mencheneigentum erwarb. Als Neuankömmling aus Kentucky war Brown mit der Demografie des Orleans-Territoriums nicht vertraut, in dem so viele freie People of Color lebten, dass Sklavenpatrouillen praktisch unmöglich waren. Brown musste sich mit dem Gedanken anfreunden, dass seine versklavten Menschen nach örtlicher Sitte andere Plantagen und sogar von Schwarzen geführte Kneipen und Andachtshäuser besuchen durften. Hätte Brown seine Leibeigenen einer Hintergrundprüfung unterzogen, dann wäre ihm klar geworden, dass Kooks und Quamanas Narben bedeuteten, dass sie wahrscheinlich *Okofokum* waren, westafrikanische Soldaten, die von Geburt an in Nahkampf, Waffengebrauch und Kriegstaktik geschult worden waren – und er hätte *vielleicht* geahnt, dass Kook und Quamana von ihren neuen Lebensumständen möglicherweise nicht besonders angetan waren.[3]

Brown, der sein menschliches Eigentum genau im Auge behalten hatte, sah mit Erleichterung, dass sich seine neuen Geldanlagen mit Charles Deslondes angefreundet hatten, einem kreolischen Mulatten vom nahe gelegenen Agrarkonzentrationslager des Colonel Manuel Andry. Für die beiden afrikanischen Neuankömmlinge konnte es kein besseres Rollenvorbild geben als Deslondes. Der erst 22-Jährige war der oberste Sklavenaufseher auf Andrys Plantage und dafür verantwortlich, die anderen Leibeigenen unter Kontrolle zu halten. Er war als folgsam und intelligent bekannt, und sein Herr vertraute ihm sogar so weit, dass er bei den von ihm beaufsichtigten Männern und Frauen brutale Züchtigungen ausführen durfte. Die anderen versklavten Afrikaner schienen unbeeindruckt von dieser Macht, genau wie von Deslondes hellerer Haut, seiner größeren Hütte und den anderen Sozialleistungen, von denen er profitierte. Der Tortur der Sklaverei war nicht zu entkommen, wen würden Sie also lieber die Peitsche schwingen lassen – einen Weißen, der Teil der Gesellschaft war, die sie als unmenschliches Eigentum ansah, oder jemanden, der dem Schrecken dieser inhumanen Institution ebenso unterworfen war?

Colonel Andry vertraute Deslondes offenbar, denn er gestattete ihm, in den Sklavenunterkünften der nahe gelegenen Trépagnier-Plantage bei seiner Freundin zu übernachten. Die beiden Sklavenhalter hofften darauf, dass aus der Romanze neuer Nachwuchs hervorging und damit finanzieller Gewinn in Form von kostenloser menschlicher Arbeitskraft. François Trépagnier, ein brutaler und exzentrischer Herrscher, hielt sich bekanntermaßen einen kleinen Jungen namens Gustave als Schoßhündchen, den er mit Resten vom Tisch fütterte und wie einen menschlichen Welpen behandelte. Doch allmählich wurde Gustave älter. Viele von Trépagniers Versklavten glaubten, dass das nächste Kind, das auf dem Anwesen geboren wurde, Gustave als Trépagniers Haustier ersetzen würde.

Im Gegensatz zu Deslondes baten Quamana und Kook ihren Herrn nicht um Erlaubnis, wenn sie die umliegenden Anwesen besuchen wollten. Tief in der Nacht brachten sie die Methoden zum Einsatz, die sie bei der Kriegerausbildung in ihrem Heimatland gelernt hatten, um sich für einige Zeit von Browns Farm davonzustehlen. Während sich Quamana durch das hohe Zuckerrohr von einer Plantage zur nächsten schlich, hielt Kook in den hohen Bäumen Ausschau. Hier draußen in den Wäldern steckten sie die ganze Nacht mit Charles Deslondes und Harry Kenner die Köpfe zusammen, lernten Englisch, machten sich mit dem kulturellen Terrain vertraut und schmiedeten den Plan für einen Aufstand, der die Geschichte von New Orleans verändern sollte.

Zwar gibt es keine Mitschriften ihrer Gespräche, sehr wahrscheinlich aber berichteten Kook und Quamana von ihrer Ausbildung in Guerillakriegsführung und Militärstrategie, während Deslondes, ein Kreol von gemischter Abstammung, vermutlich Geschichten von den Aufständen erzählte, die er von den Tausenden französischsprachigen weißen Immigranten gehört hatte, die nach der Haitianischen Revolution ins Orleans-Territorium gezogen waren. Zweifellos hatten sie etwa von Juan San Maló gehört, dem legendären Anführer einer nahe gelegenen Maroon-Siedlung. Nachdem er jahrelang erfolgreich jeden verjagt hatte, der sich in die Sümpfe der German Coast vorwagte, wurde Maló schließlich 1784 von einer spanischen Miliz gefasst und erhängt. Und ganz bestimmt sprachen sie auch darüber, wie streng allein die Freiheits*ideologie* jener Zeit kontrolliert wurde. Im Jahr 1805 ließ der Gouverneur von New Orleans einen weißen französischsprachigen Mann dafür verhaften, den Gedanken der körperlichen und geistigen Freiheit unter freien und versklavten People of Color zu verbreiten. Als ehemalige französische Kolonie war das Louisiana-Territorium voll von Geschichten über Versklavte, die es weißen Sklavenhaltern heimgezahlt hatten, und die Weißen nahmen Notiz davon.

Die legendären Widerstandsgeschichten waren jedoch nicht ihr einziger Antrieb zur Rebellion. In der Zeit zwischen der Haitianischen Revolution und dem Kauf Louisianas zogen 3102 freie People of Color als französische Bürger nach New Orleans. Deslondes und andere Versklavte mussten sich nicht erst ausmalen, wie ein Leben in Freiheit wohl wäre; sie sahen mit eigenen Augen, wie Menschen, die aussahen und redeten wie sie, frei umherspazierten und als vollwertige Menschen behandelt wurden. Im Gegensatz zu den meisten Sklavengemeinschaften hatte die unterworfene Bevölkerung von New Orleans eine Freiheitsvorstellung, die nicht gleichbedeutend mit Weißsein war. Sie sahen die Möglichkeiten und wollten sie auch selbst erreichen. Und so begannen sie zu planen.

Ihr Vorhaben war von Anfang an multikulturell ausgelegt. Kook und Quamana war klar, dass ein Sklave in dritter Generation den Plänen eines Kriegers, der kaum ihre Sprache beherrschte, oder einem Vorarbeiter, der die Wünsche eines Weißen ausführte, nicht unbedingt vertrauen würde. Stattdessen rekrutierten sie verschiedene Anführer und teilten sie auf nach Herkunftsland, Sprache, Hintergrund und Plantage. Der Rückgriff auf lokale Führer zur Übermittlung der Pläne und Entwicklung von Strategien war unglaublich effektiv, da diese in der Sprache ihrer Rekruten kommunizieren konnten. Noch dazu hatten sie eine genaue Vorstellung von den Abläufen der jeweiligen Plantagen und damit auch von den möglichen Schwierigkeiten, die sich bei einem gewaltsamen Aufstand ergeben konnten.

So erfuhren die Anführer, dass manche der Rekruten auf Plantagen lokaler Milizsoldaten versklavt waren, die gerade in Florida gegen die Spanier kämpften. Andere wiesen darauf hin, dass ihre Herren fromme Katholiken und deshalb am Dreikönigstag – jenem christlichen Feiertag zum Gedenken der drei Weisen, die dem als Menschwerdung Gottes offenbarten Neugeborenen die ersten Geschenke überbrachten – in der Kirche waren.* Die Aufständischen hatten im Grunde separate Bataillone für eine Rebellenarmee aufgestellt.

In der Nacht auf Dienstag, dem 8. Januar 1811, war Colonel Manuel Andry als einer der wenigen Weißen aus der Region nicht zu Jesus' Babyparty gegangen. Mitten in der Nacht schreckte er aus dem Schlaf hoch und wunderte sich, warum sein treuester Sklave mit einer Axt über ihm stand. Als sich die Schläfrigkeit verzog, erkannte Andry, dass Deslondes nicht allein war. Als der die Axt hob, sprang Andry aus dem Bett, stürmte an seinen Bedrängern vorbei zur Treppe und schaffte es verletzt, aber lebend nach unten. Beim Verlassen des Hauses sah er noch, wie sein Sohn Gilbert von den Aufständischen in Stücke gehackt wurde.

Deslondes verfolgte seinen fliehenden Herrn nicht. Stattdessen wies der Rebellenführer 25 Revolutionäre seiner Einheit an, sämtliche Waffen des Anwesens zu beschlagnahmen. Da sowohl der Colonel als auch Gilbert Andry örtliche Milizenführer waren, standen für die ausgebildeten Afrikaner mehr als genug Musketen bereit. Die Männer, die mit den im Zuckerrohranbau verwendeten Klingen umgehen konnten, bewaffneten sich mit Macheten und Schwertern, während Deslondes Andrys Schrank durchwühlte und schließlich fand, wonach er suchte – Andrys Kolonialarmeegarderobe.
In wenigen kurzen Minuten hatte sich der Antreiber in den Mann verwandelt, der er insgeheim schon seit Jahren sein wollte. Er war nun der uniformierte Militärführer eines der größten Aufstände in Amerika.

Die Nachricht von der Rebellion verbreitete sich schnell die Küste hinauf. Bei ihrem Marsch entlang des Mississippi schlossen sich ihnen zehn weitere Versklavte mit Pferden

---

* *Der Legende nach haben diese drei Weisen ihre Geschenke noch nicht mal eingepackt. Und im Bethlehem-Einkaufszentrum war außer Weihrauch und Myrrhe wohl alles ausverkauft.*

und Munition an. Als Deslondes Prozession schließlich bei Browns Plantage mit der noch militanteren Schwadron von Kook und Quamana zusammentraf, zählte die Schwarze Armee gut 100 Mann. Elf berittene Anführer repräsentierten die Diaspora der zu Kompanien aufgeteilten Versklavten, darunter die muslimischen Krieger von Senegambia, die Aufständischen von Sierra Leone, die im Land geborenen Schwarzen Soldaten und die Infanterie der Akan. Gemeinsam brachen sie zu Trépagniers Zwangsarbeitslager auf.

Selbst als er den Klang der afrikanischen Kriegstrommeln herannahen hörte, hatte Trépagnier noch keine Befürchtungen, von den Wilden überrumpelt zu werden. Mit ruhiger Hand zielte er mit dem Doppellaufgewehr in ihre Richtung. Der Rauch seiner Muskete störte ihn kein bisschen, selbst als er sich mit dem Qualm des Feuers vermischte, das die Aufrührer entfacht hatten. Das war vielleicht auch der Grund, warum er die Guerilleros nicht bemerkte, die sich von hinten an das Plantagenhaus anschlichen.

Als Kook anfing, den selbstsicheren Versklaver zu zerstückeln, war es für Furcht schon zu spät. Doch mit einem Mal hielt der afrikanische Henker mitten im Hieb inne, als sich eine kleine Figur der Szene näherte. Kook trat beiseite und sah zu, wie Trépagniers schlimmste Befürchtung eine Axt erhob, um ihm den Todesstoß zu versetzen.

Gustave war kein Schoßhündchen mehr.

Die Revolutionäre versammelten sich an einem vereinbarten Treffpunkt und brachen nach New Orleans auf. Auf ihrem Marsch Richtung Freiheit wuchs die Rebellenarmee stetig an. Da es in Strömen regnete, konnten die Briganten die passierten Plantagen nicht niederbrennen, doch schlossen sich ihnen unterwegs immer mehr Maroons und freie Schwarze Arbeiter an. In den überlieferten Aufzeichnungen ist von nur 24 beteiligten Versklavten die Rede, Augenzeugen berichteten jedoch von 200 bis 500 Aufständischen, die sich auf die

Plantage von Jacques Fortier zurückzogen mit dem Ziel, in New Orleans einzufallen.

Am nächsten Morgen wurden die Wachen von New Orleans von einer zusammengedrängten Menschenmenge geweckt, die an den Toren wartete. Es waren die Überlebenden, die dem Zorn der multikulturellen Arme irgendwie entkommen und in Richtung Stadt geflohen waren, um dort Schutz zu suchen. Als er hörte, dass eine Armee wütender Schwarzer auf New Orleans zumarschierte, ließ Gouverneur William Claiborne die Region sofort absperren. Schwarze Männer – freie wie versklavte – durften sich nach 18 Uhr nicht mehr auf den Straßen aufhalten. In dem Wissen, dass ein Großteil seiner lokalen Miliz zum Kampf gegen die Spanier ausgezogen war, suchte Claiborne nach Mitteln und Wegen, die Rebellion niederzuschlagen.

Die Neuigkeiten erreichten schließlich den obersten Militärführer der Region, Brigadegeneral Wade Hampton, der zufällig auch einer der größten Sklavenhalter Amerikas war. Brigadegeneral Hampton wusste, dass er die zusammengewürfelte Rebellenbande mit überlegener Feuerkraft leicht überwältigen konnte. Nur die Hälfte der selbstbefreiten Versklavten waren mit Musketen bewaffnet, und ihre Munition war begrenzt. Als er herausfand, dass sich die bewaffneten Aufständischen auf Fortiers Plantage aufhielten, ordnete Hampton einen Angriff an, nur um festzustellen, dass die Gruppe den Rückzug angetreten hatte. Er ahnte nicht, dass die Aschantikrieger für ihren strategischen Rückzug bekannt waren, mit dem sie ihre Gegner in falscher Sicherheit wiegten. Die multikulturelle Brigade wartete in den nahe gelegenen Sümpfen, bereit zum Angriff. Die Desperados waren bereit, Hampton fertigzumachen, als sie plötzlich von einer anderen Truppe von hinten angegriffen wurden.

Es war Colonel Manuel Andry.

Als erstes Opfer der Revolte war Andry nicht wie die anderen vom Aufstand Betroffenen nach New Orleans geflohen. Stattdessen war er über den Mississippi entkommen und hatte eine Miliz von Pflanzern auf die Beine gestellt, die auf der anderen Seite des Flusses lebten. Die Pflanzer brachten sämtliche Kanus herbei, die sie finden konnten, und ruderten zur anderen Seite zurück, wo sie mit den Schwarzen Soldaten zusammenstießen. Andrys Männer, die reichlich Feuerkraft hatten, warteten einfach ab, bis den Versklavten die Munition ausging, bevor sie den Rebellen nachstellten. Als sie Charles Deslondes fanden, hackten ihm Andrys Vigilanten beide Hände ab, brachen ihm beide Oberschenkel, erschossen ihn und verbrannten ihn auf einem Strohhaufen. Deslondes Tod war die Vergeltung für Gilbert Andry, einem der letztlich nur zwei Weißen, die bei der ganzen Eskapade umkamen. Die grausame Art der Hinrichtung sollte daran erinnern, womit ein Sklave zu rechnen hatte, der sich erdreistete, die Institution zu unterwandern, die seine Existenz rechtfertigte.

Nach einer Reihe von Verhören und nicht genehmigten Tribunalen bekannten sich viele der Freiheitssuchenden schuldig und verrieten ihre Mitverschworenen. Quamana weigerte sich, Namen zu nennen; Kook jedoch bekannte seine Verantwortung für das andere Todesopfer der Revolte und erklärte sich mit Stolz zu dem Mann, der dem grausamen François Trépagnier den Tod gebracht hatte. Das Tribunal verfügte, »dass die Hingerichteten enthauptet und deren Köpfe auf Pfählen gut sichtbar ausgestellt werden sollen, sodass alle sehen können, welche Strafe für ein solches Vergehen verhängt wird, und auch als schreckliches Exempel für all jene, die den öffentlichen Frieden in Zukunft stören wollen«.[4] Die Versklavung war als Exempel offensichtlich nicht schrecklich genug.

Gouverneur Claiborne nutzte den Aufstand, um sich erfolgreich für die Eigenstaatlichkeit einzusetzen, und argumentierte, ohne staatliche Aufsicht werde es auch weiterhin zu Aufständen und außergerichtlichen Hinrichtungen kommen. Die Bundesregierung kapitulierte. Am 30. April 1812 wurde das Orleans-Territorium als Staat Louisiana in die Union aufgenommen.

Am 8. Januar 1815, auf den Tag genau vier Jahre nachdem die versklavten Männer an der German Coast die Waffen gegen ihre Unterdrücker erhoben hatten, griff die britische Armee die amerikanischen Truppen unter Major General Andrew Jackson in der Schlacht von New Orleans an. Obwohl der Britisch-Amerikanische Krieg faktisch seit zwei Wochen beendet war, hatte die Nachricht von der Unterzeichnung des Friedensvertrags von Gent die Vereinigten Staaten noch nicht erreicht. In den vorangegangenen drei Jahren hatten die Briten nahezu jede Schlacht des Kriegs gewonnen, darunter auch die Invasion von Washington, D. C., Jackson war völlig unvorbereitet und zahlenmäßig deutlich unterlegen, profitierte aber immerhin von dem einen militärischen Vorteil der Vereinigten Staaten – die Briten griffen eine Region an, die nun bestens auf die Unterdrückung von Aufständen eingerichtet war.

Als Jackson den Alarm für die Freiwilligen schlug, griffen mehr als 1000 gut ausgerüstete Bürger Louisianas nach ihren Gewehren und eilten ihm zu Hilfe. Sie waren besser ausgebildet als die staatlichen Truppen, und sie waren bereit zu kämpfen. Von einem Wettstreit konnte keine Rede sein: die Briten erlitten rund 2000 Verluste, während die Vereinigten Staaten nur um die 60 zählten. Die Schlacht von New Orleans war der einzige klar entschiedene amerikanische Sieg im gesamten Britisch-Amerikanischen Krieg.

Dies war die vielleicht beständigste Nachwirkung des Aufstands an der German Coast – Furcht. Die durch den Sklavenaufstand ausgelöste Paranoia hatte zur Folge, dass die Plantagenbesitzer der Region ihre militärischen Pflichten ernst nahmen. Der Verkauf von Schusswaffen stieg sprunghaft an, und die Freiwilligenmiliz trainierte, selbst nachdem Deslondes', Quamanas und Kooks Aufstand niedergeschlagen worden war, noch wöchentlich weiter. Alle waren gerüstet und bereit für einen Sklavenkrieg, der niemals kam. Die Bundesregierung hatte sogar ein zusätzliches Regiment in dem Gebiet stationiert und die Sklavenbesitzer für ihr exekutiertes Eigentum entschädigt. In der Stadt New Orleans wurden derweil der Verkauf von Munition an Schwarze und Zusammenkünfte von Versklavten verboten, mit Ausnahme von Beerdigungen und den sonntäglichen Tanzveranstaltungen (*es war ja immerhin New Orleans*).

Bei den Tribunalen, die auf den Aufstand von 1811 folgten, wurden viele der Aufrührer gefragt, was im Fall ihres Erfolgs geschehen wäre. Die meisten antworteten, dass sie bloß eine eigene Stadt ausschließlich für Schwarze gründen wollten. Wie der legendäre Juan San Maló hatten sie vorgehabt, an der German Coast eine Republik aufzubauen und nach dem berühmten Motto der Französischen Revolution zu leben, das kurz zuvor auch der Staat New Hampshire übernommen hatte: »*Vivre Libre ou Mourir*« – In Freiheit leben oder sterben.[5]

Obwohl Brown aussagte, er habe mitbekommen, wie Kook, Quamana, Deslondes und Kenner ihren Aufstand planten, wurden nur Deslondes und ein weiterer Mann je als »Anführer« der multikulturellen Revolte angeprangert. Da Deslondes' Herr dessen Verrat selbst mitangesehen hatte und er jemand war, den die Weißen für »intelligent« hielten, war er eine naheliegende Wahl. Der andere war ein Versklavter namens »Jupiter«, den keiner der anderen Versklavten je als Drahtzieher der Revolte bezeichnet hatte. Der Grund dafür, dass »die Jury ihn als einen der Aufstandsführer erkannte«, war wohl Jupiters einfache, direkte Antwort auf die Frage, warum er sich der Rebellion angeschlossen habe. Die in den Prozessprotokollen festgehaltene Antwort sollte den Ursprung jener Furcht begründen, die für immer auf die Revolution von 1811 folgen sollte.

»Er sagte, er wolle in die Stadt ziehen, um Weiße zu töten.«

DREI KURZE FRAGEN

1. **Welche Versklavten galten als die widerstandsfähigsten?**
   a. Feldsklaven.
   b. Haussklaven.
   c. Sklaven, die lesen konnten.
   d. Versklavte Sklaven.

2. **Was war das Schlimmste an der Versklavung?**
   a. Die Unentrinnbarkeit.
   b. Die Gewalt.
   c. Die Bezahlung.
   d. Das »Versklavtsein«.

3. **Inwiefern war die amerikanische Form der Sklaverei einzigartig?**
   a. Sie war hautfarbenbasiert.
   b. Sie war vererbbar.
   c. Sie war in der Verfassung verankert.
   d. Alle Antworten treffen zu.

AUFGABE

SYSTEMAKTUALISIERUNG

Sie werden damit beauftragt, ein menschenwürdiges Sklavereisystem zu entwickeln, das Ihre Leibeigenen nicht zu Flucht, Auflehnung oder sonstigem Widerstand verleitet. Beschreiben Sie dieses System in einer Million oder weniger Worte.

6

THE NEGRO, SPIRITUAL

There is a balm in Gilead
To make the wounded whole
There is a balm in Gilead
To heal the sin-sick soul[1]

Ninny* war übergeschnappt.

Ich war 13 Jahre alt, und es war der letzte Tag zum Vorsingen im Talentwettbewerb meiner achten Klasse. Ich hatte bereits alle gängigen Medikamente durchprobiert, um den Grippeanflug zu bekämpfen, der meine Qualitäten als *Microphone Fiend* dämpfte.** Ich hatte mich mit Wick VapoRub einbalsamiert, mich mit Robitussin ausgeknockt und mir so viel Honig in den Rachen laufen lassen, dass ich noch heute keiner Biene in die Augen blicken kann, doch nichts davon half. Da ich einer der besten MCs der gesamten Küstenregion von South Carolina war, konnte meine Rapgruppe, die Fresh Force, es kaum abwar-

---

* *Begriff aus dem Gullah, der so viel bedeutet wie: »jemand, der für deine Mama, deine Tanten, deine Onkel und alle Cousinen und Cousins gebetet hat«.*

** *Diese Qualitäten bildeten sich noch vor meinen Teeniejahren aus. Und da ich laktoseintolerant bin, konnte ich auch kein Eis zum Schmelzen bringen, Rakim.*

ten zu sehen, ob ich beim Vorsingen gewinnen würde. Glücklicherweise kannte meine Großmutter ein garantiertes Heilmittel, das all meine Probleme lösen würde: Ich sollte meinen eigenen Urin trinken.

Ja, meine eigene Großmutter, von der ich *mehr als einmal* gehört hatte, dass sie mich liebe, verlangte von mir, dass ich in eine Tasse urinierte, den Inhalt trank, die Tasse umgekehrt auf den Tisch stellte und sie darüber beten ließ. Später erfuhr ich, dass es sich dabei um ein Mittel aus der traditionellen Volksheilkunde handelte, das noch auf die Sklaverei zurückging,[2] aber zuerst hätte ich fast gerufen: *»Was zur Hölle!«* Natürlich war mir aber klar, dass ich vor einer zertifizierten Kirchenmutter, errettet, geweiht und erfüllt vom Heiligen Geist, Kind Gottes, so nicht reden konnte, denn eine derart unchristliche Ausdrucksweise hätte mich der Möglichkeit ausgesetzt, dass mich der Grimm des Herrn träfe. (Ich wusste zwar nicht, was es mit diesem Grimm auf sich hatte, aber Pastor Johnson redete ständig davon, dass der Grimm des Herrn über die Sünder komme, und mein Immunsystem wäre einfach nicht imstande gewesen, den Grimm Gottes *und* die rätselhafte Erkrankung abzuwehren.)

Meine Ninny war eine fleißige Beterin, die ich schon die Luft in einen platten Reifen zurückbeten sehen habe (das ist noch eine andere Geschichte, aber ich *schwöre*, sie ist wahr). Sie war ein Erzeugnis dessen, was die Schwarzen Südstaatler als »oldtime religion« bezeichnen. Ihr Diplom im Heiligen Geist erlangte sie weit vor meiner Geburt, als sie noch Gründungsmitglied der »Household of Faith Holiness Church of the Living God, Pillar, and Ground of Truth« (Glaubensfamilie, Gemeinde des lebendigen Gottes, Säule und Fundament der Wahrheit) war. In ihren Augen war die Methode ein absolut sinnvolles Heilmittel *und* eine Prüfung meines Glaubens. Sie wusste aber nicht nur, wie wichtig mir das Vorsingen war, sondern auch, dass meine Schwestern mich auf alle Zeiten damit aufziehen würden, wenn ich mein eigenes Pipi trank. Also stellte sie eine kleine Kaffeetasse auf den Esszimmertisch, in die ich hineinpinkeln sollte – was ich auch tat –, ließ mich aber den Inhalt nicht sofort trinken, sondern die Tasse erst mal auf dem Tisch stehen. Ich musste sie nur irgendwann leertrinken und umdrehen, und wenn sie dann später zurückkäme und die leere umgekehrte Tasse sah, würde sie darüber beten und niemandem etwas erzählen. Wenn aber der Inhalt unberührt blieb, dann wusste sie (und Gott), dass mein Glaube nicht stark genug war.

Ich weiß es ja, Glaube ist Grundlage dessen, was man erhofft, und ein Zutagetreten von Tatsachen, die man nicht sieht. Aber ich konnte mir einfach nicht vorstellen, meine selbst aufbereitete Limonade zu trinken, und so schlich ich den ganzen Tag um die Pipitasse herum. Ich wollte *unbedingt* zu diesem Vorsingen, aber mussten Gottes Kinder wirklich erst mit gluckerndem Urin im Magen rumlaufen, bevor er sie heilte? Und was, wenn ich auf den Geschmack käme und süchtig danach würde? Gab es ein Zwölfschritteprogramm gegen Pissetrinken? Am Ende vertraute ich auf den Herrn, meine Großmutter und die Anonymen Pipiholiker. Ich weckte sie mitten in der Nacht (damit meine Schwestern mich nicht »Pipijunge« nannten) und überreichte ihr die leere Tasse. Dann begann sie zu beten.

Oh, liebe Leserschaft, meine Großmutter sprach *sämtliche* Gebete. Sie betete so inbrünstig, wie ich es noch nie erlebt hatte. Sie rief Ihn bei all *Seinen heiligen Namen*: Jesus, König der Könige, Herr der Herren, Alpha, Omega, heller Morgenstern, Lamm Gottes, Allmächtiger, Mos Def, H to the Izzo V to the Izzay (For shizzle my nizzle kicked the devil out of the way). Und als ich am nächsten Morgen aufwachte?

Da war ich geheilt!

Natürlich war ich überglücklich, aber auch kein bisschen überrascht. Als Fresh Force den ersten Platz im Talentwettbewerb belegte, war mein Glaube an Gott und die Ahnen gefestigt. Selbst meine Großmutter war stolz auf meine »Teufelsmusik«.

»Siehst du, wie Gott alles gerichtet hat?«, erklärte sie, als ich ihr von dem Sieg erzählte. »Gott hat dich geheilt und dir dieses Geld zukommen lassen! So geht es, wenn man den Schritt des Glaubens wagt! Vergiss nicht, deinen Zehnten zu zahlen.«

Wenn Sie sich nun fragen, was diese Anekdote mit der Geschichte der Schwarzen in Amerika zu tun hat: Es geht um die Macht »der Kirche«. Wie viele andere Nachfahren versklavter Menschen in diesem Land bin auch ich mit »der Kirche« aufgewachsen, weshalb in allen Erzählungen meiner Kindheit immer auch Gotteshäuser und der Glauben meiner Familie und meiner Gemeinde vorkommen. Obwohl unsere Religion als Teil einer christlichen Konfession betrachtet werden kann, ist die amerikanische Tradition der Schwarzen Christlichen Theologie letztlich eine Mischung aus Protestantismus, Katholizismus, Judentum, Islam und afrikanischen Traditionen. In unserer Kirche, Household of Faith, sahen wir uns als Kinder Israels an, die gesegnet und begnadet waren. Wir feierten Pessach, ernährten uns halal und wussten: »God is good all the time, and all the time God is good.« Zum Pastorjubiläum marschierte unser Chor in die Kirche ein, und am siebten Tag hielten wir den Sabbat. Wir riefen, wenn der Heilige Geist kam, und unsere Sitzordnung entsprach der Hierarchie afrikanischer Dörfer. Die »Großen« saßen ganz vorne in den Bänken, die den Ältesten vorbehalten waren; die Kinder mussten sich ihren Platz erst verdienen. Eine der tragischsten Erfahrungen meiner Kindheit war die Schande, die ich jedes Mal durchlebte, wenn es in unserer Kirche eine Sondermesse gab. Wenn es zu voll war, wurden die Kinder in einen Wartebereich außerhalb des Kirchenraums verbannt. Meine Mutter bestand jedoch darauf, uns im Auge zu behalten. Bei einer besonderen Versammlung ließ sie mich und meine Schwestern Milchkästen in der Reihe neben ihrem Sitzplatz aufstellen und den restlichen Gottesdienst damit verbringen, dem Heiligen Geist auf den sperrigen Plastikkörben auszuweichen.

Unsere Gemeinde war, wenn auch für sich einmalig, doch nur eine von vielen Adaptionen der Schwarzen Glaubenstradition innerhalb der weiten amerikanischen Religionslandschaft. Ob nun die Pfingstbewegung, Bibelgläubige Baptisten, African Methodist Episcopal Church, Church of God in Christ, Nation of Islam oder Tausende konfessionsloser Gemeinden – der vielleicht *einzige* Weg zum Verständnis einer jeden Geschichte des jungen Schwarzen Amerikas liegt im Blickwinkel seiner gemeinschaftlichen Religionen und Glaubensrichtungen und wie und warum sich diese entwickelt haben.

Um die Komplexität des Schwarzen Glaubens zu begreifen, muss man sich zunächst von dem Gedanken einer »Religion der Weißen« verabschieden, wie auch von der Vorstellung einer friedlichen Konvertierung während der Frühgeschichte Amerikas.* Die zeitgenössische Schwarze Glaubenstradition lässt sich vielleicht am besten kontextualisieren, indem man sich bewusst macht, dass in den meisten Fällen die neuen Schwarzen Einwohner Amerikas nicht zum Christentum oder Islam konvertierten: Vielmehr konvertierten Christentum und Islam zu Afroamerika und nahmen dabei neue Ausdrucksformen von Spiritualität an, in denen afrikanische Rituale, christliche Theologie, muslimische Doktrin und die grundlegenden Prinzipien von Überleben und Widerstand zusammenflossen.

***

I couldn't hear nobody pray, Lord.
I couldn't hear nobody pray.
See when I was way down yonder by myself
I couldn't hear nobody pray.[3]

Zu Beginn war das Christentum einer der zentralen Vorwände, mit denen die Menschenhandelsindustrie der Versklavung von Indigenen und Schwarzen in der Neuen Welt gerechtfertigt wurde. Obwohl die Kolonie Jamestown zum schnellen Geldverdienen gegründet worden war, hielt man die kapitalistischen Wunschträume unter dem Deckmantel versteckt, »unter denen, die noch in Dunkelheit [...] leben, die christliche Religion zu verbreiten« und »die Ungläubigen und Wilden jener Regionen

---

* *Darunter auch die recht neu gegründete Church of Marvell Harriot and Latter-day Grandchildren.*

in menschliche Zivilisation und eine ruhige und geordnete Regierung zu führen«[4], wie es in der Charta von Virginia von 1606 heißt. Theoretisch sollten die englischen Kolonisatoren die indigene Bevölkerung Nordamerikas zivilisieren, indem sie ihnen die europäische Version einer allmächtigen Gottheit näherbrachten. In der Praxis aber stahlen sie Land, Ressourcen und natürlich Arbeitskraft.

In der Gesetzgebung von Massachusetts aus dem Jahr 1641 ist die Sklaverei ausdrücklich verboten, »es sei denn, es handelt sich um in gerechten Kriegen rechtmäßig Gefangengenommene oder um Fremde, die sich willentlich selbst verkaufen oder uns verkauft werden«[5]. Dieses Statut war aus dem levitischen Gesetz abgeleitet, jenem Abschnitt der Tora, in dem die jüdische Priesterschaft unterrichtet wird und der später in der christlichen Bibel zum Buch Levitikus werden sollte:

> *»Denn es sind meine Leute, die ich aus Ägypten herausgeführt habe. Sie dürfen nicht wie Sklaven verkauft werden. Du sollst also nicht mit Gewalt über ihn herrschen, sondern dich vor deinem Gott fürchten.*
>
> *Wenn ihr Sklaven und Sklavinnen braucht, könnt ihr sie von euren Nachbarvölkern kaufen. Auch von den Gastarbeitern, die bei euch leben, und von deren Nachkommen, die in eurem Land geboren sind, könnt ihr Sklaven kaufen und dürft sie besitzen. Ihr dürft sie sogar euren Söhnen als dauernden Besitz vererben. Sie dürft ihr als Sklaven arbeiten lassen. Aber über eure Brüder, die Israeliten, dürft ihr nicht mit Gewalt herrschen.«*[6]

Da sich die amerikanischen Pilger als Errichter des »Neuen Jerusalems« sahen, hieß »eure Brüder, die Israeliten« in diesem Fall Weiße. Nun hätte kein Christ, der etwas auf sich hielt, einen anderen Anhänger Christi zum Versklavten gemacht, und so machte es nur Sinn, dass afrikanische Menschen von dem »Was würde ein weißer Jesus tun?«-Mandat ausgenommen sein mussten. Die ersten Amerikaner mussten deshalb ziemlich bald ihre ursprüngliche Deckgeschichte vom Verbreiten des Evangeliums aufgeben und schreckten davor zurück, ihren versklavten Besitz ins Christentum einzuführen, damit ihre Doppelmoral ja nicht aufflog.

Als sich Lorinda Goodwin und ihre Familie auf der Plantage ihres Herrn zu dessen Glaube bekehren ließen, wurden ihr die unausgesprochenen Einschränkungen der katholischen Praktiken für Versklavte schnell bewusst.

»Ich erzählte dem Priester immer, was ich alles Böses getan hatte«[7], erklärte sie. »Aber ich hatte einen Cousin, der erzählte dem Priester einmal, dass er sich befreien wolle, und bat ihn, für seine Freilassung zu beten, und bei Gott, Ma'am, da wollte der Priester meinen Cousin erhängen lassen. Er erzählte alles dem Herrn meines Cousins, und sie redeten davon, ihn hängen zu lassen ... Von dem Tag an konnte ich meine katholische Religion nicht wie früher ausüben.«

Während die meisten europäischen Einwanderer den blauäugigen Jesus mit dem Surferbauch anbeteten, gab es keine universelle afrikanische Religion. Manche verehrten die Götter ihrer Heimat, während andere noch vor der Ankunft in Amerika zum Katholizismus konvertierten. Wieder andere praktizierten Hoodoo oder Santería, eine Mischung aus westafrikanischen Traditionen und Katholizismus, die sich in der Karibik entwickelte. Selbst die Vorformen des Christentums griffen Elemente all dieser einzelnen Praktiken auf. Ihr »Heiliger Geist« manifestierte sich in Yorubatänzen. Der entflohene Sklave Charles Ball schreibt in seiner Biografie von Menschen, die glaubten, dass es »mehrere Götter gab, wovon manche gut, andere böse waren; und letztere wurden genauso angebetet wie die ersteren«.[8]

Forschern zufolge praktizierten mehr als ein Drittel der nach Amerika gebrachten Afrikaner den Islam, ein Umstand, der sich noch heute in der Identität und Religion des Schwarzen Amerika niederschlägt.[9] Allerdings ist nur sehr wenig über den Islam unter versklavten Afrikanern überliefert, da viele Muslime ihren Glauben heimlich ausübten und Nichtmuslime die Religion oft nicht erkannten. »Auf der Plantage gab es einen Mann, der jeden Tag fünfmal betete«, erklärte Ball, »und bei der Ausübung seiner Andacht immer gen Westen gewandt war.« Was Ball beschrieb, war die *Salāt*, das muslimische Gebet. Im Volk der Mandinka von Sierra Leone war der Islam so verbreitet, dass die Sklavenhändler irgendwann muslimische Versklavte als »Mandinka« bezeichneten. Da versklavte Muslime eher lesen und schreiben konnten, stammen viele der Auslegungen und Übersetzungen der christlichen Bibel von den Muslimen. Die muslimische Praxis der Umrundung der Kaaba ist in afroamerikanischen Kirchen noch heute bei der Abgabe des Zehnten und der Unterbrechung der Predigt zum Tanzen eines »Ring Shout« präsent.

In manchen Küstengemeinden Georgias wurde der Islam von der Mehrheit der Versklavten praktiziert. In den 1820er-Jahren verfasste Bilal Muhammad, Versklavter auf Sapelo Island in Georgia, einen dreizehnseitigen Text auf Arabisch. Belali und Hester Mohomet, ebenfalls auf Sapelo Island versklavt, reflektierten den muslimischen Glauben ihrer Familie in den Namen ihrer Kinder, der Verwendung muslimischer Gebetsketten und der Einhaltung ihrer Gebetsstunden, wie deren Urgroßnichte Shad Hall erklärt:

Belali hab plenty daughtuhs, Medina, Yaruba, Fatima, Bentoo, Hestuh, Magret, and Chaalut ... Magret an uh daughtuh Cotto use tuh say dat Belali an he wife Phoebe pray on duh bead. Dey wuz bery puhticluh bout duh time dey pray an dey bery regluh bout duh hour. Wen duh sun come up, wen it straight obuh head an wen it set, das duh time dey pray. Dey bow tuh duh sun an hab lill mat tuh kneel on. Duh beads is on a long string. Belali he pull bead an he say, »Belambi, Hakabara, Muhamadu.« Phoebe she say, »Ameen, Ameen.«[10]

(Belali hatte viele Töchter, Medina, Yaruba, Fatima, Bentoo, Hestuh, Magret und Chaalut [...] Magret und ihre Tochter Cotto sagten immer, dass Belali und seine Frau Phoebe nach den Perlen beteten. Sie beteten immer zu ganz bestimmten Zeiten und sehr regelmäßig. Wenn die Sonne aufgeht, wenn sie hoch am

Himmel steht und wenn sie untergeht, das sind die Zeiten, zu denen sie beteten. Sie verbeugten sich vor der Sonne und hatten eine kleine Matte zum Knien. Die Perlen sind an einer langen Schnur. Belali zog an einer Perle und sprach: »Belambi, Hakabara, Mahamadu.« Phoebe sagte: »Amen, Amen.«)

Irgendwann, kurz vor Beginn der Revolution, erkannten die frischgebackenen Amerikaner, dass es nun zu spät war, die Leute rückzukonvertieren, und fanden sich allmählich mit der Vorstellung Schwarzer Christen ab. Man bedenke, ihre eigennützigen Gesetze hatten die Sklaverei bereits als generationenübergreifend und unbefristet festgelegt, und dann kamen noch Formulierungen wie im Gesetz von Virginia 1667 dazu, wonach »das Taufen von Sklaven sie nicht aus der Leibeigenschaft befreit«.[11] Dies war also kein Akt der Güte, sondern ein Vorgang, den sie hinnehmen mussten.

Um die Befürchtungen der weißen Gläubigen zu zerstreuen, ließ die Anglikanische Kirche im Jahr 1727 über die Society of the Propagation of the Gospel in Foreign Parts (Gesellschaft für die Verbreitung des Evangeliums in fremden Regionen – die Missionsabteilung der Kirche) 10 000 Kopien zweier Briefe an die Bewohner der britischen Kolonien verteilen, worin Sklavenhaltern versichert wurde, dass der Übergang zum Christentum »nicht die geringsten Auswirkungen auf privates Eigentum hat«[12]. Für weitere Erleichterung wurde gesorgt, als 1794 eine Gruppe wohlmeinender weißer Liberaler die Missionary Society of the Conversion of Negro Slaves (Missionsgesellschaft für die Konvertierung Schwarzer Sklaven) gründete. Zur Förderung ihres prophetischen Anliegens ließ die Gruppe einen weißen Remix der King-James-Bibel drucken, in der alle Passagen ausgelassen waren, die Freiheit in die Herzen der Versklavten hätten säen können. In der zensierten Version waren 90 Prozent des Alten Testaments und die Hälfte des Neuen Testaments gestrichen,[13] wobei potenziell aufrührerische Passagen wie die Geschichte der Gefangenschaft der Israeliten und ihrer Flucht aus Ägypten entfernt wurden, so etwa aus dem 2. Buch

Mose, worin es heißt: »Wer einen Menschen raubt, wird mit dem Tod bestraft, gleichgültig ob er ihn schon verkauft oder noch in seiner Gewalt hat.« Zugleich behielten die Herausgeber der Sklavenbibel natürlich all die Passagen bei, die zum Heranziehen gefügiger Versklavter erforderlich waren, darunter Epheser 6,5: »Ihr Sklaven, gehorcht euren irdischen Herren mit aller Ehrerbietung und Gewissenhaftigkeit. Dient ihnen mit aufrichtigem Herzen, als würdet ihr Christus dienen.«

Wenn nun Schwarze genau denselben Gott verehrten wie Weiße, so die Überlegung, dann würden sie am Ende noch dieselben Vorzüge wie die Weißen genießen wollen: Freiheit. Sie könnten ihre Situation hinterfragen und rebellieren. Das war nicht nur eine Hypothese. Charlotte Brooks, die auf einer Plantage in Louisiana versklavt war, überlegte: »Wie konnte ein Christ es nur für richtig halten, dass wir arme Leute wie Schafe gekauft und verkauft wurden?«[14] Aus genau diesem Grund rebellierten auch die Anführer des Stono-Aufstands – das Ziel war stets, Spanisch-Florida zu erreichen, wo die Versklavung von Christen nach katholischem Recht verboten war. Nachdem Jemmy und seine Truppe zu ihrer Weißenjagd ausgezogen waren, erließen die kolonialen Gesetzgeber überall im Süden eigene Versionen von South Carolinas »Bill of the better ordering and governing of Negroes and other slaves« (»Verordnung zur besseren Regulierung und Führung von Negroes und anderen Sklaven«), womit es den Schwarzen Gefangenen des Staats untersagt war, zu schreiben, sich in Gruppen zu versammeln und gemeinsam den Gottesdienst zu feiern. Viele Afrikaner blieben von derartigen Versuchen, sie von ihren neuen Glaubensformen abzuhalten, unbeeindruckt. Manche übten ihre Religion im Geheimen aus, während sich andere den Beschränkungen offen widersetzten.

So wie die weiße Version des Christentums zur Rechtfertigung der Göttlichkeit europäischer Könige, der Kolonisation und schließlich des Raubs und der Versklavung menschlicher Wesen benutzt wurde, so wurden durch die Schwarze Form des Christentums die universellen Vorstellungen verstärkt, die bereits tief in der Kultur des neuen Afroamerikas verwurzelt waren. Das Christentum ersetzte die Religion der Afrikaner nicht etwa, sondern wandelte sich zu einem neuen, afrozentrischen Ausdruck christlichen Glaubens, der zugleich revolutionär, standhaft und von den überlieferten Elementen der Gottesverehrung ihrer Heimat durchdrungen war. Wenn die Gemeinde in dem traditionellen Spiritual »Let Us Break Bread Together« davon sang, mit dem Gesicht zur aufgehenden Sonne auf die Knie zu fallen (»When I fall on my knees with my face to the rising sun«), evozierte sie damit die Rituale des islamischen Gebets, erinnerte an das letzte Abendmahl Jesu und beschwor den Geist ihres Heimatlands herauf. Auch die Verschmelzungen von afrikanischem Volksglauben und abrahamitischen Religionen wie Santería, Voodoo und die in South Carolina entstandene Lowcountry-Version Hoodoo wurden durch den neuen Glauben nicht verdrängt. Dem neuen Gott wurde auf dieselbe Art gehuldigt wie den alten Göttern. Es war eine rekonstruierte Version des Christentums. Wie Du Bois bemerkte: »Die afrikanische Religion, sowohl Fetischismus als auch Islam, durchlief eine Transformation [...], wurde heimlich und des Nachts ausgeübt; meist jedoch als öffentlich zelebrierte Handlungen, die sich allmählich zu katholischen und protestantischen christlichen Riten entwickelten.«[15] Ja, das Erste, was wir neu abmischten, war »the Gospel« – das Evangelium.

***

Nach dem Amerikanischen Unabhängigkeitskrieg begannen sich die Türen der Schwarzen Kirche zu öffnen.

There's gonna be a meeting (meeting tonight)
There's gonna be a meeting (meeting tonight)
We're meeting on the old camp grounds
There's gonna be singing (singing), shouting (shouting),
praising the Lord
There's gonna be a meeting (a meeting on the old camp ground)

»Mein Daddy sagte, dass sie trotz der Ketten um Hals und Fußknöchel oft Meilen zurücklegten, um bei einem Gebetstreffen dabei zu sein«, berichtet Aida White Moore in Eugene Fraziers *James Island: Stories from Slave Descendants*. »Wenn ›There's a meeting tonight on the old camp ground‹ angestimmt wurde, wussten alle, dass es an dem Abend einen Gottesdienst gab. Pappy, seine Familie und die anderen Sklaven der Plantage hielten ihr Gebetstreffen in einem Buschzelt ab, in der Nähe eines Flusses namens ›Will Foot Run‹. Das Buschzelt war aus kleinen Ästen gebaut und mit Papiertüten ausgekleidet. Zum Sitzen benutzten sie Kisten.«[16]

Die Schwarze Kirche, die sich nach der Revolution herausbildete, war etwas völlig Neues. Die First African Baptist Church von Savannah, die Silver Bluff Baptist Church in Aiken County, South Carolina, und die First Baptist Church in Petersburg, Virginia – sie alle erheben den Anspruch darauf, die älteste Schwarze Gemeinde der Vereinigten Staaten zu sein. Die meisten dieser neuen Gemeinden wurden von Schwarzen Loyalisten gegründet, von Kirchgängern, die während der Revolution auf der Seite der Briten standen. Dies waren nicht nur religiöse Institutionen, sondern widerständige Oasen der Freiheit, die als Stützen nahezu aller Schwarzen Gemeinschaften entstanden – ob frei oder versklavt, christlich oder islamisch.

Neben ihrer Funktion als Gebets- und Andachtsstätten dienten Schwarze Kirchen, insbesondere die Schwarze Kirche in Philadelphia, als Dreh- und Angelpunkt Afroamerikas. Unterstützt durch den in Pennsylvania erlassenen Gradual Abolition Act zur schrittweisen Abschaffung der Sklaverei strömten selbstbefreite Versklavte, haitianische Einwanderer und herrenlose Afrikaner nach der Revolution nach Philadelphia, um Arbeit zu finden und sich ein eigenes Leben aufzubauen. Nach dem Widerstand vierer deutscher Siedler aus Germantown, einem Vorort von Philadelphia, im Jahr 1688 kam die Religious Society of Friends (oder auch Quäkergemeinschaft) auf den Gedanken, dass Jesus mit der ganzen Sklavereigeschichte vielleicht doch nicht so ganz einverstanden war. Die Quäker schafften die Sklaverei in ihrer Gemeinschaft schließlich ab und trieben so die Freiheitsbewegung im Staat voran. Kurz bevor 54 Weiße, darunter etwa 25 Sklavenhalter,[17] im Jahr 1787 in Philadelphia beim Verfassungskonvent der Vereinigten Staaten tagten, gründeten zwei Schwarze Prediger – Richard Allen und Absalom Jones – mit der Free African Society (FAS) die erste Schwarze religiöse Einrichtung der Stadt.

Auch wenn Jones der Episcopal Church angehörte und Allen mit den Methodisten in Verbindung stand, die beide zu der Zeit deutlich weiß dominiert waren, drehte sich die Arbeit der FAS nicht allein um Religion, sie stellte »freien Afrikanern und deren Nachkommen« in Philadelphia auch gegenseitige Unterstützung, medizinische Versorgung, Schulungen zum Vermögensaufbau und soziale Dienste zur Verfügung. Unter den Weißen Pennsylvanias rief die FAS so großes Befremden hervor, dass den beiden Gründern unter anderem vorgeworfen wurde, sie hätten Weißen Geld gestohlen und wüssten von einem geheimen Heilmittel, das Schwarze gegen Gelbfieber immun mache. Sie mussten sogar ein Buch darüber schreiben, wie sie Schwarzen geholfen hatten, im Jahr 1793 eine Gelbfieberepidemie zu überleben.[18] Darin räumten sie die rassistischen Vorwürfe aus dem Weg und wiesen darauf hin, dass die Todesrate der Schwarzen Bewohner Philadelphias genauso hoch war wie die der Weißen.

Was der FAS aber vielleicht den meisten Ärger einbrachte, war ihr Beharren auf ein Bildungsangebot für Afroamerikaner. Ausgehend von einer Leseklasse, die seit 1795 zum Lehrplan der Sonntagsschule gehörte, stellten bald immer mehr Mitglieder Häuser, Zelte oder sogar ihre eigenen Scheunen für den Unterricht der Gemeindemitglieder zur Verfügung. Jones wurde 1802 als erster Afroamerikaner zum Priester der Episkopalkirche geweiht, und seine erste Amtshandlung war, die Kirche zur Öffnung einer Schule zu bewegen. Allen jedoch wollte seine Arbeit in der methodistischen Tradition weiterführen, die auf Sakramente und die methodischen Glaubenspraktiken fokussiert war, ohne die trockenen Gottesdienste in der Quäkertradition. Im Jahr 1816 gründete er mit der African Methodist Episcopal Church (AME Church) die erste unabhängige Schwarze Religionsgemeinschaft Amerikas.

Durch finanzielle Unterstützung der Quäker unterhielt die FAS im Jahr 1837 bereits zehn Privatschulen für Schwarze in Philadelphia. Im selben Jahr wurde mithilfe einer Zuwendung in Höhe von 10 000 Dollar von Richard Humphreys, einem Quäker aus Philadelphia, das Institute for Colored Youth gegründet. Die Schule wurde ins Delaware County in Pennsylvania verlegt und schließlich zur Cheyney University umbenannt, der ersten der historisch Schwarzen Colleges und Hochschulen in Amerika. Und Philadelphias Einfluss verbreitete sich. Im Jahr 1856 gründete die Methodist Episcopal Church von Cincinnati, Ohio, mit der Wilberforce University das erste von Schwarzen geführte College. Viele der historisch Schwarzen Colleges und Hochschulen sind durch diese direkte Beteiligung der Kirche entstanden.

Im Süden spielte die Schwarze Kirche eine bedeutende Rolle in der Bildungs- und Widerstandsbewegung freier und versklavter Schwarzer Gemeindemitglieder. Während Schwarze Kirchen im Norden oft aus bereits etablierten weißen Gemeinden hervorgingen, bestand im Süden der Prozess der Kirchengründung darin, sich in einem Zelt, einem Gebäude oder einer Scheune zu versammeln und zu verkünden: »Wir sind nun eine Kirche.«* Reverend David George, ein Freiheitssuchender der Schwarzen Loyalisten, die nach Nova Scotia gebracht wurden, gründete 1774 oder 1775 die Silver Bluff Baptist Church in Aiken. Die First African Baptist Church von Savannah wurde erst 1788 offiziell anerkannt, wobei sich deren Kerngemeinde schon seit 1773 traf. Die First Baptist Church von Petersburg hielt ihre ersten Versammlungen 1774 in einem Gebäude der Byrd-Plan-

* *Was die Priesterweihe angeht, war der Prozess ziemlich ähnlich. In »Wir sind nun eine Kirche« wurde lediglich das Wort »Kirche« durch »Prediger«, »Pastor« oder »Reverend« ersetzt.*

tage ab. Aber wie meine Großmutter oft über die Household of Faith Church sagte, deren Geschichte in einem Zelt begann: Schwarze Kirchen sind nicht *Gebäude*, sondern *Menschen*.

Als die Südstaaten Gesetze erließen, nach denen Versklavte weder lesen lernen noch durch ihre Halter freigelassen werden durften, stellten die Schwarzen Kirchen mittels der Underground Railroad Zuflucht sowie Räume zur Verfügung, in denen freie und versklavte Afroamerikaner eine Grundbildung erhalten konnten. Der Virginia Revised Code von 1819 besagte, dass »jegliche Zusammenkünfte oder Versammlungen von Sklaven sowie von freien Negroes oder Mulatten, die nachts mit Sklaven in einem Andachtshaus oder -häusern etc. zusammenkommen und verkehren oder sich tagsüber oder nachts unter gleich welchem Vorwand in einer SCHULE ODER SCHULEN versammeln, wo ihnen LESEN ODER SCHREIBEN beigebracht wird, werden als UNRECHTMÄSSIGE VERSAMMLUNG betrachtet und behandelt«, worauf als Strafe die öffentliche Auspeitschung stand.[19] Die lese- und schreibkundigen Schwarzen Geistlichen wurden von den Weißen jedoch oft übersehen, was es ihnen ermöglichte, das Evangelium unter den Versklavten zu verbreiten.* Als Andrew Bryans Gottesdienst in Savannah während der Amerikanischen Revolution besonders viele Besucher hatte, wurde er wegen Planung eines Sklavenaufstands verhaftet und seine Gemeindemitglieder ausgepeitscht. Ein Richter im Chatham County erklärte ihn jedoch für unschuldig und ließ ihn nach Protesten mehrerer weißer Mitglieder der Gemeinschaft frei. Derartiges »Wohlwollen« dauerte jedoch nicht lange an. 1831 organisierte ein versklavter Prediger namens Nat Turner einen gewaltsamen Aufstand in Virginia, woraufhin die Staaten noch striktere Gesetze erließen. Im Staat North Carolina, dessen Gesetze im Gegensatz zu Virginia noch lax waren, durfte

* *Falls Sie sich nun fragen, wie versklavte Schwarze die Alphabetisierungsgesetze umgingen, denken Sie daran, dass Weiße das Recht nach eigenem Ermessen durchsetzen konnten.*

die versklavte Bevölkerung abgesehen vom Zählen überhaupt nichts mehr lernen, und sogar der Besitz von Büchern und Pamphleten war untersagt.

Doch menschengemachte Gesetze konnte die Versklavten nicht aufhalten. Du Bois geht davon aus, dass neun bis zehn Prozent der versklavten Bevölkerung heimlich lesen lernten. Während Thomas Jefferson die Ansicht vertrat: »Schwarze, ob nun als ursprünglich eigene Rasse oder durch Zeit und Umstände zu einer eigenen Rasse gemacht, sind den Weißen hinsichtlich ihrer körperlichen wie auch geistigen Fähigkeiten unterlegen«[20], konnten die Versklavten auf dessen Landsitz Monticello durchaus lesen und schreiben. Der Zimmermann John Hemmings, der Schmied Joseph Fossett und der Koch James Hemings, allesamt Versklavte auf Monticello, waren alphabetisiert. Peter Fossett, den Jefferson ebenfalls versklavte, wurde an eine andere Plantage verkauft und unterrichtete dort seine Mitversklavten im Lesen und Schreiben. Diese autodidaktisch gebildeten Schwarzen Männer und Frauen mussten ihre Intelligenz allerdings geheim halten, auf dass die noblen Gründerväter nicht am Ende noch herausfanden, dass alle Menschen gleich geschaffen waren.

***

Steal Away.
Steal Away.
Steal Away.
Steal Away to Jesus.
Steal Away.
Steal Away home.
I ain't got long to stay here.

Ein alphabetisierter Schwarzer galt in Amerika als gefährliches Wesen. Schließlich war ein Versklavter, der lesen und schreiben konnte, in der Lage, seine eigenen Freilassungspapiere zu fälschen. Sophia Auld brachte einem der versklavten Kinder auf ihrer Plantage in Maryland das Alphabet bei, bis man sie warnte, dass »Wissen ein Kind zum Sklaven untauglich macht«.[21] Unbeirrt lernte das Kind heimlich weiter und hielt schließlich eine wöchentliche Lesestunde in der Sabbatschule ab, wo es anderen versklavten Männern und Frauen beibrachte, die Bibel zu lesen. Als andere Sklavenhalter in Maryland dahinterkamen, dass Dutzende Schwarze Männer und Frauen Lesen und Schreiben lernten, stürmten sie in die behelfsmäßige Kirche, vertrieben die Gemeinde mit Keulen und Steinen und setzten dem Unterricht des vom ungebildeten Versklavten zum ehrenamtlichen Lehrer avancierten Frederick Douglass vorübergehend ein Ende.

Gebildete freie Schwarze machten indessen zunehmend von ihrem gesammelten Wissen Gebrauch, um über Revolten zu informieren und sie anzuregen – vor allem in Schwarzen Gemeinden, die der wachsenden Abolitionismusbewegung verschrieben waren. David Walker, ein freier Schwarzer, der in der AME Church aktiv war, brachte 1829 den von ihm verfassten *Walker's Appeal to the Colored Citizens of the World* in Umlauf. In dem revolutionären Pamphlet setzte er sich dafür ein, die Institution

der Sklaverei mit jedweden Mitteln, wenn nötig auch mit Gewalt, zu stürzen. Mit dem vierteiligen Pamphlet forderte er Jeffersons Behauptung der intellektuellen Überlegenheit der Weißen öffentlich heraus, was dem Manifest und seinem Verfasser die Ehre einbrachte, in mehreren Südstaaten verbannt zu werden. »Schon die bloße Erwähnung der Bildung Farbiger schreckt unsere grausamen Unterdrücker fast zu Tode«, schrieb Walker. »Amerika ist mehr unser Land als das der Weißen – wir haben es mit *unserem Blut und unseren Tränen* genährt.«[22] Der als »aufrührerisch« bezeichnete *Appeal* wurde überall in den Städten der Südstaaten verbannt, und Afroamerikaner in New Orleans und Charleston drohte allein wegen des Besitzes des Pamphlets ein Gefängnisaufenthalt. Der Staat Georgia schrieb ein Kopfgeld in Höhe von 10 000 Dollar auf Walker aus und 1000 Dollar für denjenigen, der die Drecksarbeit selbst erledigte und ihn tot auslieferte.

Die in der Schwarzen Kirche dargebotene Freiheit und Autonomie reichte über die Tore des Zufluchtsorts hinaus und regte den Kampf um die gottgegebenen Rechte an. Der 23-jährige William Still, ein schreibkundiger freier Mann, zog 1844 von New Jersey nach Philadelphia und nahm dort seine Arbeit als Abolitionist auf. Er betrieb eine Station der Underground Railroad, war Inhaber mehrerer Geschäfte und setzte sich erfolgreich für die Aufhebung der Segregation in den Pferdestraßenbahnen Pennsylvanias ein. Als die Pennsylvania Anti-Slavery Society Still als Sekretär anheuerte, stellte er die Verbindung zwischen der Gemeinschaft der freien Schwarzen und den weißen Abolitionisten in der Stadt her. Still hatte auch einige radikale Gedanken. Statt sich an Gesetzgeber und einflussreiche Weiße zu wenden, wollte er mit der Abolitionismusbewegung auf die Straße gehen, um die Nachricht zu verbreiten, seine Gruppe verfolge das Ziel, eine Möglichkeit zur Anfechtung des Fugitive Slave Act von 1850 zu finden, ein Gesetz, das im Grunde jeden Einwohner Amerikas zum Sklavenjäger machte, indem es dazu verpflichtete, Sklavenhalter bei der Suche Entflohener zu unterstützen.

Still wurde vor allem durch seine »Entführung« von Jane Johnson bekannt. Da man in Pennsylvania die Sklaverei abgeschafft hatte, war Still der Meinung, dass jede versklavte Person, die den Staat betrat, die Freiheit wählen konnte, selbst wenn sie nur auf der Durchreise war. Am 18. Juli 1855 erfuhr er von einer Versklavten namens Jane Johnson, die mit ihrem Herrn durch die Stadt reiste und frei sein wollte. Als Johnson mit ihren Kindern an Bord einer Fähre ging, um mit ihrem Herrn abzureisen, wies Still fünf Schwarze Hafenarbeiter an, ihren Versklaver festzuhalten, brachte sie und ihre Kinder fort und hielt sie vor der Polizei, den Sklavenjägern und sogar den weißen Mitgliedern seiner Gruppe versteckt. Einen Monat später wurden Still und drei der fünf Seemänner wegen Aufruhrs und Angriffs eines Weißen vor Gericht gestellt und freigesprochen, nachdem Johnson, unter dem Schutz der Abolitionisten und der Behörden Pennsylvanias, zugunsten Stills ausgesagt hatte. »Ich bin [Still] aus freien Stücken gefolgt«, erklärte sie dem Gericht. »Die Freiheit war schon immer mein Wunsch und auch meine Absicht gewesen, als ich nach Norden kam.«[23] Mithilfe der Abolitionisten aus dem Norden ließ sich Jane Johnson in Boston nieder und wurde nie festgenommen.

Die Rolle, die die Schwarze Kirche für Widerstand und Bildung spielte, kann vielleicht am besten anhand der Geschichte Denmark Veseys verdeutlicht werden. Der noch vor der Revolution versklavte Vesey beherrschte drei Sprachen in Wort und Schrift, bevor er 1799 im Alter von 32 Jahren 1500 Dollar in der Lotterie von Charleston gewann. Er zahlte 600 Dollar für seine Freiheit, eröffnete eine Zimmerei, heiratete eine Versklavte und besuchte die Second Presbyterian Church, bevor er zum Aufbau einer Gemeinde der Emanuel AME Church nach Charleston reiste. Als die Kirche im Jahr 1818 ihre Tore für Zusammenkünfte nach Sonnenuntergang kurzzeitig schließen musste, war sie mit 1848 Mitgliedern die zweitgrößte AME-Gemeinde im ganzen Land.[24] 1812 wurde die Kirche erneut geschlossen, als der Stadtrat von Charleston erfuhr, dass sich die Kirche zu einer »Schule für Sklaven«[25] entwickelte. Vesey begann zu predigen, dass versklavte Afrikaner die moderne Manifestation der Kinder Israels seien, die in Ägypten versklavt waren.

Als freier, gebildeter und finanziell unabhängiger Schwarzer war ihm der Sklavenstatus seiner Frau und seiner Kinder ein ständiger Dorn im Auge. Nach mehrfachen erfolglosen Versuchen, seiner Familie die Freiheit zu erkaufen, kam er auf eine andere Lösung: Er würde alle Versklavten befreien. Vesey rekrutierte Tausende Versklavte im ganzen Lowcountry sowie haitianische Seemänner, die im Hafen von Charleston arbeiteten, zur Vorbereitung eines Aufstands am 14. Juli 1822. Verraten von Versklavten, die von dem Aufstand gehört hatten und die Konsequenzen fürchteten, wurden Vesey und seine Mitverschworenen verhaftet und in Charleston von einem Geheimgericht verurteilt. Im Laufe des folgenden Monats beschuldigte man rund 130 Schwarze, freie wie versklavte, der Mitwirkung an dem Komplott. Im Juli wurden 67 der Männer verurteilt, 32 deportiert und 35 der angeblichen Anstifter hingerichtet, darunter auch Vesey.

Von da an war Charleston nie mehr so wie vorher. Die Stadt war durchdrungen von der Atmosphäre weißer Furcht. Die Regierung schuf eine separate Einheit zur Niederschlagung von Aufständen und errichtete eine Anlage, in der Sklavenfänger ausgebildet und Waffen und Munition gelagert wurden. Aus dem South Carolina State Arsenal ging schließlich The Citadel hervor, ein College, in dem bis heute Soldaten für das US-Militär ausgebildet werden. Das schwerste Schicksal erlitt jedoch die Mother Emanuel AME Church. Der Stadtrat ließ das Gebäude niederreißen, und Pastor Morris Brown wurde aus dem Staat verbannt. Erst nach dem Bürgerkrieg sollte es in Charleston wieder eine unabhängige Schwarze Gemeinde geben.

***

Im Jahr 1894 war James Bradley, einem wohlhabenden Geschäftsmann aus South Carolina, bekannt, dass sein versklavter Diener Ervin lesen und schreiben konnte. Aufgrund von Ervins beachtlichen Fähigkeiten als Schmied sahen die Ansässigen über seine Bildung und seine feindliche Haltung hinweg und erlaubten dem talentierten Leibeigenen sogar, auf Plantagen in der Region Salem, South Carolina, zu predigen. Vor seinem Tod setzte Ervins Versklaver sein Testament auf, in dem er über 100 Versklavte von zwei Plantagen unter seinen Kindern aufteilte.[26] Doch der Sklavenhalter wollte nicht, dass sich seine Kinder mit einem Versklavten herumschlagen mussten, der so listig und rebellisch war wie Ervin. Der wohlhabende Versklaver missachtete die staatliche Proklamation gegen die Freilassung von Versklavten* und erteilte seinen Testamentsvollstreckern eine letzte Anweisung.

»Mein kriegerischer Negro Ervin soll seine eigene Zeit haben«, erklärte er in dem 1849 verfassten Testament. »Er soll bei der Bewertung meines Vermögens nicht berücksichtigt werden, und seine Dienste werden nicht weiter benötigt.«[27]

Ervin wurde befreit, durfte jedoch weiterhin bei den Versklavten predigen. Er ließ sich in der Umgebung von Bishopville, South Carolina, nieder und reiste während des Bürgerkriegs ins nahe gelegene Darlington County, um Tabak zu verkaufen. Obwohl er nur ein kleines Stück Land besaß, hatte er oft eine größere Ernte zu verkaufen als viele der größeren Grundbesitzer, was das Interesse der örtlichen Bauern auf sich zog. Wie sich herausstellte, hatten Ervins versklavte Gemeindemitglieder kleine Portionen der Tabakernte ihrer Herren gestohlen und dem Schmied als Gegenleistung für seinen Leseunterricht »gespendet«. Bei einem seiner Ausflüge zum Markt wurden Ervin und sein Sohn, Ervin jr., von wütenden Farmern »ergriffen« und der Vater getötet, während der Sohn entkommen konnte. Ervins Familie wurde aus der Region verbannt und siedelte in ein Gebiet zwischen Lee County und Darlington County um.

---

* *Die Gesetze gegen die Freilassung von Versklavten wurden so regelmäßig missachtet, dass sogar in Testamenten und Rechtsdokumenten davon die Rede war, einer versklaven Person ihre »eigene Zeit« zu geben.*

Ervin Bradleys Nachfahren sollten für alle Zeiten an ihrem Glauben und ihrer Religion festhalten. Seine Urururenkelin würde 1993 das Staatsparlament erfolgreich um die Gründung der South Carolina African American Heritage Commission ersuchen, die mit der Erhaltung afroamerikanischer Kultur und historischer Bauten sowie der Erstellung des Lehrplans für Geschichte der Schwarzen Bevölkerung South Carolinas beauftragt war. Ervins Nachkommen erreichten Ziele, von denen er selbst nur hatte träumen können, doch Mitte der 1980er-Jahre sollte einer von ihnen, Michael Harriot, die Tradition des Glaubens und Muts seiner Vorfahren missachten.

In jedem Frühjahr verbrachte meine Familie eine Woche im Dreizimmerhaus meiner Tante Marvell, das direkt gegenüber der Camden-Niederlassung der Household of Faith Holiness Church lag und auf demselben Grundstück, das einst dem ehemaligen Versklavten Bonds Conway gehörte. Da das Haus meiner Tante so klein war, mussten meine Mutter, zwei Tanten, drei Schwestern, fünf Cousins und Cousinen und ich uns auf den Betten, Böden, Sofas und Ecken des winzigen Backsteinhauses zusammenzwängen, um im Gebäude gegenüber die ganze Woche lang Tag und Nacht den Herrn zu preisen. Meine Tante hatte keinen Fernseher (wie jeder weiß, sind Fernseher nichts als Anleitungskisten für Heiden), sodass wir, statt Filme zu gucken, die ganze Nacht aufblieben, Brettspiele spielten und über meinen ältesten Cousin Reggie lachten, der die »Holy Ghost Shouts« jedes geretteten und geheiligten Gemeindemitglieds nachahmte. Meine Tanten verbrachten die meiste Zeit mit Kochen.

Gleich bei meiner Tante um die Ecke wohnte Elder R. O. Johnson, der Kirchenälteste und Stellvertreter aller sieben Kirchen, die in dieser Karwoche zusammenkamen. Und da meine Großmutter ein Gründungsmitglied der Household of Faith Church war, wohnte sie nicht bei meiner Tante, sondern kam bei Elder Johnson und seiner Ehefrau unter, einer glaubenstreuen Frau, die fast so fromm wie meine Großmutter war.

Das Problem an diesem Arrangement war, dass ich meine Großmutter sehr liebhatte und es nicht gewöhnt war, längere

Zeit von ihr getrennt zu sein. Also lief ich hin und wieder den halben Block zu Elder Johnsons Haus hinüber und saß still da, nur damit ich bei meiner Großmutter sein konnte.

Elder Johnson war ein gestrenger, einschüchternder Mann, der mindestens zwei Meter groß wirkte und wie ein Feuerhydrant gebaut war. Er riss trockene Witze, träumte davon, Versteigerer zu werden und besaß ein Tankstellen-Möbelgeschäft-Schädlingsbekämpfungsunternehmen, dessen Haupteinnahmen auf den Verkauf von Süßigkeiten und gekühlten Softdrinks zurückgingen. Elder Johnson ließ mich manchmal den ganzen Laden alleine schmeißen, wenn ich in der Stadt war. Er brachte mir außerdem bei, wie man jemandem einen Faustschlag oder einen Handkantenschlag gegen die Kehle versetzt, erzählte mir Geschichten von Vietnam und schenkte mir zu meinem elften Geburtstag ein Mikrofon, das meiner aufkeimenden Musikerkarriere den nötigen Antrieb gab. Einmal sah ich sogar zu, wie er einen Weißen verprügelte, der mich »moon cricket«* genannt hatte, weil ich sein Wechselgeld zu langsam zählte. Elder Johnson war fast wie ein Großvater für mich, denn mein eigener Großvater war schon vor meiner Geburt gestorben.

Elder Johnsons Frau, Sister Johnson, war überzeugt, dass aus mir einmal eine »wichtige Persönlichkeit« werden würde. Deshalb salbte sie zu meinem Schutz jedes Jahr meinen Kopf mit Öl und drängte mich, Bücher aus ihrer Sammlung christlicher Literatur zu lesen. Das meiste davon war langweilig, aber es waren auch ein paar spannende Bücher von dem puertoricanischen Autor Nicky Cruz dabei, der nach einem früheren Leben als gefürchtetes Gangmitglied ein christlicher Prediger wurde.

Eines Morgens während der Versammlungswoche wartete ich darauf, mit meiner Großmutter zur Kirche zu gehen. Sie

* *Wörtlich: Mondgrille. Rassistische Beleidigung, ursprünglich ein Begriff für Versklavte, die nachts arbeiten mussten und dabei sangen.*

war seit ein paar Wochen krank, bestand aber darauf, den einen Block zur Kirche zu laufen. Ich erinnere mich noch genau, dass vom Hi-Fi-Plattenspieler James-Cleveland-Gospels durchs Haus schallten. Elder Johnson stand vor mir und band sich gerade die Krawatte, als meine Großmutter aus dem Gästezimmer gezuckelt kam. Sister Johnson fiel auf, dass meine Großmutter gar nicht gut aussah und fragte, ob sie nicht gut geschlafen habe, woraufhin meine Großmutter erwiderte:

»Ich bin ziemlich sicher, dass ich im Schlaf ohnmächtig geworden bin.«

Ich fand, das war das Komischste, was ich je gehört hatte, und konnte gar nicht mehr aufhören zu lachen. Während ich noch vor mich hin kicherte, nahm meine Großmutter einen großen, medizinisch wirksamen Schluck aus einer Tasse, lief ins Badezimmer und spuckte ihn aus. Als sie wiederkam, stellte sie die Tasse umgekehrt auf den Tisch. Während sie sich die Zähne putzte, schaltete Elder Johnson die Stereoanlage ab, sprach ein langsames Gebet und widmete sich wieder seiner Krawatte. Ich hörte sofort auf zu lachen und starrte ins Nichts. Alle sahen mir an, dass ich durcheinander war, und meine Großmutter fragte mehrmals, was nicht stimme, aber ich konnte ihr unmöglich erklären, dass ich in meinem Glauben erschüttert und von den Kirchenältesten enttäuscht worden war. Als Sister Johnson noch einmal nachfragte, deutete ich nur auf die umgedrehte Tasse, die nun statt Urin ein Gebet enthielt, und murmelte leise:

»Moment ... Also, man soll es wieder ausspucken?«

Sister und Elder Johnson sahen mich eine Sekunde lang unverwandt an und überlegten wohl, wovon zum Teufel ich da sprach, bis meine Großmutter die Stille unterbrach und mir den Kopf tätschelte. »Na komm, mein Junge, gehen wir zur Kirche!«, sagte sie. »Du hast es wohl nötig.« Als ich immer noch völlig verdattert aufstand, setzte sie nach: »Vergiss nicht deinen Kasten.«

***

Das vielleicht größte Vermächtnis dieser afroamerikanischen Institution liegt in der feinen sprachlichen Unterscheidung, die *die* Schwarze Kirche von allen anderen absetzt. Im mittelalterlichen England boten sakrale Orte und Gotteshäuser Schutzsuchenden Asyl, was mitunter erklärt, warum die Kirche als Zufluchtsstätte gilt und als »geweihter Ort« oder »Schutz- und Rückzugsraum« definiert wird. In Amerika waren entflohene Versklavte oder Schwarze allgemein von dieser Tradition ausgenommen. Die Schwarze Kirche ist jedoch *kein Ort*, sie existiert überhaupt nicht in der materiellen Welt. Sie ist eine Schule ohne Adresse und ein Versammlungsort ohne Raum. Sie ist ein politischer Apparat und eine Menschenrechtsorganisation. In Predigten, Lobliedern und im gemeinsamen Gespräch bezeichnen Schwarze eine Kirche deshalb selten als »einen Zufluchtsort«.

Die Schwarze Kirche ist »*der* Zufluchtsort«.

AUNT PHYLLIS' STRENG GEHEIMES FRIED-CHICKEN-REZEPT

1 Hühnchen, zerlegt
Lawry's Würzsalz
Pfeffer
Buttermilch
Ei
1 große Dose gebrauchtes Bratfett
1 Piggly-Wiggly-Plastiktüte
2 Tassen Red-Band-Allzweckmehl

Allem voran: Ich weiß, Sie fragen sich jetzt, was das hier mit Geschichte zu tun hat. Auch wenn es umstritten ist, ob Fried Chicken eine Erfindung der Schotten oder der Westafrikaner war, steht doch außer Frage, dass die afrikanische Version die gut gewürzte mit dem Ausbackteig ist.[1] Wir kochen hier die von den Schwarzen erfundene Variante.[2] Witze über ungewürztes Hühnchen sind im Übrigen ethnisch diskriminierend. Ich werde hier kein schlechtes Wort über die schottische Kultur verlieren. Die machen sehr gutes Toilettenpapier.

Und ja, es muss eine Piggly-Wiggly-Tüte sein. Das heißt nicht, dass die Tüte von Piggly Wiggly (der Supermarktkette) stammen muss – in South Carolina sind *alle* Einkaufstüten Piggly-Wiggly-Tüten, ganz egal woher sie kommen. Es sei denn, Sie reden von *Papiertüten*, die eigentlich natürlich »Kroger Sack« heißen müssen. Aber für dieses Hühnchenrezept können Sie keine Tüte von Kroger nehmen. Seien Sie nicht albern.

Zuerst müssen Sie das Hühnchen salzen. Aber nicht mit irgendeinem Salz. Sie brauchen Lawry's Würzsalz, die lachsfarbene Geschmacksexplosion, die schon Ihre Mutter an alles von Blattkohl bis Maiskolben gab. Das streuen Sie zusammen mit etwas Pfeffer über das Hühnchen, verquirlen das Ei mit der Buttermilch und lassen das Hühnchen darin ruhen, während Sie das Fett erhitzen.

Ganz wichtig: Das Fett darf nicht neu sein. Es muss das geschmolzene Crisco sein, mit dem Sie letztes Mal Ihr Hühnchen frittiert haben. Ich weiß, was Sie jetzt sagen werden: »Aber irgendwann muss das Fett doch neu gewesen sein!« Hören Sie, ich erkläre Ihnen ja nur das Rezept. Wenn Sie jetzt irgendeine metaphysische Antwort darauf erwarten, was zuerst kam, das Huhn oder das Fett, dann sind Sie einfach noch nicht bereit hierfür. Und nennen Sie es BLOSS nicht Speiseöl. Es ist Fett. Wenn Sie es Speiseöl nennen, wird Ihr Hühnchen ganz widerlich schmecken.

Nun brauchen Sie etwas Mehl von Red Band. Geben Sie das Red-Band-Mehl in die Piggly-Wiggly-

Nährwertangaben

Enthält 6 Portionen
Portionsgröße: Alle Schwarzen

Nährwert pro Portion
Kalorien 99

	% der Referenzmenge für die tägliche Zufuhr*
Voll fett	**10 %**
davon gesättigte Fettsäuren 1 g	
davon *Trans*-Fettsäuren 0 g	
Ausdauer 0 mg	**82 %**
Einfallsreichtum 16 mg	**34 %**
Exzellenz 37 g	**94 %**
Schwarzsein 1 g	**100 %**
Ballaststoffe 4 g	**14 %**
Kohlenhydrate	**12 g**
davon Zucker 10 g	**20 %**
Weiß 3 g	**0 %**
Eisen 8 mg	5 %
Kalium 40 mg	6 %

* Ich hab den ganzen Tag noch nichts gegessen. Wie soll ich das aushalten, Mann? Du musst doch nicht auf sie warten, fang ruhig schon an. Hör mal, …

Tüte und streuen noch etwas Pfeffer und Lawry's Würzsalz dazu. Wie viel? Ich weiß auch nicht – *bis es reicht*. Sehe ich aus wie Juan Garrido? Ich vertraue darauf, dass mir die Ahnen mitteilen, wenn genug Salz dran ist, also beschwören Sie seinen Geist herauf. Achten Sie nur darauf, keinen Messbecher zu verwenden. Mit Messutensilien ist es nachher kein Soul Food mehr.

Als Nächstes werfen Sie Ihr Hühnchen in die Tüte und schütteln es. Schütteln Sie es für das Aufgabensystem, das es den Versklavten ermöglichte, eigene Hühner zu halten. Schütteln Sie es für all die Hühner, die Versklavte von unachtsamen Herren gestohlen haben. Schütteln Sie es für jeden Teil vom Huhn, das uns ernährt hat, auch die Hühnerfüße und Kaumägen, die wir als »Sklavenfutter« verpönen, worauf meine Großmutter immer zurückgab: »Wegen dem Sklavenfutter seid ihr überhaupt erst hier. Und ihr müsst noch nicht mal Baumwolle pflücken!«

Jetzt sollten wir sicherstellen, dass das Fett die richtige Temperatur hat. Was genau die richtige Temperatur ist, weiß ich auch nicht, aber wenn das Fett zu heiß ist, verbrennt Ihnen das Hühnchen, bevor es gar ist. Und wenn es nicht heiß genug ist, hat man am Ende fettiges, matschiges Hühnchen. Meine Großmutter prüfte die Temperatur, indem sie ihre Hände nass machte und ein paar Tropfen Wasser ins Fett spritzte. Wenn das Fett anfängt zu rauchen, ist es zu heiß. Wenn es brutzelt, ist es genau richtig.

Dann geben Sie Ihr Hühnchen vorsichtig ins Fett und warten, bis es oben schwimmt. Je nachdem, wie groß die Stücke sind, dauert das acht Minuten bis 400 Jahre. Wenn das Hühnchen nach oben treibt, warten Sie noch kurz. Dann nehmen Sie es heraus, legen es auf etwas Küchenpapier und wiederholen das Ganze.

Vergessen Sie nicht, das Fett aufzuheben!

Und guten Appetit.

DREI KURZE FRAGEN

1. **Die erste Schwarze Kirche in Amerika war:**
   a. Vermutlich an einem geheimen Ort.
   b. Wahrscheinlich keine christliche.
   c. An Bord eines Sklavenschiffs.
   d. Überall, wo zwei oder drei Menschen versammelt waren.

2. **Der Unterschied zwischen »der Schwarzen Religion« und dem regulären Christentum ist:**
   a. Die Religionstraditionen sind mit afrikanischer Spiritualität verwoben.
   b. In Schwarzen Kirchen klatscht man auf eins und drei.
   c. Jesus ist kein Weißer.
   d. Marschieren weiße Chöre in die Kirche ein?

3. **Negro-Spirituals:**
   a. Übermittelten verschlüsselte Botschaften.
   b. Waren eine Quelle des Zuspruchs.
   c. Brachten eine neue amerikanische Musikform hervor.
   d. Alle Antworten treffen zu.

AUFGABE

WIE SCHWARZ IST IHRE KIRCHE?

Für jede zutreffende Aussage erhalten Sie einen Punkt. Ermitteln Sie anschließend mithilfe des Lösungsschlüssels, wie Schwarz Ihre Kirche ist.

1. Sie wurden im Freien getauft.
2. Sie haben schon mal ein Outfit für einen besonderen Gottesdienst gekauft.
3. Sie konnten genau sagen, für wen die Plätze in der ersten Reihe reserviert waren.
4. Sie haben gerufen.
5. Sie haben in der Kirchenband ein Instrument gespielt.
6. Sie hatten ein Tamburin.
7. Sie haben sich Ihrem Nächsten zugewandt.
8. Sie haben schon mal jemanden angeschrien, er solle »jetzt aber mal ___« (singen, beten oder »Seinen Namen preisen«).
9. Sie haben aus einem R-&-B-/Rap-Song einen Gospelsong gemacht.
10. Sie wurden mit extranativem Olivenöl gesalbt.
11. Sie haben einen Kirchenfächer von einem Beerdigungsinstitut benutzt, obwohl Sie nicht bei einer Beerdigung waren.
12. Sie sind mit dem Chor in die Kirche einmarschiert.
13. Sie haben Ärger bekommen, weil Sie gelacht, geredet oder beim Gebet nicht die Augen geschlossen hatten.
14. Sie haben sich in einem »Ausschuss« engagiert (Platzanweiser, Diakon, Mütter).

15. Sie haben einen Umschlag zur Abgabe des Zehnten benutzt.
16. Sie waren im Besitz einer Chorrobe.
17. Sie haben zur Chorprobe ein Lied mitgebracht.
18. Sie haben jemanden mit einem Tuch bedeckt, der beim Rufen bewusstlos geworden ist.
19. Sie sind aufgestanden, wenn der Chor die »beste Stelle« sang.
20. Sie haben Textmarker in einer Bibel benutzt.
21. Sie haben hinterfragt, ob jemand »gerettet« war.
22. Ihnen wurde wie bei Holy Voltron oder einem Jesus Soul Train von mehreren Leuten gleichzeitig die »Hand aufgelegt«.
23. Sie standen schon mal auf der »Krank und bettlägerig«-Liste.
24. Sie haben die Höhe Ihrer Spende an einen Gastprediger an der Qualität seiner Predigt ausgerichtet.
25. Sie sind in einem »Church Van« mitgefahren.
26. Sie haben beim Verlassen der Kirche einen Finger gehoben.
27. Sie waren Mitglied einer Gospelgruppe, die NICHT der Chor war.
28. Sie haben sich in einem predigtfremden »Dienst« engagiert (Musikdienst, Küchendienst, Putzdienst).
29. Sie haben sich in einer Gemeinde vorgestellt mit den Worten: »Ich bin ein Mitglied von _____, wo _____ der Pastor ist.«
30. Sie konnten weibliche Gemeindemitglieder an ihren Hüten erkennen.
31. Sie sind in einer Prozession zum Altar marschiert, um Ihr Geldopfer zu erbringen.
32. Ihnen wurde von einem Prediger unterstellt, taub zu sein, der immer wieder »Y'all don't hear me!« rief.
33. Sie haben beim Zeugnisgeben zuerst jemandem »die Ehre erwiesen«.
34. Sie haben »Shouting Music« gespielt.
35. Sie wussten, welcher Dekan die längsten Predigten hält.
36. Sie konnten die Rufe der verschiedenen Kirchenmitglieder nachahmen.
37. Sie haben eine Kirchenbank freigemacht, um sich nicht von einem »vom Heiligen Geist Besessenen« auf die Füße treten zu lassen.
38. Sie hatten ein Paar »Kirchenschuhe«.

AUSWERTUNG

0–10: KEINE SCHWARZE KIRCHE: Ihre Kirche hatte vielleicht ein paar Schwarze Mitglieder, war aber einfach nur eine Kirche. In ihrer Gemeinde kannte man die Texte der Kirchenlieder nicht instinktiv, sondern hat Gesangsbücher benutzt, und die einzige musikalische Begleitung war eine Orgel.
11–20: SCHWARZ UND SCHNÖSELIG: Ihre Kirche war zwar Schwarz, aber wahrscheinlich gab es eine sehr gute Klimaanlage, gepolsterte Bänke und keine Verhaltensregeln für Ohnmachtsanfälle. Ihr Pastor war wahrscheinlich »angestellt«.

21–30: SCHWARZE KIRCHE: In Ihrer Kirche gab es einen Schlagzeuger und einen eigens zur Schriftlesung auserkorenen hochrangigen Dekan. Ihr Kirchenvorstand war eine Gruppe Schwarzer Illuminati und bestand aus Männern in Stacy-Adams-Schuhen und Frauen mit Handtaschen voll extrastarker Pfefferminzbonbons.

31–39: *BLACK AS F**-KIRCHE:** Ihre Großmutter ist die Schwester des Heiligen Geistes, korrekt? Ihre Kirche ist so Schwarz, dass die Platzanweiser Schwesternschuhe und weiße Socken trugen. Ihre Kirche ist so Schwarz, dass Sie oft im Untergeschoss gesessen und den saftigsten Rührkuchen gegessen haben. Ihre Kirche ist so Schwarz, dass Sie nicht mal einen Pastor hatten – Ihr »Angel of the House« trug den Titel Reverend oder Bischof. Ihre Kirche ist so Schwarz, dass Sie Frauen mit Titeln wie »Diakonin«, »Prophetin« und »Mutter« kennen. Ihre Kirche ist so Schwarz, dass Sie diesen Beitrag nicht einmal zu Ende lesen können, ohne zu flüstern:

»May the Lord watch, between me and thee …«

ONESIMUS RETTET DIE WELT

Im Jahr 1706 fand der Prediger Cotton Mather in Boston eine erstaunliche Gabe auf seinem Opferteller – einen Menschen. Als Mather den Zehntenumschlag öffnete und den Segen erblickte, habe »der Himmel auf seine Familie herabgelächelt«[1], und so beschloss er, den neu eingetroffenen Afrikaner nach dem biblischen »Sklaven« Onesimus zu nennen *† Man sollte meinen, dass Onesimus Mather für etwas unterbelichtet hielt. Schließlich verlangte Mather von Onesimus, irgendeinen Weißen namens Jesus anzubeten, der offenbar Hexen hasste und an seinem Geburtstag Versklavte verschenkte. Mather mochte Onesimus nicht, da der sich weigerte, vom Islam zum Christentum zu konvertieren, und ihm seine Intelligenz einen »gemeinen« und »diebischen« Eindruck verlieh.[2] Jedenfalls vertraute Cotton Mather Onesimus nicht, vor allem als der Sklave ihm etwas völlig Unglaubliches erzählte: Er kannte ein Heilmittel gegen die Pocken.[3]

Zu der Zeit griff die Krankheit gerade in den Kolonien um sich. Als Mather seinen neunmalklugen Versklavten fragte, ob er schon mal die Pocken gehabt hatte, lautete Onesimus' Antwort: »Ja und nein.«[4] Onesimus zeigte seinem Besitzer eine Narbe an seinem Arm und erklärte, dass er in Afrika einer Operation unterzogen worden sei, die ihn gegen Pocken immun mache. Mather stellte sich quer – auf gar keinen Fall würde er medizinische Ratschläge von einem Schwarzen Versklavten annehmen, der nicht wusste, dass Jesus weiß war. Dann stieß Mather im Jahr 1716 auf einen Aufsatz von Dr. Emanuel Timonius in *Philosophical Transactions*. Darin pries Timonius die Wirksamkeit der Inokulation an, wie sie im unter muslimischer Herrschaft stehenden Konstantinopel praktiziert wurde. Daher kam auch Onesimus! Mochte er am Ende doch die

---

* *Genau wie Peter Cottontail. Da, jetzt ist es raus. Peter Cottontail ist eine Bugs-Bunny-Raubkopie †*

† Mather *war nicht besonders einfallsreich, was auf die meisten Leute mit Namen »Cotton« zutrifft.*

Wahrheit gesagt haben? Wussten Muslime, wie man die Pocken abwehrte?[5] Und wie konnte es sein, dass Jesus davon nichts wusste? Abgesehen von einem weiteren Hexenprozess gab es nur eine Möglichkeit herauszufinden, ob Inokulation tatsächlich funktionierte … Nachdem er Onesimus noch weiter befragt hatte, führte Mather die Anweisungen des afrikanischen Heiden aus: Er schnitt sich in die Haut und rieb den Eiter einer Pockenwunde in die Verletzung, um sich immun zu machen.

Nachdem Mather die Heilmethode an sich selbst ausprobiert hatte, glaubte er Onesimus endlich, berichtete allen möglichen Ärzten davon und schrieb sogar Briefe ins Ausland. Die amerikanischen Mediziner fanden jedoch, Mather sei nicht recht bei Verstand, sich von Afrikanern beraten zu lassen; und die Bostoner Elite hielt es für unmoralisch, sich in göttliche Vorsehung einzumischen. Es gab jedoch einen Arzt, Dr. Zabdiel Boylston*, der Onesimus' Rat annahm. Er öffnete vorhandene Pockenwunden (die zu der Zeit nicht schwer zu finden waren) und injizierte bereitwilligen Teilnehmenden den Eiter unter die Haut. Insgesamt 280 Menschen gewann Boylston für die Teilnahme an der wohl schnellsten Impfstudie vor »Operation Warp Speed«. Zum Dank für ihre Mühen wurden Mather und Boylston in der örtlichen Presse angeprangert, darunter auch von dem Herausgeber der Wochenzeitung *New England Courant*, James Franklin.

Im Jahr 1721 erlagen 14 Prozent der Einwohner Bostons den Pocken, wohingegen nur sechs der nach Onesimus' Rezept inokulierten Menschen starben. Massachusetts wurde bald der erste Staat, der über ein öffentliches Impfprogramm verfügte, und zwar mithilfe von James Franklins jüngerem Bruder, der später eine wichtige Persönlichkeit wurde. (Neben der Verbreitung von Onesimus' Impfprojekt hatte James' kleiner Bruder Benjamin Franklin sicher noch anderes vor.) Nachdem er Mathers Familie und letztlich ganze Kolonien gerettet hatte, versuchte Onesimus sich kurz nach dem Ende

---

* *Nicht verwandt mit dem anderen Zabdiel Boylston.*

der Pockenepidemie von Mather freizukaufen und bot sogar an, ihm als Ersatz einen anderen Versklavten zu besorgen.
Mather lehnte den Vorschlag ab mit der Begründung, er könne Onesimus nicht als unerlöste Seele in die Welt entlassen.
Etwas so Entsetzliches konnte schließlich kein anständiger Sklaven haltender, Hexen verbrennender Christ tun.

7

DIE SCHWARZE EMANZIPATIONSPROKLAMATION

EIN GEDICHT

Wenn im Gange menschlicher Ereignisse es für ein Volk notwendig wird, die Bande der Leibeigenschaft zu lösen, die dessen Existenz nicht zu bestimmen vermochten, und unter den Mächten der Erde den selbstständigen und gleichen Rang einzunehmen, zu dem die Gesetze der Natur und ihres Schöpfers es berechtigen, so erfordert eine geziemende Rücksicht auf die Meinung der Geschichte, dass es die Gründe darlegt, die es zu seinem Handeln veranlassen.

Nur wir erachteten die folgenden Wahrheiten als selbstverständlich: dass alle Menschen gleich geschaffen sind; dass sie – nein, dass wir – von ihrem Schöpfer aller Dinge mit gewissen unveräußerlichen Rechten ausgestattet sind; dass dazu Leben, Freiheit und das Streben nach Glück gehören. Wir allein haben je daran geglaubt, dass zur Sicherung dieser Rechte Regierungen unter den Menschen eingerichtet werden, die ihre Autorität aus der Zustimmung der Regierten herleiten. Wir geben unsere Zustimmung nicht.

Wenn irgendeine Regierungsform sich für diese Zwecke als unhaltbar erweist, war es das Recht des Volkes, sie zu ändern oder abzuschaffen und eine neue Regierung einzusetzen und sie auf solchen Grundsätzen aufzubauen und ihre Gewalten in der Form zu organisieren, wie es zur Gewährleistung ihrer Sicherheit und ihres Glücks geboten zu sein scheint. Gewiss gebietet die Vorsicht, dass seit Langem bestehende Regierungen nicht um unbedeutender und flüchtiger Ursachen willen geändert werden sollten, und demgemäß hat noch jede Erfahrung gezeigt, dass die Menschen eher geneigt sind zu dulden, solange die Übel noch erträglich sind, als sich unter Abschaffung der Formen, die sie gewöhnt sind, Recht zu verschaffen. Aber wenn eine lange Reihe von Missbräuchen und Übergriffen, die stets das gleiche Ziel verfolgen, die Absicht erkennen lässt, sie absolutem Despotismus zu unterwerfen, so war es stets das Recht und die Pflicht des Volks, eine solche Regierung zu beseitigen und sich um neue Bürgen für ihre zukünftige Sicherheit umzutun.

Solchermaßen ist das schwelende, stillschweigende Leid des afrikanischen Volks in Amerika gewesen. Dessen Existenz auf diesem Kontinent ist eine Geschichte von Versklavung, Unterdrückung und der längsten, undemokratischsten, herzlosesten Behandlung von Männern, Frauen und Kindern in der Geschichte der Menschheit. In jedem Stadium dieser Bedrückungen haben die bezwungenen Völker vereint in den untertänigsten Ausdrücken um Abhilfe ersucht: Ihr wiederholtes Ersuchen ist lediglich durch wiederholtes Unrecht beantwortet worden. Ein Land, dessen nationaler Charakter durch jede Handlung in solcher Weise gekennzeichnet ist, kann als tyrannisch bezeichnet werden und ist als Herrscher über ein Volk ungeeignet. Auch haben die Unterdrückten es nicht unterlassen, des weißen Amerika hinlänglich eingedenk zu sein. Die Versklaver und deren Fürsprecher wurden von Zeit zu Zeit warnend auf die Versuche hingewiesen, die ohnehin unvertretbare Rechtsprechung über die unbefristet versklavte Bevölkerung zu errichten. Sie wurden an die Umstände ihrer gewaltsam Versklavten erinnert, die an ihr natürliches Gerechtigkeitsgefühl und ihre natürliche Hochherzigkeit appellierten. Die Leibeigenen beschworen sie bei den Banden ihrer befreiten Brüder, ihrer radikalen Verbündeten und ihrer gemeinsamen Menschlichkeit, die Institution zu missbilligen. Doch auch sie sind der Stimme der Gerechtigkeit und der Blutsverwandtschaft gegenüber taub geblieben. Und da diese unreife Nation, die noch in den Kinderschuhen steckt, für Vernunft, Logik, Mitgefühl und Selbstwerdung unempfänglich ist, gab es keine andere Wahl. Die Menschen, denen dieses Land vom Tag seiner Gründung an Freiheit und Gerechtigkeit vorenthielt, mussten Amerika vor sich selbst retten. Sie wollten es wissen.

»Die einstimmige Erklärung von ›These Hands‹ durch die Schwarze Bevölkerung Amerikas«

***

Da Schwarzen das Problem der kulturellen Aneignung deutlich bewusst ist, kommt dem Wort »nach« im Dichterwortschatz eine besondere Bedeutung zu, insbesondere im afroamerikanischen

Spoken-Word-Genre. Ist ein Gedicht an ein bereits bestehendes Werk oder eine Prämisse angelehnt, verweist sein Autor in der Einleitung zu seinem abgewandelten Stück auf die Vorlage, indem er den Verfasser des Ursprungswerks benennt. So verweist etwa Najee Omar in seinem Spoken-Word-Stück, das mit »Poems are bullshit ...« beginnt, mit dem Titel »The Anti-Poem (nach Amiri Baraka)« auf das bahnbrechende Werk »Black Art«. Niemand hätte NBC vorgeworfen, eine Schwarze Sitcom weißgewaschen und eine Erfolgssendung auf weiße Geschmäcker zugeschnitten zu haben, wenn im Vorspann der Pilotfolge einer der erfolgreichsten Sitcoms der Geschichte zu lesen gewesen wäre: »*Friends*: nach Yvette Lee Bowsers *Living Single*«.

Im Jahr 1935 präsentierte der Historiker William Edward Burghardt Du Bois mit der Publikation von *Black Reconstruction in America: An Essay Toward a History of the Part Which Black Folk Played in the Attempt to Reconstruct Democracy in America, 1860–1880* (Die *Reconstruction* in Amerika: Ein Essay zur Geschichte der Rolle der Schwarzen im Versuch der Wiederherstellung der Demokratie in Amerika, 1860–1880) eine völlig neue historische Perspektive. Darin hinterfragte Du Bois die unter Akademikern gängige Darstellung der Reconstruction als Misserfolg und stellte die Zeit nach dem Bürgerkrieg als Kampf um wirtschaftliche und politische Macht zwischen der Arbeiterklasse (den Versklavten) und der Elite (den Sklavenhaltern)* dar. Im vierten Kapitel mit dem Titel »The General Strike« (»Der Generalstreik«) wird eine noch brillantere und radikalere historische Auslegung präsentiert. Darin legt der große Denker eine neue These vor: dass die versklavten Schwarzen Männer und Frauen den Krieg um ewige Versklavung schlicht dadurch gewannen, dass sie sich ebenjener Wirtschaft entzogen, die das geplante Reich der weißen Vorherrschaft finanzierte. Es war eine so radikale Auslegung, dass sie von vielen als geradezu absurd abgetan wurde. Aber tatsächlich traf sie genau zu.

* *Gesprochen: »Wai-se«.*

So haben die Sklaven Amerika befreit (nach W. E. B. Du Bois' »The General Strike«).

Im Jahr 1860, am Vorabend der Ära, die wir als Bürgerkrieg bezeichnen, bildeten die vier Millionen versklavter Amerikaner afrikanischer Herkunft die stärkste Kraft im Land. Diese Leibeigenen waren nicht nur für die Produktion von Lebensmitteln, Baumwolle, Reis und Kirchenliedern unerlässlich, ihre bloße Existenz wurde auch als Sicherheit für Hypotheken auf Grundeigentum, Unternehmen und Investitionskredite eingesetzt. Mehr als 60 Prozent der weltweiten Baumwollproduktion stammte aus den Südstaaten Amerikas, genau wie der Großteil amerikanischer Millionäre – Nebenerzeugnisse der Sklavenhaltung. Mit einem Gesamtwert von 3,5 Milliarden Dollar bildeten die Schwarzen Körper das größte Kapital der Volkswirtschaft,[1] mehr als das Vierfache der gesamten Geldsumme Amerikas.[2] Allein nach dem Pro-Kopf-Vermögen der weißen Bevölkerung gerechnet, waren acht der zehn wohlhabendsten Staaten Sklaven haltende. In weniger als 100 Jahren war mit der Zwangsarbeit durch afrikanische Menschen ein Wirtschaftsriese entstanden.

Nun sah sich die schnell wachsende Nation einer Existenzkrise gegenüber. Die Versklavung von Menschen galt nicht länger als verabscheuenswertes, aber notwendiges Übel – Kanada, England, Frankreich, Spanien, Portugal und Mexiko hatten die Institution schon gut ein Jahrzehnt vor Ausbruch des Bürgerkriegs abgeschafft. Die Sklavenhaltung war nicht nur zu Amerikas nationaler Schande, sondern auch einer Bedrohung der nationalen Sicherheit geworden. Staatsfeinden war es möglich, allein mit dem Versprechen von Freiheit Schläferzellen in Form von Millionen dunkelhäutiger Verbündeter einzuschalten, wozu es im Britisch-Amerikanischen Krieg von 1812 und in der Amerikanischen Revolution gekommen war.

Wissen Sie noch, was Sie eben über Denmark Vesey erfahren haben? Das war nicht einfach nur eine nette Geschichte. Veseys vermeintlicher Aufstand hat mehr verrückte Verschwörungstheorien hervorgerufen als die Illuminati und Barack Obamas

Geburtsurkunde, wovon die verrückteste war, dass Schwarze Schiffsarbeiter aus aller Welt bereitstünden, um sich Veseys Rebellion anzuschließen. Die Lage spitzte sich zu, als South Carolina 1822 den Negro Seamen Act erließ, wonach alle Schwarzen Seefahrer inhaftiert werden sollten, sobald ihre Schiffe in South Carolina anlegten. Die Verordnung, in der die »Anwesenheit eines freien Negros« mit »einer moralischen Pestilenz, die die Untergebenheit des Sklaven und den Staat selbst zerrütten wird« gleichgestellt wurde, sah sogar vor, dass die Seemänner für ihre Zeit in den netten staatlichen Gefängnissen bezahlen oder in die Sklaverei verkauft werden sollten.[3] Als ein Amtsrichter das Gesetz für verfassungswidrig erklärte, setzte South Carolina es trotzdem durch, wohlwissend, dass es dank eines gewissen Konservativen und weißen Vorherrschaftsanhängers aus den Südstaaten nie in die Prozesslisten des Obersten Gerichtshofs käme – dem radikalen Sklavereibefürworter und politischen Giganten South Carolinas, John C. Calhoun.

Calhoun zählte zu den wohl einflussreichsten Politikern der Zeit vor dem Sezessionskrieg und hatte als Kongressabgeordneter, Senator, Kriegsminister und Außenminister sowie in zwei Amtszeiten als Vizepräsident gedient. 1828 verfasste er die Schrift *South Carolina Exposition and Protest*, worin er das Konzept einführte, dass Staaten Bundesgesetze nullifizieren konnten, welche die von unbezahlter Arbeitskraft profitierenden Staaten ungleich stärker belasteten – inklusive Zöllen, Verträgen und Steuern. Es waren die ersten Anzeichen der regionalen Abneigung gegen »Big Government«-Maßnahmen, die sich in die »States' Rights« (Rechte der Einzelstaaten) und die »südliche Lebensweise« einmischten. Wenn die Südstaaten dem »Big Government« und der Kampagne gegen die Institution der Zwangsarbeit nachgaben, konnte die Bundesregierung den Menschenhandel theoretisch ganz verbieten. Davon wollte John Calhoun nichts wissen. South Carolina hatte bereits erfolgreich den Antisklavereibeschluss eines Bundesrichters aufgehoben, was den anderen Staaten nicht entging.

Bald erließen Georgia, North Carolina, Florida, Alabama, Mississippi und Texas Gesetze, die dem Negro Seamen Act entsprachen, und erklärten damit den Beschluss des Bundesrichters für ungültig. In den Territorien Kansas und Missouri war angesichts einer möglichen Einführung der Sklaverei in neuen Bundesstaaten ein fünfjähriger Krieg ausgebrochen, der von 1854 bis 1859 andauerte. Im Zentrum des Konflikts stand die Frage, ob Kansas nach seiner Erklärung zum Bundesstaat die Sklaverei erlauben oder die Institution wie sein östlicher Nachbar Missouri verbieten sollte. Während das Thema im Kongress debattiert wurde, zogen die Sklaverei befürwortende »Border Ruffians« gegen die sklavereigegnerischen *Free Staters* in den Krieg und erklärten ihre Meinung auf die amerikanischste aller Arten: Sie töteten jeden, der widersprach. Selbst im Kongress kam es zwischen den gegnerischen weißen Gruppen zu Gewaltakten.

Der »radikale« Flügel der neu gegründeten Republikanischen Partei bestand aus einigen sklavereigegnerischen Politikern, die verstanden, dass ein derart profitables Unternehmen nur durch einen Krieg auszumerzen war. Während manche weißen Abolitionisten die rassistisch begründete Leibeigenschaft ablehnten, ging es der Mehrheit der Republikaner schlicht um die Erhaltung der Union der Siedlerstaaten, die sie »Amerika« nannten. Entgegen des vorherrschenden *»Weiße kämpften für das Ende der Sklaverei«*-Narrativs waren, wenn überhaupt, nur wenige Weiße dazu bereit, ihr Leben für die Befreiung eines Afroamerikaners hinzugeben. So wie die Gründungsväter bei Beginn des Amerikaexperiments dem Süden nachgegeben und die Schwarzen von dem »Alle Menschen sind gleich geschaffen«-Prinzip ausgeschlossen hatten, war nun die Mehrheit der politischen Führer auf eine Möglichkeit aus, ein Kräftemessen zwischen Norden und Süden zu vermeiden, selbst wenn das bedeutete, dass den Schwarzen ihre Freiheit verwehrt blieb. Diese zentristische Haltung führte letztlich zur Wahl von Präsident Abraham Lincoln, der auch eingestand, dass sein »oberstes Ziel in dieser Auseinandersetzung die Rettung der Union ist und nicht die Erhaltung oder Abschaffung der Sklaverei«.[4]

Lincoln beschwichtigte die Befürchtungen einer Spaltung mit der Behauptung, er habe nicht vor, Schwarze Amerikaner, ob frei oder versklavt, zum Status der Weißen zu erheben. »Ich kann deshalb sagen, dass ich in keiner Weise dafür bin und niemals dafür war, die gesellschaftliche und politische Gleichstellung der schwarzen und weißen Rasse herbeizuführen«, erklärte er 1858 in einer Rede. »Ich behaupte außerdem, dass es einen physischen Unterschied zwischen der weißen und schwarzen Rasse gibt, der, so glaube ich, einem Zusammenleben der beiden Rassen als gesellschaftlich und politisch Gleichgestellten auf immer im Wege stehen wird. Und wenn ihnen dies nicht möglich ist, muss es, solange sie nun einmal zusammen leben, eine übergeordnete und eine untergeordnete Stellung geben, und ich wie jeder andere bin der Ansicht, dass die übergeordnete Stellung der weißen Rasse zukommen sollte.«[5]

Ich muss es noch einmal hervorheben: Absolut niemand, weder die Abolitionisten der Nordstaaten, Lincoln, die Unionsarmee, die konföderierten Verräter noch die Versklavten selbst sahen in der unvermeidlichen Konfrontation einen Kampf um das Ende der Sklaverei. »Vor 1861 hatte weder Norden noch Süden die geringste Absicht, einen Krieg zu beginnen«, schrieb Du Bois. »Der Gedanke wäre in vieler Hinsicht völlig lächerlich gewesen. Man war nicht auf einen Krieg vorbereitet. Die Nationalarmee war klein, schlecht ausgestattet und hatte keine Erfahrung. Es gab keine Akte, aus der jemand einen Plan zur Unterwerfung hervorziehen konnte. Als die nördlichen Armeen in den Süden vordrangen, wurden sie zu Emanzipationsarmeen. Es war das Letzte, woran sie gedacht hatten. Der Norden hatte nicht die Absicht, Eigentum anzugreifen. Er hatte nicht die Absicht, Versklavte zu befreien. Dies war ein Krieg der Weißen zur Erhaltung der Union, und die Union musste erhalten werden.«[6]

Um zu erklären, wie sich das Land aus der unlösbaren Pattsituation befreite, verweisen Historiker oft auf die Wahl Lincolns, die Nullifikationskrise, Bleeding Kansas, den Missouri-Kompromiss und alle möglichen gesellschaftlichen, politischen und wirtschaftlichen Faktoren, die das Land in den Krieg um die weißen Rechte führten. Kaum Erwähnung finden die Schwarzen Revolutionäre, die den Zwiespalt der Nation vorantrieben und Abolitionisten und politische Persönlichkeiten jener Zeit weiter radikalisierten, bis die Inkongruenz einer Demokratie, die menschliche Gefangenschaft duldete, nicht länger ignoriert werden konnte.

Es gibt Menschen, die nicht auf Veränderung warten können und sich der Aufgabe verschreiben, den Status quo mit eigenen Händen auseinanderzunehmen. Wenn es sich dabei um Weiße handelt, nennt man sie »Patrioten« oder »Freiheitskämpfer«. Wenn es Schwarze sind, werden die unbeirrbaren Aufrührer meist als Diebe oder Verbrecher dargestellt. Wenn aber die formlose Nation innerhalb der Nation, auch als Afroamerika bekannt, je existierte, muss der übernatürliche Überlebens- und Widerstandstrieb, der zu jener Zeit in den Seelen der Schwarzen lebt, als einzigartige Form von Patriotismus beschrieben werden. Sie waren radikaler als alle Republikaner zusammengenommen, und sie waren die treibende Kraft der Südstaatenwirtschaft. Sie waren zugleich mächtig und unterdrückt ... bis sie sich befreiten und damit Amerika retteten. Sie konnten nicht auf ihre Erlösung warten, also befreiten sie sich selbst von ihren Fesseln. Geschichte wird von den Siegern geschrieben, aber von Rebellen gemacht. Dieses Kapitel ist eine Ode an die große Afroamerikanische Revolution: nach Jemmy. Nach Denmark Vesey. Nach Nat Turner. Nach den Schwarzen und jedem ihrer kleineren Aufstände und individuellen Fluchtaktionen. *Jedem einzelnen.*

Zuvor haben wir die Amerikanische Revolution als den größten Aufstand der Schwarzen bezeichnet, letztlich aber war die vielleicht wichtigste Auflehnung in Amerika das langsame, aber stetige Rinnsal an Männern und Frauen, die sich über die Underground Railroad ihre Freiheit sicherten. Während das Netzwerk aus Schutzhäusern, Abolitionisten und Verschworenen in der Geschichte als geheim und verborgen dargestellt wird, bediente sich die *wahre* Underground Railroad aller erdenklichen Mittel, öffentlicher wie privater, um Versklavte zu freien Menschen zu machen. Mal wurden Versklavte nach Kanada geschafft, während andere den Pfad der Fäuste wählten. Die Taktiken der Schwarzen Abolitionisten eskalierten regelmäßig so weit, dass sich weiße Abolitionisten von ihren radikaleren Schwarzen Pendants distanzierten.

Ein solcher Fall war zum Beispiel Shadrach Minkins. Als es weißen abolitionistischen Anwälten nicht gelang, den flüchtigen Minkins erfolgreich zu verteidigen – die erste Person in Neuengland, die unter dem Fugitive Slave Act von 1850 festgenommen wurde –, überlegten sich die Schwarzen Führer Bostons einen anderen Plan. Eine Bande »wutentbrannter schwarzer Männer« stürmte mit verhüllten Gesichtern den Gerichtssaal und entriss Minkins der Gewalt der Federal Marshals. Die Gesetzlosen hielten den Entflohenen zunächst in einem Keller versteckt, bis sie ihm zur Flucht nach Kanada verhelfen konnten.[7] Neun »afroamerikanische Aktivisten«[8] – darunter auch Robert Morris, der zweite in Massachusetts als Anwalt zugelassene Schwarze – wurden des Verrats angeklagt und vor Gericht gestellt, letztlich aber in allen Punkten freigesprochen. Auch mit solchen Aktionen agierte die Underground Railroad.

Nach Jemmy, Nat Turner und Denmark Vesey versuchten noch andere, landesweite Revolten in Gang zu setzen, in denen Schwarze Gefangene zu den Waffen griffen und den Sklavenhaltern eine Stono-Fortsetzung bescherten. John Browns wagemutiger Überfall auf das Waffenarsenal der U.S. Army in Harpers Ferry, Virginia, am 16. Oktober 1859 wird oft als erste inoffizielle Schlacht des Bürgerkriegs erwähnt. Dabei versuchte Brown, ein weißer Abolitionist, mithilfe einer Gruppe von etwa 20 Aufständischen, eine Revolte anzustoßen, der aber durch eine Kompanie der U.S. Marines schnell ein Ende bereitet wurde. Die Freiheitskämpfer wurden später vor Gericht gebracht und Brown und seine Mitverschwörer gehängt.

Diejenigen, die den bevorstehenden Tag der Abrechnung nicht kommen sahen, nahmen Brown als tragischen, aber wahnhaften Weißen wahr. Viele Südstaatler betrachteten den Vorfall als Beweis dafür, dass ihr gefangen gehaltenes Eigentum gar kein Interesse daran hatte, selbst zu den Waffen zu greifen und zu kämpfen. »Browns Geständnis nach zu urteilen waren die Schwarzen selbst nicht an der Verschwörung beteiligt, die jedoch in der Annahme konzipiert wurde, dass sie sich ihr zu Tausenden anschließen würden, sobald der erste Schlag ausgeführt sei; eine Hoffnung, in der die Verschwörer schwer enttäuscht wurden«, hieß es in einem Beitrag des *Kentucky Commonwealth.* »Wir glauben, dass selbst unter den radikalsten Abolitionisten nicht viele dadurch ermutigt wurden.«[9]

Wenn die gewusst hätten.

Harriet Tubman und Frederick Douglass, die sich mithilfe der Underground Railroad selbst befreit hatten, hatten Browns Vorhaben aus dem Hintergrund unterstützt. Brown hatte sich bei mehr als einer Gelegenheit mit Douglass getroffen und durch ihn und dessen Netzwerk Nachrichten, Unterstützung und Geld erhalten. Shields Green, einen von Browns zuverlässigsten Komplizen, hatte Brown sogar kennengelernt, als er bei Douglass wohnte. Harriet Tubman kümmerte sich um strategische Unterstützung, Auskundschaftung und Rekrutierung für Browns Mission. Sie selbst wäre vielleicht an Browns Seite gewesen, wenn sie nicht wenige Tage vor dem Überfall auf Harpers Ferry erkrankt wäre. Und kurz bevor Brown nach Harpers Ferry aufbrach, traf er Moses Dickson. Als der von Browns Plan erfuhr, versuchte er ihn »davon abzubringen mit der Erklärung, dass die Zeit noch nicht reif«[10] sei. Und wenn das irgendjemand wusste, dann Moses Dickson.

Der 1824 in Freiheit geborene Dickson ließ sich zum Barbier ausbilden und reiste im Alter von 16 Jahren durch die Südstaaten, bevor er zum Priester der AME Church ordiniert wurde. Am 12. August 1846 stellte er gemeinsam mit elf weiteren Schwarzen einen Zehn-Jahres-Strategieplan zur Beendung der Sklaverei auf. Die sogenannten Knights of Liberty legten darauf einen Eid ab: »Ich kann sterben, aber ich kann keinen Namen eines anderen Mitglieds preisgeben, bis die Sklaven befreit sind.«[11] Die Mitgliedschaft sollte sich bald auf alle Sklavenstaaten außer Texas und Missouri erstrecken. Viele der Gründungsmitglieder übernahmen die Finanzierung und Leitung von Unterkünften der Underground Railroad, die den Knights of Liberty wiederum ein System zur Benachrichtigung, Rekrutierung und Befreiung potenzieller Mitglieder bereitstellte. Nach zehn Jahren hatten die Männer 47 240 »zuverlässige, furchtlose« Freiheitsritter in ihre Reihen aufgenommen, die in Militärmanövern geschult und »mutig, geduldig, moderat und von klarem, gesundem Verstand« waren. Der Kern ihrer Truppen sollte sich in Atlanta versammeln, von wo aus 200 000 Mann auf die antiamerikanischen Verräter aus den Südstaaten marschieren würden.[12]

»Es wurde ein Datum festgelegt«, erklärte Dickson, »doch noch davor wurde den Anführern klar, dass sich das Verhältnis zwischen Norden und Süden so verschärft hatte, dass entschieden wurde, unseren Aufstand aufzuschieben.«[13] Viele der Mitglieder schlossen sich dem Kampf der Union an und halfen Freiheitssuchenden, über die Underground Railroad zu entkommen. »Nachdem die Frage der Freiheit der Schwarzen durch den Krieg entschieden worden war, wurde der Name des Ordens geändert«, und zwar zum International Order of Twelve Knights and Daughters of Tabor.[14]

Immer neue Revolten, Fluchtaktionen und Akte der Rebellion führten das Land nicht nur geradewegs auf einen Bürgerkrieg zu – sie verhalfen der Union auch zum Sieg, obwohl das nie das eigentliche Ziel der Versklavten gewesen war. Wie bereits erwähnt, kämpften diese auf der Seite der Freiheit. So wie das Duell zwischen Patrioten und Loyalisten den Afrikanern im Unabhängigkeitskrieg einen Vorwand zur Befreiung geliefert hatte, waren die politischen und wirtschaftlichen Auseinandersetzungen zwischen den Sklavenhaltern der Südstaaten und den Erhaltern der Union für die Schwarzen Leibeigenen, die unterhalb der Mason-Dixon-Linie gefangen gehalten wurden, völlig nebensächlich. Ihnen bot der bewaffnete Konflikt schlichtweg die ideale Gelegenheit zur Emanzipation, wozu ihnen jedes Mittel recht war.

Als sie entscheiden mussten, ob sie zu Amerika gehören oder Versklavte besitzen wollten, wählten die Südstaatler Verrat und

Sezession und stürzten die Nation in einen Krieg, der bis heute als der blutigste in der Geschichte des Landes gilt. Dieser Krieg wurde durch den Einsatz der entflohenen Versklavten gewonnen, deren bloße Abwesenheit letztlich den wirtschaftlichen Zusammenbruch des Südstaatenimperiums herbeiführen sollte. Als ihr Krieg um die immerwährende Versklavung begann, sahen die Südstaatler ihr menschliches Eigentum jedoch als Vorteil. Während es keine Hinweise darauf gibt, dass Schwarze Soldaten aufseiten der Konföderation kämpften, wurden versklavte Männer und Frauen doch als Köche, Arbeiter und Diener im Militär eingesetzt. In vielerlei Hinsicht waren es gerade diese Schwarzen Zwangsarbeiter, die die militärischen Bemühungen der Konföderierten Staaten am erfolgreichsten unterminierten.

Ein gutes Beispiel liefert der Fall des in Charleston versklavten Robert Smalls. Bei Ausbruch des Kriegs wurde Smalls damit beauftragt, das konföderierte Frachtschiff CSS *Planter* zu führen. Obwohl er wegen seiner Hautfarbe nicht als Steuermann fungieren durfte, wurde Smalls zu einem der erfahrensten Schiffsführer von ganz Carolina. Knapp ein Jahr lang steuerte er das Schiff durch Georgia, Florida und South Carolina, begutachtete Wasserwege, beförderte Truppen und lieferte Ausrüstung. Als er am 12. Mai 1862 vier große Geschütze in seiner Heimatstadt abholen sollte, blieb er mit der versklavten Mannschaft an Bord, während es sich die Weißen in Charleston gut gehen ließen. Doch Smalls hatte eine Überraschung für die Crew: Sie würden sich aus South Carolina davonmachen.

Gegen drei Uhr morgens fand Smalls Uniform und Strohhut des Kapitäns und durchfuhr in aller Seelenruhe die Blockade der Union, indem er die Kapitänssignale an den Kontrollpunkten wiedergab. Zuvor hatte er noch eine Runde gedreht, um seine Familie und die Familien seiner Mannschaftsmitglieder abzuholen. Diese versuchten Smalls davon zu überzeugen, Fort Sumter, den Hauptstützpunkt der Konföderierten und Stätte des ersten Kriegsgefechts, zu umfahren, da es dort von Soldaten und Seeleuten wimmeln musste. Smalls lehnte den Vorschlag jedoch ab und bestand darauf, die übliche Route zu nehmen, um keine Aufmerksamkeit zu erregen. Stattdessen sandte er das Signal aus, um den Kontrollpunkt bei Fort Sumter zu passieren. Als sein Signal nicht erwidert wurde, fielen alle an Bord weinend auf die Knie und beteten. Alle außer Robert – er fuhr weiter und wurde durchgelassen. Bevor sie die Seeblockade der Union auf der anderen Hafenseite erreichten, nahm Smalls ein Bettlaken, band es an den Fahnenmast und hisste es auf, um die Unionsbesatzung der USS *Onward* wissen zu lassen, dass sie kein feindliches Schiff waren. »Als ihnen klar wurde, dass wir nicht auf sie schießen würden, gab es einen Ansturm von Sklaven an Deck, die einen tanzten, sangen, pfiffen, sprangen in die Luft; andere standen nur da, den Blick auf Fort Sumter gerichtet, und murmelten Verwünschungen in dessen Richtung und ›de heart of de Souf‹ im Allgemeinen«, berichtete ein Besatzungsmitglied der *Onward*. »Einer der Farbigen trat vor, nahm seinen Hut ab und rief: ›Guten Morgen, Sir! Ich habe Ihnen ein paar Geschütze aus den alten Vereinigten Staaten gebracht, Sir!‹«[15] Dieser Mann sollte sich als Robert Smalls vorstellen.

Eine Woche später nahmen die Streitkräfte der Union mithilfe der von Smalls übermittelten Informationen die Bucht des Stono River ein und besetzten diese bis zum Ende des Kriegs, was letztlich zur Einnahme South Carolinas führte. Selbst Lincoln war beeindruckt. Er konnte ja nicht ahnen, dass Smalls nicht nur seinen Erlass gegen die Aufnahme entflohener Versklavter in die Unionsarmee zerstreuen würde, sondern 1868 auch als einer der ersten Schwarzen in den Kongress gewählt und damit Lincolns 1858 geäußerte Position unterminieren würde, er wolle Schwarze nicht »zu Wählern oder Geschworenen machen oder sie zur Besetzung eines Amts qualifizieren«.[16]

Als der Kampf ausbrach, waren die militärischen Führer der Union nicht auf den enormen Zustrom entflohener Versklavter vorbereitet, die gern bereit waren, ihre lang angestaute Wut auf ihre Zuchtmeister zu entladen. Die Diskussion um den rechtlichen Status sogenannter »contrabands« – auf Unionsseite geflohene oder verschleppte Versklavte – wie Robert Smalls wurde ebenso hitzig geführt wie die aktuelle Debatte über den Wert Schwarzer Leben. 1861 stahlen Frank Baker, James Townsend und Shepard Mallory nahe der Stelle, wo die *White Lion* mit den ersten versklavten Afrikanern in Amerika angelegt hatte, ein Ruderboot. Die versklavten Männer waren zur Verteidigung von Batterien in Virginia an die Konföderationsarmee vermietet worden; stattdessen ruderten sie zum von der Union besetzten Fort Monroe und stellten sich Major General Benjamin Butler vor. Als Kundschafter den Konföderiertenmajor John B. Cary über die Flucht informierten, forderte er die Rücksendung seines vermieteten »Eigentums«. Butler weigerte sich jedoch.* Als gelernter Anwalt erklärte er dem unamerikanischen Truppenführer, da Virginia sich als feindlicher Kombattant sehe, seien die Männer nun – gemäß den Regeln der Kriegsführung – in offiziellen Kriegshandlungen beschlagnahmtes Eigentum. Auf Butlers inoffizielle Erklärung hin erließ der Kongress den Confiscation Act von 1861, der konföderierten Kriegsfreiwilligen und deren Mitverschwörern jedwedes versklavte Eigentum aberkannte, dem es gelang, sich auf von der Union besetzte Gebiete durchzuschlagen.

Wenige Monate später erließ Generalmajor David Hunter mit dem *General Order No. 11* folgende Erklärung:

> *Da die drei Staaten Georgia, Florida und South Carolina, die gemeinsam das militärische Gebiet des Südens bilden, sich als nicht länger unter dem Schutz der Vereinigten Staaten von Amerika erklärt und gegen die Vereinigten Staaten die Waffen erhoben haben, ist es von militärischer Notwendigkeit, sie unter Kriegsrecht zu stellen. Dies wurde am 25. April 1862 entsprechend ausgeführt. Sklaverei und Kriegsrecht sind in einem freien Land grundsätzlich nicht vereinbar; somit werden die bislang in den drei Staaten – Georgia, Florida und South Carolina – als Sklaven gehaltenen Personen für auf alle Zeiten frei erklärt.*[17]

---

* *Man muss fairerweise ergänzen, dass Cary keine Quittung vorlegen konnte.*

Den militärischen Gepflogenheiten nach lagen Butler und Hunter damit zwar im Recht, doch die Implikationen waren enorm. Wenn die Entflohenen »Kriegskonterbande« waren, dann oblag nicht Lincoln, sondern der Armee die Autorität über die Konföderierten Staaten von Amerika. Lincoln war über Butlers und Hunters Vorgehen empört. Er hatte nicht vor, sich in den Kampf um die Sklaverei einzumischen, denn er wusste, es würde den Widerstand der ohnehin schon unverbesserlichen Sklavenstaaten nur noch vergrößern. »Wenn ich die Union retten könnte, ohne einen einzigen Sklaven zu befreien, dann würde ich es tun«, erklärte Lincoln dem Herausgeber der *New York Tribune*, Horace Greeley, »wenn ich sie retten könnte, indem ich alle Sklaven befreie, würde ich es tun; und wenn ich sie retten könnte, indem ich manche befreie und andere nicht, würde ich auch das tun. Was ich in Bezug auf die Sklaverei und die farbige Rasse tue, tue ich im Glauben an die Rettung der Union; was ich unterlasse, unterlasse ich im Unglauben an eine Rettung der Union.«[18] Lincoln erklärte Hunters Anordnung sofort für ungültig, doch es war bereits zu spät. Die Konföderierten Staaten waren offiziell als separate Einheit anerkannt worden.

General Hunters umstrittene Anordnung, die schließlich Lincoln, den Kongress und die Unionstruppen zur Aufnahme freier Schwarzer Rekruten und der Emanzipation der Versklavten bewegen sollte, war allerdings nicht dessen eigene Idee gewesen. Hunter beriet sich oft mit einer Feldkrankenschwester, die Versklavten bei der Flucht in die Freiheit geholfen und so Hunters Deserteurtruppe vergrößert hatte. Hunter hatte sie sogar bezahlt, doch als ihn die Armee davon abhielt, Schwarze Soldaten zu rekrutieren, verzichtete sie auf ihr Gehalt, um nicht als Hunters Günstling zu gelten. Stattdessen backte sie abends Pasteten, die sie an die weißen Soldaten verkaufte. Vorhang auf für Harriet Tubman. Die bekannte Fluchthelferin der Underground Railroad trug maßgeblich zu Hunters Erfolg im Süden bei. Mit ihrer jahrelangen Erfahrung bei der Durchführung von Fluchtaktionen hatte Hunter eine wahre Supersoldatin an seiner Seite. Tubman war in der Lage, das Terrain für andere

Truppen zu kartieren, Informationen von den Versklavten zu beschaffen und Aufklärungseinsätze zu führen, ohne dabei entdeckt zu werden. Hunter, der den Vorteil Schwarzer Soldaten für die Union klar erkannte, verfeindete sich weiter mit den verräterischen Südstaatlern und warb deren entflohene Versklavte an, gegen sie zu kämpfen.

1863 sorgte Hunter für noch mehr Ärger mit einem direkten Schreiben an den Präsidenten der Konföderierten, Jefferson Davis:

> *Ihr sagt, ihr kämpft für die Freiheit. Ja, das tut ihr tatsächlich: für die Freiheit, vier Millionen eurer Mitmenschen in Erniedrigung und Unwissenheit zu halten; die Freiheit, Eltern und Kinder, Mann und Frau, Bruder und Schwester zu trennen; die Freiheit, die Früchte ihrer Arbeit zu stehlen, die mit nicht wenigen grausamen Hieben und bitteren Tränen erzwungen wurde; die Freiheit, deren Frauen und Kinder zu verführen und eure eigenen Kinder in die Leibeigenschaft zu verkaufen; die Freiheit, diese Kinder ungestraft zu töten, wenn der Mord nicht durch reines weißes Blut bezeugt werden kann. Dies ist jene Art von Freiheit – die Freiheit, Unrecht zu tun –, um die Satan, Anführer der gefallenen Engel, kämpfte, als er in die Hölle geworfen wurde.*[19]

Jefferson Davis hatte bereits angeordnet, Hunter hinrichten zu lassen, dieser entzog sich jedoch einer Festnahme. Das Kriegsministerium und der Kongress ließen sich schließlich von Hunters Ansicht überzeugen und führten daraufhin mit den zwei Confiscation Acts die entsprechenden Gesetze ein. Der erste Confiscation Act, unterzeichnet am 2. Dezember 1861, ermächtigte die Unionstruppen, rebellisches Eigentum zu konfiszieren, wozu natürlich auch Versklavte zählten. Die Verordnung autorisierte die Truppen dazu, Versklavte als Konterbande zu behandeln, ohne jedoch deren Status zu klären. Der zweite Confiscation Act von 1862 bestimmte die Position der entflohenen Versklavten eines jeden, »der in Rebellion gegen die Regierung der Vereinigten Staaten verwickelt ist«, sowie eines jeden, der Konterbande der Konföderation »Unterstützung oder Beistand jedweder Art bietet«, und erklärte, dass alle entflohenen Versklavten auf konföderiertem Territorium »als Kriegsgefangene erachtet, für immer aus ihrer Knechtschaft befreit und nie mehr als Sklaven gehalten werden«. Sobald die Verordnungen gesetzlich verankert waren, war die Emanzipationsdeklaration – die in die weiße Geschichte einging als das Dokument, das die Befreiung der Versklavten in Gang setzen sollte – im Grunde nur noch eine Formalität, eine performative Geste eines Präsidenten, der nicht die Autorität oder das Rückgrat besaß, die Menschen zu befreien, die er als minderwertig erachtet hatte.

Im Jahr 1865 betreute die Unionsarmee bereits mehr als 100 »Contraband Camps«, um mit dem stetigen Strom von Flüchtlingen fertigzuwerden. Zwischen acht- und 15 000 Freiheitssuchende fanden sich in New Bern, North Carolina, ein, von wo aus William Henry Singleton mindestens 1000 Schwarze Soldaten rekrutierte. Nachdem die Unionstruppen Roanoke Island, North Carolina, eingenommen hatten, errichteten die Befreiten dort eine eigene autarke Siedlung, die Roanoke Island Freedmen's Colony. Die größte dieser Flüchtlingsunterkünfte entstand jedoch nahe einer Gemeinde im Westen von Fort Monroe, Virginia. Nachdem sich 10 000 Versklavte durch die Flucht nach Phoebus, Virginia, befreit hatten, begann Mary Peake, eine freie Schwarze, Erwachsene und Kinder unter einer Eiche zu versammeln, um ihnen das Lesen beizubringen. Als sich die ehemals Versklavten später unter demselben Baum versammelten, um Lincolns Verlesung der Emanzipationsproklamation anzuhören, hatten sie das Grand Contraband Camp bereits zu einer der ersten offiziell selbstständigen Schwarzen Gemeinden in Amerika gemacht.* Mary Peakes Eiche sollte als »Emancipation Oak« bekannt werden und ihre Klassen zum Grundstein der historisch Schwarzen Institution Hampton University.

* *Nicht berücksichtigt sind dabei der Great Dismal Swamp, die Siedlungen von Forest Joe und weitere Orte, von denen Weiße nichts wussten.*

Die Reihen der Unionsarmee füllten sich mit kampfbereiten Freigelassenen (»freedmen«). Von den rund 185 000 Schwarzen, die sich als Freiwillige in der Unionsarmee verpflichteten, stammten 93 796 aus den Südstaaten. 16 von ihnen erhielten die höchste militärische Auszeichnung, die Medal of Honor.[20] Die 175 Regimenter der United States Colored Troops (USCT) verschafften der Union einen entscheidenen Vorteil. Zum Kontingent der Schwarzen Unionstruppen zählte auch das Regiment der 54th Massachusetts Volunteer Infantry, der mit dem Spielfilm *Glory* ein Denkmal gesetzt wurde, sowie das Corps d'Afrique – eine in Louisiana aufgestellte Einheit, die entstand, nachdem freien Schwarzen Landbesitzern die Aufnahme in die Konföderationsarmee verboten worden war.

Und es waren nicht nur die Männer, die für einen militärischen Vorteil sorgten. Jeder weiß, dass Harriet Tubman etwas gegen Sklaverei hatte, aber die wenigsten wissen, dass sie als Kundschafterin und Krankenschwester im Bürgerkrieg sogar noch mehr Versklavte befreite als während ihrer Zeit als Fluchthelferin der Underground Railroad. Am 2. Juni 1863 wurde Tubman zur ersten Frau – ob Schwarz oder weiß –, die je einen Militäreinsatz der U.S. Army leitete: den bewaffneten Raubzug von Combahee Ferry. Mit 150 Schwarzen Soldaten brach Tubman in Beaufort, South Carolina, auf und konnte dank ihrer Kenntnisse als Kundschafterin drei Kanonenboote sicher durch den von Konföderierten verminten Fluss navigieren. Als sie ihr Ziel erreichten, schlichen sich die Männer von den Booten und überfielen die Plantagen Heyward, Middleton und Lowndes, drei der größten landwirtschaftlichen Sklavenlager der Südstaaten. Sie brannten die Reisplantagen nieder und beluden die Dampfschiffe der Union mit über 700 unmittelbar befreiten Leibeigenen. Sie verloren nicht einen einzigen Soldaten.*

* *Tubman servierte auch Colonel Robert Shaw sein letztes Mahl, bevor er die 54th Massachusetts Volunteer Infantry in den zum Scheitern verurteilten Angriff auf Fort Wagner führte. Während die berüchtigte Krankenschwester Clara Barton die weißen Verwundeten versorgte, leistete Tubman den Schwarzen Soldaten Beistand.*

Indessen half Mary Louvestre (auch Touvestre) nicht nur Millionen Versklavten in die Freiheit – sie lenkte dabei auch noch den Verlauf der Kriegsgeschichte um.

Im Krieg der Sklavenhalter war der Kampf um die Seeherrschaft von entscheidender Bedeutung. Vor Beginn des Kriegs waren Seeschlachten ein Wettstreit zwischen leicht zu versenkenden, leicht brennbaren Holzschiffen gewesen – wobei es ohne den Einsatz der Freien Mary Louvestre, einer talentierten Künstlerin, wohl auch geblieben wäre. Louvestre konnte nicht nur gut zeichnen, sondern war auch eine begabte Schneiderin. So kam es, dass sie im Haus eines südstaatlichen Ingenieurs arbeitete, wo sie eines Tages mitbekam, wie er von einem Plan zum Umbau eines geborgenen Schiffs der Konföderierten sprach, das mit Eisen verstärkt werden solle.

Louvestre war klar, dass dieses Konzept den Krieg für den Süden entscheiden könnte, also kopierte sie die Entwürfe, versteckte sie unter ihrem Kleid und bat um Erlaubnis, ihre früheren Besitzer besuchen zu dürfen. Sie machte sich auf den Weg in die Landeshauptstadt, wo sie unter militärischem Geleit zu den Beamten des Marineministeriums geführt wurde. Als der Kommandant des Stützpunkts in Norfolk von ihrem Heldenmut erfuhr, bat er den Marineminister, Louvestre für ihre außerordentlich mutige Tat »jedwede Belohnung zukommen zu lassen, die ihr für ihre Dienste zustehen mag«.[21] Die Union nutzte die Information zur Beschleunigung der Fertigstellung der USS *Monitor*, die im weltweit ersten Gefecht zwischen gepanzerten Schiffen gegen die CSS *Virginia* (ehemals USS *Merrimack*) antreten und eine neue Ära des Marineschiffsbaus einläuten würde. Das Gefecht erhielt weltweit Aufmerksamkeit und war der Beginn eines neuen Zeitalters der Kriegsführung in Gewässern, die der Unionsmarine einen deutlichen Vorteil zur See verschaffte. Für ihren Einsatz erhielt Mary eine Dankeskarte.

Tubman, Louvestre, Smalls, Minkins und zahllose andere, deren Namen im Lauf der Geschichte untergegangen sind, riskierten ihr Leben für Afroamerika. Die Südstaaten sollten verheerende finanzielle Verluste erleiden, weil Hunderttausende Versklavte aus südstaatlichen Häusern und Zwangsarbeitslagern flohen. Man bedenke: Diese Schwarzen Knechte waren weit mehr als nur Arbeitskräfte. Sie verfügten über das geistige Eigentum zum Aufbau der milliardenschweren Agrarindustrie, welche die Konföderierten Staaten von Amerika, noch vor allen europäischen Ländern außer Britannien, zum viertreichsten Land der Welt gemacht hätte.[22] Ihre Körper sicherten Darlehen und Hypotheken ab, die das Lower Mississippi Valley zur Heimat von mehr Millionären machte als jede andere Region der Vereinigten Staaten.[23] Was die Ausbreitung der Sklaverei verhinderte, war Denmark Veseys Aufstand. Die Schwarzen der freien Staaten sorgten dafür, dass Kansas unter die freien Staaten aufgenommen wurde. Die versklavten Menschen waren die Stärke und treibende Kraft des Südens.

Die Unionsarmee hatte nie vorgehabt, die Versklavten zu befreien. Lincoln wollte die Versklavten nicht befreien. Die Emanzipationsproklamation *konnte* die Versklavten nicht befreien. Die Schwarzen befreiten sich selbst – und besiegten damit die Konföderation und befreiten Amerika von seiner undemokratischsten Institution. Ihnen ging es weniger um Flaggen, Steuerfragen oder die Rettung der Union, sondern vielmehr um die Rettung ihresgleichen. Und doch war das Ergebnis ihres Handelns ein Sieg für Amerika. Die befreiten Versklavten sollten letztlich zur Definition dessen werden, was es heißt, Amerikaner zu sein. Wir sind es, die dieses Land beständig zu weiterer Perfektion vorantreiben. Wir sind der Grund dafür, dass es noch eine Union ist.

Wenn unser Dasein eine Bestimmung erfüllt, wenn das Universum einen Sinn hat und nicht bloß eine Folge zufälliger Ereignisse ist, dann *kann* es kein Zufall sein, dass die ersten »Konterbande« ein gestohlenes Boot auf exakt denselben Weg lenkten wie einst die *White Lion*. Genauso wenig rätselhaft scheint es, dass eine der ersten autarken Schwarzen Gemeinschaften dort ihren Anfang nahm, wo englische Kolonisten ihre erste Siedlung errichteten. Man kann es unmöglich für bedeutungslos halten, dass die Hauptstadt des Sklavenhandels ihren Ruin letztlich der Findigkeit der Versklavten zu verdanken hat, die sich selbst in die Freiheit entführten. Wäre dies ein historischer Roman, dann wäre es einfach zu unglaubwürdig, dass Harriet Tubman General David Hunter dazu gebracht hat, eine unautorisierte Emanzipationsproklamation auszustellen. Die Tatsache, dass Robert Smalls die *Planter* nach Fort Sumter steuerte, um dort das Ende des Bürgerkriegs mit dem zeremoniellen Aufhissen der amerikanischen Flagge zu begehen, käme uns vor wie ein Märchen, wenn es nicht tatsächlich wahr wäre. Dass er dann auch noch South Carolina im Repräsentantenhaus vertrat, ist geradezu übertrieben, vor allem, wenn man bedenkt, dass einer der Gründe für seine Wahl seine Beherrschung der Gullah-Sprache war.[24] Und dass er beim Verfassungskonvent von South Carolina nach dem Bürgerkrieg der »führende farbige Abgeordnete« wurde,[25] ist einfach zu viel. Diese Geschichten wirken wie eine Metapher für etwas sehr viel Größeres. Aber das hier ist ein Gedicht. Und man bedenke: Amerika ist nur eine Geschichte.

Und dies ist ein Gedicht ...

Nach den Schwarzen.

»THE LOST CAUSE« – EINE ERKLÄRUNG

Meine Themenreihe »Explain Like I'm a Racist 5-Year-Old«[1] (»Erklär's mir wie einem rassistischen Fünfjährigen«) begann eigentlich als Parodie des erfolgreichen Subreddit »Explain Like I'm 5«, bei dem komplexe Sachverhalte in leicht verständlichen, gut verdaulichen Häppchen dargelegt werden. Auch wenn sie ursprünglich nur dazu gedacht war, die komplizierten Themen Rassismus, Wirtschaft und Politik in Konversationsform so weit herunterzubrechen, dass selbst ein voreingenommenes Kleinkind sie versteht, wurde die nur als »Racist Baby« benannte Figur doch bald zu einem meiner besten Freunde. Obwohl seine Eltern etwas fanatisch wirken, kommt RB oft unangekündigt vorbei und löchert mich mit Fragen. Ich lasse es gern über mich ergehen, denn ich sehe es als meine Aufgabe zu verhindern, dass Racist Baby irgendwann zu Racist Man wird.

Hey, Racist Baby! Warum trägst du einen Umhang?

Na ja, mein Daddy sagt immer: »Der Süden wird wieder aufsteigen.« Ich komme aus Mississippi und wollte schon mal vorbereitet sein, wenn ich die Fähigkeit zum Fliegen bekomme.

Nein, mein kleiner Fanatiker. Ich will dich ja nicht enttäuschen, aber dir werden keine Flügel wachsen. Dein Dad redet von der Konföderation.

Was ist die Konföderation?

Die Konföderierten Staaten von Amerika wurden im Jahr 1861 gegründet, als elf Südstaaten beschlossen, dass sie nicht mehr zu Amerika gehören wollten. Sie packten ihre sieben Sachen (und mit »Sachen« meine ich Versklavte) und machten sich aus dem Staub, was den Bürgerkrieg auslöste. Das nannten sie »Sezession« oder Abspaltung, was aber nobler klingt als das, was es in Wirklichkeit war: Verrat. Als ich zwölf Jahre alt war, erklärte ich meiner Mutter, dass ich nicht mehr ihren Regeln unterstellt sei und sie nicht mehr das Sagen über mein Schlafzimmer habe, weil ich mich vom Haushalt abspalten würde.

Wie auch die Südstaaten feststellen sollten, lief es aber mit der Abspaltung nicht gut.

Warum wollten die sich denn abspalten?

Wegen der Sklaverei.

Und ...?

Das war's. Nur wegen der Sklaverei.

Aber in meinem Lehrbuch steht, dass es auch um die States' Rights ging, nicht nur um die Sklaverei. Woher weiß ich, dass du recht hast?

Na ja, weil sie es so aufgeschrieben haben.

Am 20. Dezember 1860 beging South Carolina als erster Staat Verrat mit der öffentlichen Erklärung, dass seine Bürgerinnen und Bürger nicht mehr zu den Vereinigten

Staaten gehören wollten, wenn das bedeutete, dass sie Schwarze nicht mehr als Eigentum behandeln durften. Die »Declaration of the Immediate Causes Which Induce and Justify the Secession of South Carolina from the Federal Union« (»Erklärung der unmittelbaren Gründe, die eine Sezession South Carolinas von der föderalen Union veranlassen und rechtfertigen«) wurde als eine Art Folgedokument der Unabhängigkeitserklärung verfasst. Statt aber ihre Beschwerden über ihre Version des tyrannischen Großbritanniens darzulegen, bestand ihre gesamte Auflistung nur aus Variationen von »Ihr lasst uns unsere Sklaven nicht!«.

Die Regierung habe »die Institution der Sklaverei für sündig erklärt«, heißt es darin. »Sie [die Staaten] haben die öffentliche Gründung von Gesellschaften zugelassen, deren erklärtes Ziel es ist, Unruhe zu stiften und den Bürgern anderer Staaten ihr Eigentum zu entwenden. Sie haben Tausende unserer Sklaven darin bestärkt und unterstützt, ihre Haushalte zu verlassen; und die Zurückgebliebenen wurden durch Abgesandte, Bücher und Bilder zum Aufruhr angestiftet.«[2]

Weißt du was? Wenn ich das jetzt so lese, denke ich, du hast vielleicht doch recht. Es ging nicht *nur* um Sklaverei. South Carolina ist auch deshalb aus der Union ausgetreten, weil Abolitionisten aus den Nordstaaten den Versklavten Bücher vorgelesen und Bilder gezeigt haben. Mein Fehler! Wahrscheinlich haben sie den Mythos der »Lost Cause« vorangetrieben, also der verlorenen Sache.

Was für Sachen haben die denn verloren?

Nein, RB. Die *verlorene Sache.* So nennt man die bis heute bestehende Ideologie, in der die Konföderation als heroisches Vorhaben tapferer Männer dargestellt wird. Diese Leute glauben, dass es im Bürgerkrieg nicht um Sklaverei ging und die Konföderierten nicht rassistisch waren.

Aber mein Dad sagt, Sklaverei war nicht rassistisch, weil das früher noch anders war.

Darin liegt das Problem. Auch wenn deine Vorfahren nichts Böses daran fanden – *heute* findet man das schon! Eine vergangene Epoche zu verteidigen, in der für Leibeigenschaft gekämpft wurde, ist, als würde man sich zurücklehnen und an die guten alten Zeiten zurückdenken, da Männer ihre Frauen noch deshalb verprügeln durften, weil ihnen der Schmorbraten angebrannt war.

Also sind die Symbole der Konföderierten rassistisch, weil sie für die Sklavenhaltung stehen?

Nicht ganz. Obwohl die Konföderation überhaupt nur entstand, um die »eigentümliche Einrichtung« (»peculiar institution«) der als Eigentum behandelten Schwarzen aufrechtzuerhalten, haben die meisten Symbole der Konföderierten rein gar nichts mit dem Bürgerkrieg zu tun.

Ich glaube nicht, dass das stimmt. Mein Grandpa hat eine Konföderiertenflagge, und er meint, sie stehe für unser kulturelles Erbe. Willst du mal ein Bild davon sehen?

Ah, das ist nicht die Konföderiertenflagge. Die erste Flagge der Konföderierten sah fast genauso aus wie die US-Flagge, nur mit weniger Streifen und Sternen. Aber der Bund der Sklavenhalter hasste diese Flagge, weil sie der amerikanischen Flagge ähnelte und im Gefecht schwer zu unterscheiden war. Die offiziellen Flaggen der Konföderierten Staaten von Amerika hast du wahrscheinlich sogar noch nie gesehen.

Die Konföderiertenflagge, von der du redest, basiert auf einem Entwurf von William Thompson von 1863. Und für ihn stand die wahre Bedeutung der Flagge außer Frage, die mittlerweile das »Southern Heritage« repräsentiert. Er sagte:

»Als Volk kämpfen wir für die Aufrechterhaltung der vom Himmel befohlenen Vorherrschaft des weißen Mannes über die minderwertige oder farbige Rasse: Eine weiße Flagge stünde somit sinnbildlich für unsere Sache.« Er nannte die Flagge »White Man's Flag«.[3] Diese wurde aber noch mal zu einer dritten Version überarbeitet. Und dass diese Version so weitverbreitet ist, ist einer Gruppe weißer Burschenschaftler zu verdanken.

Dem Historiker Leroy Stafford Boyd zufolge wurde die Bruderschaft Kuklos Adelphon im Jahr 1812 durch eine Studentengruppe der University of South Carolina gegründet und war die »offizielle Bezeichnung eines Bundes, der auch als Circle of Brothers, Kappa Alpha, KA und Alpha Society bekannt war«.[4] Mit unabhängigen Regionalverbänden breitete sich Kappa Alpha überall in den Südstaaten aus, bis die Bruderschaft kurz vor dem Bürgerkrieg schließlich unterging.

Im Oktober 1865 wurde Robert E. Lee, ein General der besiegten Konföderationsarmee, zum Präsidenten des Washington College (heute Washington and Lee University) in Lexington, Virginia, gewählt. Zwei Monate später, am 21. Dezember 1865, entstand dort ein neuer Kappa-Alpha-Bund. Samuel Zenas Ammen, ein Veteran der Konföderierten, wird als »faktischer Gründer«[5] der Bruderschaft gefeiert, weil er Lee und die Konföderation, wie in einem frühen Schriftstück der KA beschrieben, idolisierte: »Treu dem Süden ergeben, nahm sich die Bruderschaft [»Stonewall«] Jackson und Lee als Idealtypus des perfekten Edelmanns zum Vorbild. Von weißer Gesinnung, schloss sie Afrikaner von der Mitgliedschaft aus«.[6] Und was hätte der Bruderschaft als besseres Symbol gedient als das von den legendären weißen Edelmännern Lee und Jackson geführte Sternenbanner? Die Flagge, die du als die »Konföderiertenflagge« kennst, ist in Wirklichkeit die Kriegsflagge der Army of Northern Virginia unter Führung von General Robert E. Lee.

Die neue KA war nicht mehr auf das Universitätsumfeld beschränkt; deren Mitglieder konnten sich in den umliegenden Counties zu als »Klans« bezeichneten Untergruppen organisieren, die einen »Circle of Brothers« bildeten. Drei Tage nach der Gründung von Kappa Alpha 2.0 versammelten sich sechs Männer, darunter ehemalige Soldaten der Konföderation, in Pulaski, Tennessee, und etablierten einen Ableger der Bruderschaft, der Leroy Stafford Boyd zufolge auch auf den alten Kappa-Alpha-Ritualen basierte. Diese Gruppe wandelte den ursprünglichen Namen Kuklos Adelphon zur Hillbilly-Version ab, die aus dem griechischen *kyklos* für »Ring« oder »Kreis« und *clan* für »Brüder« oder »Familie« zusammengesetzt ist. Sie nannten sich »Ku-Klux-Klan«.*

In mehreren Ausgaben des gruppeneigenen Rundbriefs *The Journal* behauptete ein viel gepriesener Kappa-Alpha-Alumnus namens Thomas F. Dixon jr., Kappa Alpha solle »nicht davor zurückschrecken, sich den Anstoß zu jener Bewegung anzurechnen, die im Ku-Klux-Imperium kulminierte.«[7] Dixon war es auch, der dafür sorgte, dass Frauen in die Organisation einbezogen wurden.

Moment mal. Bei den Versammlungen von meinem Dad waren aber keine Frauen dabei.

Nun, mein kleiner Kindergarten-Klansmann, das war auch nicht immer so. Im Jahr 1894 brachte eine Gruppe weißer Frauen gut 100 Kilometer vom Gründungsort des Klans entfernt verschiedene konföderationsfreundliche Gruppierungen unter einem Dach zusammen, den United Daughters of the Confederacy (UDC). Statt terroristischen Aktivitäten hatten diese Frauen eine gezieltere Methode zur Ehrerbietung der Konföderationssymbolik. Auch wenn die Damen der UDC die Gebote der »Lost Cause«-Mythologie nicht

* *So klingt Griechisch, wenn man es mit einem Südstaatenakzent ausspricht. Hatten wir schon über die Probleme der Weißen mit Namen gesprochen?*

begründet oder wesentlich dazu beigetragen haben,* war diese Gruppe weißer Frauen doch weitgehend für deren Verbreitung verantwortlich.

Hier ein Auszug aus *Ku Klux Klan*, dem Buch der UDC-Präsidentin eines kalifornischen Regionalverbands:[8]

> *In jedem Klubhaus der United Daughters of the Confederacy sollte es eine Gedenktafel für den Ku-Klux-Klan geben; damit wäre nicht nur einem, sondern 550.000 Männern ein Denkmal gesetzt, denen alle Südstaatler zu Dank verpflichtet sind; denn wie unser geliebter Süden diese Schreckensherrschaft überstehen konnte, ist eine große Frage.*

Der Gedanke der »Lost Cause« war zwar immer ein Bestandteil des heimlichen Klubhausdogmas der weißen Vorherrschaft, doch es waren die Daughters of the Confederacy, die ihn mit einer der erfolgreichsten Marketingkampagnen der amerikanischen Geschichte erst richtig vorantrieben. Der Historikerin Karen L. Cox zufolge wurde die »Konföderationstradition«, wie wir sie kennen, von diesen organisierten Gruppen weißer Frauen geprägt, die den Mythos aufrechterhalten wollten, dass es »im Bürgerkrieg nicht um Sklaverei, sondern um die Rechte der Einzelstaaten ging«[9], indem sie ein »idealisiertes Bild der Südstaaten in der Vorkriegszeit« heraufbeschworen, bei dem »weißer Paternalismus und afroamerikanische Sklaverei romantisiert und die Tapferkeit der Konföderationssoldaten glorifiziert wurden«.

Eine Ansicht, die sich offenbar gehalten hat. Einer SSRS-Umfrage der *Washington Post* aus dem Jahr 2019 zufolge waren

---

* *Der Begriff der »Lost Cause« taucht erstmals in einem Buch des Pseudojournalisten und Konföderationssympathisanten Edward Pollard auf, der in seinem Werk* The Lost Cause: A New Southern History of the War of the Confederates *erklärt, dass die amerikanische Form der Sklaverei »tatsächlich die weltweit mildeste« sei, da sie »den Afrikaner [...] im Interesse des menschlichen Fortschritts erhöhte«. Was haben diese Weißen nur genommen?*

41 Prozent der Amerikaner der Ansicht, dass es im Bürgerkrieg um etwas anderes als Sklaverei ging.[10] Eine im Juli 2020 durchgeführte Umfrage von Morning Consult ergab, dass 43 Prozent der Amerikaner die Konföderiertenflagge für ein Symbol des »Southern Pride« halten. Nur 39 Prozent stimmten der Aussage zu, dass es sich dabei ein Symbol für Rassismus handelt.[11]

Wie haben sie das geschafft?

Indem sie den Gedanken der weißen Vorherrschaft als Teil der traditionellen Südstaatenwerte verkauften. Dazu haben sie zuallererst die weißen suprematistischen Verräter zu heldenhaften Verfechtern der Südstaatenkultur erhoben. Hast du schon mal ein Konföderiertendenkmal gesehen?

Na klar! Ganz viele. Das machen wir immer im Urlaub. Die sehen aus wie meine Modellfiguren von der Konföderationsarmee, nur in groß. Meine Mummy meint, ich muss sie alle mal gesehen haben, bevor sie abgerissen werden und unsere Geschichte ausgelöscht wird.

Na ja, das wird noch eine Weile dauern. Eine Analyse des Southern Poverty Law Center (SPLC) von 2016 hat ergeben, dass 718 der landesweiten Konföderiertendenkmäler und -statuen auf Privatgrundstücken stehen, wobei die überwiegende Mehrheit von einer ganz bestimmten Gruppe finanziert worden war – den United Daughters of the Confederacy.[12] Die meisten dieser Statuen wurden mehr als 50 Jahre nach dem Bürgerkrieg errichtet. Als das SPLC die Geschichte dieser Denkmäler und nach Konföderierten benannter Orte genauer untersuchte, wurde tatsächlich festgestellt, dass der starke Anstieg an Widmungen und Benennungen auf zwei Zeiträume fällt. Der erste begann um 1900 und umfasst die Einführung der Jim-Crow-Gesetze und die Nativismusbewegung der 1920er-Jahre, die dem Klan unmittelbar nach seiner Neugründung Aufschwung gab. Der zweite fällt auf die Zeit des Widerstands gegen die Bürgerrechtsbewegung zu Anfang der 1950er- bis in die späten 1960er-Jahre. Zwischen diesen beiden Epochen verlagerte die UDC ihre Bemühungen darauf, Spenden zu sammeln, die Zahl ihrer Mitglieder auszubauen und Schwarze Kinder zu bespucken, die versuchten, die Segregation an ihren Schulen aufzuheben.

Auch der »größte Schrein für weiße Vorherrschaft in der Weltgeschichte«[13] wurde von der UDC mitfinanziert. Das gut 15 000 Quadratmeter große Relief von Jefferson Davis, Robert E. Lee und Thomas »Stonewall« Jackson befindet sich bei einem Steinbruch östlich von Atlanta. Im Jahr 1915 erteilte Samuel Venable, der Eigentümer des heute als Stone Mountain Park bekannten Gebiets, dem Ku-Klux-Klan das immerwährende Recht, dort seine Versammlungen abzuhalten, womit er das moderne Zeitalter des KKK förmlich in Gang setzte. UDC-Gründungsmitglied Helen Plane, von der die Idee für das Stone Mountain Memorial stammte, wollte ursprünglich auch den Klan in dem Relief abbilden lassen, denn wie sie dem damaligen Bildhauer mitteilte, gebührte es »dem Klan, der uns vor einer Herrschaft der Negroes und Carpetbagger bewahrt hat,* im Stone Mountain verewigt zu werden. Wie wäre es mit der Darstellung einer kleinen Gruppe, die im Rittergewand aus der Ferne heranreitet?«[14]

Der erste Bildhauer, der mit dem Relief am Stone Mountain beauftragt wurde, nahm 1916 die Arbeit auf, musste aber schon bald aus Zeit- und Geldmangel aufhören. Nach dem Urteil des Obersten Gerichtshofs im Fall *Brown versus Board of Education*, mit dem in Georgia das Ende der Segregation eingeläutet wurde, flossen so viele Spendengelder in die

* *»Carpetbagger« ist ein alter Begriff aus den Südstaaten, mit dem Nordstaatler bezeichnet wurden, die in den Süden zogen. Auch bekannt als »Yankees«, »aufrührerische Eindringlinge« oder »Weiße, die nicht rassistisch genug sind«.*

Kassen der UDC, dass sie die Arbeit fertigstellen konnten. Am 14. April 1965 wurde der Park schließlich als Touristenattraktion eröffnet – auf den Tag genau 100 Jahre nachdem Präsident Abraham Lincoln von einem weißen Suprematisten erschossen wurde.*[15]

Wow! Das ist ja komisches Timing. Aber vielleicht lagen ihnen eben ihre Veteranen am Herzen.

Ach, mein kleiner Konföderiertenknirps, am Gedenken der Konföderiertensoldaten lag den United Daughters of the Confederacy ungefähr so viel wie den »Chor«-Mitgliedern deines Vaters daran, an brennenden Kreuzen Marshmallows zu rösten. Um die Jahrhundertwende waren viele der Frauen, die selbst Ehefrauen oder Töchter von Bürgerkriegsveteranen waren, entweder bereits gestorben oder litten unter ständigen »Ohnmachtsanfällen«. Die UDC war jedoch weit entfernt davon, sich aufzulösen, sondern erlebte einen starken Zulauf an Mitgliedern, ausgelöst durch die zunehmenden Bestrebungen, mithilfe der Jim-Crow-Gesetze die »Rassen« zu trennen. Bei der 14. Jahresversammlung der North-Carolina-Abteilung der United Daughters of the Confederacy[16] lobte eine Rednerin die Tugenden der Organisation wie folgt:

> *Ihr wart der Gesang des alten Südens: Ihr seid das Motiv des neuen Südens; und heute, in dieser großen Stunde des Friedens und Handelsgeistes, in der die Menschen zum Vergessen neigen, steht ihr, die United Daughters of the Confederacy, noch immer vereint; seid Recht und Demokratie der Südstaaten nach wie vor treu ergeben, so wie auch – Gott sei Dank – der Vorherrschaft der Weißen.*

---

* *Wahrscheinlich nur ein Zufall.*

Hmmm. Du meinst also, die haben Leute durch Gehirnwäsche dazu gebracht, dass sie die Verliererseite des Bürgerkriegs gernhatten, indem sie Statuen aufstellten und Fahnen schwenkten?

Der neuen Generation von Südstaatenschönheiten ging es weniger darum, Veteranen ein Denkmal zu errichten, als vielmehr die Tradition der weißen Vormachtstellung zu institutionalisieren, für deren Aufrechterhaltung die Armee der Rassisten gekämpft hatte. Und das mit den Statuen war nur ein Aspekt der Gehirnwäscheaktion, mit der sie die Leute dazu bringen wollten, weiße Suprematisten zu verehren.

Der Plan der UDC war vielschichtig. Ihr Komitee für Nationalgeschichte organisierte Propagandakampagnen in Schulbezirken im ganzen Land, darunter auch einen jährlichen Aufsatzwettbewerb, bei dem die Kinder belohnt wurden, wenn sie überschwängliche Lobeshymnen über die verflossene Sklavenhalterutopie der Südstaaten schrieben. Außerdem sponserten sie Paraden, ließen an Schulen in ganz Amerika Konföderiertenflaggen neben den US-Flaggen anbringen und gründeten sogar »Children of the Confederacy«-Gruppen. Den vielleicht größten Einfluss hatten die Daughters aber darauf, was Kindern wie dir über Sklaverei beigebracht wird.

Keine andere Organisation hat den Schulunterricht über den Süden der Vorkriegszeit und den Bürgerkrieg stärker beeinflusst als die UDC. Zu Beginn des Ersten Weltkriegs hatte die UDC mehr Mitglieder als jeder Lehrerverband, Lehrer- und Elternverband oder Geschichtsverein Amerikas.[17] Das Geschichtskomitee der UDC war irgendwann so einflussreich, dass es nicht nur bestimmen durfte, welche Lehrbücher für den Geschichtsunterricht geeignet waren, sondern sogar eigene Bücher verfasste.

»[Uns ist bewusst], dass die Lehrbücher für Geschichte und Literatur, mit denen die Kinder in den Südstaaten aktuell arbeiten [...], nicht nur Falschdarstellungen, sondern auch grobe Auslassungen enthalten, wobei den Südstaaten die Anerkennung ihrer Errungenschaften vorenthalten wird«, so Mildred Lewis Rutherford. »Als Historikerin der UDC, der sämtliche Angelegenheiten der Südstaaten ein ernstes Anliegen sind, habe ich nun eine Art Test oder Messstab entwickelt. Die von den Bildungsausschüssen ernannten Gremien oder auch Direktoren privater Einrichtungen und deren Lehrer können diesen Test auf Bücher anwenden, die zur Aufnahme vorgeschlagen werden, sodass keiner, dem die Wahrheit am Herzen liegt, sich in seiner Empfehlung zur Annahme oder Ablehnung dieser Bücher gehemmt fühlen muss.«[18]

Und so wurden Wahrheiten erdichtet und in Schulen im ganzen Land weiterverbreitet und bewahrt. Im Jahr 1922 wurde David S. Muzzeys Werk *An American History*, das über ein Jahrzehnt als Lehrbuch gedient hatte, durch den Lehrbuchausschuss von North Carolina regelrecht verbannt, weil den Schülern darin beigebracht wurde, dass die Sklaverei der Auslöser für den Bürgerkrieg war.[19] In einem 1957 von der UDC sanktionierten Lehrbuch wird behauptet, die versklavten Afrikaner Virginias seien »grundsätzlich glücklich« gewesen und »gingen fröhlich ihrer Arbeit nach und verdienten sich dabei ihren eigenen und den Lebensunterhalt derer, für die sie arbeiteten«.[20] In einem Lehrbuch für die vierte Klasse wird vorgeschlagen, die Schüler sollten Bilder vom Klan malen und Nachbildungen der Konföderiertenflagge anfertigen.

»Die Weißen, die vor dem Krieg in Alabama lebten, hatten keinen besonderen Schutz«, heißt es in *Exploring Alabama*, einem 1970 erschienenen Lehrbuch über die Geschichte des Staats. »Sie erschienen hilflos, und viele von ihnen hatten Angst [...] Irgendwann nahmen einige von ihnen die Sache selbst in die Hand. Sie organisierten Geheimgesellschaften, die ihnen bei der Wahrung ihrer besonderen Interessen halfen. Die bekannteste davon war der Ku-Klux-Klan.«[21]

Aber mein Daddy sagt, die Flagge stehe für meine Wurzeln als Südstaatler. Du kommst doch auch aus den Südstaaten. Was hast du dann gegen sie?

Nun, RB, im Jahr 1948 verließen die Demokraten der Südstaaten die Democratic National Convention (Parteitag der Demokratischen Partei) und gründeten ihre eigene Partei – die States' Rights Democratic Party, besser bekannt als Dixiecrats –, um sich gegen die Integration zu wehren. Bald darauf wurde die Flagge, die wir heute als Konföderiertenflagge kennen, zum Symbol für den eisernen Widerstand gegen jene »liberalen Werte«, die die Bürgerrechtsbewegung den Jim-Crow-Staaten auferlegen wollte.

Als die University of Alabama angewiesen wurde, die Segregation an ihrem Campus aufzuheben, verwendete die dortige Kappa-Alpha-Vereinigung die Flagge als Symbol für ihr »kulturelles Erbe« und den »Southern way of life«, was die meisten anderen weißen Studentenverbindungen der Universität bald kopierten. Sie wurde 1956 in die Staatsflagge Georgias integriert, obwohl sie *den Staat zu Konföderationszeiten nie repräsentiert hatte.* Im Jahr 1962 beschloss die General Assembly von South Carolina, dass die Flagge auf ihrem Regierungssitz geführt werden solle.

Keiner dieser Staaten hat in seiner Argumentation für das Hissen einer Flagge zu Ehren des besiegten Whitekanda je den Bürgerkrieg erwähnt. Wie auch dem KKK, der Kappa-Alpha-Vereinigung und den United Daughters of the Confederacy ging es ihnen einzig und allein um die Erhaltung der weißen Vorherrschaft und um Segregation.

Ah, von Segregation habe ich schon mal gehört. Mein Daddy nennt das »die natürliche Ordnung«.

Das glaube ich gern, du konditionierter Knirps. Na ja, zuerst haben die United Daughters of the Confederacy noch versucht, die Verwendung von General Lees Flagge zu unterbinden – nicht weil sie anstößig war, sondern weil sie *falsch* war. Aber irgendwann haben sie es aufgegeben, das Narrativ korrigieren zu wollen.

Warum haben sie aufgegeben?

Weil es ihre eigene Schuld war!

Sie waren es ja, die den Mythos von den States' Rights, den Traditionen und der Südstaatenkultur erst in Umlauf gebracht haben. Sie waren es, die ihre Schwarzen feindliche Rhetorik in ein ahistorisches Narrativ gehüllt haben. Der Klan hat gelyncht, die Kappa-Alpha-Mitglieder haben den Rassismus institutionalisiert, aber die United Daughters of the Confederacy waren diejenigen, die die Ursprungsgeschichte so umgeschrieben haben, dass die bösen weißen Suprematisten als die Helden dastanden.

Aber wenn den Leuten beigebracht wurde, dass die Konföderiertenflagge für ihre Traditionen steht, ist sie dann überhaupt rassistisch?

Wenn dein Dad dir beigebracht hat, dass er daran glaubt, dass zwei plus zwei fünf ergibt, heißt das dann, dass alle anderen auch daran glauben müssen? Müssen wir dann alle Taschenrechner umbauen, um den fehlerhaften Mathestunden deines Dads entgegenzukommen?

Moment, ich bin noch dabei, zwei plus zwei auszurechnen.

Was ich eigentlich sagen will: Es geht nicht darum, woran irgendjemand glaubt. Die Wahrheit ist, dass mit den Konföderiertendenkmälern Menschen gewürdigt werden, die Verrat an diesem Land begangen haben. Die gegenwärtige Konföderiertenflagge steht für einen Krieg um die Aufrechterhaltung der Praxis des Menschenhandels, der Vergewaltigung und des Mords. Der einzige Grund, warum sie wieder einen Platz im nationalen Bewusstsein gefunden hat, ist, dass die Anhänger der Segregation den Schwarzen ihre Grundrechte verwehren wollten.

Aber wenn sie so schlimm sind, warum findet mein Dad die Konföderiertensymbole dann so toll?

Aus demselben Grund, warum dir 43-Jährige erzählen wollen, wie sie mal 38 Punkte in einem Highschoolbasketballspiel geholt haben, oder warum Typen, die vor 27 Jahren einer Studentenverbindung beigetreten sind, so tun, als wären sie noch auf dem College, und sich bei spontanen Step-Show-Einlagen in der Disco den Rücken verrenken. Sie leiden alle an derselben Krankheit, die Mick Jagger dazu bewegt, sich in knallenge Lederhosen zu zwängen: ein verzerrtes, verblendetes Selbstbild, das sie sich aus ihren Glanzzeiten bewahrt haben.

Manche bleiben in der Vergangenheit stecken, weil die Gegenwart und die Zukunft nicht so rosig sind. 1865 war ungefähr das letzte Mal, dass Weiße noch richtig gewonnen haben. Seitdem haben sie mit Ablenkungsmanövern versucht, die Wettbewerbsbedingungen zu verzerren, um nicht ohne die Vorteile, die ihnen ihr Weißsein beschert hat, gegen das ganze restliche Amerika antreten zu müssen. Es ist die Furcht davor, der Wahrheit und Realität ins Auge zu blicken und zu erkennen, dass man nicht gut genug ist. Es ist Angst.

Sollte dann also alles, was mit dem Bürgerkrieg zu tun hat, verbannt werden?

Natürlich nicht. Aber andererseits ist es auch geschmacklos, die Qual, Misshandlung und Unterwerfung eines ganzen Volks zu zelebrieren. Wenn manche Leute Robert E. Lee sehen, erinnert sie das an einen bedauernswerten Teil der amerikanischen Geschichte. Stell dir vor, deine Steuergelder würden zur Erhaltung von Symbolen und Geschichtsbüchern verwendet, die Narrative weißer Vorherrschaft bestärken, oder du würdest tagtäglich eine physische Repräsentation sehen, die dich an die fortwährende Ungerechtigkeit Amerikas gegenüber deinem Volk erinnert.

Aber wenn irgendwann alle Denkmäler und Symbole der Konföderation mit Schande behaftet sind, wie sollen wir als Südstaatler uns dann an den Bürgerkrieg erinnern?

Auf dieselbe Art, wie wir uns an den Unabhängigkeitskrieg, den Britisch-Amerikanischen Krieg, den Ersten Weltkrieg, den Zweiten Weltkrieg und jeden anderen Konflikt in der Geschichte Amerikas erinnern: *mit Büchern*. Wir brauchen keine Statue von Saddam Hussein, um uns an Desert Storm zu erinnern. Ich glaube kaum, dass wir den tödlichsten Krieg, den dieses Land je gesehen hat, in Abwesenheit der schnauzbärtigen Versklaver einfach vergessen werden.

Ich weiß, viele Menschen würden lieber die Vergangenheit weißwaschen und die Vorkriegstage verklären zu dem Bild der Mint Juleps schlürfenden, auf Veranden sitzenden Südstaatenschönheiten, aber sie waren nun mal auch bereitwillige Teilnehmerinnen an einem beinahe 250 Jahre währenden Genozid.

Vielleicht werden die Südstaaten eines Tages aus ihrem rassistischen Stupor und den feuchten Träumen von weißer Vorherrschaft erwachen, die Rebellenflaggen ablegen und tatsächlich wieder aufsteigen.

Und dann kannst du mit mir Marshmallows rösten gehen!

Nee. Ich glaub nicht.

DREI KURZE FRAGEN

1. **Welche der folgenden Punkte waren keine Auslöser des Bürgerkriegs?**
   a. Gier.
   b. Sklaverei.
   c. Weiße Vorherrschaft.
   d. Schwarze.

2. **In zwei Worten kann die Konföderation am besten beschrieben werden als:**
   a. States' Rights.
   b. Whites' States.
   c. States' Wrongs.
   d. Yeeee-hawwww!!!!

3. **Was wäre das größte Exportgut der Konföderierten Staaten von Amerika gewesen?**
   a. Baumwolle.
   b. Entflohene Versklavte.
   c. Banjomusik.
   d. Weißsein.

AUFGABE

BEWERTEN SIE DIE »LOST CAUSES«

Stellen Sie sich vor, die Konföderation hätte den Bürgerkrieg gewonnen, und ordnen Sie die folgenden negativen Nachwirkungen von schlimm bis schlimmer ein.

1. Die Wirtschaft der Konföderation wäre durch mangelnde Industrialisierung eingebrochen.
2. Die überdurchschnittlich ungebildeten, ungelernten weißen Nichtsklavenhalter hätten eine Dritte-Welt-gleiche Armut verursacht.
3. Kein Outkast.
4. Keine NBA-Meisterschaften oder Superbowls. Das Footballteam der University of Alabama hätte allerdings … na ja, nicht wirklich anders ausgesehen.
5. Die Konföderiertenflagge wäre zum Symbol für rassistische Verräter geworden, die ihrem Land den Rücken kehrten.
6. Die Konföderation wäre die größte Nichtdemokratie auf dem Kontinent gewesen.
7. Sobald es mit der Sezession einen Präzedenzfall gegeben hätte, hätten sich auch die anderen Staaten jederzeit abspalten können, wenn sie mit den Bundesgesetzen mal nicht einverstanden waren.

8. Arme weiße »illegale Einwanderer« würden über die Südstaatengrenze herbeiströmen, um uns unsere Jobs wegzunehmen, ihren Kindern eine bessere Bildung zu ermöglichen und Straftaten zu begehen. Wahrscheinlich müssten wir eine Mauer oder so was bauen.
9. Wir müssten uns nicht mit Florida herumschlagen.
10. Der unvermeidliche »Rassenkrieg«.

8

CONSTRUCTION

In Schilderungen aus der Zeit nach dem Ende des amerikanischen Bürgerkriegs, die die Geschichte der Schwarzen nachzeichnen, steht das Blutvergießen unschuldiger Schwarzer Opfer durch weißen Terrorismus häufig im Mittelpunkt. Zum ersten Mal, seit die unfähigen Engländer an den Küsten Virginias nach Bäumen suchten, an denen Diamanten wachsen, stellten sich die Weißen eine Welt vor, die nicht ihnen gehörte. Ihres menschlichen Eigentums, ihres Vermögens und ihrer Ehre beraubt, blieb den Pflanzern und den armen Konföderierten nur noch die Solidarität ihrer Hautfarbe. »Nach dem Kriegsdienst wandte er sich deshalb dem Guerillakrieg zu, insbesondere gegen die Negroes«, schrieb Du Bois. »Er schloss sich eifrig geheimen Organisationen wie dem Ku-Klux-Klan an, die seine Selbstgefälligkeit noch nährten, indem sie ihn zum Verbündeten von weißen Plantagenbesitzern machten und ihm die Möglichkeit gaben, seine rassenbasierte Überlegenheit durch Einschüchterung und Ermordung von Niggern aufrechtzuerhalten; noch dazu konnte er in geheimen, selbst durchgeführten Aktionen die schwarzen Gehilfen der Pflanzer vertreiben und so das Land für weiße Arbeitskräfte erschließen – oder auch befreite Sklaven ermorden, die zu erfolgreich geworden waren.«[1]

Aber das haben sie *uns* angetan; nicht wir waren schuld.

Nach dem großen Krieg um die Vorherrschaft der Weißen brachten unsere Vorfahren eine neue Nation auf diesem Kontinent hervor. Dieses Schwarze Amerika, in ihren Herzen geboren und durch ihre von den Ketten befreiten Hände errichtet, war zugleich der größte Traum der ehemaligen Versklavten und die Verwirklichung der schlimmsten Ängste eines jeden weißen Südstaatlers. Zu Füßen der Schwarzen lag ein zerrissener, schwelender Süden, der jedoch gleichzeitig erfüllt war von der Frucht der Freiheit und unendlichen Möglichkeiten, bereit, neu definiert zu werden.

LAND OF THE THIEF, HOME OF THE SLAVE

Motherless children sees a hard time
When their mama's gone.
Motherless children sees a hard time
When their mama's gone.
Lord, why you make this world so cold?
They ain't got no place to go.
Motherless children sees a hard time
When their mama's gone.

Wenn es je eine passende Metapher für Amerika gab, dann ist es die Geschichte eines Stücks Land am Zusammenfluss von Ashley River, Wappoo Creek und Stono River.

Als William Wallace McLeod das Anwesen im Jahr 1851 kaufte, hatte er keine Ahnung, dass seine neueste Errungenschaft bereits eines der wichtigsten Grundstücke in der Geschichte Amerikas war. Die McLeod-Plantage befand sich auf James Island, South Carolina, vor den Toren von Charleston, nur einen kurzen Fußweg von der Stelle entfernt, wo Jemmy im Jahr 1739 den Stono-Aufstand angezettelt hatte. Sie diente außerdem als Basislager für die Black Pioneers während der Belagerung von Charleston in der Amerikanischen Revolution.

Den Sklavenverzeichnissen zufolge zwang McLeod zwischen 1851 und 1865 95 Menschen dazu, sechs Tage die Woche auf seinem neuen Grundbesitz zu arbeiten, der in etwa so groß war wie Harlem in Manhattan.[2] Da war Gewalt unabdingbar.*

Nachdem er sein neues Stück Land für die Versklavung gekauft hatte, nutzte er es als Produktionsstätte für South Carolinas lukrativstes Erzeugnis: Sea-Island-Baumwolle. Im Gegensatz zu den gewöhnlicheren Sorten wächst Sea-Island-Baumwolle an bis zu einem Meter 80 hohen Stängeln und bringt etwa faustgroße Blüten mit langen, robusten Baumwollfasern hervor, ganz ähnlich den teureren ägyptischen Sorten.[3] McLeod hatte noch nie zuvor Baumwolle angebaut, aber ihm gehörte der Versklavte Pompey Dawson, der dafür bekannt war, ständig sein liebstes Negro-Spiritual zu singen: »Motherless Children Sees a Hard Time« (»Mutterlose Kinder erleben harte Zeiten«). Während seiner Arbeit im Sumpf, wo er die Baumwollpflanzen pflegte, stimmte er es so oft an, dass er bald als »Hardtime« Dawson bekannt war. Obwohl er schon sein ganzes Leben lang versklavt war, galt Hardtime als einer von Amerikas führenden Baumwollspezialisten.[4] Durch die Ausbeutung von Hardtimes umfassendem Wissen entwickelte sich McLeods Farm zu einem der florierendsten Zwangsarbeitsunternehmen in South Carolina. Obwohl die Plantage von der Anbaufläche her lediglich die fünftgrößte auf James Island war, nahm sie in puncto Viehbestand Platz drei ein sowie Platz zwei bei den Ernteerzeugnissen und Platz eins in der Produktion von Sea-Island-Baumwolle.[5]

Hardtime war verheiratet und hatte vier Kinder; sein ältester Sohn hieß William Dawson, und höchstwahrscheinlich hatte er,

---

* *Im Gegensatz zu ihren Zeitgenossen weiter südlich beschäftigten die von Sklavenarbeit abhängigen Unternehmer auf James Island keine Aufseher. Stattdessen wandten die wohlhabenden weißen Dienstherren, deren Familien und die weiteren 193 weißen Einwohner von James Island allesamt Gewalt an oder drohten damit, um den 1533 unbezahlten Leibeigenen auf James Island die unentgeltliche Arbeitskraft abzuringen.*

so wie die meisten Menschen, die McLeod am Charleston Harbor kaufte, wo der Sklavenhandel nur so boomte, mit verbundenen Augen und ohne Schuhe bis zur McLeod-Plantage zu Fuß gehen müssen. Wills Füße erholten sich nie von dem Marsch, sodass er sein Leben lang hinkte. Aber er eignete sich das Wissen seines Vaters über Sea-Island-Baumwolle an, und man erwartete von ihm, dass er das Erbe seines Vaters antreten und für McLeod und seine Nachkommen den Reichtum der nächsten Generationen erwirtschaften würde.

Als die ersten Schüsse des Bürgerkriegs von der McLeod-Plantage über den Fluss abgefeuert wurden, ließ William McLeod die Farm von seinem Bruder weiterbetreiben, während er seine Familie in einem Ferienhaus in Greenwood, South Carolina, in Sicherheit brachte und sich selbst freiwillig zum aktiven Dienst bei den Charleston Light Dragoons meldete, einer Einheit der Konföderiertenarmee, die so elitär war, dass sie als »Sons of Privilege« (»Söhne des Privilegiums«) bekannt war.[6] Vor seiner Abreise in den Kampf um das Recht zur Erhaltung seines Sklavenlagers »verpachtete« er einige seiner Versklavten an die Konföderiertenarmee. Er ahnte nicht, dass sie nicht die letzten Schwarzen der McLeod-Plantage sein würden, die im Bürgerkrieg kämpften.

40 MORGEN UND EIN MAULTIER

Obwohl die Reconstruction im Allgemeinen als der Zeitraum nach dem Bürgerkrieg angesehen wird, begann sie bereits im Jahr 1862, nachdem die Truppen der Konföderierten zunehmend Verluste erlitten und Lincoln damit begann, in den besiegten Gebieten der Konföderierten kommissarische Regierungen aufzustellen. Als 1862 Marineschiffe der Nordstaaten auf dem Fluss bei der McLeod-Plantage auftauchten, befreiten sich neun der dort Versklavten selbst. Drei Wochen später entfloh ein weiterer Gefangener der Sklaverei. Niemand weiß, was mit den ersten neun Afrikanern passierte, die von der McLeod-Plantage verschwanden. Dank militärischer Aufzeichnungen ist aber bekannt, was dem Zehnten widerfuhr: Am 25. Mai 1862 meldete sich ein Schwarzes Besatzungsmitglied freiwillig auf der USS *Pembina*, einem Kanonenboot der Nordstaatenmarine, das den Bereich am Zusammenfluss von Ashley River, Wappoo Creek und Stono River patrouillierte. Er erwies sich als äußerst wertvoller Navigator und tat bis Oktober 1865 seinen Dienst an Bord der USS *Wabash*, einem Dampffregattschiff der Nordstaaten. Sein Name war William McCloud Dawson, der Sohn von Hardtime.

Im Gegensatz zum Besitzer der McLeod-Plantage wurde Will dank des Kampfeinsatzes für sein Land unverzüglich als amerikanischer Bürger anerkannt. Durch die gemeinschaftliche Entscheidung, ihre Landsleute zu töten, um die 200-jährige Tradition der Einschüchterung und des Besitzes Schwarzer Menschen fortzuführen, hatten die Konföderierten ihre Staatsbürgerschaft offiziell aufgegeben und waren Bürger der Konföderierten Staaten von Amerika geworden. McLeod und alle anderen waren nun Verräter im eigenen Land.

Um die Union wiederherzustellen, deren Erhalt er versprochen hatte, musste Lincoln nach dem Sezessionskrieg entscheiden, wie er Überläufern aus den Südstaaten den Weg zur Wiedererlangung ihrer Staatsbürgerschaft ebnen konnte. Die Radical Republicans legten mit der Wade-Davis Bill einen Gesetzesentwurf vor, in dem vorgeschlagen wurde, dass ein Staat zum Wiedereintritt in die Union ein Sklavereiverbot in seine Verfassung aufnehmen und dafür sorgen musste, dass die Mehrheit der Wähler einen Treueeid ablegte. Doch nachdem das Repräsentantenhaus und der Senat die Wade-Davis Bill genehmigt hatten, weigerte Lincoln sich, sie zu unterzeichnen. Als stets gemäßigter Mensch schlug er eine mildere Lösung vor. In seinem Zehn-Prozent-Plan ordnete er an, dass ein Zehntel der Wahlberechtigten des betreffenden Staates den »Ironclad Oath« (»Heiligen Eid«) ablegen musste:

Ich __________ schwöre (oder beteuere) hiermit feierlich, dass ich niemals aus freien Stücken Waffen gegen die Vereinigten Staaten erhoben habe, seit ich einer ihrer Bürger bin; dass ich niemandem aus freien Stücken Hilfe, Unterstützung, Rat oder Ermutigung gewährt habe, der in feindliche bewaffnete Auseinandersetzung mit ihnen trat; dass ich niemals nach einer Funktion in irgendeinem Amt gestrebt oder diese angenommen oder ausgeführt habe, welches unter einer den Vereinigten Staaten feindlich gesinnten Obrigkeit oder vorgeblichen Obrigkeit stand; dass ich keiner vorgeblichen Regierung, Obrigkeit, Macht oder Einrichtung innerhalb der Vereinigten Staaten, die diesen feindlich oder feindselig gesinnt sind, aus freien Stücken Unterstützung geboten habe. Des Weiteren schwöre (oder beteuere) ich, dass ich die Verfassung der Vereinigten Staaten nach bestem Wissen und Gewissen unterstützen und gegen alle Feinde verteidigen werde, von außerhalb oder innerhalb; dass ich derselben treu und loyal ergeben bin; dass ich diese Verpflichtung aus freien Stücken und ohne jedweden seelischen Vorbehalt oder Absicht der Missachtung eingehe und dass ich den Verpflichtungen des Amtes, das ich nun übernehme, getreu nachkommen werde, so wahr mir Gott helfe.[7]

Da der Gesetzesentwurf nie zur Anwendung kam, wurde das Vorhaben der Radical Republicans, die Abschaffung der Sklaverei zur Bedingung für die Wiederaufnahme eines Staates zu machen, hinfällig, als am 31. Januar 1865 der Kongress den 13. Zusatzartikel zur Verfassung verabschiedete. Der neue Zusatzartikel erklärte: »Weder Sklaverei noch Zwangsdienstbarkeit darf, außer als Strafe für ein Verbrechen, dessen die betreffende Person in einem ordentlichen Verfahren für schuldig befunden worden ist, in den Vereinigten Staaten oder in irgendeinem Gebiet unter ihrer Gesetzeshoheit bestehen.« Dieser Zusatzartikel, nicht Lincolns magische Emanzipationsproklamation, war es, der schließlich die Sklaverei in den Vereinigten Staaten von Amerika für ungesetzlich erklärte.* Und damit

* *Den Teil zu »außer als Strafe für ein Verbrechen« sollten Sie sich merken. Scheint irgendwie wichtig zu sein.*

kam zwar Freiheit, aber auch eine große Unklarheit, was den Status dieser kürzlich befreiten Männer und Frauen anging.

Denn in der Verfassung war die Staatsbürgerschaft nie richtig definiert worden, sodass die neuerdings freien Menschen ohne Staatsangehörigkeit dastanden, umringt von einer wütenden und gewalttätigen weißen Bevölkerung, deren Niederlage zum Teil durch ihre ehemaligen Leibeigenen herbeigeführt worden war. Bis zu diesem Zeitpunkt hatte jeder Bundesstaat selbst entschieden, ob befreite Versklavte wählen gehen, Land besitzen oder auch nur Rechte erhalten durften. In Rhode Island war es Schwarzen seit 1842 erlaubt zu wählen, während man in Pennsylvania den Schwarzen Bürgern das Wahlrecht wieder entzogen hatte, seit die Bevölkerung Philadelphias, der größten Stadt des Bundesstaates, überwiegend aus Schwarzen bestand. Und infolge des Zusatzartikels zur Verfassung, mit dem die Sklaverei durchweg für illegal erklärt wurde, musste eine ganz neue Diskussion über die befreiten Männer und Frauen angestoßen werden.

Am 3. März 1865 richtete der Kongress deshalb das Bureau of Refugees, Freedmen, and Abandoned Lands (Behörde für Flüchtlinge, Befreite und aufgegebenes Land) ein. Unter der Führung des Kriegsministers sollte das Freedmen's Bureau ein Jahr lang bestehen und »Angelegenheiten wie Verpflegung, Kleidung und Brennstoff so regeln, wie es für den unmittelbaren und vorübergehenden Schutz sowie die Versorgung von mittellosen und leidenden Flüchtlingen und befreiten Sklaven mit ihren Frauen und Kindern notwendig ist«.[8] Die Nordstaatenarmee beschlagnahmte das Land, und das Freedmen's Bureau richtete sein Büro für South Carolina auf einer Plantage vor den Toren von Charleston am Zusammenfluss von Ashley River, Wappoo Creek und Stono River ein: auf der McLeod-Plantage.

Während Lincoln Mühe hatte, sich einen Plan einfallen zu lassen, um die unpatriotischen Südstaatler unter Kontrolle zu bringen, trafen sich der Kriegsminister Edwin Stanton und General William Sherman mit 20 Schwarzen Pfarrern in Savannah, Georgia, um das Schicksal der befreiten Amerikaner zu diskutieren. Deren Hauptwortführer, der 67-jährige Garrison Frazier, hatte eine Bitte: »Land besitzen, das wir selbst bearbeiten und bebauen dürfen.«[9] Von den 20 Schwarzen Oberhäuptern gestanden alle außer einem ein, dass es ihr größter Wunsch war, von den Weißen getrennt zu leben.

Gewappnet mit den Worten des Freedmen's Bureau, welche ihm die Befugnis einräumte, »getreuen Flüchtlingen und befreiten Sklaven solche Landstücke innerhalb der aufrührerischen Staaten zuzuteilen, die verlassen [...] oder deren Besitzanspruch durch Enteignung oder Kauf oder anderweitig erworben wurde«[10], erteilte General William Tecumseh Sherman, Kommandant der Militärdivision von Mississippi, im Januar 1865 die Special Field Order No. 15. Durch die militärische Anordnung wurden über 400 000 Morgen Land in South Carolina, Florida und Georgia in Beschlag genommen und verkündet, dass es »absolut keinem Weißen« erlaubt sei, in diesen Gebieten ansässig zu werden, und darüber hinaus »die Verwaltung von Angelegenheiten einzig und allein den befreiten Menschen selbst obliegt und lediglich den Militärbehörden und den Bundesgesetzen unterstellt ist«.[11] Mithilfe des Freedmen's Bureau hatten die Schwarzen Amerikaner die Gelegenheit ergriffen, sich ihre zuvor ausgemalten Träume zu erfüllen.

Für Charleston, South Carolina, lautete Shermans Befehl, dass den ehemals versklavten Männern und Frauen Landstücke überlassen werden sollten:

> *Die Inseln südlich von Charleston, die verlassenen Reisfelder entlang des Flusses, 30 Meilen vom Meer aus gesehen, und das Land, das an den St. Johns River, Florida, grenzt, sind der Besiedlung durch die Negroes vorbehalten und für diejenigen bestimmt, welche inzwischen durch die kriegerischen Handlungen und die Kundgebung des Präsidenten der Vereinigten Staaten befreit wurden.*

Für das Charleston County war dies von besonderer Bedeutung, da dort 2880 Sklavenhalter ganze 37 290 Afrikaner versklavt hatten, die höchste Sklavenanzahl innerhalb eines Bezirks in Amerika.[12] Nachdem Robert E. Lee den Krieg um die Vorherrschaft der Weißen beendet hatte, indem er am 9. April 1865 beim Appomattox Court House mit seinen Truppen kapitulierte, machte sich das Freedmen's Bureau daran, Shermans Befehl in Charleston auszuführen, wobei Brigadegeneral Rufus Saxton mit der Landverteilung beauftragt war. Während des Bürgerkriegs war Saxton dafür verantwortlich gewesen, die Schwarzen Soldaten der Nordstaaten zu rekrutieren und zu kommandieren. Manche nahmen an, diese Aufgabe wäre eine Beleidigung für Saxton, allerdings wussten sie nicht, dass sein Vater ein unitarischer Priester, überzeugter Abolitionist und feministischer Autor war (ja, die existierten damals wirklich schon). Saxton begann das Land in Grundstücke von 40 Morgen zu unterteilen und wies den kürzlich befreiten Schwarzen Bewohnern Charlestons ihre Landstücke zu.

Befreite Versklavte aus dem gesamten Bezirk strömten zur McLeod-Plantage, die den zusätzlichen Vorteil bot, unter dem Schutz des vollständig aus Schwarzen bestehenden 55. Massachusetts-Regiments zu stehen, das die Plantage während des Krieges in ein Krankenhaus umfunktioniert hatte. Wenn Weiße sich dorthin wagten, wurden sie »von einer Gruppe Negroes empfangen, 40 an der Zahl, die mit Gewehren bewaffnet zur Anlegestelle [der McLeod-Plantage] liefen, die Eindringlinge verjagten und drohten, sie bei erneutem Erscheinen auf ihrem Land umzubringen«.[13] 1865 baten Saxtons Amtsleute die ehemaligen Versklavten zu sich, von denen viele Zelte und provisorische Hütten auf der McLeod-Plantage errichtet hatten. Sie überreichten jedem Familienoberhaupt ein Blatt Papier und erklärten, das Dokument in ihren Händen bedeute, dass ihnen nun die Plantage gehöre, auf der sie ihr Leben lang unentgeltlich gearbeitet hatten. Manche brachen in Jubel aus, andere in Tränen. Einer der Männer – Amerikas führender Experte in Sachen Sea-Island-Baumwolle – begann zu singen. Zum ersten Mal in seinem Leben hatte William »Hardtime« Dawson sein eigenes Zuhause. Doch die Freude währte nicht lange.

Am 15. April 1865 ermordete John Wilkes Booth Abraham Lincoln und machte damit den Sympathisanten der Konföderierten, Andrew Johnson, zum Präsidenten. Johnson war ein Südstaatler, Sklavenbesitzer und Demokrat, den man in der Hoffnung zum Vizepräsidenten ernannt hatte, die Südstaaten von der Sezession abzuhalten. Als ehemaliger Senator des Great State of Tennessee ließ Johnson seine Demokratenfreunde regelmäßig wissen, wie er zu dem Thema der freigelassenen Schwarzen stand: »Was die Negroes angeht, bin ich dafür, sie freizulassen, jedoch betone ich gleichzeitig, dass wir eine Regierung der Weißen sind«[14], erklärte er in einer Ansprache im Jahr 1864 und wiederholte damit sein früheres Versprechen »einer freien, intelligenten weißen Anhängerschaft anstatt einer Negroaristokratie«[15] nach dem Krieg. Als Johnson zum Präsidenten aufstieg, war seine erste Amtshandlung, dieser unsinnigen Landverteilung an Versklavte ein Ende zu setzen.

Als stellvertretender Leiter des Bureau of Refugees, Freedmen, and Abandoned Lands weigerte sich General Saxton, Johnsons Anordnungen zu befolgen, und erklärte, dass »die Regierung diesen Menschen die Treue gelobt hat, die ihr ihrerseits treu ergeben waren, und wir haben kein Recht, ihnen dieses Land wieder abzuerkennen«.[16]

Johnson entließ ihn.

Unverzüglich nach seiner Ernennung zum Präsidenten begnadigte Johnson jeden konföderierten Verräter, der bereit war, den Vereinigten Staaten die Treue zu schwören, und gab ihm sein Land zurück. Und da Shermans Befehl nur unter dem War Powers Act gültig wäre, annullierte Johnson diesen als Oberbefehlshaber einfach. Am 7. März 1866 wurden also die weißen Plantagenbesitzer aus Charleston, deren Grundstücke wegen offiziellen Verrats des Landes enteignet worden waren, von der Niederlassung des Freedmen's Bureau in Charleston informiert, dass sie auf ihre Plantagen unter der Voraussetzung zurückkehren konnten, dass sie sie mit den ehemaligen Versklavten teilten. Somit wurde General Order No. 9 erlassen:

1. Den ehemaligen Landbesitzern auf den Sea Islands [...] wird gestattet, auf ihre Grundstücke oder Teile davon zurückzukehren und sie vorbehaltlich der nachfolgenden Bedingungen wieder in Besitz zu nehmen.
2. Weder den Landbesitzern noch den befreiten Menschen ist es erlaubt, Drohungen gegeneinander oder gegen Behörden der Vereinigten Staaten auszusprechen [...] oder irgendetwas zu tun, was den Frieden auf besagten Inseln stört; alle dennoch auftretenden Konflikte werden Major Cornelius zur Urteilsfällung vorgelegt.
3. Landschenkungen, die durch die zuständigen Behörden auf Treu und Glauben an die befreiten Menschen erfolgten oder die von ihnen bewohnt werden [...] sind als korrekt und rechtsgültig anzusehen, bis sie von einer zuständigen Behörde geändert oder abgewandelt werden. Jedoch kann Major Cornelius benachbarte Landstücke auf einem Teil der Plantage separieren oder zusammenlegen [...] sodass den befreiten Menschen Anteile gewährt werden, die durchschnittliche Fruchtbarkeit oder andere Vorteile aufweisen.[17]

Im Juli 1866 einigte sich der Kongress darauf, das Freedmen's Bureau neu zu bevollmächtigen, während er gleichzeitig festlegte, dass alle beschlagnahmten Ländereien den ursprünglichen Besitzern zurückzugeben seien. Fast zwei Jahre lang hatte den Schwarzen Menschen im South Carolina Lowcountry tatsächlich das Land gehört, auf dem sie versklavt gewesen waren. Auf James Island, der Sklavenhauptstadt Amerikas, war den ehemaligen Versklavten sogar *der Großteil* des Landes zugeteilt worden, bevor es ihnen wieder entrissen wurde. Doch nun waren diese befreiten Menschen umringt von wütenden Konföderierten, deren Land von Schwarzen Zwangsenteignern übernommen worden war. Und in diesen zwei Jahren hatten alle von ihnen »Black Power« gekostet.

BLACK POWER

Die ehemals Versklavten wussten, was nötig war, um sich von dem Land zu ernähren, das sie nun mitbesaßen. Denn die Schwarze Bevölkerung hatte nicht plötzlich die Fähigkeiten verloren, mit denen sie den Sklavenbesitzern der Südstaaten so großen Reichtum beschert hatten. Sie wussten, wie einträglich die Landwirtschaft sein konnte, und scheuten die Arbeit nicht. Ihnen war klar, dass ihnen das Lesenlernen zuvor verboten worden war, weil Bildung ein maßgeblicher Bestandteil von Erfolg ist. Sie wussten, dass aus Landbesitz Wohlstand erwachsen konnte. Und sie wussten, wie man Macht erlangt und auch behält.

Einige der ehemaligen Versklavten lehnten den Kompromiss ab, für ihre früheren Herren zu arbeiten. Manche nahmen die verlassenen Ländereien von im Bürgerkrieg gefallenen Soldaten in Besitz. Andere erwarben Landstücke von den finanziell angeschlagenen ehemaligen Plantagenbesitzern. Als Präsident Andrew Johnson den einstigen Versklavern ihr Land zurückgab, hatten einige ehemalige Versklavte bereits genügend Geld verdient, um der McLeod-Plantage den Rücken zu kehren. Bis zum Jahr 1867 hatten alle weißen Pflanzer auf James Island ihren Grundbesitz zurückerlangt, mit Ausnahme der Kinder von William Wallace McLeod. McLeod selbst war auf dem Heimweg vom Bürgerkrieg verstorben, und bis 1880 war sein Anwesen aus rechtlichen Gründen blockiert.

Glücklicherweise hatten die ehemaligen Versklavten der McLeod-Plantage, darunter auch Will und Hardtime, Unterstützung im Kampf um ihren rechtmäßigen Besitz, und zwar vom Freedmen's Bureau, damals unter der Leitung von General Oliver Howard, einem Helden des Bürgerkriegs. Der Kongress hatte Howard eine »nahezu uneingeschränkte Vollmacht« erteilt, inklusive gesetzgebender, rechtssprechender und ausführender Gewalt, die er einsetzte, um Afroamerikanern bei der Etablierung von Einrichtungen zu helfen, die für den Erhalt ihrer Gemeinschaft notwendig waren. Präsident Johnson hasste Howard für seine offene Einsatzbereitschaft für die Gleichberechtigung der Schwarzen. Das Bureau war drauf und dran, die Art von Amerika aufzubauen, von dem er bei seinem Entschluss zur Treue zu den Nordstaaten geschworen hatte, dass es niemals existieren würde. Doch die Grenze war bereits überschritten. Da der Oberbefehlshaber nicht einfach Bundesmittel kürzen kann, konnte auch der für den Machterhalt der Weißen kämpfende Präsident nichts mehr daran ändern.

Da das Bureau Johnsons Befehl zur Rückgabe des Landes der Konföderierten ebenfalls nicht rückgängig machen konnte, ließ sich Howard etwas Besseres einfallen. Er führte Mindestlöhne für Schwarze Arbeitskräfte ein, die weiterhin auf dem Grund und Boden ihrer vorherigen Besitzer arbeiteten. Um überdies ihre finanzielle Unabhängigkeit zu sichern, führte er standardisierte Arbeitsverträge zwischen Schwarzen Arbeitern und ihren Dienstherren ein. So war es Hardtime dennoch möglich, sein eigenes Stück Land zu kaufen, und Will erhielt eine Rente, während er weiterhin als Lohnarbeiter auf der McLeod-Plantage tätig war. Beide legten ihr Geld in der Freedman's Savings Bank an, welche die Ersparnisse von etwa 70 000 vorrangig afroamerikanischen Kontoinhabern in mehr als 37 Standorten und 17 Bundesstaaten verwaltete.

Einer der bedeutungsvollsten Beiträge des Freedmen's Bureau war seine Bildungsinitiative, dank der landesweit mehr als 1000 Schulen für Schwarze errichtet und 400 000 US-Dollar für die Lehrerausbildung bereitgestellt wurden. Bis zum Ende des Jahres 1865 besuchten über 90 000 Schülerinnen und Schüler die Freedmen's-Schulen, das entsprach weit über 80 Prozent der Bevölkerung im Schulalter.[18] Aus irgendeinem unerfindlichen Grund waren die weißen Verwalter erstaunt über den »angeborenen Wissensdurst« der Schwarzen Schüler.

General Howard finanzierte diese Projekte nicht nur, er befähigte Schwarze Gemeinschaften auch, indem er ihnen eigene Mittel zum Aufbau und Erhalt dieser Institutionen zur Verfügung stellte. Er beabsichtigte, eine Gesellschaftsschicht aus Schwarzen Lehrern und Theologen zu begründen und das Land mit Kirchen zu übersäen, die wiederum weitere Schulen errichten und Lehrkräfte ausbilden würden, um freie Stellen zu besetzen. Vertreter des Freedmen's Bureau machten zudem Organisationen und Kirchen ausfindig, die bereits in der Ausbildung von ehemaligen Versklavten tätig waren, und finanzierten deren Arbeit. Gemeinsam mit der American Missionary Association finanzierte das Bureau zwei Dutzend Hochschulen für Afroamerikaner, darunter die Fisk University, die Clark Atlanta University und natürlich die Howard University.*

Auf dem Land, wo sie einst in einem Zelt aus Ästen und Papiertüten zu Gott gebetet hatten, segneten Pappy White und einige weitere ehemalige Versklavte der McLeod-Plantage und anderer benachbarter Anwesen im Jahr 1869 einen Sockel an der Camp Road auf James Island und begannen dort mit dem Bau einer Kirche, die heute als Payne Reformed Methodist Union Episcopal Church (Payne RMUE) bekannt ist. Sie hatten den Kauf des Grundstücks 1875 mit den Besitzern der Seabrook-Plantage vereinbart, und zwar zum Preis von jährlich einem Dollar für 95 Jahre. Pappy Whites Enkelin Aida White Moore lernte in der Three Trees Elementary, einer von ehemaligen Versklavten gegründeten Grundschule auf James Island mit drei Klassenzimmern, Lesen und Schreiben. Als Wissenschaftlerin und Historikern der Payne RMUE hat sie viele Aufzeichnungen bewahrt, auf die wir noch heute zurückgreifen.[19]

Im Jahr 1868 wurde Charleston, eine Stadt, die dank Sklavenhandel und Sklavenarbeit floriert hatte, nun von seiner Schwarzen Mehrheit beherrscht. Afrikaner brachten ihre eigenen Erzeugnisse zum Markt. Arbeiter gründeten Gewerkschaften. Generationen erhielten eine Schulbildung. Außerdem er-

* *Während Sie diese Worte lesen, haben Sie vielleicht jemanden »H.U.!« rufen hören. Keine Angst, Howard-Alumni können einfach nicht anders.*

langten sie finanzielle Unabhängigkeit und stiegen in höhere Gesellschaftsschichten auf, was die Weißen noch mehr verärgerte. »Und darüber hinaus«, erklärte Du Bois die Ängste der weißen Südstaatler, »war es die denkbar schlimmste Sache der Welt, wenn ein freier, gebildeter schwarzer Bürger und Wähler auf das Podium gebracht wurde; schlimmer als schlechte, unrentable Arbeit; schlimmer als Unwissenheit, schlimmer als Verbrechen. Denn das würde unweigerlich zu einem mulattenübersäten Süden und letztlich der Zerstörung aller Zivilisation führen.«[20]

Die denkbar schlimmste Sache der Welt trat ein. Da die Konföderierten Staaten nicht im Parlament vertreten waren, dominierten die Radical Republicans den Kongress, und so wurde am 9. Juli 1868 eine weitere Verfassungsänderung verabschiedet. Zum ersten Mal in der Geschichte Amerikas definierte die Bundesregierung die amerikanische Staatsbürgerschaft explizit und legte Folgendes fest: »Alle Personen, die in den Vereinigten Staaten geboren oder eingebürgert sind und ihrer Gesetzeshoheit unterstehen, sind Bürger der Vereinigten Staaten und des Einzelstaates, in dem sie ihren Wohnsitz haben.« Die ehemals Versklavten waren nicht nur frei; der 14. Zusatzartikel garantierte ihnen auch verfassungsrechtlich »den gleichen Schutz durch das Gesetz«, der zuvor lediglich den Weißen gewährt worden war. Fast acht Monate später erklärte der 15. Zusatzartikel: »Das Wahlrecht der Bürger der Vereinigten Staaten darf von den Vereinigten Staaten oder einem Einzelstaat nicht auf Grund der Rassenzugehörigkeit, der Hautfarbe oder des vormaligen Dienstbarkeitsverhältnisses versagt oder beschränkt werden.«

Daraufhin registrierten sich Afroamerikaner in Scharen für die Möglichkeit zu wählen. In South Carolina dauerte es nicht lange, bis die Schwarzen Wähler den weißen zahlenmäßig überlegen waren. Im Jahr 1868 wählte die Schwarze Mehrheit Francis Lewis Cardozo als Secretary of State für South Carolina. Howard und die American Missionary Association hatten Cardozo zur Errichtung von Freedmen's-Schulen nach South Carolina entsandt, bevor er als erster Afroamerikaner in Amerika ein im ganzen Bundesstaat gültiges Amt antrat. Die Schwarzen Wähler entsandten auch Richard Cain, den Vorsitzenden der AME-Mission und Pastor der historischen Emanuel AME Church in Charleston, in den Senat von South Carolina. Im Repräsentantenhaus des Bundesstaates diente zudem der bekannte Nordstaatenveteran und -held Robert Smalls. Schon 1870 hatte South Carolina schließlich einen Schwarzen Vizegouverneur. Auch im Obersten Gerichtshof des Bundesstaates war ein Schwarzer tätig. Und das Repräsentantenhaus des Staates war sogar *mehrheitlich Schwarz*. 47 Prozent kamen aus Charleston, und sobald sie das Amt antraten, begannen sie ihre Black Power auszuüben. Eine Schwarze Aristokratie war nun ins Gespräch mit eingestiegen.

Am 27. März 1869 richtete Staatssenator Cain die South Carolina Land Commission ein, um die befreiten Versklavten in dem Bestreben zu unterstützen, das von ihnen bestellte Land auch zu besitzen. Dafür kaufte im Grunde die Regierung des Bundesstaats das Land, während die Schwarzen Darlehensnehmer in den folgenden drei Jahren lediglich die Zinsen und Steuern bezahlen mussten. Wenn der Schuldner das Darlehen innerhalb von acht Jahren zurückzahlte, erhielt er das Eigentumsrecht. Wenn nicht, konnte er das Land weiterhin pachten. Innerhalb von sieben Jahren hatten 14 000 ehemals versklavte Afroamerikaner Land in South Carolina erworben. Benjamin Randolph, ein weiterer Bürger South Carolinas und einer der ersten Schwarzen, die bei einer Präsidentschaftswahl als Wahlmann dienten, brüstete sich mit dem Erfolg. Schließlich half Randolph während seiner Tätigkeit beim Freedmen's Bureau dabei, das erste allgemeine öffentliche Schulbildungssystem ins Leben zu rufen.

Und das Phänomen beschränkte sich nicht auf South Carolina. In Mississippi und Louisiana registrierten sich mehr als 90 Prozent der Schwarzen für die Wahlen.[21] Hiram Rhodes Revels wurde zum ersten Schwarzen, der im US-Senat diente, und zwar als Abgeordneter für Mississippi. 1872 wurde Pinckney Benton Stewart Pinchback in Louisiana der erste Afroamerikaner, der einen Bundesstaat regierte. Zwischen 1870 und 1884 wurden 15 Schwarze Männer ins Repräsentantenhaus der Vereinigten Staaten gewählt, und mehr als 300 waren in den Staatsparlamenten vertreten.[22]

Die Black Power beschränkte sich auch nicht auf die Politik. Nach der Sklavenemanzipation war die Wirtschaft der Südstaaten kollabiert. Die Weißen mussten ihre Darlehen und Hypotheken tatsächlich mit Konföderiertengeld abbezahlen, das aber wertlos war. Die Sicherheiten, mit denen sie ihren Wohlstand bewahrt hatten, gab es nicht mehr, ebenso wenig wie die Sklavenwirtschaft. Nicht nur die Plantagenbesitzer hatten ihre Gewinnmarge verloren, auch die armen Weißen der Arbeiterklasse mussten nun mit einer zunehmend gebildeten afroamerikanischen Bevölkerung konkurrieren. Die meisten Sklavenbesitzer hatten keinen Plan B und waren wahrhaft erschüttert, dass die Männer und Frauen, die unter der ständigen Androhung von Gewalt hatten arbeiten müssen, kein Mitleid mit ihren weißen Tränen zeigten. Unterdessen erhielten Tausende Schwarzer Soldaten regelmäßige Rentenzahlungen, und andere verdienten Geld mit der Bewirtschaftung ihres eigenen Landstücks.

Die Black Power war echt. Die Arbeiter hatten sich in Gewerkschaften zusammengetan. Durch religiöse und städtische Einrichtungen entstand eine Schwarze Mittel- und Oberschicht, welche die politische Machtgrundlage in den Städten und Bundesstaaten bildete.

Da hatten die Feiglinge nur eine Wahl: Sie trommelten eine Meute zusammen.

GLITSCHIG VOR BLUT

Etwas aufzubauen, ist schwer. Etwas zu zerstören, ist leicht. Nachdem Amerika nun miterlebte, wozu Schwarze Menschen in der Lage sind, wenn sie einfach in Ruhe gelassen werden, wurden diese Neuschöpfer ihres Schicksals von wütenden Ex-Konföderierten ins Visier genommen, die eine Aufteilung der Macht als Affront gegen die Weißen ansahen. Für sie war Macht ein Nullsummenspiel. Der Fortbestand des weißen Amerikas hing von der Ausmerzung der Black Power ab, und so begann die Zerstörung.

Am 30. Juli 1866 versammelte sich eine Gruppe befreiter Versklavter, darunter auch Hunderte Schwarze Veteranen, auf der Eingangstreppe des Mechanics Institute in New Orleans, um während des bundesstaatlichen Verfassungskonvents von Louisiana zu protestieren, da den afroamerikanischen Wählern durch eine kürzlich veröffentlichte Bestimmung das Wahlrecht entzogen worden war. Sie drückten ihre Entrüstung auf so Schwarze Art und Weise wie nur möglich aus, nämlich indem sie mit einer Marschkapelle zum Versammlungssaal zogen und ihren Unmut über die sie ausschließenden Gesetze deutlich machten, die später als »Black Codes« bekannt werden sollten. Eine Meute aus Suprematisten, Polizisten und Ex-Konföderierten attackierte die Demonstranten während ihres Marschs auf brutalste Weise, woraufhin diese im Mechanics Institute Zuflucht suchten. Die darauffolgenden Ereignisse beschreibt Ron Chernow in seinem Buch *Grant*:

> *Erbarmungslos traten und trampelten die Weißen auf den schwarzen Demonstranten herum und schlugen mit Knüppeln auf sie ein. Polizisten zerschmetterten die Fenster des Instituts und schossen willkürlich ins Innere, bis der Boden glitschig vor Blut war. Sie feuerten alle Kugeln aus ihren Revolvern auf die Versammlungsteilnehmer ab, die verzweifelt zu fliehen versuchten. Manche sprangen aus den Fenstern und wurden erschossen, sobald sie unten ankamen. Verwundet am Boden liegende Menschen wurden erstochen, ihre Schädel mit Ziegelbrocken eingeschlagen. Es herrschte ein so maßloser Sadismus, dass Männer, auf Knien um Gnade flehend, auf der Stelle getötet und Leichen von Messern durchlöchert oder verstümmelt wurden.*[23]

»Bis der Boden glitschig vor Blut war.«

Es ist mir nie gelungen, diesen Satz aus meinem Gedächtnis zu löschen. Die raubtierartige Reaktion auf die schiere *Existenz* Schwarzer Menschen ist ein Motiv, das sich durch die gesamte Geschichte Amerikas zieht. Bereits 1865 erhielten die Militärkommandeure und Mitarbeiter des Freedmen's Bureau regelmäßig Berichte über »Morde und Gewalttaten« von Weißen gegen ehemals Versklavte. Im Abbeville-Bezirk von South Carolina »erschoss ein verzweifelter und brutaler Mann namens Reuben Goldberg […], wie viele Menschen bezeugen können, vorsätzlich und ohne jeden Anlass einen Negro namens A. Payton, der in seiner Nachbarschaft stets guten Charakter bewiesen hatte und schon immer frei gewesen war«.[24] Der Reformer Benjamin Randolph wurde vermutlich von einem Ku-Klux-Klan-Mitglied kaltblütig ermordet. Laut Mitarbeitern des Freedmen's Bureau hatte D. Wyatt Aiken, Konföderiertenoffizier und Führungsperson im Klan, zu Randolphs Ermordung aufgerufen.[25] Aiken wurde zwar verhaftet, jedoch zwei Tage später wieder freigelassen und musste sich nie vor Gericht verantworten. Als die weiße Gemeinschaft South Carolinas von seinem Verbrechen hörte, wählten sie ihn für fünf Amtszeiten in den Kongress.

Obwohl viele Historiker die Reconstruction lediglich als eine Phase von »Rassenunruhen« mit Lynchmorden und »Rassenkrawallen« beschreiben, handelte es sich zweifellos um einen Krieg. Es gab Soldaten, die Uniformen trugen, Eide ablegten und freiwillig ihren Dienst in organisierten bewaffneten Einheiten antraten. Sie hatten einen gemeinsamen Feind und einen Plan für dessen Vernichtung. Das Netzwerk an Terrorzellen, das während der Reconstruction aus dem Boden schoss, war unter verschiedenen Namen bekannt, so etwa als White League, White Knights, Knights of the White Camelia und – der bekannteste von allen – »Circle of Brothers«, auch Ku-Klux-Klan genannt. Es war Auflehnung, ethnische Säuberung und Terrorismus zugleich, mit einer extra Prise Guerillakrieg. Um seine Ziele durchzusetzen, hatte das lockere Bündnis der historischen weißen Bruderschaften eine gemeinsame Strategie: so viele Schwarze wie möglich zu töten und die Regierung zu stürzen, die deren Freiheit unterstützte.

Bei der Wahl im Jahr 1868 übten die Schwarzen Staatsbürger ihr neues Wahlrecht aus und unterstützten mit überwältigender Mehrheit den republikanischen Kandidaten Ulysses S. Grant. In Eutaw, Alabama, brachten die Schwarzen Wähler Grant einen 2000 Stimmen starken Vorsprung im Bezirk. Wenige Tage vor den Zwischenwahlen im Jahr 1870 eröffneten Ku-Klux-Klan-Mitglieder – aus Angst vor der Wahlmacht der Schwarzen – bei einer Kundgebung mit 2800 Schwarzen Teilnehmenden das Feuer, töteten mindestens vier Menschen und bewirkten, dass Hunderte am Wahltag zu Hause blieben. Der demokratische Gouverneurskandidat gewann die Bezirkswahl mit 43 Stimmen Vorsprung.

Im Jahr 1870 töteten Ku-Klux-Klan-Mitglieder in North Carolina einen Staatssenator, ermordeten einen Schwarzen städtischen Beamten und lynchten so viele Schwarze Wähler, dass Gouverneur William Woods Holden einen Aufstand erklärte, das Habeas-Corpus-Recht (das Recht gegen Freiheitsberaubung) suspendierte und das Kriegsrecht ausrief. Doch gegen keinen der mehr als 100 Terroristen, die bei dem später als »Kirk-Holden-Krieg« bekannten Aufstand verhaftet wurden, kam es je zur Anklage wegen ihrer Verbrechen. Holden wurde jedoch seines Amtes enthoben, da die Demokraten die Kontrolle über das Staatsparlament gewannen, nachdem die afroamerikanischen Wähler gezwungen worden waren, sich zwischen der Wahl und ihrem Leben zu entscheiden.

Viele der Berichte über diese Gräueltaten kamen direkt vom Freedmen's Bureau. Noch bevor der Krieg offiziell beendet war, berichteten Vertreter des Bureau von »Gewalttaten« und sprachen die Befürchtung aus, dass die Weißen langsam außer Kontrolle gerieten. Mithilfe der Geschichte über einen »befreiten Jungen«, der »etwa drei Meilen an einem Strick um den Hals durch die Straßen gezerrt wurde«, warnte der Sheriff des Caldwell Parish in Louisiana seine Einwohner, dass sie, sofern sie einen Haftbefehl erließen, »von 50 bewaffneten Männern erwartet und getötet werden« würden. Der Bericht des Bureau endete mit der Anmerkung, dass »viele Farbige im Parish aufgrund ihrer politischen Ansichten getötet wurden und werden«.[26] In Laurens, South Carolina, wurden 1870, am Tag nach den Wahlen im Bundesstaat, »zehn oder zwölf Menschen« abgeschlachtet. Einem für die Untersuchung von Gewalttaten durch den Ku-Klux-Klan zuständigen Kongressausschuss kam zu Ohren, dass eine Meute von Anhängern weißer Vorherrschaft den weißen und Schwarzen Wählern »aufgelauert« hatte.

Am Ostersonntag 1873 eröffneten Mitglieder der Knights of White Camelia und des Ku-Klux-Klans sowie Sympathisanten der Konföderierten das Feuer auf Schwarze Wähler in Colfax, Louisiana, verbrannten die Leichen und warfen die Überreste in einen nahe gelegenen Fluss. Niemand weiß, wie viele Menschen bei diesem Vorfall ermordet wurden, in einem Militärbericht war jedoch von 81 Schwarzen Männern die Rede; weitere 15 bis 20 Leichen wurden aus dem Red River geborgen und noch einmal 18 heimlich vergraben. »Als grausamste rassenbasierte Bluttat in der Ära der Reconstruction hat uns das Colfax-Massaker viele Lektionen erteilt«, schreibt der Historiker Eric Foner. »Einschließlich der Erkenntnis, dass manche Gegner der Reconstruction vor nichts zurückschrecken, um ihre gewohnte Autorität wiederzugewinnen.«[27]

Der Terrorismus von Anhängern weißer Vorherrschaft war nicht auf Gewalttaten beschränkt. Fast jeder Bundesstaat der ehemaligen Konföderation hatte inzwischen Black Codes in seine Staatsverfassung integriert, um die gesellschaftliche und wirtschaftliche Ordnung der Zeit vor der Sklavenemanzipation zu erhalten. In South Carolina mussten Farmarbeiter »von Sonnenaufgang bis Sonnenuntergang« arbeiten, und ihnen war gesetzlich vorgeschrieben, dass sie ihre Vorgesetzten mit »Master« anzusprechen hatten. Diese Regeln unterminierten die vom Freedmen's Bureau eingeführten Arbeitsverträge und gingen sogar so weit, dass Persons of Color das Erlernen eines neuen Handwerks untersagt war, denn »keine farbige Person (*person of color*) darf der Kunst, dem Handel oder dem Geschäft eines

Künstlers, Handwerkers oder Ladenbesitzers nachgehen oder irgendein anderes Gewerbe, eine andere Anstellung oder ein Geschäftsverhältnis auf eigene Rechnung oder zum eigenen Nutzen oder in Partnerschaft mit einer weißen Person oder als Vertreter oder Bediensteter dieser Person ausüben, bis er eine Einwilligung durch den Richter des Bezirksgerichts erhält«.[28] Noch schlimmer war, dass neun Bundesstaaten Gesetze zur Landstreicherei verabschiedeten oder aktualisierten, welche die »Landstreicherei« im Grunde als bloßes »Existieren« definierten. In Mississippi brach ein Schwarzer bereits das Gesetz, wenn er oder sie sich »unrechtmäßig mit anderen schwarzen am Tag oder in der Nacht zusammenfand«.[29] Die Gefängnisse Kentuckys wurden gefüllt, indem »Umherwandern ohne Beschäftigung« oder »schlechte Haushaltsführung« verboten wurde. Und die Gesetze in Tennessee enthielten Schwarzen Kindern eine Bildung vor, indem sie sie zwangen, als unbezahlte »Lehrlinge« unter ihren ehemaligen Sklavenhaltern zu arbeiten.

Die Weißen nutzten am häufigsten eine Kombination aus Gewalt und Vorschriften, um ihren politischen und sozialen Status wiederzuerlangen. Bei der Wahl von 1866 wählten Georgias Schwarze Stimmberechtigte drei Schwarze Bundesstaatssenatoren und 30 Bundesstaatsabgeordnete, die als die »Original 33« bekannt sind; daraufhin strömten Anhänger einer weißen Vorherrschaft in den sogenannten Peach State, um die Abgeordneten aufgrund der neuen Black Codes wieder ihres Amtes zu entheben. Als die Abgeordneten diese Gesetze in dem Fall *White versus Clements* anfochten, entschied der Oberste Gerichtshof von Georgia: »Nach sorgfältigster Untersuchung der Frage bin ich eindeutig der Meinung, dass es in diesem Staat kein vorhandenes Gesetz gibt, das dessen farbigen Bürgern das Recht zur Ausübung eines Amtes gewährt. Folglich hat der Angeklagte keinen Rechtsanspruch auf die Wahrnehmung und Ausübung der Pflichten des Amtes, die er unter *seiner Obrigkeit* beansprucht.« Aufgrund von Gewalt und Diskrimination gegenüber der Schwarzen Bevölkerung wurde Georgia 1869 wieder unter Militärherrschaft gestellt.

Die wahrscheinlich interessanteste Tatsache in Bezug auf die Taktik der weißen Suprematisten ist, dass es ihnen auf lange Sicht nicht gelang, die Schwarze Mehrheit ohne Betrügereien zu besiegen. Im Vorfeld zu den Wahlen von 1876 bedrohte ein Mob von Anhängern weißer Vorherrschaft in vielen Bezirken in ganz South Carolina die Schwarzen Wähler, um sie zur Wahl des demokratischen Gouverneurskandidaten Wade Hampton anstatt des republikanischen Gouverneurs Daniel Chamberlain zu zwingen. Im September 1876 ermordete eine paramilitärische Gruppe von 500 weißen Suprematisten rund 100 Schwarze Bewohner des Aiken County, nachdem sie bereits gedroht hatten, sie seien »nur sicher vor Tod oder Auspeitschung, wenn sie eine Vereinbarung mit der Zusicherung unterzeichneten, bei der bevorstehenden Wahl den demokratischen Kandidaten zu wählen«.[30] Auf rätselhafte Art und Weise verschwanden dort zudem die Wählerstimmen für die Republikaner, während die der Demokraten plötzlich viermal so hoch waren. In Edgefield überstieg die Gesamtwählerzahl merkwürdigerweise die wahlberechtigte Bevölkerung um mehr als 2000 Stimmen.[31] Die Wahlbehörde verwarf die Wählerstimmen der nicht vertrauenswürdigen Bezirke, obwohl sie vom Bundesgericht bestätigt wurden. Schließlich gewannen in South Carolina sowohl der republikanische Präsidentschaftskandidat als auch der republikanische Gouverneur.

In Louisiana und Florida spielten sich ganz ähnliche Szenarien ab wie in South Carolina: Einschüchterung von Wählern und zweifelhafte Wahlergebnisse im gesamten Bundesstaat. Im Jahr 1877 versammelten sich 15 weiße Männer – fünf US-Senatoren, fünf Repräsentanten und fünf Richter des Obersten Gerichtshofes* – in einem Raum in Washington, D. C., und beschlossen, die umstrittenen Wahlmännerstimmen an Rutherford B. Hayes zu geben, den von Schwarzen Wählern unter-

* *Zur Erinnerung: Zwischen 1870 und 1890 gab es 15 Schwarze Mitglieder im Repräsentantenhaus und zwei Schwarze Senatoren.*

stützten republikanischen Kandidaten, womit sie ihn praktisch zum Präsidenten ernannten. Zum Ausgleich ersannen die ausschließlich weißen Männer im Raum einen Plan, der drei relevante Bestimmungen enthielt:

- **Abzug der Truppen aus den Konföderierten Staaten:** An vielen Orten im Süden, insbesondere in Louisiana und South Carolina, war die Anwesenheit des Militärs das Einzige, was die befreiten Schwarzen vor Gewalt durch weiße Suprematisten bewahrte.
- **Geldmittel, um die Südstaaten zu industrialisieren und ihre Wirtschaft wieder anzukurbeln:** Obwohl die Maßnahmen nie tatsächlich durchgeführt wurden, bedeuteten sie ein eindeutiges Zugeständnis an die weißen Suprematisten, die nicht mit den Schwarzen Arbeitern mithalten konnten.
- **Das Recht, schwarze Menschen willkürlich zu behandeln:** Die Bundesregierung bewilligte damit im Wesentlichen die Missachtung des in der Verfassung festgesetzten Equal Protection Clause (Klausel zum gleichen Schutz durch das Gesetz).

Das »Recht, Schwarze Menschen willkürlich zu behandeln« wurde unter dem Namen Jim Crow bekannt. Im ganzen Land – nicht nur im Süden – verabschiedeten die Staaten Segregationsgesetze und entrechteten die Schwarze Bevölkerung insgesamt. Der Kompromiss von 1877 war der Inbegriff weißer Vorherrschaft: Die Schwarzen Wähler hatten Hayes zur Präsidentschaft verholfen, und zum Dank zogen er und seine weißen Mitverschwörer die Vorherrschaft der Weißen der Gleichberechtigung vor.

Dennoch gab es einige Dinge, die sie nicht rückgängig machen konnten. Im Jahr 1900 besaßen 42,8 Prozent der Schwarzen Einwohner des Charleston County eigene Landstücke und produzierten *den Großteil* der Baumwolle.[32] Historisch Schwarze Colleges und städtische Organisationen florierten, und religiöse Einrichtungen blieben bestehen. Die Grundlage, die während dieser Periode der Schwarzen Construction geschaffen wurde, sollte das Gerüst jeder künftigen Schwarzen Freiheitsbewegung bilden. Was die Schwarzen Menschen im Licht der Freiheit erschaffen hatten, konnte nur durch Betrug und Bösartigkeit rückgängig gemacht werden. Doch das ist nicht die Lehre der Reconstruction.

Jedes einzelne Vorurteil, das noch heute über das Schwarze Amerika herrscht, wurde nach dem Bürgerkrieg widerlegt. Wir waren klüger. Wir arbeiteten härter. Wir waren nicht die Gewalttätigen.

Das kriminelle Unternehmen namens Amerika ist nichts als eine sich selbst antreibende Maschine weißer Vorherrschaft. Die einzigen guten und anständigen Bauteile sind jene, die wir mit unserer eigenen Spucke auf Hochglanz poliert haben. Jeder, der sich selbst als Staatsbürger bezeichnet, ist ein Nebenprodukt unseres entschlossenen Weges zur Selbstbefreiung. Das Rechtsstaatsprinzip existiert wegen uns. Die Gründerväter haben bloß *behauptet*: »Alle Menschen sind gleich geschaffen«; wir, die wir dieses Land aufgebaut haben, beweisen es.

Aber auch das ist nicht die Lehre der Reconstruction.

Die Lehre der Reconstruction *sind wir*. Dass wir existieren und atmen und lieben und singen und lachen und immer noch hier sind, ist kein Wunder und keine Offenbarung. Es ist die simple, nicht zu leugnende Tatsache, dass wir nicht ausgelöscht werden können. Alles Böse, das die Welt jemals zu bieten hatte, wurde uns angetan. Sie unter-

drückten uns. Sie unterzogen uns einer Gehirnwäsche. Sie lynchten uns einzeln und massakrierten uns zu Hunderten. Sie versklavten uns in ganzen Bootsladungen und verkauften unsere Familien stückweise. Sie beuteten unsere Muskelkraft und unser Wissen für ihren Profit aus und errichteten darauf ein Imperium. Und als wir ohne ihre Hilfe dasselbe taten, steckten sie es in Brand.

Das ist Amerika – ein Boden glitschig vor Blut.

Aber das ist nicht, wer *wir* sind.

DREI KURZE FRAGEN

1. **Nach dem Bürgerkrieg wurden ehemals Versklavte mit dem Folgenden entlohnt:**
   a. Nichts.
   b. Null Komma nichts.
   c. Nada.
   d. Der Staatsbürgerschaft, dem Wahlrecht und dem verfassungsrechtlichen Schutz, der ihnen zustand, was genau genommen keine »Entlohnung« ist.

2. **Welche Institutionen gab es im Amerika vor der Sklavenbefreiung nicht?**
   a. Verfassungsrechtlich beauftragte öffentliche Schulen.
   b. Ein landesweites System von bundesstaatlich finanzierten Colleges und Universitäten.
   c. Allgemeines Wahlrecht für Männer.
   d. Demokratie.

3. **Nach der Sklavenemanzipation wollten die befreiten Versklavten …**
   a. Für ebenjene Menschen arbeiten, die sie brutal versklavt hatten.
   b. Rache.
   c. Von der Arbeit profitieren, zu der sie zuvor durch Gewalt gezwungen worden waren.
   d. Dass die Weißen sie einfach in Ruhe ließen.

AUFGABE
UNMENSCHLICHE RESSOURCEN

Sie sind Plantagenbesitzer mit 100 Morgen Farmland für Baumwolle. Setzen Sie ein Schreiben auf, um die zuvor von Ihnen versklavten Menschen anzuwerben und so wirkungsvoll wie möglich davon zu überzeugen, weiterhin für Ihr Unternehmen zu arbeiten.

9

ETWAS ANDERES

Im Jahr 1948 errichtete James »Buck« Harriot aus Betonblöcken und allein mit der Kraft seiner zwei Hände das Eigenheim, in dem jede nachfolgende Generation seiner Familie zu Hause sein würde. Den Großteil seines Erwachsenenlebens hatte er einen »guten Job« bei einer Papierfabrik im Ort und betrieb nebenher ein Taxiunternehmen mit zwei Fahrzeugen. Als sich die Familie auf sechs Kinder vergrößerte, fügte er noch ein Schlafzimmer hinzu und baute die Betonveranda auf der Hinterseite des Hauses zur Kommandozentrale seines Taxiunternehmens um. Selbst nachdem er seine Taxizentrale an eine andere Adresse einen Häuserblock weiter verlegt hatte, nannte meine Familie diesen Teil des Hauses noch immer die »Hinterveranda«.

Die Hinterveranda war lediglich durch eine Wabenkerntür aus Spanplatten vom Rest des Hauses abgetrennt. Seit den 1950er-Jahren hinterließ jeder, der in unser Haus kam – Fremde, Familie, Freunde –, auf der hauchdünnen Decke der Tür seine Unterschrift. Nachdem ich als Teenager in das Zimmer auf der Hinterveranda gezogen war, entdeckten einige meiner Freunde die Namen ihrer Großeltern, die mit Filzstift auf beide Seiten der Tür gekritzelt waren. Sie dokumentierte Jugendlieben, Highschoolfootballtrikots und Schwarzen Slang von »groovy«

bis »dope«. Auf Augenhöhe zierten drei viereckige, etwa briefmarkengroße Löcher das Holz der Tür zur Hinterveranda. Ich hatte immer vermutet, dass die Tür aus Versehen beschädigt worden war, bis mir meine inzwischen verstorbene Großmutter irgendwann erzählte, wie diese Löcher zustande gekommen waren.

Einmal* kam eine Bande weißer Männer völlig aufgebracht zum Haus, weil mein Großvater mal wieder Mitglieder der weißen Gemeinschaft abgeholt hatte, die ihn zu einer Taxifahrt gerufen hatten, obwohl das in den späten 1950er-Jahren absolut tabu war. Die Männer schafften es irgendwie auf die Hinterveranda und begannen Sachen zu demolieren. Meine Großeltern steckten schleunigst alle sechs Kinder in die Badewanne,

* *Alle guten Geschichten von Schwarzen beginnen mit »Einmal« (»One time ...«).*

und meine Großmutter schnappte sich ihre Pistole. Als die erste der drei Kugeln die Tür zur Hinterveranda durchstieß, schrien die Eindringlinge: »Buck, du Glückspilz!« Daraufhin trat eine gespenstische Stille ein.

Die ganze Familie saß zusammengekauert in der Badewanne und machte keinen Mucks, abgesehen von meinem Großvater, der betete.* Meine Großmutter erzählte, dass sie *stundenlang* auf diese Tür zur Hinterveranda starrten, ohne zu wissen, was sie dahinter vorfinden würden. War ihr Geschäft vernichtet? Würde dort ein toter Weißer auf dem Boden liegen? Schließlich öffnete mein Großvater die Tür, und es war niemand da. Die Meute hatte die Taxizentrale zertrümmert, aber über den Verlust kam er irgendwann hinweg. Es kehrte nie jemand zurück, um sie noch mal zu belästigen, und es übernahm nie jemand die Verantwortung dafür.

Ich fand immer, dass wir die Tür aushängen und als einen Teil unserer Familienhistorie bewahren sollten, aber sie dreht sich immer noch unbehandelt in denselben Scharnieren, während die Namen und Nachrichten darauf verblassen. Selbst als ich das Argument vorbrachte, die Tür sei zu dünn, um als echter Schutz zu dienen, dachte meine Großmutter kurz nach, bevor sie auf diesen einen Vorfall vor einigen Jahren hinwies. In ihren Augen hatte diese zersplitternde Pressspanplatte die Familie Harriot gerettet. Sie würde niemals ausgetauscht werden.

»Sie haben gar nichts mitgehen lassen«, sinnierte ich einmal. »Glaubst du, sie wollten euch allen nur Angst einjagen oder doch etwas anderes?«

Ohne zu zögern, antwortete sie:

»Etwas anderes.«

***

---

* *97,3 Prozent aller Gebete von Schwarzen Menschen aus den Südstaaten werden laut gesprochen. Wir beten eigentlich nie im Stillen.*

Am 4. November 1890 feierten die Einwohner von South Carolina die Wahl des zum Gouverneur ernannten Serienmörders Benjamin »Pitchfork Ben« Tillman. Die weißen Bürger von South Carolina waren sich Tillmans Neigung für Massenmord nur allzu bewusst, beginnend mit seiner Zeit als Rekrutierer für den Sweetwater Sabre Club, eine heimliche paramilitärische Bruderschaft, die sich darauf spezialisiert hatte, so viele Schwarze wie nur möglich zu töten. Tillman war bereits für den Mord an mindestens sechs Schwarzen Männern in Aiken County, South Carolina, angeklagt worden, nachdem »die führenden weißen Männer von Edgefield« beschlossen hatten, »einen Aufruhr zu provozieren und den Negroes eine Lektion zu erteilen«, indem »die Weißen ihre Überlegenheit bewiesen und so viele von ihnen töteten, wie rechtlich vertretbar war«.[1] Der zukünftige Gouverneur gelangte zu noch mehr Ruhm, als seine Klubmitglieder den Schwarzen Repräsentanten des Bundesstaates Simon Coker ermordeten, während er gerade zum Gebet niederkniete.

»Der Triumph der Demokratie und der weißen Vorherrschaft über Bastardisierung und Anarchie und der Triumph der Zivilisation über Barbarei ist so gut wie vollendet«, verkündete dieser König der Lynchmörder der Menschenmenge bei seiner Amtseinführung. »Die Weißen haben die absolute Kontrolle über die Staatsregierung errungen, und wir beabsichtigen, diese unter jeden und allen Umständen zu behalten. Die intelligente Ausübung des Wahlrechtes [...] liegt bislang außerhalb der geistigen Fähigkeiten der überwiegenden Mehrheit der farbigen Männer. Ungeachtet der Hautfarbe bestreiten wir, dass ›alle Menschen gleich geschaffen sind‹; das ist heute nicht wahr, und war es auch nicht, als Jefferson den Satz schrieb.«[2]

Nach seiner Amateurkarriere als Serienmörder und der Amtszeit als Gouverneur vertrat Tillman South Carolina im US-Senat bis zu seinem Tod im Jahr 1918.[3]

Tillman war nur einer von vielen »ethnischen Säuberern«, die nach der Reconstruction gewählt wurden. Der Gouverneur von Georgia und spätere US-Senator John Brown Gordon, einer der Arrangeure des Kompromisses von 1877*, war gemeinhin auch als Kopf des Ku-Klux-Klans in Georgia anerkannt.[4] Der Klan-Führer von Alabama, John Tyler Morgan, diente drei Jahrzehnte lang im Senat, von 1877 bis 1907. Morgan bemühte sich um die Widerrufung des 15. Zusatzartikels und führte Gesetze ein, »um die Ausübung von Rassenmorden in Selbstjustiz [Lynchmorde] als Mittel zur Machterhaltung der Weißen im Tiefen Süden zu legalisieren«.[5] Neben Morgan diente Edmund Pettus, ein weiterer Klan-Führer aus Alabama, im Senat und vertrat den Bundesstaat zehn Jahre lang bis zu seinem Tod im Jahr 1907. Der Kongressabgeordnete George W. Gordon war außerdem der Grand Dragon seines Staates (der Große Drache, ein hohes Amt im Ku-Klux-Klan; noch dazu hatte er die Gebote für den Ku-Klux-Klan verfasst). Mississippis »Great White Chief«, Gouverneur James K. Vardaman, rechtfertigte sich nicht für seine positive Haltung zum Lynchmord:

> *Es bringt nichts, in dieser Sache auszuweichen oder zu lügen. Mississippis Verfassungskonvent im Jahr 1890 wurde mit keinem anderen Ziel abgehalten als dem, die Nigger aus der Politik zu beseitigen. Nicht die »dummen und bösartigen«, wie manche Verfechter Ihnen weismachen wollen, sondern den Nigger an sich. [...] Lassen wir die Welt wissen, wie es sich wirklich verhält. [...] In Mississippi sind wir in unserer Verfassung gesetzlich gegen die rassischen Eigenarten des Negros vorgegangen. [...] Sollte diese Maßnahme misslingen, werden wir auf etwas anderes zurückgreifen.*[6]

Es gibt immer »etwas anderes«. Nach der Sklavenemanzipation war »etwas anderes« der »Rassenterrorismus« der Reconstruction. Nach der Erlangung der Staatsbürgerschaft, des Wahl-

* *Sie erinnern sich sicherlich an den Kompromiss von 1877, als Rutherford B. Hayes die Präsidentschaft im Austausch für die Autonomie der Südstaaten erhielt, oder, wie wir es heute nennen, Jim Crow.*

rechts und des Rechtsstaatsprinzips folgte die Jim-Crow-Ära als »etwas anderes«. Der Ku-Klux-Klan war »etwas anderes«. Falls amerikanischer Exzeptionalismus existiert, liegt er vielleicht in der beachtenswerten Fähigkeit dieses Landes, »etwas anderes« aus dem Hut zu zaubern, um sein Verlangen nach Schwarzen Leichen zu stillen.

Du Bois glaubte, man könne die Epidemie der Gewalttaten aufhalten, indem man an den Gerechtigkeits- und Anstandssinn der Weißen appelliert. Er war fest entschlossen, die Welle an Massenmorden zu brechen, die Amerika überrollte. Am 24. April 1899 verließ er sein Zuhause im feinsten Zwirn, den Gehstock in der einen Hand und ein an den Herausgeber von Georgias bedeutendster Zeitung, der *Atlanta Constitution*, gerichtetes Vorstellungsschreiben in der anderen. Eigentlich musste sich Du Bois nicht vorstellen. Sein Renommee als Forscher und Absolvent der Harvard University eilte ihm voraus. Nachdem er die erste soziologische Fallstudie überhaupt zu einer Schwarzen Gemeinschaft in den Vereinigten Staaten – *The Philadelphia Negro* – abgeschlossen hatte, nahm er eine Stelle an der Atlanta University an und war nun an der bahnbrechenden Studie zur Lage der Schwarzen in den Südstaaten beteiligt, in der auch das Lynchmordproblem behandelt wurde. »Mir kam in den Sinn«, schrieb Du Bois, »dass ich zur *Atlanta Constitution* gehen könnte, um mit Joel Chandler Harris zu sprechen und dem Süden vor Augen zu führen, was in solchen Fällen passiert. Vielleicht würde es mir so gelingen, eine Art Bewegung in Gang zu setzen.«[7] Lediglich mit seinem überragenden Verstand bewaffnet, wollte also der große und ehrenwerte W. E. B. Du Bois herausfinden, was zur Hölle mit den Weißen nicht stimmte.

Anstatt eine segregierte Straßenbahn zu benutzen, wählte Du Bois den Fußweg zu Chandlers Redaktion in Atlanta. Während seines Spaziergangs bemerkte er, dass dort ein Einzelhändler ein sehr eigenartiges Produkt zum Verkauf anbot: die Knöchel von Sam Hose, einem der jüngsten Lynchmordopfer. Du Bois blieb wie angewurzelt stehen, machte kehrt und ging zurück nach Hause. »Ich habe weder mit Joel Chandler Harris noch dem Herausgeber der *Constitution* gesprochen«, schrieb er und erklärte, dass seine Arbeit auf ewig zum Erliegen gebracht worden sei angesichts der Erkenntnis, »dass man kein ruhiger, gelassener und sachlicher Wissenschaftler sein kann, während Negroes gelyncht, ermordet und ausgehungert werden«.[8]

Zwei Wochen lang hatte die Geschichte von Sam Hose das Land in seinen Bann gezogen. Allen Berichten zufolge war er ein hochintelligenter Mann, der sich selbst zwar viel beigebracht, aber seinen Traum von einer Hochschulbildung aufgegeben hatte, um sich um seine Mutter und seinen geistig behinderten Bruder zu kümmern. Während er seiner Tätigkeit als Feldarbeiter nachging, richtete sein Arbeitgeber, Alfred Cranford, am 12. April 1899 eine Pistole auf Hose, der zuvor um einen freien Tag für einen Krankenbesuch bei seiner Mutter gebeten hatte. Zu seiner Verteidigung warf Hose eine Axt nach Cranford und tötete ihn. Als die Polizei zu Ermittlungen eintraf, hatte Hose bereits die Flucht ergriffen. Er wusste, dass er keine Chance auf Gerechtigkeit hatte. Etwas anderes stand ihm bevor.

In den folgenden Tagen führte die Polizei nicht etwa Ermittlungen am Tatort durch, sammelte Beweise oder befragte Zeugen. Stattdessen setzten der Gouverneur von Georgia, die *Atlanta Constitution*, die Behörden von Coweta County und sogar Privatpersonen ein Kopfgeld für die Ergreifung von Hose aus. Zeitungen druckten haarsträubende Gerüchte ab und fachten damit den Zorn weiter an. Manche behaupteten, Hose hätte seinen Arbeitgeber getötet, als der ihn dabei erwischte, wie er dessen Frau vor den Augen ihres neugeborenen Kindes vergewaltigte. Sie berichteten, Hose sei wegen einer Syphiliserkrankung geistesgestört und hätte seinen unvollendeten sexuellen Übergriff fortgeführt, nachdem er Cranford in Stücke gehackt hatte. Bei einer darauffolgenden Ermittlung stellten örtliche Beamte jedoch fest, dass Cranfords Frau und Kind unversehrt waren.

Nach Hose' Verhaftung am 23. April wurde er von einem Lynchmob von mindestens 500 Weißen aus der Polizeistation entführt und zu einem Feld geschleppt. Menschen aus dem gesamten Bundesstaat bestiegen Züge, um sich das Spektakel anzusehen, doch Hose wurde nicht sofort gelyncht. Zuerst wurden ihm von einigen der Anwesenden Teile seiner Nase, Ohren, Finger und Genitalien abgeschnitten. Andere stachen unter lauten Jubelrufen der Menschenmenge mehrmals mit Messern auf ihn ein. Dann wurde er bei lebendigem Leibe gehäutet und mit Kerosin übergossen, während kleine Kinder Holz für einen Scheiterhaufen sammelten. Auf diesem wurde er schließlich lebendig verbrannt, während die Schaulustigen dabei zusahen, wie seine Adern zerbarsten und seine Augen verdorrten. Nachdem das Feuer erloschen war, zerteilte die Menge Hose' Leichnam in kleine Stücke und verkaufte die Überreste ihres Werks den Unglücklichen als Souvenir, die das »Barbecue« verpasst hatten. Die Lustbarkeiten endeten mit einem Gebet und einem Schild, um des Ereignisses zu gedenken: »Zum Schutz unserer Frauen in den Südstaaten«.[9]

Zwischen 1889 und 1922 zählte die National Association for the Advancement of Colored People (NAACP; Nationale Vereinigung zur Förderung »farbiger« Menschen) 3436 Lynchmorde, was zwei Schwarzen pro Woche entspricht.* [10] Obwohl diese Blutrünstigkeit häufig von der Gewalt des Mobs, Verbrechensanschuldigungen oder Hinrichtungen geprägt war, führten die Weißen zunehmend grausamere Verfahren ein, um dem großen amerikanischen Zeitvertreib nachzugehen: dem Massenmord an Schwarzen. Ihre Vorgehensweise unterschied sich so stark, dass die NAACP** schließlich vier eindeutige Merkmale für Lynchmorde festlegte:

1. **Jemand musste sterben, damit es als Lynchmord galt.** Ich weiß, das klingt offensichtlich, aber als rund 25 Männer Jo Reed aus einer Gefängniszelle in Nashville zerrten, ihm einen Strick um den Hals

---

* *Wir behandeln die NAACP später noch ausführlich, versprochen.*

** *Gemeinsam mit dem Historiker Christopher Wallace.*

legten, ihn über eine Hängebrücke warfen und auf seinen Körper schossen, bis der Strick riss, war er genau genommen kein Lynchmordopfer, da er überlebte.

2. **An dem Tötungsdelikt MUSSTEN MINDESTENS DREI MENSCHEN beteiligt sein.*** In den behelfsmäßigen Regeln waren keine so großen Menschenmengen vorgeschrieben wie beim Lynchmord an dem 16-jährigen Fred Rochelle. Als ein Polizist in Bartow, Florida, den jungen Mann im Jahr 1901 an eine Selbstschutzmiliz übergab, war die Meute so nett, einen Sonderzug für den Transport von Zuschauern zum »Barbecue« zu organisieren, bevor sie Rochelle dazu zwangen, auf ein Fass zu steigen, ihn an einen Pfahl banden, mit Kerosin übergossen und bei lebendigem Leibe verbrannten.[11]
3. **Alle Lynchmorde sind illegal.** Nach der Verfolgung und Ergreifung durch eine Meute von mehr als 100 Menschen gestanden Fred Sullivan und seine Frau Jane, eine Scheune in Byhalia, Mississippi, in Brand gesteckt zu haben. Allerdings war es nicht rechtens gewesen, dass die Polizei das Paar einem »Bürgerkomitee« aushändigte. Insbesondere da der Beamte bei seiner Rückkehr feststellte, dass »20 Männer ein Lynchgericht einberufen und die Hinrichtung ohne viel Federlesen ausgeführt hatten«.[12]
4. **Egal ob der Mord aus Gerechtigkeits- oder Traditionssinn geschah, es musste einen Grund für die Lynchjustiz geben.** David Walker wurde getötet, weil er respektlos mit einer weißen Frau sprach, was 1908 in Hickman, Kentucky, ein Tabu war. Der Mob durchlöcherte Walkers Frau Annie und ihr jüngstes Kind mit Kugeln, als sie aus ihrem brennen-

* *Eine Junior-M.A.F.I.A sozusagen. Was denn? Uncle Rob fände das zum Totlachen.*

> den Haus flohen. Dann erschossen die Männer drei weitere von Walkers Kindern, damit sie sie nicht verraten konnten. Da der älteste Sohn sich noch im Haus befand, setzten die nächtlichen Eindringlinge es sicherheitshalber auch noch in Brand. Sehen Sie? Es gibt immer einen Grund.

Als Paradebeispiele für den Tod von Schwarzen aufgrund dieser weißen Raserei dienen die Lynchmorde an Thomas Moss, Will Stewart und Calvin McDowell in Memphis, Tennessee, im Jahr 1892.

Moss war sowohl Postbediensteter als auch Miteigentümer eines Lebensmittelladens namens People's Grocery in dem »The Curve« genannten Stadtteil im Süden von Memphis. Bis zur Eröffnung des Lebensmittelgeschäfts durch Moss, Stewart und McDowell sowie acht weitere angesehene Schwarze hatte der Lebensmittelladen von William Barrett die Branche in Memphis dominiert. Barrett hasste die People's Grocery dafür, dass sie in sein Revier eingedrungen war, obwohl sein eigenes Geschäft aufgrund von Glücksspielen und dem Verkauf von schwarz gebranntem Schnaps in Verruf geraten war.* Nach der Eröffnung von People's gegenüber von Barrett's erkoren selbst weiße Kunden das von Schwarzen geführte Geschäft zu ihrem Stammladen.

Am 2. März 1892 spielte ein Schwarzer Junge vor der People's Grocery mit einem weißen Jungen Murmeln. Als die beiden wegen des Spiels in Streit gerieten und der Schwarze Junge dabei war zu gewinnen, schritt der Vater des weißen Jungen ein. Stewart und ein paar Umstehende hielten den weißen Mann davon ab, dem Schwarzen Kind eine Tracht Prügel zu verpassen, was die Aufmerksamkeit einer größeren Menschenmenge erregte. Am nächsten Tag hatte der Vater den Vorfall bereits ad

* *Deswegen kaufe ich nicht in von Weißen geführten Geschäften ein. Die sind so ghettomäßig!*

acta gelegt, doch Barrett schickte einen Hilfssheriff des Shelby County zur People's Grocery, um Stewart ausfindig zu machen. Als Barrett feststellte, dass Stewart gerade keine Schicht hatte, schimpfte er lautstark darüber, dass alle Schwarzen doch nur gewalttätige Diebe seien. Und um seinem Standpunkt Nachdruck zu verleihen, schlug er McDowell mit einer Pistole nieder. Anscheinend sind weiße Menschen in Memphis richtig schlecht in Schlägereien, denn McDowell erholte sich wieder, schnappte sich Barretts Waffe und feuerte auf ihn. McDowell verfehlte ihn, aber wie Sie wissen, nehmen weiße Männer ihren Arschtritt nicht wie echte Männer hin. Es wurde ein Haftbefehl gegen McDowell, Stewart *und sogar den kleinen Jungen aus dem ursprünglichen Streit* erlassen! Die gesamte Schwarze Gemeinschaft war außer sich und schwor bei einer Nachbarschaftsversammlung, »den weißen Abschaum wegzuputzen«.[13]

Zwei Tage später hatten alle Weißen in Memphis von der Schwarzen »Verschwörung« gehört. Am 5. März nutzte ein Polizeibeamter die ihm durch sein Weißsein gegebene Macht, um fünf bewaffnete weiße Zivilisten zu seinen Gehilfen zu ernennen und von ihnen den Vorder- und Rückeingang der People's Grocery decken zu lassen.* Doch die Besitzer der People's Grocery hatten den gewalttätigen Mob bereits erwartet und ein paar Schwarze Männer zusammengetrommelt. Sie wischten den Boden mit Barretts Jungs.** Die weißen Polizeigehilfen verzogen sich ins Barrett's und schickten noch mal *richtige Beamte* los, um die Schwarze Mannschaft verhaften zu lassen. Als die Männer der People's Grocery die Uniformen sahen, händigten sie bereitwillig ihre Waffen aus und erklärten, sie hätten geglaubt, Barrett habe irgendwelche unfähigen weißen Gangster in ihren Laden

---

* *Weiße Männer zu Polizeigehilfen zu ernennen, war während der Lynchmordära eine gängige Praxis, weil es sie vor den Konsequenzen der Ermordung Schwarzer Menschen bewahrte. Außerdem gab es gar keine Konsequenzen für die Ermordung Schwarzer Menschen.*

** *Hatte ich bereits erwähnt, dass die weißen Herren aus Memphis miserable Kämpfer sind?*

geschickt, um sie umbringen zu lassen. Obwohl Moss sich im Hinterzimmer aufgehalten und um die Buchhaltung gekümmert hatte, wurde er ebenfalls verhaftet, da er als Postbediensteter als Anführer der weißenfeindlichen Verschwörung galt.*

Am 9. März stürmten 75 maskierte Weiße das Gefängnis, zerrten Moss, Stewart und McDowell aus ihren Zellen und verschleppten sie zu einem Rangierbahnhof außerhalb der Stadt. McDowell, der zwei Weiße geschlagen hatte, wurde viermal ins Gesicht geschossen, die Löcher so groß wie Fäuste. Stewart bekam Kugeln ins Genick und ins Auge. Moss, der Inhaber, der gar nichts mit den unterstellten Verbrechen zu tun gehabt hatte, wurde durch einen Genickschuss getötet. Nach den Hinrichtungen beauftragte ein Richter des Strafgerichts den Sheriff durch eine Anordnung, »100 Männer zusammenzurufen, sich umgehend ins Curve-Viertel zu begeben und jeden Negro sofort niederzuschießen, der Ärger zu machen scheint«. Bewaffnete weiße Gangs erleichterten die örtlichen Geschäfte um ihre Pistolen und Munition und befolgten die Anordnung des Richters. Später tauchten Hinweise auf, dass möglicherweise sogar der Richter selbst an den Lynchmorden beteiligt war. Während sich die Schwarzen Bewohner des Curve-Viertels in ihren Häusern versteckten, plünderten die weißen Anwohner die People's Grocery und eliminierten damit für alle Zeit Barretts von Schwarzen geführten Konkurrenzladen.

Nach den Lynchmorden begann sich ein ganz besonderer Satz im Schwarzenviertel von Memphis herumzusprechen. Kurz vor seinem Tod soll Moss die folgenden Worte gesprochen haben: »Sagt meinem Volk, dass sie gen Westen ziehen sollen. Hier werden sie keine Gerechtigkeit erfahren.«[14]

Für die Verbreitung dieser Nachricht kam nur eine Frau infrage. Obwohl sie nicht aus Memphis stammte, betrachtete sie

* *In vielen Schwarzen Gemeinden genießt die Arbeit in einer Poststelle ein hohes Ansehen, gleich nach Lehrkräften, Pfarrern und jedem, der einen Schlüssel zu dem Gebäude besitzt, in dem er arbeitet.*

Moss und seine Frau als »[ihre] besten Freunde in der Stadt« und war die Patentante von deren ältester Tochter.[15] Die brutalen Morde stellten sie ins internationale Rampenlicht und verwandelten eine relativ bekannte und unverblümte Journalistin in eine der unerschrockensten Ermittlerinnen und Aktivistinnen der Geschichte: Ida B. Wells.

»Die Stadt Memphis hat aufgezeigt, dass dem Negro weder sein Charakter noch seine Stellung nützt, wenn er es wagt, sich gegen den weißen Mann zu wehren oder sein Rivale zu werden«, schrieb Wells noch in derselben Woche in der aktuellen Ausgabe der *Memphis Free Speech*. »Deshalb bleibt uns nur noch eine Möglichkeit: unser Geld sparen und diese Stadt verlassen, wo weder unser Leben noch unser Besitz geschützt wird, wo uns keine fairen Gerichtsverfahren gewährt und wir stattdessen getötet und kaltblütig ermordet werden, sobald ein Weißer uns beschuldigt.«[16]

Und ehe man sich's versah, gab es kaum noch Schwarze Menschen in Memphis.

Wells war als Sklavin in Holly Springs, Mississippi, geboren worden. Nachdem beide Elternteile an Gelbfieber gestorben waren, übernahm sie im Alter von 16 Jahren die Verantwortung für ihre Geschwister. Trotz dieser Umstände gelang es ihr, eine ordentliche Schulbildung am Rust College und der Fisk University zu erlangen und schließlich eine Stelle als Lehrerin in Memphis zu ergattern. Im Jahr 1884 verklagte Wells die Bahngesellschaft Chesapeake and Ohio Railway, nachdem Mitarbeiter sie aus dem Zug geworfen hatten, weil sie sich geweigert hatte, ihren Sitzplatz in der ersten Klasse für einen weißen Mann freizugeben. Sie gewann das Verfahren, doch der Oberste Gerichtshof in Tennessee legte Revision ein. Als sie gebeten wurde, in der Lokalzeitung von ihren Erfahrungen zu berichten, erkannten Medienunternehmen im ganzen Land ihr Talent. Ihre unverfrorene Bereitschaft zum Kampf gegen Jim Crow brachte ihr landesweit Beliebtheit ein, verhalf ihr zu einem Drittelanteil der *Free Speech* und machte diese zu einer der radikalsten und bekanntesten Zeitungen im Land.

Einige Wochen nach den Morden besuchten der Leiter und der Schatzmeister der City Railway Company Wells in der Zeitungsredaktion. Sie hatten von ihrem Einfluss in der Schwarzen Gemeinschaft gehört und flehten sie um Hilfe an, um ihre Schwarzen Stammkunden zurück in die Straßenbahnen zu holen. Denn aus einem ihnen unerfindlichen Grund war ihr treuester Kundenstamm plötzlich verschwunden. Als Wells die Männer nach dem Grund für den jüngsten Kundenverlust fragte, antworteten diese, man habe ihnen erzählt, dass Schwarze Angst vor Elektrizität hätten, und versicherten ihr, dass Elektrizität vollkommen sicher und verlässlich sei. Amüsiert über den Grad ihres Weißseins, informierte Wells die Geschäftsmänner, dass die Schwarzen keineswegs in den letzten sechs Wochen plötzlich eine Furcht vor Elektrizität entwickelt hätten. »Vor sechs Wochen haben doch die Lynchmorde stattgefunden«, erklärte sie. »Wir haben mitbekommen, dass alle weißen Männer der Stadt aus allen möglichen Schichten von dem Plan wussten und somit praktisch den Lynchmorden an unseren Jungs zugestimmt haben. […] Die farbigen Menschen sind der Auffassung, dass jeder Weiße in Memphis, der den Tod [von Thomas Moss] zugelassen hat, genauso schuldig ist wie die eigentlichen Pistolenschützen, die sein Leben beendeten, und sie wollen dieser Stadt entfliehen. In der Woche nach den Lynchmorden haben wir ihnen geraten, jeden Dollar und jeden Cent zu sparen, um dieses Ziel zu erreichen.«[17]

Ein paar Tage später veröffentlichte Wells die gesamte Unterhaltung. Zu diesem Zeitpunkt verließ die Schwarze Bevölkerung Memphis bereits scharenweise und machte sich auf den Weg nach Oklahoma im Westen. Hunderte andere boykottierten von Weißen geführte Geschäfte. Aber für Wells war das erst der Anfang. In einem am 21. Mai 1892 in der *Free Speech* veröffentlichten Leitartikel berichtete Wells von einem jüngst geschehenen Fall, bei dem ein Schwarzer Mann fälschlicherweise eines sexuellen Übergriffs auf eine weiße Frau beschuldigt wurde, und verurteilte »diese alte abgedroschene Lüge, dass Schwarze weiße Frauen vergewaltigen. Wenn die Südstaatler nicht aufpassen, könnte dies in einer Schlussfolgerung resultieren, die für das moralische Ansehen ihrer Frauen sehr schädlich ist«. Als Reaktion sprach jede von Weißen geführte Zeitung der Stadt versteckte Drohungen gegen Wells aus. Der *Evening Scimitar* schrieb: »Wenn die Negroes selbst nicht unverzüglich Abhilfe schaffen, wird es die Pflicht der von ihm Angegriffenen sein, den Unglücklichen, der diese Verleumdung ausgesprochen hat, an der Kreuzung von Main und Madison St. an einen Pfahl zu binden, ihm mit einem heißen Eisen die Stirn zu brandmarken und mit einer Schneiderschere einen chirurgischen Eingriff an ihm vorzunehmen.«[18] Das ist ziemlich »versteckt«, oder?*

Die Ausgabe sollte sich als die letzte der *Memphis Free Speech* erweisen: Ein weißer Mob zerstörte die Druckerpresse und jagte Wells' Miteigentümer aus der Stadt. Wells war gerade verreist, auf Besuch bei Freunden in New York, da erhielt sie die Warnung von ihren Nachbarn, dass vor ihrem Haus und am Bahnhof Männer postiert waren und auf ihre Rückkehr warteten. Sie kehrte nie wieder nach Memphis zurück.

Wenn Ida B. Wells auch nur eines in die Wiege gelegt worden war, dann war es der kürzlich von Wissenschaftlern entdeckte Genmarker IDGAF (I Don't Give A F***). Wells' kompromisslose Haltung, kombiniert mit ihrem Unwillen, auch nur den leisesten Anflug von Rassismus und Diskriminierung zu tolerieren, machte sie zu einer der leidenschaftlichsten Wahrheitsvermittler der Geschichte Amerikas. Dank ihrer unermüdlichen Berichterstattung und unerschütterlichen Fürsprache wurde sie zu der unumstrittenen Anführerin der Antilynchjustizbewegung. Zudem prangerte sie nicht nur die Gewalt der Weißen an; Wells kämpfte auch für das Frauenwahlrecht, die Kinderrechte und die Arbeitsreform. Sie forderte Frieden *und bewaffnete Selbstverteidigung*. Sie war Malcolm X und Martin Luther King jr. Und Oprah. Und Beyoncé. Mit einer Kombina-

* *Wenn man es mit dem faustgroßen Loch durch eine Schrotladung vergleicht.*

tion aus statistischer Datenanalyse, gewagten Enthüllungstechniken und furchtloser Wahrheitsvermittlung revolutionierte sie den Journalismus und war zu ihrer Zeit die wohl berühmteste Schwarze Frau in Amerika, Punkt.*

Eines von Wells' häufigsten Zielobjekten war ihr prominentes Gegenstück, der berühmteste und angesehenste Schwarze des Landes, Booker T. Washington. Sie prangerte öffentlich Washingtons »Verhaltet euch einfach still, dann werden wir vielleicht nicht getötet«-Haltung an, die implizierte, dass er die Vorherrschaft der Weißen bekämpfen wollte, indem er die Weißen tatsächlich vorherrschen ließ. In ihrer Kritik an Washington betonte Wells stets, dass die Unterdrückung der Schwarzen Bevölkerung nicht nur ein Südstaatenphänomen sei und auch nicht durch betriebliche Ausbildung und Schwarzen Gehorsam geheilt werden könne. »Sie jubeln und beklatschen den Mann, der die in den Nordstaaten teilweise vorhandene unausgesprochene Überzeugung über die angeborene Minderwertigkeit der Negroes sowie dieselbe stets ausgesprochene Ansicht der Südstaaten verbreitet hat«, schrieb sie über Washington. »Diese Grundsätze sind dem Negro nicht neu. Es handelt sich um die alte Sklavenpraxis der Südstaaten in einem neuen Gewand. Das war die einzige Lehre, die der Negro aus zweieinhalb Jahrhunderten der absoluten Kontrolle durch die Südstaaten über seinen Körper und Geist zieht.«[19]

Wells störten allerdings weniger Washingtons Maßnahmen zur Linderung des Lynchjustizproblems, sondern vielmehr seine allgemeine Darstellung der Schwarzen. Als führende – und vielleicht einzige – amerikanische Lynchjustizexpertin ihrer Zeit erinnerte sie ihre Leser häufig daran, dass insbesondere die abschätzige Verteufelung Schwarzer Menschen als rassistisch und kriminell zu Mobjustiz führt. Wells war klar, dass Lynchjustiz nichts mit tatsächlichen Verbrechen oder Gerechtigkeit zu tun

* *Ich weiß, am Ende eines Satzes steht schon ein Punkt, aber Sie wissen ja, wie wir so sind.*

hatte; sie wurde von *etwas anderem* hervorgerufen. »Mr. Washington sagt im Wesentlichen: Gebt mir Geld, um den Negroes Bildung zu verschaffen, und wenn man ihm das Arbeiten beigebracht hat, wird er die Verbrechen, auf die mit Lynchjustiz reagiert wird, nicht mehr begehen«, schrieb Wells. »Trotz dieser Worte weiß Mr. Washington, dass Lynchjustiz nicht zur Bestrafung eines Verbrechens, sondern einer Hautfarbe dient, und nicht einmal eine betriebliche Ausbildung etwas daran ändern wird.«[20]

Washington war nicht der Einzige, der Wells' Widerstand erregte. Obwohl sie ihre weißen Unterstützer schätzte, mahnte sie »fortschrittlich eingestellte« weiße Frauen auf nicht besonders einfühlsame Art und Weise und ganz zur Freude ihrer Schwarzen Fans, dass sie ihre rassistischen Zungen hüten sollten.

Dank ihrer wachsenden Bekanntheit entwickelte sich Wells zur allerersten Ansprechpartnerin des Schwarzen Amerikas für die Zerstreuung von rassistischen Stereotypen. Tatsächlich veränderte eine ihrer bekanntesten Anklagen unsere Sicht auf die Lynchmordepidemie. Während einer Reise durch Großbritannien plädierte Frances Willard – eine führende weiße Befürworterin des Frauenwahlrechts und Präsidentin der Woman's Christian Temperance Union (Abstinenzvereinigung Christlicher Frauen) – für ein Alkoholverbot, indem sie darauf hinwies, dass die »farbige Rasse sich [aufgrund des Alkohols] wie die Heuschrecken in Ägypten vermehrt«, und fügte hinzu, dass der Saloon das »Machtzentrum« des Schwarzen Amerikas sei. Noch bevor die Weißen die medizinische Theorie verbreiteten, Rassismus sei im Knochengewebe angelegt, beharrte Willard nicht nur darauf, sie selbst habe keine einzige rassistische Faser in ihrem Körper, sondern auch: »Soweit ich weiß, besitze ich nicht ein Atom von Rassenvorurteilen.«[21]

Trotzdem war Willard der Überzeugung, man könne das »Rassenproblem« lösen, indem man die Schwarzen nach Afrika zurückschicken und die offensichtlich dummen »Darkies« von Wahlen und Alkoholkonsum ausschließen würde. »Es ist nicht gerecht, dass sie wählen dürfen, und es ist genauso wenig gerecht, dass der Plantagennegro, der weder lesen noch schreiben kann und dessen Gedanken von den Zäunen seines eigenen Feldes und auf die Preise seines eigenen Maultiers beschränkt sind, mit einem Stimmzettel betraut werden sollte«, erklärte Willard der britischen Presse. »Die Sicherheit von Frauen, von Kindheit, vom eigenen Zuhause wird derzeit an Tausenden Orten bedroht, sodass es die Männer nicht wagen, sich außerhalb der Sichtweite ihres Hauses zu bewegen.«[22] Die Vorstellung, hypersexualisierte Schwarze Männer fänden weiße Frauen unwiderstehlich, ist eine der lang anhaltendsten wahnwitzigen Ideen des Weißen Amerika und steht auf einer Stufe mit der Annahme, dass Bob Dylan gut singen kann und *Friends* lustig ist.

Natürlich ist völlig klar, dass Wells diesen Unsinn nicht hinnahm. In ihrem Traktat aus dem Jahr 1892 mit dem Titel *Southern Horrors: The Lynch Law in All Its Phases* (*Südstaatliche Gräueltaten: Lynchjustiz in all ihren Dimensionen*) räumte sie mit dem Mythos auf, dass Lynchmorde von tollwütigen Schwarzen Sexualstraftätern provoziert würden, und enthüllte, dass weniger als ein Drittel aller Lynchjustizopfer der Vergewaltigung beschuldigt wurden. Kurz bevor sie 1894 zu einer Vortragsreise nach England aufbrach, bat Wells englische Zeitungen um den erneuten Abdruck von Willards Interview, damit sie diesen Unsinn widerlegen könne. »Ich habe festgestellt, dass ich, wo immer ich hinreise, solche Hinrichtungen und Verbrennungen niemals so stark verurteilen kann, wie es eigentlich nötig wäre, denn die Welt glaubt, Schwarze Männer würden weiße Frauen ihrer Tugend berauben«, schrieb sie während der Reise in einem Zeitungsbeitrag. »Unglücklicherweise für die Schwarzen und sie selbst haben sich Miss Frances E. Willard und die Bischöfe Fitzgerald und Haygood bestätigend zu dieser Verleumdung geäußert.«[23]

Bei einem persönlichen Treffen von Wells und Willard in Großbritannien sprach Wells sie darauf an und notierte nach der Unterhaltung ihren Eindruck, Willard habe den Irrtum ihrer Aussagen endlich eingesehen. Für den nächsten Tag war eine Rede von Wells bei der British Women's Temperance

Association (BWTA) geplant. Als die Organisation jedoch mitbekam, dass Wells das von Schwarzen geführte britische Magazin *Fraternity* um dem erneuten Abdruck von Willards rassistischen Äußerungen gebeten hatte, drohte man Wells mit der Absage ihrer Ansprache sowie der Verhinderung weiterer Auftritte während ihrer Reise, sofern sie den geplanten Beitrag nicht zurückzog. Wells hielt ihre Rede und bat die BWTA, eine Resolution zu verabschieden, in der die Lynchjustiz verurteilt wird, worauf diese sich auch einließ, um die Auseinandersetzung zu beenden. Ein paar Tage später wurde in der neuen Ausgabe der *Fraternity* dennoch das gesamte Interview mit Willard abgedruckt.

Willard war verdammt wütend. Eine Schwarze Frau kritisierte sie in der Öffentlichkeit? Das würde sie nicht dulden, *Punkt.** Bei der landesweiten Versammlung der Woman's Christian Temperance Union** nutzte Willard ihre Ansprache als Vorsitzende zu einem Angriff auf Wells, die zwar an der Tagung teilnahm, jedoch nicht bei der weißen Frauen vorbehaltenen Ansprache zugegen war. Anstatt einzugestehen, dass die Wells vorliegenden Statistiken ihren eigenen Unverstand bewiesen, behauptete Willard, Wells' »Ereiferung für ihre Rasse« habe die Wahrnehmung ihrer Freunde getrübt. Sie stand für ihre Überzeugung ein, Schwarze Männer würden zu Vergewaltigung neigen, während sie dem Publikum gleichzeitig weismachte, weiße Freunde mit Bekannten in den Südstaaten hätten ihr erzählt, dass die Vergewaltigung Schwarzer Frauen durch weiße Männer nach der Beendung der Sklaverei »weitestgehend aufgehört« habe.

»Ich gebe diese Erklärung auf der Grundlage von Berichten gut informierter Nordstaatler ab, die lange im Süden gelebt haben und, wie ich selbst, in New England geboren und ausgebil-

---

* *Sie wissen ja, wie sie so sind.*

** *Können Sie sich vorstellen, wie langweilig dieses alkoholfreie Coachella Festival für Karens gewesen sein muss?*

det wurden, mit allem, was dazugehört«, erklärte Willard den weißen Frauen in ihrem Publikum. »Ein durchschnittlicher farbiger Mann ist im nüchternen Zustand anständig im Hinblick auf die Unversehrtheit weißer Frauen; doch unter dem Einfluss berauschender Getränke tendieren alle Männer zum Verlust der Selbstkontrolle, und die Ungebildeten und Bösartigen, egal ob weiß oder schwarz, sind die gefährlichsten unter ihnen.« Willard beendete ihre Rede mit der Warnung an Wells, »alle Anspielungen aus ihrem Wortschatz zu streichen«, die auf einvernehmlichen Sex von weißen Frauen mit Schwarzen Männern hindeuteten. Wells, selbst kein scheues Reh, erwiderte Willards Unverstand und Drohungen mit einem uralten afrikanischen Aphorismus: »I Can Show You (Better Than I Can Tell You).«

1895 brachte Wells ein 100 Seiten starkes Traktat mit dem Titel *The Red Record* (*Das rote Protokoll*) heraus, in dem sie die Lynchmordepidemie als ein Problem Amerikas darlegte und nicht als Phänomen der Südstaaten. »Tapfere Frau! Sie haben Ihrem und meinem Volk einen Dienst erwiesen, der niemals aufgewogen oder bemessen werden kann«, schrieb Frederick Douglass im Vorwort des Traktats. »Wäre Amerikas Gewissen auch nur halbwegs wach, wären Amerikas Kirchen und Geistliche auch nur halbwegs christlich, wäre Amerikas moralische Sensibilität nicht durch ständige Verübung von Gewalttaten und Verbrechen gegen farbige Menschen verhärtet, dann würde bei der Lektüre Ihres Traktats überall ein entsetzter, beschämter und entrüsteter Aufschrei zum Himmel aufsteigen.« In dem Aufsatz wandte Wells Soziologie an, einen relativ neuen wissenschaftlichen und in Amerika erstmals von Du Bois angewandten Denkansatz, um die landesweiten und von den Bundesstaaten gebilligten Verbrechen gegen die Menschlichkeit zu analysieren. *The Red Record* stellte die Situation klar und erbarmungslos unverblümt dar – mit Ausnahme eines Abschnitts.

Inmitten der tabellarischen Statistiken und historischen Analysen richtete Wells mittels eines unnachgiebigen Angriffs mit dem Titel »Miss Willards Gesinnung« das Wort an ihre Erzfeindin. Nach einer Schilderung der jahrelangen Auseinandersetzungen forderte Wells Miss Willard und die Mitglieder der Woman's Christian Temperance Union dazu auf zu beweisen, dass Wells auch nur *eine* unzutreffende oder unrichtige Aussage gemacht habe. »Ich hege kein Verlangen nach einem Streit mit der WCTU, aber meine Liebe zur Wahrheit ist größer als mein Respekt für eine vorgebliche Freundin, die aus Dummheit oder Absicht und in der schändlichsten Art und Weise die Situation einer seit Langem leidenden Rasse falsch darstellt«, erklärte sie. »Wenn das Leben von Männern, Frauen und Kindern auf dem Spiel steht, wenn die unmenschlichen Schlächter von Unschuldigen versuchen, ihre barbarischen Taten zu rechtfertigen, indem sie eine gesamte Rasse für die niederträchtigsten Verbrechen verantwortlich machen, ist es nichts anderes als kriminell, an einem Tag die Schlächter zu verteidigen und am nächsten die Rechtfertigung zurückzunehmen, indem man sie als bloße Floskel abtut.« Willard reagierte nicht darauf. Sie blieb einfach weiterhin weiß und unwissend.

Washington, Willard und weiße Frauen waren nicht die einzigen, für die Wells eine »Portion Ärger« bereithielt. Jeder konnte etwas davon abkriegen, selbst ihr Freund und Kollege, der weltberühmte Wissenschaftler W. E. B. Du Bois.

Als Führungskräfte aus dem ganzen Land im Jahr 1909 in New York zusammenkamen, um über eine andere Herangehensweise zur Lösung von Amerikas »Rassenproblem« zu beratschlagen, akzeptierte Wells die Einladung zur Teilnahme. Du Bois, gerade erst von seinem Studium in Deutschland zurückgekehrt, war die einzige Schwarze Person in einem Unterausschuss mit der Aufgabe, die Repräsentanten für den Vorsitz einer neuen nationalen Organisation auszuwählen. Wells, die anerkannteste Verfechterin der Antilynchjustizbewegung in Amerika, war sicher, dass sie unter den Auserkorenen sein würde. Doch als Du Bois schließlich die Liste der 40 auserwählten Repräsentanten verlas, war Wells' Name nicht dabei. Entrüstet über die, wie sie es nannte, »bewusste Absicht des Dr. Du Bois, mich und mein Werk zu ignorieren«[24], marschierte sie aus der Versammlung, obwohl andere sie anflehten zu bleiben.

»Ich möchte Sie wissen lassen, dass Ihr Name ganz oben auf der Liste stand, als wir sie aus der Hand gaben und Dr. Du Bois zum Verlesen überreichten«, erklärte John Millholland, der ebenfalls in dem Unterausschuss mitgewirkt hatte. »Es ist undenkbar, dass Sie, die Sie seit fast 20 Jahren ganz allein und ohne Hilfe den Kampf gegen die Lynchjustiz geführt haben, während wir anderen lediglich unsere eigenen selbstsüchtigen Ziele verfolgten, nicht in eine solche Vereinigung aufgenommen werden sollten.«[25] Nur wenige Minuten später gestand Du Bois, dass er Wells von der Liste gestrichen und sie durch eine *nicht einmal bei der Versammlung anwesende* Freundin ersetzt hatte, da er der Auffassung war, Wells' Anliegen könne besser durch Celia Parker Woolley, eine Weiße, vertreten werden. In dem Einsehen, einen Fehler begangen zu haben, setzte Du Bois Wells' Namen wieder auf die Liste der Vorsitzenden. Sie nahm an der nächsten Versammlung des Komitees teil, und die Organisation übernahm all ihre entstandenen Ausgaben. Bei dieser Konferenz beschloss das Komitee, Du Bois mit der Öffentlichkeitsarbeit und der Recherche zu beauftragen – sein Ansehen als bekannter Wissenschaftler und Verfechter seiner Herkunft würde dem Komitee sicherlich helfen, kleinere und größere Artikel in einigen der renommiertesten Magazine und Zeitungen des Landes zu platzieren. Wells argumentierte jedoch, dass das Komitee nicht den Launen und Gesinnungen der Weißen ausgesetzt sein sollte, um gehört zu werden. Der Führungsausschuss stimmte ihr zu und beschloss sogleich, das eigene Magazin namens *The Crisis* unter dem neuen Titel der Organisation herauszugeben: National Association for the Advancement of Colored People (NAACP).

Die Ernennung zu einer »offiziellen schwarzen Führungsperson« konnte Wells' heftige Abneigung gegen das Patriarchat und weißen Unsinn nicht heilen. Sie kritisierte die anderen Mitglieder der NAACP dafür, die weiße Mary White Ovington zur Vorsitzenden des Vorstandes gewählt zu haben. Wells hatte

Ovington zuvor in investigativen Berichtserstattungsmethoden unterwiesen, die schließlich zu Ovingtons Erfolg bei der Durchsetzung einer Wohnungsreform in New York City beitrugen. Doch Wells bemerkte Ovingtons »Triumphgehabe« und den »zufriedenen Gesichtsausdruck« nach ihrer Teilnahme an einer Besprechung, durch die Wells vorübergehend von der Liste der NAACP-Gründer gestrichen wurde. »Sie hat sich im Licht der Bewunderung der wenigen im College ausgebildeten Schwarzen um sie herum gebadet, sich aber wenig Mühe gegeben, die Seele der Schwarzen Frauen zu verstehen«, schrieb Wells. »Sie hat es versäumt, einer Rasse zu helfen, die Dinge erlitten hat, welche noch keine weiße Frau je hat erleiden oder begreifen müssen.«

Ida B. Wells-Barnett mit dem häufig verwendeten Ausdruck »wütend« zu bezeichnen, wäre allzu simpel. Vielleicht können Wells' verbissene Integrität und ihre offene Kritik an weißen Gönnern (sowie die Tatsache, dass sie eine Schwarze Frau war*) teilweise erklären, warum sie nicht immer in einem Atemzug mit ihren berühmteren Zeitgenossen als Gigantin der Schwarzen Freiheitsbewegung genannt wird. Der Denkansatz von Booker T. Washington gilt inzwischen als Relikt der Vergangenheit, und trotzdem lebt sein Vermächtnis weiter. W. E. B. Du Bois wird im Allgemeinen als einer der Begründer von Schwarzer Geschichte und Soziologie betrachtet, teilweise weil seine Herangehensweise nicht so kontrovers war wie die von Wells. Doch als Du Bois die Hypothese aufstellte, Amerikas soziale, politische und wirtschaftliche Struktur habe die Vorherrschaft der Weißen erst ermöglicht, hielt Wells immer und immer wieder dagegen, dass das eigentliche Problem die *Weißen* waren. Obwohl ihre Schriften *Southern Horrors* und *The Red Record* bestimmten, auf welche Art und Weise die NAACP und diverse andere Behörden in den folgenden 100 Jahren gegen »Rassenterrorismus« vorgingen, wird Ida B. Wells in

* *Ihr wisst ja, wie ihr so seid.*

den frühen Veröffentlichungen der NAACP kaum erwähnt. Ein Großteil ihrer Zeitungsartikel ist der Zeit zum Opfer gefallen. Es existiert nicht eine Ausgabe der *Memphis Free Speech* mehr. Und dennoch bleibt Ida B. Wells der Maßstab, an dem sich jeder Schwarze Journalist in Amerika misst, mich selbst eingeschlossen.

***

Im Jahr 1969, noch vor meiner Geburt, kam mein Großvater bei seiner letzten Taxifahrt des Tages in einem Verkehrsunfall mit einem betrunkenen Fahrer ums Leben. Der weiße junge Mann und seine Freunde wurden nie angeklagt; alles, was ich über meinen Großvater weiß, stammt aus den Geschichten anderer Menschen. Ich habe Fotos von ihm gesehen, deshalb weiß ich, dass er Zigarren rauchte, im Zweiten Weltkrieg gedient hatte und oft weiße Hemden trug. Aber ich weiß nicht, wie groß er wirklich war oder wie seine Stimme klang, somit ist und bleibt er eine mythische Figur in meinem Leben.

Meine Großmutter kannte ich dagegen gut. Sie hat unsere Familiengeschichte weitergegeben und das Vermächtnis ihrer Familie geschützt. Sie konnte selbst Eiscreme herstellen und ertrug geduldig mein ständiges Drängeln nach weiteren Geschichten. Sie ging demselben »guten Job« in derselben Fabrik nach wie mein Großvater, und trotzdem war sie für die meisten Menschen nicht legendär.

Einmal, als wir darauf warteten, die Kekse aus dem Ofen nehmen zu können, fragte ich sie, ob sie in dieser einen Nacht nicht Angst gehabt habe, dass die Männer einfach die dünne Tür aus den Angeln treten würden. Sie verneinte das beharrlich, denn mein Großvater habe ihr versichert, dass seine Gebete stärker seien als alle Männer auf allen Veranden der ganzen Welt.

»Hast du denn nicht auch gebetet, Grandma?«, fragte ich.

Sie schlang die Schürze um die rechte Hand, um damit das Keksblech aus dem Ofen zu holen, und schüttelte dann den

Kopf. »Nein, Mikey«, sagte sie. In ihrer Antwort schwang kein Stolz mit, so als trüge sie ihre Worte wie eine Tapferkeitsmedaille; ihre Antwort war ganz sachlich, wie es manchmal die Art von Türen und Schwarzen Frauen ist.

»Ich wollte die Augen nicht schließen«, sagte sie. »Nicht mit der Pistole in meiner Hand.«

Sie war wirklich etwas anderes.

DREI KURZE FRAGEN

1. Was löste den Rassenterrorismus während der Reconstruction aus?
- **a.** Die Vorherrschaft der Weißen.
- **b.** Weiße Menschen, um ihre politische, ökonomische und soziale Vorherrschaft aufrechtzuerhalten.
- **c.** Die Angst, dass die Weißen nicht vorherrschen.
- **d.** Vorherrschendes Weißsein.

2. Was ist der größte Mythos über die Lynchjustiz?
- **a.** Lynchmorde waren selten.
- **b.** Lynchopfer waren in der Regel Kriminelle.
- **c.** Die meisten Lynchopfer wurden erhängt.
- **d.** Die Lynchjustiz war ein Südstaatenphänomen.

3. Welche dieser Personen gehört nicht zu einem Lynchmob?
- **a.** Die Person, die das Lynchopfer fälschlich beschuldigt.
- **b.** Ein Mitglied des Ku-Klux-Klans, das noch nie an einer außergerichtlichen Tötung teilgenommen hat.
- **c.** Eine Person, die einen Lynchmord beobachtet.
- **d.** Ein Polizeibeamter, der eine Person nicht verhaftet, obwohl sie jemanden gelyncht hat.

AUFGABE

LYNCHJUSTIZ ODER NICHT?

Die NAACP definiert Lynchmord als »die öffentliche Tötung einer Person, die kein ordentliches Gerichtsverfahren erhalten hat«. Welches dieser Ereignisse sollte als Lynchmord betrachtet werden?

1. Ein Mann wird wegen eines Verbrechens verhaftet, vor Gericht gestellt, für schuldig befunden und zum Tode verurteilt. Direkt nach seiner Verurteilung verschleppt ihn ein Mob aus dem Gerichtssaal und erhängt ihn.
2. Ein unbewaffneter Mann wird auf einem öffentlichen Gehweg von einem Polizeibeamten erwürgt, während umstehende Polizisten nichts dagegen tun.
3. Ein Junge läuft durch ein Stadtviertel, als ein selbst ernannter Nachbarschaftswächter ihn festnehmen will. Im darauffolgenden Handgemenge trifft den Jungen eine Kugel in die Brust.
4. Eine Frau mit einer langjährigen Geisteserkrankung wird in einer Gefängniszelle mit einem Elektroschocker getötet.
5. Ein Mann wird fälschlicherweise eines Verbrechens beschuldigt, mittels fingierter Beweise für schuldig befunden, verurteilt und nach allen ihm möglichen Berufungsverfahren vom Staat hingerichtet.

DER UNTERSCHIED ZWISCHEN SOUL FOOD UND SÜDSTAATENKÜCHE

Neben meinem Master in Wypipology (die anthropologische Untersuchung der Bräuche und Gewohnheiten von »wypipo« oder »white people«) bin ich auch in einer Familie aufgewachsen, die eine Reihe kleiner Soul-Food-Restaurants betrieb. Mithilfe meiner Fachkenntnisse möchte ich Ihnen daher diesen praktischen Leitfaden zur Verfügung stellen, mit dem Sie an verschiedenen Merkmalen den Unterschied zwischen Soul Food und Südstaatengerichten erkennen können.

WER HAT ES GEKOCHT?

Das ist der wichtigste Aspekt. Während jeder mit einer Küche, einer Packung Butter und einem Paula-Deen-Kochbuch ein Südstaatengericht kochen kann, erfordert Soul Food einige besondere Eigenschaften der kochenden Person. Zuerst einmal hören alle Soul-Food-Experten normalerweise Gospelmusik während der Essenszubereitung, am liebsten James Cleveland oder den Mississippi Mass Choir. Ihre Kleidung sollte aus einem T-Shirt von einem Familientreffen vor 1993 sowie Hausschuhen bestehen (nicht zu verwechseln mit Schlappen; Athleten und Balletttänzerinnen tragen Schläppchen).

Um überhaupt für Soul Food in Betracht zu kommen, muss

der Koch oder die Köchin außerdem eine Tante, ein Onkel, ein Großvater oder eine Großmutter sein. Da der Sklavenhandel viele Familien auseinandergerissen und neue familiäre Beziehungen wie etwa Spielcousins hervorgebracht hat, muss die Köchin keine *leibliche Tante* sein, aber es muss jemanden geben, der die Köchin oder den Koch Aunt Wilma oder Uncle Charles nennt.* Ich bereite meine Candied Yams (kandierte Süßkartoffeln) genau so zu, wie es mir meine Mutter beigebracht hat, als ich 17 war, aber seit meine Schwester mir Nichten und Neffen beschert hat, sind meine Candied Yams *viel besser* als die meiner Schwester Comelita. Ich muss allerdings dazusagen, dass es in Nordamerika keine Yamswurzeln gibt, sondern nur Süßkartoffeln. Die Verwechslung unterlief während des Sklavenhandels, als die Sklavenhändler ihre Schiffe mit Yamswurzeln bepackten, um ihre menschliche Fracht während der Middle Passage, dem Transport von Afrika nach Amerika, zu ernähren.[1] Aber das spielt keine Rolle. Meine sind besser als Comelitas, weil ich ein Onkel bin. Und wahrscheinlich auch, weil sie beim Beten in der Kirche manchmal nicht die Augen schließt.

WÜRZUNG (SEASONING)

In der Südstaatenküche verwendet man Kräuter und Gewürze (»herbs and spices«). Beim Soul Food nutzt man *Würze (»seasoning«)*. Falls Ihnen nicht klar ist, ob etwas als Würze oder Gewürz gilt, gibt es einen einfachen Weg, das herauszufinden: Gewürze wachsen in Kräutergärten, während niemand weiß, woher Würze kommt. Niemand kauft sie; sie existiert einfach. Ich nutze beispielsweise schon seit der Regierung George W. Bushs dasselbe Gläschen Lawry's Würzsalz, und es ist erst halb leer. Wie auch immer, in der Kürze liegt die ...

Okay, genug davon.

---

* *Ach Leute, ich vermisse meinen Uncle Charles wirklich sehr.*

Es sollte jedoch erwähnt werden, dass afroamerikanische Gerichte traditionsgemäß stärker gewürzt sind, nicht nur um den Geschmack der während der Sklaverei verwendeten Lebensmittel zu überdecken, sondern auch weil Salz in den Südstaaten aufgrund der schweißtreibenden körperlichen Arbeit für die Feldarbeiter und Farmpächter besonders wichtig war.

REZEPTE

In der Südstaatenküche wird nach Rezept zusammengemixt, während Soul Food nach Erfahrung zubereitet wird. Einmal habe ich ein Rezept gesehen, worin stand: »nach Belieben würzen«, und habe dadurch endlich verstanden, warum von Weißen zubereitetes Hühnchenfleisch immer schmeckt wie ein frischer Herbstwind, der die amerikanische Flagge bei einem Toby-Keith-Konzert zum Flattern bringt. Beim Soul Food lauten die Mengenangaben immer so: »etwas Muskatnuss«, »ungefähr so viel Butter« und »eine großzügige Menge Zucker«. Ich weiß nicht mal, wie man eine »Prise« oder einen »Schuss« abmisst.

Da unserem Volk das Lesen so lange Zeit verboten war, wurden viele Soul-Food-Rezepte mündlich weitergegeben. Außerdem wurden Rezepte einfach aus der Not heraus kreiert. Wer zum Beispiel herausgefunden hat, dass man durch einen kleinen Schnitt in einer Scheibe Fleischwurst das Hochwellen beim Anbraten verhindert, verdient einen Nobelpreis.

HÜHNCHEN

Obwohl wir die Kunst der Fried-Chicken-Zubereitung in diesem Buch bereits besprochen haben, möchte ich noch ein paar Dinge ergänzen, die Sie wissen sollten: Soul-Food-Hühnchen wird in alle seine Einzelteile zerlegt, während es beim Südstaatenhühnchen nur zwei Teile gibt: die Brust und die Keule. Wenn Sie in einem Restaurant im Süden Fried Chicken bestellen, serviert man Ihnen entweder eine panierte Hühnerbrust ohne Haut und Knochen oder ein Viertel des gesamten Vogels als Keule mit Ober- und Unterschenkel.

In einem Soul-Food-Restaurant kann man dagegen Oberkeule und Flügel bestellen. Für mich ist die Oberkeule der am meisten unterschätzte und am wenigsten beachtete Teil des Hühnchens, und trotzdem wird sie in der weißen Küche niemals von der Unterkeule getrennt. Die Unterkeulen sind Schund. Wer älter als sieben Jahre alt ist und immer noch Hühnerbeine isst, sollte mal langsam erwachsen werden.

Obwohl die Bezeichnung und die Verwendung eines Barbecuegrills von der Tradition der Taínos stammt, haben die jüngeren Verklavten das Räuchern und Barbecuegrillen unter der Anleitung ihrer Ältesten gelernt, die die Barbecuegruben bauten und instand hielten und sich so den Titel »Pitmaster« (Grillmeister) verdient. Wenn in einem Südstaatenrestaurant doch mal Hühnchen geröstet oder gegrillt wird, ist das Fleisch trotzdem nur oberflächlich gewürzt. Soul-Food-Würze dringt dagegen bis zur *Seele* des Hühnchens vor und verteilt sich im Fleisch.

SUD

Eine der einfachsten Methoden, um ein von Schwarzen zubereitetes Gericht zu erkennen, ist die Begutachtung des Suds (»juice«). Und ich meine damit nicht die *Soße* (»gravy«). *Jedes Soul Food* erzeugt seinen eigenen Sud. Sud von Blattkohl mag ich wahrscheinlich am liebsten, dicht gefolgt von Sud aus Schwarzaugenbohnen und Candied Yam, aber manche Leute ziehen auch fleischbasierte Varianten wie Truthahnflügelsud vor. Auf der Liste der trinkbaren Reste übertrifft lediglich die übrig bleibende Milch von Fruity-Pebbles-Frühstücksflocken den Sud auf dem Teller eines Soul-Food-Gerichts.

Eines muss ich noch hinzufügen, aber dafür muss ich ein paar Schritte zurücktreten und in Großbuchstaben schreiben: WEISSE SOSSE GIBT ES NICHT!

Weiße Soße ist das Sperma des Teufels. Es gibt kein Fleisch, das Soße weiß färbt, also hören Sie *sofort* auf mit dem Quatsch! Und das ist nicht rassistisch gemeint, denn People of Color in New Orleans können Ihnen bei Bedarf sehr wohl das Herstellen einer Roux beibringen.

ECKEN UND RÄNDER

Der auffälligste Unterschied zwischen Soul Food und Südstaatengerichten ist die Form und die Beschaffenheit des Essens auf dem Teller. Biskuits und Maisbrot werden sowohl zu Soul Food als auch in der Südstaatenküche serviert, aber die Südstaatenbiskuits haben eine perfekt runde Form, und ihre Maisbrotmuffins enthalten manchmal so unnötiges Zeugs wie Maiskörner. Ich möchte keine Schätze in meinem Maisbrot finden! Soul-Food-Maisbrot hat rechteckige Kanten. Wie soll ich meinen Kohlsud denn mit einem runden Brötchen aufsaugen? Und kommen Sie mir bloß nicht mit so einem Hefebrötchenmist, sonst läuft dieses Maisbrotmesser noch Gefahr, Ihnen ins Auge zu gehen.

In der Südstaatenküche gibt es bei Käsemakkaroni keinen Unterschied zwischen den Rändern und der Mitte des Gerichts. Soul Food dagegen ist eine eck-zentrische Kunstform. Die krossen Ecken und Ränder der überbackenen Makkaroni sind das Beste überhaupt, dicht gefolgt von allen süßen Desserts mit Kruste. Ganz sicher war die Welt der Ecken und Ränder nie mehr dieselbe, nachdem Thomas Jeffersons versklavter und in Paris ausgebildeter Koch namens James Hemings für ein Staatsbankett im Jahr 1802 ein Gericht kreierte, das er »a pie called macaroni« (»ein Makkaroniauflauf«) nannte.[2]

Leider haben noch nicht alle Soul Foods die Kunst der Ecken und Ränder perfektioniert. Beim Pfirsich-Cobbler ist die Mitte Mist. Wir sind im 2022. Jahr unserer Herrin und Erlöserin Gladys Knight, warum hat noch niemand herausgefunden, wie man einen Pfirsich-Cobbler nur mit Rändern macht? Anscheinend verschwenden Wissenschaftler ihre Zeit lieber mit idiotischen Sachen wie Sexrobotern und der Heilung von Krebs, statt sich auf die *wirklich wichtigen* Dinge zu konzentrieren.

FETT

Das ist ein sehr wichtiger, aber wenig anerkannter Aspekt des Soul Food. In der Südstaatenküche wird Pflanzen- oder Rapsöl verwendet, wenn etwas frittiert werden soll. Aber um es als Soul Food zu betrachten, muss es in *Fett* frittiert werden, das bei der letzten Essenszubereitung aufgehoben wurde. Außerdem sind Fisch und Hühnchen die einzigen Soul Foods, die frittiert werden sollten. Alles andere ist wahrscheinlich von Weißen beeinflusste Kost. Weiße frittieren einfach *alles* – Butter, Zuckerwatte, Cola –, insbesondere auf Jahrmärkten! Warum lechzen die Leute auf Jahrmärkten so sehr nach Frittiertem? Und so was wie ein paniertes Steak gibt es einfach nicht. Niemand paniert und frittiert ein schönes Steak.

Ach ja: niemals das Fischfett mit den Hühnchenfett verwechseln. Das ist die wichtigste Grundregel bei der Fettwiederverwendung.

UTENSILIEN

In Südstaatenrestaurants bekommen Sie ein Messer, einen Löffel und möglicherweise zwei Gabeln. Zu einem Teller Soul Food kriegen Sie eine Gabel, das war's. Soul Food sollte man mit den Händen essen oder mit einem anderen Teil des Gerichts. Mit Biskuits kann man wunderbar einzelne Reiskörner und Reste des Suds aufnehmen. Außerdem sollte man beim Essen von Soul Food *Küchenpapier* von der Rolle benutzen, während Servietten (aus Stoff oder Papier) nur zu Südstaatengerichten erlaubt sind.

Ich hoffe, diese Begriffsklärung räumt mit allen Missverständnissen auf. Wenn Ihnen noch nicht klar ist, ob Ihr Gericht Soul Food oder Südstaatenküche ist, denken Sie an eines:

Ein Südstaatengericht kann jeder kochen, egal ob Schwarz oder weiß ...

Aber das bedeutet nicht, dass es auch Seele hat.

10

WILD GEWORDENE WEISSE

UNCLE ROB ERKLÄRT DEN GRUNDSATZ »SEPARATE BUT EQUAL«

»Deine Mutter, wenn du vergessen hast, das Hühnchen aus der Tiefkühltruhe zu nehmen.«

Ich will mir nicht selbst auf die Schulter klopfen, aber Sie müssen zugeben, dass das eine megacoole Antwort ist. Meine Entgegnung schlägt mühelos die bisherigen profanen Antworten wie Candyman, die Polizei und »der Schuldirektor«. Gäbe es eine Version von *Familienduell* ausschließlich für Schwarze, bin ich mir ziemlich sicher, dass genau dieser Satz auf der Anzeige zu den fünf häufigsten Antworten auf folgende Frage des Moderators gehören würde: »Nennen Sie uns eine Sache, vor der jeder Schwarze Angst haben sollte.«

Aber das hier war keine Spielshow. Vielmehr saß ich inmitten einer Gruppe aus Freunden, Nachbarn und Spielcousins bei einem uralten afroamerikanischen Respektsritual, das »settin' up« (»Einweihung«) genannt wird. Ich war äußerst überzeugt von meiner originellen Antwort, bis jemand meinem Uncle Rob dieselbe Frage stellte, der zufällig gerade mit dem typischen Essensteller für ein »settin' up« in South Carolina vorbeikam – ein Stück Hühnchen, ein Löffel grüne Bohnen, gelber Reis und ein Stück Rührkuchen. »Hey, Uncle Rob«, sagte mein Cousin Fred, während er Rob gleichzeitig einen Nip anbot.* »Nenn mir eine Sache, vor der jeder Schwarze Angst haben sollte.«

Rob überlegte nicht einmal oder schaute auch nur auf, bevor er bewies, warum er den Titel des Alten Weisen der Harriot-Familie verdiente. Ich wusste bereits, dass meine Antwort bald vergessen sein würde, als er begann, auf seine angestammte Uncle-Rob-Art in sich hineinzukichern, indem er Luft durch die Zähne entweichen ließ wie bei einem löchrigen Reifen. Hätte er ein Mikro gehabt, hätte er es effektvoll sinken lassen müssen, während er gleichzeitig den Kopf hob, um seine versammelten Nichten und Neffen anzusehen und seinen Teil zur Unterhaltung beizutragen. Als Rob nun gemächlich mit seinem Becher, dem Kuchen und der häufigsten Antwort auf der Anzeigetafel an uns vorbeischlenderte, verkündete er lässig und fast zu locker, um uns weiszumachen, dass die Antwort nicht einstudiert war:

»Ein Amerikaner.«

***

Ihr wollt was über Geschichte wissen? Dann erzähl ich euch was über Geschichte. Ich hab meinem kleinen Neffen alles beigebracht, was er weiß. Wir haben hier zusammengesessen und gequatscht, da sagte er, dass er mal müsse. An seinem Gesichtsausdruck und den Geräuschen aus seinem Magen hab ich erkannt, dass es wohl eine Weile dauern würde, also dachte ich mir, ich helf ihm ein bisschen. Ihr wisst ja, dass er laktoseintolerant ist, oder? Der Junge hat öfter einen Blubberbauch als ein vegetarischer Löwe.

Ach, er berichtet gerade von der Zeit nach der Reconstruction? Also echt, wenn ihr wissen wollt, was passiert ist, nachdem

---

* *Ein »Nip« ist eine kleine Menge (etwa 55 bis 85 Milliliter) des beliebten afroamerikanischen Alkoholgetränks namens »brown likka« (»brauner Schnaps«). Das ist die zweitgeringste Menge, die man trinken kann, und etwas mehr als eine »Kostprobe«, aber weniger als »ein ganz kleines Schlückchen«.*

die Weißen angefangen haben, sich wie Idioten aufzuführen, setzt euch hin und lasst euch von Uncle Rob erzählen, was es zu wissen gibt. Und es ist ja klar, dass euer Uncle Rob euch nix vom Pferd erzählt.

Ich hab gesehen, dass er euch gerade eben meinen kleinen Witz erzählt hat. Ich hoffe mal, ich krieg dafür auch ein paar Tantiemen.* Und ich weiß, es klingt vielleicht ein bisschen unpatriotisch, aber ihr gehört wahrscheinlich zu den Menschen, die »Amerikaner« sein mit amerikanischer Staatsbürgerschaft verwechseln. Aber das ist nicht dasselbe. Amerikanizität ist ein vergänglicher, sich ständig weiterentwickelnder Status, der historisch gesehen nur von weißen Menschen zuerkannt werden kann. Bestimmt hat Mikey euch erzählt, dass durch den 14. Zusatzartikel eine rechtliche Definition von Staatsbürgerschaft eingeführt wurde, und erklärt, dass den Schwarzen damit dieselben Rechte und Privilegien eingeräumt wurden wie den Weißen. Nun ja, das machen euch jedenfalls die Bücher weis. Aber das ist riesengroßer Haufen weißer Unsinn. Hier ein Vorschlag: Kauft euch doch mal eins von diesen offiziellen LA-Lakers-Trikots und fragt dann, ob sie euch mit LeBron zusammenspielen lassen. Da werden die euch genauso angucken, wie die Weißen die Schwarzen angesehen haben, als wir damals 1865 unsere Rechte einforderten. Oder 1965. Oder 2005. Nee, Kinder. Ich sag euch mal, wie in diesem Land das Wort *amerikanisch* im Laufe seiner Geschichte meistens definiert wurde:

»Nicht die Schwarzen.«

Ja, ganz genau. Seit dem Tag, an dem die *Treasurer* Angela und die anderen in Jamestown abgeladen hat, ist die Unterjochung der Schwarzen Bevölkerung *gängiger* als Demokratie und *mächtiger* als die niedliche Verfassung, von der die Weißen immer so schwärmen. Die ist für sie geschrieben worden! Und das ist keine seltsame Interpretation der Geschichte; das ist ein

* *Nee, dafür bekommt er keine Tantiemen. Mit zwölf fand ich heraus, dass Schwarze Onkel die meisten ihrer Witze bloß von Richard Pryor abkupfern.*

unbestreitbarer, objektiver Fakt. Wenn es um die Geschichte von Leuten geht, die so aussehen wie wir, weiß ich zwei Dinge genau: Beim Singen kann Frank Sinatra nicht mit der Durchschlagskraft von Luther Vandross' Jheri-Lockenmittel mithalten, und die Vorherrschaft der Weißen ist die *dominierendste* Eigenschaft dieses Landes. That's a fact, Jack!*

Mann, wenn ihr mir nicht glaubt, guckt doch einfach mal, was sie geschrieben haben! Durch die Verfassung hielten diese weißen Typen offiziell fest, dass versklavte Afrikaner nur 60 Prozent des Wertes eines Weißen besitzen. Dann begrenzte der erste Kongress die Einbürgerung auf »jeden Ausländer, abgesehen von feindlichen Ausländern, der eine freie weiße Person [...] von gutem Charakter« ist.[1] Bescheuert, oder? Wie kann jemand von gutem Charakter überhaupt solchen Kauderwelsch verzapfen? Außerdem galt die Einbürgerung nicht für die Menschen, die bei Ankunft des weißen Mannes bereits in diesem Land lebten, bis 1924 der Indian Citizenship Act verabschiedet wurde. Und obwohl uns der 15. Zusatzartikel theoretisch das Wahlrecht einräumte, haben die Gebieter der Amerikanizität nicht mal versucht, die Worte in diesem Dokument geltend zu machen, bis das Land 189 Jahre alt war. Also ungefähr ... zwei Jahre jünger als Gott. Ihr wisst, wer Gott ist, oder? Der echte Daddy von Jesus.

Also, ich muss ja ehrlich sagen, ich mag die Verfassung. Sie ist ein bewunderungswürdiges Dokument, das allen Amerikanern Freiheit und Unabhängigkeit beschert. Aber obwohl der nach dem Bürgerkrieg ausbrechende »Rassenterrorismus« gegen die Verfassung verstieß, war er de facto nicht illegal. Denn Gesetze sind nur Wörter, wenn sie nicht vollstreckt werden. Eigentlich sollte man für einen Gesetzesbruch verhaftet, vor Gericht gestellt und bestraft werden, oder? Warum mussten dann die meisten Anhänger einer weißen Vormachtstellung nie die

* *Ich habe versucht, Uncle Rob klarzumachen, dass ich niemanden namens Jack kenne, aber er will davon nichts hören.*

Konsequenzen für ihre Übergriffe auf Schwarze Staatsbürger tragen?

Weil sie Amerikaner waren.

Nehmen wir mal Louisiana, zum Beispiel. Ich weiß, dass Mikey euch schon von dem New-Orleans-Massaker erzählt hat, weil er so gern über diesen »Der Boden war glitschig vor Blut«-Unsinn quatscht. (Und was glaubt ihr, wer ihm das Buch geschenkt hat?) Aber der »Rassenkrieg« in Louisiana ist das beste Beispiel für den Sturz der Regierung durch die weißen Suprematisten am Ende der Reconstruction. Keine Sorge, ich erklär euch das noch mal.

Louisianas Bundesstaatsverfassung aus dem Jahr 1868 beseitigte die meisten der Black Codes – also die auf Rassismus basierenden diskriminierenden Gesetze, die nach dem Bürgerkrieg die Schwarzen Bewohner Louisianas beherrscht hatten. Sie gewährte den ehemals Versklavten uneingeschränkte Staatsbürgerschaft sowie das Wahlrecht und beinhaltete auch die Gründung integrierter Schulen. Es war nicht so, als glaubten die Weißen plötzlich an Demokratie, Freiheit und anderes Zeugs, über das sich Weiße so aufregen, bevor sie irgendwas Fieses machen. Es war nur so, dass Louisiana nach dem Ende der Sklaverei plötzlich eine hauptsächlich Schwarze Wählerschaft hatte. Der Volkszählung von 1870 zufolge lebten 364 210 »befreite Farbige« und dagegen nur 362 065 Weiße in dem sogenannten Bayou State.[2] Irgendwas musste unternommen werden. Dieses »Irgendwas« war die Epidemie der rassistischen Angriffe von Louisianas weißen Einwohnern während der Reconstruction.

Um das Blutvergießen einzudämmen, verabschiedete der Kongress den Enforcement Act (Vollstreckungsgesetz) von 1870, doch es half nichts.* Im Jahr 1871 wurde der zweite Enforce-

* *Der erste Enforcement Act verbot Mobgewalt und das Betreten »von Verkehrsstraßen oder fremden Grundstücken in Verkleidung« in der Absicht, die Verfassungsrechte der Bürger zu verletzen, und war damit speziell auf den Ku-Klux-Klan ausgerichtet.*

ment Act verabschiedet, durch den Kontrolleure der Bundesregierung zur Beaufsichtigung der Wahlen in den Südstaaten ausgesandt wurden. Den Weißen war das aber ziemlich schnurz. Später im Jahr versuchte der Kongress es erneut. Diesmal nannte er das Gesetz ganz unverblümt »Ku Klux Klan Act« und verbot darin etwa das Tragen von Masken in der Öffentlichkeit, die Nutzung von Waffen zur Einschüchterung von Wählern und die Teilnahme der Polizei an Lynchmobs – was längst im Gesetz hätte verankert sein müssen. Doch die bedeutsamste Bestimmung im dritten Enforcement Act gab dem Präsidenten das Recht, Habeas Corpus – also das Recht zur Freiheitsberaubung – auszusetzen und föderale Truppen einzusetzen, um Aufstände niederzuschlagen. Nach dem Ende des Bürgerkriegs waren die Nordstaatentruppen bereits aus vielen Südstaaten abgezogen worden, aber nach der Verabschiedung dieses Acts kehrten sie zurück, um die Weißen von der Ermordung der Schwarzen abzuhalten.

Oh Mann, die Veränderung in der »Rassen«-Hierarchie stach den Weißen so sehr ins Fleisch, als würden sie sich selbst filetieren! Die Vorstellung, dass die Armee freie wählende und politisch ermächtigte Schwarze beschützen sollte, die *früher mal den Weißen gehört hatten*, radikalisierte proweiße paramilitärische aufständische Gruppen wie die Knights of the White Camelia, die Redeemers und – mit dem unoriginellsten Namen von allen – die White Man's League, die zum Sturz der Regierung Gewalt, Schrecken und Rassismus einsetzten, lange bevor die Proud Boys auf den Aufständlerzug aufsprangen. Und das hier waren keine normalen wütenden Weißen, von denen man bei der Conservative Political Action Conference (CPAC) liest. Oh nein, das hier waren organisierte Militäreinheiten, bestehend aus Tausenden ehemaligen Konföderierten und anderen weißen Männern, die sich ihre Schwerter einrahmen lassen und ihr Abendessen als »supper« bezeichnen. Glaubt mir, ihr wollt euch nicht mit Weißen anlegen, die »supper« essen. Und im Gegensatz zu den Ku-Klux-Klan-Mitgliedern trugen die Anhänger der in Louisiana beheimateten

Terrorzellen keine Verkleidungen. Sie wollten die Befreiten wissen lassen, dass sie es mit ortsansässigen Politikern, Bankiers, Polizisten und Geistlichen zu tun hatten, mit denen sie tagtäglich zusammenlebten.

Am 5. Juli 1874 riefen alle Männerlogen in New Orleans Freiwillige dazu auf, sich ihnen anzuschließen, und rekrutierten so etwa 1500 Mann für die Crescent City White League. Den Sommer über wurden sie gedrillt, beschafften Munition und rüsteten sich für den Krieg. Mithilfe einiger bei der Polizei tätiger Offiziere entwaffneten sie Schwarze Bürger und benutzten Verbündete bei den Medien, um Angst vor einer »Negrovorherrschaft« zu schüren.[3] Als sie am 14. September 1874 den 3600 Polizisten und Bundesstaatsmilizionären den Krieg erklärten, waren die Truppen der White League auf 5000 Mann angewachsen. Und sie rasteten noch mehr aus als die Leute beim Black-Friday-Sale von Walmart! Schließlich mussten Bundestruppen intervenieren und schlugen den Aufstand nieder, doch die White League hatte ihr Ziel erreicht: Die proweißen Demokraten gründeten praktisch ihr eigenes alternatives weißes Suprematistenparlament in einem Bruderschaftshaus in New Orleans. Angeführt durch »alt-white« Gouverneur John McEnery und Vizegouverneur Davidson B. Penn*, nahm die »Rumpf«-Regierung Steuern ein, verabschiedete Gesetze und kontrollierte den Staat Louisiana. Bis zum Jahr 1877 regierten die verfassungsrechtlich gewählten republikanischen Amtsträger unterdessen nur einen kleinen Teil von New Orleans. Zum Gedenken an das Ereignis errichteten die Fourteenth of September Monument Association (Vereinigung für das Denkmal zum 14. September) und eine konföderiertenfreundliche Frauengruppe das Battle of Liberty Place Monument (Monument des Ortes des Freiheitskampfes), einen 10,5 Meter hohen Obelisken mit der folgenden Inschrift:

---

* *Die zweifellos »supper« aßen.*

McEnery und Penn, von der weißen Bevölkerung zum Gouverneur und Vizegouverneur gewählt, wurden nach dem Umsturz der Carpetbag-Regierung ordnungsgemäß eingesetzt und enthoben damit die unrechtmäßigen Machthaber, Gouverneur Kellogg (weiß) und Vizegouverneur Antoine (farbig), ihres Amtes.

Zwar übernahmen Truppen der Vereinigten Staaten die Regierung des Bundesstaats und setzten die Usurpatoren wieder ein, jedoch wurde die weiße Vormachtstellung in den Südstaaten durch die Parlamentswahlen im November 1876 anerkannt und uns unser Staat zurückgegeben.

Ich sage ja nur ungern »Ich hab's euch doch gesagt«, aber die Vorherrschaft der Weißen war so sehr mit Amerikanizität verwoben, dass es sogar in Stein gemeißelt wurde!*

Wie sollten die Weißen jetzt, da wieder Truppen im Süden stationiert waren, ihre soziale und politische Dominanz behaupten? Zum Glück hatten die überheblichen weißen Nordstaatler das Problem bereits gelöst. Während sie auf die ehemaligen Konföderiertenstaaten herabschauten und sie als rassistische Barbaren ansahen, lieferten sie den Südstaaten eine Vorlage für die weiße Vormachtstellung. Wie die Bibel in den Epheser-Briefen besagt: »Das Einzige, was rassistischer ist als ein weißer Suprematist aus den Südstaaten, ist ein Nordstaatler, der meint, nicht rassistisch zu sein«.** Weiße Vorherrschaft war nie nur ein Problem der Südstaaten; sie ist ein *amerikanisches Problem.*

Lange bevor man es »Jim Crow« nannte, hatten die weißen Bürger der Nordstaaten faktisch ein Segregationssystem entwickelt, das in vielerlei Hinsicht noch abscheulicher war als der tief sitzende Rassismus in den Südstaaten.*** Die Nordstaatenversion der amerikanischen Apartheid hatte weniger mit Be-

* *Natürlich sagt Uncle Rob nicht ungern »Ich hab's euch doch gesagt«.*

** *Mein Cousin Epheser hat früher lustige Sprüche in die Bibel geschrieben, wenn ihm in der Kirche langweilig war.*

*** *Mit abscheulich meine ich »übel«.*

sitzrechten, Wirtschaft oder Angst vor einer Herrschaft durch die Schwarzen zu tun; sie existierte, weil die Weißen ernsthaft glaubten, sie seien *menschlicher* als ihre Schwarzen Gegenspieler. Pennsylvania entzog den Schwarzen im Jahr 1838 das Wahlrecht, obwohl zumindest freien Schwarzen Männern die Wahl zunächst erlaubt gewesen war. Die Armee der Nordstaaten war nach Hautfarbe in Kompanien unterteilt. Schon Jahrzehnte vor dem Bürgerkrieg setzten Bahngesellschaften in Boston, New York und Michigan segregierte Waggons ein. Im Jahr 1841 wehrte sich ein junger Sklavereigegner so heftig gegen die Segregationsgesetzte, dass es sechs Männer brauchte, um ihn aus dem Zug zu bugsieren. »Mich bei diesem Ereignis aus dem Zug zu zerren, muss die Gesellschaft 25 oder 30 Dollar gekostet haben«, schrieb der junge Abolitionist Frederick Douglass. »Denn ich habe dabei die Sitze und alles Mögliche zerfetzt.«[4] Und sein Vermächtnis verschwand nicht einfach über Nacht.

In der Zwischenzeit unternahm das Land eine letzte Maßnahme, um die wütenden weißen Mobs zu unterdrücken. Im Jahr 1875 verabschiedete der Kongress den treffend benannten Civil Rights Act von 1875. Dieses bahnbrechende Gesetz wurde erlassen, um »die Gleichheit aller Menschen vor dem Gesetz« zu sichern, und verbannte rassistisch motivierte Diskriminierung in »Wirtshäusern, öffentlichen Verkehrsmitteln zu Land und zu Wasser sowie Theatern und anderen Orten des öffentlichen Vergnügens«.[5] Obwohl das Gesetz als erneute Bekräftigung des 14. und 15. Zusatzartikels gedacht war, gab es ein Problem mit dem Civil Rights Act: *Niemand wandte ihn je an.* In dem orkanartigen Wirbelsturm aus Lynchjustiz und Mobbing setzte Präsident Ulysses S. Grant ihn nie durch, und auch das Justizministerium schickte den Gesetzestext nie an die amerikanischen Staatsanwälte!

Bestimmt hat Mikey euch von Rutherford B. Hayes erzählt und wie er uns mit dem Kompromiss von 1877 übers Ohr gehauen hat, oder? Ja, genau, der Mann ist auf einer Schwarzen Wählerwelle ins Weiße Haus geritten, hat sich dann aber auf die Seite der weißen Suprematisten geschlagen und an dem rassistischen, in verrauchten Räumen vereinbarten Abkommen festgehalten, anschließend die Bundestruppen aus den Südstaaten abgezogen und die Augen vor dem staatlich geförderten Terrorismus verschlossen. Eins muss man ihm aber lassen: Er war ein Visionär. Er stieß die Schwarzen vor einen fahrenden Bus, bevor Busse überhaupt erfunden wurden! Deshalb trägt der einzige für mich existierende Hayes den Vornamen Isaac.

Im Jahr 1883 verlieh der Oberste Gerichtshof seiner Nachlässigkeit in Bezug auf die Fürsorge für Amerikas Schwarze Erbauer eine neue Dimension: Durch die *Civil Rights Cases* – einen Gerichtsbeschluss, der fünf verschiedene Bürgerrechtsfälle zusammenfasste – wurde der Civil Rights Act von 1875 aufgehoben, da der Kongress keine Befugnis habe, rassistisches Verhalten von Einzelpersonen zu bestrafen oder rassistische Gesetze in den einzelnen Bundesstaaten aufzuheben. »Man würde das Sklavereiargument völlig zunichtemachen, wenn man es für jede diskriminierende Handlung anbringt, die ein Mensch sich vorbehält, zum Beispiel was die von ihm empfangenen Gäste angeht oder die Menschen, die er in seiner Kutsche oder Droschke oder seinem Waggon transportiert oder die er ins Konzert oder Theater einlässt oder mit denen er zu anderen Gelegenheiten Umgang hat oder Geschäften nachgeht«, schrieb ein weißer Mann, der irgendwie den ironischen Titel des »Richters« erhalten hatte, und fügte hinzu:

> *Schon vor der Abschaffung der Sklaverei gab es Tausende freie Farbige in diesem Land, die dieselben Grundrechte des Lebens, der Freiheit und des Grundbesitzes besaßen wie die weißen Bürger; und trotzdem dachte seinerzeit niemand, es sei eine Verletzung ihres Persönlichkeitsrechts als freie Männer, dass sie bei der Unterbringung in Gasthäusern, der Nutzung öffentlicher Verkehrsmittel und dem Besuch von Vergnügungsstätten einer Ungleichbehandlung ausgesetzt waren. Ungleichbehandlungen allein aufgrund von Rasse oder Hautfarbe wurden nicht als Kennzeichen für Sklaverei angesehen.*[6]

Mit nichts weiter als dem Rechts- und Gerechtigkeitssinn des Weißen Amerikas zur Verhinderung von »Rassenterrorismus« gewannen die der weißen Vormachtstellung zugewandten Demokraten schnell die Kontrolle über die Politik in den Bundesstaaten und erklärten die Jagdsaison auf die Schwarzen für eröffnet.

Doch Louisianas »Rassen«-Realität war viel komplexer als die in anderen Staaten der ehemaligen Konföderation. Vor dem Bürgerkrieg hatten viele freie People of Color bereits integrierte Schulen besucht, und viele weitere hatten eine höhere Bildung genossen als die weißen Einwohner der Unterschicht im auch als »Big Easy« bekannten New Orleans. Nehmen wir zum Beispiel mal meinen hellhäutigen Kumpel Louis Martinet. Im Jahr 1890 hatte Martinet, ein Afrokreole, bereits seinen Abschluss in Rechtswissenschaften gemacht, im Repräsentantenhaus von Louisiana gedient und eine Zeitung namens *The Crusader* gegründet; nun absolvierte er gerade ein Medizinstudium. Martinet hing gerne mit seinem kreolischen Kumpel Rodolphe Desdunes rum, neben dem Martinet im direkten Vergleich wie ein Faulpelz aussah. Desdunes war ein bilingualer Historiker und Dichter, der Gedichte auf Französisch verfasste, als Lehrer arbeitete, auf Englisch für *The Crusader* schrieb, eine Schule für afroamerikanische Kinder eröffnet, als Milizionär gedient und im Battle of Liberty Place gekämpft hatte, während er nebenher seine eigene Plantage betrieb. Ich will hier keinen Unfrieden stiften, aber diese Typen waren echte Superhelden. Bruce Wayne und Tony Stark sind *nichts* dagegen.

Diese beiden waren maßgeblich daran beteiligt, dass Big Easy zur Wiege derer wurde, die der Bürgerrechtsbewegung den Weg bereiteten, zum Teil weil den Menschen auffiel, dass die Weißen drauf und dran waren, sich wie Weiße zu benehmen. Mithilfe von P. B. S. Pinchback, dem allerersten afroamerikanischen Gouverneur eines Bundesstaates, gründeten Desdunes und Martinet ihre eigene pro-Schwarze Version der Avengers, die sie American Citizens' Equal Rights Association (ACERA – Vereinigung für gleiches Recht aller amerikanischen Bürger) nannten und mit der sie gegen einen Gesetzesvorschlag protestiertem, nämlich Absatz 3 des Act 111. Das Gesetz, bekannt als »Separate Car Act«, verlangte »gleiche, aber getrennte« Eisenbahnwaggons, die nach Hautfarbe unterteilt waren. Trotz der Aufmerksamkeit der ACERA wurde das Gesetz schließlich verabschiedet.

Obwohl der Separate Car Act fast identisch war mit einem ähnlichen Gesetz in Mississippi, stellte dessen Umsetzung in Louisiana ein größeres Problem dar, denn hier gab es mehr als zwei verschiedene »Rassen«, insbesondere in New Orleans, wo Schwarze, Weiße, weiße Kreolen, Cajuns und Menschen aller möglichen Hautfarben lebten. Martinet, Desdunes und 16 weitere Männer der afrokreolischen Gemeinschaft versammelten sich, um das Comité des Citoyens (Citizens' Committee – Bürgerkomitee) zu gründen und die Verfassungsmäßigkeit des Separate Car Act zu prüfen. Dafür engagierten sie Albion Tourgée, einen weißen Anwalt aus dem ländlichen Norden des Staates New York.

Tourgée war ehemaliger Richter und ein Verfechter Schwarzer Rechte, aber er hatte keine Ahnung von der Komplexität der »Rassenstruktur« in New Orleans. Er kannte lediglich Schwarz und weiß, also schlug er der Gruppe in einem Brief vor, dass sie mit einer kreolischen Person, die weiß aussah, das Gesetz austesten sollten. Martinet lachte über Tourgées dumme weiße Idee und antwortete:

> *Es wäre schwierig zu erreichen, dass einer tatsächlich beinahe weißen Dame der Zutritt zu einem »weißen« Waggon verwehrt wird. Hier leben die seltsamsten weißen Menschen, die Sie je gesehen haben. Sie [wären] überrascht, welche verschiedenen Personen man Ihnen beim Entlangschlendern auf unserer Hauptverkehrsstraße – der Canal Street – zeigen würde, manche als weiß & andere als farbig, und wenn Sie sich nicht auskennen, würden Sie sicherlich Weiße für farbig halten und Farbige für weiß. Außerdem genießen Menschen mit recht hellem Teint, selbst wenn sie unverkennbar farbig sind, hier ein hohes Ausmaß an Immunität vor den verhassten Vorurteilen.*[7]

Die Mitglieder des Citizens' Committee wollten sich nicht nur für die kreolischen Menschen, sondern für *alle Menschen* einsetzen, deshalb entwickelten sie einen genialen Plan: Sie bereiteten Desdunes' Sohn Daniel darauf vor, in einen Waggon für Weiße zu steigen. Im Vorfeld bezahlten sie örtliche Polizisten und ließen sie Haftbefehle mit bereits eingetragenen zuvor abgesprochenen Ordnungswidrigkeiten ausstellen. Sie kontaktierten sogar die Inhaber der Eisenbahngesellschaften von Louisville und Nashville, um sie wissen zu lassen, dass sie die Verfassungsmäßigkeit des Separate Car Acts prüfen würden. Die Eisenbahngesellschaft antwortete so was wie: »Also wirklich, glauben Sie, wir machen uns einen Kopf über Rassismus, während wir eine Bahngesellschaft zu führen haben? Verstehen Sie mich nicht falsch; ich will damit nicht sagen, dass wir nicht rassistisch sind. Aber diese Segregation ist ganz schön teuer!«

Und dann zogen sie es durch! Am 24. Februar 1892 kaufte Daniel Desdunes eine Fahrkarte nach Mobile, Alabama, und setzte sich in einen »Nur für Weiße«-Waggon. Der Waggon hielt an einer vorher vereinbarten Stelle, wo von der Organisation engagierte Polizeiinspektoren warteten. Anschließend zogen sie vor Gericht und machten sich kampfbereit. Als sie mit ihren sorgfältig und strategisch vorbereiteten rechtlichen Ausführungen zum Gerichtstermin erschienen, teilte der Richter John Ferguson ihnen mit, dass es keine Verhandlung geben würde. Denn der Oberste Gerichtshof von Louisiana hatte kürzlich beschieden, dass der Separate Car Act gegen den 14. Zusatzartikel verstieß und somit bei *staatenübergreifenden Reisen* nicht angewendet werden könne. *The Crusader* verkündete daraufhin: »Jim Crow ist so gut wie tot!« Allerdings galt der Richterspruch nicht für Züge innerhalb eines Bundesstaates, deshalb war den Mitgliedern des Citizens' Committee am 7. Juni 1892 klar, dass sie das Ganze noch mal machen mussten, und zwar schnell.

Wieder kauften sie ein Ticket. Heuerten die Polizeiinspektoren an. Gaben der Eisenbahngesellschaft Bescheid. Inszenierten die Verhaftung. Und füllten die Haftbefehle aus. Damit niemand das Citizen's Committee einer Verschwörung verdächtigte, beschlossen die Mitglieder, nicht noch einmal Desdunes' Sohn zu entsenden. Stattdessen wählten sie einen anderen afrokreolischen jungen Mann namens Homer Plessy aus. Sie wurden vor denselben Richter gestellt und baten ihn, das Verfahren erneut als unbegründet abzuweisen. Doch Ferguson war anderer Ansicht. In dem Fall *Bundesstaat Louisiana versus Homer Adolph Plessy* zitierte Ferguson die Entscheidung der Civil Rights Cases und erklärte, dass die Eisenbahngesellschaften innerhalb der Bundesstaatsgrenzen ganz nach Belieben rassistisch sein dürften. Sie gingen in Berufung und verloren, wie erwartet. Mit dieser Abweisung des Citizens' Committee beschied der Oberste Gerichtshof von Louisiana de facto, dass die Jim-Crow-Gesetze ein Produkt der Nordstaaten seien und es jetzt an der Zeit sei, den Südstaaten ein bisschen was von der guten alten weißen Vorherrschaft abzutreten. »Segregation durchzusetzen bedeutet keine Feststellung von Minderwertigkeit«, schrieb das Gericht und zitierte damit das Eisenbahnrecht von Pennsylvania. »Es sagt lediglich aus, dass menschliche Behörden der Anordnung göttlicher Vorsehung folgen und diese stark getrennten Rassen nicht dazu zwingen sollten, sich zu vermischen.«[8]

Mit anderen Worten: Gott glaubt an die Vorherrschaft der Weißen.

Den Mitgliedern des Citizens' Committee war bewusst, dass viel auf dem Spiel stand. Eine Niederlage auf Bundesebene bedeutete möglicherweise »Rassentrennung« jetzt, »Rassentrennung« morgen und »Rassentrennung« für alle Zeit.* Ganz New Orleans war nervös. Am 18. Mai 1896 führte der Oberste Gerichtshof der USA die Segregation als landesweit geltende Rechtsnorm ein. »Die Gesetzgebung besitzt nicht die Macht, Rasseninstinkte auszumerzen oder Abgrenzungen aufgrund physischer Unterschiedlichkeiten zu beseitigen«, schrieb der Richter Henry Billings Brown.[9] »Wenn eine Rasse der anderen

* *Das sollte mal jemand aufschreiben.*

sozial unterlegen ist, darf die Verfassung der Vereinigten Staaten sie nicht über einen Kamm scheren.« Nun, manche mögen dies als Musterbeispiel für weiße Vorherrschaft bezeichnen, aber ich nicht. Allerdings muss ich Mikey mal fragen, wie er zum Thema Fluchen steht, bevor ich euch meine Gedanken zu der Tatsache mitteile, dass das höchste Gericht in Amerika praktisch sagt: »Wir können leider nichts gegen Rassismus machen, Bro.«

Natürlich schaffte man es irgendwie, die Schuld den Schwarzen in die Schuhe zu schieben. Das Gericht argumentierte, der Wunsch der Weißen nach Abtrennung von den Schwarzen bedeute nicht unbedingt, dass die weißen die Schwarzen Menschen für minderwertig hielten. Gemäß diesem Richterspruch existiert die Anschauung einer Ungleichbehandlung von nicht weißen Menschen durch die weiße Gesellschaft nur, weil »die farbige Rasse diese Auslegung selbst anwendet«. Ja, das haben sie tatsächlich so aufgeschrieben. *Auf Papier.*

Plessy versus Ferguson übertraf alle Hoffnungen der weißen Minderheit des Staates. Der Beschluss erlaubte ihnen den Aufbau eines Zweiklassensystems, das den Machtanspruch der Weißen aufrechterhielt. Am 12. Mai 1898 verabschiedete ein erneut einberufener Verfassungskonvent in Louisiana eine neue Verfassung für den Bundesstaat, die all ihre rassistischen Vorstellungen im Gesetz verankerte. Der Vorsitzende des Konvents, Ernest Kruttschnitt, eröffnete die Versammlung mit einem Appell, der ihren Zweck bereits vorhersagte: »Möge dieser Saal, den die Negroes vor 32 Jahren erstmals zum ungleichen Kampf um die Vorherrschaft betraten und der von seinem Blut rot gefärbt war, nun die Entstehung unseres elementaren Gesetzes bezeugen, welches das Verhältnis zwischen den Rassen auf einem immerwährenden Fundament von Recht und Gerechtigkeit begründen wird (Applaus).«[10] Die Weißen legten also wieder los.

Ich weiß, ihr denkt jetzt, dass ich euch als Nächstes was über Kopfsteuer und Lese- und Schreibtests erzähle. Nee, Bro. Die haben sich *alle möglichen weißen Sachen* ausgedacht, um die

Schwarze Bevölkerung weiter zu unterdrücken. In der Verfassung wurde bestimmt, dass Rentenzahlungen an ehemalige Soldaten der Konföderierten aus Steuergeldern erfolgen sollten. Außerdem wurde darin eine Wehrpflicht im Bundesstaat festgelegt, von der man sich durch die Zahlung einer »Straßensteuer« befreien lassen konnte. Von allen männlichen Wählern wurde ein Lese- und Schreibtest verlangt, ausgenommen von »männlichen Personen, die seit dem 1. Januar 1867 oder früher und gemäß der Verfassung oder Statuten eines jeglichen Bundesstaates der Vereinigten Staaten wahlberechtigt waren«.* ** Durch eine Verordnung in Absatz 5, welche man später »grandfather clause« (zu Deutsch »Großvaterrecht« oder »Bestandsschutz«) nannte, waren auch der »Sohn oder Enkelsohn besagter Personen, welcher zum Umsetzungszeitpunkt der Verfassung 21 Jahre oder älter ist«, davon befreit.[11] Das Versteckspiel war vorbei. Sie hätten ihr Vorhaben nur noch offensichtlicher machen können, indem sie das Wahlrecht begrenzt hätten »auf jeden männlichen Bürger über 18 Jahren, der noch nie ein Haarprodukt von Murray's oder einen Waschlappen benutzt hat«.

»Wir haben uns hier versammelt, um die Vorherrschaft der weißen Rasse zu sichern«, vermerkte der Vorsitzende des Rechtsausschusses Thomas Semmes während seiner Abschlussrede. »Unsere Aufgabe war es in erster Linie, die Vormachtstellung der Weißen in diesem Staat zu bekräftigen, soweit es rechtlich und verfassungsgemäß möglich ist. Und was haben wir mit unserer Verfügung über das Wahlrecht, dem verfassungsrechtlichen Mittel, mit dem wir diese Überlegenheit erhalten wollen, erreicht? Wir haben im ganzen Bundesstaat ein weißes Männerwahlrecht eingeführt.«[12]

---

* *Mit anderen Worten: weiße Bürger.*

** *Hätten sie einfach »weiße Bürger« geschrieben, wäre das rassistisch gewesen. Aber es war ja schließlich nicht ihre Schuld, dass dieser willkürliche Stichtag zufällig genau das Datum war, an dem die Schwarzen Bürger das Wahlrecht erhielten. Das war ganz sicher Zufall.*

Die Kombination aus »Rassenterrorismus«, gesetzlicher Segregation und verfassungsgemäßer weißer Vorherrschaft war ein durchschlagender Erfolg. Im Jahr 1880 hatte die Wahlregistrierungsquote von Schwarzen Männern bei über 90 Prozent gelegen. Bei den Wahlen von 1900 verfügten weniger als drei Prozent der Schwarzen Männer über das Wahlrecht.[13] Jim Crow war angekommen. Aber es war noch nicht aller Tage Abend.

Jetzt wisst ihr, was die Weißen so trieben, deshalb will ich euch auch erzählen, was die Schwarzen so machten. Während das weiße Amerika darum rang, sein Reich des Rassismus wiederaufzubauen, strebten die Afroamerikaner das eine Ziel an, das sie seit 1620* verfolgten: dass die Weißen uns in Ruhe lassen.

Moment mal. Habt ihr wirklich geglaubt, wir hätten mit Händen und Füßen gekämpft, weil wir unbedingt zusammen mit Weißen in Zugwaggons und Kinosälen rumhängen wollten? Sorry, ich brauch grad einen Augenblick, um mit dem Lachen aufzuhören. Habt ihr mal Weiße *kennengelernt*? Denkt doch mal drüber nach. Wenn euch jemand entführt, eure Familie zum unentgeltlichen Arbeiten gezwungen und eure Angehörigen ermordet, vergewaltigt und auf brutalste Weise behandelt hätte, warum solltet ihr dann mit ihnen gemeinsam im Zug fahren wollen? Der Kampf gegen Segregation hatte weniger mit der Nähe zum Weißsein zu tun, sondern viel mehr mit der sozialen, politischen und wirtschaftlichen Unterdrückung der Schwarzen. Bei der Auflehnung gegen Jim Crow ging es um *Menschlichkeit*. Außerdem hegten wir den heimlichen Verdacht, dass die Weißen das »gleich« in »getrennt, aber gleich« bald vernachlässigen würden. Schließlich haben die Weißen Skifahren, Achterbahnen und Bobrennen erfunden. Sie *lieben* schiefe Bahnen!

Das bringt mich zurück zu dem guten Booker T. Washington, der, obwohl er in seinem Leben nichts erreicht hat, immer noch

* *Den Großteil des Jahres 1619 verbrachten wir damit herauszufinden, wo weiße Menschen ihr Würzsalz aufbewahren. Wir suchen immer noch.*

in den Top Fünf der Schwärzesten Namen aller Zeiten rangiert, zusammen mit D'Brickashaw Ferguson und Parliament-Funkadelic.

Booker T. wurde in die Sklaverei hineingeboren und wählte den Nachnamen Washington bei seinem Eintritt in die Grundschule. Seine Mom erklärte ihm später, dass Taliaferro eigentlich schon sein Nachname gewesen sei.* Nachdem er in den Salz- und Kohlebergwerken von West Virginia gearbeitet hatte, besuchte Washington das Hampton Normal and Agricultural Institute auf Empfehlung des Gründers der Einrichtung, Samuel Armstrong. Washington zog später nach Alabama und eröffnete die Tuskegee Normal School, heute als Tuskegee University bekannt. Da Washington die Hochschule auf einer ehemaligen Plantage mit 100 Morgen Land errichtet hatte, konnte er den weißen Suprematisten in Alabama versichern, dass seine Einrichtung die wirtschaftliche und politische Dominanz der weißen Gesellschaft nicht angreifen werde. Stattdessen war es sein Ziel, Lehrkräfte auszubilden und den Studierenden eine betriebliche und gewerbliche Ausbildung zu ermöglichen, darunter auch Landwirtschaft, Maurerhandwerk und Hausarbeit. Mithilfe dieses Modells gewann Washington die Unterstützung von Philanthropen aus den Nord- und Südstaaten für die Einrichtung, die heute dafür berühmt ist, dass ihre Studierenden bei jedem Homecoming »Ball and Parlay« singen.**

Obwohl er im Stillen politische und bürgerrechtliche Bestreben unterstützte, prangerte Washington die weiße Vorherrschaft selten in der Öffentlichkeit an. Trotzdem trat er bald als eine der Schwarzen politischen Schlüsselfiguren und Vordenker Amerikas in Erscheinung und wurde eingeladen, beim Vor-

---

* *Obwohl wir keine offiziellen Aufzeichnungen dazu finden konnten, schwört Uncle Rob, dass bei dieser Gelegenheit eine Schwarze Mutter zum ersten Mal gefragt hätte, ob sie wie »Boo Boo the Fool« aussieht.*

** *Gucken Sie sich das mal auf YouTube an.*

läufer des Freaknik-Festivals eine Rede zu halten: bei der Cotton States and International Exposition (Baumwollstaaten- und Weltausstellung) im Piedmont Park in Atlanta.* Booker wusste, dass er es rocken musste. Die Südstaaten führten Krieg gegen die Schwarze Bevölkerung. Es herrschte zügellose Gewalt. Handelte er zu radikal, machte er möglicherweise alles zunichte, was die Tuskegee erreicht hatte, bevor dort überhaupt die erste Marschkapelle gegründet worden war. Handelte er zu milde, verlöre er vielleicht die Glaubwürdigkeit unter seinen Gleichgesinnten. Außerdem war es absolut nicht ausgeschlossen, dass die Weißen wütend wurden und ihn einfach umbrachten, wenn er etwas Falsches sagte. In dieser Zwickmühle hielt Washington eine Rede, die später als »Atlanta Compromise« bekannt werden würde und im Grunde seine Absicht ausdrückte, dass die Weißen uns einfach in Ruhe lassen sollten.

Washington begann die Rede mit einer Geschichte über ein Schiff, das sich auf See verirrt hat und dessen Crew kurz vor dem Verdursten steht. Als die Seefahrer ein anderes Schiff herannahen sehen und um Wasser betteln, wiederholt die Mannschaft des anderen Schiffes immer wieder: »Lasst doch einfach die Eimer ins Wasser«. Natürlich wissen die Seefahrer, dass sie Meerwasser nicht trinken können, also flehen sie immer weiter.** Endlich überzeugt die nicht durstige Mannschaft die verirrten Seefahrer davon, ihre Eimer herunterzulassen und etwas von dem Wasser zu trinken. Da stellt sich heraus, dass sie sich die ganze Zeit schon im Amazonas befunden hatten und nicht auf See.

Ich weiß, Amerika ist für euch kein glitzernder Fluss, doch das war Washingtons Art und Weise zu erklären, dass die erst kürzlich Befreiten ihre metaphorischen Eimer lieber in Handel, Landwirtschaft und harte Arbeit versenken sollten, anstatt an-

* *Habt ihr gedacht, ich mache Witze über die Freaknik-Sache?*

** *Durch diese Rede habe ich als kleiner Junge gelernt, dass Meerwasser einen tatsächlich umbringen kann. Vielen Dank, Mr. Washington!*

gestrengt um politische Gleichberechtigung zu kämpfen. »Bei unserem riesengroßen Sprung von Sklaverei zu Freiheit besteht die größte Gefahr darin, die Tatsache außer Augen zu lassen, dass die meisten von uns von den Erzeugnissen ihrer Hände leben müssen und wir aus dem Blick verlieren, wie erfolgreich wir sein können, wenn wir gewöhnliche Arbeit würdigen und preisen. Wir sollten mit den Grundlagen des Lebens beginnen und nicht mit Höhenflügen«, erklärte Washington.[14] Was er letztlich meinte, war, dass die Schwarzen Menschen entspannt an die Sache mit dem »Versuchen, gleich zu sein« herangehen sollten, sofern uns die Weißen einfach mal in Ruhe ließen. Im Gegenzug für die gnädige Erlaubnis unserer Existenz würden die Schwarzen weder das Wahlrecht noch Bildung über die normale Berufsausbildung hinaus verlangen. Viele sahen Washingtons Rede als vollständige Kapitulation gegenüber der weißen Vorherrschaft an, so als wären die Weißen nicht ohnehin noch weißer geworden seit dem Tag, an dem die Jamestown-Siedler verlangten, dass die Powhatan die Kolonisatoren für ihr kostenloses Verpflegungsprogramm anmeldeten.

Da die Weißen schon immer glaubten, es gäbe einen Negro-»Anführer«, der für alle Schwarzen spricht, wurde Washington bald zum Liebling jenes weißen Establishments, dem die Schwarzen am besten gefielen, die ihren Platz kannten. Er traf sich mit den Präsidenten Theodore Roosevelt und William Howard Taft, die beide ungefähr so viel für Schwarze Menschen übrig hatten wie Schwarze Menschen für den Erfinder des Galgenstricks. Viele Afroamerikaner in der Arbeiter- und Mittelklasse bewunderten Booker T. Washingtons Konservatismus, aber die gebildeten Schwarzen und die Schwarze Oberschicht, die nicht in den Südstaaten lebten, widersprachen ihm vehement. Trotzdem, und obwohl er seine Rolle gut spielte, bot Washington radikaleren Bewegungen, die gegen Segregation und für Bürgerrechte kämpften, finanzielle und politische Unterstützung.

Einer seiner wahrscheinlich größten Kritiker war W. E. B. Du Bois. Hat Mikey ihn schon mal erwähnt? Nur ein Witz. Ich weiß, dass mein lieber Neffe den guten Du Bois vergöttert. Anfänglich bestätigte Du Bois seinem Kollegen, dass die Rede in Atlanta ein »überragender Erfolg« und »mit würdigen Worten gesprochen« gewesen sei. Doch im Laufe der folgenden Jahre kritisierten sich Washington und Du Bois immer wieder unterschwellig angesichts dieser intellektuellen Pattsituation. Letztlich konzentrierte sich der Streit auf Booker T. Washingtons Überzeugung, dass die Gleichheit sich schon einstellen würde, wenn die Schwarze Bevölkerung ihren Wert nach und nach durch harte Arbeit und Anpassung an die weiße Herrschaft bewiesen hätte. Aus seiner Sicht waren die hochtrabenden Gedanken von klassischer Bildung und Gleichberechtigung völlig aberwitzig, solange wir uns nicht als echte Amerikaner erwiesen hatten. Bis dahin »können wir in allen rein sozialen Angelegenheiten so getrennt sein wie die Finger, müssen jedoch in allen für den gemeinsamen Fortschritt unerlässlichen Dingen eins sein wie die Hand«.[15]

Du Bois hingegen war der Auffassung, dass Bildung und Gleichberechtigung miteinander einhergehen, und argumentierte, ein »talented tenth«, also ein »begabtes Zehntel«, der gebildeten Schwarzen Elite würde den Weg zur Freiheit der Schwarzen ebnen, sofern es die Gelegenheit dazu bekomme. »Wir haben kein Recht, still danebenzusitzen, während die Saat für eine unausweichlich verhängnisvolle Ernte durch unsere Kinder, sowohl schwarz als auch weiß, gesät wird«, schrieb Du Bois in dem Disstrack »Of Booker T. Washington and Others« auf dem bahnbrechenden Mixtape *The Souls of Black Folk*. »Mr. Washingtons Programm akzeptiert die angebliche Minderwertigkeit der schwarzen Rassen.«[16]

Dieser Wettstreit war krasser als Jay-Z versus Nas; dubioser als Michael Jackson versus Prince; kontroverser als Zucker versus Salz in Maisgrütze. Washington brachte seine Kritiker normalerweise zum Schweigen, indem er sie in der Zeitung verunglimpfte, aber alle Afroamerikaner der Oberschicht verehrten Du Bois. Er war relativ hellhäutig, hatte schönes Haar und studierte in Harvard. Außerdem schrieb er:

Mr. Washington verlangt ganz entschieden, dass das schwarze Volk, zumindest für den Augenblick, auf drei Dinge verzichten soll:

erstens: politische Macht,
zweitens: Bürgerrechte,
drittens: höhere Bildung.

Stattessen sollen die Schwarzen all ihre Kraft für eine handwerkliche Ausbildung, die Anhäufung von Vermögen und die Beschwichtigung des Südens aufwenden. Diese Ansichten werden seit mehr als 15 Jahren tapfer und beharrlich propagiert und gewinnen seit zehn Jahren die Oberhand. Und was ist der Dank für dieses Friedensangebot? In den letzten Jahren hat sich Folgendes ereignet:

1. *Abschaffung des Stimmrechts für Schwarze,*
2. *gesetzlich Verankerung eines zivilrechtlich minderwertigen Status für Schwarze,*
3. *ständige Mittelkürzungen bei Einrichtungen für die höhere Bildung der Schwarzen.*

Diese Entwicklungen sind sicherlich nicht unmittelbar das Ergebnis von Mr. Washingtons Ideen. Aber, und darüber besteht nicht der geringste Zweifel, seine Propaganda hat sichtlich dazu beigetragen, sie zu beschleunigen.[17]

Verdammt! Hat er gerade wirklich gesagt, Washington hätte den Weißen geholfen?

Der Kern des Disputs zwischen diesen beiden historischen Giganten liegt in der Frage der Befreiung der Schwarzen: »Wie können wir uns befreien?« Für einen Mann wie Du Bois, der in einer integrierten Gesellschaft aufgewachsen ist und überall auf der Welt studiert hat, ist es einfach, die Taktik von Millionen Leuten wie Washington zu kritisieren, deren Leben im Tiefen Süden tagtäglich am seidenen Faden der Laune weißer Männer hing. Booker T. Washington war ein Sklave im wahrsten Sinne

des Wortes. Für ihn und *die meisten Schwarzen Amerikaner* war das geringe Maß an Freiheit und Freiraum, die den Schwarzen geboten wurden, unendlich viel besser als die Sklaverei.

Trotzdem fällt mir kein einziges Vorkommnis ein, bei dem Freiheit sukzessive erreicht worden wäre, noch kann ich ein einziges Beispiel anführen, bei dem weiße Menschen gesagt haben: »Wisst ihr, was? Ich glaube, ich höre auf, euch zu unterdrücken.« Vielleicht liegt der erste Schritt zur Befreiung in der Loslösung von dem Gedanken, dass Freiheit etwas ist, was weiße Menschen jemandem gewähren können. Ich wollt's nur mal gesagt haben.

Im Jahr 1901 lud Präsident Theodore Roosevelt Washington zu einem Dinner ins Weiße Haus ein, was viele weiße Amerikaner erzürnte, weil ... ähm ... Ich vermute mal wegen dieser Rassismussache. Schon vor Roosevelts Einladung hatten viele Afroamerikaner das Weiße Haus besucht und sogar dort übernachtet. So waren etwa Sojourner Truth, Frederick Douglass und viele weitere Menschen, die im Winter zu hochviskoser Hautlotion wechseln, dort zu Gast gewesen, hatten zu Abend gegessen und auch in der Präsidentenresidenz genächtigt.[18] Doch aus irgendeinem Grund machte es die Leute wütend, dass Booker T. Washington mit dem König der Weißen dinierte. Zeitungskolumnisten regten an, dass ein Frühstück oder Mittagessen ja in Ordnung gewesen wäre, aber einen Schwarzen zum Abendessen einzuladen ... unerhört!

»Die Bewirtung dieses Niggers durch Präsident Roosevelt macht es notwendig, dass wir 1000 Nigger hier in den Südstaaten umbringen, damit sie wieder wissen, wo ihr Platz ist«, beschwerte sich der Senator Benjamin »Pitchfork Ben« Tillman in South Carolina.[19] Der Gouverneur von Mississippi, James K. Vardaman, verlautbarte, das Weiße Haus sei nun »so durchdrungen mit dem Gestank nach Nigger, dass sich sogar die Ratten in den Stall geflüchtet haben«.[20] Zeitungen im ganzen Land schürten die Angst, die Einladung könne zu mehr Vergewaltigungen weißer Frauen durch Schwarze Männer führen, weil das gemeinsame Speisen mit einem Schwarzen Mann deutlich mache, dass Roosevelt keinen Grund sehe, »warum der Angelsachse sein Blut nicht mit Negroblut vermischen sollte«. Andere Menschen, darunter auch der Verfasser eines bekannten Gedichts mit dem Titel »Niggers in the White House«, behaupteten beharrlich, Roosevelt sollte Washington einfach Sex mit seiner erstgeborenen Tochter haben lassen, denn wie Ida B. Wells' alte Freunde im *Memphis Scimitar* schrieben:

> *Jeder Nigger, der das Glück hat, ein bisschen mehr als das durchschnittliche Maß an Intelligenz vom Schöpfer seiner Rasse gewährt bekommen zu haben, und genügend Geld besitzt, um einen Schneider und einen Barbier und einen Parfümeur für Düfte zu bezahlen, die den Niggergestank übertünchen, hat das gute Recht, von der Tochter eines weißen Mannes als Gast in dessen Gesellschaftszimmer empfangen zu werden.*

Selbst Schwarze Führungspersonen kritisierten Washington für seine nach Anerkennung heischende Politik. Er fordere die Schwarzen Menschen im Süden dazu auf, sich der »Rassen«-Hierarchie zu unterwerfen, während er selbst von den Jim-Crow-Schlupflöchern Gebrauch mache, die ihm seine Berühmtheit einräume. Ironischerweise hatte der Furor beinahe Washingtons Lynchmord zur Folge: Bei einem Sprung aus einem Zug in Tuskegee verletzte sich ein »seltsamer Negro« und erholte sich anschließend im Tuskegee Institute Hospital von seinen Verletzungen. Dort verriet Washington, dass er nur knapp einer Gruppe von weißen Männern aus Louisiana entkommen war, die zu seiner Ermordung ausgesandt worden waren.[21] Selbst nach dem versuchten Mord durch diese weißen Jungs blieb Washington der Auffassung, dass die durch harte Arbeit erworbene Würde der richtige Weg sei, um den Respekt Amerikas zu gewinnen. Stellt euch mal vor, man will den Respekt von Leuten gewinnen, die keine Waschlappen benutzen. Das ergibt überhaupt keinen Sinn.

Natürlich war W. E. B. Du Bois anderer Ansicht. Seine soziologischen Studien verwiesen auf die mangelnden Jobgelegenheiten, den Wahlrechtsentzug und die allgemeine Unwissenheit, die selbst unter wohlmeinenden Weißen herrschte. »Sie können den Negro nicht ›verstehen‹; deshalb können sie ihn auch nicht vor Betrug und Lynchmord schützen«, schrieb Du Bois. »Wenn er sich selbst verteidigen könnte, anstatt von der zufälligen

Sympathie weißer Bürger abhängig zu sein, könnte in den Südstaaten eine viel stärkere Demokratie erwachsen.«[22] Leider konnten sie keinen Beef auf Twitter anfangen oder in einem Promiboxkampf gegeneinander antreten. Irgendwie wünschte ich mir, sie –

Oh Mist, Mikey ist zurück!

***

Okay, wo war ich stehen geblieben?

Ach ja, ich habe von Uncle Rob erzählt. Er weiß viel über Geschichte, aber manchmal schweift er ziemlich ab. Lassen Sie ihn auf keinen Fall über »getrennt, aber gleich« oder Booker T. Washington ins Plaudern geraten! Dann redet er stundenlang! Na ja, jedenfalls, als jemand sagte: »Nenn mir eine Sache, vor der jeder Schwarze Angst haben sollte«, antwortete Uncle Rob: »Ein Amerikaner«, und alle hörten auf, über meinen Witz zu lachen, so als wäre seine Antwort besonders lustig oder tiefsinnig gewesen oder so was!

Tut mir wirklich leid, falls Uncle Rob Ihnen ein Ohr abgekaut hat. Er ist einer dieser Typen alter Schule, der über alles Witze reißt. Ich habe schon versucht ihm klarzumachen, dass er nicht auf lustig machen solle, wenn er über wichtige Dinge wie Geschichte und Politik spricht, weil die Menschen einen nicht ernst nehmen, wenn sie lachen müssen. Aber er meint, ich hätte keine Ahnung, wovon ich rede.

Gott sei Dank habe ich keine dieser Eigenschaften geerbt.

DREI KURZE FRAGEN

1. **Was ist die Schwachstelle im »Getrennt, aber gleich«-Argument?**
   - **a.** Wenn Trennung auf Rassenzugehörigkeit basiert, kann sie nicht gleich sein.
   - **b.** Wer trennt denn bitte Dinge, die gleich sind?
   - **c.** Es ist theoretisch möglich, aber praktisch unwahrscheinlich.
   - **d.** Das »aber«.

2. **Wie lautet der größte Mythos über Jim Crow?**
   - **a.** Es war ein Südstaatenphänomen.
   - **b.** Schulen für Schwarze waren nicht so gut wie Schulen für Weiße.
   - **c.** Segregierte Schwarzenviertel waren arm.
   - **d.** Irgendwann war es zu Ende.

3. **Welche Charakterzüge dieser historischen Personen waren besonders toxisch?**
   - **a.** W. E. B. Du Bois' Elitedenken.
   - **b.** Booker T. Washingtons angepasstes Verhalten.
   - **c.** Ida B. Wells' Mangel an Entspanntheit.
   - **d.** Amerikas Rassismus.

AUFGABE

STRG + Z FÜR RASSISMUS

Gestalten Sie ein für alle Menschen gleichberechtigtes Bildungssystem.
Nein, nicht auf dem Papier. Im echten Leben.

FUNNY AS F***

DER MANN, DER DAS LACHEN ERFAND

Die meisten künstlerischen Werke, die gemeinhin als »amerikanische Kunst« bezeichnet werden, entstammen den Köpfen, Herzen und Händen von Afrikanerinnen und Afrikanern in Amerika. Der Jazz gehört uns. Wir haben den Blues erschaffen. Rock and Roll ist unsere Erfindung. Obwohl die meisten dieser Kunstformen sich im Laufe der Zeit aus verschiedenen sich überschneidenden Ursprüngen entwickelt haben, gibt es eine auf einzigartige Weise wesentliche amerikanische Kunstform, bei der jeder Vaudeville-Historiker und Chronist des amerikanischen Varietés bestätigen würde, dass sie von einem Schwarzen entwickelt wurde. Obwohl es aus heutiger Sicht nicht besonders revolutionär klingt, war die Vorstellung eines Live-Entertainers *egal welcher Hautfarbe* ohne Musik, Tanz oder Kunststücke ein Akt reiner Überheblichkeit und ein Zeichen für das Talent einer neuen Generation. Und obwohl er kein allgemein bekannter Name ist, wird mir jeder, der sich mit der Geschichte des amerikanischen Vaudeville auskennt, zustimmen:

Charles Case war der erste Stand-up-Comedian.

Hervorgegangen aus einer gemischten Beziehung zwischen einer Irin und einem Schwarzen Musiker, wurde Charlie Case am 27. August 1858 in Lockport, New York, geboren.[1] Seine Eltern ließen sich scheiden, als er 17 Jahre alt war. Im darauffolgenden Jahr schloss er die Highschool ab und begann eine Ausbildung bei örtlichen Anwälten, da er selbst Jurist werden wollte. Nachdem er seine eigene Anwaltskanzlei auf der Main Street 75 eröffnet hatte und seine Mandanten für fünf Dollar pro Fall vertrat, stellte sich schnell heraus, dass Case nicht für den Anwaltsberuf geschaffen war. Anstatt sich auf juristische Präzedenzfälle zu berufen, dachte er sich Mittel und Wege aus, um seinen Mandanten bei der Umgehung des Gesetzes zu helfen. Als einer seiner Mandanten wegen des Diebstahls einer Kuh verhaftet wurde, riet Case ihm zur Vortäuschung einer Geisteskrankheit. Leider prahlte der Mandant so öffentlich mit der Strategie, dass der Kläger Wind von der Sache bekam. Doch etwas so Unbedeutendes wie die moralischen Normen seines Berufsstands konnten Case' rechtliches Taktieren nicht unterbinden. Er brachte den Fall zur Verhandlung und argumentierte, sein Mandant habe ein Seil auf dem Boden gefunden und es mit nach Hause genommen, bevor ihm überhaupt bewusst wurde, dass eine Kuh daran angebunden war. Natürlich kaufte der Richter ihm die Geschichte nicht ab und verurteilte den Verdächtigen zu drei Jahren im Staatsgefängnis von Auburn.

Fairerweise muss man erwähnen, dass Case mehr Zeit damit verbrachte, Banjo zu spielen und Passanten zu unterhalten, als mit der Anwalterei, was wahrscheinlich der Grund ist, warum er nicht in der Lage war, einer geregelten Arbeit nachzugehen. Dennoch heiratete er und bekam zwei Kinder, gab aber schließlich den Anwaltsberuf auf, um als fliegender Händler umherzureisen. Manche der von ihm vertretenen Unternehmen weigerten sich zu glauben, dass er nicht besonders gut im Verkaufen ihrer Produkte war, da seine potenziellen Kunden ihm auf Schritt und Tritt folgten. Doch dann stellten seine Chefs bald fest, dass sein Publikum sehr viel mehr an Case' Verkaufspräsentation interessiert war als an den Produkten.

Aufgrund seiner hellen Hautfarbe konnte sich Case auf seinen Reisen auch in segregierte Bierkeller schleichen, wo er schließlich sein Talent fürs Geschichtenerzählen ausbaute.

Oft zog er die Besucher der örtlichen Kneipen mit weitschweifigen Wutreden in Bann, an deren Ende er mit allen Anwesenden hart ins Gericht ging. Seine Schankstubenpossen amüsierten auch andere umherreisende Entertainer und brachten Case Tickets für Minstrel Shows überall in New York ein. In den späten 1880er-Jahren, als einer seiner Künstlerfreunde von der Straße erkrankte, organisierte Case einen Talentwettbewerb, um Geld aufzutreiben, und beschloss, seine Barnummer aufzuführen.

Ein Star war geboren.

Charlie Case hat die Live-Comedy-Show nicht erfunden. Schon immer gab es Live-Performer, die ihr Publikum unterhielten. Der westafrikanische Griot war Entertainer, Musiker, Historiker und Hüter der mündlichen Tradition der Gemeinschaft. Die Geschichtenerzähler aus Mali, bekannt als *jeli*, waren kulturell so bedeutend, dass die Bezeichnung wortwörtlich von dem Manding-Wort für »Blut« abgeleitet ist. Und natürlich gab es auch in europäischen Kulturen die Narren, Clowns und Bob Hope. Aber Case war anders.

Zwischen 1830 und dem Bürgerkrieg entwickelten sich die Minstrel Shows zur beliebtesten Unterhaltungsform Amerikas. Die Vorstellungen bestanden normalerweise aus drei Darbietungen: einem Burlesque-Tanz, einer musikalischen Aufführung sowie Sketchen oder humoristischen Reden. Die Darsteller verkleideten sich meist als »Blackface« und führten Sketche auf, die fast immer herumwitzelnde archetypische Charaktere beinhalteten, der beliebteste davon die stereotype Version des Schwarzen Pechvogels »Sambo«. Die Verkleidung weißer Menschen als Schwarze wurde von Persönlichkeiten wie Frederick Douglass verhöhnt. Er bezeichnete sie als »dreckigen Abschaum der weißen Gesellschaft, der unsere Hautfarbe stiehlt, weil sie ihm von Natur aus verwehrt ist, um damit Geld zu verdienen und den verdorbenen Geschmack seiner weißen Mitbürger zu befriedigen«.[2] Allerdings waren Minstrel Shows so beliebt geworden, dass selbst Schwarze Darsteller begannen, sich im Blackface zu verkleiden. Charlie

Case stieg ins Showgeschäft ein, als die Minstrel Shows gerade in das später als Vaudeville bekannte Genre übergingen. Das Programm einer Vaudeville-Varieté-Show stützte sich viel weniger auf einzelne Stars und beinhaltete normalerweise fünf verschiedene Darbietungen. Nachdem der Markt für Banjo spielende Ex-Anwälte zusammengebrochen war, hatte Case endlich ein Metier gefunden, in dem er brillierte. In den 1880er-Jahren beherrschte er ein großes Publikum in Nachtklubs und Theatern im Loew's Circuit. Man bezeichnete ihn als den »lustigsten Menschen, der jemals das Vaudeville heimgesucht hat«[3], und schließlich wurde er zu einem der bestbezahlten Blackfaces in Amerika.

Wie viele Entertainer zur Zeit der Minstrel Shows begann Case seine Gesangs- und Tanzkarriere mit drei Partnern, aber es war bald offensichtlich, dass Charlie ein Solokünstler war. Merkwürdigerweise war er allseits als Neurotiker bekannt, der während seiner Auftritte zur Beruhigung immer mit einer Schnur herumspielte. Die meisten seiner Geschichten handelten von seiner Familie – insbesondere seinem Vater –, und er spickte alle seine Erzählungen mit harschen, aber urkomischen Sprüchen. Er war berühmt für sein Armschlenkern, mit dem er die Pointen der witzigen und faszinierenden, aber auch sehr persönlichen Geschichten unterstrich, die bald zu seinem Markenzeichen wurden. Künstler, die sich bei Case was »abschauten«, gestanden bereitwillig ein, dass er »der weltweit größte Meister der unerwarteten Pointe« war.[4] Obwohl Etymologen den Ursprung des Ausdrucks als unbekannt einstufen, stimmen Vaudeville-Experten darin überein, dass diese Methode erstmals von ihm als »punch line« bezeichnet wurde.

In den frühen 1900er-Jahren bekam Case Schwierigkeiten. Manche betitelten sie als »Nervenzusammenbruch«, während ihm Nahestehende sie auf seinem Beruf zurückführten. Seinen Kollegen gegenüber verriet er oftmals den Grund für seine Neurosen: Er hasste Blackface. Doch statt aufzuhören, veränderte Case seinen gesamten Auftritt. Er trug keine

Kostüme und keine schwarze Schminke mehr. Er arbeitete nicht mehr mit Partnern oder Requisiten. Abgesehen von einem parodistischen Lied, für das er bekannt war, machte er mit den Vorspiegelungen von Musik und Livebands Schluss. Nach dieser Umstellung wurde er bekannt als der »reinste Monologist der Vaudeville-Ära«, aber selbst die größten Vermarkter im Showgeschäft wussten nicht, wie sie seine Darbietung umschreiben sollten. Verzweifelt nach einem Titel suchend, nannten sie ihn »Der Mann, der über seinen Vater spricht«.

»Während seines gesamten Auftritts steht er an ein- und derselben Stelle auf der Bühne«, schrieb ein erstaunter Kritiker im Jahr 1909. »Gelegentlich bewegt er die Hände, aber nie die Füße. Er schlängelt sich von Anekdote zu Anekdote, eine lustiger als die andere, und manchmal wünscht man sich wirklich, er würde eine kurze Pause machen, damit man wieder zu Atem kommen kann, aber er macht einfach immer weiter.«

»Obwohl Mark Twain bei seinen Auftritten bereits seit 1857 mit direkter Publikumsansprache arbeitete und seit dem 2. Oktober 1860 regelmäßig Vorträge darüber hielt«[5] meint der Theaterhistoriker Eddie Tafoya, dass die Stand-up-Comedy in dem Augenblick geboren wurde, da Case »mit der Absicht auf die Bühne ging, dem Publikum Witze zu erzählen, um es zum Lachen zu bringen«. Dr. Robert Stebbins, Humorforscher an der University of Calgary, nennt Case »den ersten echten Stand-up-Comedian«, weil er »normal gekleidet und ohne Requisiten die Bühne betrat«[6] und einfach nur Witze zum Besten gab.

1916, kurz bevor sich seine Künstleragentur zum Einstieg in die brandneue Filmindustrie entschied und ihre Geschäftsführer bei der Filmgesellschaft Metro-Goldwyn-Mayer ausbilden ließ, die später unter ihren Initialen bekannt wurde – MGM –, starb Case an einer Schusswunde, die er sich selbst zugefügt hatte. Als Case' Ehefrau von seinem Tod erfuhr, verstarb sie ihrerseits an dem Schock. Die meisten von Case' weißen Fans im Land waren erstaunt, im Nachruf von seiner Schwarzen Abstammung zu lesen, während die weißen Theaterbesitzer und Insider des Showgeschäfts Case' offenes Geheimnis seiner afroamerikanische Herkunft kannten.

»Die wankelmütige Einstellung des weißen Mannes zur Frage der Hautfarbe war niemals offensichtlicher als bei dem verstorbenen Comedian«, schrieb Lester Walton in der *New York Age*, einer der führenden Schwarzen Zeitungen im Amerika des frühen 20. Jahrhunderts. »Manche hielten das Gerücht, dass er etwas anderes als weiß war, für eine Lüge, andere zögerten nicht, dieses als wahr anzuerkennen; und doch wurde niemals versucht, die Rassengrenze zu ziehen.«[7]

Case' Vermächtnis hat jedenfalls Bestand. »Case hatte mit mehr Nachahmern zu kämpfen als jeder andere im Showgeschäft«, schrieb der Vaudeville-Chronist Joe Laurie jr. im Jahr 1953 und fügte hinzu: »Genau genommen nutzen Entertainer sein Material immer noch in Radio und Fernsehen, und doch ist niemand wie Charlie Case.«[8] Der vielleicht berühmteste Vaudeville-Künstler beim Film war W. C. Fields, das »Komikergenie«, dessen gesamte Karriere im Grunde eine Nachahmung von Charlie Case war. Im Jahr 1928 ließ Fields all seine Live-Sketche urheberrechtlich schützen, darunter auch einer, der später zu dem Film *The Fatal Glass of Beer* (*Das folgenschwere Glas Bier*) adaptiert wurde. Der Sketch, der Film selbst und sogar das zu Beginn gespielte Lied stammten aus der Feder von Charlie Case.

Bei der Bekanntmachung seines Todes schrieb der Kritiker der *New York Evening World*: »Würde man alle Minuten der Freude, die er seinem Publikum bereitete, zusammenzählen, so würden sie sich zu Hunderten freudigen Jahren aufsummieren.«

11

SO DEVILISH A FIRE

SCHWARZE FRAUEN ALS BEGRÜNDERINNEN DER BÜRGERRECHTSBEWEGUNG

Eine Zivilisation muss zwei Dinge aufzeigen: die Herrlichkeit und Schönheit der Erschaffung neuen Lebens sowie die Notwendigkeit und Verantwortung von Macht und Intelligenz. Das und das allein erschafft die vollkommene Verbindung von Liebe und Arbeit ... Aber was ist mit den Schwarzen Frauen?

Die Welt, welche das weibliche Geschlecht bereitwillig verehrt, vergisst gezielt dessen Schwarze Schwestern ... Ich bezweifle aufrichtig, dass andere Frauen ihre Großartigkeit durch ein solch teuflisches Feuer hätten tragen können.

– W. E. B. Du Bois, »Darkwater«

Die Geschichte des Schwarzen Amerika beginnt mit Angela und endet mit Ihrer Mama. Zwischen diesen beiden Säulen liegt alles, was dieses Land ist und immer sein wird.

Bei der Betrachtung des Kampfes um Emanzipation und Freiheit datieren Historiker die Offensive, die gemeinhin als »Bürgerrechtsbewegung« bekannt ist, vom Tod Emmett Tills im Jahr 1955 bis zum Civil Rights Act von 1964. Bei dieser übermäßig groben Beschreibung der vier Jahrhunderte andauernden Bemühungen, frei zu werden, beschränkt sich die Namensliste meist auf Personen wie Martin Luther King jr.,

Malcolm X und Jackie Robinson und vermittelt dadurch die Vorstellung, die Schwarzen Menschen seien 1955 aufgewacht und sich plötzlich ihrer Unterdrückung bewusst geworden.

Vielmehr ist es aber so, dass der Einfluss Schwarzer Frauen auf Politik, Kultur und Neugestaltung eines freien Schwarzen Amerikas die Grundlage für die moderne Bürgerrechtsbewegung bildete. Und obwohl sie auf doppelte Weise von der Gesellschaft entrechtet und ausgegrenzt wurden, verhielt sich ihr Wirken umgekehrt proportional zu ihrer gesellschaftlichen Stellung. Sie bildeten die wahrscheinlich am wenigsten gewürdigte und beachtete Schicht der Gesellschaft, doch im Kampf um Gleichheit entpuppten sie sich als die wohl einflussreichte Bevölkerungsgruppe des ganzen Landes. Es wäre unmöglich, die Leistungen der Schwarzen Frauen für dieses Land vollständig zu dokumentieren, um aber zu begreifen, warum die Schwarze Bevölkerung nicht von der weiß glühenden Hitze der Flammen Amerikas vernichtet wurde, müssen Sie zuerst die Frauen verstehen, die das Schwarze Amerika vor diesem ewig wütenden Feuersturm abschirmten.

MARY CHURCH TERRELL: ALS ERSTE

Mary Eliza Church wurde am 23. September 1863 in Memphis als Kind der kürzlich befreiten Versklavten Robert Reed Church und Louisa Ayres Church geboren. Mit elf Jahren schickten ihre Eltern Mary auf die Oberlin Public School in Oberlin, Ohio, wodurch sie unter anderem der 1878 in Memphis wütenden Gelbfieberepidemie entrann. Unterdessen verbrachte Robert seine Zeit damit, die wertgeminderten Grundstücke verstorbener Gelbfieberopfer aufzukaufen und sie in ein Immobilienimperium zu verwandeln. Als Mary 1879 nach Memphis zurückkehrte, hatte sich die Stadt vollkommen verändert. Ihr Vater besaß nun Restaurants, Saloons und hochmoderne Hotels, die von den Segregationsgesetzen der Stadt profitierten, und nutzte seinen immensen Reichtum sogar zur

Eröffnung einer Bank, die den Schwarzen Einwohnern Darlehen gewährte. Er verwandelte Memphis in einen der wenigen Orte, wo die für Schwarze abgetrennten Einrichtungen ebenso gut wie die der Weißen und manchmal sogar besser als sie waren. Robert Church war zum einzigen afroamerikanischen Multimillionär der Südstaaten geworden. (Als Erster.) Unterdessen kam Marys Mutter Louisa eine Idee: Sie eröffnete einen vornehmen Kosmetiksalon für die Frauen der weißen Elite von Memphis. (Als Erste.)

Im Alter von 17 Jahren schloss Mary die Highschool erfolgreich ab und wurde anschließend als eine der ersten Schwarzen Frauen am Oberlin College angenommen. Das Oberlin war überhaupt eines der ersten Colleges in Amerika, die auch Frauen zuließen, und entwickelte speziell für seine Studentinnen einen Studiengang, den sie innerhalb von zwei Jahren abschließen konnten. Mary sagte dazu jedoch »Nö« und wählte den »Herrenweg«, der vier Jahre Studium und auch das Erlernen der griechischen Sprache vorsah. Während dieser Zeit fand Mary eine feste Clique aus besten Freundinnen, darunter Anna Julia Cooper, die vierte promovierte Schwarze in Amerika, und Ida Gibbs, Mitbegründerin der ersten Young Women's Christian Association (YWCA). Nach dem Abschluss setzte sie einen Master in Lehramt obendrauf (wiederum als Erste) und begann an der historisch Schwarzen Wilberforce University moderne Fremdsprachen zu unterrichten, bevor sie schließlich zu einem weiteren Studium nach Europa ging und fließend Französisch, Deutsch und Italienisch lernte.

Nach ihrer Rückkehr in die Staaten bot das Oberlin College ihr eine Arbeitsstelle als Leiterin des Studierendensekretariats an, und sie wäre die erste Schwarze Frau auf dieser Stelle gewesen. Doch Mary hatte kein Interesse daran, mit ihrem Talent den Erfolg weißer Institutionen zu unterstützen. Stattdessen begann sie an der berühmt-berüchtigten M Street School in Washington, D. C. (später umbenannt in Paul Dunbar High School) Latein zu unterrichten. Gleich nach Stellenantritt versuchte das Kollegium der M Street, Mary mit einem ihrer Kollegen zu verkuppeln, Robert Terrell. Mit Erfolg. Church heiratete Terrell, gab ihren Lehrerinnenposten auf und wurde zur »Superintendent« (etwa Oberschulrätin) der Schule ernannt.*

Nach der Hochzeit überlegte Terrell kurzzeitig, das öffentliche Leben als Aktivistin und Pädagogin hinter sich zu lassen. Sie war bereit, sich auf die Familiengründung und gemeinnützige Arbeit in ihrer Gemeinde zu konzentrieren, bis einer ihrer langjährigen Freunde, Thomas Moss – der Postmitarbeiter und Miteigentümer der People's Grocery in Memphis –, von einem Lynchmob getötet wurde. Daraufhin schloss sich Terrell umgehend ihrer Freundin Ida B. Wells im Kampf für Antilynchjustizgesetze an und schrieb 1904 einen Artikel mit dem Titel »Lynching from a Negro's Point of View«. Wie Wells wurde Terrell zu einer erfolgreichen Kolumnistin und Chronistin des afroamerikanischen Lebens, wobei sie stets Geschlechtergleichstellung und Bürgerrechte propagierte. Während eines Besuchs im Weißen Haus baten die beiden den Präsidenten Benjamin Harrison eindringlich darum, in seiner Rede zur Lage der Nation auch die Lynchmordepidemie anzusprechen – ohne Erfolg. Glücklicherweise überzeugte Terrells Mentor sie, dass ihre Talente zu außergewöhnlich waren, um sich aus dem öffentlichen Leben zurückzuziehen. Und wenn der Mentor Frederick Douglass ist, tut man natürlich, was er sagt.**

Als Terrell gebeten wurde, beim Internationalen Frauenkongress im Jahr 1904 in Berlin eine Rede zu halten (als Erste), trug sie diese auf Deutsch vor. Dann wiederholte sie sie auf Französisch. Danach noch einmal auf Englisch. Als unerschütterliche Verfechterin des allgemeinen Stimmrechts war Terrell Mitbegründerin der National Association of Colored Women, Mit-

* *Aus irgendeinem Grund war es gegen das Gesetz, dass verheiratete Frauen als Lehrerinnen arbeiteten. Dieser Grund war übrigens Sexismus.*

** *Frederick Douglass starb kurz nachdem er gemeinsam mit Terrell von einer Versammlung des National Council of Negro Women heimkehrte.*

glied der Studentinnenverbindung Delta Sigma Theta* sowie, zusammen mit Ida B. Wells, eine der zwei Schwarzen Frauen auf der Liste der Gründer und Gründerinnen der NAACP. Sie verfasste zahlreiche Kolumnen für die wichtigsten Zeitungen – sowohl von Schwarzen als auch Weißen geführt –, allerdings unter dem Pseudonym Euphemia Kirk.** Sehr häufig nutzte Terrell diese Plattform, um Wells' Untersuchungen zu verbreiten und dadurch mit dem Mythos aufzuräumen, dass die Lynchgesetze Schwarze Männer davon abhalten würden, sich als unbeherrschbare Vergewaltiger zu entpuppen.

»Im einen Atemzug räumen diese Südstaatenvertreter ein, die auf den Plantagen verbliebenen dunkelhäutigen Leibeigenen hätten – während die Plantagenbesitzer selbst auf dem Schlachtfeld dafür kämpften, dass die eiserne Faust der Unterdrückung sich weiterhin fest um den Hals ihrer eigenen Versklavten schließt – die Mütter, Töchter und Frauen ihrer Herren mit einem umsichtigen, treuen und ehrwürdigen Vertrauen beschützt, das kein Mann jedweder Rasse jemals übertreffen kann«, sagte Terrell in einer Rede im Jahr 1905. »Und im nächsten Atemzug behaupten sie beharrlich, diese Männer und ihre Nachkommen hätten sich in ihrer Geisteshaltung und ihrem Verhalten so grundlegend verändert, dass sie sich zu sexuell entarteten und brutalen Menschen entwickelt haben, die ihre Leidenschaft für weiße Frauen nicht kontrollieren können und nicht bereit sind, ihre ordinären Gelüste zu zügeln.«[1] Hätte Terrell es in der heutigen Zeit gewagt, das historische Hirngespinst des sexuell unersättlichen Schwarzen Wilden anzusprechen, man hätte sie zweifelsohne bezichtigt, Anhängerin der Critical Race Theory zu sein.

In ihrem mit unglaublichen Errungenschaften angefüllten

* *Irgendwer hat bestimmt »Ooo-Oop« gesagt, während Sie das gelesen haben.*

** *Kirk ist Schottisch und bedeutet »Kirche«; der Euphemismus für Mary Church lautete also wortwörtlich »Euphemismus für Kirche«. Wir müssen uns wohl eingestehen: Sie ist schlauer als wir.*

Leben ereignete sich Terrells vielleicht bedeutendster Beitrag zu der Bewegung im Alter von 87 Jahren. Als eine von Amerikas bekanntesten Schwarzen Frauen wurde sie zur Vorsitzenden und Sprecherin des Coordinating Committee for the Enforcement of the D. C. Anti-Discrimination Laws (Koordinierendes Komitee zur Durchsetzung der Antidiskriminierungsgesetze des District of Columbia) ernannt, einer Organisation, die sich zum Ziel gesetzt hatte, die Segregation in der Hauptstadt des Landes zu bekämpfen. Bevor sich Terrell und ihre Freunde am 27. Januar 1950 in der Thompson's Cafeteria trafen, hatten Wissenschaftler der Howard University School of Law das Komitee darüber in Kenntnis gesetzt, dass die Segregation im District of Columbia zwar bereits seit 1872 gesetzlich verboten war, das Gesetz jedoch nie zur Umsetzung gekommen war. Der Inhaber der Cafeteria begrüßte die Gruppe und informierte sie, dass dort keine Farbigen bedient würden. »Wollen Sie mir damit sagen, dass Sie mich nicht bedienen?«[2], fragte Terrell. Als der Inhaber bestätigte, dass seine rassistische Einstellung ihm verbiete, Geld von Schwarzen anzunehmen, entbrannte ein Streit. Terrell und ihre Freunde vom Komitee kehrten später noch einmal zu dem Restaurant zurück, um weitere Informationen zu sammeln, und wieder wurden sie rausgeschmissen. Daraufhin erhob die Stadt in ihrem Namen eine Klage gegen das Restaurant.

Drei Jahre später beschied der Oberste Gerichtshof der USA im Fall *District of Columbia versus John R. Thompson Co.* einstimmig, dass Segregation in der Landeshauptstadt in der Tat gegen das Gesetz verstieße, und hob damit die Segregation in der Stadt für immer auf. Durch eine vor ihrer Nase zugeschlagene Tür sorgte Mary Church Terrell dafür, dass der Gleichberechtigung Tür und Tor geöffnet wurden.

MARY ELLEN PLEASANT: GEHEIME MILLIARDÄRIN

Nachdem der Abolitionist John Brown gewaltsam versucht hatte, der Sklaverei ein Ende zu bereiten, und daraufhin wegen Hochverrats gehängt wurde, fand man in seiner Tasche eine unterschriebene Nachricht, in der stand: »Die Axt liegt am Fuße des Baums. Nach dem ersten Schlag wird es mehr finanzielle Unterstützung geben. –WEP.«[3] Ermittler des Militärs versuchten verzweifelt herauszufinden, wer für die Hilfe bei dem bewaffneten Aufstand verantwortlich war, und vermuteten, dass es sich um einen Abolitionisten aus den Nordstaaten handelte. Sie konzentrierten sich auf die Initialen in der Nachricht, lasen sie jedoch falsch. Wie sich herausstellen sollte, war die Nachricht von einer der vermögendsten und klügsten Schwarzen Frauen in der Geschichte Amerikas geschrieben worden.

Mary Ellen Pleasant wurde circa 1814 geboren, aber weil ihr Leben so geheimnisumwoben ist, kennt niemand ihren Geburtsort. Mal behauptete sie, in Freiheit geboren worden zu sein, und mal, sie sei als Sklavin geboren worden und habe sich freigekauft, während sie zu anderen Gelegenheiten angab, sie sei die Tochter einer Voodoopriesterin aus der Karibik. Jedenfalls kam sie als Kind nach Nantucket Island, wo sie als Schuldmagd für eine Familie von Abolitionisten arbeitete. Sie erhielt nie eine Schulbildung, sagte aber selbst, sie habe »Männer und Frauen sehr genau beobachtet«[4], was vielleicht dazu beitrug, dass sie schließlich James Smith heiratete, einen wohlhabenden Geschäftsinhaber aus Massachusetts kubanischer Abstammung. Smith war ein schwieriger Zeitgenosse – er war bekanntermaßen gewalttätig, aber auch ein überzeugter Abolitionist. Nach vier Jahren Ehe starb er und hinterließ Mary Zehntausende Dollar, womit sie ihre Karriere als »Sklavendiebin« bei der Underground Railroad finanzierte.

Während sie mit den Abolitionisten auf Nantucket Island herumhing, lernte Mary John James Pleasant kennen und heiratete ihn 1848. Er arbeitete als Koch auf einem Walfangschiff, wodurch es ihnen möglich war, entflohene Versklavte zu den Schwarzen Gemeinden in Nova Scotia, Kanada, zu überführen. Als es durch den Fugitive Slave Act von 1850 für Mary zu gefährlich wurde, ihre Arbeit fortzuführen, zogen sie und ihr Mann nach San Francisco, gerade rechtzeitig zum Goldrausch in Kalifornien. Auf dem Weg dorthin legten sie einen Stopp in New Orleans ein, wo Mary Voodoounterricht bei der berühmt-berüchtigten Voodookönigin Marie Laveau nahm. Während ihres Aufenthalts in Louisiana beteiligten sich Mary und ihr Ehemann am Transport entflohener Versklavter nach Kalifornien. Nach Marys Ankunft in San Francisco mit, so die Berichte, 15 000 Dollar in Goldmünzen im Gepäck nahm sie eine Stelle als Hausdienerin an, obwohl die Münzen in heutiger Währung fast 500 000 Dollar wert gewesen wären. Da sich der Goldwert auf einem Rekordhoch befand, tauschte sie ihr Gold gegen Silber ein, hinterlegte das Silber bei der Bank und hob das Geld in kleineren Summen von jeweils 1000 Dollar ab. Mary ging als weiß durch und überlegte sich, dass sie doch reichen weißen Männern von einem »Spekulanten« erzählen könnte, der ihnen Geld zu einem Zinssatz von zehn Prozent leihen würde. Diese Stellung nutzte sie, um heimlich Finanztipps aufzuschnappen und ihr Geld, mithilfe von Thomas Bell, dem Mitarbeiter einer örtlichen Bank, in Wäschereien, Versorgungsunternehmen, Bordelle und eine Reihe von Pensionen anzulegen. Ihr Ehemann fuhr während ihrer 30-jährigen Ehe weiter zur See.

Pleasant war eine der Ersten, die in Öl investierten, und hatte schlussendlich so viel Land- und Grundbesitz, dass der Gouverneur von Kalifornien seinen Diensteid in einer ihrer Pensionen ablegte. Sie setzte ihren gewieften Instinkt, ein wenig Erpressung und ihr »exotisches« Aussehen ein, um die mächtigsten Männer der Stadt zu kontrollieren, und schrieb in ihrer unvollendeten Autobiografie, dass sie ein »ziemlich cleveres Mädchen« sei, das »Bücher links liegen ließ« und stattdessen lernte, wie man Menschen beeinflusste.[5] Da es Frauen nicht erlaubt war, Bankgeschäfte abzuwickeln, bezahlte sie Bell großzügig für die Erhaltung ihrer Bankeinlagen unter seinem Namen. Bis zum Jahr 1875 hatten Bell und Pleasant 30 Millionen Dollar erwirtschaftet, was fast einer Milliarde Dollar in heutiger Währung entspricht.

Obwohl sie in der Gesellschaft im Allgemeinen als Weiße galt, versteckte sie ihre Herkunft nicht vor den von ihr befreiten Schwarzen und erklärte, dass sie das Kind eines Hawaiianers und einer »Vollblutnegro aus Louisiana« sei. Sobald der 14. Zusatzartikel unterzeichnet war, änderte sie ihre »Rasse« offiziell zu »schwarz« und begann Bürgerrechtsfälle vor Gericht finanziell zu unterstützen.* Glücklicherweise begegnete ihr wenig Diskriminierung, zum Teil weil sie ihre Verbindungen und Beziehungen nutzte, um über die wohlhabenden Männer, die in ihren Bordellen als Stammkunden ein und aus gingen, sowie deren uneheliche Kinder und politische Hinterzimmergeschäfte ausgiebig Buch zu führen. Berichten zufolge arrangierte Pleasant auch Ehen zwischen wohlhabenden Männern und jungen Frauen, die sie ihre »Schützlinge« nannte.

In San Francisco handelte sich Pleasant den Spitznamen »Harriet Tubman von Kalifornien« ein, da sie die Underground Railroad finanzierte und selbstbefreiten Versklavten bei der Umsiedlung half,[6] indem sie ihnen Jobs in ihren zahlreichen Restaurants, Pensionen und Pferdestallungen verschaffte. In Kalifornien war sie als »Eine-Frau-Sozialbehörde« bekannt, da sie Dutzenden Schwarzen Familien Unterstützung gewährte. Im Jahr 1858 entfloh der Sklave Archy Lee, dessen Besitzer ihn von Mississippi nach Kalifornien gebracht hatte, seinem Herrn und erklärte sich selbst als frei. Obwohl Kalifornien ein freier Bundesstaat war, verlor Archy jedoch den Prozess, da Schwarze vor Gericht nicht als Zeugen aussagen durften. Mary bezahlte ihm die Anwaltskosten und eine Unterkunft und strebte eine Änderung des Gesetzes an, das Afroamerikaner von Zeugenaussagen vor Gericht ausschloss. Als sein Fall schließlich vor

---

* *Ja, damals musste man seine Rassenzugehörigkeit tatsächlich eintragen lassen.*

das Bundesberufungsgericht gestellt wurde, war das Gesetz bereits gekippt worden und Lee wurde zum freien Mann erklärt. 1866 erhob Mary Klage gegen zwei öffentliche Verkehrsunternehmen, nachdem Straßenbahnbetreiber ihr den Zustieg verwehrt hatten. Eine der Anklagen zog sie zurück, da die Omnibus Railroad Company einwilligte, Afroamerikaner in ihren Bahnen fahren zu lassen. Durch den zweiten Fall, *Pleasant versus North Beach & Mission Railroad Company*, wurde die Segregation in öffentlichen Verkehrsmitteln in San Francisco für immer als gesetzeswidrig erklärt.

1904 starb Pleasant, nachdem Thomas Bells Witwe ihr den Großteil ihres Vermögens mit der Behauptung streitig gemacht hatte, Pleasants Geld habe eigentlich Bell gehört. Ihr blieben noch die Geldanlagen und der Grundbesitz, jedoch hatte sie eine große Menge ihres Barvermögens zur Unterstützung anderer ausgegeben. Ihre letzten Lebensjahre verbrachte sie in einem Herrenhaus mit 30 Zimmern, das sechs Häuserblöcke umfasste. Ihre Untergrundaktivitäten blieben den Weißen verborgen, bis sie ihre Autobiografie in Auftrag gab und ihre Geheimnisse offenbarte; das größte von allen lautete wie folgt: »Bevor ich sterbe«, gestand sie, »möchte ich die Identität der Person aufklären, die John Brown den Großteil des Geldes verschaffte, mit dem er den Kampf bei Harpers Ferry begann, und die den Brief schrieb, den man nach seiner Verhaftung bei ihm fand.«[7] Marys Hass auf mangelnde Gleichberechtigung und die Liebe zu ihrem Volk waren das Licht, das ihr Leben erhellte.

»Diese farbige Frau hatte einen so raffinierten Geschäftssinn wie kaum ein anderer im Bundesstaat. Sie antizipierte die Entwicklungen von Öl; sie war die zuverlässige Vertraute vieler kalifornischer Pioniere [...] und beherrschte jahrelang die Belange San Franciscos«, schrieb Du Bois über Pleasant. »Und trotzdem hielt sie an ihren Erinnerungen, ihrem Hass und ihren tiefgründigen Plänen fest und hegte ihr ganzes Leben lang, das wohl mehr als unkonventionell war, einen bitteren Hass auf die Sklaverei.«[8] Erstaunlicherweise schaffte sie es, jede Hürde zu überwinden, die ihr die amerikanische Gesellschaft vor die Füße warf, ohne dabei ihre Menschlichkeit zu verlieren oder ihre Glaubensgrundsätze zu missachten.

Sehen Sie? Es ist nicht unmöglich.

CALLIE GUY HOUSE: DIE RECHNUNG, BITTE

Die Idee der Reparationszahlungen ist nicht neu und war bis vor Kurzem auch nie umstritten. Nach dem Bürgerkrieg bemühten sich Gesetzgeber, Aktivisten und jeder mit einem gesunden Menschenverstand um verschiedene Arten von Kompensation für ehemals versklavte Afroamerikaner. Das Freedmen's Bureau war eine Bestätigung dieses Ansinnens, so wie auch der Southern Homestead Act (Verordnung zur Landverteilung in den Südstaaten) von 1866, mit dem Ex-Versklavten kostenlos Land zur Verfügung gestellt wurde.* Der vielleicht verbreitetste Vorschlag, um den ehemaligen Versklavten eine gewisse ökonomische Sicherheit zu bieten, war die Rente für Freigelassene. Innerhalb der afroamerikanischen Bevölkerung wurde die National Ex-Slave Mutual Relief, Bounty and Pension Association (MRB&PA – Nationale Vereinigung für gegenseitige Unterstützung, Prämien und Renten für Ex-Sklaven) schnell zur beliebtesten Volksbewegung, um den Gedanken einer Entschädigung ehemaliger Versklavter voranzutreiben. Bei der ersten nationalen Tagung der Vereinigung in Nashville am 28. November 1898 wählte der Ausschuss Callie Guy House, eine ortsansässige Waschfrau, zu seiner Assistenzsekretärin.

Obwohl die Stellenbezeichnung nicht besonders eindrucksvoll klingt, nutzte House ihre Position, um den Kurs für die Zukunft der Vereinigung zu setzen. Sie organisierte Versammlungen an allen möglichen Orten, an denen es kaum weiße

* *Das die Weißen alles wieder einheimsten.*

Menschen gab. Sie besuchte Kirchen. Sie kontaktierte Abgeordnete. Sie sprach mit von Schwarzen geführten Zeitungen. Sie richtete Ortsgruppen ein und schulte Vertreter überall in den Südstaaten. Sie ließ sich direkt von der Rentenstruktur für Bürgerkriegsveteranen der Regierung inspirieren und machte die Vereinigung so einflussreich, dass Gesetzgeber keine andere Wahl hatten, als sich die Forderungen der Gruppe anzuhören. Zwischen 1890 und 1903 wurden dem Kongress sechs Gesetzesentwürfe vorgelegt, in denen ein Pauschalbetrag gefolgt von monatlichen Zahlungen für alle Afroamerikaner vorgeschlagen wurde, die die Sklaverei überlebt hatten. Nachdem jedoch die Südstaatendemokraten ihr Ansehen in der Bundesgesetzgebung wiedererlangt hatten, war alles, was wirtschaftliche und politische Unterstützung für das Schwarze Amerika anging, von Anfang an gestorben. Da es schon unmöglich gewesen war, ein Gesetz gegen die Lynchjustiz zu verabschieden, waren Entschädigungen ziemlich aussichtslos. Trotzdem versuchten sie es immer wieder.

Im Jahr 1915 erhob die Vereinigung mit *Johnson versus McAdoo* eine Sammelklage beim Bundesgericht, in der sie die Rückgabe von mehr als 68 Millionen Dollar an Baumwollsteuereinnahmen aus den Jahren 1862 bis 1868 durch das Finanzministerium forderte. Gemäß der Anklage stand das Geld den ehemaligen Versklavten und ihren Vorfahren für ihre unbezahlte Arbeit zu. Die Klage erreichte schlussendlich den Obersten Gerichtshof der USA, der dem Finanzministerium staatliche Immunität bekundete, da die Sklaverei zu der Zeit verfassungsgemäß gewesen war. 1916 wurde House wegen Postbetrugs angeklagt mit der Begründung, sie habe betrügerische Broschüren per Post verschickt. Laut Staatsanwaltschaft hatte House Spenden von Ex-Versklavten eingesammelt, indem sie ihnen fälschlicherweise eine Rente zusicherte. Ohne jegliche Beweise, dass House oder irgendein anderes Mitglied der Organisation jemandem den Erhalt einer Rente garantiert oder vorgetäuscht hatte, wurde sie von einer komplett weißen Jury zu einem Jahr Haft verurteilt.

Im Laufe des Prozesses enthüllte die Staatsanwaltschaft, dass Geheimdienstmitarbeiter aus drei verschiedenen Behörden – dem U.S. Post Office, dem Justice Department und dem Pension Bureau – House und die MRB&PA schon seit Jahren überwachten. Bundesbeamte schätzten, dass die Organisation 300 000 Mitglieder in Kirchen, Bruderschaften, Schwesternschaften und armen Gemeinden im ganzen Land hatte, allerdings gehen einige Forscher, darunter auch die Historikerin Mary Frances Berry, davon aus, dass die Schätzungen der Regierung sich eher am unteren Rand bewegten. Nur zum Vergleich: Die NAACP hatte im Jahr 1919 90 000 Mitglieder. In weniger als 20 Jahren hatte eine 36 Jahre alte Waschfrau aus Tennessee die größte Schwarze Basisorganisation auf die Beine gestellt, die es in Amerika je gegeben hatte. Die National Ex-Slave Mutual Relief, Bounty and Pension Association wurde nach House' Inhaftierung aufgelöst, jedoch sollten die Forderungen nach Entschädigung, für die sie sich eingesetzt hatte, nie nachlassen.

ELLA BAKER: GRÖSSER ALS EIN HAMBURGER

Als Geschichtenerzähler muss ich mich manchmal zurückhalten, um beim Hervorheben der Wichtigkeit bestimmter historischer Ereignisse oder Persönlichkeiten nicht zu übertreiben. In diesem bestimmten Fall ist das allerdings kein Problem. Wenn man eine Liste der berühmtesten Figuren der Bürgerrechtsbewegung erstellen wollte, darunter Martin Luther King jr., Malcolm X und alle anderen Namen, die Weiße so kennen, kann man mit einem bescheidenen, demütigen Satz das Leben der Ella Josephine Baker umschreiben:

Sie ist wichtiger als *alle* diese Männer.

Geboren im Jahr 1903, schloss sich Ella 1930 der Young Negroes Cooperative League an, um die Wirtschaftsmacht der Schwarzen voranzutreiben und zu lehren. Sie protestierte gegen die Invasion Italiens in Äthiopien und kämpfte gegen die ungerechtfertigte Verurteilung der 1931 der Vergewaltigung zweier Mädchen beschuldigten Scottsboro Boys, bevor Martin Luther King seinen Traum überhaupt zu beschreiben wusste. 1943 wurde sie zur Zweigstellenleiterin der NAACP ernannt sowie 1952 zur ersten weiblichen Vorsitzenden des Ortsverbandes in New York City. In den 1950er- und 1960er-Jahren war Baker maßgeblich an der Gründung jeder großen Bürgerrechtsorganisation beteiligt. 1957, nach dem Erfolg des Busboykotts von Montgomery, zog sie nach Atlanta und half bei der Einrichtung der Southern Christian Leadership Conference (SCLC). Bakers Leitung und ihre Ideen waren es, die das Grundgerüst für die Bestrebungen der Organisation bildeten. Allerdings verwehrte der patriarchal gesinnte Anführer der Vereinigung, Martin Luther King jr., ihr öffentliche Führungsrollen.

Drei Jahre später, Baker war den Sexismus der Geistlichen in der SCLC zunehmend leid, hörte sie von der explosionsartig ansteigenden Zahl kleiner Sitzblockaden, die plötzlich überall in North Carolina stattfanden. In dem Bewusstsein, dass junge Menschen der Schlüssel zur Entstehung einer demokratischeren Bewegung waren, lud sie Studierende zu einer Versammlung an ihrer Alma Mater, der Shaw University, ein. Sie überzeugte King, die Einladung mit zu unterschreiben und die gesamten Mittel der SCLC zur Finanzierung der Tagung einzusetzen. Das Auditorium war gefüllt mit »126 Vertretern aus 58 Streikzentralen in 12 Staaten«, die als Gesichter der Bürgerrechtsbewegung bekannt werden sollten, darunter der spätere Kongressabgeordnete und Freedom Rider John Lewis, der Bürgermeister von Washington, D. C., Marion Barry und der berühmt-berüchtigte Black-Power-Held Stokely Carmichael.

Wie üblich wurde die Versammlung von männlichen Führungspersonen dominiert. Doch diesmal sollte auch Baker sprechen. Nachdem King über gewaltfreie Proteste und die Notwendigkeit einer starken Führung gesprochen hatte, stand Baker auf und hielt eine Rede mit dem Titel »Größer als ein Hamburger«. Sie heizte den Studierenden mit der Aussage ein, sie sollten die soeben gesprochenen Worte vergessen und stattdessen drastischere Maßnahmen ergreifen, und erklärte weiter, dass eine auf die Jugend ausgerichtete, demokratischere und führerlose Volksbewegung mehr erreichen könne als ein paar nichtsegregierte Snackbars.

»Ich erinnere mich, dass sie uns vor einem Zusammenschluss mit Erwachsenen gewarnt hat«, erklärte der Anführer der Bürgerrechtsbewegung Julian Bond. »Aber nur, damit unsere Bewegung rein bleibt. Weil wir sie in Gang gesetzt haben und sie deshalb auch vorantreiben und ganz allein weiterführen sollen [...] Sie hat zwar nicht direkt gesagt: ›Lasst euch von Martin Luther King nicht vorschreiben, was ihr tun sollt‹, aber man hatte das Gefühl, dass sie genau das meinte. Also, von wegen: ›Er ist ein guter Mann und so weiter, aber lasst euch von ihm nicht vorgeben, was ihr zu tun habt.‹«[9]

So wurde also das Student Nonviolent Coordinating Committee (SNCC) ins Leben gerufen, eine der wirkungsvollsten Organisationen des Freiheitskampfes. Nach der Versammlung trat Baker aus Kings SCLC aus und wurde eine der zuverlässigsten Beraterinnen der SNCC. Sie überzeugte die neue Vereinigung, zwei verschiedene Untergruppen einzurichten – eine, die gewaltlose Protestaktionen organisierte, und eine, die Strategien für Wahlen und Politik entwickelte. Sie half beim Aufbau einer Partnerschaft mit dem Congress of Racial Equality (CORE) sowie bei der Koordination der Freedom Rides, die absichtlich gegen die Segragationspraxis in Bussen und Bahnen verstießen, um deren Aufhebung durch Gerichtsurteile zu erzwingen. Sie war eine Schlüsselfigur bei der Gründung der Mississippi Freedom Democratic Party, die eine Alternative zu der ausschließlich weißen Demokratischen Partei im Staat bot. Sie begleitete die Gruppe, die dafür sorgte, dass die Demokratische Partei Schwarze Delegierte zu ihrem Parteitag zuließ. Sie lehnte die messianischen, traditionellen männlichen Führungsrollen ab und propagierte eine »partizipative Demokratie«. Die Ergebnisse ihrer Arbeit beeinflussten Organisatoren im ganzen Land und transformierten die unterschiedlichen

Initiativen für Gleichberechtigung in eine vereinte Bürgerrechtsbewegung.

In den 1940er-Jahren, während ihrer Zeit als führende Persönlichkeit in der NAACP, half Baker bei der Organisation von Schulungen für Führungskräfte, die sich an junge Menschen mit Interesse an Gemeinschaftsaktivismus richteten. Eine ihrer jüngsten Schulungsteilnehmerinnen stieg schließlich zur Sekretärin ihrer NAACP-Ortsgruppe auf. Von Baker inspiriert, meldete sich eine junge Frau namens Rosa Parks freiwillig für ein Projekt, bei dem sie in einen Bus in Montgomery steigen und sagen sollte: »Danke, ich sitze gut hier.«

Ella Bakers Schlachtpläne waren genauso wichtig wie die Fußsoldaten, die im Kampf um Gleichheit und Bürgerrechte an der Frontlinie standen. Aber da sie selbst Opfer der von ihr bekämpften Ungleichheit war, ist ihr Name weniger bekannt als der ihrer Zeitgenossen. Vielleicht wäre sie berühmter geworden, wenn sich jemand wie Ella Baker für ihre Sache eingesetzt hätte. Aber es ist eben niemand so wie Ella Baker.

AMELIA BOYNTON WIRD DABEI SEIN

Amelia Boynton war überall.

Im Jahr 1961, als Verfechter der Bürgerrechte den ersten Vorstoß machten, um das Wahlrecht in Dallas County, Alabama, auszuweiten, wurde eine Reihe unterschiedlicher Strategien auf den Tisch gebracht. Zunächst musste man herausfinden, wie viele Schwarze in Selma und Umgebung vom Wahlrecht ausgeschlossen waren. In dem Bewusstsein, dass Kinder der Untergrabung von Jim-Crow-Gesetzen weniger verdächtigt wurden, hatte die Aktivistin Amelia Boynton in Dallas County bereits einige Kinder zusammengetrommelt, die von Haus zu Haus gingen und Umfragen austeilten mit dem Ergebnis, dass von den 15 000 Schwarzen Einwohnern im Wahlalter lediglich 242 für das Wahlrecht registriert waren. Da Alabama von Schwarzen Wahlrechtsanwärtern verlangte, ihre Fähigkeit zu lesen und ihr Wissen über die Verfassung nachzuweisen, mussten die Aktivisten die Schwarzen Einwohner zudem instruieren, wie sie den für die Wahlregistrierung erforderlichen Test bestehen konnten. Amelia Boynton hatte dies bereits vor langer Zeit, im Jahr 1935, in Angriff genommen und Gruppen darin unterrichtet, wie man diesen rassistischen Test bestand, nachdem ihr das als einer der ersten Schwarzen im Staat gelungen war. Als Wegbereiterin erhielt Boynton nun wichtige Unterstützung von der Bewegung: Im Jahr 1965 saßen schließlich Martin Luther King, John Lewis und alle bedeutenden Bürgerrechtsaktivisten Amerikas in Amelia Boyntons Wohnzimmer und planten den Umsturz von Jim Crow in Selma, Alabama.

1911 geboren, besuchte Boynton das Georgia State Industrial College (heute die Savannah State University), bevor sie zum Tuskegee Institute wechselte, wo sie mit George Washington Carver bekannt war – nach dem sie sogar einen Sohn benannte – und schließlich einen Abschluss in Hauswirtschaftslehre erlangte. Als Beauftragte des U.S. Department of Agriculture für Hausbesuche verbrachte sie viele Jahre auf Reisen durch das ländliche Alabama und unterrichtete die Schwarzen Menschen in Haushaltsführung, Ernährung und den Besonderheiten des ländlichen Lebens.

In Südstaatengemeinschaften wie Selma gibt es oft einen Gemeindevorsteher, der sich um die geschäftlichen Belange der Schwarzen Bevölkerung kümmert. Die meisten dieser Gemeindevorsteher sind als Versicherungsvertreter, Bestattungsunternehmer oder Postmitarbeiter tätig, aber eins haben sie in der Regel gemeinsam: Sie sind Notare. Nachdem der Ku-Klux-Klan den einzigen Notar der Stadt vertrieben hatte und es somit unmöglich war, sich für das Wahlrecht zu registrieren, überzeugte Amelia ihren Ehemann, eine Versicherungsagentur zu eröffnen, Notar zu werden und die Vereinigung zu übernehmen, die der vorige Notar gegründet hatte, nämlich die Dallas County Voters League (DCVL). Nachdem sie und Samuel ein Gebäude im Stadtzentrum von Selma angemietet hatten, hielt das Paar NAACP-Versammlungen in ihren winzigen Büroräumlichkeiten ab, kämpfte dort gegen den Klan, die staatlichen und örtlichen Regierungen sowie den bekanntermaßen rassistischen Sheriff, Jim Clark. Und Amelia beherrschte sogar den Nahkampf: Als ein bekannter Rassist die Boyntons 1954 in ihrem Büro in der Stadtmitte angriff, schnappte sie sich einen Stock, stellte sich ihm in den Weg und demonstrierte damit die alte afrikanische Tradition von »I Wish a Motherfucker Would«.

Im Jahr 1958 fuhr ein junger Student der Howard Law School in den Weihnachtsferien im Bus nach Selma, als der Bus an der Haltestelle der Trailways-Busgesellschaft in Virginia hielt, um den Passagieren eine Essenspause zu gönnen. Wie alle anderen stellte sich der Jurastudent Bruce an der Bestelltheke »nur für Weiße« an. Als der Besitzer ihn zum Gehen aufforderte, bewegte sich Bruce nicht vom Fleck. Er wurde verhaftet und verurteilt, doch er gab nicht auf, bis die Verurteilung aufgehoben wurde. Seine Mutter rief einen befreundeten Anwalt von der NAACP an und nahm ihm das Versprechen ab, für ihren Sohn zu kämpfen, und wenn sie bis vor den Obersten Gerichtshof ziehen müssten. Die Polizisten hatten keine Ahnung, dass Bruce Boyntons Mutter die berühmt-berüchtigte Amelia Boynton war und ihr Anwaltskumpel kein Geringerer als Thurgood Marshall. Durch den bahnbrechenden Fall *Bruce George Washington Carver Boynton versus Virginia* am Obersten Gerichtshof wurde die Segregation in zwischen Bundesstaaten verkehrenden öffentlichen Transportmitteln aufgehoben und der Lauf der Geschichte für immer verändert. Kurz danach erlangten die jungen Aktivisten Ralph Abernathy, Stokely Carmichael, John Lewis und viele andere Berühmtheit durch ihre Freedom Rides – eine gemeinsame Initiative von CORE und SNCC, um den Ausgang von *Boynton versus Virginia* durchzusetzen.

Im Jahr 1964 gab Amelia ihre Führungsposition in der DCVL auf, um für den Kongress zu kandidieren; damit war sie die erste Schwarze Frau, die im Bundesstaat Alabama für den Kongress zur Wahl stand und die erste Frau *jedweder »Rasse«* als

Kandidatin für die Demokraten. Obwohl sie verlor, hörte sie nicht auf, für Gerechtigkeit zu kämpfen; sie setzte sich sogar noch stärker für die Bewegung ein, nachdem Jimmie Lee Jackson, ein 26-jähriger Schwarzer Diakon, am 18. Februar 1965 bei einem friedlichen Protest von Bundespolizisten in Alabama zusammengeschlagen, niedergeschossen und getötet worden war. Boynton wurde erneut Mitglied der DCVL und lud die bekanntesten Anführer der Bürgerrechtsbewegung der Zeit in das kleine Städtchen Selma ein. Während viele der DCVL-Mitglieder noch bezweifelten, dass überhaupt einer von ihnen auftauchen würde, saß Amelia in ihrem Wohnzimmer mit Martin Luther King und James Bevel sowie einigen weiteren Mitgliedern der SCLC und SNCC zusammen und schmiedete Pläne zur Überwindung der Segregation. Gemeinsam organisierten sie einen Marsch nach Montgomery, die Hauptstadt des Bundestaats, um mit Gouverneur George Wallace über Jacksons Tod zu sprechen, aber natürlich entsandte Wallace seine mit Knüppeln bewaffneten Polizisten dem Marsch entgegen, der später als Bloody Sunday bekannt wurde. Als Polizeibeamte John Lewis bei der Demonstration auf der Edmund Pettus Bridge den Schädel einschlugen, rannte Amelia Boynton nicht weg. Das bekannteste Bild dieses Protestmarschs ist ein Foto von Amelia, wie sie von Polizeibeamten mit Tränengas besprüht und zusammengeschlagen wird. *Das* war eines der Fotos, die öffentliches Mitgefühl auslösten und Präsident Lyndon Johnson davon überzeugten, noch im selben Jahr den Voting Rights Act (Wahlrechtsgesetz) zu unterzeichnen.

Eine der coolsten Geschichten über Amelia Boyntons Leben wurde erst kürzlich enthüllt. Jahrelang gingen Historiker davon aus, dass Cudjo Lewis, verewigt durch den posthum veröffentlichen Bestseller *Barracoon* von Zora Neale Hurston, der letzte Überlebende des Sklavenhandels gewesen sei. Aber im Jahr 1860 wettete Timothy Meaher, ein reicher Plantagenbesitzer aus Mobile, Alabama, mit seinen Freunden, dass er eine Schiffsladung Versklavter ins Land schmuggeln könnte. 52 Jahre nachdem die Einfuhr von Besitzsklaven in den Vereinigten Staaten verboten worden war, lief die *Clotilda*, ein Zweimastschoner, nach ihrer Rückkehr von einer Geheimmission in Benin, Afrika, diskret in die Mobile Bay ein. Daraufhin löschte Kapitän William Foster seine kostbare Fracht von der *Clotilda*: 112 verschleppte Menschen.

Um sein Verbrechen zu verschleiern, machte sich Foster danach schleunigst wieder auf den Weg zur *Clotilda* und setzte sie in Brand. Das Schiff sank auf den Meeresgrund. Die verschleppten Afrikaner wurden schließlich verkauft und arbeiteten bis zu ihrer Freilassung 1865 als Versklavte. Als ihnen Reparationen verweigert wurden, legten Lewis und eine Gruppe weiterer Versklavter ihr Geld zusammen und gründeten die afrikanisch inspirierte Stadt namens Africatown, die sich ein paar Meilen von Mobile entfernt befindet.

Im Jahr 2019 entdeckte ein britischer Forscher Archivmaterial über Redoshi, eine ehemals versklavte Frau, die an Washington Smith, den Besitzer eines Zwangsarbeiterlagers in Dallas County, Alabama, verkauft worden war. Redoshi lebte zwei Jahre länger als Cudjo Lewis und war sogar in den frühen Anfängen der Bürgerrechtsbewegung aktiv. Und die Geschichte hinter dem Auftauchen dieses Archivmaterials? Eines Tages besuchte eine Beauftragte des U.S. Department of Agriculture namens Amelia Boynton Redoshi auf ihrer ländlichen Farm und hörte sich ihre Erzählungen über die Verschleppung, Versklavung und Befreiung an. Ganz begeistert überzeugte Boynton das Department of Agriculture, eine Filmcrew zu »Aunt Sally's« Farm hinauszuschicken und sie zu ihren Erfahrungen zu interviewen. So reicht Amelia Boyntons Einfluss vom transatlantischen Sklavenhandel bis hin zu diesem Augenblick ...

Amelia Boynton war überall dabei.

Und das ist sie immer noch.

DIE FRAUEN, DIE FÜR DIE AUFHEBUNG DER SEGREGATOIN IN DEN BUSSEN VON MONTGOMERY SORGTEN

Claudette Colvin war wütend.

Am 2. März 1955 stieg die 15-jährige Highschoolschülerin in einen Stadtbus in Montgomery. Da ihre Familie kein Auto besaß, nahm sie jeden Tag nach der Schule den Bus aus dem Stadtteil Capitol Heights bis nach Hause. Sie saß bereits in dem Bereich für Farbige (*colored section*), als der Fahrer, Robert Clare, verlangte, dass sie und drei Freunde ihre Sitzplätze für weiße Frauen freimachen sollten, die im Bus stehen mussten. Colvin musste unweigerlich an die Hausarbeit über die unfaire Praxis der Segregation denken, die sie gerade bei ihrem Lehrer abgegeben hatte. Sie dachte daran, dass sie die Kleidung im Warenhaus in der Stadt nicht anprobieren durfte, damit sie die Sachen nicht mit ihrer Schwarzen Haut beschmutzte. Doch vor allem dachte sie an ihren Freund Jeremiah.

Jeremiah Reeves war so gutaussehend und cool, dass alle Mädchen an der Booker T. Washington High School in ihn verknallt waren. Er spielte in der Jazzband der Schule und hatte auch schon einen Job, bei dem er Lebensmitteleinkäufe in die Weißenviertel brachte. 1952 holten sich die weißen Einwohner eines Viertels in Montgomery die Bestätigung für ihren Verdacht, dass Reeves eine Affäre mit einer weißen Frau hatte, indem sie in ein Fenster lugten und beobachteten, wie sich das Paar auszog. Die Frau behauptete jedoch, Reeves habe sie vergewaltigt. Die Polizei verhaftete Reeves, brachte ihn in ein nahe gelegenes Gefängnis und schnallte ihn zwei Tage lang auf den elektrischen Stuhl, bis er schließlich gestand.[10] Da es den Schwarzen Bürgern von Montgomery nicht erlaubt war, eine Stimme abzugeben, verurteilte eine vollständig aus Weißen bestehende Jury Reeves zum Tode. Das war es, was Claudette Colvin radikalisierte.

Als Polizeibeamte sie aus dem Bus zerrten und ins Gefängnis brachten, war sie dem Youth Council der NAACP bereits beigetreten. Die Polizisten rissen Witze über ihre Körbchengröße und weitere Körperteile, woraufhin Colvin lautstark ihre Grundrechte verteidigte. In ihrem Innersten hallte die Ungerechtigkeit wie ein Echo wider, und ihre Vorfahren schienen sie mit ihrer Präsenz zu berühren. »Unsere Vorgeschichte gab mir den Mut, sitzen zu bleiben«, erzählte Colvin später. »Ich spürte die Hand von Harriet Tubman auf der einen Schulter und die von Sojourner Truth auf der anderen.«

Als Nächstes kam Aurelia Browder.

Als Witwe mit sechs Kindern beendete Browder ihre Highschoolausbildung erst mit über 30 Jahren. Danach schrieb sie sich an der Alabama State University ein, wo sie Jo Ann Gibson Robinson kennenlernte, eine Professorin im Fachbereich für Englisch. Robinson inspirierte Browder zum Engagement in der Bürgerrechtsbewegung, und so wurde Browder am 19. April 1955 verhaftet, weil sie in einem Bus in Montgomery im Bereich für Weiße gesessen hatte. Später erlangte sie den Bachelorabschluss in Naturwissenschaften der Alabama State University mit Auszeichnung.

Susie McDonald, in und um Montgomery als »Miss Sue« bekannt, gehörte ein Pavillon in der Stadt, wo sich Schwarze Einwohner ohne Angst vor rassistischer Einschüchterung zusammenfinden konnten. Als Miss Sue am 21. Oktober 1955 wegen Missachtung der Busregeln in Montgomery verhaftet wurde, war sie bereits über 70 Jahre alt und wurde häufig für weiß gehalten. McDonald hatte jedoch den Fahrer vor dem Platznehmen bewusst informiert, dass sie Afroamerikanerin sei. Am selben Tag wurde die 18-jährige Mary Louise Smith verhaftet, weil sie sich in den ausschließlich Weißen vorbehaltenen Bereich gesetzt hatte. Jeanetta Reese wurde für dasselbe Vergehen festgenommen. Und am Donnerstag, den 1. Dezember 1955, folgte schließlich noch Rosa Parks.

Im Gegensatz zu Colvin, Browder, McDonald, Smith und Reese plante Parks ihren Protest im Voraus. Sie arbeitete als Sekretärin für die Ortsgruppe der NAACP in Montgomery und war bereits seit mehr als zehn Jahren in der Bürgerrechtsbewegung engagiert. Einer der Gründe, warum Rosa dafür ausgewählt wurde, öffentlich auf die Ungerechtigkeit der Segregation aufmerksam zu machen, war ihr Auftreten. Claudette Colvin war bereits abgelehnt worden, weil sie dunkelhäutig und forsch sowie schwanger und unverheiratet war. Parks hingegen war zurückhaltend und hatte helle Haut und »schöne Haare«.

Als Professorin Robinson von Parks Verhaftung hörte, hatte sie die Nase voll. Schon nach der Festnahme ihrer hochgeschätzten Studentin Browder aus demselben Grund versuchte Robinson ihre Organisation, den Women's Political Council, zu überzeugen, einen stadtweiten Busboykott zu veranstalten. Robinson rief ein paar Studierende und Kollegen an der Alabama State University an, die 35 000 Flyer mit dem Aufruf zu einem eintägigen stadtweiten Busboykott in Druck gaben und sie in den Kirchen der Stadt verteilten.

»Eine weitere Frau wurde verhaftet und ins Gefängnis geworfen, weil sie sich geweigert hat, ihren Sitzplatz im Bus für eine weiße Person freizumachen«, stand auf dem maschinengeschriebenen Flyer. »Es ist das zweite Mal seit dem Fall Claudette Colvin, dass eine Schwarze Frau aus diesem Grund festgenommen wurde. Das muss aufhören. Auch Negroes haben Rechte, denn wenn die Negroes nicht mit dem Bus fahren würden, würde sich der Betrieb gar nicht lohnen. Drei Viertel der Mitfahrer sind Schwarz, und dennoch werden wir verhaftet oder müssen trotz leerer Sitzplätze stehen bleiben. Wenn wir nichts gegen diese Festnahmen unternehmen, wird es immer so weitergehen. Beim nächsten Mal trifft es vielleicht dich selbst, deine Tochter oder deine Mutter. Der Fall dieser Frau wird am kommenden Montag verhandelt. Wir bitten daher alle Negroes, sich am Montag von den Bussen fernzuhalten, um gegen die Festnahme und Verhandlung zu protestieren. Fahrt am Montag nicht mit dem Bus zur Arbeit, in die Stadt, zur Schule oder irgendwo sonst hin. Ihr könnt es euch leisten, der Schule einen Tag fernzubleiben, falls ihr keine andere Transportmöglichkeit als den Bus habt. Ihr könnt es euch auch leisten, einen Tag nicht in die Stadt zu fahren. Wenn ihr arbeiten müsst, nehmt euch ein Taxi oder lauft. Aber, bitte, liebe Kinder und Erwachsene, nehmt am Montag auf keinen Fall den Bus. Bleibt bitte am Montag allen Bussen fern.«[11]

Am 5. Dezember 1955 gründete eine Gruppe lokaler Führungspersönlichkeiten die Montgomery Improvement Association (MIA) und bat Robinson, diese zu leiten. Wegen ihrer Stelle an der Alabama State University lehnte Robinson ab, daher fiel die Wahl auf E. D. Nixon. Nixon war dem weißen Montgomery ein Dorn im Auge, denn bereits seit 1940 organisierte er Bürgerrechtskampagnen und galt zudem als inoffizieller Bürgermeister des Schwarzen Montgomery. Da die frühe Bürgerrechtsbewegung vor Sexismus nur so triefte, zogen Nixon und andere eine weibliche Führungskraft gar nicht erst in Erwägung. Rosa Parks war es nicht einmal erlaubt, bei der Versammlung eine Rede zu halten. Nixon wünschte sich ein jüngeres Gesicht für die Bewegung und schlug den kürzlich ernannten Pastor der Dexter Avenue Baptist Church vor: Reverend Martin Luther King jr.

Im Gegensatz zu den Frauen, die für ihre Rechte eingestanden waren, hielt sich King zurück. Er wünschte sich eine unauffälligere Position, mit der er die Führungsriege der Stadt nicht gegen sich aufbringen würde. Doch nachdem Nixon drohte, ihn öffentlich als Feigling hinzustellen, nahm King die Rolle unter einigen Bedingungen an. Als Leiter der Montgomery Improvement Association *verlangte King nicht*, dass die Stadt die Segregation in den Bussen aufhob. Stattdessen forderte die MIA die Sitzplatzvergabe nach Verfügbarkeit sowie mehr afroamerikanische Busfahrer auf den vorrangig von Schwarzen genutzten Strecken und einen höflichen Umgang mit Schwarzen Fahrgästen.

Der NAACP-Anwalt Fred Gray beschloss, sich ebenfalls zu engagieren. Er machte Colvin, Browder, McDonald, Reese und Smith ausfindig, um eine Bürgerrechtsklage gegen die Stadt zu erheben. Reese ließ die Klage letzten Endes fallen, weil sie von Weißen in Montgomery drangsaliert wurde, aber Claudette, Aurelia, Miss Sue und Mary blieben dabei. Gray gewann den

Fall vor dem US-Bezirksgericht, doch die Stadt legte Berufung vor dem Obersten Gerichtshof ein. Am 17. Dezember 1956 lehnte der Oberste Gerichtshof die Berufung der Stadt ab und bestätigte das Urteil des Bezirksgerichts im Fall *Aurelia S. Browder et al. versus W. A. Gayle et al.* Von da an war die Segregation in den städtischen Verkehrsmitteln von Montgomery verfassungswidrig, und so endete am 20. Dezember 1956 der Busboykott von Montgomery.

MARY MCLEOD BETHUNE: MILITÄRISCHES GENIE

Nicht weit von der Plantage entfernt, wo meine Vorfahren in Sumter County und Lee County versklavt waren, befindet sich in Mayesville, South Carolina, eine Reis- und Baumwollfarm, auf der Mary Jane McLeod geboren wurde.* Wie jeder weiß, gründete Mary McLeod Bethune später mit 1,50 Dollar die Daytona Literary and Industrial Training School for Negro Girls (Schule für literarische und gewerbliche Ausbildung Schwarzer Mädchen in Daytona), eine historisch Schwarze Einrichtung, die später als Bethune-Cookman University bekannt wurde.** Nachdem sie als erste Schwarze Frau zur Rektorin eines Colleges ernannt wurde, war sie zudem Mitbegründerin des United Negro College Fund, der bis heute mehr als 500 000 afroamerikanischen Studierenden Stipendien gewährt hat. Während dieser Zeit schloss sie Freundschaft mit Präsident Franklin Roosevelts Ehefrau und nutzte ihren Status als Eleanor Roosevelts »engste Freundin in [ihrer] Altersgruppe«[12], um den Präsidenten bezüglich seiner Bürgerrechtsagenda anzutreiben.

---

* *Gemäß dem dritten transitiven Gesetz der Negrodynamik macht sie das praktisch zu meiner Spielcousine.*

** *Wie erstaunlich ist das denn, bitte? 100 Jahre später versucht Tupac Shakur immer noch »to make a dollar out of fifteen cents (a dime and a nickel).«*

Um es ganz deutlich zu sagen: Frankie D. war ein Rassist, ob nun aus politischer Zweckmäßigkeit oder seiner eigenen Neigung zur weißen Vorherrschaft. Er weigerte sich, die Antilynchjustizgesetze zu unterstützen. Er stellte ein Mitglied des Ku-Klux-Klans für den Obersten Gerichtshof auf.* Er internierte amerikanische Staatsbürger in Konzentrationslagern. Und als er seine New-Deal-Maßnahmen einführte, um das Land aus der Großen Depression zu holen, ließ er Milliarden Dollar auf das Weiße Amerika hinabregnen, während die Schwarzen Bürger davon weitestgehend ausgeschlossen waren. Doch hinter den Kulissen war Bethune eine der wenigen, die mit Franklin in dem afroamerikanischen Dialekt, der als »jetzt mal ehrlich« bekannt ist, sprechen konnte, und sie nutzte ihren Einfluss auf die First Lady, um den ökonomischen und politischen Fortschritt für das Schwarze Amerika voranzutreiben.

Da er selten mit Schwarzen und ihrer Überzeugungskraft in Kontakt kam**, hielt Roosevelt Bethune für eine der klügsten Frauen aller Zeiten. Als Leiterin der Division of Negro Affairs of the National Youth Administration überzeugte sie den Präsidenten, bei staatlichen Bauprojekten 300 000 Arbeitsstellen für Afroamerikaner vorzuhalten. 1936 wählte Roosevelt Bethune aus, um den Federal Council of Negro Affairs einzuberufen. Als »Black Cabinet«[13] bekannt, war die Gruppe aus Wissenschaftlern, Aktivisten und Führungskräften keine offiziell von der Regierung genehmigte Vereinigung – die Mitglieder verfassten keine Protokolle und versammelten sich normalerweise einfach in Bethunes Wohnung oder Büro, um über Bethunes Kontakte die Politik für das Schwarze Amerika zu beeinflussen. Der erste

* *Hugo Black war nicht nur ein Klan-Mitglied ohne richterliche Erfahrung; der Robert E. Lee Klan No. 1 in Birmingham ehrte Black auch mit einer lebenslangen Mitgliedschaft, bevor er aufgrund seiner Kandidatur für den Senat vorübergehend aus dem Klan austrat.*

** *Es ist nicht die Schuld der Weißen, dass sie keine kompetenten Schwarzen Kandidaten kannten. Schließlich hatten die Jim-Crow-Gesetze die Gesellschaft segregiert. Aber schließlich war Jim Crow auch die Schuld der Weißen.*

Tagesordnungspunkt war die Besprechung der jüngsten Gewerkschaftsproteste, angeführt von dem Gewerkschaftsführer Asa Philip Randolph, der die Beendigung der Diskriminierung in der Rüstungsindustrie forderte. Aufgrund seiner sozialistischen und radikalen Einstellung war Randolph kein Mitglied des Black Cabinet, aber der Braintrust kannte seine Macht und seinen Einfluss auf die Schwarze Arbeiterklasse. Da der Präsident irgendwie ganz schön beschäftigt war mit dieser winzigen Angelegenheit namens Zweiter Weltkrieg, tat er Randolphs Androhung groß angelegter Proteste in Washington ab, bis Bethune ihm riet: »Vertrau mir, du solltest auf den alten Jungen hören.«

Roosevelt übertrug dem Black Cabinet die Verantwortung für die Angelegenheit. Rayford Logan, Mitglied des Rates und Geschichtsprofessor an der Howard University, entwarf die Executive Order 8802 (ein Dekret des Präsidenten), in der Folgendes erklärt wurde: »Bei der Anstellung von Arbeitskräften in der Rüstungsindustrie oder der Regierung darf es keine Diskriminierung aufgrund von Rasse, Glauben, Hautfarbe oder nationaler Abstammung geben.«[14] Durch die Verordnung wurde das Fair Employment Practice Committee zur Umsetzung der Gleichbehandlung in der Rüstungsindustrie eingerichtet.

Nach einem so bedeutsamen Sieg hätte man meinen können, dass Bethune es gut sein lassen würde. »Aber wir können noch mehr schaffen«, schrieb sie in einem Brief an Roosevelt am 27. November 1939. »Einer der wundesten Punkte bei den Negroes ist die unverhohlene Diskriminierung in allen Streitkräften der Vereinigten Staaten. Deutliches Handeln Ihrerseits, um die Ungleichbehandlung und Segregation zu verringern sowie insbesondere Schwarzen die Möglichkeit zur Ausbildung zum Piloten für den Fliegercorps zu bieten, würde enormes, vielleicht sogar übermäßig starkes Wohlwollen für diese Handlung hervorrufen.«[15] Bethune unterbreitete nicht nur den Vorschlag, dass Roosevelt Schwarze Piloten für die neu eingerichtete Luftwaffe der Armee zuließ, sie entwarf auch einen Plan zur Umsetzung der Maßnahme, ohne dass irgendwem auf den Schlips getreten wurde.

Da die Luftwaffenpiloten einen der höchsten Ränge in der Armee bekleideten, war es eine aberwitzige Idee, Schwarze Piloten zu rekrutieren. In der gesamten Geschichte der amerikanischen Streitmacht hatte es noch keine afroamerikanischen Piloten gegeben. Und wenn Sie annehmen, die Weißen hätten schon den Anblick uniformierter, als Helden gefeierter Schwarzer nach dem Ersten Weltkrieg verabscheut, dann können Sie sich bestimmt vorstellen, wie fuchsteufelswild sie über Schwarze Piloten in den hochentwickeltsten Flugzeuge der Welt wären, oder?* Der kommandierende General Henry »Hap« Arnold brauchte zwar dringend Piloten, wandte aber ein, eine Mannschaft afroamerikanischer Piloten würde dazu führen, »dass Negro-Offiziere über weißen Soldaten stünden, was ein unhaltbares soziales Problem zur Folge hätte«[16]. Um die Auseinandersetzung zu beenden, gab Arnold einen Bericht in Auftrag, der besagte, dass die Armee aufgrund von Roosevelts Executive Order qualifizierte Schwarze Piloten nicht abweisen dürfe. Allerdings gab es nur 124 afroamerikanische Piloten im gesamten Land. Und da in der Armee Segregation herrschte, gab es keine Möglichkeit, sie auszubilden, und nicht ausreichend finanzielle Mittel, um eine komplett neue Ausbildungsstätte zu errichten.

Die Schwarzen Führungspersonen fühlten sich betrogen. Die Titelseite von *The Crisis* im Juli 1940 brachte die Streitfrage auf den Punkt: »Kriegsflugzeuge – schwarze Amerikaner dürfen sie nicht bauen, reparieren oder fliegen, aber müssen bei der Beschaffung der Finanzmittel helfen.«[17] Bethune beunruhigte die Entscheidung der Armee allerdings kein bisschen ... denn sie hatte bereits eine Lösung für diese Ungerechtigkeit gefunden.

Ohne das Wissen der meisten Amerikaner hatte Bethune das Weiße Haus heimlich davon überzeugt, eine harmlose Bestimmung – das Public Law 18 – an eine Bewilligungsvorlage für militärische Mittel zu knüpfen, welche die Streitmächte des Landes auf den Krieg vorbereiten sollten. Der Zusatz beinhal-

---

* *Oh ja. Das können wir uns vorstellen.*

tete finanzielle Mittel für Schwarze Colleges und forderte die Einrichtung des Civilian Pilot Training Program (CPTP), ein nichtmilitärisches Fliegerprogramm, für das qualifizierte Zivilisten ausfindig gemacht und zu Piloten ausgebildet werden

sollten. Da das Civilian Pilot Training Program theoretisch nicht zum Militär gehörte, hatten die historisch Schwarzen Colleges bereits potenzielle Piloten zur Ausbildung ans Tuskegee Institute geschickt, das mit finanziellen Mitteln aus dem Public Law 18 und mit exakt denselben Methoden wie auf dem nahe gelegenen Maxwell Field in Montgomery Schwarze Piloten rekrutierte, prüfte und ausbildete. Dennoch benötigten sie eine Gelegenheit, um zu beweisen, dass sie genauso gut waren wie die weißen Jungs. Und natürlich hatte Bethune bereits ein buchstäbliches Ass im Ärmel.

Am 29. März 1941 kam Eleanor nach Tuskegee, um an einer Treuhänderversammlung des Rosenwald Fund teilzunehmen, einer Wohltätigkeitsorganisation, die Schwarzen Bildungseinrichtungen Millionen von Dollar spendete, unter anderem auch dem Bethune-Cookman College. Nach den morgendlichen Versammlungen unternahm die First Lady eine Tagesexkursion zur Flugausbildungsanlage von Tuskegee, wo sie den Schwarzen Piloten C. Alfred »Chief« Anderson traf. Eleanor ignorierte die Einwände ihrer Geheimdienstbeamten und bat Anderson, sie auf einen kurzen Rundflug mitzunehmen. 40 Minuten später sagte die First Lady zu Anderson: »Na, das Fliegen klappt doch schon wirklich gut.«

Vier Monate später, am 19. Juli 1941, hieß die Armee die Class 42-C willkommen, die erste ausschließlich aus Schwarzen bestehende Klasse des US-Militärs, die zu Kampfpiloten ausgebildet werden sollte. Obwohl das Tuskegee Institute die Schwarzen Zivilpiloten ausfindig gemacht, ausgebildet und für die Flugschule qualifiziert hatte, widersetzte sich die Armee weiterhin. Mit der militärischen Segregationspolitik als Vorwand behaupteten die obersten Befehlshaber beharrlich, es gebe keinen Ort, wo sie ihre militärische Ausbildung beenden könnten. Doch genau da setzte Bethunes scheinbar harmloser Plan an.

Erinnern Sie sich an Eleanors Versammlung für den Rosenwald Fund? Nach ihrem Flug hatte die First Lady die Gewährung eines Darlehens veranlasst, um die Flugschule Moton Field in Tuskegee zu errichten, wo die Soldaten den ersten Abschnitt ihrer Ausbildung absolvierten. Und da Randolphs Executive Order 8802 bei der Auftragsvergabe im Verteidigungssektor Diskriminierung verbot, erhielt die von Schwarzen geführte Baufirma McKissack and McKissack den Auftrag zur Errichtung einer hochmodernen Ausbildungsstätte. Mit einem Konzept des afroamerikanischen Architekten Hilyard Robinson, der Arbeit von 2000 der Schwarzen Angestellten für öffentliche Bauprojekte, für die Bethune sich eingesetzt hatte, sowie den finanziellen Mitteln aus dem Public Law 18 stellten McKissack and McKissack das Tuskegee Army Air Field in nur sechs Monaten fertig. Es war der einzige Armeestandort, an dem alle drei Phasen der Pilotenausbildung (Grundausbildung, Weiterbildung und Einsatzvorbereitung) an einem Ort absolviert werden konnten.

Am 11. Juni 1943 gaben deutsche und italienische Truppen die Mittelmeerinsel Pantelleria auf. In der gesamten Militärgeschichte der Welt war noch nie eine Landstreitkraft von einem Angriff ausschließlich aus der Luft besiegt worden, bis zur allerersten Mission des 99th Pursuit Squadron der U.S. Army Air Force – oder, wie wir sie nennen, der Tuskegee Airmen. Mary McLeod Bethunes Vermächtnis wirkte sich auf jeden Bereich des Schwarzen Lebens aus – Politik, Bildung, Wirtschaft und Sozialleben. Und es brauchte nichts weiter als Weisheit, Mut, Intelligenz und magere 1,50 Dollar.

DREI KURZE FRAGEN

1. **Auf welche Weise haben Schwarze Frauen zur Bürgerrechtsbewegung beigetragen?**
   a. Sie haben sie in Gang gesetzt.
   b. Sie haben lediglich die Strategie, Taktik, Laufarbeit, Weitsicht und Arbeitskraft beigesteuert.
   c. Laut Einwohnererhebungsdaten wurde die große Mehrheit der Schwarzen Aktivisten von Schwarzen Frauen zur Welt gebracht.
   d. Durch die Tatsache, dass sie Schwarze Frauen waren.

2. **Wer war zu Lebzeiten am berühmtesten?**
   a. Ida B. Wells.
   b. Harriet Tubman.
   c. Mary McLeod Bethune.
   d. Lisa, Angela, Pamela, Renee (gleich berühmt).

3. **Welches der folgenden Wahlrechte profitierte von der Arbeit Schwarzer Frauen?**
   a. Das allgemeine Wahlrecht weißer Männer.
   b. Das allgemeine Wahlrecht weißer Frauen.
   c. Das Wahlrecht Schwarzer Männer.
   d. Alle Antworten treffen zu.

AUFGABE

NOCH MEHR FEUER

Lesen Sie etwas über diese Schwarzen Frauen:

- **Daisy Bates**
- **Josephine Baker**
- **Elaine Brown**
- **Septima Clark**
- **Shirley Chisholm**
- **Anna Julia Cooper**
- **Angela Davis**
- **Charlotte Dupuy**
- **Die Edmonson-Schwestern**
- **Fannie Lou Hamer**
- **Dorothy Height**
- **Claudia Jones**
- **Barbara Jordan**
- **Marsha P. Johnson**
- **Pauli Murray**
- **Sojourner Truth**
- **Madam C. J. Walker**

SISTER ROSETTA THARPE

DIE QUEERE SCHWARZE, DIE DEN ROCK AND ROLL ERFAND

Es ist ganz einfach: Was wir heute als Rock and Roll kennen, existierte vor Sister Rosetta Tharpe noch nicht. Sie kam vor Elvis und Johnny Cash. Sie ging Chuck Berry und Little Richard voraus. Fragt man Musikhistoriker, wer diese Musikgattung erfand, werden die meisten einen der vorgenannten Rockstars nennen. Die respektvollsten und gründlichsten werden sagen, dass es eine Kombination aus diesen Männern war.

Doch jeder einzelne dieser Männer, selbst Little Richard, wird antworten, dass die *erste Person*, von der sie jenen inzwischen so vertrauten Sound gehört haben, Rosetta Tharpe war. Bei seiner Aufnahme in die Rock and Roll Hall of Fame bezeichnete Johnny Cash sie als die Lieblingssängerin seiner Kindheit. Little Richard nannte sie seinen größten Einfluss. Chuck Berry sagte, seine Karriere sei eine »ausgiebige Nachahmung von Rosetta Tharpe«. In einer Dokumentation des Senders PBS zu ihrem Leben wurde sie als »Taufpatin des Rock and Roll« betitelt. Und immer noch wird sie als »vergessene Mutter«[1] des Genres und als »die einflussreichste Künstlerin überhaupt« beschrieben.

Im Jahr 1963 reiste eine Gruppe Schwarzer Musiker im Rahmen der »Blues and Gospel«-Tour um die Welt. Auf der Besetzungsliste standen Künstler wie Sonny Terry und

Brownie McGhee, Cousin Joe, Otis Spann und Muddy Waters – in Amerika alles vertraute Namen, jedoch in Europa eher unbekannt. In Großbritannien wurde die Veranstaltung tatsächlich nur von einem einzigen Austragungsort in Manchester gebucht. Als der Zug in Manchester eintraf, fragte eine der Künstlerinnen – Sister Rosetta Tharpe – den Veranstalter, ob sie als Eröffnungsnummer den klassischen Gospel »Didn't It Rain« spielen dürfe. Als sie die Gitarre umlegte und ihre einzigartige Mischung aus Blues und Gospel darbot, haute das die Zuschauer um und beeinflusste noch jahrzehntelang Musiker in der Umgebung, insbesondere eine Gruppe, die zusammen in einem kleinen Bus aus London angereist war – ein Typ namens Eric Clapton, ein Junge namens Jimmy Page und die Mitglieder einer sehr obskuren Garagenband, die sich die Rolling Stones nannte.[2]

Vielleicht wird sie übersehen, weil sie eigentlich eine Gospelsängerin war (schließlich existierte der Rock noch nicht, Sie erinnern sich?). Vielleicht hatte auch Tharpes Hautfarbe etwas damit zu tun, dass sie erst 2017 in die Rock and Roll Hall of Fame aufgenommen wurde. Oder ihre Queerness. Oder der Umstand, dass sie eine Frau war. Bei der Frage, was wohl der erste Rock-and-Roll-Song überhaupt war, streiten Musikexperten über eine Handvoll Lieder, die zwischen 1946 und 1952 aufgenommen wurden; das beliebteste davon ist »Rocket 88« von Jackie Brenston and His Delta Cats, aufgenommen im Jahr 1951.

Die Musikexperten lügen. Rosetta ist die Antwort auf das alles.

***

Rosetta Nubin wurde 1915 in Cotton Plant, Arkansas, geboren. Im Alter von sechs Jahren trat sie zusammen mit ihrer Mutter in Kirchen in den Südstaaten auf. Zu der Zeit zogen ihre Mutter und sie nach Chicago. Nachdem sie in der

Church of God in Christ (COGIC) zur angesehenen Gospelsängerin geworden war, heiratete sie einen COGIC-Prediger namens Thomas Tharpe. Zwar ließ sich Rosetta nach ein paar Jahren von ihrem Ehemann scheiden, jedoch behielt sie den Nachnamen als Künstlernamen. Zu einer Zeit, da die Vorstellung einer Gitarre spielenden Frau schlichtweg nicht existierte, ließ Rosetta Tharpe diese Begrenzung nicht nur durch meisterliche Beherrschung dieses Symbols musikalischer Maskulinität gänzlich hinfällig werden, ihre Verschmelzung von Gospel und weltlicher Musik galt sogar als welterschütternd. Ihre Bereitwilligkeit, »Gottes Musik« in Teufelshöhlen wie Nachtklubs und Konzerthallen zu spielen, verursachte einen Aufruhr. Sie zählte zu den ersten Künstlern, die auf der elektrischen Gitarre starke Verzerrung als Effekt nutzten, lange bevor die Blueskünstler damit experimentierten.

Nachdem sie nach New York umgezogen war, begann Tharpe mit einigen der größten Bands im Land zu spielen, unter anderem auch mit Duke Ellington. Mit 23 hatte sie bereits einen Plattenvertrag in der Tasche und nahm die ersten Gospelsongs für Decca Records auf. Im Oktober 1938, als Elvis drei, Chuck Berry zwölf und Little Richard sechs Jahre alt war und Jackie Brenston and His Delta Cats noch Katzenjungen waren, erschien Sister Rosetta Tharpes »This Train« auf Platte, ein Gospelsong, der sich zu einem Mainstreamhit entwickeln sollte. Doch auf der Rückseite der Platte spielte Tharpe die elektrische Gitarre in einem heulenden, vom Blues inspirierten Tempo, das niemand je zuvor gehört hatte. Den Song nannte sie »Rock Me«.

Tharpes Hit aus dem Jahr 1945 hieß »Strange Things Happening Every Day« und war die erste Gospelschallplatte, die in die »Race Record«-Hitliste des *Billboard*-Magazins aufgenommen wurde und schließlich auf Platz zwei landete. Mit dem Lied »Strange Things« mokierte sich Tharpe über Religion und eröffnete es mit einem Riff, das ein Jahrzehnt später ganz typisch für Gitarrensolos werden sollte. Es wurde zu einem der Lieblingslieder des DJs Dewey Phillips aus Memphis und seinem Schützling – einem wenig bekannten weißen Typen namens Elvis Soundso. Diese Aufnahme wird heute als »Rock and Roll«-Platte bezeichnet und wurde von Bruce Springsteen gecovert.[3]

Obwohl sie mit legendären Sängern wie Cab Calloway und an Spielorten wie der Carnegie Hall und dem Cotton Club auftrat, sehnte sich Tharpe danach, zu ihrer Gospelgemeinschaft zurückzukehren. Nachdem sie 1946 die Gospelsängerin Marie Knight kennengelernt hatte, ging Tharpe eine Beziehung mit ihr ein, und die beiden lebten bis zum Ende der Beziehung 1951 offen als lesbisches Paar zusammen. Und das war wirklich außergewöhnlich, denn Sister Rosetta Tharpe war kein unbekanntes, verborgenes kleines Geheimnis. Sie war ein so großer Star, dass sie ihre dritte Hochzeit zusammen mit 25 000 Menschen *in einem Stadion* feierte. Durch den Übergang zur Folkmusik und die »British Invasion« in den 1960er- und 1970er-Jahren, die den Musikern ihrer Ära frischen Wind einhauchte, erhielt Tharpe nicht denselben Zuspruch wie die männlichen Bluesmusiker, da sie weiterhin gospelartige Musik machte. Am 9. Oktober 1973 starb sie nach ihrem zweiten Schlaganfall.

Obwohl der Rock and Roll vor Rosetta Tharpe noch nicht existierte, wäre es vielleicht etwas vermessen zu behaupten, dass sie ihn »erfand«. Trotzdem wurde sie irgendwie aus der Musikgeschichte gestrichen. Die meisten realistischen Musikhistoriker werden Ihnen sagen, dass nicht *eine Person* die Lorbeeren für ein gesamtes Genre ernten kann. Obwohl tatsächlich nicht jeder einzelne Musiker, der jemals Rock and Roll gespielt hat, von Rosetta Tharpe inspiriert war, trifft es ebenso zu, dass kein einziger Rockmusiker der heutigen Zeit etwas tut, was Rosetta Tharpe nicht schon vor 80 Jahren gemacht hätte. Sie hat es *als Erste* gemacht.

Und nur um es ganz klarzustellen, schauen wir mal, wie das Merriam-Webster-Wörterbuch »erfinden« definiert:

erfinden: *etwas (wie beispielsweise ein Gerät oder einen Prozess) zum ersten Mal durch Nutzung von Fantasie oder durch erfinderisches Denken oder ein Experiment erzeugen.*

Damit wäre das wohl geklärt.

12

THE RACE WAR, III

DIE VERSCHWÖRUNGSTHEORIE, DIE WAHR WAR

Johnny bekam den Job.

Im Jahr 1913 sicherte sich Johnny, der gerade die Highschool erfolgreich abgeschlossen hatte, seine erste Arbeitsstelle bei der Library of Congress, die nur ein paar Blocks von seinem Elternhaus entfernt lag. Von seiner Arbeitsstätte aus erreichte er auch fußläufig die George Washington University, wo er sich gerade für das erste Studienjahr eingeschrieben hatte. Aufgrund seines Stotterns, das ihm den Spitznamen »Speed« eingebracht hatte, war Johnny bisher von potenziellen Arbeitgebern abgewiesen worden, aber bei diesem neuen Job war keine direkte Kommunikation erforderlich. Stattdessen saß Johnny meist an einem Schreibtisch, tippte Vermerke ab und lernte das Ablagesystem der Bibliothek kennen. Als Johnny 1917 seinen Master in Rechtswissenschaften erwarb, war er zu einem der tüchtigsten Mitarbeiter der Bundesinstitution geworden und beeindruckte seine Vorgesetzten mit seiner Arbeitsmoral und seiner Expertise bei der Katalogisierung des umfangreichen Buchbestandes. Speed würde später aussagen, dass er während der Zeit bei der Library of Congress lernte, »den Wert der Zusammenstellung von Material« zu würdigen, und sie ihm als »ausgezeichnete Grundlage« für die Beschaffung von Informationen und Beweisen diente.[1] Nach dem Uniabschluss stellte Speed sein Talent seinem neuen Arbeitgeber zur Verfügung: Bei der War Emergency Division des Justice Department machte er potenzielle Feinde der Vereinigten Staaten ausfindig und bekam dafür ein Gehalt von 900 Dollar im Jahr.[2]

Speeds Chef Thomas war ein vehementer Befürworter der Segregation, der von einem akademischen Posten aufgestiegen und zu einem der angesehensten weißen Suprematisten des Landes geworden war. In seinem vorherigen Job als Rektor einer renommierten Universität stellte Thomas sicher, dass seine geliebte Princeton University die letzte der Ivy League Universities (Elitehochschulen) war, die Schwarze Studierende zuließ.[3] Thomas war außerdem dafür bekannt, eines der beliebteren Bücher über die Amerikanische Geschichte geschrieben zu haben, das die landesweite Überzeugung von »rassischer« Minderwertigkeit der Schwarzen bestärkte. Darin behauptete er, der »Rassenterrorismus« während der Reconstruction sei hervorgerufen worden durch den »Selbsterhaltungstrieb weißer Suprematisten, aufgrund dessen sie sich mit rechtmäßigen oder unrechtmäßigen Mitteln von der unerträglichen Bürde einer Regierung befreien wollen, die durch die Wählerstimmen ignoranter Negroes unterstützt wird«.[4]

In einer Hinsicht war Thomas allerdings fortschrittlich: Er liebte neue Technologien. 1915 bat Thomas Speeds Verbindungsbruder Thomas Dixon jr., Mitglied des Ku-Klux-Klans, Schriftsteller und »Urgroßvater des weißen Nationalismus«[5], eine Vorführung der Verfilmung seines Romans *The Clansman* auszurichten. Der Film gilt im Allgemeinen als der erste Hollywoodblockbuster. Vielleicht beschleunigte nichts mehr die Wiederauferstehung des Ku-Klux-Klans in den 1920er-Jahren als dieser Filmabend mit einem der rassistischsten Streifen in der Geschichte des amerikanischen Kinos.[6] Die Kinopremiere fand übrigens in der Pennsylvania Avenue 1600 in Washington, D. C., statt.

Speeds Chef? War kein Geringerer als der Präsident der Vereinigten Staaten, Thomas Woodrow Wilson.

Als Thomas Woodrow Wilson, der 28. Präsident der USA, anlässlich der allerersten Filmvorführung im Weißen Haus *Die*

Geburt einer Nation zeigte, bemerkte er, es sei gewesen, »als würde man Geschichte mit einem Blitz schreiben«.[7] Thomas und Speed waren Gleichgesinnte: Sie liebten Amerika und hegten beide eine tiefe Neigung für die Vormachtstellung der Weißen. Ermutigt durch den Aufruf seines Chefs, geheime radikale Organisationen aufzuspüren, nahm Speed die Arbeit mit Leidenschaft auf.

1917, während der Verwicklung der Vereinigten Staaten in den »Great War«, erließ der Kongress den Espionage Act. Mit dem Gesetz wurde dem Bureau of Investigation (Ermittlungsbehörde, Vorläufer des FBI) die Erlaubnis erteilt, Untersuchungen anzustellen, Verhöre durchzuführen und Amerikaner überwachen zu lassen, die der »Untreue« verdächtigt wurden.[8] Innerhalb weniger Monate hatte Speed Tausende Akten über amerikanische Staatsbürger zusammengetragen, die als »staatsfeindlich« verdächtigt wurden. Sein Geschick beim akribischen Erfassen und Speichern von Informationen brachte ihm eine Beförderung zum Leiter der »Radical Division« (»Abteilung für Radikalismus«) ein – die neue General Intelligence Division (Allgemeine Spionageabteilung) des Amtes. 1918, nur wenige Monate nach Speeds Beförderung, endete allerdings der Erste Weltkrieg. Dennoch fand er einen Weg, um sich nützlich zu machen.

Mit 29 Jahren wurde Speed zum Leiter der fortschrittlichsten nichtmilitärischen Geheimdienstoperation im uns bekannten Universum ernannt – dem Bureau of Investigation. Was mit einem Job in der Library of Congress begann, entwickelte sich schließlich zu einer gewaltigen Verschwörung, die bis zum heutigen Tag noch nicht vollständig enthüllt ist. Letztlich nutzte Speed seine Stellung, um detaillierte Informationen zu sammeln, zu verarbeiten und zu katalogisieren, dadurch »Radikale« zu identifizieren und zu versuchen, jede Freiheits- und Gleichberechtigungsbewegung im folgenden halben Jahrhundert im Keim zu ersticken.

Speed leistete *ganze Arbeit.*

Nach dem Ersten Weltkrieg kehrten viele der fast 400 000[9] Afroamerikaner, die in der Armee gedient hatten, mit einer neuen Weltsicht in die Jim-Crow-Südstaaten zurück. Diese Gruppe von Männern, die sich selbst als »New Negro« bezeichnete, setzte beharrlich ihre Rechte durch und erhob ihre Stimme gegen Ungerechtigkeit. Aber natürlich kamen sie in ein Land zurück, das ihnen nicht nur die Würdigung als Kriegshelden verwehrte, sondern ihnen darüber hinaus mit wachsendem Misstrauen begegnete. Wie Senator James K. Vardaman den Senat 1917 warnte: »Wenn ihr den Negroes weismacht, dass sie die Flagge verteidigen, ihre ungebildete Seele mit militärischem Gehabe aufbläht, ihnen beibringt, dass es ihre Pflicht ist, das Emblem der Nation triumphierend in der Luft flattern zu lassen, dann ist es nur noch ein kleiner Schritt zu der Schlussfolgerung, dass auch ihre politischen Rechte respektiert werden müssen.«[10]

Vardaman war einer von vielen Amerikanern, dem das New-Negro-Phänomen zuwider war. Bekannt als der »Great White Chief«, erlangte der Mord befürwortende weiße Suprematist nationale Berühmtheit durch eine populistische Haltung, wie sie sich in folgender Aussage zeigt: »Wenn nötig, wird jeder Negro im Staat gelyncht; dies muss geschehen, um die Vormachtstellung der Weißen aufrechtzuerhalten.«[11] Als Vardaman 1912 für einen Sitz im Senat von Mississippi kandidierte, trugen seine »Redneck«-Anhänger (oft radikale weiße Arbeiter aus den Südstaaten) »blutbefleckte« Halstücher.

Die Anti-Einwanderer-Bewegung* lebte im Nachkriegsamerika gerade erst auf, als die vom Präsidenten befeuerte Ku-Klux-Klan-Manie begann. Im Sommer 1919 hatte sich die *ursprüngliche* Anti-Black-Lives-Matter-Bewegung wie ein Lauffeuer zu einem schonungslosen »Rassenkrieg« ausgeweitet. Allein zwischen April und September 1919 vermeldete George E. Haynes, Soziologe, Gelehrter und Schwarzes Universalgenie, 43 Lynchmorde, darunter 16 Erhängungen und acht Verbren-

* *Die Bewegung richtete sich gegen asiatische, katholische, italienische und irische Einwanderer, die den weißen Lebensstil bedrohten.*

nungen auf dem Scheiterhaufen.[12] Die Tuskegee University zählte sogar 76 Lynchmorde, und immer noch werden weitere Vorfälle aufgedeckt.[13] In dieser Zählung noch nicht berücksichtigt ist das Massaker von Elaine, in dem sage und schreibe 800 Schwarze Menschen ermordet wurden, als die Klansmänner zu einem guten alten Gemetzel in die kleine Stadt in Arkansas geladen hatten. Die Zählung berücksichtigt jedoch Folgendes:

- **18. März 1919:** Als die NAACP den Gouverneur von Florida, Sidney J. Catts, aufforderte, den Mob strafrechtlich zu verfolgen, der Bud Johnson gelyncht hatte, antwortete dieser: »Bei den aktuellen Zuständen in Florida ist das unmöglich, denn wenn sich ein brutaler Negro oder ein weißer Mann im Staate Florida an einer weißen Frau vergeht, ist es sinnlos, die Menschen vor Gericht zu stellen, die für den Tod dieses Mannes gesorgt haben, selbst wenn man sie identifizieren könnte: Die Bürgerschaft würde es nicht dulden.«[14]
- **4. April 1919:** Die Einwohner von Blakely, Georgia, waren so »verunsichert« vom Anblick des Soldaten Wilbur Little in seiner Armeeuniform, dass sie ihn aufforderten, sie nicht mehr zu tragen. Da er keine andere Kleidung besaß, ignorierte er sie. Er wurde zu Tode geprügelt aufgefunden. Sein Ableben wurde an seinem 22. Geburtstag im *Chicago Defender* bekanntgegeben. Niemand wurde verhaftet.[15]
- **5. April 1919:** Daniel Mack, ein Schwarzer Veteran, rempelte auf dem Markt einen Mann leicht an. Er wurde zu 30 Tagen Arbeit in einer Sträflingskolonne verurteilt. Ein weißer Mob brach ins Gefängnis ein und prügelte ihn bis zum Stadtrand. Mack überlebte, indem er sich totstellte. Niemand wurde je verhaftet, und der Vorfall schaffte es auch nicht in die Zeitung, da die Einwohner von Sylvester, Georgia, – wie sich herausstellte – ständig »Krawall machten«.[16]

- **7. Juni 1919:** In Macon, Mississippi, schlug ein weißer Mob einen Schuldirektor, einen Geschäftsmann und andere führende Schwarze zusammen, weil die Weißen mitbekommen hatten, dass Schwarze Arbeiter bessere Arbeitsbedingungen gefordert und die völlig verrückte Idee eines »Mindestlohns« aufgebracht hatten. Sie peitschten alle Schwarzen aus und machten die Stadt buchstäblich vollkommen weiß.[17]
- **10. Juli 1919:** Nachdem Lemuel Walters in Longview, Texas, von einem Lynchmob ermordet worden war, weil er einer weißen Frau »unanständige Avancen« gemacht hatte, griffen Weiße einen Schwarzen Mann an, von dem sie glaubten, er habe den Vorfall dem *Chicago Defender* gemeldet. Dann legten sie Feuer im Schwarzenviertel und töteten mindestens vier Männer.[18] Der Gouverneur beendete den »Aufstand« schließlich, indem er das Kriegsrecht ausrief ... und 21 Schwarze festnahm.[19]
- **29. August 1919:** In Caldwell, Georgia, brannten weiße Menschen drei Schwarze Kirchen und eine Hütte nieder, wobei sie mindestens einen Menschen töteten, da sie das Gerücht gehört hatten, ein Schwarzer Anführer würde »sich erheben und alle Weißen auslöschen«.[20]

Hasserfüllte Vorfälle wie diese waren nicht auf die Südstaaten beschränkt. Am 14. Juli 1919 fiel eine Truppe von über 200 weißen Jungs in das Viertel Garfield Park von Indianapolis ein, weil sie vermuteten, dass ein paar Schwarze Jungs sie verfolgten.[21] In New York gab es Ausschreitungen gegen Schwarze, die in ein Weißenviertel umziehen wollten, und mindestens fünf aus demselben Grund in Philadelphia. Im Westen lieferten sich Polizisten in Bisbee, Arizona, eine Schießerei mit Schwarzen Veteranen, weil die Soldaten so dreist waren, in ihrer Uniform durch die Stadt zu stolzieren. Fairerweise muss man dazusagen, dass die berühmten »Buffalo Soldiers«, wie die Schwarzen Soldaten von der indigenen Bevölkerung genannt wurden, tatsächlich in der Stadt waren, um in einer *Parade zum Unabhängigkeitstag* zu marschieren.

Wir können hier nicht jeden Vorfall erwähnen, weil ... nun ja, *niemand weiß*, wie viele Lynchmorde im »Red Summer« 1919 wirklich stattfanden. Während dieser Zeit, die weiße Menschen als »Rassenunruhen« bezeichnen, berichteten nur wenige der bekannten Zeitungen über die verschiedenen Ereignisse oder erkannten sie überhaupt als Teil einer größeren Entwicklung. Manche Schwarze Zeitungen, wie der *Chicago Defender* und die *Richmond Times*, berichteten über den zunehmenden Terrorismus. Doch keine behandelte das Phänomen so wie Marcus Garveys *Negro World.*

1887 in Jamaica geboren, wurde Marcus Mosiah Garvey jr. zu einer der umstrittensten Persönlichkeiten seiner Zeit, und zwar aufgrund seiner Ansichten zur Segregation. Die Bewegung »Back to Africa« seiner Universal Negro Improvement Association (UNIA) war eine der einflussreichsten Schwarzen Bewegungen der Zeit. 1919 verzeichnete die wöchentlich erscheinende Ausgabe der *Negro World* der UNIA mehr Leser als die *Washington Post*, der *Boston Globe* und viele weitere »große« Zeitungen. Zudem fasste die *Negro World* die verschiedenen Ereignisse des Jahres 1919 zu einem einzigen Vorfall von »Rassenterrorismus« zusammen.

Speed nahm das alles zur Kenntnis.

Während der Red Summer wütete, stellte Speed weiterhin Untersuchungen über »Staatsfeinde« an. Aber ohne einen Krieg im Ausland, mit dem er sich einen guten Namen machen konnte, und ohne berufliche Erfahrung in Polizei- oder Detektivarbeit musste er einen neuen Weg finden, um seine Stellung als aufsteigender Stern im Bureau of Investigation zu behalten. Und bald fand er ihn, indem er als Antwort auf Schwarze »staatsfeindliche« Aktivitäten weißen Terrorismus säte.

Um seine wachsende Macht zu verdeutlichen, beschloss Speed, einen würdevolleren Namen zu tragen. Ab jetzt war er als J. Edgar Hoover bekannt.

Am 15. August 1919 unterwies Hoover seine Beamten in New York, ihre Observierungen über Garvey zusammenzutragen und »zum frühestmöglichen Zeitpunkt einen Grund für seine Abschiebung« zu finden. In einem Bericht des Senats über kommunistische Aktivität in den Vereinigten Staaten wurde die *Negro World* mehr als jede andere Quelle zitiert. In seinen Akten bezog sich Hoover wiederholt auf einen Artikel in der *Negro World*, in dem Folgendes propagiert wurde: »Schwarze Menschen auf der ganzen Welt sollten bereit sein, sich selbst zu schützen. Sie sollten Feuer mit Höllenfeuer bekämpfen ... Die Negroes müssen sich nun über die ganze Welt hinweg organisieren, 400 000 000 stark, um unseren Unterdrückern ihr eigenes Waterloo zu bescheren.«[22]* Das klang viel zu sehr nach Black Power. Sie wissen, was als Nächstes passierte.

Im April 1921 wurde der 26-jährige J. Edgar Hoover zum stellvertretenden Leiter des Bureau of Investigation ernannt. Im Jahr darauf warf man Marcus Mosiah Garvey Postbetrug vor.[23] Daraufhin wurde er für den Versand eines radikalen Flugblatts an einen Hoover-Informanten verurteilt. Jedoch konnte nie jemand dem Gericht die entsprechende Druckschrift vorlegen, und der Informant konnte sich nie so recht entsinnen, was in dem der Staatsanwaltschaft vorliegenden Brief gestanden hatte. Bis zur Berufung im März 1925 – neun Monate nachdem Hoover zum Leiter des Bureau of Investigation ernannt worden war – befand sich Garvey auf freiem Fuß, dann wurde er im Atlanta Federal Penitentiary inhaftiert. Nach seiner Freilassung im Jahr 1927 wurde Garvey nach Jamaica ausgewiesen, wo er in den Stadtrat von Kingston gewählt wurde und die erste moderne politische Partei des Landes gründete.

Marcus Garvey sollte nicht der letzte Schwarze Revolutionär bleiben, den Hoover ins Visier nahm.

Rosa McCauley war während des Red Summer sechs Jahre

---

* *Waterloo nennen die Engländer ihre Toiletten. Da bin ich mir ziemlich sicher. Vielleicht ist es aber auch eine Jodeltechnik.*

alt. Sie erinnert sich, dass sie manchmal mit ihrem Großvater zusammen abends lange wach blieb, der mit einer Schrotflinte vor der Tür saß, um die Familie vor den Überfällen des Ku-Klux-Klans im ländlichen Alabama zu beschützen. Doch McCauley hatte keine Angst. Als ein Biograf sie fragte, warum sie denn nicht schlafen konnte, antwortete sie, sie habe darauf gewartet, dass ihr Großvater, ein treues Mitglied der Universal Negro Improvement Association, einen ihrer Kindheitsträume erfüllte.

»Ich wollte sehen, wie er einen Ku-Kluxer tötet«, erklärte sie. »Er hatte versprochen, dass der erste, der in unser Haus eindringen würde, ganz sicher sterben würde.«[24]

Die Ungerechtigkeit, die Garvey erfahren hatte, begleitete McCauley durch ihr ganzes Leben. Als junge Frau, so sagte sie, »redete ich ständig über alles, was ich über die unmenschliche Behandlung von Weißen gegenüber Schwarzen wusste«.[25] 36 Jahre nach dem Sommer des Bösen stieg sie in einen Bus in Montgomery und veränderte die Welt. Zu diesem Zeitpunkt war diese »Garveyitin« unter ihrem Ehenamen bekannt: Rosa Parks.

Busfahrten sollten sich zu einem wiederkehrenden Motiv in der Bürgerrechtsbewegung entwickeln. Segregation in öffentlichen Verkehrsmitteln wurde in den Fällen *Morgan versus Virginia* und *Boynton versus Virginia* vom Obersten Gerichtshof verboten; dennoch weigerten sich Staaten, Städte und der Süden im Allgemeinen, die Gesetze anzuwenden. Um diese Gesetze auf die Probe zu stellen, organisierten der Congress of Racial Equality und das Student Nonviolent Coordinating Committee im Jahr 1961 friedliche Proteste. Das war ein genialer Schachzug, denn die Freedom Riders waren eine strategisch vielfältige Truppe. In jedem Bus befanden sich:

- Ein gemischtrassiges Pärchen, das nebeneinandersaß.
- Eine Schwarze Person, die vorne im »den Weißen vorbehaltenen« Bereich saß.
- Eine Person, die im hinteren Bereich saß und sich an die Segregationsregeln der weißen Vorherrschaft hielt.
- Andere Aktivisten, die im Bus verteilt saßen.

Jedem Freedom Rider kam bei der Aktion eine bestimmte Aufgabe zu. Die Polizeibeamten verhafteten die Leute nicht zwangsläufig wegen des Verstoßes gegen die Segregationsgesetze – nicht, weil das zu offensichtlich rassistisch gewesen wäre*, sondern vielmehr, weil die Segregation in staatenübergreifenden Transportmitteln inzwischen verfassungswidrig war –, sondern nahmen die Schwarzen wegen Missachtung der südstaatlichen Gastunfreundlichkeit durch »Unruhestiftung« oder anderer fingierter Verstöße fest. Allerdings konnten sie keine Anzeige erstatten, wenn ein Schwarz-weißes Pärchen *freiwillig* nebeneinandersaß. Außerdem macht nichts einen Rassisten wütender als der Anblick gemischtrassiger Einigkeit.

Der sich an die Regeln haltenden Person im hinteren Bereich des Busses kam die Aufgabe zu, den Congress of Racial Equality zu rufen, falls die Kacke zu dampfen anfing. Und die Kacke fing *immer* an zu dampfen. (Damals waren 86 Prozent der Dampfgarer an Vorfällen mit dampfender Kacke beteiligt.) Als zum Beispiel der erste Freedom-Ride-Bus 1961 in Anniston, Alabama, ankam, arrangierte die Polizei zusammen mit dem Ku-Klux-Klan ein Empfangskomitee. Viele der Klan-Mitglieder hatten gerade die Kirche besucht, bevor sie nun versuchten, Menschen wegen der Straftat des Busfahrens zu ermorden. Die heilige Truppe griff die Freedom Riders am Muttertag an.

Zuallererst warfen Terroristen eine selbst gebastelte Brandbombe in den Bus. Als die Freedom Riders rennend aus dem Bus flohen, wartete bereits ein Mob von weißen Leuten aus der Stadt auf sie, um mit ihren *Mobaktivitäten* loszulegen.** Sie griffen die Riders geschlossen an und prügelten einige krankenhausreif. Dann wartete die Meute vor dem Krankenhaus, um ihre Opfer noch weiter zu drangsalieren, als aus dem Nichts der

---

* *So etwas wie »zu offensichtlich rassistisch« gab es noch nie in Amerika.*

** *Abgesehen von Flashmobs und Martin-Scorsese-Filmen sind Mobs im Allgemeinen nicht bekannt für ihre harmlosen Gruppenaktivitäten. Leider gibt es nur wenige Mobchöre.*

Schwärzeste, mutigste Held von allen auftauchte: Reverend Fred Shuttlesworth.

Reverend Fred Shuttlesworth ist einer der größten Helden der Bürgerrechtsbewegung, von dem Sie noch nie gehört haben. Er hielt 1963 beim Marsch auf Washington eine Rede und half 1965 bei der Organisation des Fußmarschs von Selma nach Montgomery, der mit einem Angriff der Bundespolizei von Alabama endete. Ku-Klux-Klan-Mitglieder schlugen ihn mit Knüppeln und Ketten zusammen, weil er versucht hatte, seine Tochter an einer weißen Schule anzumelden. Weiße Suprematisten warfen Bomben auf sein Haus ... *zweimal.* (Zugegebenermaßen war Shuttlesworth es gewöhnt, mit Bomben angegriffen zu werden. Schließlich lebte er in »Bombingham«, einer Stadt, die in der Bürgerrechtsära mindestens vierzigmal von Klansmännern bombardiert wurde, darunter auch der bekannte terroristische Bombenanschlag auf die 16th Street Baptist Church.)[26]

Shuttlesworth ließ nicht zu, dass jemand ihm dumm kam, auch nicht die anderen Anführer der Bürgerrechtsbewegung. Er kannte Martin Luther King aus ihrer gemeinsamen Zeit in einer Gefängniszelle – der Zeit, da MLK seinen berühmten »Brief aus dem Gefängnis in Birmingham« verfasste. Als MLK 1963 versuchte, mit den weißen Segregationsanhängern in Birmingham einen Waffenstillstand zu verhandeln, schrieb Shuttlesworth King von seinem Krankenbett aus einen Brief, denn er war mit voller Wucht von einem Feuerlöschschlauch getroffen worden. »Na los, pfeif sie zurück«, schrieb er an King. »Aber wenn ich im Fernsehen mitbekomme, dass du sie zurückgepfiffen hast, stehe ich mit letzter Kraft aus diesem meinem Krankenbett auf und führe sie zurück auf die Straße. Und dann wird dein Name durch den Dreck gezogen.«[27]

Als Fred von dem Angriff auf die Freedom Riders hörte, machte er sich sofort auf den Weg. Er verließ Birmingham und fuhr zum Krankenhaus, begleitet von einem bewaffneten Konvoi mit Leuten, die er als »Fußsoldaten« bezeichnete. Shuttlesworth forderte den weißen Mob heraus, auch nur einen Schritt zu wagen – und natürlich nahmen die Feiglinge Reißaus.

Shuttlesworths Konvoi beschützte den Bus auf seinem Weg bis zum nächsten Halt in Birmingham, wo weitere Polizisten und Ku-Klux-Klan-Mitglieder mit Knüppeln, Axtgriffen, Rohren und Fahrradketten warteten. Inzwischen hatte auch Birminghams Beauftragter für öffentliche Sicherheit, Bull Connor, seinen Schutz angeboten ... allerdings dem KKK. Als der Bus schließlich Montgomery erreichte, war der weiße Mob so stark angewachsen, dass die Bundespolizei ihn nicht mehr aufhalten konnte. Weitere Brandbomben wurden geworfen, und weitere Schlägereien folgten. Shuttlesworth rief den Generalstaatsanwalt Robert Kennedy an, der die Nationalgarde hinzuziehen musste, um die Riders zu beschützen. Die ursprüngliche Truppe beendete hier ihre erste Fahrt, und im Mai verließ eine weitere Gruppe Nashville in Richtung Jackson, Mississippi, wo sie verhaftet und ins Mississippi State Penitentiary (auch bekannt als Parchman Prison und Parchman Farm) gesteckt wurden, weil sie – und ich kann es nicht genug betonen – *Bus gefahren waren.* Diesmal verprügelte sie jedoch kein weißer Mob, denn eine mächtige Gruppe beschützte sie, mit der sich selbst der Ku-Klux-Klan nicht anlegen wollte: Schwarze Frauen.

Womanpower Unlimited, eine Vereinigung von größtenteils Schwarzen Frauen, beschaffte Gelder, um die Demonstranten gegen Kaution rauszuholen. Als die Freedom Riders freigelassen wurden, besorgten die Schwarzen Frauen ihnen Kleidung, Hygieneartikel, einen Ort, um sich zu waschen und zu essen. Können Sie sich vorstellen, wie gut Mississippi-Makkaroni schmecken müssen, wenn man gerade den Fängen eines Ku-Klux-Klan-Mobs entkommen ist? JFK bat CORE, es den Rest des Sommers aufgrund der steigenden Gefahr ruhig angehen zu lassen, aber die CORE-Mitglieder weigerten sich. Allerdings verließen die beiden Busse mit Freedom Riders Mississippi nicht sofort, da gerade etwas Unglaubliches geschah: *Überall* formierten sich Freedom Rides.

Der rassistische Widerstand gegen alltägliches Busfahren hatte vielerorts für Aufsehen gesorgt. Im gesamten Land begannen die Menschen ihre eigene Version der Freedom Rides zu etablieren. Sie stiegen in Busse, setzten sich in segregierte Restaurants, protestierten gegen Ungerechtigkeit und gründeten eine gemischtrassige Vereinigung.

Speed beobachtete das alles genau.

Am Mittwoch, den 12. Juli 1961, mussten fünf Angeklagte in einem Gerichtssaal in Little Rock, Arkansas, eine Entscheidung treffen. Vor dem Richter des Stadtgerichts, Quinn Glover, standen der 27-jährige Pfarrer John C. Raines, die 23-jährige Lehrerin Bliss Anne Malone, die ebenfalls 23-jährige Künstlerin und Hausfrau Janet Reinitz, die 18-jährige Studentin Annie Lumpkin und der 30-jährige Pfarrer Benjamin Elton Cox. Nachdem Glover die Gruppe wegen ihres »Angriffs« auf die Stadt zurechtgewiesen hatte, unterbreitete er den fünf Freedom Riders einen Vorschlag, der fast den Seiten eines Groschenromans entrissen schien: Sie könnten entweder ein Strafgeld von 500 Dollar bezahlen und sechs Monate im Gefängnis verbringen oder die örtliche Polizei würde sie zum Stadtrand geleiten.

Raines und Reinitz waren weiß, Malone, Lumpkin und Cox dagegen Schwarz. Allen wurde wegen ihrer Teilnahme an den Freedom Rides öffentliche Unruhestiftung vorgeworfen. Glovers Angebot erschien ihnen wie ein guter Deal. Die Angeklagten waren bereits von einer Menschenmenge mit mehr als 300 Teilnehmern angegriffen worden und hatten zwei Nächte im Gefängnis verbracht. Die Gruppe beriet sich über das Angebot, und Raines informierte die Beamten, dass er – gemeinsam mit den anderen – eine Entscheidung getroffen hatte.

Sie wählten das Gefängnis.

Schließlich wurden die Geldstrafen und Verurteilungen nach einer Entschuldigung bei der Stadt erlassen, doch die Erfahrung hinterließ einen bitteren Nachgeschmack bei Raines. Er hatte sich den Freedom Riders angeschlossen, nachdem er gelesen hatte, wie Ku-Klux-Klan-Mitglieder Freedom Riders in Anniston und Birmingham, Alabama, angegriffen, zusammengeschlagen und mit Brandbomben beworfen hatten. Man sagte ihm, er solle sich auf Widerstand durch Klansmänner gefasst machen, doch ihm drängte sich die Frage auf, wie die weißen

Suprematisten es immer wieder schafften, den richtigen Bus herauszufiltern. Oder wie ein anderer Freedom Rider – ein Typ namens John Lewis – es ausdrückte: »Woher wissen die das bloß?« Zwei Jahre später, am 15. September 1963, leistete Raines wieder Beistand, nachdem Klansmänner die 16th Street Baptist Church in Birmingham bombardiert und dabei die 14-jährigen Addie Mae Collins, Cynthia Wesley und Carole Robertson sowie die elfjährige Carol Denise McNair getötet hatten. Raines und Hunderte weitere Bürgerrechtsaktivisten versammelten sich am 13. Juni 1964 in Oxford, Ohio, um sich gemeinsam auf den »Freedom Summer« des Student Nonviolent Coordinating Committee vorzubereiten, bei dem versucht werden sollte, Wähler in einem für Terrorismus gegen Wahlrechtsanwärter berüchtigten Staat zu registrieren. In diesem Sommer wurden sechs Bürgerrechtsaktivisten ermordet, darunter James Chaney, Andrew Goodman und Michael Schwerner. 35 weitere wurden angeschossen, 80 verprügelt und mehr als 1000 verhaftet. Fast 90 Prozent der Menschen, die zur Wahlregistrierung erschienen, waren weiß.

Nach dem Freedom Summer zog Stokely Carmichael, einer der ersten Freedom Riders, nach Mississippi, um dort bei der Wählerregistrierung zu helfen. Danach ging er nach Selma, um an den Märschen von Selma nach Montgomery teilzunehmen. Viola Liuzzo, eine weiße Frau, die von den Freedom Rides gehört hatte, reiste ebenfalls zur Unterstützung der Demonstrationsteilnehmer nach Selma und bot dort Erste Hilfe an. Nachdem einige Künstler für die Bürgerrechtsdemonstranten aufgetreten waren, brachte sie unentgeltlich ein paar der Aktivisten zum Flughafen. Dabei beobachtete eine Gruppe Ku-Klux-Klan-Mitglieder sie mit einem 19-jährigen Schwarzen Mann im Auto, eröffnete das Feuer und tötete sie. Die weißen Anwohner der Gegend betrachteten die Tat als nichtig, da Liuzzo Gerüchten zufolge aufgrund eines Faibles für Schwarze Männer nach Selma gekommen war.

Während des Marschs für das Wahlrecht in Selma wuchs Carmichaels Ernüchterung angesichts der brutalen Behandlung friedlicher Demonstranten, und er beschloss, den Erfolg der Mississippi Freedom Party in Alabamas »Bloody Lowndes« County, einem zu 80 Prozent Schwarzen Bezirk, zu wiederholen. Aufgrund weißer Gewalttätigkeit und einer Historie von Lynchmorden sowie der Gleichgültigkeit der örtlichen Richter war weniger als ein Prozent der Schwarzen Einwohner des Bezirks für die Wahl registriert. Während der Gründung der Lowndes County Freedom Party (LCFP) bemerkte der junge Aktivist, dass alle Schwarzen in dem Bezirk Pistolen zur Selbstverteidigung bei sich trugen – was den Parteigründern als sehr gesunder Menschenverstand erschien. Aufgrund ihrer volksnahen Strategie, der Bemühungen um neue Registrierungen durch Klinkenputzen, und die zweiwöchentlichen politischen Workshops war die Wählerschaft im Lowndes County im Frühjahr 1966 schließlich mehrheitlich Schwarz. Mit ihrer Hilfe wählten die Schwarzen Wahlberechtigten 1970 John Hulett zum ersten Schwarzen Sheriff des Bezirks.[28] Später wurde Hulett auch zum ersten Schwarzen Nachlassrichter im Lowndes County ernannt.

Als Carmichael Alabama verließ, nutzten die Menschen verstärkt einen seiner stimmungshebenden Ausdrücke, die er seit den Freedom Rides immer wieder skandierte: »Black Power!« Die LCFP schloss sich schließlich mit der Demokratischen Partei zusammen, und der junge Aktivist wurde zum Vorsitzenden der SNCC ernannt. Später erhielt eine andere Gruppierung die Erlaubnis zur Nutzung des LCFP-Maskottchens, das Carmichael als Gegenspieler zum Hahn-Logo der Demokratischen Partei entworfen hatte – den Black Panther.

Am 8. März 1964 verkündete Malcolm X, dass er die Nation of Islam verlasse, um seine eigene nationalistische Bewegung zu gründen. Diese Entscheidung wurde von Speed und seinen Mitarbeitern genauestens beobachtet: Das FBI hatte den Schwarzmuslimischen Anführer bereits seit mehr als zehn Jahren überwacht, 1953 in sein Kommunistenverzeichnis aufgenommen und festgestellt, dass Mitglieder des Muslim Cult of Islam die Weißen als »Teufel« bezeichneten.[29] Im April 1964 schloss Malcom X seine Pilgerreise nach Mekka ab, und am 8. Mai veröffentlichte die *New York Times* einen Brief, in dem Malcolm seine neue Haltung erläuterte: »Würden die weißen Amerikaner die Religion des Islam und die Einheit Gottes (Allahs) akzeptieren, dann könnten sie auch die Einheit des Menschen akzeptieren und würden aufhören, andere immer aufgrund ihrer ›unterschiedlichen Hautfarbe‹ zu messen«, schrieb er. »Ich glaube wirklich, dass die Weißen der jüngeren Generation, in den Colleges und Universitäten, dank ihres jungen, weniger gehemmten Intellekts, ›die Schrift an der Wand‹ erkennen, sich für ihr seelisches Heil der Religion des Islam zuwenden und die ältere Generation von weißen Amerikanern zwingen werden, mit ihnen zusammen die Wende zu vollführen.« Malcolms Ziel war es, amerikanische Weiße und Schwarze sowie People of Color aus allen Ländern zu vereinigen, um gegen Unterdrückung zu kämpfen. Diese Mitteilung verblüffte viele Menschen – Schwarze wie weiße. Da rief doch tatsächlich der Schwarze nationalistische »Weiße sind der Teufel«-Typ zu einem multikulturellen Bündnis auf. Das war ein Schock – und die FBI-Agenten horchten auf.

Im April 1964, einen Monat nachdem Malcolm die Nation of Islam verlassen hatte, engagierte das Bureau of Special Services and Investigations (BOSSI) des New York Police Department (NYPD) einen Schwarzen Undercoveragenten, Raymond Wood, um Schwarze Organisationen zu infiltrieren. Nur knapp ein Jahr später berichteten Journalisten im ganzen Land über »eine kleine Gruppe extremistischer Schwarzer« und ihren Plan, die Freiheitsstatue und die Freiheitsglocke in die Luft zu jagen. Die *Time* vermeldete die Story auf folgende Weise:

> *Gemäß den in der letzten Woche erhobenen Vorwürfen der New Yorker Polizei war der Meisterdrahtzieher – falls das das richtige Wort ist – hinter der Verschwörung Robert Steele Collier (28), ein Bibliotheksangestellter, der im letzten Sommer eine Reise nach Kuba unternahm und nach seiner Rückkehr die Black Liberation*

Front gründete. Ebenfalls angeklagt wurden Walter Augustus Bowe (32), ehemaliger Trompetenspieler und Leiter einer Band namens »The Angry Black Men«, jedoch in jüngerer Zeit für 50 Dollar die Woche als Jugendleiter der Settlement-Bewegung in New York tätig, sowie der jungenhaft aussehende Khaleel Sultarn Sayyed (22), Sohn eines arabischstämmigen Negros, der einen Delikatessenladen in Brooklyn betreibt. Und dann war da noch der stämmige (1,85 Meter, 91 Kilo) Raymond A. Wood (31), ehemaliger Footballstar einer Highschool in Chester, South Carolina.*

Die Verschwörer planten eine außergewöhnliche Art von Unruhestiftung, welche die Schwierigkeiten von US-Negroes überspitzt darstellen sollte. Bowe, Sayyed und Wood begannen im letzten Monat mit dem Auskundschaften und besuchten die gut 91 Meter hohe, 225 Tonnen schwere Freiheitsstatue im Hafen von New York. Offensichtlich wäre die Sprengung der Freiheitsstatue ein so spektakuläres Ereignis, wie man es sich nur wünschen könnte.[30]

Bereits im Juni 1964 schickte der FBI-Direktor J. Edgar Hoover ein Telegramm an die FBI-Büros in New York, in dem lediglich stand: »Unternehmen Sie etwas gegen Malcolm X.« Er war keine Randfigur aus irgendeiner obskuren Religion mehr. Er hielt Reden an der Oxford University, traf sich mit Staatsoberhäuptern aus der ganzen Welt und bekam von drei afrikanischen Ländern – Ghana, Algerien und Ägypten – das Angebot eines Platzes in ihrer Regierung.

Am 14. Februar 1965 wurde das Haus von Malcolm X mit Brandbomben beworfen, während er und seine Kinder schliefen. Bei der Ankunft von Malcolms Bodyguards war die Polizei be-

* *Die Black Liberation Front war ein Untergrundzweig der Black-Power-Revolution, der dazu aufforderte, im Befreiungskampf zu den Waffen zu greifen. Aus irgendeinem Grund glaubte die Organisation, dass eine wohlgeordnete Bürgerwehr für die Sicherheit eines freien Volkes notwendig sei. Ich hab keine Ahnung, wo sie das herhatten.*

reits da. Malcolm vermutete, dass die Nation of Islam hinter dem Bombenanschlag stecke und ihn tot sehen wolle, weil er sich öffentlich kritisch über Elijah Muhammad geäußert hatte. Mit seinem Bodyguard in einem Polizeiauto sitzend, wiederholte er mehrfach vor den Polizisten, dass er zu seiner Schusswaffe gegriffen habe, nachdem ein Molotowcocktail durch sein Fenster gekracht war. Er wusste, dass er beim FBI und der örtlichen Polizei unter Beobachtung stand. Dennoch war es ihm wichtig, der Polizei mitzuteilen, dass er, ein Verbrecher, nicht nur eine, sondern gleich zwei Schusswaffen besitze. Aus irgendeinem Grund wurde er trotzdem nicht verhaftet. Es machte fast den Anschein, als wollten sie ihn auf freiem Fuß sehen. Eine Woche später, am 21. Februar 1965, stürmten drei Männer auf die Bühne im Audubon Ballroom während einer Versammlung für eine neue Schwarz-nationalistische Gruppe, die Organization of Afro-American Unity. Die bewaffneten Eindringlinge standen auf und ließen einen Kugelhagel aus zwei halb automatischen Handfeuerwaffen und einer abgesägten Schrotflinte regnen. Wood verließ schleunigst die Bühne, und der ikonische Anführer El-Hajj Malik El-Shabazz (Malcolm X) wurde auf schnellstem Weg ins Krankenhaus gebracht. Malcolm X war tot.

Doch noch immer war Speed nicht zufriedengestellt.

Während der Zeit der Freedom Rides schloss sich ein junger Student namens Fred Hampton der NAACP an und übernahm eine Führungsrolle innerhalb seiner Ortsgruppe, dank der er erreichte, dass der Youth Council des West Suburban Branch in Chicago auf 500 Mitglieder anwuchs. Hampton war bereits seit Langem tatkräftiger Aktivist; schon im Alter von zehn Jahren rief er ein eigenes Free-Lunch-Programm ins Leben, bei dem er das Mittagessen für die Nachbarskinder kochte. Als Schwarze Schülerinnen und Schüler vom Wettkampf bei der Homecoming-Feier an seiner Highschool ausgeschlossen wurden, organisierte Hampton einen Streik. Durch die Aufmerksamkeit, die der Protest erregte, war seine Highschool zur Einstellung von mehr Schwarzen Lehrkräften und zu einer Diversifizierung der Verwaltung gezwungen. Doch erst sein Widerstand gegen den Vietnamkrieg bewegte ihn dazu, nach etwas Wirkungsmächtigerem zu suchen. Im Zuge dessen fand Hampton die Black-Panther-Partei. Nun ja, genau genommen fanden die Black Panther ihn. Und als Hampton im November 1968 seiner ersten Versammlung der Black Panther als Gründungsmitglied der Ortsgruppe beiwohnte, hatte Hoover längst eine Akte über ihn angelegt. Hamptons Telefon war bereits seit neun Monaten angezapft, und seit fünf Monaten war er im »Unruhestifterverzeichnis« des FBI als einer der »Hauptanführer« gekennzeichnet.[31]

Sechs Monate nachdem er der Black-Panther-Ortsgruppe in Chicago beigetreten war, handelte er einen Gewaltverzichtspakt mit jeder Gang in Chicago aus und erklärte ihnen nach und nach die Feinheiten des Gesetzes. Die verbündeten Schwarzen Banden legten schließlich Baustellen und andere von Weißen geführte Unternehmen lahm, wenn sie nicht auch Schwarze Arbeiter beschäftigten. Hampton überzeugte Ärzte davon, ehrenamtlich und kostenlos medizinische Versorgung anzubieten, und versetzte damit die städtischen Krankenhäuser in Aufruhr. Bob Brown, einer der Gründer der Ortsgruppe von Illinois, verließ kurze Zeit später die Partei, um mit Stokely Carmichael zusammenzuarbeiten, sodass Hampton zum landesweit stellvertretenden Vorsitzenden der Partei aufstieg. Speed beobachtete das alles.

Im Jahr 1968 kam Fred eine geniale Idee – die schließlich zu noch stärkerer Überwachung durch Speed und die Regierung führte.

Hampton war ein Anhänger von Malcolm X und hatte sich sein Leben lang in Schwarzen Organisationen engagiert. Ihm war bewusst, dass Macht durch Einheit erlangt wurde, deshalb setzte er sich zum Ziel, alle Gangs von Chicago mithilfe seiner beeindruckenden Redegewandtheit zu vereinen. So überzeugte Fred die Banden, ihr Geld zusammenzulegen und Schwarze Kandidaten für politische Ämter zu unterstützen. Die Straßengangs einigten sich auf einen Waffenstillstand und taten sich zusammen, um die Polizei in Schwarzenvierteln zu überwachen. 1969 organisierte Hampton die Konferenz »United Front Against

Fascism«. Die bunt zusammengewürfelte Truppe nannte er »Rainbow Coalition«, da sie aus Schwarzen, puerto-ricanischen und anderen Gangs bestand. Die gemischtrassige Gemeinschaft fand sich unter den Prinzipien einer Wirtschaftsvereinigung zusammen. So nahmen vom 18. bis 21. Juli 1969[32] mehr als 5000 Aktivisten aus den gesamten Vereinigten Staaten an der Konferenz teil, darunter auch Anwälte, Politiker und Bürgerrechtskämpfer aus allen Gesellschaftsschichten. Die Versammelten teilten geschlossen die Ansicht, dass bis zur tatsächlichen Befreiung der Schwarzen keine umfassende Freiheit erreicht werden könne und dass sich die Befreiung der Schwarzen nur durch bewaffnete Selbstverteidigung und eine kollektive Kontrolle der Polizei erreichen lasse.

Bei der Konferenz versicherten sowohl die Puerto Rican Young Lords als auch die Red Guard, eine chinesisch-amerikanische Bande, ihre Solidarität. Und aus diesem Grund war Fred so gefährlich: Von den 5000 Teilnehmenden waren mehr als 3000 weiß.[33] Überlegen Sie mal, wie charismatisch Hampton gewesen sein muss, um Weiße davon zu überzeugen, dass »Black lives actually matter«.*

Fred baute während der Konferenz zudem ein nationales Bündnis für bewaffneten Widerstand gegen Rassismus auf. Selbst die Young Patriots übernahmen den Zehn-Punkte-Plan der Panther, was bei vielen Anwesenden für Erstaunen sorgte, denn bei den Young Patriots handelte es sich um eine Gruppe weißer Südstaatler, die die alte Südstaatenbeleidigung »Redneck« wiederaufleben lassen und als Ehrenabzeichen tragen wollten.

Fred war dabei, die nächste Phase der Bürgerrechtsbewegung einzuläuten, und natürlich nahm Speed das zur Kenntnis.

In dem Wissen, dass das FBI jeden seiner Schritte beobachtete, legte sich Hampton einen Bodyguard zu. William O'Neal, der Sicherheitschef der Ortsgruppe, ließ Fred nicht aus den

---

* *»Black Lives Matter« – aus dem Satz sollte jemand mal was machen.*

Augen und mietete sogar eine Wohnung für ihn an. Manchmal opferte O'Neal sich etwas zu sehr für die Bewegung auf, wie zum Beispiel, als er sich ein Feuergefecht mit den Blackstone Rangers lieferte, einer der gefährlichsten Gangs von Chicago. Hampton verbrachte unzählige Stunden damit, das Kriegsbeil wieder zu begraben, doch Jeff Fort, Gründer der Rangers, vertraute Hampton nie wieder. Zu allem Unglück zettelte O'Neal im November 1969, während sich Fred mit dem nationalen Sprecher der Black-Panther-Partei in Kalifornien traf, auch noch einen Schusswechsel mit örtlichen Polizeibeamten an.

Am Abend des 3. Dezember 1969 hatte Hampton gerade eine Unterrichtsstunde zu Politik und Recht in einer örtlichen Kirche beendet. Nachdem sich O'Neal um das Abendessen gekümmert hatte, ging Fred zusammen mit seiner im neunten Monat schwangeren Frau zu Bett und schlief mitten im Satz ein. O'Neal ging nach Hause, und Mark Clark, ein weiterer Panther, übernahm während seiner Abwesenheit die Bewachung der Tür. Gegen vier Uhr morgens brachen Polizisten ins Haus ein und eröffneten das Feuer auf Fred und die Panther. Sie bezeichneten es als »Razzia«, aber wie sich bei den Ermittlungen herausstellte, hatten die Polizisten zwischen 90 und 99 Kugeln verschossen und die Panther lediglich eine Patrone abgefeuert. Als die Polizeibeamten Hamptons reglosen Körper untersuchten, stellten sie fest, dass er noch am Leben war. Laut seiner Frau, die den Vorfall überlebte, ertönten daraufhin zwei weitere Schüsse und ein anderer Beamter sagte: »Jetzt ist er wirklich tot.«[34]

Hampton war 21 Jahre alt.

Am 9. Dezember 1969 – fünf Tage nach Hamptons Tod – ließ das Team der brandneuen Abteilung »Special Weapons and Tactics« (SWAT) des Los Angeles Police Department mithilfe eines Lageplans des Regierungsinformanten Melvin »Cotton« Smith einen Kugelhagel auf ein weiteres Bett regnen. Smith hatte Beamte darüber informiert, dass Geronimo Pratt, der stellvertretende Verteidigungsminister der Black Panther in Los Angeles, darin schlafen würde. Aber Pratt nächtigte auf dem Boden. Nach einem wilden Feuergefecht wurden Pratt und weitere Panther verhaftet. Drei Jahre danach erfolgte Pratts Verurteilung und Haftstrafe wegen Mordes, jedoch wurde der Richterspruch 27 Jahre später wieder aufgehoben.

Höchstwahrscheinlich wären noch mehr Panther ins Visier genommen worden, wenn es Alice Faye Williams, Bereichsleiterin der Panther-Ortsgruppe von Harlem, und ihre erfolgreiche Desinformationskampagne nicht gegeben hätte, mit der sie dem FBI vorgaukelte, dass der Einfluss der Panther langsam schwinde. Ihre enge Beziehung zu Pratt machte sie schließlich ebenfalls zum Ziel. Am 2. April 1969 wurde Williams, zusammen mit Richard Earl Moore, Lumumba Shakur, Ali Bey Hassan, Michael Tabor, Eddie Joseph, Abayama Katara, Baba Odinga, Joan Bird, Robert Collier, Sundiata Acoli, Lonnie Epps, Curtis Powell, Kuwasi Balagoon, Richard Harris, Lee Berry, Shaba Om und Kwando Kinshasa angeklagt, einen terroristischen Bombenanschlag auf zwei Polizeiwachen und ein Regierungsgebäude in New York geplant zu haben. Obwohl ihr 300 Jahre Gefängnis drohten und sie im neunten Monat schwanger war, beschloss Williams, sich selbst vor Gericht zu verteidigen. Im längsten politischen Gerichtsverfahren in der Geschichte von New York brachte sie schließlich Ralph White, einen Undercoverpolizisten, der die Panther infiltriert hatte, dazu, im Kreuzverhör zu gestehen, dass er seinen Vorgesetzten die Aktivitäten der Vereinigung falsch dargestellt habe und die Polizeibeamten daraufhin den gesamten Plan selbst geschmiedet hätten. Speeds Einfluss bröckelte.

Mit der Zeit wurde deutlich, dass die Regierung versuchte, jedes Mitglied der Black Panther zu verleumden. Der Panther-Mitbegründer Huey Newton stand viermal wegen zweier verschiedener Morde vor Gericht. Seine Verurteilung wegen des Mordes an einem Polizeibeamten im Jahr 1968 wurde später aufgehoben, und von der Anklage des Mordes an einer weißen Frau wurde er 1974 freigesprochen. Der Panther-Mitbegründer Bobby Seale wurden von Beamten des Mordes beschuldigt, weil er sich zum Todeszeitpunkt des Opfers zufällig für ein paar Stunden in der Stadt aufgehalten hatte. Seale gewann den Fall, jedoch wurde ihm schließlich im Jahr 1968 Verschwörung vorgeworfen, weil er eine Antikriegsdemo organisiert hatte. Seale wurde freigesprochen, verbrachte allerdings wegen Missachtung des Gerichts vier Jahre im Gefängnis. Die Verurteilung wurde später aufgehoben. Während seines Gerichtsprozesses im Jahr 1969 wurde Seale gefesselt und geknebelt. Die Vergehen gegen ihn waren so ungeheuerlich, dass eine junge Jurastudentin einige ihrer Kommilitonen zur Dokumentation der Verletzungen von Seales bürgerlichen Freiheitsrechten anhielt. Und diese Studentin? War niemand anderes als Hillary Clinton.

Im Jahr 1971 war der Freedom Rider John C. Raines sesshaft geworden, hatte geheiratet und Kinder bekommen und arbeitete nun als Pfarrer und Professor an der Temple University. Raines sprach nur selten über seine Zeit bei der Bürgerrechtsbewegung, weil er am Ende immer so klang wie ein verrückter Verschwörungstheoretiker. Inzwischen glaubte er, dass das FBI und die CIA »faule Tricks« einsetzten, um die Gleichberechtigungsbestrebungen zum Scheitern zu bringen, und außerdem für den Tod von deren Schwarzen Anführern verantwortlich waren.

Zu diesem Zeitpunkt sahen viele die Ära der Bürgerrechtskämpfe bereits als vergangen an. Doch einige Menschen hatten sie nicht vergessen. Eines Abends im März, als die Welt vom Boxkampf zwischen Muhammad Ali und Joe Frazier in Bann geschlagen war, brach eine Gruppe anonymer Aktivisten in ein FBI-Büro in Media, Pennsylvania, ein und stahl einen ganzen Schatz an Akten.[35] Nachdem sie wieder gegangen waren, um den Stapel Papiere durchzusehen, hielt Raines an einem Münztelefon an und gab einem Journalisten bei Reuters die folgende Erklärung ab:

Am Abend des 8. März 1971 entwendete die »Citizens' Commission zur Untersuchung des FBI« Akten aus dem FBI-Büro in Media, Pennsylvania. Diese Akten werden nun analysiert, um Folgendes zu eruieren: erstens die Art und das Ausmaß der Überwachung und Einschüchterung durch besagtes FBI-Büro, insbesondere von Gruppen oder Einzelpersonen, die sich für eine gerechtere, menschlichere und friedlichere Gesellschaft eingesetzt haben. Zweitens um zu bestimmen, wie viele der Aktivitäten des FBI sich gegen relativ geringfügige Verbrechen der Armen und Machtlosen richten, weil es dadurch eine beeindruckendere Verurteilungsquote erreichen kann. Anstatt gegen die wirklich schweren Verbrechen zu ermitteln, die von Menschen mit viel Geld und Einfluss begangen werden und viel größeren Schaden im Leben von viel mehr Menschen verursachen – beispielsweise Verbrechen durch Kriegsprofiteure, monopolistische Praktiken, institutionalisierten Rassismus, organisiertes Verbrechen und die Massenverbreitung von tödlichen Drogen. Und schließlich drittens den Umfang illegaler Vorgehensweisen durch das FBI wie Lauscherei, Provozieren einer strafbaren Handlung und den Einsatz von Aufwieglern und Informanten.

Im Laufe der Untersuchungen werden die Ergebnisse zusammen mit den dazugehörigen FBI-Unterlagen an Personen des öffentlichen Lebens geschickt, die bereits die Rechtschaffenheit, den Mut und die Hingabe gegenüber demokratischen Werten bewiesen haben, welche notwendig sind, um die repressive Politik des FBI anzufechten.

So lange die Regierung der Vereinigten Staaten Krieg gegen Indochina führt, ungeachtet des Wunsches der überwältigenden Mehrheit, alle Truppen und Waffen noch dieses Jahr abzuziehen, und diesen Krieg und das Leid unter dem Vorwand, sie zu reduzieren, noch ausweitet, und so lange die größte wirtschaftliche und politische Macht in den Händen eines kleinen Kreises von Menschen gebündelt bleibt, die nicht der demokratischen Prüfung und Kontrolle unterliegen – so lange müssen wir auch mit Unterdrückung, Bedrohung und der Provokation strafbarer Handlungen rechnen. Wir glauben nicht, dass diese Vernichtung von Demokratie und einer demokratischen Gesellschaft schlicht auf die Boshaftigkeit, den Egoismus und die Senilität einzelner Führungspersonen zurückzuführen ist. Vielmehr ist diese Zerstörung das Resultat der Arbeit von gewissen undemokratischen sozialen, wirtschaftlichen und politischen Institutionen.[36]

Die Unterlagen enthüllten schließlich, dass John Edgar Hoover seine Kompetenzen zur Einrichtung eines 50 Jahre andauernden Projekts zur Informationsbeschaffung und Überwachung eingesetzt hatte, das sich schließlich zu dem Spionageabwehrprogramm (*counterintelligence program*) COINTELPRO weiterentwickelte, welches jeden Schwarzen Anführer während des Bürgerrechtskampfes ins Visier nahm. Dessen festgesetzte Ziele waren:

1. Den ZUSAMMENSCHLUSS militanter Schwarz-nationalistischer Gruppen zu verhindern [...}
2. Die ERHEBUNG EINES »MESSIAS« zu verhindern, der die militante Schwarz-nationalistische Bewegung vereinigen und anstacheln könnte [...}
3. GEWALT aufseiten der Schwarz-nationalistischen Gruppen zu verhindern.
4. Zu verhindern, dass militante Schwarz-nationalistische Gruppen und Anführer ANSEHEN gewannen, indem man sie bei drei verschiedenen Gesellschaftsgruppen in Verruf brachte [...]
5. Die langfristige AUSBREITUNG von militanten Schwarzen Organisationen zu verhindern, insbesondere unter Jugendlichen.[37]

Dadurch haben wir erfahren, dass William O'Neal, Hamptons Bodyguard, ein FBI-Informant war.[38] Dadurch haben wir erfahren, dass das FBI glaubte, Stokely Carmichael hätte »das nötige Charisma, um eine echte Bedrohung« zu sein, da er während der Freedom Rides begonnen hatte, den Ausdruck »Black Power« zu verbreiten.[39] Dadurch haben wir erfahren, dass das FBI ein »Selbstmordpaket« an Martin Luther King jr. verschickte, nachdem Hoover seine »I Have a Dream«-Rede gehört und seinen Agenten mitteilt hatte: »Wir müssen ihn jetzt, falls wir es zuvor noch nicht getan haben, als den gefährlichsten Negro für die Zukunft dieser Nation kennzeichnen.«[40]

Und dadurch haben wir auch von Gary Rowe erfahren.

Im Jahr 1960 schloss sich der 26-jährige Gary Rowe der Eastview Klavern, der gewalttätigsten Ortsgruppe in der Geschichte des Ku-Klux-Klans, an.[41] 1961 war Rowe mit einem Knüppel zur Stelle, als Polizeipräsident Bull Connor und Sergeant Tom Cook den Klansmännern 15 Minuten ungehemmter Gewalt gegenüber den Freedom Riders verschafften. Beim Angriff in Birmingham nutzte er ein Eisenrohr. Zwei Jahre später half Rowe bei der Planung des Bombenangriffs auf die 16th Street Baptist Church. Er saß im Auto der Ku-Klux-Klan-Mitglieder, die Viola Liuzzo in Selma erschossen, und half bei der Verbreitung des Gerüchts, dass sie sich mit Schwarzen Männern einlasse. Bis zum April 1960 war Rowe nur ein normaler Bürger gewesen, doch dann bot Barrett G. Kemp ihm für den Beitritt in den Ku-Klux-Klan Geld an.

Barrett Kemp war ein Sonderermittler des FBI.[42]

Nicht alle dieser Informationen fanden sich in den von der Citizens' Commission geborgenen Akten, aber es wurde später festgestellt, dass die Staatsanwälte schon 1965 die Namen der für den Bombenangriff auf die 16th Street verantwortlichen Männer kannte, darunter auch Rowe. Zu diesem Zeitpunkt *schritt Hoover persönlich ein* und verhinderte jede Festnahme, Inhaftierung und Strafverfolgung der Verdächtigen.[43] Er hielt alle Akten dazu unter Verschluss und weigerte sich, an jedweder Art von Nachforschungen staatlicher oder kommunaler Ämter teilzuhaben, mit einer Ausnahme.

1969 überreichte William O'Neal dem FBI einen detaillierten Grundriss der Wohnung, die er für Fred Hampton angemietet hatte. Hoover erlaubte seinen Agenten, den Grundriss dem Staatsanwalt von Illinois, Ed Hanrahan, weiterzuleiten, der anschließend die frühmorgendliche Razzia bei Hampton anordnete. Bei der Durchforstung der Unterlagen im Jahr 1971 fand die Citizens' Commission eine Kopie des Grundrisses und stellte fest, dass darauf, wie bei vielen der akribisch detaillierten Papiere, das Akronym COINTELPRO zu finden war.

In dem Buch *The Burglary: The Discovery of J. Edgar Hoover's Secret*

FBI (*Der Einbruch: Die Entdeckung von J. Edgar Hoovers geheimem FBI*) schreibt Betty Medsger:

> *Primär boten die Akten aus Media »der Öffentlichkeit und dem Kongress einen beispiellosen Einblick in die Art und Weise, wie die US-Regierung ihre Bürger überwacht – insbesondere ihre schwarzen Bürger«, schrieb der* Washington-Post-*Journalist William Greider in einer Analyse aller Akten im Sommer nach dem Einbruch. Trotz des Umstands, dass die Akten aus einem sehr kleinen Büro des FBI in einem mehrheitlich weißen Viertel entwendet worden waren, deckten sie Details der Strategien und Maßnahmen des FBI auf, die dessen groß angelegtes und mehrheitlich ungerechtfertigtes Ausspionieren von Afroamerikanern deutlich machte.*
>
> *Der Gesamteindruck aus den Media-Akten war, dass das FBI schwarze Menschen als gefährlich einstufte und sie einer kontinuierlichen Bewachung bedurften. Um ins Visier des FBI zu geraten, mussten Afroamerikaner kein gewalttätiges Verhalten zeigen. Sie mussten auch nicht radikal oder staatsfeindlich sein. Schwarz zu sein reichte aus.*[44]

Obwohl es zahlreiche Kongressvernehmungen und historische Aufarbeitungen zu den FBI-Unterlagen gab, ruft das Wort COINTELPRO bei einigen immer noch ein automatisches Augenrollen hervor. Der Gedanke, das FBI hätte jede Bewegung von Schwarzen in der Geschichte dieses Landes überwacht und verteufelt, klingt zugegebenermaßen selbst in meinen Ohren wie eine verrückte Verschwörungstheorie. Es ist fast zu düster, um wahr zu sein. Und zu unterstellen, dass es auch heute noch so ist, wäre ungeheuerlich. Aber die Geschichte zu kennen, bedeutet, die Gegenwart zu kennen. In diesem Kapitel geht es jedoch eigentlich gar nicht um J. Edgar Hoover.

In diesem Kapitel geht es um Amerika.

DREI KURZE FRAGEN

1. **Welche der folgenden Verschwörungstheorien ist nicht wahr?**
   a. COINTELPRO.
   b. Der Kompromiss von 1877.
   c. Die Syphilisstudie der Tuskegee University.
   d. Rakim schrieb »Summertime«.

2. **Wie viele kommunistische Spione aus dem Ausland hat das FBI während der Bürgerrechtsbewegung aufgespürt?**
   a. Ähm …
   b. Was tut das zur Sache?
   c. Einschließlich derjenigen, die es erfunden hat?
   d. Weniger als einen.

3. **J. Edgar Hoover:**
   a. War ganz schön rassistisch.
   b. War ein korrupter Polizeibeamter.
   c. Machte nur seine Arbeit.
   d. Hat genau genommen unamerikanische Dinge getan.

AUFGABE

WEISSER ALBTRAUM

Verfassen Sie einen Aufsatz, in dem Sie das Worst-Case-Szenario beschreiben, welches die Bürgerrechtsaktivisten in der Vorstellung der Weißen erreichen wollen.

13

THUG LIFE

DIE ANDERE BÜRGERRECHTSBEWEGUNG

In der brütenden Augusthitze in Ferguson, Missouri, nur einen Steinwurf entfernt von der Stelle, wo der Polizist Darren Wilson den Körper von Michael Brown jr. mit sechs Kugeln durchlöchert hatte, umklammerte ich die Steine werfende Hand eines 19-jährigen Jugendlichen, den ich ein paar Stunden zuvor kennengelernt hatte. Nur wenige Meter entfernt stand ein vielgestaltiges Konglomerat aus Gewehren schwingenden Polizisten, Einsatzkräften des Staates Missouri und echten Soldaten, die alle bereit waren, sämtliche notwendigen Mittel einzusetzen, um jede Art von Unruhe niederzuschlagen. Zuvor hatte derselbe Jugendliche mir beschrieben, wie die Polizisten in Ferguson junge Schwarze Männer in dem Viertel einschüchterten, wo Mike Brown gestorben war. Und nun war er bereit, so richtig loszulegen.

Ich erinnerte ihn an seine Beschwerde darüber, dass »die Medien« Demonstranten als »Verbrecher« bezeichneten. Dann zeigte ich auf eine Frau im Rollstuhl und sagte, dass er jeden hier in Gefahr bringe, bekniete ihn, nicht den ersten Stein zu werfen. Ich erklärte ihm, dass die Behörden und Medien seine Taten auch den friedlichen Demonstranten in die Schuhe schieben würden. »Als käm's auf so einen Sch*** an«, entgegnete er, die Augen feucht und voller Verzweiflung. »Verstehst du denn nicht? Die murksen uns doch sowieso ab.«

So standen wir dort für eine Sekunde ... oder eine Minute ... oder eine Ewigkeit, meine Hand um sein Handgelenk, sein Frust von seiner Faust umklammert. Eine Millisekunde bevor ich entschied, seinen Arm loszulassen, flog ein Ziegelstein über unsere Köpfe und landete in der bewaffneten Brigade. Als sie auf uns zumarschiert kamen, hauten wir beide ab. Ich blieb kurz stehen, um eine Gasmaske aufzusetzen, und erspähte ihn durch die giftigen Dämpfe hindurch. Vielleicht checkte er nur seine Umgebung ab, aber ich könnte schwören, dass er mich direkt ansah.

Er verschwand im Rauch und im Chaos, und ich rannte davon in dem Wissen, dass die Welt die Hunderten friedlichen Demonstranten ignorieren und diese Bürgerunruhen »Verbrechern« zuschreiben würde.

***

Fast zwei Jahre später wurde der Stadtrat von Ferguson in zwei bürgerrechtlichen Ermittlungsverfahren des Department of Justice zur Annahme einer Konsensvereinbarung gezwungen, in der neue Gewaltanwendungsrichtlinien und ein Deeskalationstraining sowie eine Umstrukturierung des städtischen Gerichtssystems eingeführt wurden. Zwar zog man Darren Wilson nie zur Rechenschaft, jedoch hatten die friedlichen Proteste teilweise Wirkung gezeigt. Das war der Beweis, dass vernünftige Menschen gemeinsam Änderungen bewirken können.

Oder vielleicht waren es doch die Verbrecher, die dabei geholfen haben, das alles voranzutreiben.

Würden wir an die weißgewaschene, arbeitsplatztaugliche Version des Bürgerrechtskampfes glauben, dann würden wir auch glauben, dass ein einzelner Weißer Emmett Till tötete und damit die Schwarzen aus einem traumartigen Zustand wachrüttelte, woraufhin wir plötzlich feststellten, dass uns nicht sämtliche durch die Verfassung der Vereinigten Staaten zustehenden Rechte gewährt wurden. Als Reaktion überzeugte Martin Luther King alle, sich an den Händen zu halten und friedlich umherzumarschieren, bis er sich an seinen Traum erinnerte. Nachdem er schließlich beim Marsch auf Washington der Welt davon erzählt hatte, sah Amerika mit einem Mal seine Fehler ein, und alle lebten glücklich und zufrieden bis an ihr Lebensende.

Das ist die Schulbuchversion des Bürgerrechtskampfes, wie sie in unserem kollektiven, weißgewaschenen Gedächtnis existiert und im Sozialkundeunterricht in ganz Amerika verkauft wird. Durch eine komplexe Kombination aus Weißmalerei, Schuldgefühlen und einer bewussten Umgestaltung der Geschichte, die sie von ihrem Hass freispricht, malen die Übersetzer unserer Historie ein gesäubertes impressionistisches Porträt des Befreiungskampfes der Schwarzen, das sich schließlich durch Amerikas unerschütterliches Engagement für Gerechtigkeit und Gleichheit bewahrheitet hat. Sie haben es geschafft, aus dem Nichts einen fantastischen, ahistorischen Mythos zu erschaffen, aus dem irgendwie die Wahrheit wurde. Sie behielten eine wertkonservative, ehrenwerte Kampagne ethnischer Versöhnung im Kopf, nicht eine Bewegung von nonkonformistischen Revolutionären. Und um ihretwillen wurde die Doktrin des gewaltlosen Widerstands irgendwann einfach auf »gewaltlos« reduziert. Vom »Widerstand« ist keine Rede mehr.

Seit Amerika existiert, haben Schwarze Männer und Frauen einen Kampf um vollwertige Gleichheit und Freiheit ausgefochten. Doch im Unterschied zu der Märchenversion, die man Ihnen weismachen will, war der Kampf nie passiv und der Schwarze Widerstand nie gewaltlos. In ihrem Streben nach »Freiheit« haben die Schwarzen Menschen immer von ihrem Recht auf Selbstverteidigung und bewaffnete Gegenwehr Gebrauch gemacht. Natürlich führte das dazu, dass man sie als kriminell oder querulantisch charakterisierte. Es liegt ein Unterschied darin, auf welche Art und Weise man sich verteidigt und auf welche Art und Weise man gegen soziale, wirtschaftliche und politische Ungleichheit protestiert. Ersteres ist eine persönliche Entscheidung, zweiteres eine Organisationsstrategie. In Wahrheit war der friedliche

Protest lediglich die Taktik eines *kleinen Teils* der sogenannten Bürgerrechtsbewegung.

Essie Harris wurde zu einem Anführer in der Schwarzen Gemeinschaft von Chatham County, North Carolina, indem er sich eine Schießerei mit dem Ku-Klux-Klan lieferte. Obwohl er sich nicht für Politik interessierte, nahm Harris an ein paar Versammlungen der örtlichen Loyal League teil – einer Schwarzen politischen Vereinigung, die sich um Wähler kümmerte. Als Klansmänner im Jahr 1870 kurz nach Weihnachten in sein Haus eindrangen, sich sein Gewehr schnappten und ihn davor warnten, wählen zu gehen, lenkte Harris zunächst ein. Nachdem sie wild in seinem Haus herumgeschossen, ihn am Arm verletzt und sein Haus mit Kugeln durchlöchert hatten, glaubte Harris, dass seine Frau und fünf Kinder mit Sicherheit tot seien. Er schnappte sich eine Axt und schlug sie einem Klansmann in den Kopf, dann hob er sein Gewehr auf, um den Rest des Mobs zu erledigen. »In meinem Land hat man sich immer erzählt, dass man einen Ku-Kluxer nicht töten kann«, sagte Harris vor einem Gemeinschaftsausschuss, der den Aufstand der weißen Suprematisten in den Südstaaten untersuchte. »Man erzählte sich, dass sie nicht getroffen werden können. Dass die Kugeln einfach abprallen und stattdessen einen selbst töten würden. Ich dachte, dass ich einfach mein Glück versuche und mal schaue, ob ich nicht doch einen treffe.«

Obwohl Harris seine Flinte sonst höchstens mit Schrotkugeln zum Eichhörnchenjagen lud, schoss er einen Klansmann ins Gesicht. Es klappte! Die Schüsse prallten nicht ab, sondern töteten ihn. Als Harris erkannte, dass die KKK nicht kugelsicher waren, wollte er es noch mal versuchen, wie er den Beamten erzählte:

> *Sie sagten, sie würden mein Haus in Brand stecken, sie würden erst abhauen, wenn das erledigt sei. Ich dachte wirklich, sie tun es. Ich war genauso sicher wie sie, dass ich mich darin befinden würde. Aber ich hatte noch Munition da. Ich hab schon oft gehört, dass manche Männer zu verängstigt sind, um auf Leute zu*

schießen; aber sie waren schon so lange da, dass meine Angst weg war; in dem Moment hatte ich überhaupt keine Angst mehr – nicht ein kleines bisschen. Ich ging zu der kleinen Brieftasche, in der ich die Kugeln und das Schießpulver aufbewahre. Die Männer standen hinter dem Kamin und warteten darauf, dass ein paar andere den Erschossenen wegschafften, vermute ich ... Acht oder zehn von denen blieben zurück, nachdem die anderen losgegangen waren, sie sagten, sie würden mein Haus anzünden ... Ich lud meine Waffe noch mal, legte eine ungewöhnliche Ladung ein, eine gefährliche Ladung ... Nachdem ich sie fast vollständig geladen hatte, sagte ich: »Gebt mir mal meine Fünf-Schuss-Pistole.« Da sagten sie: »Jungs, der Alte will seine Fünf-Schuss-Pistole, und er lädt eine Flinte. Gehen wir besser.« Daraufhin verschwanden sie.[1]

Danach lief Essie Harris mit einer Kugel im Arm 14 Meilen bis zum nächsten Bezirk, um einen Haftbefehl gegen die Ku-Klux-Klan-Mitglieder zu erwirken. Dann ging er wieder nach Hause und wartete auf ihre Festnahme. »Ich war der letzte Mann, der in meinem Haus je eine Waffe abgefeuert hat«, sagte er.[2]

Der Einsatz von Waffen, um der anhaltenden terroristischen Bedrohung durch die Vorherrschaft der Weißen entgegenzutreten, war nicht auf die Verteidigung gegen Klan-Gewalt begrenzt; sie trat auch verstärkt im andauernden Kampf gegen Polizeibrutalität auf. Am Montag, den 23. Juli 1900, saß Robert Charles zusammen mit seinem Mitbewohner auf der Veranda eines Hauses in New Orleans, als drei weiße Polizeibeamte vorbeikamen, um Meldungen von »verdächtig aussehenden Negroes« nachzugehen, die durch das überwiegend weiße Viertel streunten.[3] Als die Polizisten sie fragten, was sie da täten, stand Charles auf, wie es jeder Südstaatengentleman in Anwesenheit seiner baldigen Angreifer tun würde. Einer der Polizisten, August T. Mora, fasste das als Zeichen eines bevorstehenden Angriffs auf und packte Charles. Charles war nicht dumm und wehrte sich. Als Mora nach seiner Waffe griff, erhob auch

Charles seine Pistole. Oder vielleicht griff auch Charles als Erster nach der Waffe. Mora machte dazu widersprüchliche Angaben.* Jedenfalls feuerten beide eine Kugel ab und trafen den jeweils anderen ins Bein. Charles rannte davon, hinterließ aber eine Blutspur. Als die zwei Beamten bei seinem Haus ankamen und ihn festnehmen wollten, erschoss er sie. Die Verbrecherjagd war eröffnet.

In ihren Artikeln schrieben die von Weißen geführten Zeitungen in New Orleans die Schuld am Tod der Beamten den kriminellen Tendenzen in der Schwarzen Gemeinschaft der Stadt zu. Und weil Charles ein Mitglied verschiedener Schwarzer Organisationen war, darunter auch einer Vereinigung, die die Rückkehr nach Afrika propagierte, griff die weiße Gemeinschaft von New Orleans angesichts der angeblichen Verschwörung zu den Waffen. Am 25. Juli verlangte ein weißer Mob den Lynchmord von Charles' Mitbewohner, der das schwere Verbrechen begangen hatte, Schwarz und anwesend zu sein. Als ihre Forderungen ungehört blieben, gingen sie selbst auf Schwarzenjagd, schossen auf Straßenbahnen und in von Schwarzen geführte Friseurläden, wobei sie mindestens sechs Afroamerikaner töteten und Dutzende verletzten. Aus irgendeinem Grund glaubte die weiße Meute, dass die Schwarzen sich nicht wehren würden, doch viele wurden in dem Handgemenge verletzt. Nachdem die Polizei an diesem Freitag Charles' Aufenthaltsort ausfindig gemacht hatte, tötete der Flüchtige zwei weitere Polizeibeamte, die ihn festnehmen wollten. Als sich ein weißer Mob vor seiner Tür versammelte, schoss Charles auch auf die Meute. Der Bürgermeister rief die Bürgerwehr des Staates hinzu, doch das kümmerte Charles nicht. Jeder von ihnen hatte es verdient. Als es schließlich einem Feuerwehrmann gelang, sich in das Haus zu schleichen, wo Charles sich verschanzt hatte, und gegen 17 Uhr eine Matratze in Brand setzte, hatte Charles fünf Polizisten getötet oder tödlich verletzt und weitere

---

* *Sie wissen ja, wie es ist, wenn Weiße »um ihr Leben bangen«.*

19 Mitglieder des weißen Mobs angeschossen. Bei einem Fluchtversuch traf ihn die Kugel eines Bürgerwehrmitglieds und tötete ihn. Nachdem ihm seine Waffe englitten war, durchsiebte der wackere Polizist den Körper mit Kugeln, und dem Mob war es gestattet, auf den Leichnam einzuschlagen.

Aber die Weißen waren noch nicht fertig. Sie hatten vor, jede Schule in der Stadt niederzubrennen, und zerstörten erfolgreich »die beste Negroschule in Louisiana«.[4] Die Schwarzen Schüler hatten daraufhin 17 Jahre lang keinen Zugang zu einer Schule. Nach dieser Großtat waren die Weißen sicher, dass sie den Schwarzen Einwohnern von New Orleans eine wertvolle Lektion erteilt hätten. Hatten sie aber nicht. Robert Charles wurde für die Schwarzen Bewohner der Stadt zu einem Helden.

»Er wäre gestorben, wenn er nicht die Hand erhoben hätte, um den grundlosen Angriff und die unrechtmäßige Festnahme an diesem schicksalhaften Montag zu vereiteln«, schrieb Ida B. Wells in ihrer fundamentalen Darstellung *Mob Rule in New Orleans: Robert Charles and His Fight to Death, the Story of His Life, Burning Human Beings Alive, Other Lynching Statistics* (*Mob-Herrschaft in New Orleans: Robert Charles und sein Kampf bis zum Tod, die Geschichte seines Lebens, das Verbrennen von Menschen bei lebendigem Leibe und andere Lynchjustizstatistiken*). »Die Weißen in diesem Land mögen behaupten, dass er ein Schurke war, doch von den Menschen seiner eigenen Rasse wird Robert Charles auf ewig als ›Held von New Orleans‹ angesehen werden.«[5]

Als berühmteste Antilynchjustizaktivistin riet Wells jeder Schwarzen Person in den Südstaaten wiederholt dazu, sich gegen die Lynchmordepidemie zu rüsten, so wie sie es nach dem Lynchmord an ihrem Freund Thomas Moss tat, denn, wie sie sagte: »Ich bin der Meinung, man sollte lieber im Kampf gegen Ungerechtigkeit sterben als wie ein Hund oder eine Ratte in der Falle.« Ebenso machte sich der vielseitig gebildete John Mitchell jr. in Richmond, Virginia, zu einer landesweit anerkannten Persönlichkeit, indem er in seiner Zeitung, dem *Richmond Planet*, zur bewaffneten Selbstverteidigung aufrief.

1863 als Versklavter in Richmond geboren, erwies sich Mitchell bald als junger Mann mit vielen Talenten. Während der Highschool gewann er jede Menge Rhetorikwettbewerbe, war beim Abschluss der Beste seiner Klasse und verfügte über die verblüffende Fähigkeit, Landkarten frei Hand zu zeichnen, wie er bei der Bewerbung um eine Ausbildung im Bureau of Engraving and Printing bewies.* Nachdem er das Druckermetier erlernt hatte, ließ er sich mit 21 Jahren im Schwarzenviertel der Stadt nieder und wurde zum Verleger des *Richmond Planet* ernannt. Mitchells Ansehen als »König des Jackson-Ward-Viertels« rührte wahrscheinlich von dem Umstand her, dass er 1902 die Mechanics Savings Bank gegründet hatte, in der er 20 Jahre lang als Vorsitzender fungierte. Vielleicht machte ihn auch seine Arbeit als Lehrer so beliebt. Möglicherweise war er aber aus einem anderen Grund so bekannt:

Johnny wollte *den offenen Kampf*.

Mitchell verschaffte seiner Zeitung großen Respekt im ganzen Land, indem er durch Virginia reiste und über Lynchmorde berichtete. Aber er schrieb nicht nur über die Vorfälle – er setzte sich auch für den bewaffneten Widerstand ein und war darauf bedacht, seinen Worten Taten folgen zu lassen. Als ein Schwarzer Einwohner des Jackson-Ward-Viertels bei einem Zusammentreffen mit einem Polizeibeamten in Richmond umkam, nannte Mitchell diesen einen Mörder und wurde daraufhin wegen Verleumdung des Polizisten angeklagt. Unbeirrt trat Mitchell vor Gericht, beschuldigte den Beamten *erneut* und behauptete beharrlich, Beweise dafür zu haben, dass der Polizist das Opfer zu Tode geprügelt habe. Das Gericht verwehrte ihm die Inspektion des Leichnams, doch Mitchell verschaffte sich Zugang zur University of Virginia, um ihn zu untersuchen. Die Anklage wurde fallengelassen. Als er schließlich 1886 einen Lynchmord im Süden von Virginia öffentlich anprangerte, schickten rassistische

* *Ein bisschen Hilfe hatte er allerdings: Ein Typ namens Frederick Douglass erkannte sein Talent und verfasste ein sehr nettes Empfehlungsschreiben für ihn.*

Mitbürger ihm einen Brief mit der Drohung, ihn zu hängen, falls er »seinen abscheulichen Kopf noch länger in die Angelegenheiten des Bezirks steckte«.[6]

Ganz nach dem alten Negrogrundsatz »f*** around and find out« reagierte Mitchell auf die Drohung mit einem Shakespeare-Zitat: »Eur Drohn hat keine Schrecken, Cassius, denn ich bin so bewehrt durch Redlichkeit, daß es vorbeizieht wie der leere Wind, der nichts mir gilt.«[7] Der unverfrorene Journalist schnappte sich seine beiden identischen Smith-&-Wesson-Pistolen, sprang in einen Zug, lief die fünf Meilen zu der Stelle des Lynchmords und wartete darauf, dass die Feiglinge ihn jagen kamen. Natürlich tauchte niemand auf.

Und es war noch nicht vorbei. Mitchell schrieb: »Das beste Mittel gegen einen Lynchmörder oder einen verfluchten Verbrecher ist ein 16-Schuss-Winchester-Gewehr in den Händen eines treffsicheren Negros, der den Mut hat abzudrücken.«[8] Er war stolz auf seinen Status als »kämpfender Negroverleger« und sagte gern, dass es sein Job sei, »zu rufen, ja, laut zu brüllen, bis das amerikanische Volk unsere Schreie erhört«. Seine Beliebtheit verschaffte ihm Gehör beim Gouverneur, die Bewunderung seiner Mitbürger und eine getreue Leserschaft. Mitchell starb am 3. Dezember 1929 an seinem Schreibtisch und wurde unter einem Grabstein beerdigt, auf dem stand: VERLEGER, BANKIER, STADTRAT UND PIONIER DER BÜRGERRECHTE / »EIN MANN, DER DEM TOD IN DEN RACHEN SPRINGEN WÜRDE, UM FÜR SEINE RASSE ZU KÄMPFEN«.

Dass Schwarze Anführer öffentlich bewaffneten Widerstand und ebensolche Selbstverteidigung befürworteten, war nicht selten. Als Martin Luther King jr. seine Arbeit als Pastor und Bürgerrechtler in Montgomery aufnahm, trug er stets eine Schusswaffe bei sich. Mitchell bezeichnete die bewaffnete Selbstverteidigung als »Naturgesetz«. Auch Medgar Evers, die Mitglieder der Lowndes County Freedom Organization, W. E. B. Du Bois und viele andere trugen bekannterweise »so ein Ding bei sich«.

Obwohl es organisierte Bestrebungen für gleiche Rechte bereits gab, bevor die Sklaverei überhaupt endete, nahm die moderne Bürgerrechtskampagne ihren Anfang wohl mit der Rückkehr Schwarzer Veteranen aus dem Ersten Weltkrieg. Bereits 1914 verließ der 31-jährige Hubert Harrison, alternativ auch »Schwarzer Sokrates«, »Vater des Harlem-Radikalismus« und der »herausragendste Intellektuelle seiner Zeit« genannt, die vorrangig weiße sozialistische Organisation und begründete die »New Negro«-Bewegung. Hubert trat mit intellektuellem Radikalismus für ein »rassenbewusstes« internationales Bündnis ein, das die politische, wirtschaftliche und soziale Macht der Schwarzen vorantreiben sollte, und inspirierte jene Schwarzen Denker, die sich später zu den Anführern der Bürgerrechtsära entwickeln sollten, darunter Marcus Garvey, A. Philip Randolph, Bayard Rustin und Malcolm X. Die Mitglieder der New-Negro-Bewegung propagierten die bewaffnete Selbstverteidigung, und insbesondere bei den Schwarzen Veteranen des Ersten Weltkriegs, die die Welt kennengelernt hatten und nicht länger bereit waren, sich dem »Rassenterrorismus« des Post-Bürgerkrieg-Amerikas zu unterwerfen, fand diese Herangehensweise Anklang.

Die unerschütterliche Weigerung, sich der Vorherrschaft der Weißen zu ergeben, wurde von weißen Südstaatlern als Affront gesehen und provozierte eine massenhafte »Rassengewalt«, die als Red Summer von 1919 bekannt wurde. Und obwohl viele dieser »Rassenaufstände« einseitige Angriffe weißer Lynchmobs waren, weigerten sich die Schwarzen Menschen, dies stillschweigend hinzunehmen und kampflos zu sterben. Im Juli 1919 wurde ein 14-jähriges Mädchen angeblich von einem Schwarzen in Coatesville, Pennsylvania, überfallen, einer Stadt, in der mehrere weiße Männer im Jahr 1911 vom Lynchmord an einem afroamerikanischen Stahlarbeiter freigesprochen worden waren. Als das Gerücht aufkam, dass die Polizei einen weiteren Schwarzen verhaftet hatte und ihn lynchen wollte, schnappten sich die Mitglieder der Schwarzen Gemeinschaft ihre Pistolen, Knüppel und Stöcke und marschierten zum

Stadtgefängnis. Als Bürgermeister und Polizeichef ihnen versicherten, dass niemand festgenommen worden sei, zogen sie zum Rathaus weiter und stürmten das Gebäude, um ganz sicherzugehen. Seit diesem Tag hat es nicht nur keinen Lynchmord mehr im ganzen Staat Pennsylvania gegeben, die Stadt wurde nach diesem »Coatesville Call to Arms« (»Ruf zu den Waffen von Coatesville«) auch mehrheitlich Schwarz. Ich frage mich echt, warum.

Ein paar Tage nach dem Coatesville Call to Arms wurde die weiße Frau eines zivilen Marinemitarbeiters in Washington, D. C., angegriffen. Die örtliche Zeitung stürzte sich auf den Fall und stachelte die Veteranen der Stadt mit Geschichten über einen »feindlichen Negro« auf, der die Ehefrauen von Matrosen angreife. Am 19. Juli 1919 versuchte ein Mob weißer Veteranen, den dieses Verbrechens beschuldigten Schwarzen zu lynchen, doch die weißen Unruhestifter gingen noch einen Schritt weiter und wollten mit Knüppeln und Stöcken bewaffnet ein Schwarzenviertel in D. C. stürmen. Dort planten sie auch, ihre kleine Lynchaktion durchzuführen, aber die Schwarzen Anwohner besaßen doch tatsächlich Waffen, woraufhin sich die weißen Verbrecher zurückzogen, um sich neu zu formieren. Sie organisierten weitere Mobgewalt für die folgende Nacht, doch wieder verlief der »Terroristische Männerabend« nicht so wie geplant. Schwarze Kirchen, Bürgerorganisationen und normale Einwohner hatten irgendwie innerhalb eines Tages 14 000 Dollar gesammelt, um Pistolen und Munition zu beschaffen, und hatten Scharfschützen auf Dächern und in strategischen Bereichen positioniert. Als die gesamte Stadt anfing, auf *jeden Weißen* zu schießen, verlor die schwach pigmentierte Meute plötzlich das Interesse. Die 17-jährige Carrie Johnson wurde verhaftet und angeklagt, während dieser »Aufstände« vom Fenster ihrer Wohnung aus einen weißen Polizeibeamten erschossen zu haben. Vor Gericht glaubte ihr der Richter tatsächlich, dass sie sich nur selbst geschützt habe, und sprach sie in allen Punkten frei.

Robert F. Williams war der wahrscheinlich krasseste Typ von allen. Williams wurde 1925 geboren und diente bei der Marine, bevor er 1955 in seine Heimatstadt Monroe, North Carolina, zurückkehrte und sich der NAACP anschloss. Laut Schätzung der Medien waren damals mehr als die Hälfte der 12 000 Einwohner von Monroe Mitglieder des Ku-Klux-Klans. Deshalb beantragte Williams bei der National Rifle Association die Gründung einer Ortsgruppe und stellte die Black Guard auf. Bestehend aus etwa 60 Männern, die meisten von ihnen Veteranen, machte sie es sich zur Aufgabe, die Schwarzenviertel in Monroe vor den weißen Jungs in Spitzhüten zu schützen. 1957 versuchte der Klan, den örtlichen NAACP-Vizevorsitzenden Dr. Albert E. Perry in seinem Haus zu überfallen, das die Black Guard jedoch mit Sandsäcken verschanzt hatte, und die beiden Gruppen lieferten sich eine Schießerei wie im Wilden Westen. Der Klan gab auf, und die Stadt Monroe verbot dem Klan, jemals wieder in Autokonvois herumzufahren.

Williams' mutiges Vorgehen wurde auch nicht nur von den Männern der Stadt übernommen. Als Dr. Perry wegen »strafbarer Abtreibung an einer weißen Frau« festgenommen wurde, zog Williams mit einer Gruppe bewaffneter Frauen zur Polizeiwache, und sie »hämmerten gegen die Tür und befingerten ihre Pistolen und Messer, bis Perry herausgegeben wurde«.[9]

Seine Worte waren so radikal wie seine Taten. Als Reaktion auf den Freispruch eines Weißen, dem die Vergewaltigung der Afroamerikanerin Mary Reed vorgeworfen wurde, sagte Williams:

> *Wir können nicht auf das Gesetz vertrauen. Unter dem gegenwärtigen System können wir keine Gerechtigkeit erlangen. Sobald wir das Gefühl haben, dass uns Ungerechtigkeit widerfährt, müssen wir sogleich und auf der Stelle bereit sein, diese Menschen zu bestrafen. Da die Bundesregierung nicht bereit ist, der Lynchjustiz in den Südstaaten ein Ende zu bereiten, und da die sogenannten Gerichte unsere Leute sogar legal lynchen, müssen wir dazu bereit sein – falls das die einzige Möglichkeit ist –, das Lynchen mit Lynchen zu unterbinden. Wir müssen Gewalt mit Gewalt begegnen.*[10]

Dieser Aufruf, kundgegeben auf der Treppe vor dem Gerichtsgebäude in Monroe, veranlasste die NAACP, ihn aus der Organisation auszuschließen. Aber Williams wurde nicht verstoßen; im Grunde wurde er damit zum Sicherheitsbeauftragten für einige der größten Bürgerrechtsproteste. Bei einer Demo für die Freedom Rides im Jahr 1961 belagerte ein weißer Mob Monroes Schwarze Gemeinschaft. In dem Chaos bog ein weißes Pärchen falsch ab und landete in Williams' Nachbarschaft. Williams bot ihnen eine Bleibe an, warnte sie jedoch, dass er ihre Sicherheit beim Verlassen der Gegend nicht garantieren könne. Ein paar Stunden später entkamen sie dem Viertel unversehrt, doch Beamte der Strafverfolgungsbehörden überredeten das Paar zu der Aussage, Williams habe sie entführt, woraufhin er und seine Familie gezwungen waren, aus dem Staat zu fliehen. Am 28. August 1961 erließ das FBI einen Haftbefehl gegen Williams mit dem Vorwurf der gesetzeswidrigen staatenübergreifenden Flucht, um sich der strafrechtlichen Verfolgung zu entziehen, und wies die Behörden darauf hin, dass er »Gewalt befürwortet und angedroht« habe und als bewaffnet und gefährlich eingestuft werden müsse.[11] Williams floh weiter nach Kuba, wo er einen Radiosender gründete und Schwarze Soldaten aufforderte, an einem Aufstand gegen die Vereinigten Staaten teilzunehmen. 1969 kehrte er in die USA zurück und wurde an North Carolina ausgeliefert, jedoch ließ der Staat umgehend alle Anklagepunkte fallen.

Williams Vermächtnis war von großer Bedeutung. Er selbst nannte es seinen herausragendsten Erfolg, dass während des gesamten Bestehens der bewaffneten Wachtruppe kein Schwarzer, der unter ihrem Schutz stand, sein Leben aufgrund von »Rassengewalt« verloren hatte. Bei seiner Beerdigung im Jahr 1996 sagte Rosa Parks, er »sollte in die Geschichte eingehen und niemals vergessen werden«.[12]

Selbst religiöse Oberhäupter der Zeit sprachen sich für bewaffneten Widerstand aus. Als fünf Kirchen, eine Freimaurerhalle und ein Gemeindezentrum in Jonesboro, Louisiana, abgebrannt wurden, schlossen sich zwei Organisationen zusammen, um die Deacons for Defense and Justice (Diakone für Verteidigung und Gerechtigkeit) zu gründen. Als Schülerinnen und Schüler 1965 vor einer städtischen Highschool für die Aufhebung der Segregation demonstrierten, befahlen dem Ku-Klux-Klan zugeneigte Polizeibeamte der Feuerwehr, ihre Wasserschläuche auf die Demonstranten zu richten. Doch die Feuerwehrmänner änderten schleunigst ihre Meinung, als vier Deacon-Mitglieder mit geladenen Waffen auftauchten. Die Deacons waren auch der Grund, warum der Gouverneur von Louisiana, John McKeithan, sich als erster Südstaatengouverneur dem Bestreben einer Bürgerrechtsorganisation beugte und damit die Integration von Schwarzen in die Stadtverwaltung unterstützte. Die Deacons kämpften jedoch nicht nur gegen den Klan, sie patrouillierten auch durch ihre eigenen Straßen und sicherten so die Schwarzenviertel von Jonesboro ab. Als 1965 eine Terroristenzelle des Ku-Klux-Klans nach Jonesboro kam, um an endlich in die Highschool integrierten Schwarzen Schülerinnen und Schülern Vergeltung zu üben, wurden die Terroristen von dem Chiropraktiker James Malcolm Edwards wieder weggeschickt, der nämlich zufällig auch der Grand Dragon des Louisiana Realm of the United Klans of America (Bereich Louisiana der Vereinten Klans von Amerika) war.[13] Edwards war nicht etwa plötzlich antirassistisch geworden; er wollte nur einfach keinen Ärger mit den Deacons.

Die Deacons halfen den afroamerikanischen Gemeinschaften bei der Einrichtung von Ortsgruppen im ganzen Land, was ihnen natürlich einen Platz auf der Liste des COINTELPRO-Programms des FBI einbrachte. Einem Bericht der 600 Seiten starken FBI-Akte zufolge neigten die Deacons »zur Ausübung von Gewalt beim Umgang mit jedwedem gewaltsamen Widerstand in Bürgerrechtsangelegenheiten«.[14] Speed und sein Team fokussierten sich besonders auf Vorfälle von Waffenbesitz in der Schwarzen Bevölkerung. Denn Kaliforniens Mulford Act hatte das Recht aufgehoben, Feuerwaffen in der Öffentlichkeit zu tragen, nachdem Huey Newton und Mitglieder der Black Panther am 2. Mai 1967 das Parlamentsgebäude gestürmt hatten. Das FBI behauptete, sie stellten auch für Polizeibeamte eine Bedrohung dar.

Im Jahr 2017 gab das FBI eine ähnliche Warnung über eine neue Bedrohung mit der Bezeichnung »Black Identity Extremists« heraus. In ihrem Bericht schlussfolgerte die Behörde, es sei »sehr wahrscheinlich, dass der von den Black Identity Extremists (BIE) als brutal eingeschätzte Umgang der Polizei mit Afroamerikanern für einen Anstieg der vorsätzlichen, tödlichen Vergeltungsschläge gegen Polizeibeamte gesorgt hat und mutmaßlich auch als Rechtfertigung für solche Gewalt genutzt wird«.[15] Auch heute, über fünf Jahre später, kann das FBI jedoch noch kein einziges Tötungsdelikt durch einen Black Identity Extremist nachweisen. Tatsächlich wurde lediglich gegen eine Person, einen Mann namens Christopher Daniels (besser bekannt als Rakem Balogun), vage ermittelt. Laut eines Gerichtsprotokolls war Daniels in 25 Monaten der FBI-Überwachung nicht an einem einzigen Gewaltakt gegen einen Polizisten oder einen anderen Menschen beteiligt. Als der Richter einen FBI-Agenten fragte, ob Daniels bei der Verhaftung Gegenwehr geleistet habe, verneinte dieser. Der FBI-Agent gestand vor dem Richter sogar ein, Daniels habe niemals gesagt, dass er einem Polizeibeamten Leid zufügen wolle oder das jemals vorgehabt habe. Genau genommen lagen dem FBI nach jenen 25 Monaten der Beschattung Daniels' lediglich einige polizeikritische Sprüche in sozialen Medien und ein paar skandierte Sprechgesänge bei Demonstrationen als Beweise vor. Das FBI hob jedoch hervor, dass Daniels als Bedrohung eingestuft worden sei, weil man bei einer Hausdurchsuchung folgende drei Dinge herausgefunden hatte:

1. Er hatte auf legalem Weg Schussfeuerwaffen gekauft.
2. Er war Gründungsmitglied des Huey P. Newton Gun Club.
3. Er besaß eine Ausgabe von *Negroes with Guns* – dem Buch, das als »einziger und wichtigster intellektueller Einfluss« auf den Gründer der Black Panther,

Huey P. Newton, bezeichnet wird. Es wurde verfasst von Robert F. Williams.

Möglicherweise interessiert sich Daniels schlichtweg für die Geschichte der Schwarzen. Oder vielleicht hat er Angst, seine Bürgerrechte zu verlieren.

Ach, Moment mal ...

DREI KURZE FRAGEN

1. **Bewaffnete Selbstverteidigung ist:**
   - **a.** Nicht unvereinbar mit gewaltlosem Widerstand.
   - **b.** Wortwörtlich in der Verfassung enthalten.
   - **c.** Beängstigend, wenn sie von Schwarzen Menschen durchgeführt wird.
   - **d.** Eine hochtrabende Art zu sagen: »F*** around and find out.«

2. **Afroamerikaner, die bei der Selbstverteidigung starben, waren in der Regel gerüstet mit:**
   - **a.** Den Rechten des Zweiten Zusatzartikels.
   - **b.** Umgekehrtem Rassismus.
   - **c.** Dem Wunsch nach Freiheit.
   - **d.** Schwarzer Haut.

3. **________ ist ein Beispiel für eine gewaltfreie Nationalbewegung der Weißen:**
   - **a.** Die amerikanische Unabhängigkeitsbewegung.
   - **b.** Die Sklavenhalterrechtsbewegung.
   - **c.** Die Pro-Lynchjustizbewegung.
   - **d.** Die Anti-Integrationsbewegung.

AUFGABE

EIN PAAR VON DEN GUTEN

Listen Sie zehn Protestmaßnahmen, Taktiken oder Bemühungen um Freiheit und Gleichheit auf, die von der Mehrheit der weißen Amerikaner umgehend akzeptiert wurden.

Okay, vielleicht fünf?

Eine?

VOLLKOMMEN FREI

Lieber Tyran,

ich weiß, du bekommst nur wenige Briefe während deiner Haft, daher dachte ich, ich schreibe dir diesen hier und fülle ihn mit schönen Erinnerungen. Bei unserem letzten Treffen warst du gerade entlassen worden, und ich dachte, ich würde meinen liebsten Cousin jetzt wieder öfter sehen. Ich erinnere mich, wie fassungslos ich war, als wir in dem Hotelzimmer saßen und du mir erzählt hast, dass du schon mehr als die Hälfte deines Lebens in Staatsgefängnissen verbracht hast. Wahrscheinlich habe ich die Jahre nicht so genau gezählt. Oder vielleicht bist du in meinen Gedanken immer noch genau wie früher – der talentierte Cousin, der kochen, singen, zeichnen, malen und Musik machen konnte. Das ist es wahrscheinlich. In meinen Gedanken bist du frei.

Bei dem Gedanken ans Freisein kommen mir diese paar Stunden in den Sinn, als wir damals in New Jersey abhauen wollten. Ich muss ungefähr zehn gewesen sein, du warst also um die neun Jahre alt. Du, Geet, Eric und ich verbrachten den Sommer in Jannies dreistöckigem Haus in New Jersey. Weißt du noch, dass wir – obwohl wir alle Cousins waren – jedem, dem wir begegnet sind, erzählt haben, wir seien Brüder, weil wir uns auch ehrlich so fühlten? Ich *weiß*, du erinnerst dich, dass wir jeder ein eigenes Zimmer hatten, aber trotzdem jede Nacht in der Gästewohnung im dritten Stock geschlafen haben. Mann, wir hatten da sogar unsere eigene Küche, was total *cool* war, weil du gerade gelernt hattest, wie man French Toast macht. Bruder, ich schwöre dir, wir haben täglich einen Laib Brot und ein Dutzend Eier verputzt, jeden Tag, den ganzen Sommer lang. Wir waren auf einer strikten French-Toast-Diät. Außerdem hatte Aunt Jannie Kabelfernsehen *mit HBO*! Und sie hat uns einen Atari gekauft. Und da ich der EINZIGE von uns Cousins bin, der kein Schlagzeug spielen kann, hatten wir natürlich eins da. Und dann hat uns Uncle Robert Harriot vier Paar Boxhandschuhe geschenkt. Keinen Boxunterricht, kein Boxtraining. Nur die Boxhandschuhe, damit wir uns gegenseitig die Hucke vollhauen konnten. Geet und Rob hatten Hände wie Ziegelsteine, und da sie die Ältesten waren, haben sie uns jeden Tag vermöbelt. Mann, das war echt der beste Sommer überhaupt!

Ich hab es auch geliebt, wenn wir nach New York ins Modeviertel gefahren sind und Jannie uns durch den langweiligsten Teil von New York geschleppt hat, während sie Handtaschen und Koffer einkaufte, die sie dann bei Tagungen von Schwarzen im ganzen Land wieder verscherbeln konnte. Oh, und erinnerst du dich an die Streichhölzer? Aunt Jannie hat bei ihren Reisen immer Streichholzbriefchen aus Hotels, Restaurants, Bars und so weiter mitgenommen und ein Goldfischglas damit gefüllt – bis wir sie fanden. Und wenn sie zu ihrer eigentlichen Arbeit am Essex Community College ging, hat sie uns immer zur Bücherei geschickt, und du meintest, die sehe aus wie die Bibliothek von Alexandria.

Das war auch der Sommer, in dem ich die großartigste Sache überhaupt entdeckte – ohne T-Shirt rumlaufen! Jannie meinte so: »Warum solltest du ein T-Shirt anziehen, wenn du nirgendwohin gehst? Das ist doch total unnötig.« Wieso hatte uns noch nie jemand gesagt, dass wir auch einfach den ganzen Tag unsere nackten mageren Oberkörper zeigen konnten? He-Man war der Einzige, den ich das je hatte tun sehen, aber schließlich lag Castle Greyskull in einer sehr abgelegenen Gegend, wohingegen wir uns mitten in der Innenstadt von East Orange, New Jersey, befanden und ohne T-Shirts die drei Etagen hoch- und runterrannten, während wir mit einem Basketball dribbelten *und Boxhandschuhe trugen*! Das war echt der beste Sommer meines Lebens!

Das Einzige, was wir nicht durften, war rausgehen. Aunt Jannie ließ uns gerade mal auf der Veranda sitzen. Sie kaufte uns sogar einen Basketballkorb und hängte ihn im Haus auf. Wir hatten keine Ahnung, dass Crack gerade auf dem Vormarsch war und sie nur versuchte uns zu schützen, deshalb ächzten und stöhnten wir den ganzen Sommer lang darüber. Keine Ahnung, wie Aunt Jannie das überlebt hat. Kannst du dir vorstellen, dich mit vier vorpubertären Jungs ohne feste Schlafenszeit rumzuschlagen, die high von Sirupbrot hemmungslos umherrennen, sich bekämpfen, Basketbälle dribbeln, schwitzen, streiten, Schlagzeug spielen, bis in die Puppen nicht jugendfreie Filme gucken und noch dazu buchstäblich Tag und Nacht mit Feuer experimentieren?

Wir haben uns immer darüber lustig gemacht, dass Aunt Jannie ohne die Fähigkeit geboren wurde, die Lautstärke ihrer Stimme zu regulieren, sodass sie einen wirklich wegen *allem* anschreit. Der dritte Stock roch wahrscheinlich nach Teenagerachseln und Zimt, aber wir machten nie was sauber, weil Jannie sowieso immer herumbrüllte! Wie du damals sagtest, hatte Gott ihr zwei äußere Stimmen und keine innere Stimme gegeben, wenn sie uns also auftrug, sauber zu machen, taten wir es nie. Erinnerst du dich an das eine Mal, als sie hochkam, um den Veloursteppich zu saugen, dann diesen verwirrten Gesichtsausdruck aufsetzte und fragte: »Warum liegen hier so viele Streichhölzer auf dem Boden? Was ist hier los?«

Oh Mann, sie hat Töne getroffen wie sonst nur Sopranistinnen in den höchsten Lagen. Sie jagte uns durch das ganze Haus, hatte aber keine echte Chance, uns zu schnappen. Dann brummte sie uns eine Strafe auf, was bedeutete, dass wir weiterhin im Haus bleiben und Videospiele zocken und noch mehr French Toast essen und noch mehr Basketball spielen und noch mehr streiten und auf dem Schlagzeug rumhämmern mussten. Im Grunde war die einzige Veränderung, dass wir kein Eis am Stiel mehr bekamen. Sie nahm uns auch den Receiver fürs Kabelfernsehen weg, sodass wir das Original von *Kampf der Titanen* nicht gucken konnten, das auf HBO Premiere hatte. Und wir waren total entsetzt! Wie sollten wir ohne HBO und Stieleis überleben? Wir waren hier schließlich in Amerika! Wir hatten Rechte! Wir überlegten, das Jugendamt anzurufen, aber weißt du noch, was wir stattdessen gemacht haben?

Wir sind weggelaufen!

Aus dem French-Toast-Haus! Aus dem T-Shirts-sind-freiwillig-Haus! Von den Freifahrten zum Big Apple und dem unbegrenzten Zugang zu Büchern! Von einem Schloss mit Basketballspielen und Videospielen und nächtlichen Brüsten und so viel Sirup, wie wir nur essen konnten!

Ich erinnere mich noch, dass wir bei irgendeiner Bodega in einem zwielichtigen Viertel haltmachten und unser Geld zusammenlegten, um eine Packung von diesen Eislutschern in durchsichtigen Plastikhüllen zu kaufen. Geet trug Flipflops und meinte, sein Zehenfleisch würde brennen, was mich unglaublich zum Lachen gebracht hat. Also setzten wir uns auf den Bordstein, lutschten unser Wassereis und sahen bei einem Rap-Battle von einem Haufen Jugendlicher zu, die ganz oft »fresh« sagten. Geet hatte mich schon den ganzen Sommer lang gedrängt, Raps für ihn zu schreiben, also überredete er mich, gegen einen der Typen anzutreten, und ich hab tatsächlich gewonnen! Dann haben sich all diese Straßenjungs »aus dem Norden« um uns geschart und uns gefragt, wie South Carolina so sei und ob wir auf Pferden ritten und Schweine hielten. Und dann, ohne Stadtkarte, mit einer Tasche voll schmelzendem Wassereis und einer schnell schlimmer werdenden Flipflop-Zehenverletzung, setzten wir unsere Reise fort.

Wir waren frei.

Ich hab keine Ahnung, wie wir es bis zu Uncle Robs Haus schafften, das sich eine Stadt weiter befand, in Newark. Wir waren kaum in seiner Wohnung angekommen, als Jannie in der Tür auftauchte und schrie (also eigentlich mit normaler Stimme sprach), dass ihre Neffen entführt worden seien. Als sie uns sah, brach sie in Tränen aus. Oh, natürlich drohte sie auch, uns den Hintern zu versohlen, aber gleichzeitig weinte sie! Außer wenn der Heilige Geist in der Kirche zu ihr herabstieg, hatte ich sie noch nie weinen sehen. Das werde ich nie vergessen. Auf der Rückfahrt schimpfte sie, dass sie uns doch alles gegeben habe, was wir wollten, während wir nur still dasaßen. Sie redete immer weiter darüber, wie undankbar wir doch seien und dass niemand sonst von einem so luxuriösen Leben davonlaufen würde. Als sie uns fragte, wie wir vor diesen ganzen Freiheiten hatten weglaufen können, hatte keiner eine Antwort parat, bis du die Stille durchbrachst und sagtest:

»Weil wir eben nicht *vollkommen* frei waren.«

Darüber denke ich oft nach.

Ich frage mich, was *vollkommen frei* wohl bedeutet und ob es so was wie *irgendwie frei* überhaupt gibt.

Ich bin mir sicher, dass das Weiße Amerika die ehemaligen Versklavten nach der Abschaffung der Sklaverei als vollkommen frei betrachtete, während es sich gleichzeitig ein Schlupfloch ließ, das es ihm erlaubte, nichtweiße Menschen zu versklaven, ohne es Sklaverei zu nennen. Du kannst es selbst nachlesen. So steht es in dem kaum bekannten Dokument namens Verfassung der Vereinigten Staaten von Amerika, in dessen 13. Zusatzartikel es heißt: »Weder Sklaverei noch Zwangsdienstbarkeit darf, außer als Strafe für ein Verbrechen, dessen die betreffende Person in einem ordentlichen Verfahren für schuldig befunden worden ist, in den Vereinigten Staaten oder in irgendeinem Gebiet unter ihrer Gesetzeshoheit bestehen.«

Außer als Strafe für ein Verbrechen.

Anstatt es Sklaverei oder Zwangsdienstbarkeit zu nennen, konnten sie es also »Masseninhaftierung« nennen. Anstatt dass Privatpersonen People of Color dazu zwangen, für ihren Profit zu arbeiten, konnten sie Schwarze dazu zwingen, für den Profit von Privatpersonen zu arbeiten. Um zu verstehen, wie das funktionierte, müssen wir zurückgehen zu einer Zeit, die der große Historiker Richard Martin Lloyd Walters wie folgt bezeichnet: »Once upon a time, not long ago; when people wore pajamas and lived life slow.«

Im kolonialistischen Amerika wurde man nach der Verurteilung für ein Verbrechen mit einem Bußgeld belegt, ausgepeitscht, von der Gemeinschaft ausgeschlossen oder – im schlimmsten Fall – zur Vollstreckung der Todesstrafe am Galgen geschickt. Du weißt, was ein Galgen ist, oder? Ich hab keine Ahnung, wie viele Nachrichten du da drin mitkriegst, aber ein paar Darsteller von so historischem Reenactment haben vor Kurzem einen vor dem Kapitol aufgebaut und sind dann reingestürmt. Die guten Menschen aus Charleston, South Carolina, hatten eine noch bessere Lösungsidee. Sie machten Geld mit dem Auspeitschen von Versklavten. Die Stadt stellte eine Angebotsübersicht und eine Preisliste zur Verfügung, um streitlustige und unartige Afrikaner ins »Sugar House« zu schicken – ein städtisches Gebäude, in dem Menschen mit der Berechtigung arbeiteten, versklavten Schwarzen gegen eine kleine Gebühr Gewalt zuzufügen. Aber glaub mir, lieber Cousin, diese professionellen Folterer benutzten keine Boxhandschuhe.[1] Als Städte in den Südstaaten, wie Savannah, dieses einträgliche System übernahmen, dachten sie sich auch eine offiziell klingende Bezeichnung dafür aus: das Department for Corrections.

Im Jahr 1787 kam die Philadelphia Society for Alleviating the Miseries of Public Prisons (Gesellschaft zur Linderung des Leids in öffentlichen Gefängnissen von Philadelphia) im Haus von Benjamin Franklin zusammen und entwickelte einen Plan für das erste moderne Gefängnissystem. Anstatt die Kriminellen zu bestrafen, forderten sie die Insassen auf, um Vergebung zu bitten oder »penitence«, also »Besserung«, zu geloben, deshalb nannten sie es auch »penitentiary«, also »Besserungsanstalt«. Die Gefangenen wurden in Einzelhaft gehalten, und wenn sie dieser unmenschlichen Behandlung nicht ausgesetzt waren, arbeiteten oder beteten sie oder dachten über ihr Verhalten nach, ohne Kontakt oder Kommunikation mit anderen Insassen. Selbst in der gemeinsamen Zeit mussten sie Masken tragen, damit sie einander nicht sehen konnten. Das Gefängnissystem in Auburn, New York, machte dagegen Gebrauch von körperlicher Züchtigung, harter Arbeit und Stille, um die Gefangenen zu resozialisieren. Die Insassen durften sich versammeln, aber nicht miteinander sprechen.

In den 1840er-Jahren nutzte jedes Gefängnis in Amerika entweder das Pennsylvania-System oder das Auburn-System, aber unabhängig von der angewandten Methode hatten sie alle eins gemeinsam: unbezahlte Arbeitskräfte. Merkwürdigerweise waren die meisten dieser Häftlinge arme weiße Männer oder weiße Einwanderer. In der Zeit vor dem Bürgerkrieg machten im Ausland geborene Immigranten drei Prozent der Bevölkerung, aber bis zu ein Drittel der Insassen in den Gefängnissystemen der Südstaaten aus.*[2] Glücklicherweise löste der 13. Zusatzartikel dieses wild um sich greifende, von der »städtischen Jugend« verübte Weiße-gegen-Weiße-Verbrechen, indem ein weiteres Schlupfloch eingerichtet wurde: die sogenannten »Black Codes«.

Nachdem die Versklavten befreit worden waren, wurde in allen Südstaaten ein »Landstreicher«-Gesetz erlassen, das Arbeitslosigkeit zum Verbrechen erklärte. In Staaten wie Georgia, Alabama und Mississippi war es nun außerdem illegal, ein Handwerk oder einen Beruf ohne die Erlaubnis eines Weißen zu erlernen. In Louisianas Black Code von 1865 wurde jedem Schwarzen vorgeschrieben, »sich in einem geregelten Arbeitsverhältnis bei einer weißen Person oder

* *Italiener, Juden und Osteuropäer wurden noch nicht zu den Weißen gezählt.*

dem ehemaligen Besitzer zu befinden, der für das Benehmen des besagten Negros die Verantwortung trägt«.[3] Texas gab bekannt: »Es ist die Pflicht jedes Sheriffs, Friedensrichters und anderer Beamter der verschiedenen Bezirke des Staates, dem Richter des jeweiligen Bezirksgerichts zu jeder Zeit alle mittellosen und landstreichenden Minderjährigen in ihren jeweiligen Bezirken oder Revieren zu melden, ebenso wie alle Minderjährigen, deren Eltern oder Elternteil nicht die Mittel haben oder sich weigern, besagten Minderjährigen zu unterstützen.«[4] Wann immer Schwarze Bürger unweigerlich diese Gesetze brachen, wurden sie an Plantagen- oder Fabrikbesitzer verkauft und mussten unbezahlt arbeiten.
Du weißt ja, die Sklaverei wurde abgeschafft »außer als Strafe für ein Verbrechen«, deshalb verstieß dieses »Convict Lease System« (»Verpachtungssystem von Sträflingen«) streng genommen nicht gegen den 13. Zusatzartikel.

Bruder, diese erschlichene Form der Sklaverei wurde bald zum lukrativsten Wirtschaftszweig Amerikas. Wir waren nur »irgendwie frei«.

Die Tennessee Coal, Iron and Railroad Company (TCI) war als eines der ursprünglichen zwölf Unternehmen im Dow Jones Industrial Average (Dow-Jones-Index) gelistet, weil ihre Belegschaft größtenteils aus Schwarzen, für Bagatelldelikte verurteilten Gefangenenarbeitern bestand. Nachdem die TCI 1907 von der United States Steel aufgekauft wurde, dem größten Konzern der Welt, operierte das Unternehmen nur noch mit Strafarbeitern.[5] Landesweit erzielte das Convict Leasing einen durchschnittlichen Gewinn von 267 Prozent und wurde genutzt, um die in den frühen 1900er-Jahren stetig wachsende Nachfrage nach einer zunehmend gewerkschaftlich organisierten Arbeiterschaft zu verringern.[6]
Der Gewinn war auch nicht auf Privatunternehmen begrenzt. 1898 stammten 73 Prozent des gesamten Staatshaushalts von Alabama aus Convict Leasing.[7] Diesem Beispiel folgend, richtete die US-Regierung einen hundertprozentigen Regierungskonzern ein, den sie Federal Prison Industries

nannte, um von Sträflingsarbeit profitieren zu können. Da die Unternehmen nicht verpflichtet waren, einen Mindeststandard von Menschenrechten gegenüber den versklavten Seelen einzuhalten, grassierten zügellose Folter, Missbrauch und sexuelle Übergriffe. Malaria, Lungenentzündung und Tuberkulose suchten die Häftlinge heim. 1870 starben 41 Prozent der Convict-Leasing-Sträflinge in Alabama während ihrer Inhaftierung, und die Todesrate in Gefängnissen in Mississippi in den 1880er-Jahren war neunmal höher als in Gefängnissen der Nordstaaten.[8] Die Todesrate wäre sogar noch weiter angestiegen, wenn die Staaten nicht die Strategie gefahren hätten, todkranke Insassen zu entlassen, damit das Gefängnissystem nicht die Beerdigungskosten für ihre versklavten Profitproduzenten übernehmen musste. Rate mal, was passiert ist, als die ersten Staaten zwischen 1925 und 1930 begannen, das Convict Leasing zu verbieten, Tye? Die Inhaftierungsrate unter den Schwarzen sank auf die niedrigste Quote seit Abschaffung der Sklaverei. Aber wir waren erst *ein bisschen* frei.

Dir ist klar, dass sie noch was in der Hinterhand hatten, und das war natürlich kein Wassereis! 1971 löste Präsident Nixon das Profitproblem, in dem er einen »Krieg gegen Drogen« ausrief. 1970 befanden sich fast 200 000 Amerikaner im Gefängnis. Im Jahr 1985 waren es schon fast 482 000.[9] Und Ende 2019 saßen 1,4 Millionen Menschen in Gefängnissen in den USA, wobei fast fünfmal mehr Schwarze Amerikaner inhaftiert waren als weiße. Privatgefängnisse sind nicht die einzigen, die von dieser gestohlenen Arbeitskraft profitieren. Es sind auch die 1,3 Milliarden Dollar Gewinn der Telekommunikationsgesellschaften, die Verträge ausschließlich mit Gefängnissystemen haben. Es sind die 1,6 Milliarden Dollar, die Lebensmittelfirmen durch die Versorgung von Gefängnissen erwirtschaften. Es ist die Versicherungsindustrie, die 1,4 Milliarden Dollar durch Kautionsgebühren einnimmt. Und nicht nur die Bundesregierung verdient daran. In Kalifornien wird die Arbeitskraft von Gefangenen zur Bekämpfung von Flächenbränden genutzt. Deine Lieblings-Fast-Food-Kette nutzt Gefangenenarbeit bei der Fleischverarbeitung. Deine Möbel, dein Nummernschild und viele deiner Kleidungsstücke entstehen in Gefangenenarbeit.

Ich weiß, dir muss ich das nicht erzählen. Du bist in South Carolina, wo Schwarze 28 Prozent der Bevölkerung und 58 Prozent der im Staat Inhaftierten ausmachen.[10] Du hast mir erzählt, dass du in der Küche arbeitest, deshalb zählst du wahrscheinlich nicht zu denen, die 35 Cent bis zwei Dollar pro Stunde mit der Herstellung von Matratzen, Golfwagen und Büroeinrichtung für den Staat verdienen. Ich frage mich, was wohl passieren würde, wenn der Staat South Carolina die 59,61 Dollar, die ihn ein Häftling pro Tag kostet, für Drogentherapien, Bildung und eine Reform des Strafrechts ausgeben würde?[11]

Ich will damit nicht sagen, dass Leute nicht für ihre Verbrechen zur Verantwortung gezogen werden sollten, das kannst du mir glauben, Cuz. Aber ich frage mich schon, wie es sein kann, dass dreimal mehr Schwarze wegen Drogenmissbrauchs inhaftiert werden als Weiße, obwohl Weiße mehr Drogen konsumieren. Laut der National Survey on Drug Use and Health (Nationale Studie zu Drogenkonsum und Gesundheit) der Substance Abuse and Mental Health Services Administration (Behörde für Drogenmissbrauch und psychische Gesundheit) aus dem Jahr 2020 haben 48,7 Prozent der Schwarzen Erwachsenen schon einmal illegale Drogen konsumiert, wohingegen es bei den nichthispanischen Weißen 58,9 Prozent waren.[12] Wie kann es sein, dass Afroamerikaner für nur 26 Prozent der Verbrechen festgenommen werden, aber in Staatsgefängnissen fünfmal mehr Schwarze als Weiße inhaftiert sind?[13] Mir ist klar, dass du keine Antwort darauf hast. Ich frage mich nur, warum wir immer nur *irgendwie frei* sind.

Ich weiß, das ist nicht ganz fair, denn ich erinnere mich noch, dass ich einmal fast für dich im Gefängnis gelandet wäre. Tu mal nicht so, als wüsstest du nicht mehr, wie mich die Polizei wegen des Kwanzaa-Bechers vermöbelt hat. Dabei wollte ich dich nur mit deiner Boyband, Mass Appeal, auftreten sehen, die, wie du sicherlich heute zugeben kannst, nur eine billige Kopie von New Edition war, ohne die Jheri-Locken und die Hits. Weihnachten stand vor der Tür, und Mass Appeal sollte sich bei dieser riesigen Heiligabendtalentshow mit der berühmt-berüchtigten Rapgruppe Posse messen. Die Talentshow war wirklich ein EREIGNIS: Highschoolschülerinnen und –schüler von nah und fern (okay, größtenteils nah) kamen, um dem heißesten Unterhaltungsevent des Jahres beizuwohnen. (Ich weiß auch noch, wie du meintest, es heißt nicht »the Posse«, du Idiot. Einfach nur »Posse«.)

Das war eigentlich das erste Verzuz-Battle, Bro. Die Weihnachtstalentshow war die am sehnlichsten erwartete Show des Jahres, und ich *musste* einfach hin, um dich zu unterstützen. Ich schwöre, es ging dabei *nicht* um die ebenfalls anwesenden Highschoolmädchen und dass ich der »Cousin von außerhalb« sein würde oder um die Tatsache, dass es eine Highschool-After-Show-Party geben würde, bei der die Schülerinnen und Schüler bei einem langsamen Kuschelblues zu Guy featuring Teddy Riley die Hüftknochen aneinanderrieben. Es ging wirklich nur darum, für *dich* da zu sein. Es gab nur ein Problem: Ich war pleite und hatte keine Mitfahrgelegenheit. Zum Glück war mir aber schon eine Lösung dafür eingefallen.

Wie du weißt, feiert unsere Familie das Kwanzaa-Fest wie ein Weihnachten für Schwarze. Und ich musste noch meine Kwanzaa-Geschenke besorgen. Mein Plan war, mit dem Geld, das mir meine Mom für den Kwanzaa-Einkauf gegeben hatte, billigen Schund zu holen und den Rest bei deiner Talentshow zu verprassen. Zum Glück hatte ich meinen Klassenkameraden Lydell Hawkins noch dazu gebracht, mich mitzunehmen. Bestimmt erinnerst du dich an Lydell: großer Kerl, Footballspieler. Er fuhr einen 1977er-Plymouth Volare mit einem burgunderroten Dach. Jeder Drogendealer in der

Stadt bot ihm Geld für dieses Auto an, weil es ein so gut gepflegter Oldtimer war. Da sein Nachname auch mit H begann, gingen Lydell und ich schon seit der siebten Klasse immer zusammen in die Hausaufgabenbetreuung und waren deshalb seit Jahren Freunde. Also gingen wir am Abend vom Kwanzaa Eve zur Magnolia Mall, wo es ganz schön voll war, und ich fand das perfekte Geschenk – einen Kwanzaa-Becher! Im Grunde war es ein Kaffeebecher, auf dem die Kwanzaa-Prinzipien erschienen, sobald man heiße Flüssigkeit hineingab. Nachdem wir uns noch eine Kwanzaa-Tasche gesichert hatten, machten wir uns also auf den Weg zur Show. An dem Abend traten Hunderte Bands auf, aber nur zwei waren wirklich wichtig: Posse und Mass Appeal. Jeder wusste, was Posse spielen würde. Zunächst mal hatte Posse mehr Mitglieder als ein Baptistenkirchenchor, die außerdem *ständig* kamen und gingen. Ihre Masche war, dass jedes Bandmitglied über irgendwas ihm Wichtiges rappte, aber der Refrain immer derselbe blieb:

> Heeeey We want some Poss-sayyyy
> Whatchu want, girl?
> Heeeey We want some Poss-sayyyy
> What you need, girl?
> Heeeey We want some Poss-sayyyy

Allerdings sang Posse den Refrain nicht selbst. Die Band wählte die hübschesten Mädchen aus den zehnten und elften Klassen aus, die den Refrain im Sprechgesang darboten und als »Posse Girls« tanzten. Ja, Posse hatte tatsächlich sein eigenes Cheerleading-Team als Background-Tänzerinnen! Bist du nicht mal mit einem Posse Girl ausgegangen? Mann, ein Posse Girl zu daten war damals, als wäre man mit einer von Destiny's Child zusammen. Sie waren praktisch die Victoria's-Secret-Models unserer Jugend. Na, jedenfalls hat Posse euch vernichtend geschlagen. Du weißt, ich liebe dich, Bro, aber ich muss einfach ehrlich sein. Posse war echt

Hammer an dem Abend. Ihr habt mir ziemlich leidgetan. Es bestand null Chance, dass Mass Appeal den Wu-Tang Clan übertrumpfen konnte. Aber dann war Mass Appeal dran, und ihr habt ein geniales Medley aus allen R-&-B-Hits gespielt, angefangen bei Bell Biv DeVoes Warnung von wegen »never trust a big butt and smile« und beendet mit Hi-Fives »I Like the Way (The Kissing Game)«, und dabei trugt ihr noch die geairbrushten BBD-Overall-Shorts und Malcolm-X-Hüte. (Tja, das waren halt die 90er!) Falls du es noch nicht wusstest: Das Einzige, was Frauen noch mehr mögen als Wortwitze (Frauen mögen doch Wortwitze, oder?), sind Typen, die Falsett singen können. Und ganz ehrlich, wie gut habt ihr bitte gesungen! Wenn ich nicht versucht hätte, cool zu sein und bei einem verirrten Posse Girl zu landen, hätte ich definitiv Mass Appeal zugejubelt. Aber gewonnen habt ihr ja sowieso!

Selbst Lydell hatte was am Start. (Und mit »am Start« meine ich, dass er mit einem Mädchen nach draußen ging und ihre Telefonnummer kriegte, denn in der elften Klasse war das schon ein Riesending!) Während ich mich in all der Highschoolherrlichkeit sonnte, vergaß ich komplett, dass ich eigentlich zu einer bestimmten Zeit zu Hause sein sollte, und mir war bewusst, in welchen Schwierigkeiten ich steckte. Da mein Zimmer einen eigenen Hauseingang hatte, würde ich mich mit etwas Glück trotzdem in mein Zimmer schleichen können, ohne dass Mama es mitbekam; also bat ich Lydell, mich an der Ecke rauszulassen, um den restlichen Weg nach Hause zu laufen und so die Gefahr zu verringern, dass sein megalautes altes Auto meine Mom aus ihrem Kwanzaa-Eve-Schlummer weckte. Lydell war noch keinen Block entfernt, als er bemerkte, dass ich den Kwanzaa-Becher in seinem Auto vergessen hatte. Er drehte um, hielt neben mir an, reichte mir mein Kwanzaa-Geschenk durch das Autofenster rüber und fuhr weg, während ich meinen Fußweg nach Hause antrat.

Damals lag unser Elternhaus nur einen Block von der Straße entfernt, die quasi Walmart für Crack war. An der

Eighth Street gab es eine Riesenauswahl an Crack: Crackklumpen. Crackkekse. Gepanschtes Crack. Stärker-als Alkohol-Crack. *Alle Arten von Crack.* Und dann hielt am Kwanzaa Eve um ein Uhr nachts ein seltsam anmutendes Drogendealerauto neben mir an, der Fahrer reichte mir etwas durchs Fenster und verschwand in der Nacht. Jetzt, da ich darüber nachdenke, verstehe ich, warum das etwas verdächtig gewirkt haben musste.

Ehrlich gesagt sah ich wahrscheinlich auch ein bisschen wie auf Kokain aus, als die Polizisten aus dem Nichts vor mir auftauchten. Meine Kleidung war verrutscht. Ich war müde. Ich kam von der Eighth Street und schrie irgendeinen Unsinn von wegen, sie sollten vorsichtig mit meinem »Paket« sein. Als sie nach dem Crack suchten, das ich *offensichtlich weggeworfen hatte*, während ein Polizeibeamter mit seinem Knie auf meinem Rücken hockte, versuchte ich nicht mal, mich zu rechtfertigen. Alles, was ich tun konnte, war, mein Leben zu retten. Ich bettelte und flehte mit allem, was ich hatte. Ach, es war mir egal, falls sie mir eine Kugel in den Kopf jagen wollten oder so was, ich wollte nur unbedingt verhindern, dass sie den Kwanzaa-Becher für meine Mama zerbrachen. Als sie den Kwanzaa-Becher in unzählige Einzelteile zerschmetterten und mich gehen ließen, war ich am Boden zerstört. Ich schwöre dir, bei allen Dingen, bei denen ich Polizeibeamte beobachtet habe – und ich habe mitangesehen, wie Polizisten *Menschen töteten* –, habe ich mich nie so traurig und erbärmlich gefühlt wie in den Minuten, als ich die circa 200 Meter nach Hause laufen musste, nachdem die Cops auf dem Sechs-Dollar-Kwanzaa-Becher für meine Mutter herumgetrampelt hatten.

Als ich nach Hause kam, wartete meine Mutter schon auf mich, und ich versuchte nicht mal, mich zu verteidigen. Ich hörte nur meiner Mutter beim Schreien zu. Erst schrie sie mich an, weil ich zu spät war. Dann schrie sie mich an, weil ich egoistisch gewesen war und Geld für eine Talentshow ausgegeben hatte. Keiner kann einem besser Schuldgefühle einreden als meine Mutter, und es war schrecklicher, als ein Knie im Nacken zu haben. Aber was am schlimmsten war: Sie hatte recht. Sie hatte doch immer nur versucht, uns glücklich zu machen. Das Kwanzaa-Geschenk war ihr nicht wichtig, aber ich bin mir sicher, sie war traurig, dass ihr Sohn lieber mit zweitklassigen Posse Girls einen Kuschelblues hinlegte, als ihr ein verdammtes Kwanzaa-Geschenk zu kaufen. Ich hatte genau *eine Aufgabe* gehabt. Als meine Schwestern unserer Mom ihre Kwanzaa-Geschenke überreichten, fühlte ich mich nicht nur schlecht, weil das Kwanzaa-Geschenk ein familieninterner Konkurrenzkampf war; es war auch eine Tradition. Und ich weiß, meine Mom war verletzt, denn ich habe es ihr an den Augen angesehen.

Ein paar Tage später oder vielleicht sogar schon am nächsten Tag erzählte ein Nachbar, der den Vorfall mit den Cops mitangesehen hatte, meiner Mom, dass die Polizei mich zusammengeschlagen hätte. Sie versuchte Beschwerde einzureichen, aber wir hörten nie wieder was davon. Nachdem sie sich beruhigt hatte, ließ sie eine weitere Schimpftirade auf mich los über das Rumhängen auf der Straße zu nachtschlafender Stunde. Und mitten in der Standpauke fing sie an zu weinen. Ich versuchte ihr zu erklären, dass ich nur deinen Auftritt in der Talentshow hatte sehen wollen, aber sie hörte nicht auf mit ihrer Jannie-artigen Sopranistentirade.

Und da verstand ich, dass meine Mom sich gar nicht wegen der Drogendealer um mich gesorgt hatte. Ihr war klar, dass die Typen an der Ecke zur Eighth Street mich nicht belästigen würden. Wenn überhaupt würden sie mich wahrscheinlich sogar beschützen. Sie hielt mir keinen Vortrag über die Gefahr von Drogen. Sie wusste, dass ich »dieses Crack«, wie sie es nannte, nicht konsumierte. Sie regte sich nicht darüber auf, dass ich zu spät nach Hause gekommen war. Sondern sie machte sich Sorgen, was *die Cops* mir hätten antun können.

»Was, wenn sie dich ins Gefängnis gesteckt hätten?«, fragte sie. »Willst du dein Leben einfach so wegwerfen? Der Polizei ist es egal, ob du unschuldig bist. Glaubst du, die scheren sich da drum? Für die bist du nur irgendein Schwarzer Junge in Amerika!«

Daran muss ich oft denken.

Und *an dich* muss ich oft denken. Du bist so was wie ein Bruder für mich. Jetzt, da ich erkenne, welchen unterschiedlichen Verlauf unsere Leben genommen haben, verstehe ich das Privileg, über absolute Freiheit nachzudenken. Du bist Opfer einer vom Staat abgesegneten Gesetzeslücke, die die Versklavung legalisiert hat, und ich bin nur ein Schwarzer Mann in Amerika.

Und keiner von uns ist *vollkommen* frei.

I love you, Cuz.
Mikey

DREI KURZE FRAGEN

1. **Warum nahm die Masseninhaftierung nach dem Verbot der Sklaverei zu?**
   a. Um weiterhin von unentgeltlicher Arbeitskraft zu profitieren.
   b. Weil die Staaten Gesetze erließen, die Schwarze ins Visier nahmen.
   c. War wahrscheinlich nur Zufall.
   d. Moment … Wann wurde die Sklaverei überhaupt verboten?

2. **Die USA haben die höchste Inhaftierungsrate der Welt. Warum haben sie nicht gleichzeitig die niedrigste Kriminalitätsrate?**
   a. Weil Inhaftierung Kriminalität nicht verhindert.
   b. Kriminalität wird durch Armut verursacht, nicht durch einen Mangel an Gefängniszellen.
   c. War wahrscheinlich nur Zufall.
   d. Jetzt mal ehrlich, wurde die Sklaverei überhaupt verboten?

3. **Wer profitiert von der Masseninhaftierung?**
   a. Konzerngeführte Privatgefängnisse, die finanzielle Unterstützung vom Bundesstaat oder dem Land erhalten.
   b. Die Leute, die unentgeltliche Arbeitskraft erhalten.
   c. Keiner.
   d. Jetzt mal im Ernst, Sie haben vorhin erwähnt, dass die Sklaverei verboten wurde. Ist das wirklich passiert?

AUFGABE

EIN GUTER GRUND

Nennen Sie einen logischen, nachweisbaren Grund, abgesehen von Amerikas rassistischer Geschichte, warum die Inhaftierungsrate von Schwarzen Amerikanern höher ist als die jeder anderen Gruppe in Amerika.

14

DER GROSSE WEISSE RAUB

Hallo noch mal, Racist Baby! Was machst du denn hier?

Na ja, jetzt, da Jesus bald kommt und alle Schwarzen zu sich holt, wollte ich dir nur sagen, dass ich wirklich zu schätzen weiß, wie viel Zeit du dir genommen hast, mir den Rassismus zu erklären.

Warte mal ... Wer hat dir denn erzählt, dass Jesus zurückkehrt? Und warum sollte er nur für die Schwarzen wiederkommen?

Also, ich hab meinen Dad reden gehört, und er hat sich ziemlich aufgeregt. Er hat gesagt, dass die Demokraten über die Schwarze Offenbarung sprechen. Wir haben in der rassistischen Sonntagsschule über das Buch der Offenbarung in der Bibel geredet, aber ich wusste nicht, dass es noch eine Bibel extra für Schwarze gibt.

Nein, Racist Baby. Diese Leute reden nicht über die *Offenbarung*, das letzte Buch des Neuen Testaments, sondern über *Schwarze Opferbezahlung*, die nennt man Reparationen.

Was sind denn Reparationen?

Reparation bedeutet »eine Entschädigung für ein verübtes Unrecht, indem Geld bezahlt oder den zu Schaden gekommenen auf andere Art und Weise geholfen wird«.

In diesem Fall sprechen wir über Reparationen für die Sklaverei, Jim Crow und die gesamten Nachwirkungen von alldem.

Mein Vater hat zu mir gesagt, dass er es leid sei, über Sklaverei zu sprechen, weil das alles so lange her ist und er nichts damit zu tun hatte. Außerdem war es damals erlaubt. Wie könnt ihr Redaktionen für etwas verlangen, was nicht mal eine Straftat war?

Es heißt *Reparationen*, RB. Und dein Vater hat recht. Aber nur weil die Versklavung und die Erbeutung unentgeltlicher Arbeitskraft von den Schwarzen vor 1868 völlig legal war, sollte man nicht dulden, dass Amerika die Rufe nach Ausschüttung von Dividenden an die Nachfahren der Menschen ignoriert, die für die Nation 246 Jahre lang unbezahlte Arbeit geleistet haben. Es gibt aber ein noch schlüssigeres, vielleicht wirklich unbestreitbares Argument: nämlich dass Sklaverei nur ein kleiner Teil des Darlehens war, das die Schwarzen Amerika gewährt haben und für das sie niemals Dividenden oder die Darlehenssumme selbst zurückerhalten haben. Im Mittelpunkt der Debatte steht der Umstand, dass dieses Land größtenteils aufgrund des Einsatzes vom Schweißkapital und tatsächlichen Geldmitteln der Schwarzen Amerikaner überhaupt erst zu einer wirtschaftlichen Supermacht geworden und dies auch geblieben ist.

Aber viele weiße Menschen haben überhaupt keine »Sklaven« besessen! Wie kann das dann deren Schuld sein?

Auch das stimmt. 75 Prozent der weißen Familien besaßen keine Versklavten, und einem Prozent gehörten 40 Prozent oder sogar mehr.[1] Trotzdem waren all diese Leute an der Sklaverei als Institution beteiligt und haben von der gestohlenen

Arbeitskraft profitiert – von Schiffsbaugesellschaften bis hin zur Textilindustrie, den internationalen Handelsbetreibern und der Landesverteidigung. Die unentgeltliche Arbeitskraft diente als Stütze für die gesamte Volkswirtschaft. Das ist allerdings nur ein Tropfen auf den heißen Stein, wenn es um die Einschätzung geht, was Amerika den Schwarzen in Form von Reparationen schuldig ist. Wenn der 14. Zusatzartikel als Resettaste gedacht war, um den Millionen von Schwarzen Geiseln, deren unfreiwilliges Schweißkapital diesem Land zur Supermacht verhalf, den Amerikanischen Traum zu ermöglichen, dann kann man die Zeit nach dem 9. Juli 1868 nur als gesetzeswidrigen Diebstahl bezeichnen.

Im Jahr 2016 betrug laut Brookings Institution, einer amerikanischen Forschungsorganisation, das durchschnittliche Nettovermögen einer weißen Familie 171 000 Dollar, während das durchschnittliche Nettovermögen einer Schwarzen Familie bei 17 150 Dollar lag.[2] Der Grund für dieses gigantische Wohlstandsgefälle ist nicht nur die Sklaverei, Jim Crow oder selbst Amerikas einzigartige Form von Rassismus. Seit der Ratifizierung des 14. Zusatzartikels hat Amerika einen Robin-Hood-artigen Raub betrieben. Doch anstatt von den Reichen zu nehmen und es den Armen zu geben, umgehen die Vereinigten Staaten den 14. Zusatzartikel, indem sie den Afroamerikanern ihr Vermögen klauen und es den Weißen zuschustern. Jeder Weiße in Amerika – ob reich oder arm, liberal oder konservativ, Demokrat oder Republikaner – hat von den gestohlenen Gütern profitiert, die dem Schwarzen Amerika entrissen wurden.

Moment, willst du damit sagen, dass alle Weißen damals Diebe waren? Meine Mom würde aber niemals stehlen!

Ja, alle Weißen. Um dir zu veranschaulichen, was ich sagen will, erzähle ich dir eine Geschichte aus meiner Heimat.

1948, als erst 16 Staaten in Amerika segregierte öffentliche Schulen verboten hatten, waren es Schwarze Schülerinnen und Schüler in dem winzigen Nest Summerton, South Carolina, wo drei von vier Einwohnern Schwarz waren, endgültig leid, von den Weißen beraubt zu werden.[3]

Jeden Tag meisterten diese Kinder aus Summerton einen Hindernisparcours nach dem anderen, nur um mit einer minderwertigen Schulbildung belohnt zu werden. Wenn sie Glück hatten, liefen sie einfach neun Meilen zu Fuß zu der segregierten Schule im District 22 von Clarendon County. An anderen Tagen zwang der Regen auch die Jüngsten, die gerade mal sechs Jahre alt waren, auf dem Schulweg durch einen Wasserlauf zu waten. Oftmals, wenn das Wasser besonders hoch stand, stellte jemand ein Floß bereit, um sie über den Lake-Marion-Stausee zu rudern. Nach der Ankunft in der Schule mussten sie erst noch Holz für ihr nicht beheiztes Klassenzimmer sammeln ... wenn sie denn überhaupt ankamen. Manchmal ertrank ein Kind auch einfach auf dem Weg.

Das klingt vielleicht nach dem harten Leben mittelloser Schüler auf dem Land, aber Summerton war keine arme Stadt. Die überwiegende Mehrheit der Schwarzen Bevölkerung ging einer Arbeit nach. Viele betrieben Geschäfte oder hatten gut bezahlte Jobs in den Fabriken im Ort. Ihre Arbeitgeber behielten die Steuern für Bund, Staat und Stadt von ihrem Lohn ein, genau wie bei ihren weißen Kollegen. Die Schwarze Einwohnerschaft von Summerton war nicht davon freigestellt, Grundsteuer, Mehrwertsteuer oder jede andere Steuerbemessung zu zahlen, die ihre Regierung für notwendig hielt. Verständlicherweise waren die Schwarzen Eltern sehr aufgebracht, als sie herausfanden, dass die weißen Kinder nicht jeden Tag denselben Marsch bewältigen mussten wie ihre Kinder, da der Bezirk 30 Busse gekauft hatte, um sie zur Schule zu chauffieren. Erzürnt bat eine Gruppe Eltern den Vorsitzenden der Schulbehörde, Roderick W. Elliott, um nur einen Bus für die Schwarzen Schülerinnen und Schüler.

Er wies sie ab.

Also kontaktierten Harry und Eliza Briggs zusammen mit 19 weiteren Schwarzen Familien die NAACP und reichten mit *Briggs versus Elliott* die erste von fünf Klagen ein, die später zusammengefasst und als *Brown versus Board of Education of Topeka* bekannt werden sollten. Doch noch bevor sie mit dem Verfahren den »Gleich, aber getrennt«-Präzedenzfall des Obersten Gerichtshofes für nichtig erklärten, verstanden die Eltern des District 22 endlich, warum ihre Kinder ein so gefährliches Leben führten: Die Weißen des Bezirks stahlen ihnen ihr Geld.

Die weißen Ortsansässigen in den Schulbussen, die zum Teil mit den Steuergeldern der Schwarzen Einwohnerschaft Summertons angekauft wurden, deren Kinder wiederum den Fluss des Rassismus überqueren mussten, sind ein perfektes Beispiel für diesen Diebstahl. Die weißen Kinder kamen ausgeruht und lernbereit in der Schule an, während ihren Schwarzen Mitschülern die Ungerechtigkeiten widerfuhren, die in der ursprünglichen *Briggs versus Elliot*-Beschwerde aufgeführt gewesen waren, darunter unhygienische und unzulängliche Räumlichkeiten, ein Mangel an Lehrpersonal und Klassenzimmern sowie ungenügende Unterrichtsmaterialien.

Die Schwarzen Eltern bezahlten überproportional viel für die schönen neuen Schulen und den Komfort der weißen Schüler, worin diese sich dem Lernen widmeten. Und dieses Phänomen gab es nicht nur in Summerton. Obwohl die Bevölkerung South Carolinas im Jahr 1948 zu 40 Prozent Schwarz war, wurden Schwarze Schulen im gesamten Staat mit 12,9 Millionen Dollar bewertet, während weiße Schulen 68,4 Millionen Dollar wert waren.[4] Wenn diese weiße Schülerschaft in ihren gut ausgestatteten Schulen Erfolg hatten, konnten sie anschließend auf eine der mehr als zwölf öffentlichen Hochschulen in South Carolina gehen.

Wenn hingegen Schwarze Schulabsolventen ein staatliches College besuchen wollten, gab es aufgrund der Segregationsgesetze lediglich eine Wahl – das South Carolina State College, das einzige öffentliche Schwarze College mit vierjährigen Studiengängen im Bundesstaat. Dieses Detail wäre nicht so bedeutend, wenn es nicht drei entscheidende Tatsachen über die Steuerzahlenden gäbe, deren Geld nach der Sklavenbefreiung genau genommen die staatlichen Hochschulen nur für Weiße sowie das eine öffentlich finanzierte Schwarze College in South Carolina mit Geldmitteln versorgte:

- Die Steuerzahler in South Carolina bezahlten für sieben ausschließlich weiße Colleges.
- Die Steuerzahler in South Carolina bezahlten für null Schwarze Colleges. (Denn das South Carolina State College war ein »land-grant«-College, was bedeutet, dass es nach dem Bürgerkrieg mit Bundesgeldern gegründet worden war.)
- Die Mehrheit der Steuerzahler in South Carolina war Schwarz. (Laut der US-Volkszählungsbehörde war der Großteil der Einwohner im schulpflichtigen Alter, der Steuerzahler und der Lohnempfänger im sogenannten Palmetto State Schwarz.)

Jeder Schwarze in South Carolina wurde bestohlen, und jeder Weiße in South Carolina profitierte davon.

Okay, ich kann deine Argumente irgendwie verstehen, aber mein Dad ist nie aufs College gegangen. Er kann mir nicht mal bei den Hausaufgaben helfen!

Das tut mir leid, RB. Aber der Diebstahl des Schwarzen Vermögens war nicht auf den Bildungsbereich beschränkt. Vier Jahre bevor die Schwarzen Eltern in Summerton Klagen gegen den Schulbezirk ihrer Kinder einreichten, unterzeichnete Präsident Franklin Delano Roosevelt den Servicemen's Readjustment Act von 1944. Gemeinhin bekannt als G.I. Bill, bot das Gesetz von der Regierung garantierte Darlehen für den Kauf von Wohneigentum und bezahlte die Ausbildungskosten für Veteranen des Zweiten Weltkriegs ... außer wenn man Schwarz war.

In seinem Buch *When Affirmative Action Was White* (*Als positive Diskriminierung weiß war*) hebt Ira Katznelson hervor, dass bei den 76 000 in New York und den nördlichen Vororten von New Jersey gemäß der G.I. Bill genehmigten Wohneigentumsdarlehen weniger als 100 der Häuser kaufenden Veteranen nicht weiß waren. Ein Banker in Corpus Christi, Texas, soll Berichten zufolge einem Schwarzen Veteranen ausdrücklich gesagt haben: »Für einen farbigen Mann ist es fast unmöglich, ein Darlehen zu erhalten.«[5]

In Bezug auf Studienkredite lehnten selbst die Colleges in den Nordstaaten Schwarze Veteranen ab, und da die historisch Schwarze Colleges und Universitäten bis unters Dach voll waren mit Studierenden, die die weißen Hochschulen in den Südstaaten nicht besuchen durften, schrieben sich 1946 nur 20 Prozent der ehemaligen Schwarzen Soldaten, die Unterstützung für die Studienfinanzierung beantragt hatten, tatsächlich an einem College ein, wie Hilary Herbold in »Never a Level Playing Field: Blacks and the GI Bill« (»Chancenungleichheit: Schwarze und die G.I. Bill«) deutlich machte. »Obwohl der Kongress theoretisch allen Soldaten dieselben Leistungen gewährte«, schreibt Herbold, »schlossen die Rassentrennungsprinzipien fast jeder Hochschule effektiv einen Großteil der schwarzen Veteranen davon aus, einen Collegeabschluss zu erreichen.«[6] Und viele der Ablehnungen von Wohneigentumsdarlehen basierten auf einer Regierungspolitik, die vielleicht am stärksten zum rassistisch motivierten Wohlstandsgefälle beigetragen hat: das sogenannte Redlining, also Rotmarkierung.

Moment mal ... Selbst wenn mein Dad *versucht*, mir mit meinen Mathehausaufgaben zu helfen, markiert mein Lehrer viele der Lösungen in Rot. Willst du damit sagen, dass mein Lehrer rassistisch ist?

Nein, das ist eine andere Art von Rotmarkierung, mein zukünftiger Faschist. Du redest von Dummheitsmarkierung.

Im Verlauf der amerikanischen Geschichte waren die Viertel in Großstädten meist organisch aufgebaut, hauptsächlich nach Wohlstand. Reiche lebten in Reichenvierteln, und Arme lebten an Orten, wo es ein bisschen nach Knoblauch roch. Selbst die irischen, jüdischen und italienischen Enklaven, obwohl ethnisch homogen, waren durch eine Bewohnerschaft von ähnlicher sozioökonomischer Stellung gekennzeichnet. Arme Iren wohnten neben armen Iren. Mittelständische Italiener lebten mit anderen mittelständischen Italienern zusammen. Und diese Gruppen hatten nicht nur die Chance, sich wirtschaftlich zu verbessern, es bot sich ihnen auch die Möglichkeit, Weißsein zu erreichen. Und mit dieser Assimilation ging auch die Integration einher.

Mitte der 1930er-Jahre finanzierte die Bundesregierung den New Deal, ein immenses Wirtschaftsprogramm, das Amerika aus der Großen Depression herausholen sollte. Die Regierung stellte Farmen Arbeitsmaschinen zur Verfügung, finanzierte Unternehmen, errichtete Vororte, verteilte Jobs an jeden körperlich gesunden Amerikaner und führte einen landesweiten Mindestlohn ein. Die neue Social Security Administration (SSA) garantierte den Menschen finanzielle Sicherheit im hohen Alter. Die Works Progress Administration (WPA) verschaffte den Menschen Jobs. Und die Home Owners' Loan Corporation (HOLC), als wichtigster Bestandteil, refinanzierte Hypotheken zu niedrigen Zinssätzen, um Zwangsvollstreckungen zu verhindern.

Die Gesetze des New Deal stellten eine gewaltige Investition in die Zukunft Amerikas dar, und obwohl sie kostspielig waren, halfen sie bei der Reduzierung von Armut und gaben einen Weg aus der Großen Depression vor. Mehr als jeder andere Gesetzesverbund in der Geschichte Amerikas waren die Arbeitsstellen, sozialen Programme und garantierten Darlehen des New Deal verantwortlich für die Erschaffung dessen, was wir heute »Mittelklasse« nennen. Es gab nur ein Problem: Schwarze waren in überwältigender Mehrheit von den wirkungsvollsten Teilen des New Deal ausgeschlossen.

Um sicherzustellen, dass die garantierten Hypotheken nicht zu riskant waren, erschuf die HOLC eine farblich gekennzeichnete »Wohnsicherheitskarte« von 239 Städten. Im Grunde waren auf den Karten jeweils die Viertel gekennzeichnet, die ein gutes oder ein schlechtes Investment darstellten. Die »risikobehafteten« Viertel wurden in Rot hervorgehoben (daher die Bezeichnung »Redlining«), darunter auch alle Schwarzenviertel der 239 Städte. Sogar gehobenere Schwarzenviertel wie LaVilla und Sugar Hill in Jacksonville, Florida, in denen Duke Ellington, Ella Fitzgerald und Zora Neale Hurston verkehrten, hielt die HOLC für »zu riskant«. Und statt diese Karte einzig und allein für die regierungsgestützten Wohneigentumsdarlehen zu verwenden (was an sich bereits rassistisch gewesen wäre), begannen die Banken die Karten für *alle Eigenheimanschaffungen und Refinanzierungen zu nutzen*. Aufgrund dessen – und während sich Generationen von Amerikanern selbst aus der Armut herausholten – war es Schwarzen nicht möglich, am größten Vermögensantreiber Amerikas teilzuhaben: dem Wohneigentum.

Zwar wurde Redlining 1968 durch den Fair Housing Act verboten, aber trotzdem beeinträchtigt es bis zum heutigen Tag beinahe jeden wirtschaftlichen Aspekt der Schwarzen Gemeinschaften. Nahezu jede kalkulierbare Auswirkung dieser institutionellen Ungleichbehandlung kann auf die 85 Jahre alte Regierungspolitik zurückgeführt werden. Das Redlining erklärt, warum Forscher der Brookings Institution herausfanden, dass Häuser in vorrangig Schwarzen Vierteln im Durchschnitt mit 48 000 Dollar weniger bewertet werden als in Weißenvierteln. Daraus ergibt sich ein kumulativer Verlust von 156 Milliarden Dollar im Wert der von Schwarzen besessenen Immobilien, selbst wenn in den Weißenvierteln dieselben Annehmlichkeiten, Kriminalitätsraten und Ressourcen vorherrschen wie in den Schwarzenvierteln.[7]

Etwa 36 Prozent der Bildungsfinanzierung stammt aus der örtlichen Grundsteuer, der »einzigen großen kommunalen Einnahmequelle für Schulen in den Vereinigten Staaten«. Diese geringeren Immobilienwerte[8] als direkte Auswirkung des Redlining bedeuten, dass Schulen in Schwarzenvierteln weniger finanzielle Unterstützung erhalten. Deshalb berichtete die Organisation EdBuild, dass mehrheitlich weiße Hochschulbezirke aufgrund des Redlining 2226 Dollar mehr pro Schüler erhalten als nicht weiße Bezirke: ein Diebstahl von 23 Milliarden Dollar.[9]

Anwohner in den ehemaligen Redlining-Gebieten zahlen höhere Zinssätze, und ihnen werden häufiger Hypotheken verwehrt als Weißen mit ähnlichem Ansehen und Einkommen, wie ein Bericht des Center for Investigative Journalism zeigt. Sie zahlen zudem höhere Sätze bei der Autoversicherung und höhere Preise für frische Lebensmittel, haben schlechteren Zugang zu medizinischer Versorgung, müssen höhere Zinssätze für Darlehen dulden, erhalten mehr Strafzettel für Parkverstöße, zahlen höhere Kautionssummen und warten länger, um zu wählen. Die weißen Menschen, die ihr Vermögen aus Darlehen mit geringeren Zinsen, günstigeren Lebensmitteln und hohen Hauseigentumswerten aufbauen, zahlen aber nicht mehr Steuern. Und trotzdem profitieren sie von aktuellen und vergangenen politischen Maßnahmen, die das Geld Schwarzer Steuerzahler nutzen und es den Weißen zugutekommen lassen.

Klingt das für dich nicht wie Diebstahl? Hehlerei ist es jedenfalls mindestens.

Aber wenn es Jim Crow gar nicht mehr gibt, warum sollen die Weißen dann für die Regulationen bezahlen?

Warum ist es so schwer für dich, »Reparationen« zu sagen? Außerdem hat ja niemand vorgeschlagen, dass die Weißen bezahlen sollen; wir finden, dass *Amerika* zahlen sollte, was meine Steuergelder genauso beinhaltet wie die von deinem Dad. Aber lass uns mal annehmen, deine Argumentation wäre gerechtfertigt. Abgesehen von seiner Tätigkeit als Rassist, was macht dein Vater beruflich?

Keine Ahnung. Ich glaube, er ist Immobilienmakler. Jedenfalls redet er immer davon, dass er den Schwarzen schon ihren Platz zeigen wird.

Okay, mein kleiner Babyfanatiker. Ist eigentlich auch egal. Sagen wir einfach mal, dein Vater hätte festgestellt, dass die Leute, für die er arbeitet, ihn seine gesamte Laufbahn hindurch unterbezahlt hätten. Nehmen wir mal an, er hätte Tausende von Stunden gearbeitet, für die er nicht bezahlt wurde. Sollte sein Arbeitgeber ihm eine Nachzahlung gewähren?

Ja, natürlich!

Und wenn dein Vater schon gestorben wäre, aber *du* herausgefunden hättest, dass er unterbezahlt war? Sollte der Arbeitgeber deines Vaters dann dir auszahlen, was er deinem Vater geschuldet hat?

Ja! Das hätten meine Studiengebühren, mein Erbe oder meine Junior-Klansmann-Gebühren sein können. Ich will mein Geld!

Und was, wenn du es rausgefunden hättest und *du* dann gestorben wärst? Sollten diese Leute dann ihre Schulden an deine Kinder ausbezahlen?

Ja, das sollten sie. Vielleicht hätte ich ihnen mehr Geld vererbt, wenn ich das Geld von meinem Vater gehabt hätte. Außerdem bin ich spät dran mit meinen Junior-Klansmann-Gebühren.

Okay, letzte Frage: Was wäre, wenn du herausfinden würdest, dass dein Vater für unzählige Arbeitsstunden nie bezahlt wurde, weil es eine Regel gab, laut der Arbeitgeber jeden ihrer Mitarbeiter bezahlen müssen außer deinen Vater? Was wäre, wenn das Unternehmen – wegen dieses Gesetzes – Millionen von Dollar gemacht hätte und eine globale Supermacht geworden wäre? Jahre später, wenn jemand das Vorgehen des Unternehmens infrage stellen und beschließen würde, dass die Vater-nicht-bezahlen-Regel falsch war, sollte das Unternehmen dann den Menschen Geld auszahlen, die im Prinzip unentgeltlich gearbeitet haben, selbst wenn die aktuell im Unternehmen arbeitenden Leute nicht für die Ereignisse der Vergangenheit verantwortlich sind?

Hmm, das Unternehmen profitiert immer noch von der Arbeit meines Vaters. Ich würde sagen, sie schulden mir etwas.

Nun ja, Amerika ist dieses Unternehmen.

Von 1619 bis heute haben weiße Menschen von dem institutionalisierten landesweiten Diebstahl profitiert.

Also, wenn du es so formulierst, hast du nicht ganz unrecht. Aber hat irgendjemand schon mal Reduktionen von so was bekommen, wovon du gerade sprichst?

Ja. Erst 1988 zahlten die Vereinigten Staaten jedem Überlebenden der japanisch-amerikanischen Internierungslager während des Zweiten Weltkriegs 20 000 Dollar. Den Teilnehmenden des Tuskegee-Experiments und deren Nachkommen wurde von der US-Regierung eine Gesamtsumme von 10 Millionen Dollar als Reparationen gezahlt, und der Staat North Carolina zahlte weitere 10 Millionen Dollar an die Opfer erzwungener Sterilisation. Florida zahlte 2,1 Millionen Dollar an die Nachkommen der Opfer und die Überlebenden eines Massakers in Rosewood im Jahr 1923. Die Vereinigten Staaten unterstützten Deutschland außerdem bei Zahlungen an die Opfer des Holocausts, und auch in den Abkommen zum Ende des Ersten und Zweiten Weltkriegs waren Reparationen enthalten. Und als Haiti seine Unabhängigkeit von Frankreich erklärte, entsandten die Vereinigten Staaten Kriegsschiffe, um sicherzustellen, dass die *Sklavenbesitzer* Reparationen erhielten. Und jüngst, im Jahr 2021, willigten die Vereinigten Staaten ein, Reparationen an einige der Familien zu zahlen, deren Angehörige während ihres Aufenthalts in Abschiebehaft ein Trauma erlitten hatten.

Außerdem heißt das Wort *Reparationen*, RB! Komm schon, Kleiner!

Aber wie kann Amerika einfach jedem Schwarzen einen Scheck ausstellen? Wer bezahlt dafür? Schließlich ist das Geld der Regierung im Grunde unser Geld, oder?

Na ja, erinnerst du dich an meine Erzählungen zur Großen Depression? Schon ein paar Jahre später haben wir irgendwie vier Billionen Dollar aufgetrieben, um den Zweiten Weltkrieg zu finanzieren, den teuersten Krieg in der US-Geschichte.[10] Irgendwoher zaubern wir jedes Jahr etwa eine dreiviertel Billion Dollar für einen Militäretat, der zweimal so hoch ist wie der von China. Als Covid-19 die Vereinigten Staaten traf, fanden wir eine Billion Dollar, die anscheinend überall im Land unter den Sofakissen herumgelegen hatten. Irgendwie bringen die Amerikaner Milliarden Dollar auf, um die Krankenversicherung Medicare, die Sozialversicherung Social Security und Realityshows über die Kardashians zu finanzieren, aber wir scheinen nie genug übrig zu haben, um Amerikas Schulden gegenüber den Schwarzen Mitbürgern abzubezahlen.

Wer sollte denn diese Renovationen erhalten?

Ach, komm schon, du kleiner Tyrann mit dem Knoten in der Zunge, du weißt genau, dass es *Reparationen* heißt. Wer die Reparationen erhält, steht tatsächlich noch zur Debatte. Die logische Schlussfolgerung wäre, dass die American Descendants of Slavery (ADOS – Amerikanische Nachfahren der Sklaverei) den Großteil der Reparationen erhalten, was auch zur #ADOS-Bewegung und dem Hashtag geführt hat. Andere widersprechen dem und meinen, dass *alle* Schwarzen in Amerika unter den Nachwirkungen der Sklaverei, der Jim-Crow-Gesetze und der Diskriminierung von Schwarzen gelitten hätten. Die Vorherrschaft der Weißen unterscheidet nicht zwischen jemandem, dessen Ururgroßmutter gestohlen wurde, und einem nigerianischen Einwanderer der dritten Generation. Außerdem, wenn wir die Reparationen anhand der Abstammung verteilen würden, könnte es passieren, dass die Weißen die Mehrheit der Mittel erhalten. Mathematisch gesehen leben die *meisten* Nachkommen der ehemaligen Versklavten als Weiße, obwohl sie mindestens eine Person afrikanischer Abstammung in ihrem Familienstammbaum haben. Und denk dran, wie gut sie darin sind, Schlupflöcher zu finden!

Es gibt auch Argumente für generationsbasierte Reparationen. Dabei würde jeder Afroamerikaner in vierter Generation, dessen Eltern vor der Verabschiedung des Civil Rights Act von 1965 bereits in unserem Land lebten, entschädigt werden, und zwar mit einer ansteigenden Summe für jede Generation, die seine Familie bereits in Amerika ansässig ist. Natürlich gibt es auch mit diesem Plan Schwierigkeiten. Könnten die Nachfahren einer Person, die in den 1850er-Jahren nach Nova Scotia ausgewandert ist, einen Antrag auf Zahlungen stellen? Und was ist mit den Maroons, die direkt nach ihrer Ankunft in Amerika von den Plantagen flohen und nie mehr versklavt wurden? Was ist mit Leuten, die ihre Abstammung nicht nachverfolgen können, weil ihre Vorfahren der Sklaverei entflohen und ihre Nachnamen änderten? Sollten wir auch die Haitianer mit einbeziehen, die als freie People of Color ins Louisiana-Territorium kamen? Zwar wurden sie nie versklavt, jedoch waren ihre Nachfahren derselben Ungleichbehandlung, demselben Terrorismus und derselben Unterjochung ausgesetzt wie die kleine Minderheit von versklavten Afrikanern, die schon in der ersten Generation befreit wurde.

Ich schätze, es kommt auf die genaue Definition von Reparationen an. Stellen sie eine Lohnnachzahlung für die unentgeltliche Arbeit dar, für die Versklavte nie vergütet wurden? Oder sind Reparationen eine Kompensation für Sklaverei, Diskriminierung beim Wohneigentum, Jim Crow, ungleiche Schulen, Lynchjustiz, Redlining und die kumulativen Auswirkungen aus 400 Jahren kodifizierter Schwarzen-feindlicher Vorherrschaft der Weißen?

Mein Dad sagt, die Schwarzen kriegen jetzt schon all seine Steuergelder durch staatliche Unterstützung und Sozialhilfe. Warum sollte er noch mehr bezahlen, anstatt mir sein Geld zu vererben?

Wenn dein Dad dich wirklich liebt, würde er wollen, dass du in einer Welt mit weniger wirtschaftlicher Ungleichheit, besseren

Schulen und weniger armen Leuten aufwächst. Der Wert der Immobilien, die er dir vererbt, würde steigen, wenn es weniger arme Viertel in eurer Stadt gäbe. Studien zeigen, dass Kriminalität mit Armut und ökonomischer Ungleichheit zusammenhängt, also würdest du in einer sichereren Welt leben, wenn wir die Schulden zurückzahlen würden, die so viele dieser Missverhältnisse verursachen.[11] Er müsste sich keine Sorgen machen, dass die Schwarzen ihm seine Steuergelder wegnähmen, wenn er die Schulden begleichen würde, die diese Probleme hervorgerufen haben. Und weißt du noch, dass dein Dad gesagt hat, er sei es leid, die Schwarzen über Sklaverei und Rassismus jammern zu hören?

Überleg mal, wie leid es die Schwarzen sein müssen.

Aber meine Mom sagt, dass Amerika den Schwarzen niemals Reparationen zahlen wird. Glaubst du, sie liegt falsch?

Wir müssen eins bedenken: Deine Mutter ist Rassistin.

Ida B. Wells verbrachte ihr ganzes Leben damit, für ein Lynchjustizgesetz zu kämpfen, das nie erlassen wurde. Martin Luther King jr. sagte: »Wir können niemals zufrieden sein, solange die Afroamerikaner weiterhin zu Opfern der unsäglich grausamen Polizeibrutalität werden.«[12]* Hat sich das inzwischen geändert? Obwohl viele Menschen in der Schwarzen Gemeinschaft sich dachten, »drop it like it's hot« (»lassen wir es besser fallen wie eine heiße Kartoffel«), bezeichnen nur wenige Amerikaner Juvenile als »Big Daddy«, während sie gleichzeitig »back dat azz up« (hier etwa: »dem Arsch den Rücken stärken«). Ich will damit sagen, dass man nicht einfach aufhören kann, etwas zu versuchen, nur weil man nicht daran glaubt, dass es noch passieren wird.

Gerechtigkeit erfordert Entschädigung, und solange keine Reparationen gezahlt werden, kann es keine Gerechtigkeit geben.

---

* *Wir sind immer noch nicht zufrieden.*

Solange keine Reparationen gezahlt werden, ist jeder, der seine Treue auf eine Fahne schwört, die für ein Land mit »Freiheit und Gerechtigkeit für alle« steht, ein Lügner *und ein Dieb.*

Okay, ich hab's verstanden. Also, ich muss dann jetzt los. Ich hab meinem Dad erzählt, dass ich was über Schwarze Offenbarungen herausfinden will, nicht Opferbezahlungen oder Reparationen oder was auch immer.

Okay, mein kleiner Mininazi. Vielleicht solltest du dafür sorgen, dass dein Dad nicht das eigentliche Buch der Offenbarungen liest.

Warum denn das?

Weil er sich wahrscheinlich ziemlich aufregt, wenn er herausfindet, dass Jesus Schwarz war.

DREI KURZE FRAGEN

1. **Was ist das stichhaltigste Argument für Reparationen?**
   a. Reparationen würden das rassismusbedingte Wohlstandgefälle und die Vermögensungleichheit verringern.
   b. Reparationen sind ein Konjunkturaufschwung für die wirtschaftlich schlechter Gestellten.
   c. Schwarze bezahlen immer noch für etwas, was vor ihrer Geburt passierte.
   d. Amerika hat eh schon Schulden. Warum nicht noch mehr draus machen?

2. **Was ist das stichhaltigste Argument gegen Reparationen?**
   a. Reparationen würden das rassistisch bedingte Wohlstandgefälle und die Vermögensungleichheit verringern.
   b. Reparationen sind ein Konjunkturaufschwung für die wirtschaftlich schlechter Gestellten.
   c. Weiße sollten nicht für etwas bezahlen müssen, das vor ihrer Geburt passierte.
   d. Amerika hat eh schon Schulden. Warum noch mehr draus machen?

3. **Was würden die Gründerväter über die Zahlung von Reparationen sagen?**
   a. »Gestattet der Regierung, ihre Schulden unbezahlt zu lassen, und ihr bringt alle guten Sitten zu Fall.« – Alexander Hamilton
   b. »Es obliegt jeder Generation, vor ihrem Ende die eigenen Schulden zu bezahlen.« – Thomas Jefferson
   c. Gar nichts. Sie sind tot.
   d. »Ihr habt *wen* befreit!?!«

AUFGABE

HABEN SIE EINEN BEITRAG ZUR UNGLEICHHEIT GELEISTET?

Selbst wenn Ihre Vorfahren keine Versklavten besaßen, haben Sie wahrscheinlich von der Sklaverei, Jim Crow oder der rassistisch motivierten Diskriminierung profitiert, falls Sie Folgendes getan haben:

1. **ein College besucht:** Neben Colleges wie Yale, Harvard und der University of Virginia, die direkte Verbindungen zur Sklaverei hatten, profitieren auch andere Hochschulen auf vielfältige Weise von der systemischen Vorherrschaft der Weißen – von der Segregation bis hin zu in den Sklavenhandel investierten Schenkungen.[13]
2. **Geld bei der Bank angelegt:** Jede einzelne der fünf größten Banken in Amerika hatte entweder direkte Verbindungen zur Sklaverei, hat zeitweise Redlining-Karten für nichtstaatliche Transaktionen genutzt oder ist schon mal verklagt worden, weil sie bei Schwarzen Kunden höhere Zinssätze verlangt und Darlehensanträge abgelehnt hat.

3. **eine Versicherung abgeschlossen:** Amerikas älteste Versicherungsgesellschaften ermöglichten es Sklavenhaltern, ihre Besitzsklaven zu versichern. Andere akzeptierten versklavte Menschen als Sicherheit für Hypotheken, Darlehen und Sklavenschiffe. Auto- und Hausratversicherer verlangen höhere Beiträge von Anwohnern in Schwarzenvierteln.
4. **eine Kirche besucht:** Die katholische Kirche und viele andere frühamerikanische Gemeinden investierten in das transatlantische Menschenhandelssystem, nutzten Sklavenarbeit zur Erbauung ihrer Gebäude und kauften sogar Versklavte von den Zehnten oder Spenden.[14]
5. **einen Arzttermin wahrgenommen:** Wenn Sie in einer vorrangig weißen Nachbarschaft leben, haben Sie bessere Chancen, schnell einen Allgemeinarzt zu erreichen. Die Todesrate Schwarzer Neugeborener liegt dreimal höher, wenn sie bei einem weißen Arzt in Behandlung sind.[15]
6. **in einem Haus gelebt:** Schwarzen Darlehensnehmern mit demselben Einkommen und derselben Bonitätshistorie werden häufiger Hypothekenkredite verweigert. Eigenheime in Weißenvierteln haben im Durchschnitt einen um 48 000 Dollar höheren Wert als die Eigenheime in vorrangig Schwarzen Vierteln. Da Banken keine unbegrenzten Kapitalreserven haben, profitieren die weißen Hausbesitzer von dieser Diskriminierung.
7. **ein Auto gefahren:** Autohändler berechnen Schwarzen Käufern höhere Zinssätze.[16] Dasselbe geschieht bei Autoversicherungsgesellschaften. Im Grunde subventionieren Schwarze Käufer die niedrigeren Sätze weißer Käufer.[17]
8. **etwas gegessen:** In Schwarzenvierteln gibt es weniger Supermärkte und weniger Einkaufsmöglichkeiten für gesunde Lebensmittel. Selbst wenn solche Geschäfte vorhanden sind, zahlen die Schwarzen Konsumenten höhere Preise, um die Kosten in anderen Gegenden aufzuwiegen. Um es ganz klar zu sagen: Hier geht es nicht um Armut. Tatsächlich besagt eine Studie aus dem Jahr 2014: »Bei gleichem Armutsniveau gab es in den Schwarzen Erhebungsgebieten die wenigsten Supermärkte, in den weißen die meisten, und die gemischten Gebiete lagen dazwischen.«[18]
9. **Wasser getrunken:** In Amerika zahlen Schwarze Menschen höhere Wasserrechnungen, aber weiße verfügen häufiger über sauberes Leitungswasser. Laut einer nationalen Datenanalyse »ist die Hautfarbe der stärkste Indikator für die Frisch- und Abwasserversorgung«.[19] Selbst wenn es sauberes Wasser in Schwarzenvierteln gibt, subventioniert die Schwarze Einwohnerschaft im Grunde das Wasser der Weißenviertel.[20]
10. **in Amerika gelebt:** Wenn Sie ein weißer US-Bürger sind, ist es sehr wahrscheinlich, dass Sie von Wählerunterdrückung, Steuergesetzen, Polizeistrategien, Segregation, wirtschaftlicher Ungleichheit, Einstellungspraktiken, hautfarbenbedingtem Einkommensunterschied und vielem mehr profitiert haben. Und wenn Ihr Präsident im Weißen Haus lebt oder Ihr gewählter Amtsträger eine Dienststelle im Gebäude des US-Kapitols hat, wurde das übrigens auch von Versklavten gebaut.

DIE SCHWARZEN FRAUEN, DIE REPARATIONEN ERHIELTEN

Während Reparationen erst in den letzten Jahren zu einem landesweit beliebten Gesprächsthema geworden sind, begann der Kampf darum, Amerika für die Ungerechtigkeiten gegen seine Schwarzen Staatsbürger zur Rechenschaft zu ziehen, bereits bevor es überhaupt einen Ort namens »Vereinigte Staaten von Amerika« gab. Und wie üblich waren die Schwarzen Frauen federführend.

Als Betty Slew, eine freie Weiße, im Jahr 1719 ihre Tochter Jenny Slew zur Welt brachte, stand außer Frage, dass Jenny ebenfalls frei war. Obwohl Jennys Vater ein Schwarzer und höchstwahrscheinlich Sklave war, richtete sich der rechtliche Status eines Kindes nach dem Gesetz der Kolonie Massachusetts nach der leiblichen Mutter. Doch am 29. Januar 1762 beschloss John Whipple, ein böser Mann aus Ipswich, Massachusetts, dass Jenny eine Sklavin war. Er kaufte sie nicht oder focht ihren Status an. Whipple »nahm sie mit Waffengewalt an sich, hielt sie als Sklavin in seinen Diensten und beraubte sie so ihrer rechtmäßigen Freiheit [...] und fügte ihr weiteren Schaden in Höhe von 25 Pfund Sterling zu«, heißt es in der Zivilklage *Jenny Slew, ledig, versus John Whipple jr., Gentleman.*[1]

Das Gericht wies Jennys Klage ab, da Jenny verheiratet war und Whipple argumentierte, sie dürfe sich nicht rechtmäßig als »ledig« bezeichnen (nach dem Gesetz in Massachusetts besaß eine Frau keine Rechtspersönlichkeit jenseits der ihres Ehemanns). Jenny legte jedoch Berufung ein und informierte den Obersten Gerichtshof in Salem, Massachusetts, dass sie zwar mehr als einmal verheiratet gewesen sei, aber mit versklavten Männern. Und da das Gesetz die Ehen von Versklavten nicht anerkannte, galt sie streng genommen als »ledig«.

Jennys Anwalt Benjamin Kent gehörte zu den frühen Abolitionisten und war bekannt dafür, Versklavte vor Gericht zu verteidigen. Die Geschichtswissenschaft weiß von Slews Prozess, da Kents bester Freund jeden Tag in den Gerichtssaal kam und darüber in seinem Tagebuch berichtete. Dieser Freund war ein ziemlich wichtiger Mann – ein Typ namens John Adams. Jenny Slew gewann und war damit der erste versklavte Mensch in Amerika, dem die Freiheit durch eine Schwurgerichtsverhandlung gewährt wurde. Und sie erlangte nicht nur die Freiheit, das Schwurgericht sprach ihr auch die Übernahme der Kosten ihrer vorherigen Verhandlungen sowie vier Pfund Sterling als Schadensersatz zu. Der Richter verkündete: »Dies ist ein Wettstreit zwischen Freiheit und Besitz – beide essenziell, jedoch kommt der Freiheit noch größere Bedeutung zu.«[2] Nach der Verhandlung half Kent seinem besten Freund bei einem Projekt und schlug vor, dass er einen Satz aufnahm, den er in Jennys Prozess verwendet hatte. Als Adams sein kleines Projekt beendete, nämlich die Verfassung von Massachusetts – die älteste noch wirksame Verfassung der Welt –, nahm er tatsächlich den von Jenny Slew inspirierten Satz auf. Dieser Satz wurde später von Benjamin Franklin überarbeitet und in einem weiteren von Adams Projekten genutzt: der Unabhängigkeitserklärung.

So hat also eine Schwarze Frau die Eingebung für diesen kleinen Satz in dem Teil der Verfassung von Massachusetts geliefert, der als »Declaration of the Rights of the Inhabitants of the Commonwealth of Massachusetts« (»Erklärung über die Rechte der Einwohner des Commonwealth von Massachusetts«) bekannt ist: »Alle Menschen sind frei und gleich geschaffen und sind mit gewissen natürlichen, grundlegenden und unveräußerlichen Rechten ausgestattet; dazu gehören das Recht, ihr Leben und ihre Freiheit zu genießen und zu verteidigen; Besitz zu erwerben, zu behalten und zu beschützen; kurzum, das Streben nach und das Erlangen von Sicherheit und Glück.«[3]

Kommt Ihnen das irgendwie bekannt vor?

Während Adams und Kent an der Verfassung von Massachusetts arbeiteten, trafen sie sich im Haus von Oberst Colonel John Ashley in Sheffield, Massachusetts, einem hoch angesehenen, in Yale ausgebildeten Anwalt. Eines Tages hörte eine in Ashleys Haus arbeitende Versklavte zufällig mit, wie sie die kürzlich ratifizierte Verfassung von Massachusetts verlasen, und ihr fiel besonders die Zeile »alle Menschen sind frei und gleich geschaffen« auf. Die Frau, bekannt als »Mum Bett«, nutzte später den Präzedenzfall von Jenny Not-from-the-Auction-Block, um jeden Versklavten im Staat zu befreien.

Die 1742 geborene Elizabeth »Mum Bett« Freeman versuchte einmal, ihre grausame Sklavenhalterin, Hanna Ashley, davon abzuhalten, ihre kleine Schwester mit einer heißen Schaufel zu schlagen. Bett wehrte den Hieb mit einem Arm ab, wo die Schaufel eine Narbe hinterließ. Für den Rest ihres Lebens weigerte sie sich, die Brandnarbe zu verdecken. Wann immer neugierige Leute sie nach der Narbe fragten, zuckte Bett mit den Schultern, starrte Ashley an und sagte: »Fragen Sie die Missus!« Ja, Bett war durchaus kokett. Eines Tages verließ sie das Haus, weigerte sich zurückzugehen und klagte schließlich ihre Freiheit ein.

Nachdem sie gehört hatte, dass sie »frei und gleich« geboren war, kontaktierte Mum Bett Theodore Sedgwick, einen abolitionistischen Anwalt. Laut Sedgwicks Ehefrau erklärte Mum: »Ich habe gehört, wie gestern so ein Schriftstück vorgelesen wurde, in dem steht, dass alle Menschen frei und gleich geschaffen sind und dass jeder Mensch ein Recht auf Freiheit hat. Ich bin keine dumme Nuss; kann das Gesetz mir nicht meine Freiheit geben?«[4]

Sedgwick war bereit, tapfer zu kämpfen, und reichte im Namen von Bett und Brom, einem versklavten Mann, Klage beim Great Barrington Court of Common Pleas ein. Im Mai 1781 benötigte die Geschworenenjury einen Tag für die Entscheidung, dass Mum Bett freigelassen werden sollte, doch Oberst Ashley beschloss in Revision zu gehen. Am 22. August 1871 war also der Oberste Gerichtshof von Massachusetts mit dem Vorsitzenden Richter William Cushing bereit, seine Entscheidung für *Bett and Brom versus Ashley* zu fällen, als Ashley die Anfechtung zurücknahm. Laut gängiger Rechtsexpertenmeinung hatte Ashley wohl eingesehen, dass es bei der Anfechtung nicht nur darum ging, ob er gegen ein bestimmtes Gesetz verstoßen hatte, sondern vielmehr um die Existenz der Sklaverei gemäß der Verfassung des Bundesstaates, und dass er deshalb keine Chance auf Sieg hatte. Betts Handeln hatte kurzerhand jeden versklavten Menschen in Massachusetts befreit. Das Gericht sprach Bett außerdem 30 Schillinge zu, was heute etwa 763 Dollar entspricht. Bett änderte ihren Namen zu Elizabeth, schickte Ashley zum Teufel und verbrachte den Rest ihres Lebens in Anstellung bei Sedgwick – gegen Bezahlung natürlich.

Und vielleicht sagen Sie jetzt: »Diese vorherigen Fälle waren sicherlich wichtig. Aber sollten die Erträge aus Gerichtsverfahren wirklich als Reparationen angesehen werden? Vielleicht war das einfach nur Schadensersatz.« Nun, da kommt Belinda Sutton (ehemals Belinda Royall) ins Spiel.

Belinda wurde von einer »bewaffneten Bande weißer Männer« aus ihrem Heimatland geraubt, dem heutigen Ghana. Ihr Halter, Isaac Royall, stellte sich im Wettstreit um die Meisterschaft der Amerikanischen Revolution auf die Seite von Großbritannien.[5] Nach dem Krieg floh er nach Nova Scotia in der Vermutung, dass die New England »Patriots« möglicherweise sauer auf ihn waren (das war, bevor Belichick das Teamcoaching übernahm). 1783 ersuchte die 70-jährige Belinda den Massachusetts General Court um eine Rente für sich und ihre Tochter, indem sie schrieb:

50 Jahre lang wurden diese getreuen Hände zu unwürdiger Knechtschaft zum Vorteil von Isaac Royall gezwungen, bevor der gegenwärtige Krieg begann. Es scheint, als mussten die Nationen erst aufgehetzt werden und als musste die Welt erst für den Erhalt der Freiheit aufbegehren, die der Allmächtige Vater für die gesamte menschliche Rasse vorgesehen hat ...
Das Gesicht Ihrer Bittstellerin ist durch die Furchen der Zeit gezeichnet und ihr Körper gebeugt von der jahrelangen Unterdrückung, während ihr, unter den geltenden Rechtsnormen, die Verwendung eines kleinen Stückchens dieses unermesslichen Vermögens verwehrt wird, obwohl ein Teil dessen durch ihren eigenen Fleiß erwirtschaftet und durch ihre Knechtschaft vergrößert wurde.
Weshalb sie, sich vor Ihre Füße werfend, euer Ehren, wie vor die Truppe von Männern, aufgestellt zur Ausmerzung des Vasallentums, der Entlohnung der Tugend und dem gerechten Ausgleich ehrlichen Fleißes – darum bittet, dass ihr eine solche Vergütung aus dem Grundbesitz des Oberst Royall zugestanden wird, um sie und ihre noch schwächlichere Tochter vor Leid im größten Ausmaße zu bewahren und ihnen ein wenig Behaglichkeit für den kurzen und abwärtsführenden Weg ihres Lebens zuteilwerden zu lassen.[6]

Belinda und ihrer Tochter wurde das Äquivalent von heute 2500 Dollar pro Jahr zugesprochen. Das Interessante war: der »Massachusetts General Court« war kein rechtsprechendes Organ. Es war die Bezeichnung für das gesetzgebende Organ. Sie hatte also ihre Reparationen durch einen Gesetzgebungsakt erhalten.

Im Jahr 1818 verklagte Winny ihre Versklaver bei den Gerichten von Missouri. Aber statt ihren Status als Sklavin anzufechten, warf Winny ihrer Halterin Phebe Whitesides (Pruitt) Überfall und Körperverletzung sowie gesetzeswidrige Gefangennahme vor, da sie sie gegen ihren Willen festhielt. Weil im Missouri- und Nordwest-Territorium keine Sklaverei erlaubt war, argumentierte Winny, sie sei in dem Augenblick rechtmäßig frei gewesen, da sie als Zwölfjährige 1793 ins Nordwest-Territorium mitgenommen wurde. Die Whitesides lebten dort drei oder vier Jahre lang, bevor sie ins Missouri-Territorium umzogen und Winny dort über 20 Jahre lang gefangen hielten. Winny wurde ein Schadensersatz in Höhe von 167,50 Dollar gewährt, was im Jahr 2022 4102 Dollar entspricht. Die Whitesides legten Berufung ein, und der Oberste Gerichtshof von Missouri setzte mit dem Fall *Winny versus Whitesides* schließlich einen Maßstab für Freiheitsgesuche fest.

Allerdings konnten weder Winny noch Jenny oder Mum Bett Henrietta Wood das Wasser reichen, die den lukrativsten Urteilsspruch der USA speziell für Reparationen erzielte. Wood wurde um 1818 geboren und als Jugendliche an einen in New Orleans ansässigen Franzosen verkauft. Als Woods Sklavenhalter nach Frankreich zurückkehrte, brachte dessen Ehefrau Wood nach Ohio und ließ sie als frei eintragen. Wood fand eine Anstellung und lebte ihr Leben als freie Frau. Doch 1853 heuerten Josephine und Robert White, die Tochter und der Schwiegersohn von Woods ehemaligem Versklaver, einen Hilfssheriff an, um Wood zu entführen und sie wieder *in die Sklaverei* zu verkaufen. Wood klagte ihre Freiheit ein, verlor jedoch, da sie kein Beweismaterial dafür vorbringen konnte, dass sie befreit worden war. Sie wurde erneut verkauft und landete schließlich auf einer Plantage in Texas, wo sie bis zum Ende des Bürgerkriegs versklavt blieb.

Doch Henrietta wollte Josephine und Robert nicht mit ihrer Neuversklavungsnummer davonkommen lassen. 1870 erhob Wood Klage gegen den Hilfssheriff und verlangte 20 000 Dollar. Die Geschworenen stellten sich auf ihre Seite und sprachen ihr 2500 Dollar zu (2022 etwa 67 000 Dollar). Wood nutzte das Geld, um ihren Sohn bei den Kosten seiner Ausbildung zu unterstützen. Er wurde einer der ersten Schwarzen Absolventen der Northwestern University Law School.

Henrietta denkt sich immer noch: »I Wish A Motherf–«

Nee, zu offensichtlich.

15

DAS RACE DER POLITIK

UNCLE ROB ERKLÄRT DAS ZWEIPARTEIENSYSTEM

Während Sie diese Geschichtensammlung über die Erlebnisse von Schwarzen lesen, stellen Sie sich sicherlich einige Fragen. Zum Beispiel ist Ihnen vielleicht aufgefallen, dass in der ersten Hälfte der Geschichte Amerikas die Demokraten die bösen Jungs waren, die um die Aufrechterhaltung der institutionalisierten Sklaverei, der Jim-Crow-Gesetze und der legalisierten durch Rassismus begründeten Unterdrückung kämpften; doch dann wurden die Demokraten ganz plötzlich zu den Guten. Eine der beliebtesten Behauptungen von Candace Owens und anderen Schwarzen, die Weiße ganz unbekümmert ihre Haare berühren lassen, ist, dass die Schwarzen von der Demokratischen Partei hereingelegt wurden. Sie fragen häufig, warum die Demokraten in der Regel gewohnheitsmäßig die Wählerstimmen der Schwarzen bekommen. Ich bin mir sicher, dass sie schon einige Varianten dieser Diskussion gehört haben. Mit einem falschen Überlegenheitsgefühl, das ihnen von konservativen Negroflüsterern eingetrichtert wurde, werden sie sagen, dass die Schwarzen Wähler auf der »Demokratischen Plantage« festsitzen. Sie argumentieren, dass die Demokraten den Ku-Klux-Klan ins Leben gerufen und die Segregation unterstützt hätten, während die Republikaner die Partei von Lincoln, Selbstbestimmung und vor allem »Sich selbst am Stiefelriemen aus dem Matsch ziehen« sind. Nur wie ist das passiert?

Das ist eigentlich eine berechtigte Frage. Bis zu Carol Moseley Brauns Wahl im Jahr 1992 gehörte jeder Afroamerikaner, der im US-Senat diente, zur Republikanischen Partei.[1] 21 Schwarze Männer waren als Republikaner im Repräsentantenhaus vertreten, bevor ein Schwarzer Demokrat gewählt wurde. Die Demokratische Partei hingegen war bis in die 1960er-Jahre die Partei der Südstaaten. Sie war die Partei des sozialen Konservatismus. Sie wollte die Sklaverei und die Segregation aufrechterhalten. Die Südstaatenfraktion der Partei widersetzte sich gemeinhin dem Civil Rights Act und dem Voting Rights Act. Sie war die Partei von »States' Rights«, Small Government und Jim Crow. Bis zum Jahr 1924 erlaubte sie den Schwarzen nicht einmal, an ihren Parteitagen teilzunehmen.

Was ist also passiert? Warum haben sich 80 Prozent der Schwarzen Wähler in den letzten mehr als 25 Jahren konsequent als demokratisch identifiziert, während die Wählerschaft der sogenannten »Grand Old Party« (GOP), der Republikanischen Partei, zu mindestens 80 Prozent weiß war?[2] Warum hat seit 50 Jahren kein republikanischer Präsidentschaftskandidat unter den Schwarzen Wählern eine Mehrheit erreicht? Wie kam es dazu, dass sich das Zweiparteiensystem in Amerika so hautfarbenbezogen polarisiert hat?

Um die Entwicklung des gegenwärtigen Zweiparteiensystems aufzuzeigen, ist es möglicherweise hilfreich, einige Zitate von wichtigen historischen Persönlichkeiten aus der Vergangenheit hinzuzuziehen.

***

Hey, was geht, Leute? Hier ist wieder euer alter Junge, Uncle Rob!

Mikey sitzt da drin und guckt ein paar Bücher durch. Er sagte irgendwas davon, dass er Zitate von Schwarzen historischen Persönlichkeiten über das Wählen sucht, und wisst ihr, was? Ich bin Schwarz und 1949 geboren, was auch mich zu einer historischen Persönlichkeit macht! Außerdem, wer weiß mehr über Politik als euer Lieblingsonkel? Keine Ahnung, warum der Junge glaubt, dass ihr was von irgendwelchen Typen auf alten Schwarz-Weiß-Fotografien hören wollt statt von Leuten, die wirklich davon betroffen waren. Andererseits liest der Junge einfach zu viel. Ich wette, er hat euch nicht erzählt, dass er den Namen W. E. B. Du Bois jahrelang »dü boah« ausgesprochen hat, bis ich ihm klargemacht habe, dass es »du beus« heißt. Daran ist seine Mama schuld. Sie ist auf dieses vornehme Internat nur für Schwarze gegangen, und als sie zurückkam, sprach sie fließend Französisch.* Aber wisst ihr, wer euch wirklich ausführlich was über die Geschichte der Politik der Weißen erzählen kann?

Moi.

Bevor ich geboren wurde, war die Wahrscheinlichkeit, dass sich Schwarze Wähler als Demokraten oder als Republikaner identifizierten, gleich hoch.[3] In den Südstaaten war das allerdings ein bisschen anders. Wie ein Großteil der Wähler im Süden sahen sich meine Mama und viele andere als Republikaner, weil sie meinten, dass die Demokraten in den Südstaaten »kinda racist« waren. Und bedenkt bei der Bezeichnung »kinda racist«, dass die Leute in den Südstaaten sagen, die Sonne wäre »kinda hot«. Schwarze Menschen aus den Südstaaten sprechen nie aus, was sie wirklich meinen. Wenn eine Schwarze Frau zum Beispiel zu dir sagt: »I have a trick for yo' ass«, will sie dir nicht irgendeinen Zaubertrick beibringen (sondern eher jemanden besorgen, der dir mal in den A*** f***). Am besten nimmt man dann einfach Reißaus, so wie die Schwarzen Menschen vor der Republikanischen Partei Reißaus genommen ha-

* *Meine Mutter besuchte die Boylan-Haven-Mather Academy, ein Internat ausschließlich für Schwarze Schülerinnen und Schüler, das 1867 gegründet wurde, um die Kinder ehemaliger Versklavter zu unterrichten.*

ben. Und ich hab gehört, dass ihr gerne wissen würdet, was da passiert ist.

Müsste ich ein Geschichtsbuch schreiben, würde ich erst mal erklären, dass Föderalisten wie Alexander Hamilton eine starke Zentralregierung, eine Nationalbank sowie eine Bundesarmee und eine Bundesmarine befürworteten. Demokratische Republikaner wie Thomas Jefferson, der ein Big Government als Bedrohung der individuellen Freiheiten ansah, bevorzugte dagegen niedrige Steuern und ein Konzept, das er »States' Rights« nannte. Mikey hat euch wahrscheinlich irgendeinen unverständlichen »gobbledygook« über die Debatte zur Gründung einer Nationalbank, einer internationalen Politik und eines Nationalkredits erzählt.* Aber um die Politik des neugeborenen Amerikas zu verstehen, muss man nur eins wissen:

Das definierende Merkmal der amerikanischen Politik ist die Vorherrschaft der Weißen.

Während andere politische, wirtschaftliche und soziale Themen im Laufe der Jahre eine mal größere und mal kleinere Rolle spielten, stellte die Vorherrschaft der Weißen bereits das Ordnungsprinzip der Politik Amerikas dar, bevor Amerika überhaupt existierte. Natürlich werden euch eure zerfledderten Geschichtsbücher weismachen, dass es bei den ersten politischen Gruppierungen des Landes, den *Föderalisten* und den *Antiföderalisten*, um Volksvertretung, States' Rights und Besteuerung ging, nicht um Menschlichkeit oder die Vormachtstellung der Weißen. Da wird auch drinstehen, dass die Föderalisten eine starke Bundesregierung, eine Bundesarmee und eine Zentralbank wollten, die sich um die Schulden des Landes kümmerte, während die Antiföderalisten die States' Rights, eine schwächere Exekutive sowie eine Regierung bevorzugten, die nicht von Händlern aus Neuengland und Aristokraten aus den Nordstaaten beherrscht wurde.

---

* *Okay, Uncle Rob hat nicht unrecht, aber »gobbledygook« ist ein starkes Wort. Außerdem klingt es »kinda racist«.*

Aber bei dem Streit ging es auch viel um die Sklaverei. Obwohl viele Föderalisten Versklavte besaßen, hatten die Antiföderalisten Angst, dass eine starke, von Nordstaatenaristokraten dominierte Bundesregierung die Sklaverei als Institution verbieten könnte. Sie wollten, dass ihre neue Nation sie auf eine Art und Weise behandelt, wie es eine beliebtere Gruppe von Männern, bekannt als die Isley Brothers, mal vorgeschlagen hat: »It's your thing, do what you wanna do.« Also schlossen sie einen Kompromiss. Letztlich gab die neue Verfassung der Vereinigten Staaten von Amerika den einzelnen Bundesstaaten vor, wem sie zeigen sollten, wo's langgeht.

Nachdem die Gründerväter im Austausch gegen politischen Eigennutz zwei Fünftel der Schwarzen Menschheit geopfert hatten, gründeten die Föderalisten und die Antiföderalisten zwei Parteien. Die Föderalisten wurden zur Föderalistischen Partei. Sie waren religiös-puritanisch, befürworteten ein Big Government und waren auch in Neuengland eine starke Macht. Die Antiföderalisten wurden zur Demokratisch-Republikanischen Partei, die eine Agrarwirtschaft, ein Small Government und mehr Rechte für die einzelnen Bundesstaaten favorisierte.* Es ist wichtig zu erwähnen, dass keine der beiden Parteien besonders erpicht darauf war, die Sklaverei *abzuschaffen*. In jeder gab es abolitionistische Fraktionen, aber außer in den Staaten von Neuengland, wo die Sklaverei bereits verboten war, dominierte die Demokratisch-Republikanische Partei die Politik des frühen Amerikas. Bis zur Wahl von 1824 hatte sich die Föderalistische Partei aufgelöst und die Demokratisch-Republikanische Partei war in Fraktionen zersplittert.

Tatsächlich gewann Andrew Jackson bei der Wahl von 1824 die »Popular Vote«, bekam also landesweit insgesamt mehr Stimmen, und erhielt sogar mehr »Electoral Votes«, also Wahlmännerstimmen, aber da keiner der Kandidaten (die alle zur Demokratisch-Republikanischen Partei gehörten) eine Mehrheit bei

* *Hat Mikey schon erwähnt, wie schlecht Weiße im Dingebenennen sind?*

den Electoral Votes erreichen konnte, musste statt des Electoral College (Wahlmännerkollegiums) das Repräsentantenhaus den Präsidenten bestimmen und wählte den Neuengländer John Quincy Adams. Nach diesem »korrupten Handel« wollte Jackson unbedingt eine Neuwahl gegen John Q. Doch Johnny war von der Demokratisch-Republikanischen Partei bereits auserwählt, also nahmen Jacksons Kumpel aus Tennessee ihre »horses to the Old Town Road« und stellten ihn unter dem Banner der Jackson-Partei als Präsidentschaftskandidaten auf. Als Jackson John Quincy Adams bei den Neuwahlen einen Tritt in den Hintern verpasste, gründeten Jacksons konservative, sklavereiverfechtende Anhänger eine politische Partei, die sie »Demokraten« nannten. Bei ihrer Gründungsveranstaltung im Jahr 1840 verabschiedete die Demokratische Partei ihr erstes offizielles Parteiprogramm und erklärte darin, dass »alle Bestrebungen der Abolitionisten oder anderer, die den Kongress zur Intervention in der Sklavereifrage verleiten wollen [...], zwangsläufig die Tendenz haben, die Zufriedenheit der Menschen zu verringern und die Stabilität und Beständigkeit der Nordstaaten zu gefährden, deshalb sollten sie von keinem Freund unserer politischen Organe unterstützt werden«.[4] Die Hauptpunkte im Programm der Demokraten drehten sich um das Konzept der »Ungültigkeitserklärung« – den Gedanken, dass Staaten das Recht hatten, Gesetze außer Kraft zu setzen, die sie für verfassungswidrig hielten. Natürlich war das einzige Gesetz, das sie für rechtsungültig erklären wollten, das Gesetz zum Besitz von Menschen. Die Demokraten waren der Meinung, dass die Bundesregierung diese Entscheidung den Staaten überlassen solle.*

Tatsächlich ist es so, dass die Republikanische Partei auf den Prinzipien der Sklavereigegnerschaft gegründet wurde, und zwar im Jahr 1854. Damals war das einzige wichtige Anliegen

---

* *In Amerika war der Satz »etwas den Staaten zu überlassen« schon immer eine Umschreibung für »wir wollen, dass außer den weißen Menschen keiner irgendwelche Rechte hat«. Siehe Sklaverei. Siehe Rassentrennung. Siehe Wahlrecht. Siehe Abtreibung. Siehe Frauenwahlrecht.*

der GOP, die Weiterverbreitung von Menschenbesitz zu stoppen.* Sie befürworteten das Ende von Amerikas absonderlicher Institution so sehr, dass ihre Mitglieder häufig als »Schwarze Republikaner« bezeichnet wurden, wenn man sie beleidigen wollte. Und ihr könnt mir glauben, sie haben nicht über Kanye West gesprochen. Die Republikaner wählten auch die erste Frau in den Kongress, unterstützten das Wahlrecht für Schwarze und setzten sich für Bürgerrechtsgesetze ein, bevor Martin Luther King überhaupt geboren wurde.[5] Tatsächlich war der Bürgerkrieg das Ergebnis eines Konflikts über die Entwicklung der beiden politischen Parteien Amerikas – eine, die das Recht, Menschen zu besitzen, beibehalten wollte, und die andere, die den Besitz von Menschen vehement ablehnte.

Im Jahr 1870 ratifizierten die Vereinigten Staaten den 15. Zusatzartikel, in dem stand: »Das Wahlrecht der Bürger der Vereinigten Staaten darf von den Vereinigten Staaten oder einem Einzelstaat nicht auf Grund der Rassenzugehörigkeit, der Hautfarbe oder des vormaligen Dienstbarkeitsverhältnisses versagt oder beschränkt werden.« Obwohl sich die Geschichtswissenschaft in der Regel auf die ehemals versklavten Schwarzen Wähler in den Südstaaten konzentriert, war Afroamerikanern vor dem Erlass des 15. Zusatzartikels auch in Staaten wie New York und New Jersey die Wahl untersagt.**

Nach dem Bürgerkrieg gründeten die Schwarzen Wähler heimlich sogenannte »Union Leagues«, also Interessenvertretungen, die sich in Schwarzen Kirchen oder Schulen trafen, um bürgerliche oder politische Angelegenheiten zu besprechen. Neben dem Erlernen eines neuen beliebten Tanzes namens Electric Slide unterstützten diese Leagues in der Regel die republi-

---

* *Nicht aus moralischen Gründen. Die Demokraten als Sklaverei- und States'-Rights-Befürworter beherrschten die Südstaaten, und die Republikanische Partei wollte nicht, dass ihre politische und ökonomische Macht noch weiter wuchs.*

** *In New York wurde die Ratifizierung des 15. Zusatzartikels widerrufen, als die Gesetzgeber feststellten, dass die Schwarze Bevölkerung in dem Wort »Bürger« einbezogen war.*

kanischen Kandidaten und ermutigten Millionen Schwarzer Männer, sich für die Wahl zu registrieren (Frauen war das noch nicht erlaubt). Nach dem Bürgerkrieg war die wahlberechtigte Bevölkerung von Mississippi plötzlich hauptsächlich Schwarz, und die Wählerregistrierungsrate lag bei über 96,7 Prozent.[6] Die weiße Minderheit der Südstaaten konnte das nicht dulden. Nachdem der Kompromiss von 1877 der von Demokraten beherrschten weißen Minderheit offiziell erlaubte, der Schwarzen Bevölkerung das Wahlrecht zu entziehen, sank die Wählerregistrierung im Jahr 1892 auf unter sechs Prozent.[7] Deshalb gab es 1876 tatsächlich die höchste Wahlbeteiligung in der Geschichte der Präsidentschaftspolitik, da zu diesem Zeitpunkt die Taktiken zur Unterdrückung Schwarzer Wähler noch nicht im Gesetz verankert waren.

Natürlich wurden die weißen Republikaner irgendwann ganz kribbelig bei dem Gedanken, dass die Schwarze Mehrheit auch ihre Partei beherrschte. So gründeten sie schließlich eine ausschließlich weiße Parteifraktion.* Im Jahr 1888 begann der Schwarze Texaner und Republikaner Norris Wright Cuney gegen die weiße Parteiführung zu kämpfen, die die Jim-Crow-Gesetze zum Ausschluss der Schwarzen Wahlbeamten von ihrem Staatsparteitag nutzen wollte und der Fraktion den Namen »Lily-Whites«-Bewegung gaben, nicht zu verwechseln mit Lil Wyte, einem weißen Soundcloud-Rapper, den ich noch nie gehört habe, aber den es ganz sicher gibt.

Bis 1890 hatten die Lily-Whites erfolgreich zwei Fraktionen der Republikanischen Partei gegründet, sich von den Bemühungen zum Schutz der Bürgerrechte distanziert und den Demokraten angeschlossen, um in den Südstaaten die Schwarzen Wähler zu unterdrücken. Unterdessen entstand eine »Black and Tan«-Fraktion, da die organisierte Gewalt der weißen Suprematisten den Lily-Whites zu mehr Macht verhalf. Im frühen

* *So ziemlich wie die aktuelle Tea-Party-Bewegung, nur rassistisch. Okay, genau wie die aktuelle Tea-Party-Bewegung.*

20. Jahrhundert traten die weißen Republikaner in Staats- und Kommunalwahlen oft als Lily-Whites an, während die Schwarzen Kandidaten unter dem Black-and-Tan-Banner liefen. Zusammengesetzt aus Schwarzen Wählern und ein paar weißen Politikern, die sich nicht auf die Seite der weißen Vorherrschaft gestellt hatten, wurde die Black-and-Tan-Bewegung bald zu einer Minderheit in der Südstaaten-GOP. 1921 kandidierte Maggie Lena Walker – die erste Schwarze Frau, die eine Bank eröffnete – in Richmond, Virginia, als »Superintendent of Public Instruction« (etwa eine bundesstaatliche Oberschulrätin) im Rahmen der Wahlliste der Virginia Lily-Black, genau wie John Mitchell jr. als Gouverneurskandidat, der eine Bank in einem Viertel von Richmond leitete, das als Black Wall Street bekannt war. Solche Moguln mieden die Black-and-Tan-Wahlliste teilweise, um auf die Scheinheiligkeit der Republikanischen Partei seit Ausschluss der Schwarzen vom Staatsparteitag in Virginia aufmerksam zu machen.

Die Republikanische Partei setzte jede erdenkliche Taktik ein – sogar ein Verbot von gewürztem Hühnchen bei ihren Parteitagen –, um weiße Wähler in den Südstaaten auf ihre Seite zu ziehen. Ein paar Weiße traten der GOP bei, nachdem William Taft während des Präsidentschaftswahlkampfs im Jahr 1908 im Rahmen seiner »Südstaatenstrategie« versprach, Afroamerikaner nicht als Bundesbeamte einzusetzen, falls dies in der entsprechenden Gegend zu »Rassenkonflikten« führen könnte. Als der Demokrat Woodrow Wilson 1912 die Wahl mit dem Versprechen gewann, jeden Erfolg der Afroamerikaner seit der Sklavenbefreiung wieder rückgängig zu machen, sagte Du Bois: »Es ist keine Übertreibung zu behaupten, dass jeder Feind der Negrorasse stark ermutigt wird; dass jeder Mann, der davon träumt, die Negrorasse zu einer Gruppe von Knechten und Ausgestoßenen zu degradieren, wachsam und hoffnungsvoll ist.«[8] Die Trennlinie der amerikanischen Politik war mit einem Mal deutlich erkennbar. Die Partei mit den meisten Wählerstimmen von konservativen weißen Rassisten gewann im Süden und Mittleren Westen.

Afroamerikanische Wähler unterstützten mit überwältigender Mehrheit Franklin Roosevelts vier Präsidentschaftswahlkämpfe in den Jahren 1932, 1936, 1940 und 1944, aber bei anderen Wahlen identifizierten sich ähnlich viele Schwarze als Republikaner wie als Demokraten. Als 1948 der Demokrat Harry Truman die Aufhebung der Segregation in der US-Armee anordnete und seine Demokratische Partei die Einführung von Anti-Jim-Crow-Gesetzen unterstützte, verließen mindestens 35 Abgeordnete aus dem tiefen Süden empört den landesweiten Parteitag der Demokraten und gründeten die States' Rights Democratic Party (Dixiecrats). Daraufhin entschied sich die Schwarze Wählerschaft scharenweise für die Demokratische Partei. Um es deutlich zu sagen: Die Schwarzen Menschen *wechselten nicht die Partei*. Ihre Wählerstimmen waren schon immer zwischen den beiden politischen Parteien verteilt gewesen; sie hörten einfach auf, für die Republikaner zu stimmen. Sie hielten sogar einen »Trick« für den kollektiven rassistischen Arsch der Republikaner bereit.

Aber wie der heilige Hieronymus in der Bibel schrieb: »Weiße bleiben weiß.«* Die weißen Südstaatler wählten aber größtenteils weiterhin die Demokraten, und die Republikaner schafften es nicht, im Süden Fuß zu fassen. 1952 und 1956 gewann der Republikaner Dwight Eisenhower überall *außer* im sogenannten »Solid South«. Dann, im September 1957, schickte Eisenhower Bundestruppen nach Arkansas, um die Aufhebung der Segregation an der Little Rock Central High School durchzusetzen. 1963 brach John F. Kennedy, ein Demokrat, mit der Ideologie der Partei, nutzte Eisenhowers Maßnahme als Vorbild und entsandte weiße Sturmsoldaten – die Nationalgarde von Alabama –, um die Desegregation an der University of Alabama zu erzwingen. Dann folgte der Wendepunkt, der im Grunde die Parteizugehörigkeit der Wähler aus den Südstaaten veränderte: Kurz vor der Wahl von 1964 unterzeichnete der Demokrat Lyndon B. Johnson den Civil Rights Act.

---

* *Im dritten Kapitel der Niggeläer, eines der unbekannteren Bücher.*

Abgesehen von Jimmy Carter im Jahr 1976 würde der Solid South nie wieder für einen demokratischen Präsidenten stimmen.

Diese guten alten Republikaner, die einem niemals eine Schwindelei abkaufen, die ihnen nicht gefällt, wollen euch glauben machen, dass die Republikaner den Civil Rights Act von 1964 befürworteten und die Demokraten ihn ablehnten, was aber nur teilweise stimmt. Um die Veränderung in der Ideologie beider Parteien zu verstehen, muss man einfach nur die Wählerstimmen zählen.[9]

- Im Repräsentantenhaus saßen 94 Südstaatendemokraten. 8 von ihnen stimmten für den Civil Rights Act.
- Im Repräsentantenhaus saßen elf Südstaatenrepublikaner. Keiner von ihnen stimmte für das Gesetz.
- Die Nordstaatendemokraten stimmten 145 zu 9 für das Gesetz.
- Die Nordstaatenrepublikaner stimmten 138 zu 24 für das Gesetz.
- Von den 21 Südstaatensenatoren (Demokraten und Republikaner) stimmte lediglich einer für den Civil Rights Act (ein Demokrat aus Texas).

Wie ihr sehen könnt, stimmten nicht die Demokraten gegen den Civil Rights Act und die Republikaner dafür. *Alle* unterstützten den Civil Rights Act außer den Repräsentanten der Südstaaten. Südstaatenpolitiker *beider* Parteien stimmten gegen das Gesetz; und um es noch weiter zu treiben: Jede Umfrage aus der Zeit zeigt, dass weiße Südstaatler gegen das Gesetz waren.

Der Civil Rights Act wurde am 2. Juli 1964 unterzeichnet. Bei den Präsidentschaftswahlen desselben Jahres stimmten 94 Prozent der nichtweißen Wähler für den demokratischen Kandidaten Lyndon Johnson und verschafften ihm dadurch den Sieg über Barry Goldwater. Aber der Republikaner Goldwater schaffte es, bei der Wahl in fünf Südstaaten zu gewinnen, was bisher noch keinem Republikaner gelungen war. Wie hatte Goldwater das gemacht? Er gewann diese Staaten, indem er sich gegen den Civil Rights Act aussprach. Denn wie er wusste, war die Mehrheit der weißen Südstaatler der Meinung, dass »die Vereinigungen für Negrorechte [in Bezug auf Bürgerrechte] zu viel verlangten«, während der Rest des Landes eher der Auffassung war, die Ansprüche der Organisationen seien »recht angemessen«.[10] Kurz vor den Wahlen hielten sein Vizepräsidentschaftskandidat und der Vorsitzende des Republican National Committee, William E. Miller, außerdem eine Rede, in der sie Amerika warnten, die Bürgerrechtsproteste seien die »Quittung dieser Nachsichtig-bei-Verbrechen-und-die-Gesellschaft-ist-schuld-Brut«.[11] Brut! Etwas so Rassistisches wie »Brut« habe ich erst wieder gehört, als ich 40 Jahre später als »Dindoo« bezeichnet wurde, wie in dem Satz: »Wenn die Polizei Schwarze Typen verhaftet, sagen die immer ›I dindoo nuffin!‹ (›Ich hab nix gemacht!‹)«. Man kann über die Republikaner sagen, was man will, aber sie sind echt erfinderisch, wenn es um Euphemismen für das N-Wort *(n-word)* geht.

1968 verbündete sich Strom Thurmond mit Richard Nixon, dem republikanischen Präsidentschaftskandidaten desselben Jahres, der überzeugt war, ein Republikaner könne im Süden gewinnen, wenn er bereit sei, gegenüber den Südstaatenwählern mithilfe der Hundepfeifentaktik unterschwellig rassistische Parolen zu verbreiten. Zusammen mit H. R. Haldemann entwickelten sie die »Südstaatenstrategie«, indem sie Nixons Überzeugung hervorhoben: »Genau genommen sind die Schwarzen das ganze Problem. Der Schlüssel ist die Ausarbeitung eines Systems, das dies bestätigt, während es nicht den Anschein macht.«[12] Nixon gewann die Wahlen im Jahr 1968, da er sieben ehemalige Konföderiertenstaaten auf seine Seite zog, was eine bemerkenswerte Leistung für einen Republikaner war. Bei seiner Wiederwahl 1972 legte er bei seiner rassistischen Phrasendrescherei noch einen drauf und gewann dadurch jeden einzelnen Staat im Süden. Seit dieser Wahl hat es lediglich Jimmy Carter noch einmal geschafft, die Mehrheit der alten Konföderiertenstaaten zu gewinnen, die ehemals als »Solid South« bekannt waren. So verschmolzen die ehemaligen Konföderiertenstaaten zu einer republikanischen Wählergruppe, bei der nur wenige Demokraten noch einen Fuß in die Tür bekamen.

1981 beschrieb der Wahlkampagnenentwickler Lee Atwater, der die Südstaatenstrategie für Ronald Reagan und George H.W. Bush noch verfeinerte, die Siegvorlage der Republikanischen Partei wie folgt:

1954 sagte man »Nigger, Nigger, Nigger«. 1968 durfte man überhaupt nicht mehr »Nigger« sagen – das fügte einem Schaden zu, ging nach hinten los. Also sagte man Sachen wie, ähm, erzwungenes »Busing« [Bustransport von Schülern in andere Wohnbezirke als Mittel der Desegregation an Schulen], States' Rights und all so was, und das klang alles schön abstrakt. Jetzt sprechen Sie nur noch über Steuersenkungen. Und all die Dinge, über die Sie reden, sind rein wirtschaftlich, aber eine Begleiterscheinung dieser Dinge ist, dass die Schwarzen stärker benachteiligt werden als die Weißen ... »Wir wollen das und das kürzen« ist viel abstrakter als selbst diese Busingsache und, ähm, verdammt viel abstrakter als »Nigger, Nigger«.[13]

Am 3. August 1980 suchte ein neuer Präsidentschaftsanwärter nach einem geeigneten Ort für eine wichtige politische Erklärung. Statt in seinem Heimatstaat Kalifornien zu sprechen, wählte er einen Ort aus, der ganz sicher seine Gemeinschaft wütender weißer Südstaatenanhänger anstacheln würde: die Neshoba County Fair in Philadelphia, Mississippi, zufällig der Ort, an dem Emmett Till ermordet wurde. Als Mitglieder der White Knights des Ku-Klux-Klans im Jahr 1964 James Chanes, Andrew Goodman und Michael Schwerner verschleppten und ermordeten, wurde der Klan-Anführer Edgar Ray Killen verhaftet und des Mordes angeklagt. Bei seiner ersten Gerichtsverhandlung kamen die Geschworenen allerdings nicht zu einem einstimmigen Urteil. Am 4. August 1964, 44 Tage nach dem Verschwinden, fanden die Behörden die Leichen in einem

Damm auf der Old Jolly Farm vergraben, nur einen Steinwurf von dem freien Feld entfernt, auf dem Reagan schließlich seine Rede hielt. Unter den Augen der vorrangig weißen Menschenmenge, darunter auch Mitglieder des Ku-Klux-Klans, präsentierte Reagan eine 33 Absätze lange Rede voll mit Hundepfeifenanspielungen über die Gefahren von Sozialhilfe und »Ausgegrenzten«, was ihm begeisterten Applaus einbrachte. Dieser Mann wusste, was er tat, indem er die schlimmsten Merkmale der Weißen zum Vorschein brachte. Er glaubte, dass er die Südstaatenstrategie nutzen könne, um den Süden als republikanisches Gebiet zu verfestigen. Mehr als 15 000 Menschen tauchten auf. Ich sage damit nicht, dass das rassistisch war ...

Weil ich es nicht muss.

»Ich glaube an die States' Rights«, erklärte der Mann, der sich mal zur Konservativen Beyoncé entwickeln sollte. »Und ich glaube, dass wir das Gleichgewicht unserer derzeitigen Regierung gestört haben, indem wir dieser Bundeseinrichtung Befugnisse übertragen haben, die in der Verfassung so nie beabsichtigt waren. Und wenn ich die von mir angestrebte Position erhalte, werde ich mich darum kümmern, diese Prioritäten wieder neu zu ordnen und den Staaten und Gemeinden die Funktionen zurückzugeben, die ihnen rechtmäßig zustehen.«[14]

Die »States' Rights«-Rede wurde Politikgeschichte. Drei Monate später erreichte dieser Kandidat, Ronald Reagan, einen der größten Erdrutschwahlsiege der amerikanischen Geschichte und vollendete damit die ein Jahrhundert währende Kehrtwende seiner Partei. Bei der Präsidentschaftswahl im Jahr 2020 gewannen die Republikaner 70 Prozent der weißen Wählerstimmen in den ehemaligen Konföderiertenstaaten.[15] Die GOP ist wie ein Grillfest bei den Schwarzen: Weißfisch ohne Ende.

Ah, da kommt Mikey zurück. Ich schätze mal, er übernimmt jetzt wieder.

***

Moment mal. Hat Uncle Rob gerade wieder mein Buch gekapert? Ich wette, er hat über die Lily-Whites gesprochen, richtig? Hat er etwa den Fedora-Witz gerissen? Bitte sagen Sie nicht, dass er den Witz mit dem gegrillten Fisch gemacht hat? Oh Mann. Tut mir leid. Aber es könnte schlimmer sein. Er hätte Ihnen auch erzählen können, was »dindoo« heißt.

Mal von den alten Witzen von 1979 abgesehen, hat Uncle Rob aber recht. Die Republikaner sind inzwischen die »Alt-Right«-Partei. Sie sind die Partei der »Economic Anxiety« (Wirtschaftsangst) und des »Birtherism« (der Behauptung, Barack Obama sei nicht in den Vereinigten Staaten geboren worden und hätte deshalb nicht Präsident werden dürfen). Sie sind die Partei von Donald Trump, dem »Einreisestopp für Muslime«, der Grenzmauer, David Duke und allen Anhängern der weißen Vorherrschaft, die sich bei den Zwischenwahlen 2022 über die republikanische Wahlliste für die Wahl haben aufstellen lassen. republikanische Führungskräfte lassen nun Theorien über die weiße Vorherrschaft vom Stapel, in denen sie die Frage aufwerfen, was die Nichtweißen überhaupt für die Zivilisation geleistet haben.[16] Sie sprechen Islamophobie und ihre einwandererfeindlichen Anhänger an, indem sie Aussagen machen, die jeder Realität entbehren. Sie gewinnen die Unterstützung von Rechten unter dem Deckmantel von »Patriotismus« und »amerikanischen Werten«. Sie sind die Partei der weißen Bevölkerung.

Und falls Sie nun denken, die Demokraten hätten sich als antirassistische Helden entpuppt: Sie sind gar nicht so sehr *für* die Schwarze Bevölkerung, sondern vielmehr *die Oppositionspartei* der GOP. Seit dem Civil Rights Act waren 98 Prozent der demokratischen Senatoren und 82 Prozent der in den Bundesgerichten eingesetzten Männer und Frauen weiß.[17] Die Demokraten haben noch nie einen Schwarzen Sprecher des Repräsentantenhauses oder Mehrheitsführer im Senat ernannt. Obwohl die Demokratische Partei in der Basis unbestreitbar bunter ist, wird sie noch immer von der Sorte weißer Männer geleitet, die zwei Fünftel der Schwarzen Menschheit allein um der nationalen Einheit willen kompromittiert haben.

Nein, die GOP ist nicht rassistischer als die Demokratische Partei. Eine Partei ist lediglich ein Name und ein Logo. Es hat immer eine Partei gegeben, die den weißen Suprematisten als Heimat diente, und die Republikanische Partei ist lediglich die *aktuelle* Basis. Egal ob Sie es Demokratisch, Republikanisch, Konservativ oder Make America Great Again nennen – für die weißen Südstaatler gibt es nur eine Partei: die Anti-Schwarzen-Partei. Während zukünftige Geschichtsbücher eines Tages vielleicht Sean »Puffy/P. Diddy/Diddy/Puff Daddy/Brother Love« Combs zuschreiben, er habe die Leute überzeugt, gebleichte Leinenoutfits zu einer Riesenparty zu tragen, ist Amerika die Begründerin der »white party«. In der Politik des Landes herrscht seit jeher ein Zweiparteiensystem:

1. Weiße Menschen.
2. Alle anderen.

Bis zur Präsidentschaftswahl 1948 war die Demokratische Partei die Partei von Jim Crow, der Segregation und des Ku-Klux-Klans. Bei allen Präsidentschaftswahlen zwischen 1880 und 1947 war Herbert Hoover (der gegen den katholischen Demokraten Al Smith aus New York antrat) der einzige Republikaner, der in mehr als drei der Sklavenhalterstaaten im Süden gewann, darunter Alabama, Arkansas, Florida, Georgia, Kentucky, Louisiana, Maryland, Mississippi, North Carolina, Oklahoma, South Carolina, Tennessee,

Texas, Virginia and West Virginia.* Das bedeutet aber nicht, dass die Republikanische Partei Schwarze Wähler mit offenen Armen empfing.

Die Dixiecrats ernannten Strom Thurmond (der damals erst 46 Jahre alt war) zu ihrem Präsidentschaftskandidaten und gründeten das Programm ihrer neuen Partei auf Segregation. Bei den Präsidentschaftswahlen 1948 gewannen die Dixiecrats durch ihr Parteiprogramm mit dem Ziel der strikten Segregation in vier Südstaaten und erreichten in einem fünften den zweiten Platz, womit der solide Demokratische Süden sein Ende fand.

Doch dann geschah etwas Interessantes: 1964 nominierten die Republikaner Barry Goldwater, Senator und GOP-Vorsitzender in Arizona, der gegen den Civil Rights Act votierte und damit sein Festhalten an der Vormachtstellung der Weißen bewies. Goldwater bestimmte den New Yorker Kongressabgeordneten William E. Miller als seinen Vizekandidaten, der über die demokratischen Kandidaten behauptete, sie seien »soft on crime« (»zu nachsichtig in Bezug auf Verbrechen«) – eine Anspielung auf die Demonstrationen von Bürgerrechtskämpfern in Städten überall im Land. Diese Taktik brachte ihnen nicht direkt den Wahlsieg ein, doch zum ersten Mal seit dem Bürgerkrieg drang Lincolns Partei weit in den Süden vor. Zwar gewannen sie *lediglich* in den Prosegregationsstaaten, aber bis heute hat es die Demokratische Partei nie wieder geschafft, die Kontrolle über die Südstaaten zurückzugewinnen.

Seitdem hat jeder republikanische Präsident auf die Southern Strategy vertraut und die Hundepfeifenpolitik eingesetzt. Richard Nixon versprach einen »Krieg dem Verbrechen«, um die Schwarzen unter Kontrolle zu halten. Ronald Reagan bewies, dass er nicht »soft on crime« war, indem er die Zahl der Gefängnisinsassen während seiner Amtszeit verdoppelte. George H. W. Bush machte seine Strategie durch den vielleicht

* *Besser bekannt als die »Sweet Tea States«.*

bekanntesten rassistischen »soft on crime«-Wahlwerbespot über den im Hafturlaub rückfällig gewordenen Schwarzen Raubmörder Willie Horton deutlich. Einmal brachte er sogar Crack mit ins Oval Office, um zu erklären, warum »wir mehr Gefängnisse brauchen«. Auch wenn es vielleicht so klingt, als würde ich diese Präsidenten als rassistisch bezeichnen, ist das nicht der Fall.

Wir wissen nicht, was in den Herzen und Köpfen der Politiker vorgeht. Wir können sie nur nach ihrem Handeln beurteilen. Und genauso wie sie die Bürgerrechtsproteste dämonisieren, indem sie sie als Verbrechen bezeichnen, so nutzen rechte Konservative die Angst der Weißen als einen Viehtreiberstock, um die Herde der weißen Wähler unter das GOP-Dach zu führen. Nachdem Reagan die Geißel der nicht vorhandenen »Welfare Queens« (Sozialleistungsbetrügerinnen) erfand, verstärkte George H. W. Bush die Masseninhaftierungen und den Krieg gegen Drogen, um das amerikanische Volk vor der herannahenden Rotte Schwarzer Crackbabys zu schützen, trotz des Umstands, dass »dreimal mehr Weiße in ihrem Leben je Crack konsumiert haben als Schwarze«.[18] In den 1990er-Jahren brachte Newt Gingrich die Anti-Schwarzen-Rhetorik der Republikanischen Partei auf den neusten Stand, indem er die Menschen in Mittelamerika davon überzeugte, dass ihre Bigotterie durch »Political Correctness« gesetzeswidrig gemacht werde und sie durch positive Diskriminierung ihre Jobs verlieren würden. Drei Jahrzehnte später haben Fentanyl, mexikanische Wohnwagen, Colin Kaepernick, die Critical Race Theory, die Cancel Culture und der »Woke Mob« die Crackbabys, die kommunistischen Demonstranten, die Black Power, die heimlichen Marxistischen Demonstranten und die Political Correctness ersetzt. Aber nichts davon beweist, dass die Republikanische Partei rassistisch ist.

Es belegt allerdings, dass Amerika rassistisch ist.

Im Laufe der Zeit haben sich diese rassistische Hundepfeifenpolitik und der Kampf der Kulturen als effektive politische Methoden erwiesen. Die Republikaner könnten nicht regelmäßig die Wahl gewinnen, wenn diese fanatischen Gedanken nicht von der Mehrheit der weißen Amerikaner geteilt würden.

Es ist absolut möglich, dass republikanische Politiker nicht rassistisch sind. Es ist dagegen nicht realistisch zu glauben, dass die meisten Weißen es nicht sind. Aber genau wie die Versklavte besitzenden Unabhängigkeitserklärer und die weißen Nationalisten, die einen unbürgerlichen »Rassenkrieg« anzettelten, und die Reconstruction-Ära-Terroristen und die weißen Frauen, die die Notwendigkeit von Lynchjustiz befürworteten, und die Segregationsanhänger und die Masseninhaftierer und die Wahlstimmenunterdrücker und die aufrührerischen Wahlergebnisleugner, die einfach nur »make America great again« wollten, werden die Weißen bestreiten, dass ihre eigene Vormachtstellung ihr oberstes Ziel ist. Dennoch machen ihre Wahlstimmen es deutlich. Der Erfolg von Politikern, die offen die Prämissen für weiße Suprematie unterstützen, zeigen es. Die Geschichte dieses Landes zeigt es. Diejenigen, die behaupten, sie wollten nur »make America great again«, haben noch nie einen Finger gerührt, um diese Scheindemokratie zu einem besseren Bündnis umzugestalten.

They dindoo nuffin.

DREI KURZE FRAGEN

1. **Seit der Unterzeichnung des Voting Rights Act im Jahr 1965 hat kein Präsidentschaftskandidat gleichzeitig eine Mehrheit von Schwarzen Wählern und eine Mehrheit von weißen Wählern erhalten. Warum?**
   a. Ist die Frage ernst gemeint? Sie wissen doch, warum.
   b. Ich habe keine Ahnung, warum weiße Wähler unterschiedliche politische Ziele haben als jede andersrassische und -ethnische Bevölkerungsgruppe in Amerika, aber ich bin mir sicher, dass es einen Grund gibt.
   c. Das sollten Sie vielleicht Weiße fragen.
   d. Rassismus.

2. **Welcher Begriff beschreibt die Prä-Goldwater-Demokraten und die zeitgenössische Republikanische Partei am besten?**
   a. Südstaatlich-konservativ.
   b. Rechts.
   c. Anti-Schwarz.
   d. Proweiß.

3. **Wann wurde Amerika zu einer Demokratie?**
   a. Als alle weißen Männer das Wahlrecht erhielten.
   b. Als alle weißen Frauen das Wahlrecht erhielten.
   c. Als die Schwarzen das Wahlrecht erhielten.
   d. Ich sag Ihnen Bescheid, wenn es so weit ist.

AUFGABE

IDENTITÄTSPOLITIK

Politische Gruppierungen werden häufig durch alternative Begriffe umschrieben. Geben Sie – ohne weitere Recherche – eine Einschätzung ab, ob die untentehenden Begriffe eine Gruppierung umschreiben, die größtenteils besteht aus:

(W) Weißen
(S) Schwarzen
(A) Anteilig gleich vielen Weißen wie Schwarzen

1. Red States
2. States' Rights
3. Dixiecrats
4. Evangelikale
5. Goldwater-Republikaner
6. Alternative Rechte
7. Reagan

8. Familienwerte
9. Die schweigende Mehrheit
10. Christlich-Konservative
11. Schwarze Wähler
12. Soccer Moms
13. NASCAR-Dads
14. Das Schwarzenwahlrecht
15. Wähler aus der Vorstadt
16. Menschen mit Wirtschaftsangst
17. Anhänger von »Make America Great Again«
18. Wähler aus der Stadt
19. Liberale
20. Unabhängige Wähler
21. Wähler mit Hochschulabschluss
22. Konservative

CHICKEN BOG VERSUS CHICKEN PERLO

Die größte Debatte, von der Sie noch nie gehört haben, besteht zwischen zwei afrikanisch inspirierten Gerichten, die in der Sklaverei und der Gullah-Geechee-Gemeinschaft verwurzelt sind. Obwohl beide in South Carolina entstanden sind und häufig miteinander verwechselt werden, handelt es sich um zwei völlig verschiedene Gerichte aus zwei völlig unterschiedlichen Kulturen. Vorhang auf für: Chicken Bog versus Chicken Perlo.

WAS IST CHICKEN BOG?

Chicken Bog stammt aus der Küstenregion nahe dem Pee Dee River in South Carolina. Der Legende nach lebten Mitte des 19. Jahrhunderts die Versklavten Gibbie und Pody auf einer Plantage, deren Besitzer Henry Buck mehr als 100 Sklaven hielt. Das Paar kochte Hühnchen, Wurst, Zwiebeln und Paprika zusammen mit Gewürzen und allem, was sie noch so finden konnten. Sobald das Hühnchen weich war, entfernten sie die Knochen, warfen noch etwas Reis hinzu und hatten somit genügend Essen, um Dutzende Versklavte sattzubekommen. Genau so wird Chicken Bog noch heute zubereitet. Die meisten glauben, es werde so genannt, weil das Hühnchen im Reis versinkt – auf Englisch »bog down«. Manche meinen aber auch, der Name gehe auf die Sumpflandschaft (»boggy land«) der Region zurück, während meine Tante Earlene behauptet, dass es so heiße, weil man von zu viel

Chicken Bog einen »big ol' gut«, also einen dicken Bauch, bekommt.

WAS IST CHICKEN PERLO?

Chicken Perlo ist ein Gericht aus dem Lowcountry, das dem Chicken Bog ganz ähnlich, aber im Gegensatz dazu nicht »nass« ist. Zwar überwiegt die Perlo-Variante mit Hühnchen, aber es gibt auch Seafood Perlo (Meeresfrüchte-Perlo) und »errthang« Perlo (»Alles drin«-Perlo) und bestimmt wird irgendwer von den Ahnen belächelt, weil er vegetarisches Perlo macht. Perlo ist im Prinzip ganz ähnlich wie westafrikanisches Jollof, aber weniger abhängig von dem Hühnchengeschmack als Chicken Bog. Und ich weiß, was Sie jetzt denken, aber da liegen Sie falsch: Nein, ein Chicken Bog ist *nicht* nur ein saftiges Chicken Perlo, und ein Perlo ist nicht nur ein trockener Bog.

WARUM WIRD DARÜBER ÜBERHAUPT IN EINEM BUCH GESCHRIEBEN?

In der afroamerikanischen Gemeinschaft South Carolinas ist dieses Thema genauso wichtig wie die Frage, ob man Zucker oder Salz auf Maisgrütze streut, ob Zucker in Maisbrot gehört oder ob nicht Torten eigentlich nur aufwendigere Rührkuchen sind. Der Verkauf von Chicken Bog ist in South Carolina die beliebteste Art des Spendensammelns. Damit werden Baseballteams finanziert und Tanzgruppen zu Bundeswettbewerben geschickt. Wenn ein Kind Ihnen ein Ticket für einen Bog verkauft, können Sie am Bog-Tag einfach vorbeischauen und sich einen Teller abholen. Im Prinzip ist das wie eine Tombola, bei der jedes Los gewinnt. In der Kleinstadt Loris in South Carolina findet jedes Jahr ein Chicken-Bog-Festival statt, weil an diesem Ort mutmaßlich der Chicken Bog erfunden wurde.

SIE KOMMEN MIR ZIEMLICH BOG-PARTEIISCH VOR

Ich komme aus einer Chicken-Bog-Familie, also bin ich zugegebenermaßen Bog-parteiisch. (Und man macht nicht

»Chicken Bog«, sondern *ein* Chicken Bog. Der ganze Topf ist ein einziges Gericht, wie *ein Fischschwarm* oder *ein weißer Mob.*) Aber auch Perlo hat seine Vorzüge. Das Problem ist nur, dass es ziemlich schwierig ist, an gutes Perlo heranzukommen – außer Sie kennen eine Frau aus Charleston und Umgebung, die Geechee spricht, ein bisschen was über Wurzeln weiß und häufiger eine Haube trägt als Schuhe. Perlo ist eine Kunst. Und Menschen aus Charleston haben keine Scheu, jemanden wegen eines unzulänglichen Perlos bloßzustellen. Einen guten Bog dagegen kann *jeder* zubereiten, selbst weiße Köche.*

WELCHES IST ALSO BESSER?

Vielleicht ist meine Antwort nicht besonders zufriedenstellend, aber sie lautet wie folgt: Wenn Sie eines der beiden Gerichte von einer beliebigen Person probieren müssen, kann man mit Chicken Bog nichts falsch machen. Ein gutes Perlo gewinnt allerdings jederzeit gegen einen guten Bog. Aber eigentlich ist es egal, denn ich glaube, Sie wissen, worauf ich hinauswill:

In South Carolina ist es einfach besser als irgendwo anders.

---

* *Bei einem von Weißen gekochten Bog muss man vielleicht etwas nachwürzen, aber es ist wirklich schwierig, einen Bog komplett zu vermasseln.*

Das Ende der Schwarz-weißen Koalition

Vor den Wahlen in North Carolina im Jahr 1898 war Wilmington, North Carolina, eine größtenteils Schwarze Kleinstadt, in der Afroamerikaner politische Ämter innehatten und wirtschaftliche Macht besaßen. Obwohl in der Politik North Carolinas weiße Demokraten dominierten, taten sich die weißen Republikaner und Populisten in Wilmington mit den Schwarzen Republikanern zusammen und gründeten die Fusion Coalition mit einem Wahlprogramm, das kostenlose öffentliche Schulbildung und das Wahlrecht für Schwarze Männer beinhaltete.

Neun weiße Männer, verärgert darüber, dass sie einer »Negroherrschaft« unterworfen waren, starteten eine Kampagne, um die Fusionisten ihrer Ämter zu entheben, und der Vorsitzende der Demokratischen Partei erklärte: »North Carolina ist ein STAAT DES WEISSEN MANNES, und WEISSE MÄNNER werden ihn regieren, und sie werden die Dominanz der Negropartei unter einer so überwältigenden Mehrheit begraben, dass keine andere Partei es je wagen wird, hier erneut eine Negroherrschaft aufzubauen.«[1] Ein weiterer Parteiführer prahlte damit[2], dass die Wahl die »niederträchtigste, abscheulichste, schmutzigste Kampagne seit 1876 wird. Der Slogan der Demokratischen Partei von den Bergen bis zum Ozean wird nur ein Wort beinhalten … ›Nigger‹!«.

Sie erklärten, dass Wilmingtons weiße Minderheit sich verbünden und das Gesetz mithilfe von Lynchjustiz durchsetzen müsse, wenn sie die massenhafte Vergewaltigung weißer Frauen durch Schwarze Männer in der Stadt beenden wolle. Um ihre Argumente zu untermauern, wiesen sie auf eine Rede von Rebecca L. Felton hin, eine bekannte Feministin in Georgia, die im August 1897 ihre große Sorge über die nicht existierende Plage der Schändung weißer Frauen durch gierige Schwarze Männer ausdrückte und erklärte: »Wenn es der Lynchjustiz bedarf, um das wertvollste Gut einer Frau vor den gefräßigen menschlichen Bestien zu beschützen – dann sage ich, lyncht sie zu Tausenden, wenn es notwendig ist.«

Alexander Manly, Miteigentümer des *Daily Record*, Wilmingtons einziger von Schwarzen geführten Tageszeitung, beschloss die Anschuldigungen zu widerlegen. In dem Leitartikel, den er in der Regel selbst schrieb, wies der Autor darauf hin, dass in Wilmington so viele gemischtrassige Kinder lebten, da in der Mehrzahl der Fälle *weiße Männer* zu interrassischen Vergewaltigern wurden, und fügte hinzu, dass weiße Frauen in Wirklichkeit einvernehmlichen Sex mit Schwarzen hatten, weil die weißen Männer sie sexuell nicht befriedigen konnten.

»Treffen solcher Art finden eine Zeit lang statt, bis die Vernarrtheit der Frau oder der Wagemut des Mannes die Aufmerksamkeit auf das Paar zieht und dann der Mann wegen Vergewaltigung gelyncht wird«, hieß es in dem Leitartikel weiter. »Jeder gelynchte Negro wird als ›großer, stämmiger schwarzer Schurke‹ bezeichnet, obwohl in Wirklichkeit viele der so Behandelten einen Weißen als Vater hatten und somit nicht nur nicht ›schwarz‹ und ›stämmig‹ waren, sondern noch dazu hinlänglich attraktiv für kulturell gebildete und feine weiße Mädchen, sodass sie sich in sie verlieben. Das kennen wir alle nur zu gut … Glauben Sie niemals, dass Ihre Frauen rein bleiben, während Sie unsere verderben«, fügte der Autor hinzu. »Sie säen die Samen – die Ernte lässt nicht lange auf sich warten.«[3]

Die Weißen von Wilmington waren *außer sich*. Nachdem sie eine politische Massenkundgebung veranstaltet hatten, die sie tatsächlich »White Supremacy Convention« nannten, füllten die weißen Bürger die Wahlurne mit gefälschten Stimmzetteln und warnten die Afroamerikaner vor den Konsequenzen, wenn sie selbst zur Wahl gingen. Am Wahltag beschlossen viele Schwarze Bewohner von Wilmington, nicht wählen zu gehen, in der Hoffnung, Gewalt verhindern zu können.

Die Fusionisten gewannen trotzdem.

Am Morgen der Wahl veröffentlichte die weiße Suprematistenpartei eine »Weiße Unabhängigkeitserklärung« und forderte, dass die Schwarzen Einwohner von Wilmington Manly aushändigen oder ihn dazu bringen sollten, die Stadt innerhalb von 24 Stunden nach Herausgabe der Erklärung zu verlassen. Sie verkündeten auch, dass ihre überlegene Intelligenz anerkannt werden solle, indem sie unabhängig von den Wählerstimmen die Regierung übernähmen. Die Schwarzen Führungspersonen schrieben einen Brief, in dem sie erklärten, dass sie über Manlys Leitartikel genauso empört seien wie alle anderen. Sie waren nicht einmal wählen gegangen, also mussten *die Weißen* wollen, dass die Fusionisten an der Macht blieben. Außerdem hatten sie Manly bereits fortgeschickt, also gab es keine Notwendigkeit für Gewaltanwendung.

Am nächsten Morgen marschierten etwa 500 weiße Bürger Wilmingtons zum Waffenlager, bewaffneten sich und brannten die Redaktion von Manlys Zeitung nieder. Als sie zum Schwarzenviertel der Stadt kamen, war der Mob auf ungefähr 2000 Menschen angewachsen. Nachdem sie unterwegs einige Schwarze getötet hatten, zwangen sie den Fusionistenbürgermeister, den Polizeipräsidenten und den Stadtrat mit vorgehaltener Waffe zur Niederlegung ihrer Ämter. Während die Schwarzen aus der Stadt flohen, zerrten die Terroristen die bekanntesten Schwarzen Geschäftsmänner zum Bahnhof und drängten sie vor den Augen einer Menge von Beifall klatschenden Weißen, in einen Zug zu steigen. Seit 1898 ist Wilmington eine vorrangig weiße Stadt, die von einer weißen Mehrheit regiert wird. Im Jahr 1900 fügte North Carolina der Verfassung des Staates eine Kopfsteuer, einen »grandfather clause« und einen Lese- und Schreibtest hinzu, womit den folgenden zwei Generationen Schwarzer Wähler das Wahlrecht entzogen wurde.

16

HAUSAUFGABEN

Alle Geschichten über meine Familie, die Sie in diesem Buch gelesen haben, sind wahr. Sie wurden mittels Gruppenchats, Zoom-Calls und Telefongesprächen mit meinen Schwestern, Tanten, Cousinen, Cousins und Freunden auf Richtigkeit überprüft. Obwohl sie mir nicht die explizite Erlaubnis erteilt haben, diese Anekdoten niederzuschreiben und sie der Welt zu präsentieren, habe ich keinen Grund zu glauben, dass sie etwas dagegen einzuwenden hätten, denn ich bin mit drei der größten Petzliesen der Geschichte aufgewachsen. Meine drei Schwestern – Comelita, Robin und Sean – sind zwar nie bei Leichtathletikwettbewerben angetreten, aber sie waren Weltklasseathletinnen im Losrennen und Ausplaudern.

Das Seltsame daran war: Obwohl sie mich ständig verpfiffen, wussten sie genau, dass ich *niemals* dasselbe mit ihnen machen würde. Deshalb vertrauten sie mir immer wieder Geheimnisse an in dem Wissen, dass ich es niemandem verraten würde, behielten aber meine Geheimnisse nie für sich. In dieser Hinsicht waren sie so verlässlich, dass ich ihr Tratschspiel sogar duldete. Ich schiebe ihnen noch nicht mal die Schuld für ihre Unzulänglichkeiten in die Schuhe, weil ich weiß, dass sie nicht *nicht petzen* können. Sie *müssen einfach alles ausplaudern.* Wenn sie etwas herausfinden, was ich zu verbergen versucht habe, sagen sie bis heute ganz beiläufig und völlig ohne Scham:

»Du weißt, dass ich Mama das erzähle, oder?«

Ich gebe meiner Mutter nicht die Schuld für den Hang zum Klatsch und Tratsch meiner Schwestern. Es ist kein allgemeines Familienmerkmal. Tatsächlich gefiel es meiner Mutter genauso wenig wie mir, weshalb meine Schwestern eine Methode entwickeln mussten, um petzen zu können, ohne dass sie es merkte. Am Ende hatten sie ihr Petzhintertürchen mit einem Satz perfektioniert, der ohne Ausnahme die Neugier meiner Mutter weckte:

»Mit Mike stimmt irgendwas nicht.«

Es gab auch nichts, was ich dagegen tun konnte, denn in unserem Haus herrschte eine strikte »Hauen verboten«-Regel, die über allem anderen stand. Da ich mit der Petztruppe unter einem Dach lebte, kam ein Regelbrechen natürlich nicht infrage, und sei es nur, irgendwen am Ohrläppchen zu zupfen. Aufgrund unserer Erziehung respektierten wir den Straßenkodex der Harriots. Aber wenn eine oder einer von uns eine Möglichkeit zur Umgehung einer Regel fand, machten wir untereinander aus, wie die genau aussah. Und da meine Schwestern neben dem gegenseitigen Verpetzen der Missachtung von Hausregeln *unschlagbar* im Schlupflöcherausdenken waren, hat die Erfindung von »Ich hab zuerst damit angefangen« das Harriot-Haus viele Jahre lang auf den Kopf gestellt.

Ich würde Ihnen liebend gern erzählen, dass ich die »IHZDA«-Regel erfand, aber ich weiß ehrlich nicht mehr, wer von uns dieses brillante taktische Schlupfloch entwickelt hat (wahrscheinlich Robin). Es war jedenfalls eine Möglichkeit, um gegen jemanden Gewalt anzuwenden. Und so funktionierte es:

Sagen wir mal, Sie befänden sich in der Ecke eines Raumes, lägen auf einem Bett oder irgendwo, von wo Sie nicht entkommen können. Gemäß dem Präzedenzfall, der in der bahnbrechenden Verhandlung *Harriot versus Harriot* geschaffen wurde, war es mir offiziell gestattet, irgendetwas – meine Arme, einen Besenstiel oder was auch immer – zu verwenden, um Ihnen den

Weg zu versperren. Und wenn Sie gegen meinen Arm, den Besenstiel oder einen sonstigen in Bewegung befindlichen Gegenstand stießen, war es nicht meine Schuld, falls Ihnen dabei beinahe die Zähne ausgeschlagen wurden.

Am besten griff man an, wenn gerade jemand mal pinkeln ging. Hatten ich oder eine meiner Schwestern einen der anderen ungerecht behandelt, warteten wir, bis der oder die Schuldige ins Badezimmer ging, schnappten uns zum Beispiel den Besen und wedelten damit vor der Tür herum. Sobald der Schuldige aus dem Badezimmer trat, sah er sich der Besen-Panzerhand ausgesetzt, denn er wusste, dass der andere entgegnen würde: »Ich hab zuerst damit angefangen.« Ich kann Ihnen gar nicht sagen, wie oft meine Schwestern und ich uns mit einem Besenstiel fast zu Tode geprügelt hätten. Ich bin mir auch nicht sicher, ob meine Mutter je von diesem Schlupfloch erfahren hat, denn wenn man von einem Besenstiel getroffen wurde, weil jemand »zuerst damit angefangen« hatte, ging schlichtweg keiner petzen. In unserer vorpubertären Vorstellung war »zuerst damit angefangen« kein Regelbrechen, weil das Opfer theoretisch bereitwillig die Konsequenzen einer Tätigkeit trug, die eindeutig bereits im Gange war. Außerdem dachten wir uns, dass wir das Opfer der Besen-Panzerhand ja nicht wirklich »hauten« – der Besenstiel übernahm das für uns. Ich weiß wirklich nicht, wer diese idiotische Regel erfunden hat, aber ich kann Ihnen genau sagen, wann wir damit aufhörten. Meinen Schwestern war es wie gesagt verboten, sich gegenseitig zu hauen, aber gleichzeitig gab es eine Sache, die wir über meine Schwestern wussten:

Sie können richtig kämpfen.

Und es war nicht so, als kämpften sie gut »für ein Mädchen«. Sie konnten kämpfen wie ein Mittelgewichtschampion bei den Mixed Martial Arts. Sie waren nicht gemein, und sie kämpften auch nicht besonders oft. Die meisten Menschen haben sie noch nie kämpfen sehen. Und trotzdem weiß es einfach jeder. In der Nachbarschaft gibt es sogar ein paar erwachsene Männer, die die Arschtrittfähigkeiten der Harriot-Mädchen bezeugen können.

Ich bin nicht sicher, wie das Drama begann, aber wahrscheinlich ging es darum, wer mit dem Abwasch dran war. Ich hörte lediglich Robin im Wohnzimmer kreischen: »Ich hab zuerst damit angefangen!« Als ich die Küche betrat, schrubbte Robin Sean gerade das Gesicht mit einem feuchten, mit Allzweckreiniger eingeseiften Wischmopp. Ich hatte wohl gerade dasselbe gurgelnde Gefühl in der Magengegend wie Ayllón und seine Expeditionsteilnehmer, als sie das fäkalienreiche Wasser tranken. Aber ich rannte nicht ins Badezimmer, denn Sean ballte gerade die Hände zu Fäusten ... und das im Harriot-Haus! Während Robin den Wischmopp schwenkte und mit »ich hab zuerst damit angefangen« ihre rechtmäßige Haftungsausschlusserklärung abgab, sprach Sean sechs Worte aus, die das IHZDA-Spiel für immer verändern würden:

»Okay ... Dann fange ich jetzt *damit* an!«

Daraufhin holte sie zum Schlag gegen Robin aus. Zum Glück verfehlte sie sie, da sie ungefähr eine Schrubberstiellänge von Robin entfernt stand. Einerseits wollte ich sie aufhalten und andererseits gerne den Kampf sehen, aber einerseits wollte ich auch nicht bei einem Schwingfaustunfall sterben und andererseits auch nicht, dass sie sich gegenseitig umbrachten. Aber als sie sich so gegenüberstanden und vor Wut rauchten, war mir klar, dass ich ihnen Einhalt gebieten musste. Ich überlegte kurz, ob ich eine Wette auf die Gewinnerin abschließen solle, aber ich mag meine Schwestern irgendwie und wollte nicht, dass sie in dem einvernehmlichen Gefecht umkamen. Außerdem hatten wir noch keine Benimmregeln für eine Harriot-Gehirnerschütterung festgelegt. Völlig fertig mit den Nerven rannte ich ins Mittelzimmer, wo meine Mutter saß, völlig ahnungslos über die Küchenfeindlichkeiten. Sie spürte, dass irgendwas los war, blickte auf und fragte, warum mir die Verzweiflung ins Gesicht geschrieben stehe. Ich wusste nicht, was ich antworten sollte. Ich war es nicht gewöhnt, andere zu verpetzen, und gemäß unseren festgelegten Regeln war Robin nicht im Unrecht damit, Sean mit einem Wischmopp eins auf die Rübe zu geben. In einem Moment, der später als zukunftsweisend in die Harriot-

Geschichte eingehen würde, trat ich der Petzbewegung meiner Schwestern bei und flüsterte widerwillig:

»Mit Sean stimmt irgendwas nicht.«

Zwei Jahre nach der Verabschiedung des Civil Rights Act – und kaum ein Jahr nach der Verabschiedung des bahnbrechenden Voting Rights Act – sagten 54 Prozent der Amerikaner, dass die Bürgerrechtsdemonstrationen ihrer Meinung nach »nicht gerechtfertigt« waren, wie eine Harris-Umfrage von August 1966 mitteilt.[1] Im Oktober gaben 85 Prozent der Weißen an, dass die »Demonstrationen von Negroes für die Bürgerrechte« dem »Fortschritt der Negroes« schadeten.[2] Im Juni 1969 fanden nur noch 32 Prozent der Befragten, dass die Schwarzen Demonstranten »versuchten der Sache zu dienen«.[3] Dank der Bürgerrechtsbewegung begann das Land endlich die Missverhältnisse, die Ungleichberechtigung und den Terrorismus zu bekämpfen, die als Begleiterscheinungen der vier Jahrhunderte rassistischer Unterdrückung aufgetreten waren. Doch am Ende kam die Mehrheit der weißen Bevölkerung in Amerika zu demselben Ergebnis:

Mit den Schwarzen stimmte irgendwas nicht.

Und um Amerikas »Rassenproblem« in Ordnung zu bringen, musste das Land lediglich die Schwarzen in Ordnung bringen. Um etwas gegen Drogenhandel, Kriminalität und Armut zu tun, die allesamt durch das Wohlstandsgefälle, die ungleichen Arbeitsverhältnisse und das Fehlen gesellschaftlicher Hilfsmittel verursacht wurden, beschlossen sie die Menschen zu überwachen, zu verhaften und zu inhaftieren, die dem Redlining, der Segregation und der systemischen Diskriminierung ausgesetzt waren. Obwohl die weißgewaschene Geschichte uns glauben machen will, wir hätten zu dem Zeitpunkt einfach noch nicht verstanden, dass Masseninhaftierungen keine Verbrechen verhindern, wussten wir schon immer, dass das nicht funktionieren würde. Die Schwarze Bevölkerung wusste, dass Amerika eine wirtschaftliche Lösung brauchte, um die hautfarbenbasierte Ungleichbehandlung zu beenden. Kriminologen und Soziologen wussten, dass Verbrechen ein sozioökonomisches Phänomen sind. Wir wussten schon immer, dass die Verhaftung von Drogendealern und Drogenabhängigen die Verbreitung von Drogen nicht verhindert.

Wir ließen uns nicht für dumm verkaufen. Bei den Präsidentschaftswahlen im Jahr 1980, als die Arbeitslosenquote der Schwarzen bei 15,1 Prozent und die der Weißen bei 6,5 Prozent lag, wählten 56 Prozent der weißen Wählerschaft Ronald Reagan, der behauptete, dass Sozialhilfe, positive Diskriminierung und Almosen der Regierung die Gründe für die wirtschaftlichen Probleme Amerikas seien. Neun Prozent der Schwarzen Wähler stimmten für eine zweite Amtszeit von Reagan, was noch weniger ist als die elf Prozent für George H. W. Bush im Jahr 1988. Als 1992 Bill Clinton gewählt wurde, erhielt er 83 Prozent der Schwarzen Wählerstimmen, aber nur 39 Prozent der weißen. Clinton versprach die Ungleichbehandlung aufgrund von Hautfarbe anzugehen, aber da die »Blame Black People«-Philosophie (»die Schuld liegt bei den Schwarzen«) so stark in der weißen Identitätspolitik verankert war, wies Clinton fortschrittliche Ideen zugunsten des Narrativs ab, das bereits zu einer politischen Realität geworden war: Bringt die Schwarzen in Ordnung, dann bringt ihr auch das Rassismusproblem in Ordnung. Bei der Präsidentschaftswahl im Jahr 2000 stimmten lediglich neun Prozent der Schwarzen Wähler für George W. Bush.[4] Nachdem Bush 2008 zwei Amtszeiten als Präsident gedient hatte, ließ sich Amerika eine neue Lösung einfallen:

Versuchen wir es doch mal mit einem Schwarzen Typen.

Als Barack Obama bekanntgab, dass er sich als Präsidentschaftskandidat aufstellen lassen werde, kam der ganze Rassismus, über den Sie in den vergangenen Kapiteln gelesen haben, wieder auf. Eine blindwütige Suche nach seiner Geburtsurkunde begann, basierend auf der Behauptung, er sei eigentlich ein afrikanischer Einwanderer. Er musste aus der Trinity United Church of Christ austreten, deren Pastor, Reverend Jeremiah Wright, ein Absolvent der historisch Schwarzen Howard University sowie Veteran des Marine Corps und der Navy war und angeblich eine radikale »Theologie der Schwarzen Befreiung« predigte. Obama wurde außerdem bezichtigt, Muslim zu sein, in Verbindung mit radikalen Linksextremisten zu stehen und Weißen gegenüber feindlich eingestellt zu sein. Er sei kein »echter« Amerikaner. Seine Kirche zettele Verschwörungen gegen die Weißen an. Er sei ein heuchlerischer Carpetbagger.

Für Amerika war Barack Obama ein »Schwarzer Präsident« und wird es auch immer bleiben.

Und mit ihm kamen einige verrückte Ideen. Würde man alle fortschrittlichen Ideen auflisten, die sich in den letzten 50 Jahren vollkommen etabliert haben, wären sie alle lediglich recycelte Versionen von Vorschlägen, für die sich die Schwarze Bevölkerung einsetzte und die das Weiße Amerika zurückwies. Als das U.S. Department of Agriculture sein School Breakfast Program im Jahr 1975 verstetigte, hatten die Black Panther das Gleiche schon seit einem Jahrzehnt als Teil ihres Zehnpunkteprogramms durchgeführt, das Folgendes beinhaltete:

- Landkooperativen, die Regierungshilfen zur Bereitstellung adäquater Unterkünfte nutzten.
- Ein Bildungssystem, »das uns unsere wahre Geschichte und unsere Rolle in der gegenwärtigen Gesellschaft lehrt«.
- Die Beendigung der Polizeibrutalität.
- Eine Strafrechtsreform und die Beendigung der Masseninhaftierungen.
- Die Beseitigung der Arbeitslosigkeit.

Es waren nicht nur die Black Panther. Vor seinem Tod plädierte Martin Luther King jr. in seiner Poor People's Campaign für eine Beseitigung der Arbeitslosigkeit und eine frühe Version des Universal Basic Income (bedingungsloses Grundeinkommen), das inzwischen sehr beliebt ist. Das Parteiprogramm für Jesse Jacksons Präsidentschaftswahlkampf im Jahr 1988 beinhaltete Maßnahmen für LGBT-Rechte, die Erhöhung der Ausgaben für Infrastruktur, eine Neupriorisierung im Kampf gegen Drogen,

Steuererhöhungen für die reichsten zehn Prozent, kostenlose Community Colleges, Reparationen, allgemeine Gesundheitsversorgung und eine Reform des Wahlrechts. Das einzige wirksame Waffenkontrollgesetz, das je in Amerika verabschiedet wurde, kam auf Geheiß des Congressional Black Caucus (Parteiausschuss der Schwarzen Mitglieder des Kongresses), der sich gegen die Crime Bill von 1993 stellte und eine alternative Version präsentierte, in der vorgeschlagen wurde, die Kokainepidemie mittels Drogentherapien zu bekämpfen, drei Milliarden Dollar für frühzeitige Intervention bei der Kriminalitätsbekämpfung bereitzustellen sowie den Racial Justice Act zu erlassen, durch den die Unterschiede bei Verurteilungen aufgezeigt und beendet werden sollten.[5]

Diese Ansinnen wurden damals als zu radikal abgetan, weil ja bereits beschieden worden war, dass mit den Schwarzen irgendwas nicht stimmte. Deshalb würde sich Amerikas »Rassenproblem« ganz einfach lösen lassen, wenn sich die Schwarze Bevölkerung auf sich selbst konzentrierte. Unterdessen konnte das Weiße Amerika die Schwarzen unterstützen, indem es Kriminelle aus den afroamerikanischen Gemeinschaften wegsperrte, die sich infolge von Redlining und Segregation entwickelt hatten, und ihnen weismachen, dass sie sich in den benachteiligten, unter Jim Crow errichteten Schulen auf die Bildung fokussieren sollten, und ihnen zeigen, wie sie sich an den Stiefelriemen aus dem Matsch ziehen konnten, die die weißen Menschen mit New-Deal-Geld kauften.

Leider konnte Barack Obama Amerikas Probleme nicht in Ordnung bringen.

Allein aufgrund der Tatsache, dass er ein Schwarzer Präsident war, wurde er zum Symbol dessen, was Amerika erreichen konnte. Selbst wenn die meisten Weißen nicht für Obama stimmten, wurde »Ich habe Obama gewählt« zum Schlachtruf derjenigen, die an ein Amerika ohne »Rassenunterschiede« glauben. Der Umstand, dass er in seiner Amtszeit als Staatsoberhaupt die 400 Jahre der fest verwurzelten weißen Vorherrschaft nicht aufheben konnte, zeigt uns, dass er einfach nur ein

Präsident war. Doch während es sowohl von Schwarzen als auch Weißen sowie Liberalen und Konservativen berechtigte Kritik an Obamas zwei Amtsperioden gibt, ist sein vielleicht wichtigstes Vermächtnis, dass die Resultate seiner Präsidentschaft bezeugen: Es sind nicht die Schwarzen, mit denen irgendwas nicht stimmt.

Es stimmt etwas nicht mit Amerika.

Acht Jahre, zwei Monate und 16 Tage nach Barack Obamas Wahlsieg wurde Donald J. Trump zum Präsidenten der Vereinigten Staaten von Amerika gewählt. Würde man aus der Vergangenheit und der Gegenwart Amerikas ein fühlendes Wesen erschaffen wollen, wäre es wie Donald Trump. Es würde alle hassen, die nicht weiß sind. Es würde sich für ein einzigartiges, mental stabiles Genie (»stable genius«) halten. Es würde Geheimnisse verbergen. Es würde die Vergangenheit weißwaschen. Es würde unentwegt lügen. Es würde dunkelhäutige Babys den Armen ihrer Mütter entreißen. Es würde Muslime kriminalisieren. Es würde den Intellekt und die Stimmung der großen Mehrheit der Menschen widerspiegeln, die das Land vom einen bis zum anderen Ozean bevölkern.

Donald Trump ist Amerika.

Donald Trump ist ein reicher, mächtiger Mann, der die Welt davon überzeugt hat, dass er sich sein Imperium durch harte Arbeit errichtet habe und nicht durch eine schmutzige Vergangenheit, in der er unter anderem seine Privilegien zum eigenen Vorteil ausgenutzt hat. Er gelangte genau so zu seinem Reichtum, wie auch Amerika es geschafft hatte: durch die Aneignung von Land, durch Profit aus illegalen Finanzgeschäften, das Hereinlegen der Massen und der Weigerung, Schwarze und dunkelhäutige Menschen für ihre Arbeit zu bezahlen. Er wurde durch ein System, das die weißen Menschen für ihr Weißsein belohnt, zum mächtigsten Mann der Welt im mächtigsten Land der Erde. Er besitzt keine außergewöhnliche Intelligenz oder Expertise, sondern hat seine weißen Mitverschwörer schlichtweg davon überzeugt, dass sie nur erfolgreich sein können, wenn sie den Menschen, die anders aussehen als sie, mit dem

Fuß den Hals zudrücken. Den dunkelhäutigen Menschen. Den Schwarzen Menschen. Den nichtchristlichen Menschen.

Ist das nicht die amerikanischste Idee schlechthin?

Und genau wie Amerika haben die meisten Menschen seinen Rassismus aus einem Selbsterhaltungstrieb heraus bereitwillig ignoriert. Im Gegensatz zu den Weißen, die Obama als Beweis für ein Amerika ohne »Rassenunterschiede« ansehen, obwohl die meisten von ihnen gar nicht für ihn gestimmt haben, verkünden die Trump-Wähler stolz, dass sie ihre Stimme einem dreisten, intoleranten Fanatiker gegeben haben, genau wie die Anhänger der weißen Vorherrschaft der Reconstruction und die weißen Nationalisten der Bürgerrechtsära stolz ihren Widerspruch gegen die »Rassengleichheit« kundtaten. Sie übersehen das Böse, das seiner Immigrationspolitik innewohnte, seinen Kampf gegen die Critical Race Theory und seine Verfechtung des Weißseins, genau wie dieses Land Jim Crow, Segregation, Lynchjustiz und das Böse übersah, das in jedem Bereich der Gesellschaft fortbesteht. Sie haben vergessen, wie Trump den von einem weißen Suprematisten begangenen Mord in Charlottesville, Virginia, exkulpierte, genau wie Amerika die weiße Vorherrschaft als institutionalisierte Realität exkulpiert.

Und er lügt ... genau wie Amerika lügt.

Entgegen den vorliegenden Zahlen behauptete er, seine Amtseinführung sei die größte Amtseinführung in der Geschichte der Amtseinführungen gewesen. Er behauptete, er habe mehr Gesetze verabschiedet als jeder Präsident jemals vor ihm. Er meinte, er habe das Electoral College mit einer Rekordzahl an Stimmen gewonnen. Er meinte, er sei wiedergewählt worden. Die Wahrheit war doch schnurz; Fakten taten nichts zur Sache.

Laut Trump ist Amerika das beste Land der Welt, egal was die Zahlen nahelegen. Wir sind ein Leuchtfeuer der Freiheit und Gerechtigkeit, obwohl wir im weltweiten Vergleich der Gefängnispopulation an erster Stelle stehen. Wir sind die gescheiteste Nation der Welt, obwohl wir bei der Bildung nur auf Platz 14 und bei Unwissenheit auf Platz zwei stehen. Wir glauben an

Gleichheit und Toleranz, obwohl wir es auf der Liste der rassistischsten Länder der Welt auf Platz eins geschafft haben.

Sehen Sie? Ich hab Ihnen ja gesagt, dass wir die Nummer eins sind.

Trump versprach, dass er das Problem mit unserem Gesundheitssystem in Ordnung bringen werde, wie es uns Amerika schon seit Jahrzehnten erzählt, aber er machte es nur noch schlimmer. Er versprach Reichtum für den Mittelstand, doch seine Politik kam lediglich den Reichen zugute. Er versprach Frieden, aber fing in der ganzen Welt kleinliche Konflikte an. Und genau wie es Amerika von Anfang an getan hat, ist dieses Land nur allzu bereit, vor seinen Gesetzesverstößen die Augen zu verschließen, selbst bei eindeutigen Beweisen. Dieses Land war bereit, Trump und seinen für ihn schwindelnden Lakaien dabei zuzusehen, wie sie der amerikanischen Öffentlichkeit unverfrorene Lügen auftischen.

Genau *das* ist Amerika.

Genau wie ihre Geschichte ist diese Nation eine Illusion. Ihre Bedeutsamkeit das Hirngespinst einer kollektiven weißen Fantasie, die sich einen hell leuchtenden Stern vorstellt, wo es nur ein Feuer in einer Mülltonne gibt. Amerika ist ein Hochstapler. Es ist die falsche Farce von einem weißen Land, das von seiner eigenen Vorherrschaft überzeugt ist. Es ist ein Stiefel auf jeder Schwarzen Kehle und ein Strick um jeden Schwarzen Hals.

Und trotzdem sind wir noch immer hier.

Wie die Beharrlichkeit, die die Vorherrschaft der Weißen überwindet. Wie die Liebe, die über den Hass siegt. Wie die Wahrheit, die alle Ungerechtigkeit überstrahlt. Wie die Rücken und Hände und Muskeln und Seelen der geliebten Schwarzen Diaspora, die gemeinsam diese unvollkommene Staatenvereinigung zu einem Zuhause macht. Falls diese Nation sich jemals wahrhaft zu einer Gesellschaft ohne »Rassenunterschiede« mit Freiheit und Gerechtigkeit für alle entwickelt, sollen die Menschen einmal über die Geschichte der Schwarzen Bevölkerung in Amerika sagen können:

Wir haben zuerst damit angefangen.

DREI KURZE FRAGEN

1. **Der Rassismus endete, als ...**
   a. ... der 13. Zusatzartikel die Sklaverei beendete.
   b. ... der Kongress den Civil Rights Act verabschiedete.
   c. ... Obama zum Präsidenten gewählt wurde.
   d. ... Amerika im Jahr 2020 einen Tag der Rassenabrechnung hatte.

2. **Was ist der größte Mythos in der Geschichte Amerikas?**
   a. Die Vorherrschaft der Weißen.
   b. Amerika ist eine Demokratie.
   c. »Freiheit und Gerechtigkeit für alle.«
   d. Der Teil mit der »Geschichte«.

3. **Was ist der größte Unterschied zwischen der »amerikanischen Geschichte« und der »Schwarzen Geschichte«?**
   a. Wer die Bücher schreibt.
   b. Derselbe Unterschied wie zwischen Dichtung und Wahrheit.
   c. Die Schwarze Geschichte ist die amerikanische Geschichte.
   d. So etwas gibt es in Amerika nicht.

AUFGABE
ABSCHLUSSPRÜFUNG

Erschaffen Sie ein »post-rassistisches Amerika«.

DANKSAGUNGEN

Ich habe dieses Buch *nicht* geschrieben.

Alles, was ich bin, verdanke ich Dorothy Harriot, die mein Herz, meinen Kopf und meine Lunge mit den Geschichten über die Lebenden und den Erinnerungen an unsere Vorfahren gefüllt hat, deren Erlebnisse und Taten wiederum die Seiten dieses Buches füllen. Die Hände, Seelen und Ellbogen, die mich zu dem gemacht habe, der ich bin oder einmal sein werde, gehören den Menschen in Hartsville, South Carolina. Den Lehrern und den Straßenjungs. Den Gelehrten und Predigern der Straße. Dem Dreck unter den Fingernägeln der Fabrikarbeiter und den Keksen, die ich den »Candy Ladies« abgekauft habe. Sie haben mir etwas gegeben und mich viele Dinge gelehrt. Sie haben für mich gebetet. Ich gehöre zu ihnen. Ich *bin sie.*

Dieses Buch wäre nicht möglich gewesen ohne die Gelehrsamkeit, Beratung und Geduld von Blair Kelley, deren Leseliste die Vorlage für den erzählenden Teil dieses Projekts lieferte. Tanya McKinnon unterstützte mich in dem Glauben, dass das hier möglich sei, und Kate Napolitano teilte meine Vision eines Buches über Schwarze Menschen. Durch die Schaffung der Internetplattformen Knubia and Knarrative fungierten Dr. Greg Carr und Karen Hunter unwissentlich als meine Mentoren. Kawan J. Allens Recherche und Faktenchecks waren unendlich wertvoll, und Jibola Fagbamiyes Kunst hauchte diesen Seiten Leben ein. Ich hoffe, jede Beurteilung dieses Buches wird auch Sarah Huny Youngs Umschlaggestaltung gerecht.

Jenny Xu und Stuart Roberts schritten ein und halfen mir, bei der Sache zu bleiben.

Ich danke außerdem meinen Schwestern Comelita, Seandra, Robin und Nikey; meinen Tanten Jannie, Marvell, Phyllis, Earlene und Joyce; meinen Onkeln Rob und James; meinen Cousins und Cousinen, Nichten, Neffen und allen weiteren Mitgliedern der Harriot-Familie dafür, dass sie zumindest so taten, als würden sie meinen Geschichten zuhören, bevor ich sie zu Papier brachte. Anicca, Charles und Josephine hatten keine andere Wahl.

Und ich danke den Schwarzen.

Wir haben dieses Buch geschrieben.

Wir *sind dieses Buch*.

K

NICHT ZITIERTE WERKE

HACKS FÜR DIE *BLACK AS F****-GESCHICHTE

Wir machen hier nicht das Ding mit den »zitierten Werken« (hinten ist eine ganze Liste von Endnoten).

Allerdings erhalte ich häufig Anfragen, Tweets und E-Mails, in denen ich um die Nennung von Büchern gebeten werde, die man lesen sollte, wenn man mehr über die Geschichte der Schwarzen erfahren möchte, und meine Antwort lautet normalerweise: »Alle.« Für den Fall, dass Sie, so wie ich, nicht die Zeit haben, jedes Buch zu lesen, das jemals geschrieben wurde, liste ich Ihnen hier einige besondere Werke, Datenbanken und frei zugängliche Quellen auf, die mir bei der Recherche zu diesem Buch geholfen haben, selbst wenn sie nicht direkt zitiert wurden. Das wird Sie nicht nur dabei unterstützen, ein tieferes Verständnis der Vergangenheit zu entwickeln, sondern Ihnen auch eine ungebleichte Version der Geschichte des Schwarzen Amerikas bieten.

ZEHN GRUNDLEGENDE BÜCHER

Lerone Bennett, *Before the Mayflower: A History of the Negro in America, 1619–1962* (Eastford, CT: Martino Fine Books, 2016).

Keisha N. Blain, Ibram X. Kendi, Hrsg., *Vierhundert Seelen. Die Geschichte des Afrikanischen Amerika 1619–2019*. Aus dem amerikanischen Englisch von Aminata Cissé Schleicher, Henriette

Zeltner-Shane, Sylvia Bieker u. a., Ruth Keen, Mirjam Nuenning, Melody Makeda Ledwon, Felix Mayer, Elke Link, Eleonore Wiedenroth, Dominique Haensell, Anna von Rath, Andrea Kunstmann, Marion Kraft, Alexander Wagner, Bernd Gockel (München: btb, 2024).

Frantz Fanon, *Die Verdammten dieser Erde.* Deutsch von Traugott König (Frankfurt am Main: Suhrkamp, 1963).

Ibram X. Kendi, *Gebrandmarkt. Die wahre Geschichte des Rassismus in Amerika.* Aus dem amerikanischen Englisch von Susanne Röckel und Heike Schlatterer *The Definitive History of Racist Ideas in America* (München: C. H. Beck, 2017)

Middleton A. Harris, Morris Levitt, Roger Furman, Ernest Smith, *The Black Book* (New York: Random House, 2019).

Ivan Van Sertima, *They Came Before Columbus: The African Presence in Ancient America* (New York: Random House, 2003).

Gerald Horne, *The Apocalypse of Settler Colonialism: The Roots of Slavery, White Supremacy, and Capitalism in Seventeenth-Century North America and the Caribbean* (New York: Monthly Review Press, 2018).

John Hope Franklin, *Reconstruction after the Civil War* (Chicago: University of Chicago Press, 1961).

Ronald W. Walters, *Pan Africanism in the African Diaspora: An Analysis of Modern Afrocentric Political Movements* (Detroit, MI: Wayne State University Press, 1997).

Rayford W. Logan, *The Negro in American Life and Thought: The Nadir, 1877–1901* (New York: Dial Press, 1954).

ONLINEQUELLEN

Ich weiß nicht, ob Sie schon mal von diesem Ding namens Internet gehört haben, aber es ist eine super Quelle, um sich über Geschichte zu informieren. Anstatt einfach eine Sache zu googeln, schauen Sie sich doch mal auf diesen Websites um:

- **Schwarze Zeitungen:** Google News, Newspapers.com und eine Reihe einzelner Zeitungsverleger bieten digitalisierte Archive Schwarzer Zeitungen an, die bis ins 18. Jahrhundert zurückreichen. Dort finden Sie nicht nur die Primärquellen, sondern können auch die zeitgenössischen Berichte Schwarzer Journalisten lesen.
- **Das statistische Bundesamt der USA:** Das statistische Bundesamt zählt nicht nur Leute, es erfasst auch finanzielle Daten, geografische Informationen und Daten zu den Wahlen, die statistische Momentaufnahmen der Vergangenheit kreieren.
- **Library of Congress:** Lesen Sie Berichte aus erster Hand von Menschen aus dem Federal Writers' Project, die die Versklavung überlebten. Hören Sie sich die Aufzeichnung einer Rede von Frederick Douglass an. Oder eine alte Bluesaufnahme. Und das umsonst!
- **National Archives:** Hier können Sie sich Arbeitspläne von Versklavten, Geburtsurkunden, Militäraufzeichnungen und digitalisierte Protokolle aus den Archiven des Freedmen's Bureau herunterladen.
- **Archive.org:** Ein wertvolles Recherchetool, das es den Nutzenden ermöglicht, vergriffene Werke, alte Enzyklopädien und Schulbücher online zu lesen.
- **Transatlantic Slave Trade Database (Datenbank zum transatlantischen Sklavenhandel):** Ursprünglich als CD-ROM erschienen, enthält dieses Onlinearchiv Informationen zu mehr als 35 000 Menschenhandelsexpeditionen, die zwischen 1520 und 1866 über zwölf Millionen Afrikanerinnen und Afrikaner in die Amerikas gebracht haben.
- **Genealogie-Websites:** Kommerzielle Ahnenforschungsdienstleister führen nicht nur DNS-Tests durch. Viele haben auch einen Onlinezugang zu Geburtsregistern, Sterbeurkunden, Testamenten, Zeitungen und anderen Quellen eingerichtet.

FUNDGRUBEN ZUR GESCHICHTE DER SCHWARZEN

Die Geschichte der Schwarzen lebt nicht nur in Büchern; sie existiert überall um Sie herum und wartet nur darauf, ausgegraben zu werden. Einige der weniger bekannten Verstecke könnten die folgenden sein:

- **Alternative Buchläden:** Viele von Schwarzen geführte unabhängige Buchhandlungen und Secondhandläden haben Bücher im Bestand, die große Ketten normalerweise übersehen. Manche verkaufen sogar im Eigenverlag veröffentlichte Bücher von lokalen Autoren, die nie landesweit verfügbar waren.
- **Colleges und Universitäten:** Hochschulen investieren oft in Sondersammlungen und Archive, die wichtige Dokumente und historische Aufzeichnungen beherbergen. Viele organisieren auch kostenlose und für die Öffentlichkeit zugängliche Vorlesungen und Veranstaltungen.
- **Museen:** Verlassen Sie niemals eine historische Stätte, ohne den Souvenirladen zu besuchen. Dort finden Sie Kunstobjekte, Audioaufnahmen, mündlich überlieferte Geschichten und Forschungsergebnisse von Menschen, die möglicherweise nicht landesweit bekannt sind.
- **Gerichtsgebäude:** Der Gerichtsschreiber eines jeden Bezirks ist eine Schatztruhe der Geschichte. Abgesehen von Testamenten, Geburtenregistern und Sterbeurkunden archivieren die örtlichen Regierungen auch öffentliche Bekanntmachungen, Grundbesitzurkunden und Transaktionen über den Verkauf menschlichen Eigentums.
- **Große »zweite« Kirchen:** In den meisten Städten ist die »erste« Kirche einer bestimmten Konfession in der Regel eine weiße Kirche. Jede große Kirche, deren

Name das Wort »Second« beinhaltet, hat wahrscheinlich eine Schwarze Kirchengemeinde, die sich vor oder kurz nach der Sklavenbefreiung gründete (AME-Kirchen sind da die Ausnahme). Wenn Sie eine dieser Kirchen besuchen, würde ich ihre Zehnten und Spenden verwetten, dass es dort ein Archiv gibt, das der Diakon einfach »die Akten« nennt und das mehr Geschichte beherbergt als ein durchschnittliches Museum.

- **Der gute alte Antiquitätenladen:** Neben Teekesseln und Relikten der Konföderierten führen viele Antiquitätengeschäfte auch Tagebücher, Fotos und Erstauflagen von Büchern Schwarzer Autoren, die oft von weißen Sammlern übersehen werden.
- **Vorfahren und ältere Menschen:** Der Dachboden Ihrer verstorbenen Großmutter ist ein Museum. Die Geschichten, die Ihr Großonkel viel zu oft erzählt hat, sind Teil einer mündlichen Tradition. Die Bibeln, Tagebücher und alten Briefe Ihrer Familie sind historische Dokumente.
- **Weiße Schwindeleien:** Wann immer Ihnen ein seltsam spezifisches Gesetz gegen Schwarze begegnet, Gerüchte über einen Ort, an dem keine Schwarzen erlaubt sind, ein Bericht über »Rassenkrawalle« oder irgendeine Geschichte über Schwarze Menschen, die irgendwie halb rassistisch anmutet, verbirgt sich dahinter wahrscheinlich eine weißgewaschene Geschichte.

ANMERKUNGEN

EINFÜHRUNG

1 W. E. B. Du Bois: *Die Seelen der Schwarzen.* Deutsch von Jürgen und Barbara Meyer-Wendt (Freiburg: orange press, 2008), S. 35.
2 Carter G. Woodson, *The Mis-Education of the Negro* (Washington, D. C.: Associated Publishers, 1933), S. 1.

1 EARTH, WIND AND AMERICA

1 Lerone Bennett, *Before the Mayflower: A History of Black America*, 4. Aufl. (Eastford, CT: Martino Fine Books, 1969).
2 Stanford E. Lehmberg, *The Reformation Parliament, 1529–1536* (Cambridge: Cambridge University Press, 1970).
3 UVA, *First Charter of Virginia* (Ipswich, MA: Great Neck Publishing, 2017).
4 John Smith, *The generall historie of Virginia, New-England, and the Summer Isles* (March of America facsimile series) (Ann Arbor, MI: University Microfilms, 1966).
5 *The Complete Works of John Smith* (1580–1631), Hrsg. Philip L. Barbour (Chapel Hill: The University of North Carolina Press, 1983), Bd. 1, S. 53.
6 Helen C. Rountree, *Pocahontas, Powhatan, Opechancanough: Three Indian Lives Changed by Jamestown* (Charlottesville: University of Virginia Press, 2005), S. 113.
7 Paula Neely, »Jamestown Colonists Resorted to Cannibalism«, *National Geographic*, 2013, www.nationalgeographic.com/science/article/130501-jamestown-cannibalism-archeology-science; Joseph Stromberg, »Starving Settlers in Jamestown Colony Resorted to Cannibalism«, *Smithsonian Magazine*, 30. April 2013, www.smithsonianmag.com/history/starving-settlers-in-jamestown-colony-resorted-to-cannibalism-46000815/.
8 Warren M. Billings, Hrsg., *The Old Dominion in the Seventeenth Century: A Documentary History of Virginia, 1606–1700*, überarbeitete Ausgabe (Chapel Hill: University of North Carolina Press, 2007), S. 270–74; Ralph Hamor, *A True Discourse of the Present Estate of Virginia, and the Success of the Affaires There till the 18 of June 1614* (London, 1615), S. 61–68.
9 John Rolfe, *The Thomas Jefferson Papers Series 8*, Virginia Records Manuscripts, 1606–1737; Susan Myra Kingsbury, Hrsg., *Records of the Virginia Company, 1606–1626*, Vol. 3, S. 241–42, 243–45, 247–48.

2 DER KIRCHENSTREIT, MIT DEM DIE SKLAVEREI BEGANN

1 Callixtus II, *Pope Callixtus II: Concerning Spain* (Vatican, 1123).
2 P. E. Russell, *Prince Henry »the Navigator«: A Life* (New Haven, CT: Yale University Press, 2000), S. 84.
3 Joaquim Romero Magahães, »Africans, Indians, and Slavery in Portugal«, *Portuguese Studies* 13 (1997): 143–51, www.jstor.org/stable/41105067.
4 Alastair Corston de Custance Maxwell Saunders, *A Social History of Black Slaves and Freedmen in Portugal, 1441–1555* (Cambridge: Cambridge University Press, 1982), S. 19–21.
5 Christopher Columbus, *First Voyage to America: From the Log of the »Santa Maria«* (Mineola, NY: Dover Publications, 1991), S. 87.
6 Martin Lehmann, *Die »Cosmographiae Introductio« Matthias Ringmanns und die Weltkarte Martin Waldseemüllers aus dem Jahre 1507* (München: Meidenbauer, 2010), S. 311.
7 Robert M. Poole, »What Became of the Taíno?«, *Smithsonian Magazine*, Oktober 2011.

EXKURS: VOR DEM »DAVOR«: DIE ERSTEN AFROAMERIKANISCHEN MENSCHEN

1 Ricardo E. Alegría, *Juan Garrido, el Conquistador Negro en las Antillas, Florida, México y California, c. 1503–1540* (San Juan, PR: Centro de Estudios Avanzados de Puerto Rico y El Caribe, 1990), S. 6, 127–38.
2 Ebd.
3 Douglas T. Peck, *Ponce de León and the Discovery of Florida: The Man, the Myth and the Truth* (St. Paul, MN: Pogo Press, 1993), S. 23.
4 Robert H. Fuson, *Juan Ponce de León and the Spanish Discovery of Puerto Rico and Florida* (Blacksburg, VA: McDonald & Woodward Publishing, 2000), S. 121–39.
5 Michael Grunwald, *The Swamp: The Everglades, Florida and the Politics of Paradise* (New York: Simon & Schuster, 2007), S. 25–26.
6 Kurt Jonassohn und Karin Solveig Björnson, *Genocide and Gross Human Rights Violations: In Comparative Perspective* (Piscataway, NJ: Transaction Publishers, 1999), S. 202.
7 Dora Beale Polk, *The Island of California: A History of the Myth* (Lincoln: University of Nebraska Press, 1995), S. 22.
8 Matthew Restall, »The African Experience in Early Spanish America«, *The Americas* 57, Nr. 2 (Oktober 2000): 171–205.
9 Gillian Brockell, »Before 1619, There Was 1526: The Mystery of the First

Enslaved Africans in What Became the United States«, *Washington Post*, 7. September 2019, www.washingtonpost.com/history/2019/09/07/before-there-was-mystery-first-enslaved-africans-what-became-us/.

10 Dennis Herrick, *Esteban: The African Slave Who Explored America* (Albuquerque: University of New Mexico Press, 2018), S. 11.

11 Álvar Núñez Cabeza de Vaca, übersetzt und kommentiert von Martin Favata und José Fernández, *The Account: Álvar Núñez Cabeza de Vaca's »Relación«* (Recovering the U.S. Hispanic Literary Heritage) (Houston: Arte Publico Press, 1993), S. 18.

12 Ebd.

13 Herrick, *Esteban*, S. 77.

14 Ebd., S. 84–85.

15 »The Viceroy's Letter to the King, April 17, 1540«, in Richard Flint und Shirley Cushing Flint, Hrsg., übersetzte und kommentierte Ausgabe, *Documents of the Coronado Expedition, 1539–1542* (Albuquerque: University of New Mexico Press, 2012), S. 240.

16 Lhoussain Simour, »(De)slaving History: Mostafa al-Azemmouri, the Sixteenth-Century Moroccan Captive in the Tale of Conquest«, *European Review of History* 20, Nr. 3 (Juni 2013): 345–65, http://dx.doi.org/10.1080/13507486.2012.745830.

17 Joe Sando, *Pueblo Nations: Eight Centuries of Pueblo Indian History* (Santa Fe, NM: Clear Light Publishing, 1992), S. 86.

3 DIE NEUAUSRICHTUNG DER WELT

1 Virginia Company of London, »›Instructions to George Yeardley‹ by the Virginia Company of London (18. November 1618)«, *Encyclopedia Virginia*, https://encyclopediavirginia.org/entries/instructions-to-george-yeardley-by-the-virginia-company-of-london-november-18-1618/.

2 Laura Croghan Kamoie, »The Negroes to Serve Forever: The Evolution of Black's Life and Labor in Seventeenth-Century Virginia« (M.A. dissertation, College of William & Mary, 1994) S. 26, https://dx.doi.org/doi:10.21220/s2-erp9-a557.

3 General Assembly, »›Negro Womens Children to Serve According to the Condition of the Mother‹ (1662)«, *Encyclopedia Virginia*, https://encyclopediavirginia.org/entries/negro-womens-children-to-serve-according-to-the-condition-of-the-mother-1662.

4 U.S. Census Bureau, »Colonial and Pre-Federal Statistics«, S. 1172, www2.census.gov/prod2/statcomp/documents/CT1970p2-13.pdf.

5 David Armitage, »John Locke, Carolina, and the ›Two Treatises of Government‹«, *Political Theory* 32, Nr. 5 (2004): 602–627, www.jstor.org/stable/4148117.

6 Jeffrey R. Young, »Ideology and Death on a Savannah River Rice Plantation, 1833–1867: Paternalism Amidst ›a Good Supply of Disease and Pain‹«, *Journal of Southern History* 59, Nr. 4 (1993): 673–706, www.jstor.org/stable/2210538.

7 Peter A. Coclanis, »Rice«, *South Carolina Enclyclopedia* (20. Juni 2016), www.scencyclopedia.org/sce/entries/rice/.

8 Judith Ann Carney, *Black Rice: The African Origins of Rice Cultivation in the Americas* (Cambridge, MA: Harvard University Press, 2001), S. 84.

9 Debora Gray White, *Ar'n't I a Woman? Female Slaves in the Plantation South* (New York: W. W. Norton, 1999), S. 64–65.

10 Alexander Moore, *Nairne's Muskhogean Journals: The 1708 Expedition to the Mississippi River* (Jackson: University of Mississippi Press, 1988).

11 Carney, *Black Rice*, S. 107.

12 Robert Francis Withers Allston, *The South Carolina Rice Plantation as Revealed in the Papers of Robert F. W. Allston* (Columbia: University of South Carolina Press, 2004), S. 316, 326.

13 Peter Wood, *Black Majority* (New York: Knopf Doubleday Publishing Group, 2012), S. 94.

14 Gary S. Dunbar, »Colonial Carolina Cowpens«, *Agricultural History* 35, Nr. 3 (1961): 127–28, www.jstor.org/stable/3740623.

15 Julian Mason, »The Etymology of ›Buckaroo‹«, *American Speech* 35, Nr. 1 (Februar 1960): 51–55.

16 Dunbar, »Colonial Carolina Cowpens«.

17 Young, »Ideology and Death on a Savannah River Rice Plantation«.

18 Philip D. Morgan, »Work and Culture: The Task System and the World of Lowcountry Blacks, 1700 to 1880«, *William and Mary Quarterly* 39, Nr. 4 (1982): 564–99, www.jstor.org/stable/1919004.

19 Robert M. Weir, *Colonial South Carolina: A History* (Millwood, NY: KTO Press, 1983).

20 »Slaves Imported into Charleston, S.C., by Origin, 1706 to 1775«, »Colonial and Pre-Federal Statistics«, U.S. Census Bureau, S. 1173, www2.census.gov/prod2/statcomp/documents/CT1970p2-13.pdf.

21 Weir, *Colonial South Carolina*, S. 175.

22 Joshua Coffin, *An Account of Some of the Principal Slave Insurrections, and Others, Which Have Occurred, or Been Attempted, in the United States and Elsewhere, During the Last Two Centuries. With Various Remarks* (New York: American Anti-slavery Society, 1860), www.loc.gov/item/10032268/.

23 Ebd.

24 William Rawlin, »No. 329. An Act for the Governing of Negroes (10. Juli 1688)«, *The Laws of Barbados Collected in One Volume by William Rawlin, of the Middle-Temple, London, Esquire, and Now Clerk of the Assembly of the Said Island*, University of Michigan Library, Early English Books Online Text Creation Partnership, https://quod.lib.umich.edu/e/eebo2/A30866.0001.001/1:8.281?rgn=div2;view=fulltext.

KASTEN: ANA NZINGA

1 Beth Austin, »1619: Virginia's First Africans«, Hampton History Museum, Dezember 2018, https://hampton.gov/DocumentCenter/View/24075/1619-Virginias-First-Africans?bidId=.

2 Iyabode Omolara Akewo Daniel, »How Did We Get Here? A Historical Profile of the African Woman«, *Gender & Behaviour* 14, Nr. 3 (2016): 7693–710.

3 »Njinga Mbandi: Queen of Ndongo and Matamba«, UNESCO Digital Library, https://unesdoc.unesco.org/ark:/48223/pf0000230103.

EXKURS: JEMMYS ENTSKLAVUNG

1 Russell Menard, »Slave Demography in the Lowcountry, 1670–1740: From Frontier Society to Plantation Regime«, *South Carolina Historical Magazine* 101, Nr. 3 (Juli 2000): 190–213.

2 Mark Smith, *Stono: Documenting and Interpreting a Southern Slave Revolt* (Columbia: University of South Carolina Press, 2005), S. 63.

KASTEN: VON DER ERFINDUNG DER WEISSEN

1 W. E. B. Du Bois, *The Souls of Black Folk* (First Avenue Classics) (Minneapolis: First Avenue Editions, 2016), S. 24.

2 Gregory Jay, »Who Invented White People? A Talk on the Occasion of Martin Luther King Day«, 1998, https://web.archive.org/web/20070502063801/http://www.uwm.edu/~gjay/Whiteness/Whitenesstalk.html.

3 William Waller Hening, Hrsg., *The Statutes at Large; Being a Collection of All the Laws of Virginia from the First Session of the Legislature, in the Year 1619* (Philadelphia: R. & W. & G. Bartow, 1823), Bd. 3, S. 447–63.

4 James Madison, *The Debates in the Federal Convention of 1787, which framed the Constitution of the United States of America, reported by James Madison, a delegate from the state of Virginia*, Hrsg. Gaillard Hund und James Brown Scott (Oxford: Oxford University Press, 1920).

5 »Debate in Virginia Ratifying Convention, Article 1, Section 8, Clause 12«, http://press-pubs.uchicago.edu/founders/documents/a1_8_12s27.html.

6 *Reports of the proceedings and debates of the convention of 1821, assembled for the purpose of amending the constitution of the state of New York: containing all the official documents, relating to the subject, and other valuable matter. By Nathaniel H. Carter and William L. Stone, reporters; and Marcus T. C. Gould, stenographer*, New York (State) Constitutional Convention, Carter, Nathaniel Hazeltine, 1795–1849, Stone, William L. (William Leete), 1792–1844.

7 Ebd.

8 Roger Brooke Taney and Supreme Court of the United States, »U.S. Reports: *Dred Scott v. Sandford*, 60 U.S. (19 How.) 393 (1856)«, Library of Congress, www.loc.gov/item/usrep060393a/.

9 W. E. B. Du Bois, »The Souls of White Folk«, *Darkwater: Voices from within the Veil* (New York 1920), S. 30.

4 ÜBERLEBEN UND WIDERSTAND

1 Vgl. George van Cleve, »›Somerset's Case‹ and Its Antecedents in Imperial Perspective«, *Law and History Review* 24, Nr. 3 (2006): 601–45, www.jstor.org/stable/27641404.

2 Ruth Holmes Whitehead, *Black Loyalists: Southern Settlers of Nova Scotia's First Free Black Communities* (Halifax, NS: Nimbus Publishing, 2014), S. 115.

3 Gerald Horne, *The Counter-Revolution of 1776: Slave Resistance and the Origin of the United States of America* (New York: MJF Books, 2018), S. 211.

4 Jack Newlon, Rob Spooner und Alicia Spooner, »Continental Army«, U-S-History.com, www.u-s-history.com/pages/h3996.html.

5 *By his Execellency the Right Honourable John Earl of Dunmore, his Majesty's Lieutenant and Governour-General of the Colony and Dominion of Virginia, and Vice-admiral of the same. A proclamation Declaring martial law and to cause the same to be*, Norfolk, Virginia, 1775.

6 Catherine Reef, *African Americans in the Military* (New York: Facts on File, 2010), S. 229.

7 Graham Russell Hodges, *Slavery, Freedom and Culture Among Early American Workers* (Armonk, NY: M. E. Sharpe, 1998), S. 45.

8 Ray Raphael, *Founding Myths: Stories That Hide Our Patriotic Past* (New York: New Press, 2004), S. 185.

9 »The Philipsburg Proclamation«, archiviert vom Original am 17. November 2007, www.blackloyalist.com/canadiandigitalcollection/story/revolution/philipsburg.htm.

10 Peter Kolchin, *American Slavery: 1619–1877* (New York: Hill & Wang, 1994), S. 73.

11 Boston King, »Memoirs of the Life of Boston King, a Black Preacher«, *Methodist Magazine* (März 1798, April 1798).

12 Raphael, *Founding Myths*, S. 188.

13 George Washington Williams, *History of the Negro Race in America*, 2 Bde. (New York: Bergman Publishers, 1968), S. 384.

14 W. E. B. Du Bois, *The Gift of Black Folk: The Negroes in the Making of America* (New York: AMS Press, 1971), S. 82.

15 W. E. B. Du Bois: *Die Seelen der Schwarzen.* Deutsch von Jürgen und Barbara Meyer-Wendt (Freiburg: orange press, 2008), S. 35.

EXKURS: ANGST VOR EINER SCHWARZEN NATION

1 Alfred W. Crosby, *The Columbian Exchange: Biological and Cultural Consequences of 1492*, 30th Anniversary Edition (Westport, CT: Greenwood, 2003), S. 194.

2 Ebd.

3 Adelaide C. Hill, »Revolution in Haiti, 1791 to 1820«, *Présence Africaine*, Nouvelle série, Nr. 20 (Juni-Juli 1958): 5–24.

4 Douglas Kierdorf, »Getting to Know the Know-Nothings«, *Boston Globe*, 10. Januar 2016.

5 Carolyn E. Fick, *The Making of Haiti: The Saint Domingue Revolution from Below* (Knoxville: University of Tennessee Press, 1990), S. 93.

6 Nick Nesbitt, *Universal Emancipation: The Haitian Revolution and the Radical Enlightenment* (Charlottesville: University of Virginia Press, 2008), S. 202–03.

7 James Perry, *Arrogant Armies: Great Military Disasters and the Generals Behind Them* (Edison, NJ: Castle Books, 2005), S. 83.

8 Joan Dayan, *Haiti, History and the Gods* (Berkeley and Los Angeles: University of California Press, 1998), S. 5.

9 Aus dem ersten Absatz der amerikanischen Unabhängigkeitserklärung. https://usa.usembassy.de/etexts/gov/unabhaengigkeit.pdf

5 DRAPETOMANIE

1 William H. Holcombe, »Yellow Fever Made Contagious by Fear – Its Moral Treatment«, *Clinical Reporter*, Nr. 11 (November 1888): 321.

2 Samuel A. Cartwright, »Report on the Diseases and Physical Peculiarities of the Negro Race«, *New Orleans Medical and Surgical Journal* (Mai 1851): 691–715.

3 Samantha Smalls, *Behind Workhouse Walls: The Public Regulation of Slavery in Charleston, 1730–1850* (Durham, NC: Duke University Press, 2015), https://hdl.handle.net/10161/11394.

4 Anonymous, »Recollections of Slavery by a Runaway Slave«, *The Emancipator*, 23. August 1838, https://docsouth.unc.edu/neh/runaway/runaway.html.

5 Ronald H. Bayor, *The Columbia Documentary History of Race and Ethnicity in America* (New York: Columbia University Press, 2004), S. 60; »Burned at the Stake (1681)«, Celebrate Boston, www.celebrateboston.com/crime/puritan-burned-at-stake-maria.htm.

6 Eugene Frazier, *A History of James Island Slave Descendants and Plantation Owners: The Bloodline* (Charleston, SC: History Press, 2010), S. 88.

7 Octavia V. Rogers Albert, *The House of Bondage* (New York: Cosimo Classics, 2005), S. 88. Das Buch erschien erstmals 1890.

8 Daniel O. Sayers, *A Desolate Place for a Defiant People: The Archaeology of Maroons, Indigenous Americans, and Enslaved Laborers in the Great Dismal Swamp* (Gainesville: University Press of Florida, 2014), S. 24, www.jstor.org/stable/j.ctvx073z9.

9 Timothy James Lockley, *Maroon Communities in South Carolina: A Documentary Record* (Columbia: University of South Carolina Press, 1998), S. 98.

10 Arna Alexander Bontemps, *The Punished Self: Surviving Slavery in the Colonial South* (Ithaca, NY: Cornell University Press, 2008), S. 98.

11 »Chatham County Superior Court Minutes«, *Chatham Gazette*, 19. Oktober 1786.

12 William Spivey, »Partus Sequitur Ventrem – The Rule That Perpetrated Slavery and Legalized Rape«, *Dialogue and Discourse*, Medium, 5. Oktober 2019, https://medium.com/discourse/partus-sequitur-ventrem-the-rule-that-perpetrated-slavery-and-legalized-rape-e3c423692bc2.

13 Georgia Writers Project, *Drums and Shadows: Survival Studies Among the Georgia Coastal Negroes* (Athens: University of Georgia Press, 1986), S. 150–51.

14 Michael Coard, »Anniversary of Historic, Courageous ›Igbo Landing‹«, *Philadelphia Tribune*, 4. Mai 2020.

15 Mark Reinhardt, *Who Speaks for Margaret Garner? The True Story That Inspired Toni Morrison's »Beloved«* (Minneapolis: University of Minnesota Press, 2010), S. 642.

16 J. Brent Morris, »›The Celebrated Bandit Joe‹: Uncovering Forest Joe's Lowcountry Maroon Campaign of 1821–23«, Vortrag, 6. Januar 2012, Chicago Marriott Downtown.

17 Lockley, *Maroon Communities in South Carolina*, S. 95.

18 »Acts and Resolutions of the General Assembly«, 1822, Nr. 46; unveränderte Kopie für den Senat, 1822, Nr. 65, South Carolina Archives.

19 Southern Patriot, *Charleston City Gazette*, 2. November 1822.

20 Lockley, *Maroon Communities in South Carolina*, S. 97.

21 Ebd., S. 114.

22 Gary Potter, »The History of Policing in the United States, Part 1«, 25. Juni 2013, EKU Online, https://plsonline.eku.edu/insidelook/history-policing-united-states-part-1; Olivia B. Waxman, »The History of Police in America and the First Force«, *Time*, 6. März 2017, 38.

23 South Carolina Historical Society, Pineville Police Association Minutes, 2. Oktober 1823.

24 Lockley, *Maroon Communities in South Carolina*, S. 110–11.

25 Olivia B. Waxman, »How the U.S. Got Its Police Force«, *Time*, 18. Mai 2017, https://time.com/4779112/police-history-origins/.

26 Lockley, *Maroon Communities in South Carolina*, S. 109.

EXKURS: UM WEISSE ZU TÖTEN

1 Daniel Rasmussen, *American Uprising: The Untold Story of America's Largest Slave Revolt*, 1. Aufl. (New York: Harper, 2011), S. 32.

2 Ebd.

3 Samantha Smalls, *Behind Workhouse Walls: The Public Regulation of Slavery in Charleston, 1730–1850* (Durham, NC: Duke University Press, 2015), https://hdl.handle.net/10161/11394.

4 Anonymous, »Recollections of Slavery by a Runaway Slave«, *The Emancipator*, 23. August 1838, https://docsouth.unc.edu/neh/runaway/runaway.html.

5 Ronald H. Bayor, *The Columbia Documentary History of Race and Ethnicity in America* (New York: Columbia University Press, 2004), S. 60; »Burned at the Stake (1681)«, Celebrate Boston, www.celebrateboston.com/crime/puritan-burned-at-stake-maria.htm.

6 THE NEGRO, SPIRITUAL

1 »There Is a Balm in Gilead«, traditionelles afroamerikanisches Spiritual.

2 Steve Crowder, »Black Folk Medicine in Southern Appalachia« (M.A. thesis, East Tennessee State University, 2001), https://dc.etsu.edu/etd/149.

3 Fisk University Jubilee Quartet, John Wesley Work, Alfred Garfield King, Noah Walker Ryder und J. A Myers, »I Couldn't Hear Nobody Pray« (1909), Audio: www.loc.gov/item/jukebox-128142/.

4 UVA, *First Charter of Virginia* (Ipswich, MA: Great Neck Publishing, 2017), http://RE5QY4SB7X.search.serialssolutions.com/?V=1.0&L=RE5QY4SB7X&S=JCs&C=TC0001897342&T=marc.

5 William Henry Whitmore, *The Colonial Laws of Massachusetts: Reprinted from the Edition of 1672 with the Supplements Through 1686: Containing Also a Bibliographical Preface and Introduction Treating of All the Printed Laws from 1649 to 1686: Together with the Body of Liberties of 1641, and the Records of the Court of Assistants, 1641–1644* (Boston: Rockwell and Churchill, city printers, 1890), S. 53.

6 Levitikus 25:42–46 (neue evangelikalische Übersetzung).

7 Octavia V. Rogers Albert, *The House of Bondage* (New York: Cosimo Classics, 2005), S. 66.

8 Charles Ball, *Slavery in the United States. A Narrative of the Life and Adventures of Charles Ball, a Black Man, Who Lived Forty Years in Maryland, South Carolina and Georgia, as a Slave Under Various Masters, and Was One Year in the Navy with Commodore Barney, During the Late War* [1837], elektronische Ausgabe (Chapel Hill: University of North Carolina Press, 1999).

9 Sylviane A. Diouf, »Muslims in America, A Forgotten History«, Al-Jazeera, 10. Februar 2021.

10 *Drums and Shadows*, Georgia Writers' Project (Works Progress Administration, 1940), S. 211.

11 »›An act declaring that baptisme of slaves doth not exempt them from bondage‹ (1667)«, *Encyclopedia Virginia*, https://encyclopediavirginia.org/entries/an-act-declaring-that-baptisme-of-slaves-doth-not-exempt-them-from-bondage-1667/.

12 Charles Colcock Jones, *The Religious Instruction of the Negroes in the United States* (Savannah, GA: Thomas Purse Publisher, 1842), S. 21. https://archive.org/details/religiousinstruc00jone.

13 Michel Martin, »Slave Bible from the 1800s Omitted Key Passages That Could Incite Rebellion«, All Things Considered, NPR, 9. Dezember 2018, www.npr.org/2018/12/09/674995075/slave-bible-from-the-1800s-omitted-key-passages-that-could-incite-rebellion.

14 Octavia V. Rogers Albert, *The House of Bondage*, S. 49.

15 W. E. B. Du Bois, *Black Folk Then and Now* (The Oxford W. E. B. Du Bois) (New York: Oxford University Press, 2007), S. 142.

16 Eugene Frazier, *A History of James Island Slave Descendants and Plantation Owners: The Bloodline* (Charleston, SC: History Press, 2010), S. 144.

17 Steven Mintz, »Historical Context: The Constitution and Slavery«, Gilder Lehrman Institute of American History, www.gilderlehrman.org/history-resources/teaching-resource/historical-context-constitution-and-slavery#:~:text=Of%20the%2055%20delegates%20to,members%20of%20anti%2Dslavery%20societies.

18 Richard Allen, *A Narrative of the Proceedings of the Black People During the Late Awful Calamity in Philadelphia, in the Year 1793: And a Refutation of Some Censures, Thrown upon Them in Some Late Publications* (Philadelphia: Printed for the authors, by William W. Woodward, at Franklin's Head, Nr. 41, Chestnut Street, 1794), https://archive.org/details/2559020R.nlm.nih.gov/mode/2up.

19 William Goodell, *The American Slave Code in Theory and Practice*, Teil 2 (New York: American & Foreign Anti-Slavery Society, 1853), S. 320, https://archive.org/details/americanslavecod00lcgood/mode/2up.

20 Thomas Jefferson, *Notes on the State of Virginia*, 1. Aufl. (Philadelphia: R. T. Rawle, Herausgeber, John Thompson, Buchdrucker, 1801), S. 144.

21 Frederick Douglass, *The Life and Times of Frederick Douglass: From 1817–1882* (London: Christian Age Office, 1882), S. 50.

22 David Walker, *David Walker's Appeal to the Coloured Citizens of the World* (o. O.: Ravenio Books, 2000), S. 37, 73.

23 William Still, »Trial of the Emancipators of Col. J. H. Wheeler's Slaves, Jane Johnson and her Two Little Boys«, *The Underground Railroad* (Philadelphia: Porter & Coates, 1872), S. 94–95.

24 Robert L. Harris jr., »Charleston's Free Afro-American Elite: The Brown Fellowship Society and the Humane Brotherhood«, *South Carolina Historical Magazine* 82, Nr. 4 (1981): 293.

25 »Row over Statue to Bermudian's Slave«, *October Gallery*, 21. Januar 2011, https://octobergallery.com/row-over-statue-to-bermudians-slave/

26 Will of James S. Bradley, Old Salem County Courthouse Records, 1851–1888.

27 Ebd.

ESSENSPAUSE: AUNT PHYLLIS' STRENG GEHEIMES FRIED-CHICKEN-REZEPT

1 John F. Mariani, *The Encyclopedia of American Food and Drink* (New York: Lebhar-Friedman, 1999), S. 305–06.

2 Josie Dunlap, »American Fried Chicken Has Its Origins in Slavery«, *The Economist*, 2. Juni 2021, www.economist.com/1843/2021/07/02/american-fried-chicken-has-its-origins-in-slavery.

TEXTBOX: ONESIMUS RETTET DIE WELT

1 Kathryn S. Koo, »Strangers in the House of God: Cotton Mather, Onesimus, and an Experiment in Christian Slaveholding«, *Proceedings of the American Antiquarian Society* 117 (2007): 143–75.

2 Ebd., S. 148.

3 Arthur Boylston, »The Origins of Inoculation«, *Journal of the Royal Society of Medicine* 105, Nr. 7 (2012): 309–13, https://journals.sagepub.com/doi/10.1258/jrsm.2012.12k044.

4 Koo, »Strangers in the House of God«, S. 143.

5 Ted Widmer, »How an African Slave Helped Boston Fight Smallpox«, *Boston Globe*, 17. Oktober 2014, www.bostonglobe.com/ideas/2014/10/17/how-african-slave-helped-boston-fight-smallpox/XFhsMMvTGCeV62YP0XhhZI/story.html%C2%A0.

7 DIE SCHWARZE EMANZIPATIONSPROKLAMATION

1 David W. Blight, »Lecture 2–Southern Society: Slavery, King Cotton, and Antebellum America's ›Peculiar‹ Region«, Yale Open Courses (Yale University, 2021), https://oyc.yale.edu/history/hist-119/lecture-2.

2 Murray N. Rothbard, *The Mystery of Banking* (Auburn, AL: Ludwig von Mises Institute, 2008), S. 219.

3 Benjamin F. Hunt, »The Argument of Benj. Faneuil Hunt in the case of the arrest of the Person claiming to be a British Seaman, under the 3d section of the State Act of Dec. 1822, in relation to Negroes, &c before the Hon. Judge Johnson, Circuit Judge of the United States, for the 6th Circuit« (Charleston, 1823), *Slavery, Race, and the American Legal System 1700–1872*, Hrsg. Paul Finkelman (New York, 1988), Bd. 2, S. 2–3.

4 Abraham Lincoln, »A Letter from the President«, *Daily National Intelligencer*, 23. August 1862.

5 Editorial, »Mr. Lincoln and Negro Equality«, *New York Times*, 28. Dezember 1860, www.nytimes.com/1860/12/28/archives/mr-lincoln-and-negro-equality.html.

6 W. E. B. Du Bois, *Black Reconstruction: An Essay Toward a History of the Part Which Black Folk Played in the Attempt to Reconstruct Democracy in America, 1860–1880*, 1. Aufl. (New York: Russell & Russell, 1935), S. 49.

7 Stephanie Gilbert, »The Gist of Freedom«, Blogtalk Radio, www.blogtalkradio.com/thegistoffreedom/2013/01/11/rescues-boycotts-literature-black-abolitionists-chp-45.

8 »The Ordeal of Shadrach Minkins«, Massachusetts Historical Society, 2018, www.longroadtojustice.org/topics/slavery/shadrach-minkins.php.

9 Unbekannter Autor, »Editorial«, *The Commonwealth* (Frankfort, KY), 24. Oktober 1859.

10 Unbekannter Autor, »An Underground Railway Story: How a Threatened Uprising of Slaves Was Forestalled by the Civil War«, *Minneapolis Journal*, nachgedruckt aus *Denver Post*, 4. Juli 1901.

11 Taborian Reporter, »The Founder and Father of the International Order of Twelve, Knights and Daughters of Tabor, which Convened in Grand Session in the City Last Week–An Interesting Career«, *The Freeman*, 31. Juli 1897.

12 Unbekannter Autor, *Denver Post*, 4. Juli 1801.

13 Ebd.

14 J. T. Mabry, »A Week Among the Secret Societies of Iowa«, *The Bystander* (Des Moines, IA), 24. Juli 1903.

15 Henry Louis Gates jr., »Which Slave Sailed Himself to Freedom?«, PBS, www.pbs.org/wnet/african-americans-many-rivers-to-cross/history/which-slave-sailed-himself-to-freedom/.

16 »Mr. Lincoln and Negro Equality.«

17 Barbara Jeanne Fields and Ira Berlin, *The Destruction of Slavery* (Cambridge: Cambridge University Press, 1985), S. 123–25.

18 Abraham Lincoln, »Abraham Lincoln Papers: Series 2. General Correspondence. 1858 to 1864: Abraham Lincoln to Horace Greeley, Friday (Clipping from Aug. 23, 1862, *Daily National Intelligencer*, Washington, D. C.),« www.loc.gov/item/mal4233400/.

19 Robert L. Hayman, *The Smart Culture: Society, Intelligence, and Law* (New York: NYU Press, 2000), S. 60.

20 William A. Gladstone, *United States Colored Troops, 1863–1867* (Gettysburg, PA: Thomas Publications, 1996), S. 120.

21 Denise M. Watson, »Who Was Civil War Spy Mary Louvestre? New Research Reveals a More Complete, Complex Life Story«, *Virginian-Pilot*, 21. Februar 2021.

22 Fred Bateman and Thomas Joseph Weiss, *A Deplorable Scarcity: The Failure of Industrialization in the Slave Economy* (Chapel Hill: University of North Carolina Press, 1981), S. 4, 42.

23 Ta-Nehisi Coates, »What Cotton Hath Wrought«, *The Atlantic*, 30. Juli 2010, www.theatlantic.com/personal/archive/2010/07/what-cotton-hath-wrought/60666/.

24 Stanley Turkel, *Heroes of the American Reconstruction: Profiles of Sixteen Educators, Politicians and Activists* (Jefferson, NC: McFarland, 2009), S. 136.

25 Georgetown (SC), *Semi Weekly Times*, 9. November 1895.

EXKURS: »THE LOST CAUSE« – EINE ERKLÄRUNG

1 »Explain Like I'm a Racist 5-Year-Old«, The Root, www.theroot.com/c/explain-like-im-a-racist-5-year-old.

2 »Confederate States of America–Declaration of the Immediate Causes Which Induce and Justify the Secession of South Carolina from the Federal Union«, Lillian Goldman Law Library, Yale Law School, https://avalon.law.yale.edu/19th_century/csa_scarsec.asp.

3 Ebd.

4 Leroy Stafford Boyd, »The Original Kappa Alpha«, *Banta's Greek Exchange* 7, Nr. 4 (September 1919): 3.

5 »Samuel Zenas Ammen – Kappa Alpha Order«, www.kappaalphaorder.org/ka/history/ammen/.

6 Taulby Edmondson, »The Campus Confederate Legacy We're Not Talking About«, *Chronicle of Higher Education*, 8. Juli 2020.

7 Ebd.

8 Annie Cooper Burton, *The Ku Klux Klan* (Los Angeles: W. T. Potter, 1916), S. 9.

9 Karen L. Cox, *Dixie's Daughters: The United Daughters of the Confederacy and the Preservation of Confederate Culture* (Gainesville: University Press of Florida, 2003), S. 2.

10 Emily Guskin, Scott Clement und Joe Heim, »Americans Show Spotty Knowledge About the History of Slavery but Acknowledge Its Enduring Effects«, *Washington Post*, 28. August 2019, www.washingtonpost.com/education/2019/08/28/americans-show-spotty-knowledge-about-history-slavery-acknowledge-its-enduring-effects/.

11 Cameron Easley, »As Trump Defends Confederate Flag, Democratic Voters Increasingly Say It's Racist«, Morning Consult, 22. July 2020, https://morningconsult.com/2020/07/22/conferederate-flag-racism-southern-pride-polling/.

12 »Whose Heritage? Public Symbols of the Confederacy«, Southern Poverty Law Center, 2016, www.splcenter.org/sites/default/files/whose-heritage-report-third-edition.pdf, S. 10.

13 Debra McKinney, »Stone Mountain: A Monumental Dilemma«, *Intelligence Report*, 2018 (10. Februar 2018), S. 24.

14 Jess Engebretson, »How the Birthplace of the Modern Ku Klux Klan Became the Site of America's Largest Confederate Monument«, KQED, 24. Juli 2015, www.kqed.org/lowdown/19119/stone-mountains-hidden-history-americas-biggest-confederate-memorial-and-birthplace-of-the-modern-ku-klux-klan.

15 McKinney, »Stone Mountain«.

16 Jas. B. Ramsey, »Address to the Daughters of the Confederacy«, *Minutes of the Annual Convention of the United Daughters of the Confederacy, North Carolina Division*, Bd. 3, 1910–1913 (Raleigh, NC: Capital Printing), S. 17.

17 David Blight, *Race and Reunion: The Civil War in American Memory* (Cambridge, MA: Harvard University Press, 2001), S. 272–73.

18 Mildred Lewis Rutherford, *A Measuring Rod to Test Text Books, and Reference Books in Schools, Colleges and Libraries* (Athens, GA: United Confederate Veterans, 1920), S. 5–6.

19 Greg Huffman, »Twisted Sources: How Confederate Propaganda Ended Up in the South's Schoolbooks«, *Facing South*, 10. April 2019, www.facingsouth.org/2019/04/twisted-sources-how-confederate-propaganda-ended-souths-schoolbooks.

20 Rex Springston, »Happy Slaves? The Peculiar Story of Three Virginia School Textbooks«, *Richmond Times-Dispatch*, 14. April 2018.

21 Kathryn Tucker Windham, *Exploring Alabama* (Huntsville, AL: Strode Publishers, 1970).

8 CONSTRUCTION

1 W. E. B. Du Bois, *Black Reconstruction: An Essay Toward a History of the Part Which Black Folk Played in the Attempt to Reconstruct Democracy in America, 1860–1880*, 1. Aufl. (New York: Russell & Russell, 1935), S. 137.

2 Eugene Frazier, *A History of James Island Slave Descendants and Plantation Owners: The Bloodline* (Charleston, SC: History Press, 2010), S. 132; Douglas Bostick, Monica Beck und Susan Kammeraad-Campbell, *Proposed Restoration and Interpretation McLeod Plantation* (James Island, SC: Sea Island Historical Society, 2000), S. 5.

3 Charles F. Kovacik and Robert E. Mason, »Changes in the South Carolina Sea Island Cotton Industry,« *Southeastern Geographer* 25, Nr. 2 (1985), S. 77–104, www.jstor.org/stable/44370777.

4 Frazier, *A History of James Island Slave Descendants and Plantation Owners*, S. 133.

5 Bostick, *Proposed Restoration & Interpretation McLeod Plantatio*n, S. 60.

6 Ebd., S. 102.

7 *Congressional Globe*, 16. März 1863, Serien-Nr. 98, veröffentlicht durch John C. Rives, Washington, D. C., S. 1553.

8 *Statutes at Large, Treaties, and Proclamations of the United States of America*, Bd. 13 (Boston, 1866), S. 507–09.

9 Ira Berlin, Thavolia Glymph, and Steven F. Miller, *The Wartime Genesis of Free Labor: The Lower South* (Cambridge: Cambridge University Press, 1991), S. 331–38.

10 *Statutes at Large, Treaties, and Proclamations of the United States of America*, Bd. 13 (Boston, 1866), S. 507–09.

11 Special Field Orders Nr. 15, *Official Records of the American Civil War*, Series I–Military Operations, Bd. XLVII, Teil II, S. 60–62.

12 National Archives, 1860 Census, South Carolina Schedule, NARA Mikrofilmreihe M653, Rolle 1232.

13 Douglas W. Bostick, *A Brief History of James Island: Jewel of the Sea Islands* (Charleston, SC: History Press, 2008), S. 112.

14 Du Bois, *Black Reconstruction*, S. 117.

15 Travis Dorman, »Andrew Johnson, the Impeached President Who Wanted a ›White Man's Government‹«, *Knoxville News Sentinel*, 30. Juli 2020, www.knoxnews.com/story/news/local/tennessee/2020/07/30/andrew-johnson-impeached-president-tennessee-history/5450438002/.

16 Steven Hahn, Steven F. Miller, Susan E. O'Donovan, John C. Rodrigue und Leslie E. Rowland, Hrsg., *Freedom: A Documentary History of Emancipation, 1861–1867*, Reihe 3, Bd. 1, *Land and Labor, 1865* (Cambridge: Cambridge University Press, 1982), S. 350.

17 Bostick, *A Brief History of James Island*, S. 7.

18 Dwight L. Dumond, »An Empire of Hate«, *Negro Digest* 15, Nr. 12 (Oktober 1966): 6.

19 Frazier, *A History of James Island Slave Descendants and Plantation Owners*, S. 149–50.

20 Du Bois, *Black Reconstruction*, S. 117.

21 Khalilah Brown-Dean, Zoltan Hajnal, Christina Rivers und Ismail White, *50 Years of the Voting Rights Act: The State of Race in Politics* (Joint Center for Political and Economic Studies, 2015), S. 9–11,

https://jointcenter.org/wp-content/uploads/2019/11/VRA-report-3.5.15-1130-amupdated.pdf.

22 »African American Members of Congress«, United States House of Representatives, https://history.house.gov/Exhibitions-and-Publications/BAIC/Historical-Data/Black-American-Representatives-and-Senators-by-Congress/.

23 Ron Chernow, *Grant* (New York: Penguin Press, 2017), S. 574–75.

24 Charles Snyder, »Reports of Conditions and Operations July 1865–Dec. 1866«, Records of the Assistant Commissioner for the State of South Carolina, Bureau of Refugees, Freedmen and Abandoned Lands, 1865–1870, National Archives Microfilm Publication M869, Rolle 34.

25 Herbert Shapiro, »The Ku Klux Klan During Reconstruction: The South Carolina Episode«, *Journal of Negro History* 49, Nr. 1 (Januar 1964): 35.

26 »Miscellaneous Reports and Lists Relating to Murders and Outrages Mar. 1867 – Nov. 1868«, Records of the Assistant Commissioner for the State of Louisiana, Bureau of Refugees, Freedmen, and Abandoned Lands, 1865–1869, National Archives Microfilm Publication M1027, Rolle 34.

27 Eric Foner, *Reconstruction: America's Unfinished Revolution, 1863–1877* (New York: Harper, 2011).

28 *Acts of the General Assembly of the State of South Carolina Passed at the Sessions of 1864–65* (Columbia, SC, 1865), S. 291–304.

29 Ebd.

30 D. T. Corbin, Letter to Governor D. H. Chamberlain, 9. Oktober 1876, *Miscellaneous Documents, 30th Congress, 1st Session–48th Congress, 2d Session and Special Session*, Vol. 6, Teil 3, S. 323.

31 Jerry L. West, *The Bloody South Carolina Election of 1876: Wade Hampton III, the Red Shirt Campaign for Governor and the End of Reconstruction* (Jefferson, NC: McFarland, 2010), S. 127.

32 Bostick, *A Brief History of James Island*, S. 23.

9 ETWAS ANDERES

1 Charles B. Dew, »Tightening the Noose«, *New York Times*, 21. Mai 2000, https://archive.nytimes.com/www.nytimes.com/books/00/05/21/reviews/000521.21dewlt.html.

2 Francis Butler Simkins, *Pitchfork Ben Tillman, South Carolinian*, 1. Taschen-

buchausgabe (Baton Rouge: LSU Press, 1944), S. 83, Zitat aus der Rede zur Amtseinführung von Tillman am 4. Dezember 1890.

3 Stephen Kantrowitz, *Ben Tillman and the Reconstruction of White Supremacy* (Chapel Hill: University of North Carolina Press, 2000), S. 132.

4 W. T. Groce, »John B. Gordon (1832–1904)«, *New Georgia Encyclopedia*, www.georgiaencyclopedia.org/articles/government-politics/john-b-gordon-1832-1904.

5 David Holthouse, »Activists Confront Hate in Selma, Ala«, *Intelligence Report* (Winter 2008), www.splcenter.org/fighting-hate/intelligence-report/2008/activists-confront-hate-selma-ala.

6 Neil R. McMillen, *Dark Journey: Black Mississippians in the Age of Jim Crow* (Urbana and Chicago: University of Illinois Press, 1990), S. 43.

7 Philip Dray, *At the Hands of Persons Unknown: The Lynching of Black America* (New York: Random House, 2002), S. 13–15.

8 Ebd., S. 15.

9 Leon Litwack, *Trouble in Mind: Black Southerners in the Age of Jim Crow* (New York: Vintage, 1999), S. 281.

10 »The Shame of America«, History Matters, http://historymatters.gmu.edu/d/6786/.

11 »Was Made a Living Torch«, Boston Post, 30. Mai 1901, www.newspapers.com/article/boston-post-was-made-a-living-torch/9021189/.

12 »Undesirables Are Driven Out of Byhalia Following Lynching«, *Oxford Eagle*, 3. Dezember 1914.

13 »Memphis Mob«, *The Appeal*, 26. März 1892.

14 Ida B. Wells, *Crusade for Justice: The Autobiography of Ida B. Wells* (Chicago: University of Chicago Press, 1970), S. 51–52.

15 Ebd.

16 Ebd., S. 53.

17 Ebd., S. 48.

18 Ida B. Wells, *Southern Horrors: Lynch Law in All Its Phases* (New York: New York Age, 1892), S. 3–5.

19 Ida B. Wells-Barnett, »Booker T. Washington and His Critics«, National Humanities Center, https://nationalhumanitiescenter.org/ows/seminars/progressive/bookertweb/wellsbookertwashingtoncritics.pdf.

20 Ebd.

21 »The Race Problem«, *New York Voice*, 23. Oktober 1890.

22 »The Race Problem: Miss Willard on the Political Puzzle of the South«, *New York Voice*, Nachdruck für das Frances Willard House Museum, »Truth-Telling: Frances Willard and Ida B. Wells«, https://scalar.usc.edu/works/willard-and-wells/1893-wctu-anti-lynching-resolution?path=timeline.

23 »The 1894 WTCU Convention«, Frances Willard House Museum, https://scalar.usc.edu/works/willard-and-wells/presidents-address-1894-wctu-convention?path=timeline.

24 Wells, *Crusade for Justice*, S. 326.

25 Ebd., S. 318.

ESSENSPAUSE: DER UNTERSCHIED ZWISCHEN SOUL FOOD UND SÜDSTAATENKÜCHE

1 Becky Billingsley, *A Culinary History of Myrtle Beach and the Grand Strand: Fish, Grits, Oyster Roasts and Boiled Peanuts* (Charleston, SC: American Palate, 2013).

2 William Parker Cutler, Julia Perkins Cutler, Ephraim Cutler Dawes und Peter Force, *Life, Journals, and Correspondence of Manasseh Cutler*, Bd. 2 (Cincinnati: R. Clarke & Co., 1888), S. 71–72.

10 WILD GEWORDENE WEISSE

1 »H. R. 40, Naturalization Bill, March 4, 1790«, www.visitthecapitol.gov/artifact/h-r-40-naturalization-bill-march-4-1790.

2 U.S. Census Bureau, »The 1870 Census: Bd. I. The Statistics of the Population of the United States«, S. 34, www2.census.gov/library/publications/decennial/1870/population/1870a-07.pdf.

3 Justin A. Nystrom, »The Battle of Liberty Place«, 64 Parishes, @64parishes, 2021, https://64parishes.org/entry/the-battle-of-liberty-place.

4 Steve Luxenberg, »The Forgotten Northern Origins of Jim Crow«, *Time*, 12. Februar 2019, https://time.com/5527029/jim-crow-plessy-history/.

5 »U.S. Senate: Landmark Legislation: Civil Rights Act of 1875«, www.senate.gov/artandhistory/history/common/generic/CivilRightsAct1875.htm.

6 *Civil Rights Cases*, 109 U.S. 3 (1883).

7 Paul Kinny, »Defeat but Not Ignominy: The New Orleans Afro-Creoles Behind *Plessy v. Ferguson*«, *Undergraduate Research* 1, Nr. 1 (Winter 2021): 64–99.

8 H. W. Brands, *American Colossus: The Triumph of Capitalism, 1865–1900* (New York: Random House, 2010), S. 463–64.

9 *Plessy v. Ferguson*, 163 U.S. 537 (1886).

10 Louisiana Constitutional Convention, *Official journal of the proceedings of the Constitutional convention of the state of Louisiana: held in New Orleans, Tuesday,*

February 8, 1898. And calendar. (New Orleans: Printed by H. J. Hearsey, 1898), S. 10.

11 *Plessy v. Ferguson.*

12 Louisiana Constitutional Convention (1898), 37.

13 Khalilah Brown-Dean, Zoltan Hajnal, Christina Rivers und Ismail White, *50 Years of the Voting Rights Act: The State of Race in Politics* (Joint Center for Political and Economic Studies, 2015), S. 9, https://jointcenter.org/wp-content/uploads/2019/11/VRA-report-3.5.15-1130-amupdated.pdf.

14 Louis R. Harlan, Hrsg., *The Booker T. Washington Papers*, Bd. 3 (Urbana: University of Illinois Press, 1974), S. 583–87.

15 Ebd.

16 W. E. B. Du Bois: *Die Seelen der Schwarzen*. Deutsch von Jürgen und Barbara Meyer-Wendt (Freiburg: orange press, 2008), S. 77.

17 Ebd. S. 78.

18 Glen Jeansonne, *The Life of Herbert Hoover: Fighting Quaker, 1928–1933* (New York: Palgrave Macmillan, 2012), S. 306.

19 Dewey W. Grantham, »Dinner at the White House: Theodore Roosevelt, Booker T. Washington, and the South«, *Tennessee Historical Quarterly* 17, Nr. 2 (1958): 117, www.jstor.org/stable/42621372.

20 Clarence Lusane, *The Black History of the White House* (San Francisco: City Lights Publishers, 2013), S. 254.

21 Emmett J. Scott and Lyman Beecher Stowe, *Booker T. Washington: Builder of a Civilization* (New York: Doubleday, Page & Company, 1916), S. 118.

22 W.E.B. Du Bois, *Darkwater: Voices from Within the Veil, reprinted in The W.E.B. Dubois Collection* (Blackmore Dennett, 1970), S. 1267.

EXKURS: FUNNY AS F***

1 Douglas Gilbert, *American Vaudeville: Its Life and Times* (Mineola, NY: Dover Publications, 1963), S. 153.

2 Frederick Douglass, »The Hutchinson Family.–Hunkerism«, *North Star*, 27. Oktober 1848.

3 Richard Henry Little, »Vaudeville«, *Buffalo Enquirer*, 1. June 1901.

4 Joe Laurie jr., *Vaudeville: From the Honky Tonks to the Palace* (New York: Henry Holt, 1953), S. 174.

5 Eddie Tafoya, *The Legacy of the Wisecrack: Stand-up Comedy as the Great American Literary Form* (Boca Raton, FL: BrownWalker Press, 2011), S. 111.

6 Robert A. Stebbins, *The Laugh-Makers: Stand-up Comedy as Art, Business and Life-Style* (Montreal: McGill-Queen's UP, 1990), S. 7–8.

7 Lester A. Walton, »Dramatics and Athletics«, *New York Age*, 30. November 1916.
8 Laurie, *Vaudeville*, S. 192.

11 SO DEVILISH A FIRE

1 Mary Church Terrell, »Purity and the Negro«, Rede in Washington, D. C., 1. January 1905, Iowa State University, Archives of Women's Political Communication, 5, https://awpc.cattcenter.iastate.edu/2019/12/10/purity-and-the-negro-1905/.
2 Joan Quigley, *Just Another Southern Town: Mary Church Terrell and the Struggle for Racial Justice in the Nation's Capital* (Oxford: Oxford University Press, 2016), S. 6.
3 W. E. B. Du Bois, *The Gift of Black Folk: The Negroes in the Making of America* (Boston: Stratford Company, 1924), S. 272.
4 Edward White, »A Girl Full of Smartness«, *Paris Review*, 2. June 2017, www.theparisreview.org/blog/2017/06/02/a-girl-full-of-smartness/.
5 Ebd.
6 Tom Huddleston jr., »Mary Ellen Pleasant, One of the First Black Self-Made Millionaires, Used an Ingenious Trick to Build Her Fortune«, CNBC, 15. Februar 2020, www.cnbc.com/2020/02/14/how-mary-ellen-pleasant-became-one-of-the-first-black-millionaires.html.
7 Mary Ellen Pleasant Financial Correspondence and Notes, MS-R102, Special Collections and Archives, UC Irvine Libraries, Irvine, CA.
8 Du Bois, *The Gift of Black Folk*, S. 272.
9 Henry Hampton und Steven Freyer, *Voices of Freedom: An Oral History of the Civil Rights Movement, 1950–1980* (New York: Bantam, 1991), S. 58.
10 Jeremy Gray, »The Execution of Jeremiah Reeves: Alabama Teen's Death Sentence Helped Drive Civil Rights Movement«, *Birmingham News*, 4. Februar 2015, www.al.com/news/2015/02/the_execution_of_jeremiah_reev.html.
11 Flugblatt, »Don't Ride the Bus, Come to a Mass Meeting on 5 December«, Martin Luther King and the Global Struggle for Freedom, https://web.archive.org/web/20150402155441/http://mlk-kpp01.stanford.edu/index.php/encyclopedia/documentsentry/leaflet_dont_ride_the_bus_come_to_a_mass_meeting_on_5_december/.
12 »Eleanor Roosevelt and Civil Rights«, National Park Service, https://web.archive.org/web/20070104113920/http://www.nps.gov/archive/elro/teach-er-vk/lesson-plans/notes-er-and-civil-rights.htm.

13 »The Extraordinary Life of Mary McLeod Bethune«, National World War II Museum, 30. Juli 2020, www.nationalww2museum.org/war/articles/mary-mcleod-bethune.

14 Executive Order 8802, 25. June 1941, General Records of the United States Government; Record Group 11; National Archives.

15 Audrey Thomas McCluskey und Elaine M. Smith, Hrsg., *Mary McLeod Bethune: Building a Better World; Essays and Selected Documents* (Bloomington: Indiana University Press, 2001), S. 240.

16 Todd J. Moye, *Freedom Flyers: The Tuskegee Airmen of World War II* (New York: Oxford University Press, 2010), S. 14.

17 Ulysses Lee, *United States Army in World War II: Special Studies; The Employment of Negro Troops* (Washington, D. C.: Center for Military History, United States Army, 2001), S. 64.

EXKURS: SISTER ROSETTA THARPE

1 Janice Kaplan, »Sister Rosetta Tharpe: The Forgotten Mother of Rock-and-Roll«, Daily Beast, 11. September 2016, www.thedailybeast.com/sister-rosetta-tharpe-the-forgotten-mother-of-rock-and-roll.

2 Chris Long, »Muddy Waters and Sister Rosetta Tharpe's Mind-Blowing Station Show«, BBC News, 7. Mai 2014, www.bbc.com/news/uk-england-manchester-27256401.

3 Pop Matters Staff, »Sister Rosetta Tharpe Got Rock Rolling Long Before Elvis«, PopMatters, 26. Februar 2007, www.popmatters.com/sister-rosetta-tharpe-got-rock-rolling-long-before-elvis-2495821302.html.

12 THE RACE WAR, III

1 »The Hoover Legacy: 40 Years After«, Federal Bureau of Investigation, 28. Juni 2012, www.fbi.gov/news/stories/copy_of_the-hoover-legacy-40-years-after.

2 Curt Gentry, *J. Edgar Hoover: The Man and the Secrets* (New York: W. W. Norton & Company, 1991), S. 68.

3 Kenneth O'Reilly, »The Jim Crow Policies of Woodrow Wilson«, *Journal of Blacks in Higher Education*, Nr. 17 (1997): 120, www.jstor.org/stable/2963252.

4 Woodrow Wilson, *A History of the American People*, 5 Bde. (New York: Harper & Brothers, 1903), S. 58.

5 Diane Roberts, »Thomas Dixon Jr.: The Great-Granddaddy of American White Nationalism«, *Washington Post*, 21. Januar 2019, www.washington-post.com/outlook/2019/01/21/thomas-dixon-jr-great-grandaddy-american-white-nationalism/.

6 Claudia Kolker, »A Painful Present as Historians Confront a Nation's Bloody Past«, *Los Angeles Times*, 22. Februar 2000, www.hartford-hwp.com/archives/45a/316.html.

7 Mark E. Benbow, »Birth of a Quotation: Woodrow Wilson and ›Like Writing History with Lightning‹«, *Journal of the Gilded Age and Progressive Era* 9, Nr. 4 (2010), S. 509–33, www.jstor.org/stable/20799409.

8 Athan G. Theoharis und John Stuart Cox, *The Boss: J. Edgar Hoover and the Great American Inquisition* (Philadelphia: Temple University Press, 1988), S. 48.

9 Chad L. Williams, *Torchbearers of Democracy: African American Soldiers in the World War I Era* (Chapel Hill: University of North Carolina Press, 2010), S. 3.

10 Ebd., S. 31–32.

11 Archibald Coody, *The Race Question from the White Chief: A Story of the Life and Times of James K. Vardaman* (Vicksburg, MI: Mississippi Printing Co., 1944).

12 »For Action on Race Riot Peril«, *New York Times*, 5. Oktober 1919.

13 »Lynchings: By State and Race, 1882–1968«, Archives at Tuskegee Institute, http://archive.tuskegee.edu/repository/wp-content/uploads/2020/11/Lynchings-Stats-Year-Dates-Causes.pdf.

14 Thelma B. Yarborough, »Contemporary Journalistic Treatment of a Lynching: Ell Parsons in 1917–Memphis Tennessee«, *Griot* (Houston) 7, Nr. 2 (Herbst 1988): 10.

15 »Soldier in Uniform Is Beaten in Georgia Town«, *Chicago Defender*, 5. April 1919.

16 »Soldier Lynched«, *Chicago Defender*, 10. Mai 1919.

17 »Race Trouble at Macon«, *Columbus* (GA) *Dispatch*, 8. Juni 1919.

18 »For Action on Race Riot Peril«, *New York Times*, 5. Oktober 1919, https://timesmachine.nytimes.com/timesmachine/1919/10/05/106999010.html?pageNumber=112.

19 Kenneth R. Durham jr., »The Longview Race Riot of 1919«, *East Texas Historical Journal* 18, Nr. 2 (1980).

20 Cameron McWhirter, *Red Summer: The Summer of 1919 and the Awakening of Black America* (New York: Henry Holt, 2011), S. 152.

21 Walter C. Rucker und James N. Upton, *Encyclopedia of American Race Riots*, Bd. 2 (Westport, CT: Greenwood, 2007).

22 Michel duCille, »Black Moses, Red Scare«, *Washington Post*, 12. Februar 1997, www.washingtonpost.com/archive/1997/02/12/black-moses-red-scare/8a6aff0a-6f38-4b50-8c45-77ba7eb5d714/.

23 Ebd.

24 Michael E. Ruane, »Artifacts Show a Rosa Parks Steeped in Freedom Struggle from Childhood«, *Washington Post*, 3. Februar 2015, www.washingtonpost.com/local/artifacts-show-a-rosa-parks-steeped-in-freedom-struggle-from-childhood/2015/02/02/90ee01f4-a7de-11e4-a7c2-03d37af98440_story.html.

25 Jeanne Theoharis, »How History Got the Rosa Parks Story Wrong«, *Washington Post*, 1. Dezember 2015, www.washingtonpost.com/posteverything/wp/2015/12/01/how-history-got-the-rosa-parks-story-wrong/.

26 Helen Shores Lee, Barbara Shores und Denise George, *The Gentle Giant of Dynamite Hill: The Untold Story of Arthur Shores and His Family's Fight for Civil Rights* (Grand Rapids, MI: Zondervan, 2012).

27 Henry Hampton und Steve Fayer, *Voices of Freedom: An Oral History of the Civil Rights Movement from the 1950s Through the 1980s* (New York: Random House, 2011), S. 136.

28 Wayne Greenshaw, »Black Politicians Make Great Gains in State Election«, *Alabama Journal*, 4. November 1970.

29 M. S. Handler, »Malcolm X Pleased by Whites' Attitude on Trip to Mecca«, *New York Times*, 8. Mai 1964.

30 »The Monumental Plot«, *Time*, 26. Februar 1965, http://content.time.com/time/subscriber/article/0,33009,833472-1,00.html.

31 »Fred Hampton«, National Archives, 25. August 2016.

32 Jeffrey Haas, *The Assassination of Fred Hampton: How the FBI and the Chicago Police Murdered a Black Panther* (Chicago: Lawrence Hill Books/Chicago Review Press, 2010).

33 Rod Bush, *We Are Not What We Seem: Black Nationalism and Class Struggle in the American Century* (New York: NYU Press, 2000), S. 216.

34 *Iberia Hampton, et al. v. Plaintiffs-Appellants, v. Edward V. Hanrahan, et al., Defendants-Appellees* (Nr. 77–1968, 77–1210 und 77–1370).

35 Haas, *The Assassination of Fred Hampton.*

36 Amy Goodman, »From COINTELPRO to Snowden, the FBI Burglars Speak Out After 43 Years of Silence (Part 2)«, *Democracy Now!*, 8. Januar 2014, www.democracynow.org/blog/2014/1/8/from_cointelpro_to_snowden_the_fbi.

37 J. Patrick Brown et al., Hrsg., *Activists Under Surveillance: The FBI Files* (Cambridge, MA: MIT Press, 2019).

38 Richard Belzer und David Wayne, *Dead Wrong: Straight Facts on the Country's Most Controversial Cover-ups* (New York: Skyhorse, 2012).

39 J. Edgar Hoover, »The FBI Sets Goals for COINTELPRO«, *HERB: Resources for Teachers*, City University of New York.

40 Ward Churchill und Jim Vander Wall, *The COINTELPRO Papers: Documents from the FBI's Secret Wars Against Dissent in the United States* (Boston: South End Press, 2002), S. 193.

41 Gary May, *The Informant: The FBI, the Ku Klux Klan, and the Murder of Viola Liuzzo* (New Haven, CT: Yale University Press, 2005), S. 37.

42 Michael T. Kaufman, »Gary T. Rowe Jr., 64, Who Informed on Klan in Civil Rights Killing, Is Dead«, *New York Times*, 4. Oktober 1998, www.nytimes.com/1998/10/04/us/gary-t-rowe-jr-64-who-informed-on-klan-in-civil-rights-killing-is-dead.html.

43 Howell Raines, »Rounding Up the 16th Street Suspects«, *New York Times*, 13. Juli 1997.

44 Betty Medsger, *The Burglary: The Discovery of J. Edgar Hoover's Secret FBI* (New York: Alfred A. Knopf, 2014), S. 241.

13 THUG LIFE

1 Essie Harris, *Testimony Taken by the Joint Committee to Inquire into the State of Affairs in the Late Insurrectionary States, North Carolina* (Washington, D. C.: Government Printing Office, 1. Juli 1872), S. 88–90.

2 J. Scott und L. P. Poland, *Report of the Joint Select Committee to Inquire into the Condition of Affairs in the Late Insurrectionary States, Made to the Two Houses of Congress February 19, 1872: Testimony, North Carolina* (Washington, D. C.: Government Printing Office, 1872).

3 William Ivy Hair, *Carnival of Fury: Robert Charles and the New Orleans Race Riot of 1900* (Baton Rouge: LSU Press, 2008), S. 14.

4 Gary Krist, *Empire of Sin: A Story of Sex, Jazz, Murder, and the Battle for Modern New Orleans* (New York: Crown, 2015), S. 104.

5 Ida B. Wells, *Mob Rule in New Orleans: Robert Charles and His Fight to Death, the Story of His Life, Burning Human Beings Alive, Other Lynching Statistics* (Good Press, 2019), S. 87. Erstveröffentlichung: 1900.

6 Donna M. Lucey, »The ›Fighting Editor‹ of the *Richmond Planet*«, Humanities 31, Nr. 4 (Juli/August 2010), www.neh.gov/article/fighting-editor-richmond-planet.

7 Ebd.

8 Ebd.

9 Timothy B. Tyson, »Robert F. Williams, ›Black Power,‹ and the Roots of the African American Freedom Struggle«, *Journal of American History* 85, Nr. 2 (September 1998): 551.

10 »The Robert Williams Case«, *The Crisis*, Juni/Juli 1959: 326.

11 Robert F. Williams Wanted Poster, https://upload.wikimedia.org/wikipedia/commons/a/ac/Hooverwarrantforwilliams.jpg.

12 Tyson, »Robert F. Williams«, S. 570.

13 Bailey Williams, »A Half-Century Ago in Jonesboro, Armed Black Men Fought Back«, *Daily Advertiser*, 7. Juni 2020, www.theadvertiser.com/story/news/local/louisiana/2020/06/07/civil-rights-history-deacons-defense-fought-kkk-louisiana/3164717001/.

14 Ebd.

15 *Black Identity Extremists Likely Motivated to Target Law Enforcement Officers*, Federal Bureau of Intelligence, 3. August 2017, https://vault.fbi.gov/black-identity-extremist-bie-intelligence-assessment-august-3-2017/black-identity-extremist-bie-intelligence-assessment-august-3-2017-part-01-of-01.pdf.

EXKURS: VOLLKOMMEN FREI

1 Joseph Williams, »Charleston Work House and ›Sugar House‹«, *Discovering Our Past: College of Charleston Histories*, https://discovering.cofc.edu/items/show/31.

2 Edward Ayers, *Vengeance and Justice: Crime and Punishment in the Nineteenth-Century American South* (Oxford: Oxford University Press, 1984), S. 76.

3 U.S. Congress, *Senate Executive Document No. 2, 39th Congress, 1st Session* (Washington, D. C.: Government Printing Office, 1865), S. 93–94.

4 »Texas Black Codes«, University of Houston, Digital History, www.digitalhistory.uh.edu/disp_textbook.cfm?smtid=3&psid=3681.

5 Ellen Terrell, »The Convict Leasing System: Slavery in Its Worst Aspects«, Library of Congress, 17. Juni 2021, https://blogs.loc.gov/inside_adams/2021/06/convict-leasing-system/.

6 Ayers, *Vengeance and Justice*, S. 196.

7 Robert Perkinson, *Texas Tough: The Rise of America's Prison Empire* (New York: Henry Holt, 2010), S. 105.

8 Ayers, *Vengeance and Justice*, S. 200–201.

9 Bureau of Justice Statistics, *State and Federal Prisoners, 1925–85* (Washington, D. C.: Department of Justice, 1986), S. 2, https://perma.cc/6F2E-U9WL.

10 U.S. Census Bureau, »QuickFacts: South Carolina«, www.census.gov/quickfacts/SC; »Profile of Inmates in Institutional Count«, South Carolina Department of Corrections, 30. Juni 2022, www.doc.sc.gov/research/InmatePopulationStats/ASOF-FY20_Institutional_Count_Profile.pdf.

11 »Frequently Asked Questions«, South Carolina Department of Corrections, www.doc.sc.gov/faqs.html.

12 »Table 1.23B–Illicit Drug Use in Lifetime: Among People Aged 12 or Older; by Age Group and Demographic Characteristics, Percentages, 2019 and 2020«, Center for Behavioral Health Statistics and Quality, National Survey on Drug Use and Health, 2019 und Quartale 1 und 4, 2020, www.samhsa.gov/data/sites/default/files/reports/rpt35323/NSDUHDetailedTabs2020/NSDUHDetailedTabs2020/NSDUHDetTabsSect1pe2020.htm.

13 Ashley Nellis, »The Color of Justice: Racial and Ethnic Disparity in State Prisons«, The Sentencing Project, 13. Oktober 2021, S. 6. www.sentencingproject.org/app/uploads/2022/08/The-Color-of-Justice-Racial-and-Ethnic-Disparity-in-State-Prisons.pdf.

14 DER GROSSE WEISSE RAUB

1 »Statistics: Slaves and Slaveholdings«, Gilder Lehrman Institute of American History, www.gilderlehrman.org/history-resources/teaching-resource/statistics-slaves-and-slaveholdings.

2 Kriston McIntosh, Emily Moss, Ryan Nunn und Jay Shambaugh, »Examining the Black-White Wealth Gap«, Brookings Institution, www.brookings.edu/blog/up-front/2020/02/27/examining-the-black-white-wealth-gap/.

3 Leon Jones, »Desegregation and Social Reform Since 1954«, *Journal of Negro Education* 43, Nr. 2 (Frühling 1974): 155–171, https://doi.org/10.2307/2966817.

4 Rebekah Dobrasko, »Equalization Schools: South Carolina's History of Unequal Education«, Lowcountry Digital History Initiative, College of Charleston, https://ldhi.library.cofc.edu/exhibits/show/equalization-schools/about-the-author.

5 Ira Katznelson, *When Affirmative Action Was White: An Untold History of Racial Inequaltity in Twentieth-Century America* (New York, London: W. W. Norton & Company, 2005), S. 140

6 Hilary Herbold, »Never A Level Playing Field: Blacks and the GI Bill«, *The Journal of Blacks in Higher Education*, Nr. 6 (Winter 1994/95), S. 104–108, hier: S. 107.

7 Andre Perry, Jonathan Rothwell und David Harshbarger, »The Devaluation of Assets in Black Neighborhoods: The Case of Residential Property«, Metropolitan Policy Program at Brookings, 27. November 2018, S. 3. www.brookings.edu/wp-content/uploads/2018/11/2018.11_Brookings-Metro_Devaluation-Assets-Black-Neighborhoods_final.pdf.

8 Daphne Kenyon, Bethany Paquin und Semida Munteanu, »Public Schools and the Property Tax: A Comparison of Education Funding Models in Three U.S. States«, *Land Lines*, April 2022, S. 33.

9 »23 Billion«, *EdBuild*, Februar 2019, https://edbuild.org/content/23-billion/full-report.pdf.

10 John Harrington und Grant Suneson, »What Were the 13 Most Expensive Wars in U.S. History?«, *USA Today*, 13. Juni 2019, https://eu.usatoday.com/story/money/2019/06/13/cost-of-war-13-most-expensive-wars-in-us-history/39556983/.

11 Muhammad Khalid Anser, Zahid Yousaf, Abdelmohsen A. Nassani et al., »Dynamic Linkages Between Poverty, Inequality, Crime, and Social Expenditures in a Panel of 16 Countries: Two-Step GMM Estimates«, *Journal of Economic Structures* 9, Artikelnr. 43 (2020), https://doi.org/10.1186/s40008-020-00220-6.

12 Martin Luther King jr., »I Have a Dream«, 28. August 1963, Lincoln Memorial, Washington, D. C., Transcript, The Avalon Project, Lillian Goldman Law Library, Yale Law School, https://avalon.law.yale.edu/20th_century/mlk01.asp.

13 Kate Ellis und Stephen Smith, »Shackled Legacy«, APM Reports, 4. September 2017, www.apmreports.org/episode/2017/09/04/shackled-legacy; Michelle Smith, »Enslaved Labor Built These Universities. Now They're Starting to Repay the Debt«, USA Today, 12. Februar 2020, www.usatoday.com/story/news/education/2020/02/12/colleges-slavery-offering-atonement-reparations/2612821001/.

14 Stacy M. Brown, »The Major Role the Catholic Church Played in Slavery«, *Amsterdam News*, 18. September 2018, https://amsterdamnews.com/news/2018/09/18/major-role-catholic-church-played-slavery/.

15 Brad Greenwood, Rachel Hardeman, Laura Huang und Aaron Sojourner, »Physician–Patient Racial Concordance and Disparities in Birthing Mortality for Newborns«, *Proceedings of the National Academy of Sciences of the United States of America* 117, Nr. 35 (1. September 2020), www.pnas.org/doi/10.1073/pnas.1913405117.

16 Delvin Davis und Joshua M. Frank, »Under the Hood: Auto Loan Interest Rate Hikes Inflate Consumer Costs and Loan Losses«, Center for Responsible Lending, 19. April 2011, https://papers.ssrn.com/sol3/papers.cfm?abstract_id=1860188.

17 Julia Angwin, Jeff Larson, Lauren Kirchner und Surya Mattu, »Minority Neighborhoods Pay Higher Car Insurance Premiums Than White Areas with the Same Risk«, ProPublica, 5. April 2017, www.propublica.org/article/minority-neighborhoods-higher-car-insurance-premiums-white-areas-same-risk.

18 Kelly M. Bower, Roland J. Thorpe jr., Charles Rohde und Darrell J. Gaskin, »The Intersection of Neighborhood Racial Segregation, Poverty, and Urbanicity and Its Impact on Food Store Availability in the United States«, *Preventive Medicine* 58 (Januar 2014): 33–39, doi:10.1016/j.ypmed.2013.10.010.

19 Zoë Roller, *Closing the Water Access Gap in the United States: A National Action Plan*, Dig Deep Right to Water Project, U.S. Water Alliance, 2019, https://static1.squarespace.com/static/5e80f1a64ed7dc3408525fb9/t/6092ddcc499e1b6a6a07ba3a/1620237782228/Dig-Deep_Closing-the-Water-Access-Gap-in-the-United-States_DIGITAL_compressed.pdf.

20 Michael Harriot, »White Water Welfare: Jackson, Baltimore and the Other Racial Wealth Gap«, *The Grio*, 8. September 2022, https://thegrio.com/2022/09/08/white-water-welfare-jackson-baltimore-and-the-other-racial-wealth-gap/.

EXKURS: DIE SCHWARZEN FRAUEN, DIE REPARATIONEN ERHIELTEN

1 Thomas Franklin Waters, Sarah Goodhue und John Wise, *Ipswich in the Massachusetts Bay Colony* (Ipswich Historical Society, 1917).

2 »Adams' Minutes Of The Argument, Essex Superior Court Salem, November 1766«, *Legal Papers of John Adams*, hg. von L. Kinvin Wroth und Hiller B. Zobel, The Belknap Press of Harvard University Press Cambrigde, Mass, 1965, Bd. 1. S. 54.

3 »Massachusetts Constitution«, https://malegislature.gov/laws/constitution.

4 Ben Railton, »How Two Massachusetts Slaves Won Their Freedom – and Then Abolished Slavery«, *Washington Post*, 3. Juli 2017, www.washingtonpost.com/news/made-by-history/wp/2017/07/03/how-two-massachusetts-slaves-won-their-freedom-and-then-abolished-slavery/.

5 Belinda Royall, *Belinda's Petition to the Massachusetts General Court, February 14, 1783*, Originalmanuskript, Massachusetts Archives, http://web.

archive.org/web/20060712134132/http:/www.medfordhistorical.org/belinda.php.

6 Belinda Sutton's 1783 Petition, Royall House & Slave Quarters, https://royallhouse.org/wp-content/uploads/2013/11/Belindas_Petition.pdf.

15 DAS RACE DER POLITIK

1 United States Senate, »African American Senators«, www.senate.gov/senators/african-american-senators.htm.

2 »GOP Holds Edge in Leaned Party Affiliations Among Whites, Fare Worse Among Other Groups«, Pew Research Center, 6. Juni 2020, www.pewresearch.org/politics/2020/06/02/democratic-edge-in-party-identification-narrows-slightly/.

3 Philip Bump, »When Did Black Americans Start Voting So Heavily Democratic?«, *Washington Post*, 7. Juli 2015, www.washingtonpost.com/news/the-fix/wp/2015/07/07/when-did-black-americans-start-voting-so-heavily-democratic/.

4 Democratic National Convention, *Proceedings of the National Democratic Convention: Held in ... Baltimore, on the 5th of May, 1840. Embracing Resolutions, Expressive of the Sentiments of the Democratic Party of the Union: and an Address, in Support of the Principles and Measures of the Present National Administration* (gedruckt in der Redaktion des *Republican,* 1840), https://books.google.com/books?id=O8IxAQAAMAAJ.

5 »Rankin, Jeannette«, History, Art & Archives, United States House of Representatives, https://history.house.gov/People/Listing/R/RANKIN,-Jeannette-(R000055)/.

6 Neil R. McMillen, *Dark Journey: Black Mississippians in the Age of Jim Crow* (Urbana: University of Illinois Press, 1990), S. 36.

7 Ebd.

8 W. E. B. Du Bois, »Another Open Letter to Woodrow Wilson«, *The Crisis*, September 1913.

9 »H.R. 7152. Civil Rights Act of 1964. Adoption of a Resolution (H. Res. 789) Providing for House Approval of the Bill as Amended by the Senate«, www.govtrack.us/congress/votes/88-1964/h182.

10 David Caplovitz und Norman M. Bradburn, »Social Class and Psychological Adjustment: A Portrait of the Communities in the ›Happiness Study.‹ A Preliminary Report« (Chicago: National Opinion Research Center, 1964).

11 Associated Press, »Miller Says Foes Soft on Crime«, *San Antonio Express*, 10. Oktober 1964.

12 H. R. Haldeman, *A Conversation with H. R. Haldeman, Vital History Cassettes no 1 for Mar 75* (New York: Encyclopedia Americana/CBS News Audio Resource Library, 1975), Tonaufnahme, auf der Seite B der 1. Tonkassette (22 Min., 57 Sek.): analog., 03751 Grolier.

13 Alexander P. Lamis, *The Two-Party South* (New York: Oxford University Press, 1988), S. 26.

14 Peniel E. Joseph, »From Ronald Reagan in Philadelphia, Miss., to Donald Trump in Tulsa, a Pattern of Racially Divisive Politics«, *Washington Post*, 19. Juni 2020, www.washingtonpost.com/nation/2020/06/19/ronald-reagan-philadelphia-miss-donald-trump-tulsa-pattern-racially-divisive-politics/.

15 »How Groups Voted in 2020«, Roper Center for Public Opinion Research, https://ropercenter.cornell.edu/how-groups-voted-2020.

16 Daniel Victor, »What, Congressman Steve King Asks, Have Nonwhites Done for Civilization?«, *New York Times*, 18. Juli 2016, www.nytimes.com/2016/07/19/us/politics/steve-king-nonwhite-subgroups.html.

17 »Biographical Directory of Article III Federal Judges, 1789-Present«, Federal Judiciary Center, www.fjc.gov/history/judges.

18 »Racially Disproportionate Drug Arrests«, Human Rights Watch, www.hrw.org/reports/2000/usa/Rcedrg00-05.htm.

TEXTBOX: DAS ENDE DER SCHWARZ-WEISSEN KOALITION

1 »Chairman F.M. Simmons Issues a Patriotic and Able Address, Summing Up the Issues, and Appealing Eloquently to the White Voters to Redeem the State«, *Raleigh News and Observer*, 3. November 1898.

2 Richard Wormser, *The Rise and Fall of Jim Crow* (New York: Macmillan, 2004), S. 85–86.

3 Alexander Manly, »Vile and Villainous«, UNC Libraries, https://exhibits.lib.unc.edu/items/show/2172.

16 HAUSAUFGABEN

1 Louis Harris und Associates poll, Oktober 1966, Daten zur Verfügung gestellt durch Roper Opinion on Public Research.

2 Survey Research Center, University of Michigan, 28. Juni – 31. August 1969.

3 Roper Center for Public Opinion Research, »Public Opinion on Civil Rights«, Civil Rights Movement Veterans, www.crmvet.org/docs/60s_crm_public-opinion.pdf.

4 Bureau of Labor Statistics, BLS Data Finder, www.bls.gov/bls/data_finder.htm.

5 Elizabeth Hinton, Julilly Kohler-Hausmann und Vesla M. Weaver, »Did Blacks Really Endorse the 1994 Crime Bill?«, *New York Times*, 13. April 2016.

REGISTER

A

B

C

D

E

F

G

H

I

J

K

L

M

N

O

P

Q

R

S

T

U

V

W

Y